本书稿为教育部人文社会科学基金一般项目
"语料库语言学视野下的汉语大型辞书编纂、修订研究
——以《汉语大词典》为例"的最终研究成果
项目批准号：10YJC740040

汉语大型辞书编纂、修订研究

——以《汉语大词典》为例

胡丽珍　雷冬平◎著

中国社会科学出版社

图书在版编目(CIP)数据

汉语大型辞书编纂、修订研究：以《汉语大词典》为例／胡丽珍，雷冬平著．—北京：中国社会科学出版社，2022.5
ISBN 978-7-5227-0180-6

Ⅰ.①汉… Ⅱ.①胡…②雷… Ⅲ.①汉语—词典学—研究 Ⅳ.①H164

中国版本图书馆 CIP 数据核字（2022）第 073927 号

出 版 人	赵剑英
责任编辑	宫京蕾 郭如玥
责任校对	冯英爽
责任印制	郝美娜

出　　版	中国社会科学出版社
社　　址	北京鼓楼西大街甲 158 号
邮　　编	100720
网　　址	http：//www.csspw.cn
发 行 部	010-84083685
门 市 部	010-84029450
经　　销	新华书店及其他书店
印　　刷	北京君升印刷有限公司
装　　订	廊坊市广阳区广增装订厂
版　　次	2022 年 5 月第 1 版
印　　次	2022 年 5 月第 1 次印刷
开　　本	710×1000　1/16
印　　张	27.5
插　　页	2
字　　数	477 千字
定　　价	135.00 元

凡购买中国社会科学出版社图书，如有质量问题请与本社营销中心联系调换
电话：010-84083683
版权所有　侵权必究

目 录

上篇 通论篇

第一章 绪论 ………………………………………………… (3)
  第一节 语料库语言学的研究概况 ……………………… (3)
  第二节 语料库与辞书编纂研究 ………………………… (26)
  第三节 汉语大型辞书的编纂、修订研究概况 ………… (34)

第二章 语料库语言学视野下大型辞书释义原则和方法研究 …… (61)
  第一节 双音同义并列复合词的训诂失误及应遵循的原则 …… (61)
  第二节 语料库视野下汉语大型辞书的常用词释义方法研究 …… (69)
  第三节 语料库视野下汉语大型辞书的疑难词释义方法研究 …… (85)
  第四节 语料库视野下汉语大型辞书的文化词释义方法研究 …… (90)

第三章 汉语大型辞书内部系统自身修复的方法研究 ……… (96)
  第一节 汉语大型辞书修订的语义范畴系统内部构拟法 …… (96)
  第二节 汉语大型辞书修订的语义范畴内部演绎类推法 …… (101)

下篇 实践篇

第四章 《汉语大词典》词语漏收研究 ……………………… (115)
  第一节 名词的漏收 ……………………………………… (115)
  第二节 动词的漏收 ……………………………………… (177)
  第三节 形容词和副词的漏收 …………………………… (244)

第五章　《汉语大词典》义项漏收研究 …………………………（260）
　第一节　名词义项的漏收 …………………………………………（260）
　第二节　动词义项的漏收 …………………………………………（278）
　第三节　形容词、量词和副词的义项漏收 ………………………（302）

第六章　《汉语大词典》词语误释研究 …………………………（309）
　第一节　词语整体误释 ……………………………………………（309）
　第二节　释语范围不确 ……………………………………………（311）
　第三节　义项分合失误 ……………………………………………（317）
　第四节　词素义漏释与误释 ………………………………………（322）

第七章　《汉语大词典》词目书证问题研究 ……………………（329）
　第一节　书证缺失 …………………………………………………（329）
　第二节　书证单一 …………………………………………………（333）
　第三节　书证遥隔 …………………………………………………（359）
　第四节　书证滞后 …………………………………………………（363）

参考文献 ………………………………………………………………（399）

后　记 …………………………………………………………………（435）

上　篇

通论篇

第一章

绪　　论

本课题是语料库语言学视野下的汉语大型辞书的编纂和修订研究，那么我们首先要弄清楚的是：什么是语料库语言学？这一学科的研究情况如何？其次，在了解语料库语言学研究情况的基础上，我们还需要弄明白大型辞书编纂和修订的一些情况，特别是我们作为实例的《汉语大词典》的编纂和修订情况。最后，我们还需要将二者很好地结合起来，语料库语言学和大型辞书编纂结合的切入点在哪里？如果没有具体的载体，那语料库的研究将变得漫无目的。我们的主张是专书研究，专书是语料库语言学和大型辞书编纂进行结合的最佳界面。所以，本章内容就从上面提到的三个方面来进行阐述。

第一节　语料库语言学的研究概况

我们所说的语料库语言学视野下的大型辞书编纂与研究是指在大型的可以机读的历时汉语语料库的基础上对诸如《汉语大词典》这样的大型辞书进行编纂和修订。随着计算机技术的发展，各种文献资料都数字化，这些数字化的资料按照不同的标准进行归类，就形成了不同类型的语料库，宽泛地说，语料库其实就是语言材料的仓库，是一个供学习和研究的资料库，这个资料库既可以是原始语料文本的集合（常称为生语料），也可以是经过加工后带有语言学信息标注的语料文本的集合（常称为熟语料）。根据 Crystal（1992：85）的定义，语料库（corpus）是一个语言数据的集合，可以由书面文本构成，也可以由录音言语转写本构成。语料库的主要目的是鉴定关于语言的假说——例如，确定一个特定的语音、单词，或者句法结构的使用是如何变化的。需要补充的是，语料库也可以是录音材料的声音语料库。语料库语言学就是研究任何语料库中的数据

(McArthur，1992：265-266)，这样说未免有些简单化和抽象化。仔细说来，语料库语言学是 20 世纪 80 年代才崭露头角的一门计算机语言学的新的分支学科，它研究机器可读的自然语言文本的采集、存储、检索、统计、语法标注、句法语义分析，以及具有上述功能的语料库在语言定量分析、词典编纂、作品风格分析、自然语言理解和机器翻译等领域中的应用（黄昌宁，1990）。可见，语料库的应用已经渗透到了语言研究的各个层面，在计算机飞速发展的今天，在语料库的应用下，语言研究的效率也大大提高，在语言研究的质和量两个方面都有大大的突破。本节仅对语料库语言学的研究做一些概括。

一 以语料库语言学为对象的研究

语料库语言学作为一门学科，也成为学界研究的对象。

（一）语料库语言学的理论基础

众所周知，在已有的语言研究中，学者们基本上都是持语言二元论。索绪尔就是著名的二元论缔造者，他在《普通语言学教程》中提出了语言（langue）与言语（parole）的区分，认为语言是言语活动中的社会部分，它不受个人意志的支配，是社会成员共有的，是一种社会心理现象。言语是言语活动中受个人意志支配的部分，它带有个人发音、用词、造句的特点。与之不同的是，语料库语言学的理论基础是语言的一元论。J. R. 弗斯是伦敦学派的创始人，也是语料库语言学研究的先驱，以韩礼德和辛克莱为代表的新弗斯学派的语料库语言学的思想大都来源于他。

弗斯极力反对语言二元说，他（1957：190）曾说，我们对语言研究如同对思维一样知之甚少，语言研究的本质是社会的，我们应该停止二元地去关注人的思维与身体、思想与词语，而应该满足于对整个人，对他的思想和行为在和同伴的联系中作为一个整体来思考。他对索绪尔的语言和言语的区别也有批评，他（1957：192）说，这样的语言，在索绪尔看来是符号系统的分类，是一个不同的价值体系，然而这只是具体和积极的一个术语的差别。现实中的人是不会说这样"一种语言"的，尽管你也许会系统地说话，但是你绝不会说系统本身。也就是说，语言和言语是不能够分开的。因此他提出意义的语境论，即意义由语境决定，"任何词使用在一个新的语境之中，就会成为一个新词"（each word when used in a new context is a new word），因此研究意义需要从语境入手。在语料库语言学看来，不存在游离于语言使用之外的语言能力。语言能力和使用是紧密联系在一起的，语言应用即是一种语言能力，使用即意义。在语料库语言学的一元观中，语言的形式、结构与意义及功能是一个统一的整体，它们都在使用中得以体现。任何意义都存在于特定的形式或结构中，从词语层面的搭配到文本层面的相互关联皆是如此。一切语言事实和证据，一切知识、意义和解释都存在于文本和话语中。一个搭配或多词序列的意义单位，要通过其使用语境及关联文本得到解释和确证。这就是弗斯的语言语境论。Chapman 和 Routledge （2005：80-81）认为，弗斯在语言学领域主要有两大贡献，即：（1）提出"意义"是语言学研究中的重点，而"意义"是由"语境"决定的。这一思想是弗斯"语境论"的基础；（2）在音系学领域的研究和"韵律分析"方法的提出。

正如弗斯所说，语言从本质来说是社会的，因此语言研究的主要目的是研究其意义。

（二）语料库语言学的研究方法

语料库语言学研究的方法主要有两种：一是基于语料库的语言研究方法；二是语料库驱动的语言研究方法。前者将语料库语言学视为一种语言研究方法，后者的语言学主张更倾向于将其视为一种语言研究的分支学科。

Tognini-Bonelli （2001：99）首次对"基于语料库"和"语料库驱动"的研究范式进行了区分。在她看来，"基于语料库"的研究范式利用语料库对已有的理论或假设进行探索，目的在于验证或修正已有理论，而"语料库驱动"的研究范式则以语料库作为出发点和唯一观察对象，对语言中的各类现象进行全新的界定和描述。她认为基于语料库方法将语料库数据与大规模语料库出现之前的语言学理论中已有的描写范畴联系起来，并在理论参数上附加概率信息。这种观点下的学者使用语料库的目的是解释、验证、举例说明已有的理论等，实际上，仍然是依据已有的理论，理论还是处于先导的位置，数据只是起从属的验证功能。

应该说，早期的语料库语言学基本上都是基于语料库的语言研究。Geoffrey Leech （1992：105）也曾说过，"语料库语言学倒是更应该被看作从事语言研究的一种方法论基础。理论上，并且常常在实践当中，语料库语言学与其他语言学分支轻松结合。"因此，这些学者使用语料库更多的是借助语料库语言学所提供的方法，来验证由内省得到的语言规则。Leech 的思想受到 Randolph Quirk 思想的影响，Randolph Quirk 就职伦敦大学学院（University college London，UCL），而 Leech 曾学习和工作于此。

Quirk 于 1959 年开始"英语用法调查"这一项目的工作，该项目注重英语语料的收集，既包括书面语，也包括口语材料，在这个基础上对英语语法进行描写，成为真正意义上的描写语法，其成果包括 1972 年出版的《现代英语语法》和 1985 年出版的《英语综合语法》，由于建立在充分的语料描写基础上，这种描写语法弥补了以往语法只注重书面语而不注重口语的不足。

Tony McEnery 和 Andrew Hardie（2012：510）在《语料库语言学：方法、理论与实践》一书中主张用"语料库作为理论"与"语料库作为方法"这样的术语，而不是目前学界很流行的"语料库驱动"与"基于语料库"这样的术语，因为语料库驱动这一概念指的是"使用原始数据归纳的、自下而上的研究"，但是如果这样理解，新弗斯学派的研究有的并非由语料库驱动，而即使使用"语料库驱动"这样术语的语言学家也未必真正认同新弗斯学派的理论立场。因此，可以看出 Tony McEnery 教授实际上还是将语料库当成语言研究的一种工具，语料库语言学也只是语言研究的一种方法，而不是可以和其他语言分支学科（诸如社会语言学、心理语言学、语用学等）可以相提并论的一门学科。

可是，正如我们上文所说的，在较早的时候，弗斯就提出了语言一元论的观点，并注重语境的研究，认为语言不是独立存在的物质，语言运用是人类的一种社会行为，语言在运用中产生相互之间的关系（如组合和聚合），并在相互的关系中呈现自身的意义。明确提出利用语言之间的搭配（Collocation）来分析词的意义，其实就是研究不同词语之间的特征共现频率，通过这种组合层面的词汇之间的相互关系来分析词义。弗斯将这一方法称为"通过搭配研究语义"（Meaning by Collocation），弗斯的这种学术主张影响了一批在英国非常有影响力的语言研究者，新弗斯学派的代表人物 Halliday 和 Sinclair 就在其中。早期二人都非常重视词汇的研究，在纪念弗斯的文集中，Halliday（1966）将词汇的认识提到了语言水平的高度，而 Sinclair（1966）则将词汇提升到语言研究的开始。虽然如此，二人也有不同的主张，Halliday 更注重语法的研究，早在 1961 年就提出了"语法范畴理论"的主张，后来更是提出和完善了世人熟知的"系统功能语法"，对于词汇，特别是"搭配"已经不再关注。而 Sinclair 则一直沿着弗斯的思想前进，不断发展和完善词汇的搭配研究，并建立大型语料库（如与 Collins 出版公司合作建立了大型语料库 Bank of English）来进行词汇的搭配研究，并于 1991 年出版了专著《语料库·一致性·搭配》一书，逐渐形成了新的学术主张，即尝试通过语料库中提供的具体明确的证据，逐步定义和描写的范畴，主张从语料库中建构理论、以全新视角对语言进行描写，他们同时关注意义和搭配，并且认为搭配和意义是密不可分的。主张意义是语言研究的目的，并试图对语义的单位进行研究（Sinclair，1996）。这些研究都是主张完全依据语料库进行的，这样的研究可以称为语料库驱动的研究。

语料库语言学的两种研究范式，基于语料库的研究和语料库驱动的研究的最大区别在于要不要将所有的研究建立在语料库的基础之上。语料库驱动的研究是主张一切以语料库为依据对语言进行描写，词语是语言研究的基础，所有的语言描述都以词汇为中心，搭配是主要的分析方法，因此形成研究中的"短语本位"，排斥一切语料库以外的任何语言理论前提。而基于语料库的研究，其研究对象不仅限于词汇，可以是语言的各个层面，也可以和语言学的其他分支学科（语用学、社会语言学以及心理语言学等）结合起来进行研究，它的研究目的就是利用语料库来收集语言实例和证据，用以证明已有的理论或者语言假设。

我们认为，正如 Tony McEnery 和 Andrew Hardie（2012：510）所说，即使主张语料库驱动研究的研究者有时候也未必完全贯彻了他们的学术主张。因为完全不依靠已有的研究理论在实际操作中是存在困难的。我们知道，任何研究都是在前人已有研究基础上进行的，因此，"语料库驱动"研究的主张未免有些绝对，而且他们所强调的短语也不是语言的全部，短语学对于更大的语言单位（传统意义上的小句、句子、语篇）的意义建构解释力有限，这导致了他们不太关注词汇短语之外的意义（许家金，2014）。鉴于此，应该将两种研究方法结合起来（梁茂成，2012），李文中（2010）也曾这样主张，认为这两种方法同源而分流，在研究理念上既有分歧又相互补充，在方法上既有冲突又有调和，二者可以并存。但是我们应该看到，随着语料库语言学的发展，传统的语法理论体系越来越难以容纳新的证据和发现，语料库语言学已经形成自己独有的理念和方法，正在验证乃至颠覆旧有的语法传统，这在目前已是不争的事实。所以，语料库语言学更应该对两种研究兼容并包，取长补短，需要利用语料库进行证明观点的时候就侧重提供证据，需要建立新的理论甚至是体系的时候，则侧重语言系统的描写和归纳，二者不可相互取代，这是语料库语言学的发展趋势。

二 以语料库为对象的研究

语料库语言学是建立在语料库基础之上的，因此，对语料库本身的研究也是语料库语言学的一个非常重要的研究内容。

（一）语料库的建设

随着计算机技术的迅速发展，基于计算机技术的语料库也随之成熟起来，成为语言研究和语言教学的有力工具，具有广泛的应用前景，受到语言研究者和语言教学工作者的极大关注，各种介绍和研究语料库的成果有很多。早在20世纪90年代，已有学者对相关的语料库进行了关注。胡百华、李行德、汤志祥（1997）在文章中就提到，在中国，内地和台湾80年代起也开始见到多个规模宏大的语料库的筹设和建立，香港在这方面的起步似乎稍晚，但却能发挥香港的客观和主观条件，故在创设语料库及进行相关的研究上，同样有其特殊和优越之处。何婷婷在其博士学位论文《语料库研究》（2003）中以语料库本身为研究对象，以语言学为基础，以计算机软件工程和数据库的思想为指导，结合其他学科领域的理论和方法，全面深入系统地研究与语料库建设有关的理论与实践问题，讨论如何为语言学的需要建设语料库。因此，各类语料库的建设都受到提议和重视。

崔希亮、张宝林（2011）提出了"全球汉语学习者语料库"的建设构想，具体介绍了这种语料库的内容、建设原则、建库方式与步骤和主要特点。胡秋红、陈倩（2015）提出了大型动态流通报刊语料库的建设，并论证了建设的目的和意义，以广东新闻报刊为切入点，提出报刊语料库建库对象、建库方法、语料库标识、语料库附码、语料库结构的设计原则，并从多角度分析动态流通报刊语料库在语言研究中的应用，指出该类型语料库建设在丰富地区性报刊新闻语料，促进语言文字研究发展和学习者成长进步等多方面的理论和现实意义。杨建军（2006a，2006b）提出了建立汉语古籍语料库的设想，并提出了建立这种语料库的原则和方法，主张要以语言工作者为主体力量，建立一个统一开放的汉语古籍语料库，认为建立汉语古籍语料库是一项系统的语言工程，从它的特点和要求看，"语言专业工作者共建"是一条必由之路。董志翘（2011）提出建设"中古汉语研究型语料库"，他指出自20世纪80年代以来，中古汉语研究取得了长足进展，特别是随着电脑的普及，数字化技术的运用，中古汉语研究借助已有的一些电子语料库，更注重穷尽性搜索及计量特色，使研究更趋理性、更趋科学。但是，令人感到遗憾的是：古汉语电子语料库的建设远远地落后于研究的进展，到目前为止，可以使用的断代电子语料库尚不多见，而专为中古汉语研究而建的"中古汉语研究型语料库"则更是罕见。为了使中古汉语研究不断走向纵深，建设此类语料库已成为学界迫切的任务。关于中古汉语语料库的建设，赵红（2014）进一步指出，中古汉语语料库建设不能仅仅满足于古文献的收录，还应该保留普遍存在于传世文献和出土文献当中的诸多异文，实现异文自动检索、自动发现。宋北平（2008）提出"法律语言语料库"的建设，他指出由于国内外尚没有建成的法律语言语料库，所以，法律语言语料库建设显得尤为必要，其中建设目的、取料范围、取料原则、分析标注和检索设计等是必须解决的主要问题。黄立鹤（2015）提出多模态语料库的建设，这种多模态语料库建设已经成为语料库语言学的新起之秀。多模态语料库既符合一般语料库建设的整体规律，也具有自身的显著特征。它为语言学研究提供了新的视角和方法，能够拓展语言学研究范畴、发现新的规律，并上升至多模态语料库语言学的高度。黄友在（2014）探讨了如何编纂面向二语学习者的汉语易混淆词语词典，并在此基础上，可建立带易混淆词语标注的面向二语学习者的汉语语料库和汉语中介语语料库。

当然，平行语料库的建立也是学界关注得比较多的问题，这种平行语料库往往又会细化到各个方面，如李广伟、戈玲玲（2015）就提出了建立标识语汉英双语平行语料库的建议，认为规范的双语标识是文化软实力的重要体现，很大程度上反映了所在城市及国家的开放程度和管理水平，对于提升城市的国际形象具有重要的现实意义。文章从语料采集、语料的电子化、语料标注和语料平行等几个方面对语料库创建进行了研究。姚振军、郑旭红、徐鹏涛（2014）提出基于本体的双语平行语料库的构建，认为应该引入本体技术，构建大规模双语平行语料库。黄万丽、秦洪武（2015）提出创建英汉平行历时语料库，探讨了英汉平行历时语料库创建的基本理论依据和建库原则，介绍了历时性英汉平行语料库的语料总体状况、语料的抽样框架、语料的存储方式和实现手段。

此外，中介语语料库也是学界关注较多的方面，早在20世纪90年代初，储诚志、陈小荷（1993）就提出了建立"汉语中介语语料库系统"的基本设想，其后，王韫佳、李吉梅（2001）又提出建立汉语中介语语音语料库；张宝林（2010）进一步分析了汉语中介语语料库建设的现状与对策；留学生中介语语料库的建立也受到诸位学者的重视（张瑞朋，2012；王兰，2015）。当然，为了个人教学和研究的方便，也有学者提出来建立小型个人教学语料库，它在英语教学中有独特的优势，能更好地促进英语教学。

（二）语料库的加工

早在20世纪90年代，学者们就注意到了语料库对语言研究的作用。罗振声、罗军（1996）就曾指出，语料库应用得好有可能产生语言研究的革命，他在文章中主要根据清华 TH 语料库系统的研制和在语言研究中的实际应用，初步探讨了语料库与语言研究现代化的关系问题。何安平（1999）通过实例分析和评论的方式概述了当今语料库研究的若干层面和方法。分析的层面有词的用法、短语结构、意念表达、语篇结构词和篇章类型等。分析的路子有从词组结构到语义功能，从词法到句法，从意念到表达形式，从语言形式到语用功能，从语言特征到语篇类型等。并指出语料库分析的方法有调查、检索、分类、归纳、对比、统计等。张小衡和石定栩（1998）进一步提出语料库应该具有的特征，他们认为语料库系统像传统的数据库一样可分布在不同的网络计算机上。该系统有以下特征：（1）语言数据的分布：不同的语料库或同一语料库的不同部分可储存在网络相连的不同计算机上；（2）语料库数据库管理系统的分布（Corpus Database Management System）；（3）同一语料库网络系统的语料库可通过其管理系统与其他语料库相联组成一个新的灵活的动态语料库系统。

语料库随着计算机技术的迅速发展，基于计算机技术的语料库也随之成熟起来，规模也越来越大。这主要是由语言的不对称性造成的，语言的不对称性分布特征在很大程度上决定了只有在规模较大的语料库里才能找到足够的例证，以便对语言现象作出科学的归纳和总结；另外，语料选择标准的变化对语料库规模的增长也起到了推波助澜的作用，因为语料采集方式最根本的目的在于尽可能保证所采集的语料具有代表性，保证所收录的语料最大限度地涵盖具体语言在诸如语体、语域、地域变体、作品年代、作者性别、题材类型等多方面的比例合理性，进而保证建成后的语料库能囊括具体言语行为的普遍规律性。（潘璠、冯跃进，2004）

对语言的研究，有时候不仅是要求语料库在体量上越来越大，而且也要求语料库不仅是一种初步的语料集合，而是要对这些语料进行加工。曲维光、唐旭日、俞敬松（2009）提出对超大规模语料库进行精加工。语料库的加工，学界关注得比较多的是语料的标注问题。肖奚强、周文华（2014）提出对汉语中介语语料库进行全面标注的问题，认为标注的全面性和类别问题是汉语中介语语料库建设中的两个重要问题，直接关系到语料标注的科学性和可行性。靳光瑾、肖航、富丽、章云帆（2005）在《现代汉语语料库建设及深加工》一文中谈及词语切分及词性标注加工、句法树库建设、国家语委语料库加工计算机软件系统等。化振红（2014）根据中古汉语的基本特点，结合现有语料库的建设经验，阐述中古汉语语料库选取语料的若干原则：语料样本的代表性、文本类型的平衡性、语料之间的关联性与区别度、入库文献的特色性；讨论建立中古汉语语料库分词规范、分词词表的可行性，初步构建"信息处理用中古汉语分词规范"的整体框架。邢富坤（2015）提出面向语言处理的语料库标注，认为语料库是语言处理的重要知识源，语料库标注则是挖掘语料库潜在价值的重要方法和途径。杨丽姣、肖航（2015）提出语境信息的标注，文章基于汉语（二语）教学语料库，面向语义搜索，分析汉语（二语）教学领域语境信息的特征及层次，探讨语料库语境信息的标注体系。

三 语料库与翻译学研究

自 20 世纪 90 年代我国引入语料库翻译学的概念后，基于语料库的翻译研究一直吸引了国内广大学者的注意力，并涌现出了大量成果。相关的成果都在几篇研究综述中有介绍，张律、胡东平（2011）通过对国内十余年在此方向研究成果的归类分析，从语料库的创建、基于语料库的翻译过程的研究、翻译对象的研究、翻译内容的研究、翻译风格的研究、对语料库的评价及文献回顾 7 个角度综合概述此领域的研究特点和进展，同时指出该领域的研究亦可与文体学等其他学科相结合，并在自建语料库，尤其是口译语料库等方面还有较大的研究和发展空间。任敬辉（2015）通过对 2007—2013 年国内语料库翻译研究的期刊文献的分析，发现国内基于语料库的翻译研究经过前期的起步阶段，正迈进深入探索时期，在研究方法上，非材料性研究与材料性研究数量差距正逐步缩小，研究领域呈现多样化发展趋势，双语平行语料库建设、口译研究、机器翻译等方向日益引起学者关注。虽然国内语料库翻译研究取得了丰硕的成果，但不容忽视的是其在技术层面、研究的广度和深度及研究方法上仍然面临着一些局限，亟待突破。而王帅（2014）则侧重综述了语料库翻译学的研究，语料库翻译学作为一种新的研究范式受到学者的重视。通过自建小型语料库的方式来研究语料库翻译学，总结了语料库翻译学的几个发展阶段和主要研究内容，完整呈现出语料库翻译学的来龙去脉。

翻译范式的两次转变催生了语料库翻译学这一新的研究范式的产生。国内除了以上综述论文提到的研究成果，语料库翻译学还有不少值得重视的地方。其中，口译问题就是一个十分重要的研究方面。黄立波、王克非（2011）指出语料库口译研究的新动向——多模态口译语料库的建设，文章转引 Setton（2011：49）的观点认为，未来的研究可以有两大类：第一类是大规模语料库中可以统计的特征，这些特征可以作为口译员表现或口译文本的标志；第二类是局部微观过程，这类研究要求有共时的数据输入与输出和捕捉语用特征（如韵律）的研究框架。大规模多模态口译语料库的建设将为今后这方面的研究奠定基础。潘峰、胡开宝（2015）指出，语料库口译研究是近十年来发展极为迅速的口译研究领域之一，并已产生出相当丰硕的成果。语料库口译研究自发轫以来在语料库建设、口译语言特征、译员风格、口译过程、口译教学及译员培训方面取得了重要进展，与此同时，当前语料库口译研究也存在一定的问题和局限性，主要包括技术上的问题和研究方法上的局限。需要指出的是，基于语料库的口译研究为相关领域研究带来了积极的革新意义，在未来仍然具有广阔的发展前景。

关于语料库翻译学，黄立波、朱志瑜（2012）进一步明确了其研究对象和研究方法，认为就研究对象而言，主要是对翻译语言/文本整体特征的描写，如翻译共性、译者风格等；而研究方法方面，则经历了从单一的单语类比或双语平行模式到二者相结合的综合模式。近年来，翻译带来的语言互动与变化成为新的研究对象，根据实际需要建立的多重复合对比模式成为方法论发展的趋势。胡开宝（2012）又进一步强调了语料库语言学的研究内涵和意义，认为语料库翻译学既是一种方法论，更是一种全新的译学研究范式。该范式将译学研究的语言学研究范式和文化研究范式有机地融为一体。语料库翻译学的问世不仅实现了译学研究方法的重要变革，而且在很大程度上丰富了译学研究的内涵，催生了一些新的译学研究领域，如批评译学、具体语言对语言特征和译者风格等领域的研究。翻译共性的研究也是语料库翻译学的一个热点问题，翻译共性具体包括显化、消歧、简化、合乎语法性、避免重复、凸显目标语语言特征及其分布六个方面。相关的实证讨论又增加了传统化、标准化、范化、净化等，后来主要集中在显化、简化和范化三个方面，近年来又增加了独特项假设、干扰、非典型搭配、不对称假设等。这些分别以不同语对或语种的语料库为基础，以语际对比或语内类比为模式的实证研究，既有对原有假设的支持，又有不同程度的背离，引起研究者们对现有研究的反思（黄立波，2011）。胡显耀、曾佳（2011）认为经过近20年的发展，翻译共性假设不断被检验和修正。最初的共性假设有些得以证实和强化，有些则被否定和修正，而新的翻译共性假设正不断出现，并认为翻译共性研究呈现出理论、概念和方法等方面的新趋势，追踪这些趋势，厘清翻译共性研究的理论源流，对汉语的翻译研究具有重要参考价值。

四 语料库与教学研究

郑艳群（2013）研究了语料库技术在汉语教学中的应用，文章总结了面向汉语教学的语料库建设、加工、应用方面取得的成绩和展现出的突出特点；与此同时，她也指出了一些研究的误区以及有待深化的研究问题和有待拓展的研究领域。

语料库在教学方面的应用主要是在两个方面，一是汉语的教学，二是外语的教学。

汉语教学主要包括了字词句的教学研究。汉字的教学研究如曲朝霞（2006）利用语料库对小学生汉字认知偏误进行了分析并提出了相应的对策；宋华、吕永进（2008）利用语料库对中小学生汉字部件错误的类型进行了研究；于龙、陶本一（2010）提出识字教学的问题与对策，展开了基于语料库的小学语文教材用字研究，文章利用了三种语料库资源：上海现行版语文教材（一至五年级）语料库、上海现行版小学除英语以外的其他学科教材（一至五年级）语料库、全国中小学生课外阅读语料库，对其用字情况进行统计分析，试图揭示当前小学语文教材用字的基本状况和存在的问题，反思识字教学和教材编写过程中的非理性因素，以期对识字教学和语文教材编写提供一些有参考价值的数据和思考。刘晓丽（2011）利用中介语语料对日本学生的汉字书写偏误进行了分析；黄伟（2012）利用 HSK 动态作文语料库，分析了字形特征对汉字文化圈中高级水平学习者书写汉字的影响；黄媛媛（2014）利用语料库进行统计，对高级阶段非汉字文化圈学生作文的正误字进行了对比分析。这些研究都是基于语料库在汉字的教学和学习方面所进行的。

关于利用语料库进行汉语词汇教学方面的研究也有不少成果，如李智涛（2008）提出借助语料库来实现建构主义汉语词汇教学；王海峰、王铁利（2009）在语料库的基础上对现代汉语中的离合词在对外汉语中的教学进行了研究，探讨了本体研究与对外汉语教学应用的有机结合途径，有利于推动语言教学与研究的相互促进与进步；刘凤芹（2010）在语料库的基础上对汉语词汇的搭配进行研究，并利用这种研究来进行对外汉语词汇教学；王丽丽（2013）针对留学生的词汇学习策略及语料库知识做了一份调查研究，并从各方面分析了留学生在词汇学习方面的一些特点和差异。在此基础上以 AntConc 为技术平台建立了一个适合教师和学生并适应教材的三位一体的小型语料库，收集了来自课文、学生作业及课外阅读的 22500 字的语料，并以词汇教学为主线将这一语料库应用于实际教学中。

而利用语料库进行汉语语法教学和研究也一直受到学者们的关注，早在 20 世纪 90 年代初，黄昌宁、苑春法、潘诗梅（1992）就介绍了一种基于语料库的汉语句法分析系统，文章用以进行句法分析的知识主要是从有句法标注的语料库中获得的，他们的研究注重（1）知识获取及表达；（2）句法分析的算法。张亮、陈家骏（2007）基于大规模的语料库，对句法模式的匹配进行了研究。当然也有对具体句型的教学研究，如郑定欧（2009）基于语料库对汉语"把"字句的语法研究；桂孟秋（2011）基于 HSK 动态作文语料库，研究了面向留学生的"被"字句语用教学，认为汉语母语使用者和高级阶段的留学生在使用频率和语用条件两方面，对"被"字句的选择有所不同：留学生使用"被"字句的频率远低于母语者，使用的语用环境也有所差别。刘正光、孙一弦（2013）在大规模语料库检索归纳的基础上，对"下来""下去"作补语时的句法语义限制做出了描写，并从认知的角度对这种语言现象进行了解释。也有从习得的角度来研究的，如黄娜（2014）在语料库的基础上，对小学生作文中的句法特点进行了研究。

语料库还可用于外语教学方面。张东辉、赵丽（2009）对语料库语言学应用于大学外语教学做出了研究，认为语料库快捷准确提供诸如构词、搭配、语境等多方面的语料及信息，而且语料库具有的容量大、语料真实、检索快捷准确等独特优势在现代语言教学中的重要作用。认为随着现代多媒体和网络技术的日益普及，要借助语料库更新教学观念及模式，从而培养学生的自主学习能力和观察分析问题的能力，文章提供大量真实而自然的语料等应用设计理念。

基于语料库的外语教学方面，主要集中在词汇和句法上的研究。而前者的研究尤多,从中国知网十年间(2005—2015年)正式发表的论文统计来看,基于语料库的词汇研究论文超过100多篇。首先是对教学理论和方法上的探讨。如谢元花(2002)就探讨了基于语料库的词汇研究对外语词汇教学所带来的影响,她认为基于语料库的词汇研究可以帮助老师选择教学内容、安排教学的次序、找出教学重点。现在外语界普遍认为,在英语学习的中初级阶段,高频词应该是教学的重点。而基于语料库的词汇研究可以给我们提供最常用的500个、1000个、2000个、3000个以至5000个词汇。这样我们就可以合理地安排词汇教学重点和先后次序,避免花太多的精力在那些不常用的生僻词汇上。基于语料库的词汇研究还可以帮助教师避免选择过时的表达法。如搭配"rain cats and dogs"(倾盆大雨)在现代英语(至少在现代英国英语中)几乎不再使用。但是每本词典都收录了这一搭配,大多数英语教师都知道这一搭配,这样就面临着一个教学内容的选择问题。谢文所主张的这两个方面是非常有道理的,这是词汇教学首先必须面临解决的问题。梁三云(2005)研究了语料库与词汇教学的策略,认为计算机对词义及词的用法分布的研究主要是关于词的不同意义和用法及其在同一语料库或不同语料库里的分布情况,所以语料库的词语搭配这些对词汇教学具有重要意义,所以主张词汇教学应该建立相应的个人教学语料库。黄若妤(2008)对语料库指导下的CIVI词汇教学模式进行了探讨,即从教学大纲、学习环境和认知过程三个层面来探讨"语料库指引的词汇教学(CIVI)"模式建构,以期克服传统词汇教学的诸多局限和瓶颈,使词汇教学朝着系统化、科学化、核心化的方向发展。孔蕾、秦洪武(2013)讨论了语料库在词汇教学中的应用,特别是对词汇分层和教学设计进行了专门的探讨。

　　当然更多的是对词汇教学实践的探讨,如陈彦梅(2006)就语料库在英语词汇教学中的作用进行了进一步的探讨,并提出了在英语词汇教学中,如何利用语料库来解决词汇连结模式凸显、语境共现和练习设计三方面的问题,从而改善词汇教学的效果。俞燕明(2009)积极利用语料库语言学理论与方法进行词汇教学的一次实践探索。研究以Sinclair的词汇语法理论(Lexical grammar)为指导,采用"数据驱动学习"(DDL)模式。结果证明此模式能有效提高学生词汇水平,并对培养学生自主学习能力和研究性思维有一定促进作用。

　　词汇的教学研究还从不同的英语学习阶段进行了探索,张松梅(2008)利用具体的实验去研究语料库辅助词汇教学的有关问题,对语库在高中英语教学中的应用进行探讨。该文的实验包括两次测试，以了解实验对学生的影响。实验表明，科学合理地使用语料库，能有效地扩充学生的词汇量，通过实验也彰显了传统词汇教学的弊病；彭玲（2009）也对语料库在中学英语词汇教学中的应用进行了探讨；当然，更多的是对语料库在大学英语词汇教学中的应用进行研究，如田文芝（2009），刘小平（2009），张济华、高钦、王蓓蕾（2009），林少婷（2011），王小妮、王玢（2013）等的研究皆着力于此。也有利用语料库从不同的语义场对英语词汇教学进行研究的，如有研究语料库在商务英语词汇教学中的应用的（王冬梅，2009）；有研究语料库在医学英语词汇教学中的应用（刘娟、周延、刘保民、徐天英，2010）；也有研究语料库在 IT 英语词汇特征及教学研究的成果（蒋丽平，2013）；当然，还有基于语料库的高职高专公共英语词汇教学的研究（付志扬，2015）。

在外语教学实践研究中，绝大部分是英语教学研究，也有对其他外语教学的研究，如于丹红（2007）利用俄语国家语料库对俄语词汇教学进行了探讨，主要以 одеть 和 надеть 二词为例进行研究；吉红（2013）以复合动词「－だす」为例，利用语料对高职日语词汇教学改革进行了探讨；胡传文（2015）利用语料库对维吾尔语词汇教学进行了研究。

语料库的词汇教学研究还有一个重要的内容就是对同义词的研究。语料库能够充分地展示同义词的不同搭配和不同语义韵，所以，语料库在研究同义词方面有着得天独厚的优势。张继东、刘萍（2005）提出了基于语料库的同义词辨析方法。主要包括：（1）统计出同义词在语料库的不同语域中的词频分布差异；（2）以节点词的跨距为参照，统计同义词的显著搭配词，并计算同义词与其搭配词相互信息值（MI 值）以及 Z 值；（3）通过观察检索行中所呈现的同义词搭配特征，揭示出它们的类联结、搭配关系和语义韵等语言特征。其后，李娜、陈德生（2009）对基于语料库的英语同义词辨析教学方法进行了探究；而刘丽萍（2010）则对基于语料库的汉语同义词教学方法进行了初步的探究。有强调同义词差异性的调查（潘璠、冯跃进，2000），也有强调同义词搭配的对比研究（杨节之，2007）。当然，更多的是基于语料库的同义词具体个案的研究：如卢鹿（2006）对同义词"gain"和"obtain"使用的辨析；谢艳红（2010、2011）对同义词"gain"和"obtain"的搭配特征和搭配行为的对比研究；金朋荪、李京徽（2011）对同义词 Great 和 Large 的对比研究；林轩（2011）基于语义搭配的 very、rather、quite 的同义词对比研究；陈羽

（2015）基于语料库对同义词 execute、perform、implement 和 enforce 的研究；彭佳尧（2015）在当代美语语料库的基础上辨析了英语同义词 Provide 和 Supply；在基于 COCA 语料库的基础之上，薛晓娟（2013）对 confused 和 puzzled 两个同义词进行了辨析，而冷雪莲（2015）则对英语同义词 Capable 和 Competent 进行了辨析；同样，在基于 BNC 语料库数据分析的基础上，王紫萍（2014）对同义词 neglect 和 ignore 进行了辨析，而霍艳娟（2014）则对 adapt 和 adjust 两个同义词进行辨析；当然也还有其他一些同义词的研究，如对 gain，obtain，acquire 和 get 的研究（王长斌，2014）、对 supply 和 provide 的研究（王月丽，2013）以及对 Request，Require，Demand 的研究（罗丹，2013）。也有少数基于语料库对英语同义词组进行对比研究的，如对 make efforts 和 take effort 的辨析（高洁，2013）。基于语料库的同义词实例分析的成果不少，但是系统的研究还较少，和其他语言层面结合起来进行研究的成果也较为少见，如赵勇、施应凤、罗瑞、周荣春、林思思（2015）的基于语料库和数据驱动的英语同义词的构式语法研究。把同义词置于语言构式中来观察，是将词汇层面和句法层面结合起来进行研究的界面融合的方法，这种研究也是需要加强的。

　　句法上的研究主要有：郑玉荣（2011）在基于历时学习者语料库的基础上，对中国英语专业的学生的词汇和句法发展进行全面的研究；张会平、刘永兵（2013）同样在基于学习者语料库的基础之上，对添加关系的话语标记的句法特征进行了分析。基于语料库的中学生的英语写作中的句法研究也是学者们所关注的，俞华（2004）就基于语料库对中国中学生的英语写作中的句法应用进行了研究，分析了其中的错误，也提出了相应的对策；王晨宇（2014）则基于语料库的基础对中学生英语写作中的句法复杂性进行了对比研究；而李轶欧（2013）则在语料库的基础上就中国英语学习者的句法表征和处理做出了研究。也有句法上的对比研究，如李银美、王义娜（2015）在语料库的基础上，对学习者英语与英汉时间状语从句的句法分布的差异进行了研究；孙敏庆（2015）在基于俄语国家语料库的基础上，对俄语视觉动词 смотреть 的语义句法进行量化研究。

五　语料库与语义研究

　　语言研究的目的在于研究语言的意义，语料库在语义研究方面也是非常受重视的。利用语料库来研究语言的意义主要体现在两个方面：

第一个方面是侧重单个词汇单位意义的研究，即词义的考察。

胡丽珍（2013）以"啃"的语义考察为实例，展示了语料库视野下常用动词意义的研究，其主要方法是利用语料库最常见的方法，即动词与论元搭配，通过不同的论元考察来研究动词不同的意义，将词典所收录的"啃"的一个意义扩展到八个意义，也就是说，利用语料库可以更加全面和充分地对某个词进行认识。雷冬平（2013）则以"诡随"的语义研究为个案，对基于语料库的汉语疑难词语的意义考察方法进行了讨论，提出了疑难词语考察的方法和步骤：一是前人训诂成果的整理，二是文献用例的分类和义项的归纳，三是词语源头语境的印证。利用这种方法，在充分利用大型语料库的基础上，得出"诡随"之义有三：一为假随；二为盲从；三为顺从，修正了前人关于"诡随"为"欺诈"之义的说法。其后，利用语料库考察词义并纠正词典释义的研究多起来，李仕春、李蓓（2014）对"狗"的义项分布研究，柴湘露、李仕春（2014）对"黄"的义项分布研究，焦子桓、李仕春（2014）对"灰"的义项分布研究，邓斯悦、李仕春（2015）对"灵"的义项分布研究，史梁樱、陈宇、李仕春（2015）对"拿"的义项分布研究，陆慧婷、杨凯、李仕春（2015）对"嫩"的义项分布研究，刘小盟、李仕春（2015）对"晚"的义项分布研究，于璠、蔡佳雯、李仕春（2015）对"滑"的义项分布研究，以上这系列文章也都是从词语搭配的角度，对词语的意义进行了归纳和总结，对《现代汉语词典》所收录的义项进行补充和修正。也有在语料库的基础上对虚词进行研究的，如胡燕（2015）基于语料库的调查，对"暂且"与"权且"的语义特征进行了对比分析，提出"暂且"侧重于［+真否定］［+主观性］［+时间性］［+消极性强］，"权且"侧重于［+假否定］［+客观性］［+让步性］［+消极性弱］。对单个词语的研究也有对语义特征进行分析的，谢学敏（2006）对流行语释义信息的自动提取进行了研究，基于北京语言大学应用语言学研究所的 DCC 动态流通语料库，经人工标注，建立了流行语释义信息提取的训练语料库，并分别对 2004 年和 2005 年的流行语释义信息进行自动提取的封闭测试和开放测试。唐君（2008）在语料库的基础上对自然语言元语言汉语空间语义基元"里"和"里面"进行了研究，通过基于语料库的对比分析，揭示了"inside"和"里"及"里面"的分布之间存在显著性差异："inside"常见于名词前，从句法结构上看常处于限定空间处所的状语成分位置上，然而，汉语的"里"及"里面"的搭配则复杂得多。在句子中的位置和所发挥的作用更为灵活多样。

第二个方面是语义韵的研究。

20世纪90年代以来，语义韵一直受到外语学界的普遍关注，特别是21世纪以来，语义韵逐渐成为国内语料库语言学的研究热点。语义韵研究的是一种词语搭配现象，是指某个或者某些词语由于经常同具有某种语义特征的语言单位共现而产生某种语义色彩的结果。这正如汉语学界提出的词义感染或者是相因生义，因为，词与词之间的语义也能相互感染。其实，语义韵就是意义由于其形式受到与之搭配的词的影响而被"感染"上相似的语义特征。纪玉华、吴建平（2000）对语义韵的研究对象、方法以及应用进行了研究，认为语义韵研究对象就是单词或词组之"超越词界的联想色彩"，这种联想色彩其实就是联想意义，主要包括"社会或情景联想意义""某一特定的文化中所具有的附加意义"以及"表达联想意义"；而语义韵的研究方法则是：用定位检索软件（concordance）找出某词或词组的搭配伙伴，对其表达联想意义进行定性、定量分析，从而得出该词或词组的语义韵轮廓（profile of semantic prosody）。并且认为语义韵的研究对于词典编纂具有重要的应用价值和意义。卫乃兴（2002）进一步详细地探讨了语义韵的研究方法，讨论了三种常用方法：基于数据的方法、数据驱动的方法和基于数据与数据驱动相结合的折中方法。当然更多的语义韵研究是基于语料库的单个词或者某一类词的语义韵研究，如王海华、王同顺（2005）对Cause的语义韵进行对比研究；温玲霞、何明刚、张吉吉（2007）在语料库LOB调查的基础上对近义词rather和fairly的语义韵进行了对比研究，并揭示了二者的语义韵特征，建议学习者和语言教师在语言的学与教中广泛使用语料库工具，提高语义韵感知能力，促进语言学习和交际的顺利进行。龚伟英（2008）对fat的语义韵研究，该文通过FLOB、FROWN、COLT、CLEC以及MSSS语料库的研究发现，在英语本族语语料库中，fat具有明显的消极语义韵，而在中国英语学习者语料库中，fat具有错综语义韵；王茹（2009）基于中文语料库对汉语"改、变、改变、变化"四个近义词语的搭配和语义韵机制进行了考察；郭建芳、李二涛（2013）基于语料库的调查，对"严重"和"seriously××"语义韵进行了研究，认为"seriously××"所搭配的词较为固定和局限，而"严重××"搭配范围则更加宽泛。语义韵的研究也可以是针对某种句型的研究，如朱一凡、胡开宝（2014）对新闻汉译语料和原创语料中"被"的语义趋向和语义韵进行了对比,揭示了翻译语言中"被"字句的语义趋向与语义韵与原生汉语的差别,并分析了翻译语言中"被"的语义特征发生变化的根源。

语义韵有不少的研究成果,也可以应用到不同的方面,首先就是纪玉华、吴建平(2000)所提到的辞书编纂,王琦(2004)就提出了语义韵研究在双语词典编纂方面的应用,因为语义韵信息可以通过双语词典中的对应词、例证和用法说明来体现。还可以应用到对外汉语教学上,如王汉平、孙作生(2009)认为语义韵的研究成果对英语教学有着重要的促进作用,语义韵研究可以拓展词汇教学的深度、增加同义词辨析的维度、提高学生精确运用词汇的能力、促进词汇教学方法的创新等。洪鹏(2015)基于语料库的分析,对中国雾霾新闻报道的语义韵进行了研究。

六 语料库与语法研究

利用语料库对汉语句法进行研究最早是在计算机语言研究上,黄昌宁、苑春法、潘诗梅(1992)介绍了一种基于语料库的汉语句法分析系统,主要研究了(1)知识获取及表达;(2)句法分析的算法。张亮、陈家骏(2007)进一步进行了基于大规模语料库的句法模式匹配研究,即从大规模标注语料树库中抽取出蕴含的句法模式、构建模式、子模式及其规约库,句法分析的过程转化为模式匹配和局部模式转换的过程。方芳(2006)通过考察、分析和统计人工分词和词性标注语料,采用语言学成果和计算机技术,对量名短语在语料库中的自动识别工作做了初步探讨。实验结果证明,利用匹配搭配词典和参考通过训练得出的搭配概率的方法,能够较好地在分词及词性标注文本上自动识别量名短语。

基于语料库的汉语句法研究更多的是侧重于某个句式或者结构的研究,如蒙启、管志斌(2008)指出:"下"字是现代汉语中用于表达空间位置关系的方位词,其使用频率极高。该文在语料库的基础上,分析研究"下"字的句法结构特征,并归纳出"下"字的三种词类,即量词、方位名词和动词。郑定欧(2009)基于语料库对汉语"把"字句句法进行了研究,认为重视形式化的句法取向,并强调要善于利用语料库语言学,用事实说话,树事实权威。蔡莉、敖锋(2014)对汉语关系从句挂靠偏向进行了研究,该文采用语料库分析方法,发现汉语具有关系从句低位挂靠偏向。在对关系从句挂靠点生命性特征进行分析后发现:挂靠点的词汇信息需要和结构信息一起发挥作用才能对关系从句挂靠偏向产生影响,其中的结构信息取决于双因素理论中的谓词接近原则。具体句式的研究往往又不仅仅限于共时的研究，有从历时的角度进行研究的，如唐瑞梁（2008）基于语料库对"不过"与"×看"结构进行了研究，文章依托古代、现代汉语语料库，通过对"不过"与"×看"两个个案的研究探讨了汉语语用标记的历史形成过程。英语语法化的研究成果也不少，如向明友（2010）认为基于语料库的语法化研究在西方现已盛行，根据20世纪90年代中期以来出版的相关专论，概述语料库对语法化研究的贡献以及二者的相互促进和影响，以唤起中国学者对此方面研究的关注。对具体的英语词语和短语的语法化研究也有不少成果，如詹全旺（2009）对英语增强词terribly的主观化研究，该文基于英语文学语料库，对英语增强词terribly在使用中词义的演变过程进行较为详尽的历时考察；再如基于语料库的be going to的语法化研究（傅军，2011；武俊辉、文旭，2015）、基于语料库的YOU KNOW语法化研究（秦云萍，2013）等英语短语的研究；再如基于语料库的"从来"语法化研究（李繁贵，2012）、基于语料库的"一下"语法化研究（蔡燕，2013）、基于语料库的"问题是"语法化研究（尹蕊，2015）等，当然，也有基于语料库对英汉相关结构的语法化进行对比研究的，如基于语料库的英汉语表示"将来"意义的语法化研究（彭芳，2008）、基于语料库的英汉数量语的功能语法对比研究（于昌利、罗艺，2014）等。

  基于语料库的语法研究还有一个重要的内容就是构式语法的研究。构式语法自20世纪引入中国以来，逐渐成为国内语法研究的热点。构式被看成语言的基本单位，在很多方面和汉语具有暗合之处。闫洪勇、施晓伟（2009）就认为语料库对于构式语法具有重要的作用，提出语料库能促进构式语法的历时与共时的研究，语料库有助于科学理解构式及拓展构式语法研究的视角，语料库能丰富构式语法的研究素材和语料，语料库能提高构式语法研究的效率和质量，语料库会丰富构式语法的理论内容和研究方法，语料库能促进构式语法的跨语言性研究。胡健、张佳易（2012）提出构式搭配分析法，主张将认知语言学和语料库语言学结合起来进行研究。更多的则是在语料库的基础上对具体构式的研究，如罗思明、王文斌、洪明（2010）从语料库和类型学的角度出发，对英汉结果构式R_{AP}制约问题进行研究；吴芙芸（2011）讨论了量名不匹配构式在语料库中的低频出现率及内在原因；高航（2013）对北京大学2000年《人民日报》全文语料库中检索到的"N的V"结构进行研究发现，该结构是一个复杂范畴，其中的 V 包括单音节和双音节动词、多动词结构（单音节动词的并置、双音节动词的并置）、复杂动词结构、成语和习语。这些动词结构都可以被视为名词化，但其固化程度不同。因此，是否都标注为名词应区别对待。何玲（2014）基于语料库、用英汉对比的方法，提出一个操作性较强的中动结构判定标准，即"附加语语义指向"标准，从大量"起来"句的语料中遴选出合格的中动句，从而为建立小型汉语中动结构语料库和英汉中动结构对比研究做进一步的分析做好准备；王仁强、陈和敏（2014）以 sneeze 及物动词用法的规约化为例，研究了动词与构式关系，认为词库与句法虽构成连续体，但二者的区别也不可忽视，动词与构式存在双向互动关系，动词本身的属性也会因在构式中反复使用而发生变化；向格（2014）在基于语料库的基础上，对"把 NV 下来"中 V 的语义特征进行了研究，将"把 NV 下来"中的 V 分为受事脱离、受事位移和受事固定三类，总结归纳了 3 大类 16 小类能够充当"把 NV 下来"中 V 的语义特征；周祥、曾传禄（2015）基于语料库的多维考察，对"不得了"与"了不得"这组使用频率较高的近义词在句法、语义以及语用三个平面进行了区别；姜祝青（2015）基于权威语料，考察汉语 NA 表量构式"火热"的概念隐喻，并对其加以认知阐释，认为"火热"的概念隐喻主要投射到三个域：个人域、事物域和社会域，"火热"具有［+量度］语义特征，其形成是范畴化和隐喻作用的结果；李慧、郑航、陈艳华（2015）通过对汉语中介语语料库中"V 单+X"语块使用情况的考察发现，约 40%的"V 单+X"语块在汉语中介语语料中出现，但仅有少数语块使用次数较高，主要为高频搭配，汉语学习者对语块的使用情况与汉语母语者具有一定的一致性。吴宏星（2015）在基于语料库的基础上对"V 他个 VP"结构进行了研究，在北京大学 CCL 语料库的基础上，收集语料库收录的所有含有"他个"为关键词的语料，将研究的重点放在"他个"前后的成分分析上，通过对"他个"前的 V 和之后的 VP 进行分类汇总，从而对"V 他个 VP"这一构式进行探究，进一步明确"他"作为代词的语法性质，以及"他"的向前指代和向后复指的语法功能。

  在语料库基础上的语法研究还有一个内容，即是配价语法的研究。陈文杰（2009）在《语料库和配价语法研究略论》一文中指出，配价语法对自然语言处理、语言的形式化研究和量化研究产生了重大的影响。大型电子文本语料库的出现为配价语法深入研究创造了条件。反过来，配价语法为语料库的应用研究提供一个可行理论框架和思路，使得语料库在语义研究、句法结构研究以及自然语言处理中发挥了更大的作用。蔡淑美、施春宏（2014）在《基于汉语中介语语料库的二价名词习得研究》一文中主要探讨汉语中介语语料库中二价名词的习得情况及其理论蕴含。文章首先描写了二价名词在中介语语料中正误分布的整体情况，尤其关注其偏误类型和表现，发现语块配位是习得的难点和重点，而学习者的语块意识有不同的层级，由此探讨语块意识的构建过程，分析二价名词习得中的内在机制和规律，在对名词习得难度重新认识的基础上提出了教学策略。最后指出需要结合新的语言学理论和观念对偏误分析的实践及其理论蕴含做出新的探讨。当然也有对动词配价作历时研究的，刘丙丽、刘海涛（2011）在基于汉语语料库的基础上，对汉语动词的句法配价进行了历时的研究。因为语料库展示了动词历时的论元结构，那么从论元结构的历时变化中，既可以看出动词句法配价的变化，也可以看出动词语义的演变。

七　语料库与认知研究

传统的认知研究往往更多地带有主观性，但是随着认知语言学研究的深入，内省的方法逐渐向实证的方法过渡，实证讲究的是语言证据，语料库则是语言证据的来源，因此语料库语言学的研究方法被认为是语言实证方法的一种重要形式。认知语言学主张"使用为基础"（usage-based）的语言观，而语料库法则是一种考察语言实际使用情况的数据分析法，因此，注重语用的认知语言学与考察语言实际运用的语料库是相辅相成的，那么二者的结合也就有其必然性。国外学者较早就注重了二者的结合，具体可以参看段芸、莫启扬、文旭（2012）和田臻、唐树华（2013）的相关介绍。

国内对二者的结合研究比较晚些，彭懿（2010）在《语料库语言学方法与认知探究》中通过述评 John Newman 和 Sally Rice 关于"坐、立、躺"三个主要英语姿势动词的使用在语料库语言学当中的认知探究一文，指出该文主要利用语料库语言学研究方法及其他研究方法，并辅以认知语言学解释，对英语的三个主要姿势动词趋于语法化进行了系统研究。该论文的综合研究方法对目前及今后的认知语言学及相关研究有着深远的意义。此外，阐明所述评论文的不足之处，揭示认知语言学研究成果对于相关语言学研究的价值。当然，国内的研究更多的是语料库基础上的认知研究个案，如陈娜（2008）基于语料库对英语的"deep"和汉语的"shen（深）"进行了认知对比研究；陈燕（2008）基于现代汉语语料库的分析，对"口、嘴"类词进行了认知方面的探讨；张会平（2009）在语料库的基础上，对英汉转移否定的情态隐喻功能与认知理据进行了分析；赵媚（2010）在语料库的基础上，从认知的角度，对比分析了英语"up"和汉语"上"的功能；黄飞龙（2012）在语料库的基础上，从认知的角度，对英语"V+OUT"和汉语"V+出"进行了对比分析；杨婷（2012）基于语料库，分析了中英文中的味觉词"甜""酸""苦"的形成和差异，并从认知的角度进行了解释；高文成、张丽芳（2013）基于BNC和CCL语料库的分析，对英汉语双名词内向结构认知对比进行了研究。张立飞、严辰松（2013）对语料库的分析表明，汉语的复杂名词短语有只使用一个"的"的偏好，表现在：包含多个定语的名词短语只带一个"的"的比例极高；单个形容词（如"重要"）在复杂名词短语中不带"的"比例要远高于在普通名词短语中。复杂名词短语的独"的"偏好产生的认知机制是独"的"构式"D的H"由于固化程度高而被激活用来对包含多项定语的复杂名词短语进行范畴化。复杂名词短语中"的"的隐现受象似性原则和经济原则这两个相互竞争的动因的制约：前者追求形式和意义的一一对应，倾向于保留所有的定语标记"的"，后者寻求以最小的认知努力实现语义的表达，倾向于只保留一个"的"。二者竞争的结果是在不影响语义表达的提前下尽量少用"的"。周永平（2014）基于语料库对汉英器官量词进行了对比研究，从认知角度分析了造成其差异的原因。

当然国内基于语料库的认知研究更多的是在隐喻和转喻研究方面。隐喻和转喻是人类认知的两大机制，基本上的词义演变都涉及隐喻和转喻机制，因此语言各个层面的认知研究大都能够从隐喻和转喻上找到解释。因此，国内这个方面的个案研究是比较多的，这些个案有以虚词隐喻研究为例的，如赵颖（2006）探讨了"and"在言语交际过程中所连接的两个子句之间的隐喻关系，借助福克纳小说《喧嚣与骚动》及BROWN等语料库的例句，分析了"and"的隐喻意义，并得出结论："and"的隐喻意义一是包括词语间的概念映射，二是包括揭示子句之间的关系。欧丽（2014）指出：从认知语言学的角度分析英语介词on的原型空间义项，同时通过英国国家语料库检索分析，得出on的原型空间概念所拓展的隐喻意义的目标域种类以及分布情况，并对其向其他域映射而产生的隐喻意义进行分析，试图揭示空间隐喻的映射过程和规则。当然，更多的是实词的研究，这种实词的隐喻研究，有单个实词的隐喻研究，如贺文照

(2008)指出,汉语中的"心"可以用来喻指很多抽象的概念,汉语中的"心"和英语的 heart 在隐喻认知方面具有很多相似的地方。运用汉英平行语料库,考察汉语"心"在翻译过程中的认知模式是如何被转换到英语中去的,可以验证这样一个假设,即在翻译过程中译者会受到隐含在"心"中的认知模式的影响;胡春雨(2014)通过检索 BUBBLE 在 5 个语料库中的使用情况,调查经济类泡沫隐喻在经济话语和大众话语中的历时变化及其背后的机制,研究表明,尽管经济类泡沫隐喻在长达一百多年的时光里较为罕见,近年来却成为经济话语和大众话语的常用隐喻模式;贾良梦(2015)指出,"鼻/鼻子"是人类的重要器官之一,在语言发展过程中,人类基于其形貌、位置和功能,通过隐喻和转喻延伸出了许多鼻词汇。这种单个的词语的隐喻研究,也可以将其置于一个具体的构式中进行,如年洪东、张霄军(2009)在超大规模的语料库基础上,对由"海洋"构成"形/名+(的)+海洋"结构的隐喻名词短语进行统计分析,并利用同义词词林作为辅助分类体系对"海洋"的搭配词语进行了基本的语义分类。目的是通过对容器隐喻类代表词语"海洋"所构成的隐喻名词短语的多角度分析,发现其在短语层面的隐喻工作机制和隐喻理解方式。

除了单个词语的隐喻研究,也可以是对某一概念范畴的词语的隐喻进行研究,如王东山(2009)通过对物体形状的基本概念"圆"的隐喻认知模式及其语言表达的分析,探讨了"圆"在表达幸福团圆、社会地位、文体风格等概念域的投射。研究发现汉民族充分利用"圆"这一具体概念来理解并扩展出其他的抽象概念;袁红梅、汪少华(2014)在《基于语料库的英汉"愤怒"概念的 ICM 透视》一文中,立足于 BNC 和 CCL 语料库,采用隐喻范式分析法(MPA)对英汉"愤怒"情感的概念化进行了对比研究;此类研究还有,如马博森、王荣斌(2014)通过对 LDC-Online 书面新闻语料库和自建口语新闻语料库对汉语新闻话语中的季节概念隐喻进行的研究;徐秀玲(2014)基于汉语和英语语料库,以汉语中的"上/下"空间方位词为例,对比英语中对应的空间概念,考察汉英两种语言在时间、范围、状态、数量和社会地位这五个目标概念域中的异同,以期揭示空间隐喻背后的认知模式。结果表示汉英两种语言在空间隐喻有诸多相似之处,同时也存在一些差异。

当然,还有一些其他的研究角度,如对网络语言的隐喻研究(刘先宽,2008)、对英汉语言隐喻义习得过程的研究(江静,2008)、对经济报道标题语言隐喻进行研究（吴恩锋，2008）等。王青梅、付丹萍（2014）对汉英称谓语隐喻的认知建构及功能的研究以及邓宇、李福印、陈文芳（2015）对汉语隐喻运动事件词汇化的研究都做出了可贵的探索。

此外，也有对隐喻相关理论的探讨，如王文娥（2007）在评 Alice Deignan 的新著《隐喻与语料库语言学》时，以莱考夫等人提出的概念隐喻论为理论框架，以世界著名的三大语料库之一——英语语料库（Bank of English）为实例，运用最新的语料库语言学方法，从语义、语法和搭配关系等不同侧面系统地考察了该理论所涉及的相关隐喻现象；李艳玲（2008）以一个英汉平行对应词汇隐喻语料库为实例，运用"比较词源学"和"比较互证法"系统地考察了英汉概念隐喻理论的文化理据。李焱伟、封伟、马丽华（2009）指出，基于认知语言学所提出的转喻实际上多数属于连锁转喻，即转喻映射过程并不一定是一步就从源域达到目标域的，而往往存在多步骤阶梯式映射。这些已经被固化常规化的中间步骤往往被人们忽视了。固定或半固定的词汇模式为理解转喻提供了微观语境，这也证实了转喻意义的理解并不是语用学家所提出的是通过选择限制规则的检验而推理出来的。李毅（2014）基于语料库的分析，对隐喻识别方法进行了研究，他提出概念隐喻的七步识别法；采用 Pragglejaz 团队的隐喻识别程序（MIP：Metaphor Identification Procedure）来识别语言隐喻，采用词汇网络（Wordnet）和建议上层共用知识本体语料库（SUMO：Suggested Upper Merged Ontology）的方法来识别概念隐喻。这种基于语料库的自下而上的隐喻识别方法较之传统的自上而下的隐喻研究方法具有明显的优势和可信度。研究采用的隐喻识别方法增强了隐喻研究方法的透明度和可操作性，从而为如何运用语料库的研究方法系统识别和确认语言隐喻和概念隐喻提供方法论上的借鉴和指导。

我们需要指出的是，语料库与辞书编纂的研究是一个重要的内容，我们将在本章第二节进行详细的介绍。

第二节　语料库与辞书编纂研究

语料库在辞书编纂中长期充当着重要的角色。词典编纂是一个复杂的过程，但从本质上看该过程可分为四个阶段（夏立新、朱冬生，2009）：

（1）决定词典的目标用户与词典的使用方式；（2）收集语料；

(3) 分析语料;(4) 根据上述三个阶段的研究结果,编写词典文本。

由于有计算机和语料库的协助,第二和第三过程现在变得越来越容易。语料库的兴起最初也是为了辞书编纂,所以二者之间有着密不可分的关系。国内学者对二者的研究成果也是不胜枚举。主要包括以下几个方面。

一 涉及辞书编纂的语料库建设

古往今来,词典编纂界的有识之士都高度重视语言材料的收集,语料先行应该说是词典编纂工作的基本原则,随着计算机的发展,人工卡片式收集方式已经被淘汰,学界更多的是研究如何建立语料库来编纂词典。因此,语料库的建设是词典编纂的首要工作。学界对在涉及语料库建设和运用中所碰到的一些实际问题,都提出了一些相对应的解决办法,也提出了若干特殊语料库的建设意见和建议,从词典编纂的角度出发调整语料库的建设以更好地配合词典编纂。如钱厚生(2002)在《语料库建设与词典编纂》一文中就讨论了语料库语料的采集,不同性质的语料库,其语料的来源应该有所差异,语料的采样很大程度上取决于语料库的性质和用途。语料库确定之后就是语料的分析和语言信息的检索,利用语料库来检索词典编纂所需要的信息。当然,语料库还存在一个不断更新的问题,语料库的更新也会带来词典编纂的修订,二者是相互促进的。唐萌(2015)进一步提出要学习国外面向辞书编纂的语料库成功的经验,结合我国语言研究和辞书编纂的实际,选取适合我国语料库建设的方法和途径,制订出一个大型通用的语料库建设方案,为辞书编纂奠定基础。当然,探讨最多的还是双语词典的编纂和语料库的建设问题。如欧阳珺沂、徐海(2001)就提出了《现代汉法大词典》语料库建设新词收集的若干方法,认为一部好的词典背后应该有一个资料齐全的语料库,而在语料库的建设中,新词的收集是必不可少的。魏向清(2009)则对英汉学习型词典的设计特征进行研究,并提出这种词典语料库的深加工问题。贺敏(2012)也对英汉学习型词典编纂与语料库建设进行了研究,总结了单语学习型词典的成功经验,探讨了我国英汉学习型词典的问题所在,尝试提出了改进英汉学习型词典编纂工作的办法,即坚持以用户为导向,针对我国英语学习者的语言学习认知特点,以语言学研究成果为指导,为编纂词典建立大型通用语料库,分析现有学习者语料库的相关数据,使英汉学习型词典的设计特征进一步满足学习者需求。李安兴(2005)则认为汉英词典词目翻译质量有待进一步提高。李德俊（2009）研究了英语和汉语词汇间完全对等和零对等这两种特殊的对等形式。研究表明，完全对等是相对的，从双语词典编纂的角度看，单向对等词和双向对等词具有同等的价值；零对等以多种形式存在于英、汉两种语言之间，平行语料库对零对等的处理可以作为双语词典释义的重要参考。

可以看出，平行语料库的建设是一个研究重点。于海江（2006）认为，平行语料库除拥有普通语料库的一些最基本的功能如词频统计、义项频率统计、关键词索引等外，还应有一些独有的功能，如提供真实例证及译文，提供确切的译名等。这对于双语词典的修订和新词语词典的编纂具有非常重要的作用。李德俊（2006）认为，语料库语言学与词典编纂的结合已有时日，但如何利用平行语料库编写双语词典的研究才刚刚开始。对于双语词典的编纂来说，平行语料库明显优于单语语料库。英汉平行语料库中蕴藏着大量的双语对等翻译，能为英汉双语词典词汇对等系统的建立提供很大的帮助。此外，双语语料库在义项分析和排序、双语词典的配例、新词新义、词典立目、文化局限词的处理与搭配研究等方面也发挥着举足轻重的作用。曾泰元（2005）和崔卫生（2009）都曾经探讨了英汉双语词典的编纂和英汉平行语料库的建设。

当然，为了编纂一些特殊的词典，我们可能也需要建设一些专科的语料库。曾昭聪、Peng Zhifeng（2014）认为，有许多中国古代语料库，但是大部分明清方言俗语辞书语料库未收入。有必要建一个综合的和具有实用性的包含明清方言俗语辞书的语料库，能够准确清晰地和全方位地进行检索。这个语料库不仅提供了一个明清语言语料库研究的代表性收集，而且有助于其相关研究的发展，能够意识到传统语言研究、辞典研究、文学研究以及现代科技的有机结合。刘颖颖（2012）认为当前双语专科词典的立目和释义仍然存在一些问题，选词立目不够科学，释义存在误译，双语专科词典还有很大的改善空间。而专科双语语料库可以有效地辅助双语专科词典的编纂，改善其立目和释义的质量。因此，她提出了一个专科双语语料库建设的构想，以便进一步研制专科双语语料库。李蓝（2006）讨论如何建立和利用商务语料库进行商务语言研究并据此编写双语商业词典。王小海（2003）提出建立学习者语料库，并探讨在词典编纂中的应用。

另外，在线语料库和在线辞书的编纂也受到学者的注意。张锦文（2000）对在线（数字化）语料库的发展做了介绍，并重点介绍了 ARTFL

Project 在线语料库，对其特点和功能及其相关问题进行了介绍。并在此基础上探讨了在线词典的建设问题，网络上能够利用的其他语种的在线词典较多，而汉英或者英汉词典在线可利用的较少，这充分显示了汉英在线词典建设的迫切性。张锦文（2003）对上述观点进一步地加以了强调。

可是在线辞书语料库的建设不是一帆风顺，其中有许多的技术问题和困难。史建桥（2004）提出：采用先进的计算机技术编纂辞书，已越来越引起辞书的编纂者和出版者的重视，辞书编纂的数字化已是大势所趋。而制作数字化的语料，建设电子辞书语料库，来取代传统的语料卡片，是其重要的关键。可以说，辞书语料库的建设，是辞书编纂数字化的基础。在对语料进行采集、加工的过程中，我们深切地感觉到目前系统平台和语料库软件所能支持的汉字字符集在收字上不能完全达到要求，在数据信息的输入、存储、输出和交换各个环节都遇到这样或那样的困难，给语料库工作的开展带来了不利的影响。首先是语料数据的输入问题。其次是由于字符集收字存在的问题，加上应用软件对其支持有所限制，给语料数据的存储、输出和交换造成了不少困难。建议：（1）加快汉字大字符集的编制工作。目前，国际标准组织在完成 ISO10646-2000 的基础上，正在做扩展 C1 的最后定稿工作，没能进入扩展 C1 的字，还可以进入即将编制的扩展 C2。（2）加强对汉字大字符集的软件支持。各应用软件的开发商要根据用户的需要，全力支持最新版的汉字大字符集，保证数据信息在存储、输出、交换各个环节上能够一路畅通，特别是实现辞书编纂和排版输出的一体化。同时，对应用软件的升级，也要保证对原有数据信息的完全兼容。（3）重视对汉字大字符集输入法的研制开发。有了完备的字符集，还要有好的输入方法才能实现语料数据的录入。字量越大，选字越为不便。对超量的大字符集，应该能够通过多途径的方法，方便而快捷地输入。北大方正开发的新典码输入法，带了一个好头。

二 语料库基础上的辞书编纂

（一）基于语料库的辞书编纂技术

如何利用已有的语料库进行辞书编纂是一个技术问题，学者们早有关注。刘开瑛、由丽萍（2004）提出：基于语料库的汉语辞书编纂辅助系统还是基于静态的语料的，面对当前高速发展的信息社会，还应该在此基础上，开展基于 Internet 的汉语辞书编纂辅助系统研究工作。利用现有计算机网络技术和自然语言处理技术，不仅改变传统的手工作坊式的辞书编纂方式，更进一步提高辞书编纂效率，改善辞书质量，缩短辞书编纂出版周期，加快辞书修订速度，以便及时地反映时代和社会的变化，全方位、多层次地满足广大读者的需要，更好地适应时代和社会的要求，使辞书编纂工作逐步走出手工时代，向无纸化、商业化方向过渡。辞书编纂中编纂人员不能全部集中在同一地点工作，常常是在不同的城市协同工作，工作时间也不统一，每个编纂人员的计算机资源又各不相同。基于以上实际情况，基于 Internet 的系统拟采用 B/S（Browser/Server）架构，该系统的优点是：把编纂工作放到 Internet 上来做，便于统一管理、集中维护，便于意见交流。用计算机对编纂工作进行一定的质量控制，使编纂工作在大大加快速度的基础上也大大提高编纂质量。系统既允许用户定制辞书、语料库，也允许终端用户添加自己的辞书、语料库，具有可扩展性，符合个性化的要求。基于 Internet 的汉语辞书编纂辅助系统总体设计已经由山西大学完成，目前正在试验中。

陈国华、梁茂成、Adam Kilgarriff（2005）认为，在词典编纂的过程中，人们需要对语料库中的词汇使用实例进行归纳，抽象出词义并写入词典。大型语料库为词典编纂提供了可靠的语言信息。然而，对语料库中常用词汇及其搭配方式进行检索时，常常会生成数目庞大的检索行（concordance lines），这些检索行有时多达几百甚至成千上万，检索行数目的繁多给人们发现语言使用规律带来了极大的不便。面对这种"信息过载"，词典学家的工作费时费力，效率低下，这种工作方式与现代技术的发展十分不相称，依靠新的自然语言处理技术开发高效率的语言信息提取工具成为当今词典编纂中的一项重大任务（Kilgarriff & Rundell，2002）。

由 Kilgarriff 等研制的"Sketch Engine"正是基于以上考虑而设计的一种词典编纂辅助系统。该系统充当语料库与词典编纂之间的接口，将大型语料库的语言信息进行有效的汇总，以方便词典编纂。Sketch Engine 实质上是一个数据库，该数据库在词语搭配与语义之间架起一道桥梁。Sketch Engine 具有以下功能：（1）自动产生"词语速描"（Word Sketches）——一个从语料库中抽象出来的页面，该页面对特定词的语法特征及搭配特征进行信息汇总；（2）辅助词典编纂人员对词义进行分解；（3）根据词典编纂人员对词义的分析，建立词义数据库，用于对相关词的其他使用实例进行词义消歧（Word Sense Disambiguation）（Kilgarriff et al.，2003）。

靳光瑾（2004）指出，在国家高新技术研究发展计划的支持下，开发了基于语料库的数字化辞书编纂平台。这个平台是以大规模通用汉语语料库为基础，以数字化典范辞书为出发点，利用语言信息处理计算机技术等，研制辞书的知识获取、自动生成、检查检测、审核评价等技术和集成化的辅助操作平台，突破传统的辞书编纂概念，建立一种新型的辞书编纂模式。刘辉、黎宇珍、章宜华（2006）指出，"基于语料库的WEB词典编纂及自动生成系统"是专门针对词典编纂出版而研制开发的软件系统，该系统通过互联网建立安全、稳定的词典编纂及生成平台，实现词典编纂生成全过程数字化、自动化、规范化，最大限度地利用现有资源，高效率地完成词典编纂出版工作。该文主要从体系结构、功能模块及实现方面介绍该系统的设计与实现。徐海（2007）指出，语料库技术经历了人工采集语料、计算机语料库的建立和KWIC检索、Word Sketch Engine检索、Frame Net检索四个阶段。KWIC检索方便了词典编纂者观察词的用法；WSE检索利用统计数据直接归纳词语的用法；而Frame Net检索则更进一步，对语义敏感。语料库技术的发展预示着词典编纂工具已逐步实现半自动化，应得到辞书界的重视。崔乐（2012）详细介绍了利用语料库技术控制对外汉语新词语词典元语言难度的技术路线，通过统计字词频与比对大纲得到低频词与超纲词，替换或删除这些词语即可将超纲字词的比例控制在合理的范围内。

（二）基于语料库的辞书编纂方法

语料库的应用作为一种新的研究方法在国内外词典编纂领域受到了广泛的重视和认可，基于语料库的词典编纂很有前途。语料库能够实现传统方法无法达到的目的，例如可以从真实文本中摘取例句、方便词典编纂者的查询和统计、减少主观任意性，等等。实现词典动态编纂的方法很多，基于动态流通语料库的方法也是众多探索中的一种（隋岩、张普，2000）。李加军、钟兰凤在《基于平行语料库的积极型汉英词典配例原则》（2011）这篇文章中提到：基于平行语料库的积极型汉英词典编纂需要解决的问题之一是如何改编检索出的双语平行语料，以契合例证的质量和功能需要。基于平行语料库的汉英词典配例应遵循形式原则和功能原则，功能原则是目的，形式原则服务于功能原则。编纂者有效结合这两项原则可以实现从双语对应语料到汉英词典例证的转变。钟兰凤、张璘（2012）提出，虽然语料库方法这项技术手段的革新为词典学理论与实践研究提供了新的研究空间，但也提出了新的挑战。语料库词典研编的最大挑战是如何快速有效地梳理语料库提供的庞大的具有语境共现的多义词的义项及释义。系统功能语言学是以实际使用中的语言功能为研究对象，是对语言各个系统的研究，这些理论研究为应对这一新的挑战提供了内部条件。实践表明，系统功能语言学对及物系统的研究可以帮助我们快速梳理语料库中的多义词的义项，有助于编者完成"具象—抽象—具象"的释义过程。王均松、田建国（2013）也强调了语料库的研究方法在词典编纂的选词、释义、例证等方面的巨大作用，并对语料库词典编纂研究中的核心问题进行了论述和分析，指出将语料库技术引入词典编纂领域将大大推动语料库词典学向纵深不断发展。

三　基于语料库的双语词典的编纂研究

双语语料库的建设与双语词典的编纂是一个重要的内容。叶敢、张柏然（1997）提出建立英汉双语语料库并进行英汉词典的编纂，鉴于双语检索为该项工作中的主要难点，针对词典父本中词条格式的特殊性，提出先对词条进行切分为标引，以便于建立特定的数据结构，为今后的检索、排序和统计作好准备，对语料的收集、处理和语料库的结构作了初步设想。郭启新、杨蔚（2000）也提出大型英汉双语语料库的研发将会为中国的出版界、语言学研究界带来学术价值与经济效益的双赢，介绍了正在运行中的词典编写与语言学研究系统局域网 CONUEIXID 和研发中的词典编纂与语言学研究网络系统 CONULEXID。它将是一个在规模上、完备性上、权威性上可与国外最好的语料库系统相媲美的系统。孙辉（1999）在《基于语料库的双语词典编纂软件设计与实现》一文中也对这一系统进行了介绍，并指出 CONULEXID 是一个基于语料库的双语词典编纂软件系统，其目的是为词典编纂提供新鲜的语料，并且实现词典信息自动查找、自动派生词典、自动修订、自动排版等。系统的数据来源、功能模块、系统设计以及 SGML 文档组织技术等相关实现技术都一一作了介绍，该系统是语料库语言学在双语词典编纂领域的一个应用实例。李明（2003）和丁冬梅（2007）都指出平行语料库对双语词典编纂的影响，提出利用大型的语料库来编纂双语词典是大势所趋。李德俊（2006）也指出，对于双语词典的编纂来说，平行语料库明显优于单语语料库。鉴于我国目前双语词典编纂的现状，开发基于英汉平行语料库的双语词典编写系统势在必行，基于平行语料库的词典编纂系统的研制应该将重点放在英汉语平行语料库的建设上。

四　基于语料库的一些专门词典的编纂研究

周桂华（2006）提出编纂基于语料库的英汉搭配词典，搭配体现词语间相互吸引和排斥的关系，其最典型的特征是任意性、因循性和反复共现性。这些特征一方面表明我们很难决定什么样的搭配是可以接受的，但另一方面表明在语言文本中发现搭配是可能的。因此，基于语料库的研究方法可以用来研究搭配以及搭配习得。文章借鉴基于语料库的搭配研究成果和英语单语搭配词典的编纂经验，提出了具体的原则和方法，即：英汉搭配词典的编纂必须遵循三条原则：例证的典型性和真实性、词条处理的系统性、关注使用者需求，而改进的具体方法包括五种：更新搭配、合理排列词汇搭配、标注语域、注重搭配差异与搭配的翻译、设置搭配错误帮助栏。刘亚菲（2006）提出在已有的量词研究的基础上，结合语料库，编纂一部对外汉语量词词典。季瑾（2007）利用语料库理论和信息处理技术，确立了一份分等级的商务汉语词语表，建立了"商务汉语教材语料库"，并在此基础上试图突破以往对外汉语学习词典的编纂方法，提出了编写基于语料库的商务汉语学习词典的理论依据和具体操作的设想。徐海（2010）提出利用学习者语料库编纂学习型词典，且学习型词典编纂应针对特定学习者的使用需求及其易犯的语言错误而设置相关栏目，以防止语言错误的出现。李娜（2013）则主张以语料库为工具、探讨编写适合初中英语学习者的积极型学习者词典。认为初中英语学习者词典编纂的核心原则应是"产出性"为导向，基本方法为语料库方法。重点尝试所借助的英语语料库着重选择适合初中生阶段的英语真实材料，包括多套国内及国外相应程度的教材，如美国小学教材、国内初中教材、儿童英语读物、含儿童英语科普读物、儿童电影、动画片字幕等，全面展示了词典在自建语料库的帮助下所实现的多方面的改进。

五　基于语料库词典编纂的一些局限和反思研究

基于语料库的词典编纂有诸多的优势，但是也有不少的局限和不足，学术界对此也做出了反思。王馥芳、马兰梅（2003）认为话题的同一导向性倾向可能给语料库词典带来以下几个问题：（1）条目释义中百科性信息的提供可能不均衡；（2）百科性词语的收录可能不平衡；（3）词典的"相对滞后"性。同时认为语料库的"不完全代表性"也可能对语料库词典产生影响：（1）某些词语的释义可能存在偏差；（2）例证的"不完全代表性";(3)固定表达式收录过泛。李德俊(2006)认为,语料库是否具有代表性,要看语料库的选材是否客观、科学,是否遵循了科学的抽样原则。Biber 认为,代表性问题是选材的最基本问题,所选材料应该"囊括所研究对象的所有变量"。如果选材不具代表性,在此基础上所进行的研究在科学性方面必然会受到很大影响。在词典编纂方面,语料库的大小都会影响词典编纂的水平,词典词条配例的科学性也要受到语料库真实性和典型性的影响。而且语料库是否具有典型性影响到词目的词频统计,影响到词典收词的面貌。一个不具代表性的语料库所提供的统计数据显然是靠不住的。然而,即使是认真设计的、科学的语料库所提供的统计数据,有时也会产生误导。徐长生(2008)认为,基于语料库进行词典编纂的基本要求之一是广泛利用计算机的自动和互动技术作为分析工具,它既要求定量分析技巧,又要求定性分析技巧,这就给计算语言学提出了新的挑战。当前词典编纂的研究已经着眼于"关联模式(association pattern)"的辨认和分析,即一种语言特征与其他语言特征及非语言特征的系统联系。KWIC(Key Work In Context)的局限性在于它无法对超大规模语料库和常用词进行有效检索,检索出的浩如烟海的"要语行"往往令词典编纂者难以驾驭,最终被淹没在检出的结果中。另外,语料属性的单一性势必决定了基于语料的词典的单一性。毋庸置疑,书面语言只占语言形式比例中极小的一部分,既不能代表语言的全部也不能有效反映语言的其他表现形式,这势必影响到基于此的词典编纂的水平。

第三节　汉语大型辞书的编纂、修订研究概况

我国比较常用的大型语文辞书有《汉语大词典》《汉语大字典》《辞源》《辞海》《中华大字典》等,这些辞书一经问世,学者们对其研究和修订工作也随即开始。大型语文辞书收词多,规模宏大,根据各自的性质要求尽可能地收集相关词语,释义力求准确,收词力求完备,在质量上力求精益求精,能够满足大部分读者的阅读和查询需要,为人们释疑解惑,这是身为语文辞书所必须具备的功能。20 世纪 70 年代末以来,我国辞书出版呈现兴旺繁荣的景象,《辞源》《辞海》《中国大百科全书》等名牌辞书相继出版或修订再版,其他各类辞书更是万紫千红,百花盛开。可是人无完人,辞书也是这样。特别是大型语文辞书,由多人合力完成,其工

程巨大,再加上查阅资料的局限性,出现错误在所难免。因此对于辞书的研究也成为学术界争相讨论的话题。对于大型语文辞书这一宏观性的话题,我们以辞书为检索条件,通过查阅资料发现对其辞书研究的论文至少上百余篇,其中有宏观上的理论研究,也有微观上的编纂分析。可是以大型语文辞书为检索条件,查阅资料发现就仅有几十篇相关方面的文章。而这些文章多限于说明大型语文辞书出现的一些具体问题,而未能站在一定的系统性的理论角度去发现、分析问题,其中综合性的论述和释义所占比例最大,而在注音方面的研究最少,这几十篇文章其中内容也不乏交叉重合之处,这里笔者主要通过对它们的主要研究主题来进行分类概述,以便于读者对相关方面的研究成果进行查找。

一 大型语文辞书在收词、释义、书证、检索以及注音等方面的研究

(一) 大型语文辞书在收字立目方面的研究

大型语文辞书相对于中小型语文辞书而言,在规模上应该更为宏大,收词应尽力完备。不同类的辞书对于收词标准的要求都不尽相同,辞书的性质决定了收词的类型。那么作为一般的大型语文辞书在收字立目方面就更要慎重斟酌。不同类型的辞书在其领域内的基本词汇都应收入立目,这是作为语文辞书,也是大型语文辞书编纂所需具备的基本要求。陆锡兴(2010)在《汉字规范与大型历史语文辞书的收字立目问题》一文中指出,汉字规范应用于现代汉字的使用领域,而大型历史语文辞书兼通古今,反映历史汉字,它的收字以及相关安排不应受到现代用字规范的约束。在编纂过程中根据实际情况,对于规范不足部分科学处置,可以促进汉字规范的进一步完善。文章从三个方面展开了论述,提出大型历史语文辞书在收字立目面对汉字规范这一问题时处理的方法及建议:(1)传统正字字形必须立目。陆锡兴指出用"新旧字形对照表"来限制传统正字立目,既不符合辞书方便读者使用原则,又不符合汉字实际使用和客观存在的情况,因而是行不通的,大型历史语文辞书的编纂可以按照新旧字形不同的性质,把那些点画微异的真正属于统一印刷字形的字,与那些在历史规范中的异体字区别开来。后者应该收字立目,比照繁简体处理,这样才与历史语文辞书的功能相吻合。(2)继承传统正字的字际关系。现行规范汉字对传统汉字来说,某些字不仅正体字形迥异,而且音义错杂,交错重叠,无法取代传统汉字。而且全部规范字只是附着在传统汉字系统中的一个组成部分,所以大型历史语文辞书无法完全按照汉字规范的要求来

处理字际关系，必须立足于传统汉字来作出处理。大型语文辞书在收字、处理字际关系上要正确反映历史上的正体、俗体、正字、通假字的关系。传统的正字系统是维系汉字生存的必要前提。它也是大型历史语文辞书科学性的理论依据，《汉语大字典》《汉语大词典》的编纂实践体现了这一点。（3）收字要完备。大型历史语文辞书收字要完备，必须对汉字历史上出现的字和字形全面整理，要让那些阅读古今文献遇到疑难字的读者可以通过查阅排除困惑。陆锡兴也提出了对于"二简"字，大型历史语文辞书也应该将其作为收字对象。

对于具体的大型语文辞书的收字立目问题，马恕凤（2014）指出了清代俗语辞书《土风录》所收词条及书证对大型语文辞书的编纂具有重要的参考价值，并由此提出根据《土风录》补收一些同物异名词，如"钞袋、自斟壶"等，异形词如"要攀、笒帚"。

(二) 大型语文辞书在释义方面的研究

大型语文辞书是具有权威性的工具书，因此各方面的编纂要求也相对比较严格，而在收字（词）、编排检索、释义、书证等方面，释义的准确显得尤为重要，释义成为衡量一部辞书质量优劣的重要标准，是一部辞典的灵魂，所以对大型语文辞书释义方面的研究探索也成为学者们关注的重点，主要有以下几个方面的研究：

1. 漏释。大型语文辞书其编纂过程工程浩大，语料烦琐，因此在释义过程中，漏释义项在所难免。雷汉卿（2009）指出唐宋禅宗语录具有很强的口语性，其中丰富的方言俗语词是研究近代汉语词汇不可多得的语料，而一些大型语文辞书却未能反映出有些俗语词在禅籍中的新义，因此雷文根据禅籍语料对一些大型语文辞书未能收入的词条、义项进行了补充，并指出语文辞书在禅籍文献利用方面的不足，禅籍中的新词新义有待进一步挖掘整理。

2. 误释。释义准确是大型语文辞书的基本要求，误释就会误导读者，是辞书编纂者们应尽量避免出现的错误。辞书一经问世，学者们在翻阅的过程中就会发现这样那样的错误，并予以指正。对于误释相关方面的研究成果有胡海（2000）指出大型语文辞书《中文大辞典》《汉语大词典》《汉语大字典》《辞源》对"亡农夫之苦，有仟伯之得"中的"仟伯"一词作出了错误的解释，大型辞书中有关词条须做更正去掉"千钱百钱"义项而增加"千倍百倍"义。他是依据全文语境和文章写作的历史文化背景，然后进一步从当时及古往今来的文本中搜求书证，来一步步推翻之前的释义。于智荣（2010）在《大型语文辞书通假字说释混误例析》一文中指出了大型语文辞书中四种常见误释的情况：（1）本字通假字互倒；（2）以古今字为通假字；（3）以同源字为通假字；（4）以假借字为通假字。他认为之所以会出现上述情况的误释的主要原因就是以今律古，因为一些字的意义在现代汉语中属常用义，辞书编纂者便错误地认为它应该是本字，而把另一个不常用的字误为通假字，实际上只要是字义与古字形相一致，就是本字本用，字义与字形相悖才是通假字。不能以现代汉语的用法来判定本字和通假字，对以上各种文字现象，只须直接释义，不以"×，通×"方式为释，误释现象便迎刃而解。朱城（2011）认为，利用古代训诂学家大量极富价值的古籍注疏材料，作为设置义项的重要依据和来源，可以为字典的立项和释义增加可信度和权威性，减少释义的疏误。对大型语文辞书误释类似的研究还有毛远明（2006）的《汉语文辞书名物词语释义存在的问题》。雷冬平（2013）指出，对于疑难词语的释义，如果照搬训诂成果难免易造成失误，因此辞书在收录这类词时需做好前人训诂成果的整理、文献用例的分类和义项的归纳、词语源头语境的引证三步工作。胡丽珍（2013）以"啃"为例讨论了大型语文辞书常用词的释义，从构式语法论元搭配的角度对动词的所有论元格式进行穷尽性的搜罗，对这些不同语境的"啃"进行概括，从而指出辞书释义的不足之处。

关于大型语文辞书的释义类的研究还有鲁六（2006）的《谈整体观在大型语文词典义项方面的作用》、万久富（2010）的《〈宋书〉复音词研究与大型语文辞书释义问题探讨》、李海霞（2002）的《对大型语文动物词条释义改进的意见》，他们都从不同的角度对大型语文辞书的释义和义项问题做了探讨。除了以上对释义、义项的微观角度的研究分析，还有从宏观的角度对释义进行探讨研究的成果，学者汪耀楠和祝注先（1982）在《大型语文词典释义的特点和要求》一文中对大型语文辞书的特点和要求作出了分析，使读者从整体上对大型语文辞书的释义有了一个宏观上的把握和了解，有利于辞典编纂者义项的概括和释义方式的选择。

（三）大型语文辞书在书证方面的研究

书证的丰富、正确与否直接影响着辞书的质量，书证的疏误通常有义例不符、非首见例等几种情况，配例不当就使释义没有很好的说服力，不是首见例就无法探清被释词的源头，不知道词语的演变发展过程。例证是义项得以确立的基础，充分运用书证（例句和注疏）是大型语文词典的标志之一。王宝刚（2000）讨论了大型语文辞书中不该出现的同证异目现象及其成因。大型语文辞书中，有的地方同一条书证中相同位置上的同一个语言片段被不同的条目中的某一义项所共用，称为同证异目现象。出现这种错误的原因主要有三种：一、不明版本而误；二、不明异体而误；三、不明句读而误。徐流（1988）对文献考证在汉语辞书编纂中的作用和价值提出了自己的意见，王彦坤（1999）对大型语文辞书在利用训诂材料应避免的问题谈了一点自己的看法，问题的提出可以引起学界的注意，使日后出版的语文辞书避免或减少同类缺点。

（四）大型语文辞书在编排和检索方面的研究

辞典的各个词条是散乱无章的，是编排和检索体系将它们编织在一起，构成一个系统，我国传统的语文辞书，有以义、以形、以音三种编排方法。目前语文辞书编排的方法主要有四种：部首、音序、代码和笔画。苏宝荣（2007）在《大型汉语语文辞书音序编排的处理原则》中提出除了断代、现代语文辞书可以使用音序编排的方法，大型历史语文辞书也能够使用音序编排法，为了做到保持音序编排法查检方便的优点，又能尽可能避免上述弊端，还主张辞书所收词语总体上按每个词的通行（常用）读音的音序编排，对其因语音变化形成的不同义项在同条内分项列出。苏宝荣提出大型语文辞书可以使用音序编排法并详举了其做法，而程养之（1983）却提倡使用部首法排检，他指出大型语文辞书的编纂，采用拼音查字法、四角号码查字法、画数查字法等都不能解决大型词典字数多不易查的缺陷，还是采用部首排检法好。在对于大型语文辞书的编排和修订方面，蒋宗福（2005）提出使用电子语料库对语文辞书进行编纂修订，以弥补因手工编纂大型语文辞书造成错误的局限性。

（五）大型语文辞书注音及其他方面的研究

对于大型语文辞书的注音方面的文章相对而言比较少，我们查阅到的文献资料只有周长揖（1997）的《大型汉语辞书注音一议——从"硕"字注音谈起》一文，他结合大型语文辞书对"硕"字注音的进行不同处理方法，然后对《汉语大字典》《汉语大词典》在注音方面提出了自己的建议。

对于大型语文辞书的研究除了以上列举的注音、释义、书证等几个方面，还有从整体性角度对词典概述和研究，来论述整体性对大型语文辞书的编纂价值。王建民、赵立伟在《睡虎地秦墓竹简》一文中论述了《秦简》对大型语文辞书在补充词条、提前书证、补缺书证、订补辞书释义四个方面的编纂价值，该文对今后辞书的编纂在使用和研究简帛文献这一重要语料上有重大的意义。史光辉（2003）以佛经《道行般若经》为例，从收词、书证、义项、释义四个方面，揭示了早期汉译佛经在汉语辞书编纂方面的重要价值。曾昭聪（2003）认为明清俗语辞书对当代大型语文辞书的编纂有重要的作用，且从书证、收词、释义几个方面分别予以说明，这为今后大型语文辞书的编纂修订在利用明清俗语辞书这一领域提供了重要参考。陈增杰（1983）在辞书编纂上提出了中国化的要求，力求在收词、释义、引证以及编排设计等方面反映汉语的丰富语汇及其源流演变的复杂情况，充分体现汉语作为世界上最发达语言之一的特点和功能，要能显示中华民族高度发达的历史文化。

（六）大型语文辞书研究的不足及展望

大型语文辞书都是我国一些最具权威性的辞典，虽然它们各自的性质不同，释义方式的选择迥异，质量层次有高低，可是它们都代表着中国辞书质量的最高水平，投入的人力、精力也最多，有着强大的生命力和使用价值，经久不衰，如《汉语大字典》《汉语大词典》等，好的辞书可以起到快速答疑释惑的作用。反之，只能以讹传讹，贻误后人。由于各种原因，现今流行的许多大型语文辞书都不同程度地存在着一些问题，因为大型语文辞书出自众手，存在错误在所难免，即使最具权威性的大型辞书也要几经修订，因而学术界对这些大型语文辞书的关注和研究也数不胜数，可是我们通过查阅资料发现，以大型语文辞书为整体进行研究的论文数量相对较少，总共的研究数量才几十余篇，而具体研究方面，注音的研究数量更少，主要集中在对释义、义项的研究，这也说明了在编纂辞书的过程中，释义是重中之重，是核心部分，也是最容易出错的一个环节，而注音是一个复杂的过程。从宏观理论的角度去对大型语文辞书进行研究探索的几乎没有，这是研究领域的不足和失衡。未来应加强对大型语文辞书整体理论性的研究，对我国大型语文类辞书有一个宏观性的把握，也可把我国主要大型语文类辞书放在一起进行对比研究，分析其差异性和共性，知其不足，取其优点。虽然工作量庞大，却是一项有意义的工作。各类大型语文辞书将会长期成为辞书界的领头羊，并将得到不断的修订和再版，后出转精，为读者的查阅提供更好的服务。

二 《汉语大词典》的研究现状

《汉语大词典》是目前世界上收录汉语词汇数量最多、最具权威的大型语文词典，共收词 370000 多条，其中单字 23000 多条，复词 347426

条，共计 5000 余万字，被誉为"古往今来汉语词汇的档案库"，其内容浩繁，包括社会生活、古今习俗、中外文化乃至各种宗教的教义等。《汉语大词典》的编纂工作，经历了十八个春秋，倾注了五省一市几百名作者的心血。《汉语大词典》的出版是我国文字史和词典史上不朽的里程碑，它与《汉语大字典》一起被誉为汉语语文工具书"双璧"。

《汉语大词典》是一部汉语学习、研究、教学等方面必不可少的工具书。秉承"古今兼收，源流并重"的编纂原则，广泛收集先秦至当代汉语发展过程中的词汇材料，包括古今词语、俗语、成语、典故及古籍著作中进入一般语词范围和比较常见的百科词语等。编纂者对从浩繁的文献中收集到的数以万计的古今语词"穷本溯源，历叙演变"，按一定次序编列并详加解释，形成了极有价值的信息库，对研究汉语、探究文史，都具有重要意义。

《汉语大词典》释义精确，义项齐全，书证丰富。在释义方面注意博采众长，既继承和吸收历代语言学家对语义研究的成果，又重视以现代语义学理论对语义进行精确的概括，从共时性和历时性的角度全面地揭示了汉语词语的语义结构；在义项方面注意进行科学划分，并通过建立义项，分别展示词义发展演变的内部规律；在书证印证方面，引用的都是从原书摘录下来并经过反复核对的第一手资料，很好地发挥了体现源流、辅助释义、提供知识的作用。

《汉语大词典》自从初版完成至今，很多学者发表了关于研究《汉语大词典》的文章，但绝大多数文章只是针对某一个或某些词条提出自己的意见，没有上升到理论的层面加以讨论。当然，也有一些文章在个案研究的基础上提到了有关《汉语大词典》修订的理论、方法以及其中所存在的问题。研究成果虽多，但综述却鲜见。本小节拟对《汉语大词典》众多研究成果进行综述。

（一）研究概况的总体统计

《汉语大词典》自成书之日起就成为研究的热点。在中国知网中以"《汉语大词典》"为篇名进行检索，出现 1291 条检索结果，各文献类型所占比重如下：

学术期刊 864，硕士学位论文 311，博士学位论文 71，会议论文 43。

成果涉及了中国语言文字、中国文学、出版、教育、考古、中医学、艺术、计算机等领域的 20 个学科。当然这一检索结果中也会出现某一文献隶属的类型不止一个，涉及的学科领域也不止一个的情况。这让我们初步并直观认识到学术界对《汉语大词典》的研究成果是不在少数的。文后所列参考文献也能让我们对《汉语大词典》的研究成果有直观的了解。

在知网的"中国学术期刊网络出版总库"和"中国博士学位论文全文数据库""中国优秀硕士学位论文全文数据库"以"《汉语大词典》"为"篇名"或"关键词"进行了搜索查询。期刊的时间跨度我们将之分为两个阶段：一是《汉语大词典》从1975年规划编写至1994年十二卷全部出齐；二是1994年至今。硕博论文的时间跨度为2000—2014年。

《汉语大词典》在将近20年的编写过程中，发表的期刊文章基本以编写组的简讯、通讯稿、工作会议为主，带有浓重的时代以及阶级色彩，如曲阜师范学院汉语大词典曲阜师范学院编写组1977年发表在《破与立》（现刊名为《齐鲁学刊》）第6期上的《深入揭批"四人帮"编好汉语大词典》中就"四人帮"剔除一大部分优秀选词书目以及阻挠、破坏词典工作的行为进行了批判。随着编写工作的推进，出现了为编纂方法献计献策、初稿审阅、定稿意见、释文稿选刊、编纂纪实等的文章。其间，十二卷词典陆续出版，以《辞书研究》和大学学报等为阵营，包括编写组人员在内的一大批关心《汉语大词典》编纂工作的语文爱好者就《汉语大词典》的历史使命、指导思想、收词原则、例句运用、插图、体例问题、注音、部首排检法等各个细节问题进行讨论商榷，他们的笔耕不辍使得编纂工作边进行边改进。

剔除发表在不同刊物的同一文章以及不相关的项目，具体统计了1993—2014年的300篇期刊文章，以及2000—2014年的104篇硕博论文，文章大部分都以纠谬补缺为主，研究趋势愈来愈重视利用专书对《汉语大词典》进行研究。300篇期刊文章中，单就《汉语大词典》某一个方面的拾遗补阙的共有181篇，按文章阐述的重点问题粗略划分如下：

书证73篇，涉及的问题有书证溯源、书证滞后、书证引文错误、书证空缺、书证体例等，如：《从〈全晋文〉看〈汉语大词典〉的书证溯源问题》（汪维辉、徐晓蓝，1993），《从〈战国策〉看〈汉语大词典〉书证迟后》（王延栋，2004）；还有从语法史角度出发的涉及书证滞后及词汇史的论文，如《〈汉语大词典〉单音介词拾补》（顾恩多，2004）、《〈汉语大词典〉书证前补》（李汉丽，2008）、《论〈汉语大词典〉书证空缺的问题》（曲文军、张连富，2004）以及《〈汉语大词典〉书证体例不一问题摭拾》（王本灵，2006）等。

释义部分 51 篇，涉及释义摘瑕补正、某一词目释义的具体献疑讨论等。如：《〈汉语大词典〉引〈史记〉之双音动词释义商榷》（朱成华，2012）、《〈汉语大词典〉成语释义商兑》（姚鹏慈，1996）、《浅析〈汉语大词典〉对"户"的释义》（张乐成，2011）、《〈汉语大词典〉释义商补——以"擘画""搂搜""索落""硬证""柱脚"为例》（姚美玲，2012）、《〈汉语大词典〉之〈金瓶梅词话〉词语释义补正》（刘敬林，2006）以及《〈汉语大词典〉"兽吻"释义献疑》（邹虎，2012）等。

收词立目 31 篇，涉及立目、条目的失收晚收、词条补正、词目漏收等。如：《〈北梦琐言〉词语研究与〈汉语大词典〉立目拾遗》（雷冬平、李高，2013）、《〈董解元西厢记〉中未见于〈汉语大词典〉词语考》（廖丹，2009）、《从〈渑水燕谈录〉看〈汉语大词典〉的词目漏收》（胡丽珍、邵彩霞，2012）、《〈汉语大词典〉礼俗名物词若干条目补正》（秦洁，2012）等。

义项问题 7 篇，涉及义项拾遗补阙、未收义项、义项之不足等。如：《〈汉语大词典〉义项阙漏商补》（王凤琴，2014）、《〈汉语大词典〉迟收义项补证——以〈盐铁论〉为例》（吕晓玲，2011）、《〈祖堂集〉新词研究与辞书编纂（一）——〈汉语大词典〉未收及商榷之新词义项》（林玲，2010）、《〈汉语大词典〉部分词条义项当补——以今文〈尚书〉语词为例》（李新飞，2009）、《〈汉语大词典〉"坐"字条义项分析——兼谈辞书义项的真实性》（李小华，2005）、《从〈风俗通义〉看〈汉语大词典〉晚收的义项》（黄英，2003）、《从〈西京杂记〉词语考释看〈汉语大词典〉之不足》（谢宜华，2012）。

注音、音切、标音以及部首检字方面的问题 4 篇，有《〈辞源〉〈汉语大字典〉〈汉语大词典〉"挠"字注音商兑》（朱纯洁，2009）、《〈汉语大词典〉疏漏举例——音切篇》（谢纪锋，2008）、《〈辞源〉〈汉语大字典〉〈汉语大词典〉标音失误辨正二则》（雷昌蛟，2005）、《〈汉语大字典〉、〈汉语大词典〉部首检字中的若干问题》（陈春风，2007）。

其他 15 篇，有新词语质疑、隐喻探析、词的系列性、词典失校等编纂问题。如：《汉语新词语的鉴别——〈新词语大词典〉部分"新词语"质疑》（周志锋、叶淑丹，2007）、《汉语中"心"的隐喻探析——以〈汉语大词典〉为例》（徐琳、王玲娟，2010）、《词语的系列性与〈汉语大词典〉的失疏》（刘瑞明，1999）、《〈汉语大词典〉失校若干处及舛误——附"余"字辨》（刘如瑛，2011）、《〈汉语大词典〉割裂成语现象举例》（王文晖，2004）等。

涉及以上不止一个方面的综合问题的有119篇。书证、释义、义项、收词立目、编纂等其他问题中重点涉及两个或两个方面以上就将之列入此范围内。像《从〈大唐新语〉看〈汉语大词典〉的收词与释义》（雷冬平、张文兰，2011）、《〈汉语大词典〉相关条目阅读札记》（汤海鹏，2010）、《〈汉语大词典〉有关〈潜夫论〉并列复词的问题》（徐山，2006）《〈尔雅〉郭璞注语词研究与〈汉语大词典〉编纂》（胡晓华，2004）等，其中统计论文的过程（包括了对以上涉及单方面问题的181篇）中发现《伊犁师范学院学报》以及《陇东学院学报》对于《汉语大词典》失隅补正的讨论文章几乎都是以专栏的形式出现的，涉及的范围也比较全面，像《〈汉语大词典〉第一卷失误指正》（刘瑞明，《陇东学院学报》2008）、《〈汉语大词典〉第二卷失误指正》（刘瑞明，《陇东学院学报》2009）、《〈汉语大词典〉第三卷失误指正》（刘瑞明，《陇东学院学报》2009）、《〈汉语大词典〉第四卷失误指正》（刘瑞明，《陇东学院学报》2010）、《〈汉语大词典〉第五卷失误指正》（刘瑞明，《陇东学院学报》2012）、《从〈朱子语类〉看〈汉语大词典〉的修订》（潘牧天，《陇东学院学报》2010）、《〈朱子语类〉词汇研究与〈汉语大词典〉修订》（徐时仪，《陇东学院学报》2013）、《〈汉语大词典〉"白"字条词语试补》（黄燕妮，《陇东学院学报》2009）、《〈汉语大词典〉第一卷订补（一）》（程志兵；范文莲，《伊犁师范学院学报》2002）、《〈汉语大词典〉第一卷订补（二）》（程志兵，《伊犁教育学院学报》2002）、《〈汉语大词典〉第五卷"水部"订补》（程志兵、孔淑梅，《伊犁师范学院学报》2001）、《〈汉语大词典〉第七卷"心部"订补》（程志兵，《伊犁师范学院学报》2000）、《〈西游记〉中词语对〈汉语大词典〉的补正作用》（程志兵、甄敬霞，《伊犁师范学院学报》2001），等等。从这两学报的文章刊登的情况，可以看出刘瑞明及程志兵两位学者对《汉语大词典》的研究订补工作做出了诸多努力，且其研究成果不止出现于这两大学报上。在内容方面两位学者也有一些其他方面的修订。

104篇硕博论文中，有从对某专著或某方面的研究到发现《汉语大词典》中存在的问题，进而对词典的修订工作做出具体补正的文章71篇；以《汉语大词典》本身为依据进行研究（当然研究方法中也不乏利用专书的），发现词典内部问题进行纠正的有33篇。当然这其中也有两个方面都涉及的论文，如复旦大学韩国学生崔泰勋2008年的博士学位论文

《〈汉语大词典〉专题研究》，该文从汉语词汇史的角度出发，全文分上下两编进行研究，上编的通论是从《汉语大词典》词目、书证、释义三方面揭示问题并提出了修订意见。下编的专论是以《论语》为中心，从后世根据《论语》的文本形成的新词汇以及《论语》固有词汇两方面，讨论了《汉语大词典》在专书研究中做出的贡献以及不足等。由于文章的专论部分是他的创新点，所以将之划入71篇中。

《汉语大词典》的文献资料中，有涉及基金项目成果的，如2008年安徽省高校青年教师科研资助计划项目"从明代笔记词语看《汉语大词典》"的研究有《〈汉语大词典〉书证前补》[李汉丽，淮北煤炭师范学院学报（哲学社会科学版），2008]等、国家社科基金后期资助项目"《汉语大词典》研究"的成果有《〈汉语大词典〉书证商补》[李申；王本灵，东南大学学报（哲学社会科学版），2003]等；在教育部人文社会科学研究项目"语料库语言学视野下的汉语大型辞书编纂、修订研究——以《汉语大词典》为例"和湖南省哲学社会科学基金项目"基于语料库的汉语大型辞书编纂与修订研究"两个基金项目下，有胡丽珍和雷冬平从专书词汇进行穷尽性的共时调查与研究，以《北梦琐言》《涑水记闻》等唐宋笔记小说为语料基础，对《汉语大词典》进行研究，又有从某一词条做具体研究的，如《能改斋漫录》卷二"搭㯟"条，不仅有从词汇史方面出发的研究，还有从语法方面的研究，如同义并列复合问题等。曲文军关于《汉语大词典》的研究从2000年至2005年有二十余篇文章发表，研究内容涵盖了辞书立目、注音、释义、书证体例及其他几个方面的问题。

从数据统计来看，中国学界发表了不少关于《汉语大词典》的文章，但绝大多数文章只是针对某一个或某些词条提出自己的意见，没有上升到理论的层面加以讨论。当然，我们在统计工作中发现也有一些文章在某些专题的个案研究的基础上提出了《汉语大词典》修订的理论和方法。但是，还没看到有系统、有规模的专门论著。而且在《汉语大词典》研究方面，借鉴、结合外国语言学的成果还不是很多，也可以延伸为一个研究方向。虽然有不足，但瑕不掩瑜，在对《汉语大词典》研究分析中，发现研究成果不仅丰硕，研究的范围越来越广，不只是词典本身的评议以及个案研究，还涉及汉语史研究、辞书研究、语法研究、辞书的对比研究等；研究视角越来越广阔，没有局限于《汉语大词典》修订意见，更是从此辐射到汉语研究的每个角度。

（二）研究概况的具体展示

辞典学界认为辞典的结构包括宏观结构和微观结构。根据黄建华（1987）的观点："宏观结构指的是词典按一定方式编排的词目总体，因此也可以称为总体结构。与之对应的微观结构，指的是条目中经过系统安排的全部信息，因而也可以译为词条结构。"所以，对于《汉语大词典》的研究也主要是通过对词典的结构入手进行分析研究。换言之，可以理解为是对词典的内容以及形式展开的研究。而我们则可以选择从这两个方面着手对其研究进行综述。

对于《汉语大词典》的研究现状我们从宏观结构和微观结构着手进行综述，其中宏观结构包括词典的词目的编排检索以及体例等方面进行总结；微观结构则从《汉语大词典》的注音、收词立目、释义、书证等方面作详细的叙述。

1. 宏观结构方面

（1）编排与检索

对于《汉语大词典》的编排和检索：谢芳庆（1997）的《试论〈汉语大词典〉体系》根据《汉语大词典》"古今兼收，源流并重"的编纂的方针，对一个以形、音、义的各别体系和形、音、义之间的组合体系为基础，所构建成的错综复杂而又严密完整的网络体系进行了深入的探讨。高伯舟（1999）《对〈汉语大词典〉内容和编排的几点看法》中就内容、编排等方面对词典的疏漏提出了一些看法。由于《汉语大词典》编写体例谨严繁复，仰止（1986）的《关于〈汉语大词典〉若干体例的答问》，针对其中若干体例问题，以问答方式进行综合概括说明，以便读者参考了解。王绍峰（2002）的《以若干词例谈〈汉语大词典〉宏观系统的疏失》通过十条共体实例说明《汉语大词典》宏观结构中所收词条方面系统性不完备的地方，其表现之一就是同一语义场的相关语词收此失彼，释义也照应不够。

此外，还有诸如洪笃仁（1986）《〈汉语大词典〉的收词原则与指导思想》、朱孔伦（2006）《〈汉语大词典〉在检索与索引方面的缺陷》以及程养之（1986）《谈谈〈汉语大词典〉的部首排检法》等关于辞典编排与检索方面的研究。

（2）编纂与修订

从具体的文献看《汉语大词典》的编纂问题：史光辉（1998）《〈齐民要术〉看〈汉语大词典〉编纂方面存在的问题》是以《齐民要术》为例，从汉语断代词汇史研究的角度，从收词、立义、释义、书证等方面谈

《汉语大词典》编纂中存在的一些问题。雷冬平、李文赘（2013）《〈汉语大词典〉编纂的三个问题——以〈邵氏闻见录〉的词汇研究为例》以宋代笔记小说《邵氏闻见录》为语料基础，结合语料库的调查，指出了《汉语大词典》存在词项失收、义项漏收、书证滞后等三个方面的问题并给予纠正。

此外，随着科技的发展，《汉语大词典》为方便读者的使用，出现了光盘版以及网络版，因此也有相关的文章对此进行了研究。如杨琳（2010）《〈汉语大词典〉光盘版与纸质版的区别》、刘奇惕（2006）《〈汉语大词典〉（网络版 V.20）的特色》，毕慧玉、张继春（2006）《〈汉语大词典〉2.0 光盘版的使用技巧》和汪维辉（2013）《时代呼唤在线〈汉语大词典〉》等，均从光盘版或者网络版对词典的使用及特点进行了阐释。

（3）关于其地位及实用价值的研究

郭忠新（1986）在《从成语典故条目看〈汉语大词典〉的实用性》中阐述了《汉语大词典》对于学者学习和使用成语释疑解惑的工具书作用。吕林湘（1982）在《〈汉语大词典〉的性质和重要性》中谈到《汉语大词典》的重要性和性质。徐文堪（1994）《略论〈汉语大词典〉的特点和学术价值》和程志兵（2010）《谈许少峰〈近代汉语大词典〉的成就与不足——兼与〈汉语大词典〉相比较》都在一定程度上阐述了《汉语大词典》的地位和实用价值。还有研究者基于《汉语大词典》语料库的断代词汇研究来具体阐释《汉语大词典》的实用价值。如闫从发（2009）《基于〈汉语大词典〉语料库的时代汉语词汇研究》是以明代时期汉语词汇发展的模式和规律为研究内容，并以此为出发点观照汉语词汇发展的整体特点。此方面类似的研究成果还有：孙晓玄（2011）《基于〈汉语大词典〉语料库的宋代新词研究》、侯月明（2012）《基于〈汉语大词典〉语料库的西周词汇研究》、宋琳（2011）《基于〈汉语大词典〉语料库的魏晋新词语研究》和李娜（2011）《基于〈汉语大词典〉的民国词汇研究》等，这些研究成果均在博士论文中得到准确细致的阐述。

（4）关于体例以及其他方面的研究

关于辞典中标点符号的使用研究。李庆立（1999）在《〈如此使用逗号、分号合乎规范吗?〉——与〈汉语大词典〉编纂者商榷》中指出《汉语大词典》在使用标点符号时存在以下几个方面的问题：（1）在同种情况下，逗号、分号乃至顿号混用，不作区别。（2）编纂者大都没有定识，不明确此情况下该用逗号,还是分号。(3)没就这一问题作出统一规定,连第一卷所载《凡例》中都混用了逗号、分号。胥洪泉(2000)《〈汉语大词典〉的一处标点错误》和朱成华(2011b)《〈汉语大词典〉引〈盐铁论〉文之句读辨误举隅》也在标点的使用方面提出了自己的发现。此外还有关于字形的研究,如毛远明(2004)《〈汉语大词典〉同形字处理辨正》通过"但""修"等具体例子,揭示了《汉语大词典》在处理同形词时存在的问题。廖丽娟(2013)《〈汉语大词典〉同形字辨正》则是对同形字"奥""脸""麻"等存在的问题展开研究,对这些同形字的研究,有利于字典辞书的更好编写与修订。陈春风(2004)在《〈汉语大字典〉与〈汉语大词典〉的字形规范研究》中对字形的规范等提出了要求。

2. 微观结构方面

(1)注音

在《汉语大词典》的研究中,有些学者专门从注音的角度入手,如唐让之(1986)的《〈汉语大词典〉的注音》是最早涉及有关《汉语大词典》注音方面问题的文章,该文详细介绍了《汉语大词典》的注音条款的理论依据以及细则。之后又涌现出其他学者对《汉语大词典》的注音疏漏进行补正,其中主要的研究成果有:谢纪锋(2006)《〈汉语大词典〉音切疏漏举例》中具体地介绍了《汉语大词典》中15个字在注音和反切方面存在的疏漏;在丰富了之前的成果基础之上他在《〈汉语大词典〉疏漏举例——音切篇》中列举了《汉语大词典》在音切方面有疏漏的24条,前22条属于具体问题,最后两条指出某些注音实例与凡例不一致以及某些相关词条之间标注音读不统一的问题。这些研究对于以后词典的编纂和修改都有着一定的参考价值。

此外,还有朱纯洁(2009)的《〈辞源〉〈汉语大字典〉〈汉语大词典〉"挠"字注音商兑》对于"挠"字注音的研究。梁光华(1997)《〈汉语大词典〉、〈汉语大字典〉注音商兑二题》对于《汉语大词典》中对两个具体的注音问题做出了阐释。雷昌蛟(2005)在《〈辞源〉〈汉语大字典〉〈汉语大词典〉标音失误辨正二则》中也揭示了在标音方面的两个具体的问题等。

(2)收词立目

关于《汉语大词典》的立目问题,学者们的研究主要集中在对《汉语大词典》已列词目的研究和未立词目的研究两个方面。其中已列词目的研究,学者们提出了"疑目、误目、假目"等概念。未立词目的研究包括漏收、补正、拾遗等。

有关《汉语大词典》已列词目的研究，如：曲文军（2003）在《论〈汉语大词典〉相关条目的非相关性问题》的文章中重点阐述了《汉语大词典》在"相关条目"方面比较突出地表现出"非相关性"。具体表现为："参见条目"参而不见、"冷僻条目"不参不见、常式与变式分庭抗礼、等义词目各行其是、对举复词厚此薄彼、成套词目顾此失彼等六个方面。

此外，对于《汉语大词典》立目的研究我们分类总结如下：

a. 对已有某类词目的指瑕

如：朱习文（2006）的《〈汉语大词典〉同名异实古星名条目的问题》和（2013）《〈汉语大词典〉所收〈礼记〉礼制条目商订》、徐传武（1993）《〈汉语大词典〉天象词目献疑》、赵鹏飞（2012）《〈汉语大词典〉中医药学条目指瑕》、徐成志（2006）《〈汉语大词典〉典故条目讹误评析》、朱蓝凤（2011）《〈汉语大词典〉乐舞名物若干条目商兑》、姚美玲（2001）《明清小说词语考释与〈汉语大词典〉条目正误》等分别对古星名、天象、中医药学、典故、乐舞名物和小说词语等某一类词目存在的问题着手进行研究，提出了这些条目中存在张冠李戴、混为一谈或收义不全等，以此来对《汉语大词典》中的词目进行指瑕。

b. 对已有词目的质疑研究

如：高燕（2008）《〈汉语大词典〉若干条目疑误举例》、邵文利、杜丽荣（2004）《〈汉语大词典〉等工具书"军爵""公爵"条目献疑》、张泰（2008）《〈汉语大词典〉近代汉语条目指瑕》、杨会永（2010）《〈汉语大词典〉"同义异形"条目指瑕》和导夫（1995）《〈汉语大词典〉条目商榷（续）》等，这些文章都是针对《汉语大词典》中个例词目进行的研究，提出其中存在的疑误。

关于《汉语大词典》未立词目的补充。随着汉语词汇史研究特别是专书词汇研究、断代词汇研究的扩展和深入，越来越多的学者在此方面取得了丰硕的成果。这些也极大地促进了我国辞典的修订与编纂。主要表现在从具体文献看《汉语大词典》的词目漏收。

研究者从具体的某部文献入手对《汉语大词典》中的词目展开深入研究，以文献为依据，来探讨词典中收入词目的问题。如：胡绍文（2002）《从〈夷坚志〉看〈汉语大词典〉的若干阙失》、曲文军（2001）《〈汉语大词典〉漏收〈型世言〉词目研究》、杨箐、杨萍、曲文军（2002）《〈汉语大词典〉漏收〈青楼梦〉词目研究》，胡丽珍、欧明晶（2011）《从〈齐东野语〉看〈汉语大词典〉的词目漏收》，胡丽珍、邵彩霞（2012）《从〈涧水燕谈录〉看〈汉语大词典〉的词目漏收》，蒋涛（2008）《〈汉语大词典〉失收〈花间集〉中名物词举例》，李茂康（2006）《〈汉语大词典〉遗阙〈释名〉词语之义举隅》，陈建初、喻华（2004）《〈释名〉》中部分未见于〈汉语大词典〉的语词考》，顾丹霞（2005）《〈周易〉中未见于〈汉语大词典〉语词考》，廖丹（2009）《〈董解元西厢记〉中未见于〈汉语大词典〉词语考》和王桂波（2008）《〈汉语大词典〉失收〈南齐书〉诸词举例》等，这些研究成果通过具体文献来探讨《汉语大词典》中存在的不足，在一定程度上为词典的修订增加了条目。

这方面的研究成果还有，如陈芳、李茂（2010）《〈汉语大词典〉近代汉语条目拾遗》，雷冬平、李高（2013）《〈北梦琐言〉词语研究与〈汉语大词典〉立目拾遗》，雷冬平、李文赞（2012）《〈邵氏闻见录〉词汇研究与〈汉语大词典〉立目拾遗》，胡丽珍、郭晓添（2012）《〈野客丛书〉词汇研究与〈汉语大词典〉立目拾遗，黄友福（2010）《〈汉语大词典〉漏收唐代墓志词语零札》，刘志生（2012）《〈汉语大词典〉失收六朝墓志词语考释六则》，李新飞（2010）《〈汉语大词典〉失收的今文〈尚书〉虞夏书语词》和马云霞（2010）《从若干常用词看〈汉语大词典〉的阙失》等，以断代词汇为基础对《汉语大词典》中某个时代的词汇进行研究，发现了其中的阙失以及漏收问题，为词典的完善性做出了巨大贡献。

有的研究者利用校勘的手段对《汉语大词典》的词目作研究补充。此方面的研究成果有：杨会永（2011）《从本校法看〈汉语大词典〉"不"字头词目存在的问题》和卫志芳的（2008）《用"本校法"看〈汉语大词典〉词目漏收》等。

有的研究者还对《汉语大词典》漏收词目的情况作了综合的调研。如：曲文军（2005）《〈汉语大词典〉漏收词目调研报告》是按照抽样调查结果分析，得出《汉语大词典》漏收词目为34%左右，意味着漏收词条约为12万条以上。这些漏收的词目如果得以立目，《汉语大词典》将会超过日本的《大汉和辞典》和中国台湾的《中文大辞典》。

（3）释义

释义作为词典中最重要的内容，它的准确与否，直接关系到一部词典的质量。因此,《汉语大词典》面世至今,许多学者就其释义问题,作了大量的研究,积累了丰富的成果。这些成果具体说来可分为两大类,一类是《汉语大词典》释义的辨误分析,另一类是对于《汉语大词典》释义缺失的补充。

a. 具体词语的释义辨误研究

以某一个语素为中心,展开的词语释义辨误研究。如刘敬林(2009)《〈汉语大词典〉"打"下词语释义指误》对《汉语大词典》中"打"字之下所释词语可商者22条,并指出其失误,以期对《汉语大词典》的修订有一些参考作用。刘瑞明(1991)《谈泛义动词的释义——兼评〈汉语大词典〉"作"字释义》以"作"的泛义为中心,试就《汉语大词典》这一部分作些评论。此外,还有张超(2009)的《"各"字指代义和指别义应当分列——从〈汉语大词典〉对"各"字的释义说起》、赵峰(2009)的《〈汉语大词典〉"封"释义考察》和刘瑞明(1995)的《〈汉语大词典〉"为"字释义评议》等都是从某个语素入手展开的一系列研究。

以一个双音节词语为中心,进行的全文释义献疑研究。如邹虎(2012)《〈汉语大词典〉"兽吻"释义献疑》认为古文献中的"兽吻"一词在《汉语大词典》中存在义项缺漏及引例不当的问题,文章即从文献、文化、建筑、名物等多角度加以考辨订补。相类似的研究还有李玉平(2007)《〈汉语大词典〉"末界"释义考辨》、郭洪义(2011)《〈汉语大词典〉"青头"释义献疑》、孙剑艺(2010)《"锦标"本义考——兼为〈汉语大词典〉释义辨正》、付建荣、马晓军(2007)《"拍张"释义补正——与〈辞源〉、〈汉语大词典〉编纂者商榷》和李若晖(2006)《"淫烁"释义——〈汉语大词典〉勘误一则》等。还有对相关条目释义的辨证研究,如真大成(2010)《〈汉语大词典〉"冒索"条释义辨正》中就纠正了《汉语大词典》关于"冒索"一词的错误释义,并对与"冒索"相关的"搭索""揭索""榻索"等词作了考辨。胡勃(2014)《〈汉语大词典〉"封望"条释义辨正》、孙建伟(2012)《〈辞源〉、〈汉语大词典〉"蓐食"条释义商榷》以及张青松(2012)《〈汉语大词典〉"怨旷"条释义商榷》等也分别对"封望""蓐食""怨旷"等条目释义进行了研究,对于该条目释义的科学性和准确性提供了依据。

除此之外,还有常见于几个词语组合形式的释义辨误研究,如梁吉平、陈丽(2011)《〈汉语大词典〉辨误两则》中介绍了"莫如""捆两个词条的解释有所偏误并对其所释的"莫如"及"捆"两个词目下部分词条进行文献考证及补充。还有罗小如（2010）《〈汉语大词典〉、〈辞源〉释义商榷四则》、王永超（2008）《"丰贱"与"踊贵"——〈汉语大词典〉收词释义指瑕》和王锳（2002）《〈汉语大词典〉一些条目释义续商》等关于词语组合的释义辨误研究。

b. 具体词语的释义进行补正研究

刘显（2011）《〈汉语大词典〉释义订补六则》对《汉语大词典》中六则存在义项漏略或概括不周的词条进行订补。姚美玲（2012）《〈汉语大词典〉释义商补——以"擘画""搂搜""索落""硬证""柱脚"为例》针对具体的词例进行释义商补。还有曲文军（2001b）《〈汉语大词典〉"棒槌"补正》对"棒槌"的补正研究，朱成华（2010b）《浅析〈汉语大词典词〉条释义商补五则》、程亚恒（2012）《〈汉语大词典〉释义拾补》等也对具体词语的释义进行补正研究。

c. 按词性分类的词语释义商榷

王向阳（2010）在《〈汉语大词典〉在量词释义方面存在的问题》中认为《汉语大词典》在量词标注方面前后行文不够协调统一，其释义体例主要表现为采用标准释义模式、释义残缺、兼用其他术语、释义有误等四种情况。李建平（2005）的《从先秦简牍看〈汉语大词典〉量词释义的阙失》则是以在楚地和秦地出土的大量简牍文献为材料，在增补词语义项、提前始见书、订补释义等几方面对量词的释义进行了研究。朱成华（2012）《〈汉语大词典〉引〈史记〉之双音动词释义商榷》对《史记》的双音节词汇进行研究，发现其中的释义有值得商榷之处。杨小平、陈燕（2011）《〈汉语大词典〉象声词商榷》则是结合《现代汉语词典》中收录的象声词，从词目未收、义项未收、释义的不平衡性三个方面对《汉语大词典》中的象声词进行了讨论并作一些补苴。

d. 按词性分类词语的释义补正

沈怀兴（2005）在《〈汉语大词典〉"连语"释义补正》中对"连语"在王念孙的书里特指一部分由两个同义词素联合构成的合成词提出了补正，并提出"连语"初为动词，义为"连续说，连在一起说（或合说）"，至迟到宋代又发展出"指叠字（包括叠音词和重叠词）"的名词义。顾恩多（2004）《〈汉语大词典〉单音介词拾补》从汉语语法史的角度，对《汉语大词典》若干单音节介词书证滞后问题提出讨论，并补充"共、向、因、从、投、把、於、为、望、将、由、自"等介词书证。

刘湘涛（2009）在《〈太平经〉新生程度副词补苴〈汉语大词典〉六则》中认为《太平经》新生的六个程度副词"小小""第一""一何""殊为""甚复""极自"应可补苴《汉语大词典》在词条的收立与解释、书证的溯源与穷流等方面的失误。熊昌华、张显成（2013）《秦简虚词对〈汉语大词典〉的补充》则利用出土秦简中的虚词，在"词条""义项""例句"三个方面对《汉语大词典》作一些拾遗补阙的工作。曹小云（1995）在《〈汉语大词典〉量词补证》也对《汉语大词典》中的量词进行了补正。

e. 某类词语释义的辨误研究

蔡子鹤、陈杏留（2009）《买地券词语考释三则——兼谈〈汉语大词典〉之不足》中经过核对已经刊布的买地券释文，参以传世文献，试图梳理买地券中的习语，深入研究买地券词语并完善《汉语大词典》的不足。晁瑞、周阿根（2006）《〈汉语大词典〉方言词误释举隅》利用方言资料，对《汉语大词典》中"判""响""撷""锥""滴""坑""炉""掠""挳""纂""猴""挺"等12个误释的方言词进行考辨。徐复岭、张静（2007）在《〈汉语大词典〉近代汉语条目释义摭误》中从因不谙方言俗语而释误、因未顾及上下文文意或望文生训而释误、因未分清是反问语气还是直陈语气而释误、因断词或断句失当而释误、义项（或词目）分合不当或义例不合等五个方面，指出《汉语大词典》在某些近代汉语条目释义方面存在的问题。杨会永（2003）在《〈汉语大词典〉近代汉语条目释义商榷》中就《汉语大词典》数条近代汉语条目释义提出商榷意见。刘敬林（2003）在《〈汉语大词典〉现代词语释义商兑》讨论了《汉语大词典》所收现代词语释义存在的一些问题，以补辞书之疏漏。刘敬林（2005）还在《〈汉语大词典〉之元曲疑难词语释义辨正》中讨论了《汉语大词典》所收元曲词语释义存在的一些问题来补辞书中的疏漏。

f. 某类词语释义的补正研究

范崇高、陈家春（2010）《〈汉语大词典〉盐文化词语补释》和范崇高（2009）《〈汉语大词典〉盐文化词语商补》都是针对《汉语大词典》中盐文化词语存在的不足进行的研究。朱习文（2005）在《〈汉语大词典〉古时间词条补正二则》中补正了《汉语大词典》中的两个古代时间词，指出"晏食"条释义错误，"亭午"条释义不全等。朱习文、李娟（2006）在《〈汉语大词典〉古天文词条补正五则》中分析了《汉语大词典》释"入限""仄懕""留逆""少弱""墟"及其相关数则古天文词条的诸多不善。徐艳霞（2011）《〈汉语大词典〉丧葬词语商补》是以《汉语大词典》中的丧葬词语作为探讨对象，以丧葬仪式过程及器物为线索，从释义、书证、收词三个方面进行分类总结。秦洁（2012）在《〈汉语大词典〉礼俗名物词若干条目补正》中提出若干礼俗名物词在词义诠释、词目收录两方面存有贻误，有待进行补正。闫艳（2001）《〈汉语大词典〉蔬菜词语补正二则》试结合文献对于蕨、芋两种常见的蔬菜在《汉语大词典》中名称及食用部位的不当之处的注释作补正。陈玲（2012）《〈汉语大词典〉方言词语补苴十二则》从四川方言入手，指出《汉语大词典》所收词"崖""过""菩""革""捔""轻""炕""痨""浼""焱""姞""五加皮""五加"在设立义项和释义方面值得商榷的十二处。苏杰、裴兰婷（2013）《〈论语〉典故词语与〈汉语大词典〉订补》从考证《论语》典故词语出发，试图对《汉语大词典》有关阙略和失误之处进行匡补。骆伟里（2006）在《〈汉语大词典〉"三礼"条目订补（之一）》对"三礼"中存在的某些瑕疵、纰漏逐条加以订补。李娜、王琳（2014）的《民国时期新外来词研究——兼对〈汉语大词典〉的补充》是根据民国时期汉语外来词引进的高潮期，结合《汉语大词典》中收录的英语、法语、满语等外国和外民族语言中吸收的外来词，看到《汉语大词典》收录日源词和科技词语较少的一个缺漏，因此从《近现代汉语新词词源词典》中补录的近 500 个外来词入手对《汉语大词典》的词语进行补充。陈国华（2009）《〈汉语大词典〉近代汉语条目商补》对《汉语大词典》中的 26 个近代汉语条目进行商补，共分为义项不全、释义不当、书证晚出、书证缺失、词形不全、注音不当等问题。

g. 具体部首下的词语释义研究

刘敬林（2012，2008）在《〈汉语大词典〉"犬部"语词释义指误》和《〈汉语大词典〉"日部"语词释义指误》两篇文章中，分别对"犬部""日部"的语词释义进行了指误。许启峰（2006）《〈汉语大词典〉e 部补正》是在《古本小说词语汇释》e 部字的编辑过程中发现了《汉语大词典》存在义项缺失、词条缺漏等问题，据此提出的 e 部补正。类似的研究还有程志兵、孔淑梅（2001）《〈汉语大词典〉第五卷"水部"订补》、程志兵（2000）《〈汉语大词典〉第七卷"心部"订补》、陈晓慧（2011）《〈汉语大词典〉"阜"部订补》、陈增杰（1990）《〈汉语大词典〉寸部订补》、陈月培（2013）《〈汉语大词典〉"干"部订补举隅》等研究。

（4）书证

对于《汉语大词典》书证方面的研究，是随着汉语史研究的推进和计算机语料检索方法的推广而逐渐扩大的。因此这方面的研究成果在所有《汉语大词典》的研究成果中占了大多数。如：毛远明（2000）在《〈汉语大词典〉书证中的几个问题》中指出了《汉语大词典》书证中存在的八个方面的问题：（1）书证与释义不合；（2）标点疏误；（3）书名、篇名、作者错误；（4）误以注文为正文；（5）误以甲注为乙注；（6）摘取不恰当，删节不明举；（7）书证文字衍、脱、讹；（8）书证迟后。还有周掌胜（2007）在《〈汉语大词典〉书证商补》中分别举例说明了书证滞后、书证单一、书证失序、书证文字讹误、书证与释义不合等疏漏或错误。王本灵（2013a）在《〈汉语大词典〉书证订补》中具体指出《汉语大词典》书证共42处存在问题，包括书证有误、书证滞后或缺失两个方面。

然而在其中关于书证的多数成果中，主要集中在纠正书证偏晚、书证辨误和补充书证上。

a. 书证偏晚

朱成华（2010a）《〈盐铁论〉提前〈汉语大词典〉迟后书证七例》、牛太清（2004）《〈汉语大词典〉书证迟后例补》、成妍（2007）《〈汉语大词典〉词条书证年代滞后献疑》、莫砺锋（2001）《关于〈汉语大词典〉"书证迟后"问题的管见》、王炳文（2014）《〈汉语大词典（卷二）〉词条例证晚出勘误七则》、刘志生（2013）《六朝墓志词汇研究与〈汉语大词典〉的书证迟后》、王丹（2012）《由魏晋碑刻看〈汉语大词典〉后代用例缺少和书证滞后例》和张雪梅（2007）《从〈素问〉看〈汉语大词典〉书证迟后问题》等都是关于书证偏晚的问题。

b. 书证辨误

王勇（2013）《〈汉语大词典〉例证商订——以〈玉台新咏〉等文献为参照》以陈徐陵编《玉台新咏》为汉语语料，以此为基础对《汉语大词典》书证方面的失误加以订正。袁雪梅（2008）《〈汉语大词典〉错解〈史记〉例句一则》对"定"下的义项中引用《史记》的一个书证进行考辨。荆亚玲（2009）在《〈汉语大词典〉"礼拜"书证辨误》中对"礼拜"这个词语的释义以及引用的书证不准确提出质疑。俞志峰（2005）《汉语大词典书证辨考十则》对十则词语的书证进行了辨考。胥洪泉（2013）《〈辞源〉〈汉语大词典〉"前度刘郎"书证指误》对"前度刘郎"的书证进行指误分析。韩玉（2013a）在《〈汉语大词典〉例证商榷》中逐一举例并分析了《汉语大词典》在引用书证方面不准确的问题。李书田（2005）在《从〈汉语大词典〉误用古医书书证谈起》中对《汉语大词典》中两例书证有疑义：其一，"蹄足"释义，引证《后汉书·方术传下·华佗》，指兽类动物的脚，但"蹄足"应指人而非指兽；其二，"口体"释义，引《孟子·离娄上》，指"口和身体"，此处"口体"应单纯指身体而言，"口"无实义，随"体"连类而出。赵宗乙（2012）《〈汉语大词典〉引〈论语〉书证而误释举隅》中列举的误释有："是可忍"之"忍"当释为"忍心"；"共敝"不当连读；"学之不讲"之"讲"谓讲习，与"习"同义；"发愤"谓深入探究郁结于胸而未得其解的知识或学问，使烦懑之心得以开启；"荡舟"即"覆舟"，谓力能覆舟，与"用水师冲锋陷阵"无关；"穿窬"之"窬"不通"踰"，说本刘宝楠《论语正义》，实属断其章而取其义引文者。朱成华（2011a）《〈汉语大词典〉书证引文辨误——以〈盐铁论〉为例》就《汉语大词典》在词条义项的书证方面存在的文字错误、引语有误、引文不完整三类问题展开阐述。王本灵（2013b）在《〈汉语大词典〉书证校补》中结合古代文献，指出《汉语大词典》书证存在的问题共33处。

此外，还有梁冬青（2007）的《〈汉语大词典〉书证辨误一则》，范崇高、王红（2009）《〈汉语大词典〉书证举误》、韩玉（2013b）《〈汉语大词典〉例证献疑》和陶莉（2004）《〈汉语大词典〉书证失误举证》等。

c. 书证补充

郑贤章（2000）《〈汉语大词典〉书证初始例试补》中试补《汉语大词典》那些不利于汉语词汇史的研究、引例较实际产生的年代晚上一两千年的词条。董运来（2008）《〈汉语大词典〉书证拾补》是继《〈汉语大词典〉拾补》一书和有关期刊关于《汉语大词典》书证的论文之后，举出《汉语大词典》书证首例时代偏晚七十八条，并对其进行了拾补。李申、王祖霞（2003）在《〈汉语大词典〉书证订补》一文中，对近40个条目书证征引问题提出订补意见。李汉丽（2008）《〈汉语大词典〉书证前补》系列研究中针对《汉语大词典》一些词语的书证晚出情况，选取已经在明代笔记中出现但《汉语大词典》所引书证晚出的词语共116条，提供其明代笔记中的例证，来补正《汉语大词典》的不足。张富翠

（2004）《〈汉语大词典〉书证补》结合唐代高僧义净的译经《根本说一切有部毗奈耶》，对其部分书证滞后的问题提出一些补充意见。张传真（2012）《〈列子〉词汇研究与辞书编纂——〈汉语大词典〉书证晚出例补》将《列子》中的词语作为语言材料，对《汉语大词典》中存在的书证迟后加以例补。林爱华（2013）《〈汉语大词典〉书证滞后词语拾补》对《汉语大词典》中不少词语的义项所引书证滞后问题，尽可能补出有关词语的最早书证。李素娟（2008）在《〈汉语大词典〉书证迟后例补——以〈南海寄归内法传〉为例》中择要举例说明《南海寄归内法传》中出现的许多新词新义，对《汉语大词典》的书证进行订补。陈平（2011）《〈汉语大词典〉书证勘误》以《南齐书》为例，就《汉语大词典》中数十条首例书证过晚之词进行补充。

此外，还有针对具体文献的书证研究：如宋思佳（2014）的《〈汉语大词典〉一至四卷佛教文献书证研究》、唐飞（2014）《〈汉语大词典〉五至八卷佛教文献书证研究》和周亚娟（2014）《〈汉语大词典〉（九至十二卷）佛教文献书证研究》分卷对佛教文献进行了系统的研究。

以上虽然从不同的方面对《汉语大词典》的研究进行了综述，但是在研究过程中还有很文章是结合了立目、释义、书证以及其他方面等进行综合论述的文章。例如：吴金华（1995）《〈汉语大词典〉书证商榷》就是从立目、释义和书证的时代三个方面着手就个人接触到的问题提出自己的见解，供编纂者和查阅者参考。柴红梅（2005）则在《〈汉语大词典〉瑕疵补正——以〈现代汉语词典〉C字条为例》中结合《现代汉语词典》C字条，从词目失收、义项不全、缺少书证、书证偏晚四个方面进行讨论并作一些补苴。宋肖娜（2010）《〈汉语大词典〉瑕疵补正——以〈现代汉语词典〉S字条为例》是以《汉语大词典》收录的与《现代汉语词典》（第五版）S字条相关词语研究为基础，对《汉语大词典》收录的相关词语情况进行全面测查，并将所发现问题分四个大类：一、义项缺漏23例；二、书证偏晚65例；三、书证缺失43例；四、词目漏收50例。黄燕妮（2009）《〈汉语大词典〉"白"字条词语试补》是对《汉语大词典》中"白"字条词语，从义项不全、书证滞后、词目失收、缺少书证四个方面举出二十一条不足之处进行试补。曲文军（2004）在《论〈汉语大词典〉的严重缺陷》中指出《汉语大词典》存在着严重的缺陷：一是释义的严重错误，二是部分立目的随意与荒唐，三是常见词目令人不解的疏漏。

三 《汉语大词典》研究存在的问题及发展趋势

从《汉语大词典》完全出版至今,有关《汉语大词典》方面的研究也在与日俱增,各方面也取得了很大的成就,如对于《汉语大词典》的释义、书证的研究与日俱增,成果也很显著。但是,在某种程度上仍然存在着许多其他的问题和不足。如:

第一,对于《汉语大词典》的注音方面关注较少,且研究成果不多;

第二,关于网络版《汉语大词典》的研究还不够系统深入;

第三,对《汉语大词典》与其他学科领域的对比研究较为缺乏;

第四,关于《汉语大词典》的结构研究存在不平衡现象,其中对于立目、释义和书证的研究较多,对于注音、体例等其他方面的研究较少。对具体内容研究较多,而对《汉语大词典》本体的理论研究较少。

以上等等,都是将来值得关注的问题,《汉语大词典》的发展趋势,将会随着计算机技术和研究方法的发展而有新的发展。随着计算机技术的普及和发展,《汉语大词典》已经不单纯是纸质版本,而是逐步与计算机结合成为在线的工具书,这样不仅方便了广大学者学习使用,而且节省了学者研究《汉语大词典》收集语料的时间,降低了难度,同时能够及时对《汉语大词典》进行修订与更新。正因如此,在计算机技术的基础之上,近期研究中产生了基于《汉语大词典》为语料库的相关研究,这些研究为《汉语大词典》的完善起到了至关重要的作用。所以,对于网络版的《汉语大词典》的研究将会是今后研究的重点。如何提高《汉语大词典》的使用率以及准确、快速检索到与之相关的全部内容将是今后在线网络词典发展的方向。

总之,辞书研究的工作任重而道远,同时也是时代的需要,是十分有价值的。《汉语大词典》作为一部大型的语文工具书,对其研究更是具有时代的意义以及社会价值,对其进行不断的完善以及修订也是势在必行的。因此,学者对其研究也是不可或缺的。虽然目前的研究已经取得了一定的成果,但是仍然存在着对于其结构研究不平衡、对比研究缺乏、理论研究不够等问题,而这些问题或许就是以后《汉语大词典》研究的主要方向。

四　本课题对《汉语大词典》的研究思路和方法

本课题力图改变传统依靠内省和卡片的方法编纂和修订辞书的方法，通过专书词汇的研究，并在结合语料库语言学和计算语言学的核心思想的基础上，整合现有超大型的古籍和现代汉语语料库，对语料进行切分并通过词典的自身检索功能进行比照和核对，以发现辞书漏收词汇、漏收义项、义项误释、书证晚出以及书证缺失等错误，为《汉语大词典》即将到来的全面修订做系统全面的前期基础修订，为其更加完善奠定基础，也可为其全面修订提供可行的方法和操作性强的模式。

基于以上思路，本课题的研究方法如下：

第一，人机互动协作的研究法。语料的切分虽然靠计算机，但是切分的结果还是需要研究者的裁定。电脑不能替代人的作用，只能在数据统计、语料处理和收集等工作强度密集的时候发挥其优势，而具体的材料分析和词义判断，人依然是工作的主体。

第二，语料库语言学、训诂学与词典学理论相结合的研究法。不能脱离训诂学而直接去谈词汇释义和辞书编纂问题。《汉语大词典》训释失误的条目，往往都是忽略训诂成果所致。而另一方面，如果一如既往地和传统的手抄卡片方法一样去研究词汇训诂，也同样难以有所突破。因此，本课题借助语料库语言学的研究方法，充分利用电脑的检索功能，把文献电子语料和训诂专书电子版本整合利用（辅之以《翰堂典藏》全文检索版），对于纠正辞书释义能够达到事半功倍的效果。

第三，不同辞书比照研究法。涉及相关内容的时候，我们将把《汉语大字典》《辞源》与《汉语大词典》放在一起进行对比研究。本课题除了大部分词条是通过语料词汇切分的结果得出词汇、义项漏收等辞书失误之处，还有部分问题是通过不同辞书的比较得出的，这是一条操作简单而又行之有效的方法。当然，这种比较也是通过三种辞书的电子检索版进行，因而效率上较之翻阅纸质文本将大大提高。

第四，书面文献与出土考古文献相结合的方法，也就是王国维提倡的"二重证据法"。一些古词语中的名物词，它们所反映的名物有许多在现代已经不存在，这就需要以出土的文物及相关材料为佐证来定义它们。

第五，我们还将采用定量统计与定性分析相结合的研究方法来确定词义的立项问题（义项的确立由于有了计算机的准确定量统计而变得更为可靠)、采用个案研究与语义场聚合研究相结合的方法来研究词语搭配和释义问题。

　　鉴于上文所提到的基于语料库的词典编纂和修订存在的问题，本课题并不主张完全依靠语料库。我们需要借助一个观察的切入点，这个切入点就是有代表性的历史文献。虽然汉语大型辞书的编纂修订也可以从其内部的语义系统进行（雷冬平，2011），但这种方法并不能替代传统的专书词汇研究。因为内部语义系统研究法是封闭式的，是着眼于辞书已收录的词语，虽然具有范围小、目标明确以及效率高的优势，但也正是这种小范围的封闭式特点决定了这种内部法在辞书编纂修订中只能是一种辅助方法，而开放式的词汇收罗还需要基于专书词汇的研究方法来完成。而专书词汇研究法最关键的一步是专书的选择，需要选择一部语料价值高而研究较少的专书进行研究，才能够发现更多的新词新语。为此，我们选取了一批唐宋笔记作为研究对象，它们是《大唐新语》（唐元和时刘肃撰）、《邵氏闻见录》（北宋邵伯温撰）、《涑水记闻录》（北宋司马光撰）、《北梦琐言》（唐五代孙光宪撰）、《野客丛书》（宋代王楙编写）、《渑水燕谈录》（宋代王辟之撰）、《齐东野语》（宋代周密）、《癸辛杂识》（宋代周密）以及元代的笔记小说《湖海新闻夷坚续志》等（后文再提到这些文献时，就省略了时代和作者）。王锳先生（1990）在《唐宋笔记语辞汇释》的前言中论述到笔记作为语言研究材料的特点："一、大都出自当时的文人学士之手，用的基本上是文言。不过由于这种体裁形式活泼，可以不拘一格，信笔所之，娓娓而谈，所以比起正宗的八家派古文来说，口语色彩要强。二、涉及的范围和生活面广，举凡诸子百家、文学艺术、历史地理、天文历算、博物技艺、医药卫生、典章制度、金石考据、民情风俗、人物传记、宫廷琐闻、神话传说、现实政治等，几乎无所不谈，无所不包，因而词汇的容量相应较大。三、其中往往有成段的白话资料，如供词、诉状、外交谈判记录之类。此外，故事传说中的人物对话部分，口语的程度也往往较高。"我们选取的这些笔记作品，在语言上都具有较多的口语性，保持了当时的语言面貌。特别是唐宋时期是汉语史的中间阶段，也是词语承上启下的过渡阶段，因此，新词新语大量产生，这对于"古今兼收、源流并重"的《汉语大词典》来说都是不可多得的材料。

　　因此，本课题的研究方法最大的特色就是将专书词汇研究和语料库语言学结合起来，并对大型的词典进行修订。课题的前一部分内容主要探讨词典修订的方法，属于通论性质的研究，后一部分内容主要探讨《汉语大词典》在收词、义项、释义、例证四个方面的失误，并提出了修改意见，属于实践性质的研究。所以，本课题以专书词汇为切入点，将辞书修订的理论和实践相结合进行研究，力图为《汉语大词典》的完善贡献力量。

第二章

语料库语言学视野下大型辞书释义原则和方法研究

语料库给词汇训诂和研究带来了极大的便利，传统训诂学训释词语，例证是一个非常关键的因素，但是需要从浩如烟海的文献中去人工寻找，既费时又费力，而且找到的例证未必是典型的，也未必是这个词最早的用例。而语料库在计算机检索的操作之下，可以对以往诸多的词语训释提出新的例证，在新的例证的前提下，可以看出已有的词语训诂或者词典释义存在的诸多问题。本章计划针对传统编纂方法中大型辞书释义存在的问题，提出应该遵循的原则。此外，大型辞书在语料库语言学视野下也要采用新的词语研究方法，我们以常用词、疑难词语以及文化词为例来展示语料库语言学视野下的这几类词的研究方法。

第一节 双音同义并列复合词的训诂失误及应遵循的原则

双音同义并列复合词较早就受到学术界的许多关注，如王浩然（1994）就论证了古汉语同义双音词产生的途径、过程以及原因，王云路（1997）也曾指出，汉魏六朝诗歌中，同义连言是双音词产生的重要途径。武振玉（2002）则对同义并列的虚词进行了研究，认为虚词的同义连用是古代汉语中的一种独特现象，其中尤以总括范围副词的同义连用最为多见，董秀芳（2002）从词汇化过程对大量的同义并列现象进行了研究，雷冬平（2008）则对大量近代汉语双音虚词的成词过程进行了详尽的论证，并从认知的角度对成因进行了解释。这种现象在现代汉语中同样大量存在，吕叔湘（1989：186）很早就注意到这个问题，他说："两字并列是汉语造词广泛应用的格式。……很多是两字同义，至少在这里是同义，造成的词仍然是这个意义，只是双音化了"。

学者们对于汉语中这样一个庞大词类的研究给予了足够的重视，然而对于此类词语的训诂却关注不够。特别是在方法上，目前大型辞书在解释此类词时往往忽略了这种复合词两个构词语素同义的特征，仍然采取常用的语素拆分释词方法，对两个同义语素作出了不同的解释。对于这类训诂方法所带来的问题至今没有系统研究。本节试举三种双音同义并列复合词的训诂失误来提出三种词典释义应遵循的原则。

一　非词掩盖词与区分非词原则

现代大型辞书应该是集训诂成就之大成的典范，然还存在不少问题。这里的非词掩盖词即是指辞书所收录的某个语言单位不是词，而以同样语素构成的语言单位是词却被漏收，导致这种状况的原因往往是构成词与非词语言单位的两个语素具有几个义项，两相组合之后的意思容易被认为是构词语素的常用义的搭配，而有时常用义搭配结果往往并不是词，因而辞书在收录的时候就将这种不是词的语言单位掩盖了本应该收录的词。如：

（一）谩诧

"谩$_2$诧"一词，《汉语大词典》（以下简称《大词典》）释之为"休要惊诧"，仅举一例为元代丁鹤年《逃禅室与苏伊举话旧有感》诗："谩诧丹霞烧木佛，谁怜青露泣铜仙。"此例中，"谩诧"之义确为"休要惊诧"。因为"丹霞烧木佛"这一典故出自《祖堂集》卷四："后于惠林寺，遇天寒，焚木佛以御次，主人或讥，师曰：'吾荼毗，觅舍利。'主人曰：'木头有何也？'师曰：'若然者何责我乎？'主人亦向前，眉毛一时坠落。有人问真觉大师：'丹霞烧木佛，上座有何过？'大师云：'上座只见佛。'"也就是说，丹霞和尚天冷把木佛烧了取暖这件事情没有值得奇怪的，得道高僧的佛是在心中的。因此，元代诗歌例子中"休要惊诧丹霞烧了木佛"之义是通畅的。但是，值得讨论的是《大词典》将否定副词义的"谩$_2$"与"诧"的线性排列当成词来收录是否妥当，如果按照《大词典》的这种判断标准，则"莫诧""休诧""谩诧"等相关同类词都要收录，然而却没有。如此则从另外一个角度证明"谩$_2$诧"不是一个词，而是一个短语。

真正是一个词的应该是"谩$_1$诧"，即"谩"为"欺骗"义，"诧"也为"欺骗"义，"谩诧"是一个同义并列的复合词，而《大词典》却没有收录。《说文解字·言部》（以下简称《说文》）："谩，欺也。"《墨子·非儒下》："且夫繁饰礼乐以淫人，久丧伪哀以谩亲。"汉刘向《新序·杂事五》："荆人卞和得玉璞而献之。荆厉王使玉尹相之，曰：'石也。'王以和为谩而断其左足。"可见，"谩"有"欺骗"之义。而"诧"同样有"诳骗、欺诈"之义，如《晋书·司马休之传》："甘言诧方伯，袭之以轻兵。"又如《新唐书·逆臣传上·史思明》："朝义攻陕，败于姜子坂，退壁永宁。思明大怒，召朝义并骆悦、蔡文景、许季常，将诛而释之，诧曰：'朝义怯，不能成我事！'欲追朝清自副。"因此，两个同义的单音节联合并列使用，构成一个双音节的合成词，且意义与单音节的构词语素一致，都为"欺骗"之义。如《太平御览》卷九百八十四："朔对曰：'臣能上天。'上知其谩诧，欲极其语，即使朔上天取不世之药。"又"朔既辞去，出殿门，复还，曰：'今臣上天，似谩诧者，愿得一人为信验。'"因此，"谩诧"应该和《大词典》所收录的"谩訑/訑谩""谩诈""谩欺/欺谩"一样，都是"欺骗"义的并列式同义复合词。

（二）黠鬼

《大词典》释之为"狡黠的鬼魅"。仅举一例为宋·蔡绦《铁围山丛谈》卷四："宗尧始疑而询焉，方道其事，始知为黠鬼所侮。"此例之"黠鬼"确为"狡黠的鬼魅"之义。然以下例却难以解释为"狡黠的鬼魅"，如宋·史温《钓矶立谈》："及闻正言，然后情得意沮，藏匿伏息，彼亦下愚之类，非所谓黠鬼也。"此例"黠鬼"与"下愚"对举，应该都为形容词，且都表示人的品行之类。那么，"黠鬼"究竟为何义呢？《方言》卷一："虔、儇，慧也。……自关而东赵、魏之间谓之黠，或谓之鬼。"晋郭璞注："谓慧了，秦谓之谩。"《广雅·释诂一》："鬼，慧也。"《广韵·黠韵》："黠，黠慧也。"可见，"黠"与"鬼"可以为同义词，都具有"机灵""狡猾"二义，《大词典》也收录了二词的这两个义项。如《战国策·楚策三》："今山泽之兽，无黠于麋。"《后汉书·明帝纪》："人冤不能理，吏黠不能禁。"《后汉书·南蛮传》："外痴内黠，安土重旧。"晋·葛洪《抱朴子·道意》："凡人多以小黠而大愚。"前二例之"黠"为"狡猾"之义，后二例之"黠"则为"机灵"义。又如汉·班固《白虎通义》卷七："殷人之王教以敬，其失鬼，救鬼之失莫如文。周人之王教以文，其失薄，救薄之失莫如忠。"东汉王充《论衡·齐世》："上教用敬，君子敬，其失也，小人鬼。"此二例中，前例"鬼"为"机灵"义，后例"鬼"为"狡猾"义。那么作为同义词的"黠""鬼"二词连用，是为"机灵"义，还是为"狡猾"义呢？从郭璞的注解中，我们可以看出,《方言》所侧重的是表示贬义的"狡猾";从古代汉语训诂学来看,二义同条,授受同词是非常常见的;从《钓矶立谈》之例看,"彼亦下愚之类,非所谓黠鬼也"一句中,后面否定分句"黠鬼"一词,如果仅从语义看,要与"下愚"相反,必定为"机灵、聪明"义,但是从语用的角度来看,用于褒义可以解释为"机灵",用于贬义可以解释为"狡猾"。因此,"黠鬼"可以表达"机灵""狡猾"二义。

我们的结论可以得到同素逆序词"鬼黠"的证明。如晋·常璩《华阳国志·蜀志》:"星应舆鬼,故君子精敏,小人鬼黠。"此例中,"鬼黠"应该是与"精敏"理性意义相近而感情意义相反的,应该解释为"狡猾"。《大词典》收录了"鬼黠"一词,却将《华阳国志》例解释为"狡诈机灵"。《大词典》对"鬼黠"没有解释成"鬼魅狡猾",而将其理解成同义并列复合词是值得肯定的,但《大词典》的释义还是有问题,它将"鬼"的"狡猾"义与"黠"的"机灵"义进行组合,得出"狡诈机灵",几不成语。应该将"狡诈机灵"分开来标为"'机灵';'狡诈'"则得之。

因此,我们认为《大词典》当收录"狡猾;机灵"义的"黠鬼",不应收录"狡黠的鬼魅"义的"黠鬼",后者不当为词,而为短语,辞书对词语的训释应该排除非词的单位,不然,"形容词+鬼"这样的结构将不胜收录。因此,辞书收词应该遵循区分词与非词原则。

二 望文生训与平等性原则

这里所谓的望文生训是指仅从词的字面常见义来解释整个词语,结果导致对词语训诂的失误,这类失误在双音同义并列复合词中尤为常见。如:

(一) 巧诈

《大词典》释之为:"机巧诈伪。"如《淮南子·主术训》:"法令所禁,则犯之以邪。为智者务于巧诈,为勇者务于斗争。"《史记·日者列传》:"初试官时,倍力为巧诈,饰虚功执空文以调主上,用居上为右。"该词释义犯了望文生训的错误,将"巧"解释为"机巧"。虽然《大词典》"机巧"条也收录有"诡诈"之义项,但从"巧诈"的释语来看,《大词典》是将"机巧"当成"聪慧灵巧"义来对待的,否则,"巧诈"之释语就变成了"诡诈诈伪",如是这样,还不如径言"欺诈"。而实际上,"巧诈"确实就应该解释成"欺诈"之义。"诈"为"欺诈"之义,是常用义。殊不知"巧"亦有"欺诈"之义，如《老子》："绝巧弃利，盗贼无有。"《淮南子·本经训》："及伪之生也，饰智以惊愚，设诈以巧上。"因此，"巧诈"是同义词，"巧"与"诈"并列形成的复合词。

另外，同义的"巧"与"诈"还能构成"诈巧"一词，意义与"巧诈"一致，都应该为"欺诈"义。如《庄子·盗跖》："子之道，狂狂汲汲，诈巧虚伪事也，非可以全真也。"《汉书·赵尹韩张两王传》："广汉数犯罪法不伏辜，以诈巧迫胁臣相，幸臣相宽不奏。"宋·叶适《寄王正言书》："视今之士，崇饰诈巧，造作成败，缓则专利于己，而急则归过于君。"《大词典》收录有"诈巧"一词，释之为："欺骗巧诈。"该释语啰唆重复，不够明白，这都是运用同义词互训拆词解释的结果，其义应与"巧诈"一样，径释为"欺诈"则得之。

（二）诈伪

《大词典》义项2释之为："巧诈虚伪。"其例子有《淮南子·本经训》："机械诈伪，莫藏于心。"《三国演义》第四十三回："君等闻曹操虚发诈伪之词，便畏惧请降，敢笑苏秦、张仪乎？"《淮南子》中亦有这样的例子，如《淮南子·原道训》："故机械之心，藏于胸中，则纯白不粹，神德不全。"高诱注："机械，巧诈也。"故"机械诈伪"是两个同义的词构成的词组，即"诈伪"为"巧诈"义，而"巧诈"之义如上文所论为"欺诈"义。《三国演义》之例中，"虚伪"之义应落实在"虚发"之"虚"上，"诈伪"也同样应该解释为"欺诈"。因此"诈伪""巧诈""欺诈"皆同义。《大词典》望文生义地将"伪"释为"虚伪"是错误的，因为"伪"其实有"欺诈"义，《说文·人部》："伪，诈也。"《广韵·寘韵》："伪，欺也。"如《尚书·周官》："恭俭惟德，无载尔伪。"孔安国传："言当恭俭惟以立德，无行奸伪。"《孟子·万章上》："然则舜伪喜者与？"赵岐注："伪，诈也。"《史记·日者列传》："才不贤而托官位，利上奉，妨贤者处，是窃位也；有人者进，有财者礼，是伪也。"因此，"诈伪"是由两个同义词"诈""伪"并列连用构成的复合词，它的文献用例较多，如《管子·牧民》："量民力，则事无不成；不强民以其所恶，则诈伪不生。""诈伪不生"即"欺诈现象不会出现"之义。《吕氏春秋·审应览·精谕》："故辩而不当理则伪，知而不当理则诈。诈伪之民，先王之所诛也。理也者，是非之宗也。"从《吕氏春秋》之例更容易得出结论，"辩而不当理"则是强词夺理，是为"欺"也，"知而不当理"即是颠倒是非，不讲道理，是为"骗"也。因而该例之"诈伪"同样应理解成"欺骗、欺诈"之义。

对于"诈伪"是"欺诈"义的同义并列复合词还有一个有力的证据是两个构词语素还可以颠倒顺序构成"伪诈"，该词《大词典》已经收录，并释之为"欺诈"，正确。如《韩非子·奸劫弑臣》："是以左右近习之臣，知伪诈之不可以得安也。"《史记·淮阴侯列传》："齐伪诈多变，反复之国也。"

因此，这种训诂问题的出现在于忽略了一些词的非常见义，这要求训诂双音复合词时，在对待单词的诸多义项的态度上应该一致平等，即应遵循词义平等原则，坚持以语料来说话，如果先入为主地想当然认为某词该为某个义项，则易致望文生训之误。

三 随文释义与概括性原则

辞书对某些词的训释没有对词义进行归纳和概括，只是根据所举文献用例的上下文来判定词语的意义，这种对词语的随文释义造成的结果是释义不准确。或者说在所举用例中虽能够意义顺畅，但在语境稍作变化的文献用例中则诘屈不通。如：

（一）依因

《大词典》释之为："顺应；利用。"其例为晋·葛洪《抱朴子·疾谬》："其有才思者之为之也，犹善于依因机会，准拟体例，引古喻今，言微理举，雅而可笑，中而不伤。"在《大词典》这个唯一的例子中，"依因"似乎可以理解成"利用"。但这是随文释义，因为还有诸多的用例解释不通。如三国魏·安法贤译《大般涅槃经》卷十二："如是骨者从因缘生。依因足骨以拄踝骨，依因踝骨以拄膊骨，依因膊骨以拄膝骨，依膝骨以拄髀骨。"东晋·佛驮跋陀罗译《大方广佛华严经》卷三十五："依因如来智，出生修行智。"《宋书·王僧达列传》："不能因依左右，倾意权贵。"唐·张籍《献从兄》诗："愿言灵溪期，聊欲相依因。"以上四例，"依因"解释成"顺应"或者"利用"都比较勉强。而解释成"依靠；凭借"则文意畅达，即使《大词典》所举之例亦可解释成"依靠；凭借"。"顺应；利用"都是"依靠；凭借"在不同语境中的随文之义，它不能够为"依因"的构成作出构词理据上的解释。而解释成"依靠；凭借"则可以作出理据上的解释，因为"依因"是同义并列构成的复合词，即"依"和"因"是同义词，皆有"依靠；凭借"之义，如《广雅·释诂三》："依，恃也。"《尚书·君陈》："无依势作威，无依法以削。"《国语·晋语二》:"隐悼播越,托在草莽,未有所依。"可见,"依"有"依靠;凭借"之义。《说文·口部》:"因,就也。"段玉裁注:"'就'下曰:'就,高也。'为高必因丘陵,为大必就基址。故因从口大,就其区域而扩充之也。"《孟子·离娄上》:"为高必因丘陵,为下必因川泽。"《后汉书·逸民传·矫慎》:"隐遁山谷,因穴为室。"因此,"因"同样具有"依靠;凭借"义。

因此说,"依靠;凭借"义是"依因"的本义。这可以从它的同素逆序词"因依"得到证明。《大词典》释"因依"为"倚傍;依托",其例为三国魏阮籍《咏怀》诗之八:"回风吹四壁,寒鸟相因依。"宋·辛弃疾《新荷叶·和赵德庄韵》词:"南云雁少,锦书无个因依。"沈钧儒《挽张仲仁先生》诗:"还童乏术竟长眠,恸失因依五十年。"从所举之例看,这同样是对"因依"的随文释义,因为:

第一,用"倚傍;依托"来解释以上诸例没有"依靠"更妥帖。"依傍"之义是来自第一例中寒鸟"依靠"的具体状态;而"依托"之义则是来自第二例锦书寄出的"托付"义。

第二,文献中有些用例如用"倚傍;依托"来解释,基本不可通。《通典·食货三》:"凡粗有衣食者,莫不互相因依。""互相因依"不能说成"互相依托",更不能说成"互相倚傍"。

第三,"因依"解释为"依靠;凭借"更好说明其与《大词典》中义项2"原因;原委"、义项3"办法"之间的引申关系。凭借的依据即为原因,凭借的手段即为办法,符合动词转指名词的一般引申规律。

第四,"因依"解释为"依靠;凭借"更好说明其词义的进一步向介词的方向虚化。这与动词"依靠"或者"凭借"向介词虚化的方向是一致的。这个虚化从宋代开始,如:宋李昉等《太平广记·神仙十一》:"先与仲甫语毕,因依其声所在,腾足而上,拔匕首,左右刺斫。"陶宗仪《南村辍耕录》卷二十三:"因依所言,一举而成。"二例中,"因依"所在分句已经不能够独立,它与其后的名词构成一个介宾结构,主要对后面的动词进行修饰,表达后面动词完成所凭借的方式和手段。

所以,"依因"和"因依"都是同义并列的复合词,其本义皆为"依靠;凭借"。而《大词典》对二词的释义虽有合理之处,但皆因其为随文释义而需要改正。

(二) 听许

《大词典》释之为:"听而许之。"如《汉书·终军传》:"军遂往说越王，越王听许，请举国内属。"唐·韩愈《论孔戣致仕状》："今戣幸无疾疹，但以年当致事，据礼求退，陛下若不听许，亦无伤于义而有贪贤之美。"宋·曾巩《福州奏乞在京主判闲慢曹局或近京一便郡状》："比来群臣之中，有欲便于养亲者，并蒙听许。"从其所举之例看，"听而许之"是从第一例中随文释义而得出的，因为前文有"说越王"，则越王必有听终军之言，"听"理解成"听从"之义，完全是随文而释。但后几例如解释成"听而许之"则不可通，应解释成"允许"为是。因为"听"有"允许"义，如《吕氏春秋·知士》："静郭君辞，不得已而受，十日谢病，强辞，三日而听。"高诱注："听，许。"《后汉书·肃宗孝章帝纪》："所过县邑，听半入今年田租，以劝农夫之劳。"清·赵翼《陔余丛考·未葬亲不许入仕》："魏晋之制，祖、父未葬者不听服官。"此例从标题的"未葬亲不许入仕"与文中"未葬者不听服官"来看，结构内容相同，可以看出"听"即"许"义。《大词典》未收录"听"之"允许"义，故而在解释"听许"一词时，根据某些例文中有用耳朵听到的内容，则把"听"的常用义"听从"替代了"允许"义，这犯了随文释义的错误。

　　"听"与"许"作为同义词还可以构成"许听"一词，亦表示"允许"之义。如隋·阇那崛多译《佛本行集经》卷五十："如来已许听我等辈五月五日聚集大会。"又卷五十八："诸比丘辈，悉皆不许听我出家。"又如《唐会要》卷二十六："旁人见以白王，王以钱百万请妻，敬君惶怖许听。"《大词典》没有收录"许听"一词，当补。

　　因此，我们认为"听许""许听"都是同义并列的复合词，"听""许"与合成后双音节词皆有"允许"之义。

　　对这种随文释义，我们主张词义训释应该遵循概括性原则，这种概括性要既能满足在不同语境中的具体推导，又能满足对词义的源流以及词义之间的关系作出合理解释的要求。

　　我们将双音同义并列复合词的训诂失误总结为如上三端，并针对这三种情况提出了相应的原则。词汇训诂的目标是准确性，特别是大型语文辞书，如何做到准确训释词义成为最大的任务。希望辞书修改和辞书编纂自觉遵循双音同义并列复合词释义应该遵循的原则，使大型辞书真正能够成为集训诂成就于一身的典范。

第二节　语料库视野下汉语大型辞书的常用词释义方法研究

汉语常用词的研究在蒋绍愚（1989）的倡导下得到大力发展，如专著就有李宗江的《汉语常用词演变研究》（1999）、汪维辉的《东汉—隋常用词演变研究》（2000）以及雷冬平的《近代汉语常用双音虚词演变研究及认知分析》（2008）等，单篇论文就更多了。但是，以往的常用词研究都侧重其历史演变的研究，对于其词典释义基本没有关注。因为在大多数人眼中，常用词意义常见，容易理解，辞书释义肯定也不容易出错，然而事实并非如此。我们认为，许多汉语常用词的辞书释义都存在问题，其主要原因是其原有释义主要是依靠内省的方式得到的，而不是在语料库的细致描写的基础上进行归纳和概括的。我们试以常用动词"啃"为例，通过语料库的调查，在对"啃"的用法做穷尽性描写的基础上，归纳和概括"啃"的义项，以求教于大方之家。

一　"啃"之释义困惑：文义不合

词义研究是词汇研究的一个重要方面，因为这是教学和习得的基础。辞书的释义应该是词义研究的集大成者，然而现有的状况与我们预期的理想相去甚远，我们以动词"啃"作为个案来进行研究。对于"啃"的释义，几部具有代表性的大中型汉语词典的释义是：

《汉语大词典》"啃1"：1. 一点一点地往下咬。2. 比喻刻苦钻研。

《汉语大字典》：1. 一点儿一点儿地往下咬。2. 象声词。咳嗽声。3. 比喻刻苦钻研或攻克难点。（按：义项2，《汉语大词典》列为"啃2"，该义项不在我们的讨论之列。）

《辞源》：一块一块地往下咬。

《现代汉语词典》：动 一点儿一点儿地往下咬。

曹乃木（1988：55）也指出了《辞源》《辞海》《新华字典》及《新华词典》的释义失误之处，但是其结论仍然没有揭示出动词"啃"词义的全部特征，且其结论建立在个人经验的基础上，并未对"啃"进行穷尽性的调查，故分析并不正确，和其文所举的辞书一样犯了以偏概全的错误。① 从我们所举的后出词典（特别是《现代汉语词典》五易其稿）来看，"啃"的本义还是沿用了"一块一块地往下咬"的解释，我们以《大词典》所举三例来评判以上词典的释义是否恰当。其例如下：

《西游记》第四六回："〔行者〕即现了原身，坐在柜里，将桃子一顿口啃得干干净净。"《红楼梦》第八十回："生平最喜啃骨头，每日务要杀鸡鸭，将肉赏人吃，只单是油炸的焦骨头下酒。"周而复《上海的早晨》第四部三八："她手里拿着一块油炸童子鸡腿，一边细细啃着，一边慢吞吞地说。"

首先，《辞源》释义"一块一块地往下咬"是不准确的，《西游记》例中吃桃子可勉强理解成"一块一块咬"，但是后二例中的"骨头""鸡腿"却完全不能理解成"一块一块咬"，因此所咬下之物不宜对其形状化为"块"。而"一点一点地往下咬"对于《上海的早晨》之例较为准确，然对前二例却不准确，"一点一点"说明咬的动作慢，所费时间较多，然《西游记》例从上下文看显然是行者三下五除二将桃子吃干净，因为在斗法中，行者吃完桃要将桃核留在柜里，自己还急着出去，因此动作当然是快的，且桃核是不能吃的，因而不能是一般的咬，而是剥咬；《红楼梦》中例的"啃骨头"之"啃"确实是"一点一点"进行，但是要将"啃骨头"理解成"往下咬"却与生活常识相差甚远，因为"啃骨头"所要咬下来的不是骨头，而是骨头上的肉或者筋。如《西游记》第三十五回："你看他长的使棒，短的轮拳，再小的没处下手，抱着孤拐啃筋，把那小妖都打得星落云散。""孤拐"即"脚腕两旁突起的部分"。难怪《辞海》

---

① 啃的特点之一是对象一定是较硬的东西，吃汤圆、棉花糖似不能用啃，《辞海》《新华词典》指出这一点是正确的。啃的特点之二是要用些力气。不费劲不能谓之啃。比喻用法的"啃书本""这件任务不好啃"，也是从要用力气这一点上借用的。此外，例如老鼠啃木箱，不一定是要吃，所以"剥食"可省。"用牙"似也可省略。以上为曹文的全部观点。曹文作为一短文没有对"啃"的词义进行总结，但是从其文中的辨析来看，"啃"的本义似乎是解释为"用力将坚硬的东西一点一点往下咬。"即使改释成这样，也同样还有许多例句不能很好解释，如可以说"牛啃麦苗"，然而麦苗不硬，既然所啃之物不硬，当然"用力"也就未必是必有义。因此，"啃"的词义需要重新审视。

会将"啃"解释为"用牙齿剥食坚硬的东西",这一解释完全就是基于理解"啃骨头"或"桃子"等坚硬有核之物得出的结果。

从现有辞书对"啃"释义时所举的例子可以看出,现有释义是基于"啃"的最基本、最典型的论元得出的结果,而忽略了高频动词之论元具有动态的特征(陶红印,2000)。除了典型宾语论元,以上辞书释义对于"啃青草""啃着钢笔""啃饭""啃住化工不放""啃老""寂寞啃着她的心"等都无法做出合理的解释。因此,现有字典辞书对"啃"的解释不能涵盖所有它所能支配的论元,"啃"的词义需要在全面调查其所能搭配的论元的基础上作出重新归纳。

二 "啃"之词义基础:基于语料库的搭配描写

我们说词义归纳要尽可能多地适应不同的语境,如果词义不能概括不同语境的使用情况,则要么是漏收了义项,要么是词义的概括度还不够。也就是说,词义研究的成果在辞书中要得到正确的体现,就必须做到词汇的义项在概括性和区分性上要切分得比较清楚,从而达到一种较为均衡的状态。"啃"之误释主要是因为对"啃"所能支配的论元究竟有哪些还没有一个彻底清楚的认识,上文所列词典所举与"啃"搭配的论元仅限于"桃子""骨头""鸡腿""地瓜""窝窝头""地板""书"与"军队"(后两者用于比喻义),这是没有对语料进行全面调查的结果。其例句收集采用的是内省法,或者抽样调查(不完全调查)的方法,这导致"啃"之论元总量较少,范围较窄,限制了"啃"的全部语义特征的显示。因为内省法或者凭借个人经验直觉的语言研究方法更适合于理论问题的研究,对于需要实证的词义总结,个人经验毕竟有限,要掌握一个词的所有语言使用情境是一件困难的事情,因此,词义释解难免出现错误。

我们主张词义研究需要追溯到语言使用的现场,采用语言使用情境调查的词义研究模式。因为语言使用现场反映了各种生活场景中词语概念化的过程。词义总是基于不同生活场景的抽象,是人们认知客观世界的经验总结,人类的交流就是以一定的这种知识和经验为基础的。那么,要正确解释"啃",所需要做的就是尽量穷尽性地调查"啃"的使用语境,概括出全部能与之搭配的论元对象和特点,然后才能够准确地概括出"啃"的义项数量并对义项进行描写,这是正确解释掌握"啃"之词义的基础,也是"啃"正确教学和习得的有力保证。

要对"啃"的搭配论元进行穷尽性的描写,要追溯"啃"的使用现场，我们需要借助超大型的语料库。以往字典辞书没有做到这一点有其客观的原因（如《汉语大词典》《汉语大字典》等），因为在它们的编纂时代，语料库建设还不是很发达。现在则不然，大量语料库的建设为我们进行词汇搭配穷尽性研究提供了基础①。然而语言学界基于语料库来研究词语搭配的研究还比较少，一些研究集中在外语研究方面，如卫乃兴（2001，2002）、李晓红（2004）、刘冬玲（2005）、缪海燕/孙蓝（2005）、张文贤/邱立坤（2007）、孙丽丽（2009）及钟珊辉（2009）等；而汉语学界则非常少见，只见到陶红印（2000）对"吃"的论元结构研究和张伯江（2002）对"死"的论元结构及相关结构的研究。这些研究在探索某个或者某类词的用法方面取得了一定成绩，然而在语料库语言学昌盛的今天，这是远远不够的。利用语料库还原词语使用搭配情景的方法来研究汉语词义有着深远意义。

我们的做法是将"啃"在《国学宝典》《四库全书》《汉籍全文》《四部丛刊》以及北京大学 CCL 语料库进行检索，共得到无重复的有效例句 2136 个，从中将二价动词"啃"所能支配的受事论元进行总结归类（由于动词宾语承受了动作，因此更能体现动词的动作特征；加上限于篇幅，本节只列出受事论元，只有特殊需要作出说明的施事论元才会另加分析），分析动词"啃"在支配这种受事论元时所体现出的动作特征，把相同的语境和同类性质的特征进行合并，从而正确地归纳出"啃"的词义，展示"啃"的词义变化和整个词义体系。通过以上所列古今语料的调查，我们得出"啃"所能支配的受事论元按语义范畴来区分有下列类别：

第一，肉骨类。包括骨头、孤拐、人肉、头颅、猪肉、鸡腿等同类词。②

（1）不吃米饭，则啃骨头。（元·关汉卿《钱大尹智勘绯衣梦》第二折）

（2）若是先吃脚，他啃了孤拐，嚼了腿亭，吃到腰截骨，我还急忙不死，却不是零零碎碎受苦？（明·吴承恩《西游记》第三十二回）

（3）却说那怪物坐在上面，自斟自酌。喝一盏，扳过人来，血淋淋

---

① 我们可利用的语料库有《国学宝典》《四库全书》《汉籍全文》《四部丛刊》以及北京大学 CCL 语料库等。

② 限于篇幅，我们同类语义或者相似特征的"啃"之对象从略，这并不影响研究结论。

的啃上两口。（同上，第三十回）

（4）众妖即至亭内拣了个新鲜的头，教啃净头皮，滑塔塔的。（同上，第八十六回）

（5）刘芳名说这块肉没骨头，好尽着啃，挑唆丫头的老子韩芦不告男人，单告狄奶奶童氏一个；刘芳名就做证见。（清·西周生《醒世姻缘传》第八十一回）

（6）她手里拿着一块油炸童子鸡腿，一边细细啃着，一边慢吞吞地说。（周而复《上海的早晨》第四部）

此类语义的受事在吃的方式上可分为两类：A类是受事全部被吃进去［如例（5）中的肉和例（2）、例（3）中的"孤拐""人肉"，后二例中的施动者是妖怪，骨头也是要被吃进去的，如"狗啃骨头"一般］，这种对象在承受"啃"这个动作时，其表现的动作特征与"咬"①的部分特征相同，在这里是"上下牙齿用力对着使物体的一部分从整体分离，并将其咀嚼吞咽"之义；B类是对象的外层部分被吃进去，里面的骨头是剩下不吃的［如例（1）、例（4）、例（6）］，此类受事论元与动词"啃"搭配时，动作的语义特征是"用力小口剥食"，"剥食"是因为骨头不吃，限定其为"小口"是因为如果大口有可能咬到骨头。

第二，身体部位类。包括舌头、鼻子、脖子、耳朵、手指、指甲、膝盖、嘴唇等同类词。

（7）卜良痛极，放手急挣，已被巫娘子啃下五七分一段舌头来。（明·凌蒙初《拍案惊奇》卷六）

（8）我只是合他对命，把毛余的罄净，啃了鼻子抠眼！（清·西周生《醒世姻缘传》第三十五回）

（9）那豹子已吃唐猛钢牙啃伤颈脖，奈何得没了气力，又吃这一矛，吼了一声，登时丧命。（清·俞万春《荡寇志》第一百十五回）

（10）张开嘴往那个日本兵耳朵上就咬，连皮带肉啃下来一块。（马烽《吕梁英雄传》）

（11）（兔子）啃伤了我的手指，我常常不知道是应该悲哀还是应当厌恶。（张贤亮《浪漫的黑炮》）

（12）他总是害怕，非常害怕。啃着啃着指甲，他会尖声大叫起来。

---

① 《现代汉语词典》（第5版）第1584页将"咬"解释为："上下牙齿用力对着（大多为了夹物体或使物体的一部分从整体分离）。"

(老舍《四世同堂》)

（13）她拍打着孩子的小屁股，孩子爬在她的腿上，啃着她的膝盖，她痒痒起来。(孙犁《风云初记》三十三)

（14）面对她那湿漉漉的双唇，王喜啃得还是那么热烈。(陈建功、赵大年《皇城根》)

（15）当俺没看见，他抱住你又是亲又是啃的！(关仁山《风暴潮》)

此类受事论元同样可以分为两类：A类是所"啃"对象的部分脱离了主体但不被吞食［如例（7）—（11）］，则"啃"的语义与"咬"部分相同，是"上下牙齿用力对着使物体的一部分从整体分离"之义；B类之所"啃"对象的整体没有遭到损坏［如例（12）—（15）］，故其"啃"的语义特征是"上下嘴唇（包住牙齿）合咬"。

第三，食品类。包括饭、烧饼、烧果、馒头、窝窝头、干粮、饼子、玉米、米饭、野餐、白薯、盐、饽饽、茶点、薄脆、点心、油条、巧克力等同类词。

（16）有酒时唸，有饭时啃，你来我跟前委实图甚？(元·王元鼎《套数·商调·河西后庭花》)

（17）行者在轿后，胸脯上拔下一根毫毛，变做一个大烧饼，抱着啃。(明·吴承恩《西游记》第三十四回)

（18）呆子不论生熟，拿过烧果来，张口就啃，行者掣铁棒，着手便打。(同上，第四十四回)

（19）船家便拿出个干馒头，钟麟接过啃了半天方咬下一块来。(清·石玉昆《七侠五义》第一百一十七回)

（20）成天啃窝窝头，两气夹攻，多么棒的小伙子也得趴下！(老舍《骆驼祥子》)

（21）来回二十里路，中午在校啃块干粮喝碗白开水，虽然这样，我也拿不起一年六块白洋的学费呀。(《野火春风斗古城》第五章)

（22）周伯伯见小燕插言，急忙啃一口棒子面饼子，克哧咬了半截大葱。(同上，第二十二章)

（23）林清把自己的长裤和衬衫拿给菜儿，啃着玉米，走开。(楚良《天地皇皇》)

（24）我们到啥地方去？回到家里啃老米饭吗？(《上海的早晨》第三部)

（25）孩子跑，大人笑，带点野餐，就地啃之，对一个人的身心，有极大帮助。（柏杨《浊世人间》）

（26）他傻呆呆地啃完白薯，就坐在那儿一罐一罐喝饮料。（关仁山《风暴潮》）

（27）他见到了像魔方一样大的盐块儿，竟然还放进嘴里啃，咸得他连连吐唾沫。（同上）

（28）金三爷在门口儿买了几个又干又硬的硬面饽饽，啃两口饽饽，喝一点开水。（老舍《四世同堂》）

（29）那里也许有很好的茶点——先啃它一顿儿再说！（同上）

（30）俩人每人啃着一张薄脆，倚着垂华门，你看我，我看你。（霍达《穆斯林的葬礼》第十三章）

（31）我打开书包，一边掏出点心啃着，一边拿出我今天早上必须温习的俄文课本。（礼平《晚霞消失的时候》）

（32）他在终点站附近的回民小吃店买四根油条，就着热茶水啃。（刘心武《刘心武选集》）

（33）带点巧克力去，万一营养不良，可以啃啃巧克力充饥！（琼瑶《剪不断的乡愁》）

此类受事论元也可分为三个次类：一是例（23）中"玉米"等需要剥食的，同"骨头"类；二是质地比较坚硬的食品，如"干馒头""窝窝头""干粮""白薯""盐""饽饽"和"巧克力"，这些名词和"啃"搭配，"啃"的语义应该为"用力小口咬食"；三是质地比较柔软的食品，如"（米）饭""烧饼""烧果""饼子""野餐""茶点""薄脆""点心"及"油条"，这些名词和"啃"搭配，"啃"的语义应为"小口咬食"。

第四，果蔬类。包括桃子、西瓜、蔬菜、地瓜、苹果、果实、萝卜、土豆、西红柿等同类词。

（34）将桃子一顿口啃得干干净净，连两边腮凹儿都啃净了，将核儿安在里面。（明·吴承恩《西游记》第四十六回）

（35）弥勒即把行者变的那瓜，双手递与妖王。妖王更不察情，到此接过手，张口便啃。（同上，第六十六回）

（36）劝刘母吃些，刘母哪肯破荤。把那几匹战马，都去后面菜地里，由它啃嚼。（清·俞万春《荡寇志》第八十二回）

（37）狗熊嘴大啃地瓜，麻雀嘴小啄芝麻。（李英儒《野火春风斗古

（38）他夺过民工啃着的大苹果，扔得老远。（楚良《天地皇皇》）

（39）这种果实，有股气味，虫也不啃，鸟也不吃。（李国文《桐花季节》）

（40）他的那两头牛已快把他辛苦务养起来的几畦包心菜啃光了！（路遥《人生》）

（41）八月十五蟹正肥，交春儿就啃脆萝卜。（陈建功、赵大年《皇城根》）

（42）将手中啃得不成形的土豆，惭愧地放回了盆里。（梁晓声《钳工王》）

（43）吴姗啃完西红柿，把剩蒂扔进墙角的簸箕里。（王朔《永失我爱》）

此类名词可以分为两个次类：一是有核水果，如"桃子"等，与之搭配，"啃"的语义为"上下牙齿用力对着小口剥食"，二是无核水果和蔬菜，如"西瓜""蔬菜""地瓜""苹果""果实""萝卜""土豆""西红柿""啃"与之搭配，其语义为"上下牙齿用力对着小口咬食"。

第五，草木类。包括草、树、叶子、秧苗等同类词。

（44）金哥便将母子如何坐车，父骑驴到了山下，如何把驴放青啃草，我母子如何在青石之上等候，我父亲如何出东山口打听，此时就被第虎衔了去的话，说了一遍。（清·石玉昆《七侠五义》第二十四回）

（45）如今猛虎啃树，他心下岂不着慌？（清·吴璿《飞龙全传》第二十回）

（46）水流渐渐的稳定，小鱼又结成了队，张开小口去啃一个浮着的绿叶，或一段小草。（老舍《骆驼祥子》）

（47）蝗虫把一切秧苗甚至树叶都啃光吃净了。（陈忠实《白鹿原》）

此类名词中，"树"不能吃，因而与之搭配，"啃"的语义是"小口咬下"；而被"啃"的对象被吃了的话，如"草""叶子""秧苗"，则"啃"的词义为"小口咬食"。

第六，什物类。包括帘子、奶瓶塞子、笔杆、扇子柄等同类词。

（48）院子里四头骡子，守着个帘子在那里啃，一带灰棚里不见些灯火，大约是那些做工的和尚住的。（清·文康《儿女英雄传》第六回）

（49）他是个馋鬼，别把宝宝的奶瓶塞子都啃了。（萧马《纸铐》）

（50）那同学接过去，啃了啃钢笔杆，点下头说："倒能试试，可没准也做不出来。"（刘心武《刘心武选集》）

（51）七巧啃着扇子柄，斜睨着他道："你今儿是怎么了？受了暑吗？"（张爱玲《金锁记》）

该类名词与"啃"搭配，同样也存在差异，前二例受事宾语可能会被损坏，那么"啃"肯定有"咬"和"嚼"的动作；后二例中的受事只是被含在嘴里，被上下嘴唇夹着，根本没有咬，更不可能咬下来，因而其义为"上下嘴唇（包住牙齿）合咬"。

第七，土地类。包括地、泥巴、土。

（52）我想起来，他使咱这们些银子，要不按他个嘴啃地，叫他善便去了，他就展爪。（清·西周生《醒世姻缘传》第十五回）

（53）通常，砍掉的人头都是脸朝下，啃一口泥巴在嘴里。（阿来《尘埃落定》第四章）

（54）王柬芝那瘦高的身体被绊倒在地上，嘴里啃满一口土。（冯德英《苦菜花》）

"啃地"其实就是"啃土"，和"啃泥巴"的意义是一样的，"啃"的语义特征是上下嘴唇咬合，其动作的结果是"含着"，"嘴里啃满一口土"即表示"由于上下嘴唇的咬合使得嘴里含满了土"之义。

第八，冰雪类。包括冰、雪。

（55）口渴了就啃冰吃雪；肚饿了就摘下松树球，砸里面的种子吃。（冯德英《苦菜花》）

（56）拿破仑抱住雪球，用嘴就啃，啃出一张红纸来。（老舍《二马》）

因为"冰""雪球"为较坚硬之物，此类名词与"啃"搭配，"啃"所突出表现的语义特征是"用力小口咬"。

第九，金银类。包括银子、金子。

（57）单单的拿起一锭黑的来看：平扑扑扭黑的面子，死纠纠没个蜂眼的底儿，白姑子放在牙上啃了一啃，啃着软呼呼的，说道："这不是银子，象是锡镆似的。"（清·西周生《醒世姻缘传》第六十四回）

（58）这些年了，她戴着黄金的枷锁，可是连金子的边都啃不到，这以后就不同了。（张爱玲《金锁记》）

与此类名词搭配，"啃"所体现的语义特征是"用牙用力咬"。

以上九类名词充当"啃"的宾语论元时，"啃"所表达出来的语义特征有相同之处的，我们根据"啃"的语义特征将其整合为以下四类：

第一，"上下嘴唇（包住牙齿）含咬（住）"之义。其搭配对象为不可食之物，动作的结果并不使被啃之物发生损伤，且动作一般是持续的。如"指甲、人、钢笔、泥、土"等。

第二，"用力小口剥食"之义。其搭配对象为有"骨""核"等之物，即此类名词的核心部分是不能吃的，如"肉骨头、鸡腿、桃子、玉米"等。

第三，"用力小口咬（下）"之义。其搭配对象可为质地较为坚硬之物（需要加上"用力"的语义特征），如"盐、冰、干馒头、白薯、巧克力、树、金银"等，也可以是身体的小部位如"舌头、鼻子、耳朵"等。

第四，"小口咬食"。其搭配对象为质地较为柔软的可食之物，如"饭、饼子、茶点、点心、油条、西红柿"等。

不管"啃"的语义特征如何，以上的例子表明"啃"涉及嘴的动作，但是也有不少的论元与"啃"搭配时，"啃"的动作是与嘴无关的。如：

第一，书本知识类。包括诗本、书、马列主义、日语等同类名词。如：

（59）做起诗来，无非拿古人诗本啃了又啃，嚼了又嚼，就做好了，也不是他的诗，何况还做不好呢！（周汝昌《红楼真梦》第三十五回）

（60）她一想到明年要毕业了，更感到自己的知识不够，贪婪地在图书馆里一本又一本的啃书。（周而复《上海的早晨》第三部）

（61）慕韩兄真不简单，整天在家里啃马列主义，是上海工商界的出色人物！（同上）

（62）和日本人一块干活，为了不被筛选掉拼命啃日语。（池莉《烦恼人生》）

此类名词与"啃"搭配，"啃"用的是比喻义，不涉及嘴的动作，但是其语义是"啃"的本义隐喻的结果，《大词典》将这个该义列为"啃"的第二个义项，为"比喻刻苦钻研"，其"刻苦"的义素来自"啃"的本义之"小口而用力"。此义一般用来比喻学习上的刻苦和勤奋。

第二，物品和石刻文字类。包括人力车、脚、文字等同类名词。如：

（63）虽然说租整天的车是没有时间的限制，爱什么时候出车收车都可以，若是人人都象祥子这样死啃，一辆车至少也得早坏半年，多么结实的东西也架不住钉着坑儿使！（老舍《骆驼祥子》）

(64) 她的胖脚被小新鞋啃得落了好几块皮。(老舍《四世同堂》)

(65) 但年岁已久，雨淋风蚀，阳光啃咬，至今已无可辨认。(罗伟章《妻子与情人》)

此类名词与"啃"搭配，"啃"发生了隐喻引申，将"啃"的"小口唇咬"的特点映射到"外力对物品逐渐磨损"的特点上，例(65)中"啃"的受事为"石碑上的文字"。因此，这个"啃"的意义应该为"不断磨损，侵蚀"。

第三，军队类。包括国民党军、直属队等军队名号。如：

(66) 红军终于把截成3段的国民党军，一段段啃掉。(陈宇《草地龙虎》)

(67) 他说："有什么关系？难道敌人敢啃我们直属队？"(杜鹏程《保卫延安》)

与"军队"搭配的"啃"同样是引申义，表达的是"努力攻克"之义。同样也是本义隐喻的结果。

第四，人物机关单位类。包括和尚、你、小人、机关等同类名词。如：

(68) 倒是那两个差人有些见识，说："这个麻相公是有名没德行的个人，啃和尚吃道士的，他有甚么铺陈衣服叫道士偷去？这样瞎头子的营生，那里去与他缉捕？"(清·西周生《醒世姻缘传》第二十六回)

(69) 那个狗攘的，原要啃你一大块肉，不能遂愿，只得报了官，只指望叫你倾家荡产。(同上，第四十二回)

(70) 那里知道半天里一个雷，说不唱了。我大太爷！那真啃死小人了！足足赔了一百二十四吊，就是剩了条裤子没有进当！(清·李宝嘉《官场现形记》第四回)

(71) 他开始调查哪个机关肥，哪个机关瘦，以便找个肥的，死啃一口。(老舍《四世同堂》)

此类名词与"啃"搭配，该类名词不是承受具体的嘴啃的动作，因而名词所代表的人或者事物不是身体上有形的损失或者伤害，而是无形的(多指金钱上)损失。因此，"啃"的词义应该为"强攫他人财物"。

这种用法，当后面的受事论元是特定的老人(多父母)时，则形成一个专门的词语"啃老"，该词也是在金钱上使老人遭到损失，但由于施事和受事一般是父母和儿女的关系，因此，"啃"的语义程度比"强攫"要轻些，似乎可以理解成"依靠(侵占)父母财物"。如：

（72）80 后生存现状调查：《蜗居》女演员"啃老"买房。（《广州日报》2010.2.24）

（73）郑州判决"啃老"第一案，不孝子被判搬离父母住房。（《法制日报》2009.5.20）

第五，人、事物类。包括所有人名、事物名等。如：

（74）譬如没得幽贞馆，秋鹤心中这一团挚爱，无处寄托，见了我，自然仍旧交给我。现在已经交给了幽贞馆，被幽贞馆勒啃住了不放，我的缘自然淡了。（清·邹弢《海上尘天影》第三十九回）

（75）他不得不应付他们。可是钱文贵还啃住了他，说他通八路，要去大乡里说呢，他不得不拿钱送给钱文贵。（丁玲《太阳照在桑干河上》）

（76）齐少武在去北港铁路之前，给赵振涛分析过卫化的出路，不要死啃着化工不放，要把视野放大。（关仁山《风暴潮》）

这类受事与"啃"搭配后从道理上说可以与嘴有关系，但如果有具体的动作义，那是本义。但"啃"的这种用法有一个重要语法特点是其后一定有一个表示持续的"住"或者"着"，表示动作的持续。而具体动作"啃"支配的论元是人或者较大的物体，甚至是抽象名词时，动作一般很难持续。因而"啃住某人/某物"就容易发生隐喻引申，表达一个与"嘴"没有直接联系的动作意义：纠缠、盯住。

第六，人物心灵类。包括心（灵）、灵魂、人称代词以及人名等同类名词。如：

（77）利齿鼠似的经年累月地啃他的心，啃他的灵魂，使他的灵魂难以获得片刻安宁。（梁晓声《疲惫的人》）

（78）而让无尽的相思，在无眠的长夜里，啃噬着他的心灵。（琼瑶《匆匆，太匆匆》）

（79）让它隐藏在我心的深处，成为绝对的秘密，让它在寂寞中啃啮我的破碎的心罢！（茅盾《腐蚀》）

（80）饥饿啃啮着她，本能迫使她在有机会得到食物的部落周围徘徊不肯离去。（尚昌平《荒原有爱》）

"啃"与这类受事搭配的时候，其具体动作没有着落之处，加上"啃"在这种用法中，其施事论元往往是抽象名词（如岁月、相思、寂寞、饥饿等）所表达的抽象事物，因而施事不能发出具体的与嘴有关的"啃"的动作，这时"啃"的语义发生了隐喻引申，表示"折磨"之义。

第七，经验道理类。包括经验、老套子、道理等同类名词。如：

（81）哪里知道，正是因为死啃着这点儿狭隘的经验，如今才吃了大亏！（刘流《烈火金钢》第二十三回）

（82）可是，你一段新玩艺也没有，还抱着老套子啃！（老舍《方珍珠》）

（83）可是这个人有一个怪脾气，要是啃住什么理就死不放。（刘流《烈火金钢》第十一回）

这一类充当受事的名词比第六类更为抽象，第六类名词所表达的事物（除了灵魂）大部分还是具体的人或者事物，而此类抽象名词所表达的则都是不可具体感知的抽象事物，因而"啃"在与这类受事论元组配后，"啃"的具体动作义发生了引申，引申路径是沿着能够支配"经验"类抽象名词的动作发展，在"啃"的"含住"义素的映射下，该情境中，动词"啃"的意义应该是"固守"。

三 "啃"之多义体系：区别性和概括性的统一

从上文的词汇搭配和词语释义中，我们可以看到"啃"是一个多义词，而且这些意义都是从"啃"的本义引申而来。《说文·豕部》："豤，齧也。"《玉篇·豕部》："豤，口很切。""豤"是一个会意兼形声字。篆文本从豕（猪）从艮（艰难），表达猪艰难用力唇咬，隶变后写作"豤"，后又写作"龈"，俗体写作"啃"，是"豤"和"龈"的后起分化字，如今规范化，以"啃"作为正体。（谷衍奎，2008：1239）也就是说，"豤"最初搭配的施事论元为猪，王筠《说文解字句读·豤第九》："豤，囓也。与齿部龈同，但此专属豕耳。"由于猪的上嘴唇和鼻子长在一起，比较硬和长，掩盖了牙齿，因此，猪在吃东西的时候，第一步就是用嘴唇"啃"住，动作完成有点困难，放到嘴巴里才能够用牙齿咬和咀嚼。有的不硬的东西，直接就可以啃食了，如"啃西瓜"等。因此，"猪"是"啃"的原型施事（陈平 1994，徐烈炯、沈阳 1998），之后，"啃"的施事逐步扩大到牛羊等亦是如此，如"牛/羊啃青草"等，随着"啃"的施事论元进一步扩大，许多动物都可以和"啃"搭配，甚至无生命事物（如阳光等）、抽象的事物（如思念、寂寞等）也能够充当"啃"的施事。这样，"啃"的语义得到进一步的发展。即使这样，"啃"的诸多语义在具体的语言使用情境中，还是或多或少地保留了"啃"的最初语义特征，所以，"牙""用力"不是"啃"义中的必有义素。

而作为俗体字的"啃"，我们所能见到的最早受事论元为"骨

（84）不吃米饭，则啃骨头。（元·关汉卿《钱大尹智勘绯衣梦》第二折）

（85）他若来，我剥了他皮，抽了他筋，啃了他骨，吃了他心！（明·吴承恩《西游记》第三十一回）

骨头质地坚硬，也就是说，作为俗体的"啃"的动词本义一开始完全继承了"龈"与坚硬性质的受事搭配的语义特征，如明代李宝《蜀语》："齧骨曰龈。"章炳麟《新方言·释言第二》："今人谓噬刚物曰龈。"前人的注释是对"啃"之本义特征的最好证明。但是，随着"啃"的语用环境的扩大，施事论元和受事论元皆可以是无生命的事物名词，甚至抽象事物名词。这样，不同的语用环境，"啃"的语义特征得到不同方向的凸显，因而也就造成了"啃"的不同方向的引申，于是形成了"啃"的诸多义项（详见第二节，此处只罗列）：

A. 上下嘴唇（包住牙齿）含咬（住）。
B. 用力小口剥食。
C. 用力小口咬（下）。
D. 小口咬食。

以上是与嘴有关的动作义，在此基础上引申出了诸多与嘴无关的动作义：

E. 刻苦钻研。
F. 不断磨损，侵蚀。
G. 努力攻克。
H. 强攫他人财物（有时特指依靠父母财物）。
I. 纠缠、盯住。
J. 折磨。
K. 固守。

因此，我们可以得到"啃"的多义引申体系，如下图所示，形成一个具体义的语义圈和一个抽象义的语义圈。

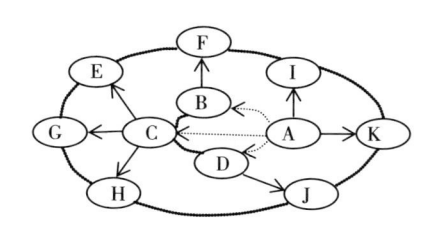

从以上图示中，我们可以看出"啃"各个义项之间的关系。总体来说，"啃"的多义体系有两个意义圈，内圈为与嘴有关的具体动词意义圈，外圈为与嘴无关的隐喻引申之后的动词意义圈。实线箭头表示词义引申的方向，虚线箭头表示词义分化的方向。因此，义项 A 实际就是整个多义体系的核心，义项 B、C、D 是由于"啃"动作特征的差异而从 A 分化出来的与其同处具体动作层面的意义。义项 A 引申出义项 I 和义项 K，其隐喻相似点是"咬住目标不放（含有动作的持续性）"；义项 B 引申出义项 F，其隐喻相似点是"一点一点除去"；义项 C 引申出义项 E、义项 G 以及义项 H，其隐喻相似点是"通过努力获得"；义项 D 引申出义项 J，其隐喻相似点是"一点一点咀嚼"，对于被咀嚼物来说，咀嚼过程是由大变小的过程，而当被咀嚼物不是食物，而是心灵等的时候，这种慢慢的咀嚼过程就是对心灵等的折磨。动词词义的这种引申其实取决于使用语境的扩展，扩展是发展的动力。事物的意义和性质的确定不仅取决于事物本身，更依靠与之相联系的其他事物，就像只有在一定的坐标中才能确定事物的空间位置一样，动词"啃"意义的确定同样要依靠与之相联系的论元来确定。从以上表中可以看出，"啃"的施事论元从最初的典型施事（猪等动物）变化到非典型论元（寂寞、思念等抽象名词），受事论元也从最初的典型论元（坚硬有核之物）发展到非典型论元（如青草、米饭，甚至抽象名词"灵魂"等）。这种扩展与人类认知经验紧密相关，因为动作"啃"有两个必有参与角色，当"啃"在原型情境中使用的时候，其论元要求的是典型论元，当这种原型具体结构向非典型的论元结构扩展时，其非原型情境则不再强制两个典型论元同时出现，因此，在基于动作相似度的基础上，"啃"被运用到同类的事件类型中，在这种事件类型中，"啃"的施事不能发出具体动作"一点一点咬"，受事又不能承受具体动作"一点一点咬"，那么，动词"啃"的多义性就形成了。

那么，人们大脑中关于"啃"这个动作是否确实客观存在这些差异性的认识，辞书释义中，"啃"的释义是否要像上文的描写一样精细呢？一般认为辞书释义需要简洁明快，但是如果不注意词的区别特征，就会导致浑释（胡丽珍，2009：93）。名物词如此，动词亦如此。如果动词的两个动作方式存在明显差异的时候，就不宜将其义概括为一个义项，否则，就会影响词义的理解和习得。我们认为，词义研究时，其差异性越细致越好，因为区别性是概括性的基础。虽然辞书释义确实不可能像我们的研究这么精细，但是如果没有精细的描写，概括就缺乏基础，一直以来的词义研究缺乏细致的描写，更缺乏深入的搭配研究，因此对义位的归并就缺乏科学的根据，仅凭内省的方式来归并义位是缺乏说服力的。更重要的是，如果不对词语的使用情境进行追溯，就不可能发现"啃"的具体动词义存在几个意义分化的变体，这些变体构成一个处在同一平面的意义圈，这个圈中的变体都是由于语用的不同而表现出不同的动作特征。根据动态语义学（Emergent semantics）的观点，没有绝对稳定的词义，只有在话语使用中不断浮现的词义（Tao，2003），但即使如此，意义圈中各义项的核心义素是不变的。那么，辞书的释义就应该在综合整个意义圈各义项所包含的共同特点的基础上进行概括。

就如我们的研究，根据九类受事论元与具体动作"啃"搭配所表现出的动作特征，合并其中的共同特征，得到"啃"的四个语义类别A、B、C、D，如果将这四个义项列入辞书，似乎概括性还不够。根据词义概括性原则，可将B、C、D义项进行归并，因为它们还具有共同的动作特征"小口咬"，归并得到的义项为"（用力）小口（剥）咬（下）"。这个义项增加括注的运用，可以将原来B、C、D义项下的受事论元都概括在内。当受事论元是坚硬之物时，则"用力"是必要义素得到激活；当受事论元是有硬核事物时，则"剥"是必有义素得到激活；当"啃"的动作目的是将所"啃"部分与主体分离时，则"下"也是必有义素得到激活。而在引申意义中，义项E和义项G具有较多的共同性，也可合并为"刻苦钻研或努力攻克"。

综上所述，"啃"的义项在穷尽性搭配描写的基础上进行二次合并之后，可概括如下：

动：1. 上下嘴唇（包住牙齿）含咬（住）。2.（用力）小口（剥）咬（下）。3. 刻苦钻研或努力攻克。4. 不断磨损，侵蚀。5. 强攫他人财物（有时特指依靠父母财物）。6. 纠缠、盯住。7. 折磨。8. 固守。[1]

---

[1] 参看《汉语大词典》（第3卷，342页）关于"咬"条的释义，其中有7个引申义，好几个引申义与我们总结的"啃"的意义是相近的，参照"咬"条的释义，我们觉得"啃"也完全有必要将不能合并的义项进行独立分项。

四 结论

本节对"啃"的多义系统的调查研究,很大程度上是受到词语搭配研究专家 Firth(1957:12)"词的意义从与它结伴同现的词中体现(You shall know a word by the company it keeps.)"这一观点的影响。我们通过对动词"啃"所能支配的受事论元进行穷尽性的描写,纠正和补充了现有辞书对"啃"的释义,同时也证明了陶红印(2000:35)"动词的论元结构在本质上有开放性和动态变化的特征;论元结构的主要方面从根本上来说是受制于实际的语言运用的"这个论断的合理性。可见,基于语料库的常用词语释义研究是完全可行的,也是完全有必要的。"啃"的研究显示,这种研究不但对辞书编纂,而且对于教学和习得都将具有现实意义。在此只是个案研究,这种研究还可以扩展到更多的词语研究中。

第三节 语料库视野下汉语大型辞书的疑难词释义方法研究

汉语大型语文辞书(以《大词典》为例)的绝大部分的疑难词语都是参照了前人的训诂成果,并且直接将这些训诂成果罗列于词条之下,这就全盘接受了其内容和结论。这种全盘挪用的结果必然导致有些词语的释义会因为前人训诂的失误而发生错误。我们认为,对于这一类词,辞书在收录并释义的时候,应该做好三步工作:一、前人训诂成果的整理;二、文献用例的分类和义项的归纳;三、词语源头语境的印证。本节试以"诡随"为例,展示辞书在对于此类疑难词语进行释义的操作程序。

一 前人训诂成果的整理

"诡随"最早出现于《诗经》,《大雅·民劳》曰:"无纵诡随,以谨无良。"毛传云:"诡随,诡人之善,随人之恶者。以谨无良,慎小以惩大也。"对于毛传的解释,诸多训诂大家提出了批评:

> 唐·玄应《一切经音义》:"奸诡,居毁反,不实也。《广雅》:'诡随',恶也;亦欺诳也。"
>
> 《广雅·释训》:"诡随,小恶也。"清·王念孙《广雅疏证·释

训》曰:"诡随,叠韵字。不得分训诡人之善,随人之恶。诡随即无良之人,亦无大恶小恶之分,诡随谓谲诈谩欺之人也。诡古读若果,随古读若髓,髓音土禾反。字或作訛又作訑,随其假借字也。"其子王引之在《经义述闻》"无纵诡随"条中引用了其父的这段话对毛传的释义进行了质疑。清·钱绎《方言笺疏》卷一:"正义云:'无良之恶,大于诡随,诡随者尚无所纵,则无良谨慎矣。'案:诡随,叠韵字,不当分训诡人之善,随人之恶。诡随即无良之人,亦无大恶小恶之分,诡随谓谲诈谩欺之人也。"

以上批评毛传的诸家之说,皆将"诡随"当作一个同义并列的复合词。即"诡"为"欺诈"之义,"随"通作"髓(訑、訑)",亦为"欺诈"之义。此说的最大特点就是运用了因声求义,这也是清儒所擅长的。诚然,"诡"有"欺诈"义,如《吕氏春秋·勿躬》:"人主知能、不能之可以君民也,则幽诡愚诡之言无不职矣,百官有司之事毕力竭智矣。""髓(訑、訑)"亦有"欺诈"之义,且能够组成并列双音的同素逆序复合词"訑谩""谩訑""訑谩""谩訑",前三者为《大词典》所收录,且义皆释为"欺诈",正确。"诡随"之"欺诈"说似乎非常合理,且以双音节的词来替代原文的"诡随",显得非常通顺;而毛传之"诡人之善,随人之恶"说却显得过于模糊,对于"诡"和"随"二语素仍然没有明确释义。但这并不能证明毛传之说是错误的,后代就有对毛传之说进行阐发的,如宋·朱熹《诗经集传》云:"诡随,不顾是非而妄随人也。"朱熹的"不顾是非而妄随人"即不问是非地附和别人,盲目随从,朱熹的观点可简单地概括为:"诡随,盲从也。"虽然朱熹的观点是脱胎于毛传,但是与毛传还是有区别,毛传的"诡人之善,随人之恶"即"违背他人的善意而随从他人的恶意"之义,亦即"掩善随恶",这与"不分是非地随从他人"之意是有区别的。《大词典》接受了朱熹的观点,释"诡随"为"谓不顾是非而妄随人意"。

持"随从"义说的还有清·朱骏声,其《说文通训定声·解部第十一》曰:"诡随又叠韵连语,《诗·民劳》:'无纵诡随。'按:犹委随也。""委随",《大词典》释为"随顺",即"顺从"之义。如《后汉书·窦宪传》:"宪以前太尉邓彪有义让,先帝所敬,而仁厚委随,故尊崇之。"李贤注:"委随,犹顺从也。"又如《全上古三代秦汉三国六朝文》卷四十七:"吾宁愤陈诚,谠言帝庭,不屈王公乎?将卑懦委随,承旨倚靡，为面从乎？"《魏书》卷三十三："时南州多事，文奏盈几，讼者填门。嶷性儒缓，委随不断，终日在坐，昏睡而已。""顺从"之义是依照别人的意思，不违背，不反抗。其所随从也基本是自愿的，与朱熹之"盲从"观还是略有区别。

从以上辨析中我们可以看出，"诡随"之义有二说：其一为"跟随/随从"说，此说可分三个义项（分别为毛传之"掩善随恶"、朱熹之"盲从"、朱骏声之"顺从，跟随"）。其二为"欺诈"说，此说以玄应和王念孙父子为代表。究竟何说为是？只有在调查了所有的文献用例后才能做出判断。也就是说，词义训诂，不管以何种方法进行训释得出的词义，如果不能得到文献用例的佐证，则论证方法再好，论证逻辑再严密，也只是沙滩建筑。因此，"诡随"之义，还需要基于语料库基础上的大量文献用例的考察和归纳才能还原其意义的本来面貌。

二 文献用例的分类和义项的归纳

"诡随"用例统计的结果有百余例，归纳之后可以分为三类，分别罗列如下：

先看三例。《全唐文》卷一百十九："叛贼既下，污俗宜新，同恶者皆就剿除，诡随者并从停废，其余诖误，宜示矜宽。""同恶者"即共同作恶之人，"诡随者"即"掩善随恶之人"，亦即现今之"从犯"，对此类人的处罚是"停废"，即"废黜，罢免"之义。《册府元龟》卷九十三："虽元事伪庭，咸居重位，每持忠悫，不务诡随，伪主不任才谋，遂致倾覆。""不务诡随"即不专营掩善随恶之事，"诡随"是与前文"忠悫"（忠诚朴实之义）一词意义相反的。清·王夫之《读通鉴论》卷十六："有志同谋合而悦以服焉者，有私恩固结而不解者，有不用于时而奋起以取高位者；其下则全躯保禄位被胁而诡随者。""全躯保禄位被胁而诡随"即是身家性命和职位受到威胁的情况下而随从，当然就是"掩善随恶"。通过考证，此三例之"诡随"应该就是毛传所说"诡人之善，随人之恶"之义，简言之即"掩善随恶"之义，且其中更侧重"随恶"之义。

次看四例。《全唐文》卷二百二十七："清明虚受，磊落标奇，言不诡随，行不苟合，游必英俊，门无尘杂。""苟合"为"随便（不审慎）附和"之义，则与"苟合"处于对文位置的"诡随"应该与之同义，应为"不审慎地随从"，即"盲从"之义。《旧唐书》卷一百三十七："（刘太真）性怯懦诡随，及转礼部侍郎，掌贡举，宰执姻族，方镇子弟，先收擢之。""怯懦"与"诡随"连用，说明二词所描述的人物性格是一致的，性格"怯懦"之人，不大可能具有"狡诈"的性格，因而该例之"诡随"同样应该释为"盲从"为宜。《朱子语类》卷一百三十二："观其三四揭帘而不肯入，他定不肯诡随人也。"他人皆揭帘而入，他不肯诡随，即是不肯盲从他人之义。明·王廷相《慎言》卷下："言简而意不足则窒；言简而理不尽则疏；言简而不文则鄙；言简而漫不可否则诡随。""言简而漫不可否"即是"说话简略却没有主见、不置可否"之义，亦即"盲从"。没有主见是"盲从"的主要原因，"不置可否"则是"盲从"的结果。因而此四例之"诡随"为"盲从"之义。

再看五例。《三朝北盟会编》卷一百八十七："鲠直不肯诡随者，往往听其去，而柔媚谄谀之人，相公平日所疾者，乃或号召，岂相公厌恶正直、觉今是而昨非乎！""鲠直不肯诡随者"之"不肯"说明施动者是有自己想法的，因而不是"盲从"，在这种语境中"诡"的表义功能弱化，"诡随"为"归顺"之义。如宋·吴处厚《青箱杂记》卷二："世议道依阿诡随，事四朝十一帝，不能死节，而余尝采道所言与其所行，参相考质，则道未尝依阿诡随，其所以免于乱世，盖天幸耳。"该例之"诡随"与"依阿"连用，"依阿"，《汉语大词典》释之为"曲从附顺"，则"诡随"当与之同义，亦为"顺从"之义。《旧五代史》卷三十五："抽戈露刃，环帝左右。安重海、霍彦威蹴帝足，请诡随之，因为乱兵迫入邺城。"安重海、霍彦威二人诡随皇帝，"诡随"当然就不可能是"欺诈""随恶""盲从"等义，而应该为"顺从，跟随"之义。《宋史》卷三百六十："当时固有阿意顺旨以叨富贵者，亦有不相诡随以获罪戾者。陛下观之，昔富贵者为是乎？获罪戾者为是乎？"此例与本段第一例相似皆为"归顺""顺从"之义。《明史》卷二百七十："惟陛下赫然矫正，勿以诡随阿比者为贤，勿以正直骨鲠者为不肖。"此例之"诡随阿比"与上文之"依阿诡随"意义相近，因而"诡随"当解释为"顺从""归顺"之义。

从文献考证中，我们得出的结论是："诡随"是一个状中式偏正复合词，其中心语素为"随"，即"跟随/随从"之义，"诡"充当状语修饰"随"，其语义在不同的使用语境中具有动态性的特点。毛传之"诡人之善，随人之恶"即我们所说的"掩善随恶"，这是一种别有用心之"随从"，"诡"具有"假装、假冒"之义，"诡随"是一种"假随"，是不随人之善而专随人之恶，是一种坏的品质，但又不是大坏，正如《广雅》所说，是"小恶"也。而在没有主见的随从语境中，"诡"之"恶"的语义弱化,"诡随"仅是一种"盲从";当随从是发自内心而又不含恶的语义,"诡随"之义进一步朝中性词演变,变为"跟随""顺从"之义而不再含有贬义。在我们所能见到的汉语古籍文献中一百多"诡随"用例中,其义均为上文所论之"随"语义场的三种意义,未能见可释为"欺诈"义的用例。

三 词语源头语境的印证

我们再回到问题的起点,《诗经·大雅·民劳》中的"诡随"解释为"掩善随恶"或者"假随"是否符合原文语义呢?回答是肯定的。《民劳》篇含有五章,每章皆有"无纵诡随"之句,我们分列如下:"无纵诡随,以谨无良。""无纵诡随,以谨惽怓。""无纵诡随,以谨罔极。""无纵诡随,以谨丑厉。""无纵诡随,以谨缱绻。"五句的语义是递进的,这表现在"无良""惽怓""罔极""丑厉""缱绻"五个词的语义之上,《汉语大词典》将五词分别释为"不善,不好""哗乱;争吵""不正""丑恶之人""纠缠萦绕;固结不解"之义。《诗经》的这种语义逐章递进的反复吟唱屡见不鲜,且含"诡随"的五句是表示目的的复句,其中"无纵诡随"是偏句,表示方式、手段,连词"以"后的分句表示目的。毛传:"以谨无良,慎小以惩大也。"意思是说不要纵容诡随的目的是戒鉴大的错误,即"无良"等。孔颖达也表达了类似的观点,《毛诗正义》卷十七:"诡戾人之善,随从人之恶,以其故为此恶,情不可原,是故不得听纵之也。此诡随、无良、寇虐俱是恶行,但恶有大小。诡随小恶,无良其次,寇虐则大恶也。诡随未为人害,故直云不得纵之。无良则为小恶已著,故谨敕之。寇虐则害加于民,故遏止之。"因此,从《民劳》篇全诗的语义逻辑可以得出:全诗所提到的诸恶中,"诡随"应是最小之恶。如果将"诡随"解释为"欺诈",则"无纵诡随,以谨无良"的语义逻辑是颠倒的,因为"欺诈"之恶,当大于"无良""罔极"等。

可见,"诡随"之"欺诈"说既无文献用例的支持,又不符合《民劳》篇原文的语义逻辑,因此,高邮王氏父子为代表的观点是错误的,其错误的根源在于因声求义时滥用通假,生硬地将"随"理解成"谲"。从"诡随"的训诂个案中,我们应该清楚地认识到,词汇训诂必须立足于文献用例,否则,其得出的结果犹如无源之水、无本之木,是不可靠的。唐·罗隐《谗书·叙二狂生》:"张口掉舌,则谓之讪谤;俯首避事,则谓之诡随,是时难事也。"高邮王氏如果见到"俯首避事谓之诡随"这样的文献用例，应该也会对"诡随"之"欺诈"说进行反思的。

　　那么，辞书释义在吸收前人训诂成果的时候要加以辨别，去伪存真。更重要的是，在此基础上还要对这种疑难词语进行大规模语料库的用例调查，然后对这些用例进行分类归纳，这样才能保证其释义的准确性和完整性。《大词典》在解释"诡随"时只采用了朱熹的观点来作为唯一的义项是不够准确和全面的。本节通过个案研究来展示该类词释义的操作程序，这种方法可以扩展到更多的同类词研究，我们抛砖引玉，就教于大方之家。

第四节　语料库视野下汉语大型辞书的文化词释义方法研究

　　文化词语在汉语中占了很大的比例，辞书对这类词的释义需要对该类词所使用的文化环境进行很好的理解，这样才能对文化词语进行正确的释义。本节通过清代吴敬梓《儒林外史》（第四十二回）中的两个文化词语的研究来体现文化词语训诂应有的方法：

　　　　嫖客进了房，端水的来要水钱，捞毛的来要花钱。又闹了一会，婊子又通头、洗脸、刷屁股。比及上床，已鸡叫了。

　　这段文字大意较为易懂，然其中"捞毛"与"花钱"二词颇费思量，遍查辞书，均未见收录。只见《大词典》收录有"捞毛的"这一短语，释之为"旧时泛称依靠卖淫业为生的人"。但因为依靠卖淫业为生的人很多，诸如老鸨[①]、鸨母[②]、马伯六[③]、龟头[④]、大茶壶[⑤]等皆是。故认为该解释十分模糊，"依靠卖淫业为生的人"之概念外延太过宽泛。因此，需要将"捞毛"与"花钱"这两个词置于当时的文化背景下去解释。

---

　　① 《汉语大词典》："旧时开设妓院的女人。"
　　② 《汉语大词典》："旧称妓女的假母或泛指开设妓院的女人。"
　　③ 《汉语大词典》："指撮合男女搞不正当关系的人。"
　　④ 《汉语大词典》："旧时在妓院执役或管理妓女的男子。"
　　⑤ 《汉语大词典》："旧社会北京北帮妓院中的青年男仆。因其常手提水壶冲茶，故称。也称'茶壶'。"

一 捞毛

捞毛，是明代以后产生的新词，多见于文学文献，如：

（1）清·陈少海《红楼复梦》第八回："贾琏道：'我替妙能做个媒，给他说了头亲事，就要叫他过门，故此来同你商量，问你肯不肯？'妙空听说'嗤'的笑了一声，道：'恭喜，恭喜！'贾琏道：'恭喜我什么？'妙空笑道：'恭喜你添了件买卖，会捞毛。'"贾琏听了一面笑着将妙空推倒炕上，压在身上使劲的混挠。妙空笑的四肢无力，只差了咽气。贾琏问道：'你敢乱说不乱说？'妙空摇着头道：'再不敢了，再不敢了。'"

（2）清·陈少海《红楼复梦》第三十三回："老孙同花二奶奶笑道：'只要他肯来同咱们相与，总不叫他受委屈，横竖他出京的盘费，总在咱们姐妹两身上。你是知道的，有多少官儿不是在咱们身上打发出京的吗？咱们原图个相与，只要知热知冷的，又说什么借不借的话呢？就是帮也要帮他一二千两银子，等着我们同你官儿上了手，自然还要谢你，再没有白叫你替咱们拉拢的道理。'老杜笑道：'我跟了有二十年的官儿，任什么事儿都会，就是没有会捞毛。'"

（3）清·吴敬梓《儒林外史》第五十四回："丁言志在腰里摸了半天，摸出二十个铜钱来，放在花梨桌上。聘娘大笑道：'你这个钱，只好送给仪征丰家巷的捞毛的，不要玷污了我的桌子。快些收了回去买烧饼吃罢！'"

以上三例中的"捞毛"，都用于介绍男女搞不正当关系。例（1）中做媒本该是撮合男女成为夫妻，是正当行为。但是因为贾琏和妙空之间不够清白，故而妙空是在奚落贾琏。贾琏听后的反应则是"不敢乱说"，说明"捞毛"不是正当光彩之事。"捞毛"其义，则是指在介绍男女搞不正当关系后收取酬劳费，一般数量较少，属酬谢性质。例（2）中老孙、花二奶奶请杜麻子拉拢她们俩与他的官儿桂廉夫相与（名为相好，实搞不正当关系），并承诺等她们与官儿上了手，会酬谢老杜，老杜将这种拉拢男女关系的事情称为"捞毛"。例（3）丁言志掏出二十个铜钱就想请聘娘（妓女）与他一起品诗，被聘娘嘲笑，认为这一点钱只合给捞毛的人。可见，捞毛一次还能得到一些薄酬。例（1）则是比作"添了件买卖"，即是一次小买卖，从中获利，但也非赚大钱。

"捞毛"何以有此义？其源可溯。

先说"捞"。《汉语大词典》《汉语大字典》亦皆释为"从水或其他液体中取物"，失之宽泛。按，《方言》第十三："捞，取也。"郭璞注云：

"谓钩捞也。"《众经音义》卷五引《通俗文》云："沈取曰捞，今俗呼入水取物为捞，是其义也。"可见，同是水中取物，"捞"不同于"捕""舀"，所用器具必为漏水之物，故当限定作"从水或其他液体中钩（或用网兜之类）取物"。唐·王维《赠吴官》："不如侬家任挑达，草屩捞虾富春渚。"元·佚名《元朝秘史》卷九："如鼠钻入地呵，你做铁锹掘出来；如鱼走入海呵，你做网捞出来。"元·关汉卿《刘夫人庆赏五侯宴》第三折："左右，拿着那揉钩枪，井中替他捞出那桶来。"皆其例。"捞"由于"捞"是用一定方法取物，故引申为"巧取"义。明冯梦龙《醒世恒言》卷一八："你这人好造化！掉了银子，一文钱不费，便捞到手。""捞"总是在液体中巧取，具有一定的隐蔽性，故可引申为"偷窃"义。明·罗懋登《三宝太监西洋记》第八十二回："是小的乘其方便，捞将他这两件东西来了。"明·天然痴叟《石点头》第十一回："到夜半时候，乘他夫妻熟睡，掘个壁洞，钻进去，把这五十两命根，并着两件衣服，一包儿捞去。"从而进一步泛化成"用不当手段获取"义。如明·佚名《明珠缘》第四十六回："那些掌家都捞饱了财物，俱作不起威福来，只增了许多接见各官的仪注。"清·吴趼人《二十年目睹之怪现状》第九十三回："那工程委员听说用麻袋装土，乐得从中捞点好处，便打发人去办。""捞毛"之"捞"正是"用不正当的手段取得"义，为动词。

再说"毛"。"毛"本指细小之物，引申有"细小""细微"义。"毛钱"即"小钱"。明·王玉峰《焚香记·逸书》："人都称我是金大员外，其实手里有几个毛钱？"有时，又称"钱毛儿"。清·吴趼人《二十年目睹之怪现状》第一百〇八回："老实说一句，我老人家躺下来的时候，剩下万把银子，我钱毛儿也没捞着一根，也过到今天了。""钱毛儿也没捞着"即"没有捞着钱毛"，"捞毛"即是"捞钱毛"，也就是"捞小钱"。

因此，"捞毛"就指通过撮合男女搞不正当关系而取微薄酬劳。它应该作为一个词收录，《汉语大词典》所收"捞毛的"只是一个"的"字短语①。

---

① 《汉语大词典》将"捞毛的"作为词语收录颇为不妥，其例证为："收了家伙，叫捞毛的打灯笼，送邹泰来家去。"（《儒林外史》第五十三回）盖其仅见《儒林外史》中"捞毛的"用例。即便如此，"捞毛的"义为"捞毛的人"之省，沈家煊先生（1999：3）曾指出，"×的+中心语"中的"×的"，不管这种"×"是体词性的还是谓词性的，它可以脱离后头的中心语独立并且指代中心语，这叫"的"字结构的"转指"。如果辞书将这种具有转指功能的"的"字结构视为词并收录的话，那汉语词汇将收不胜收。

二 花钱

"花钱"也是明代以后的一个新词,与今"花费钱财"之义、具有动宾结构关系的"花钱"不同,是个名词。从文首例"捞毛的来要花钱"来看,既然"捞毛"是通过撮合男女搞不正当关系而取微薄酬劳,那么收取的酬劳可以称为"花钱",是个名词。如清·庾岭劳人《蜃楼志》第七回:"笑官偎着他脸说道:'你若能撮合小姐与我一会,我送你一百圆花钱。'"可见,撮合男女嫖玩而收取的介绍费确实可以称为"花钱"。但却不仅限于此,如下例:

清·吴敬梓《儒林外史》第五十四回:"丁言志道:'久仰姑娘最喜看诗,我有些拙作特来请教。'聘娘道:'我们本院的规矩:诗句是不白看的,先要拿出花钱来再看。'……虔婆听见他囮着呆子要了花钱,走上楼来问聘娘道:'你刚才向呆子要了几两银子的花钱?拿来,我要买缎子去。'聘娘道:'那呆子那里有银子?拿出二十个铜钱来,我那里有手接他的?被我笑的他回去了。'虔婆道:'你是甚么巧主儿!囮着呆子还不问他要一大注子,肯白白放了他回去!你往常嫖客给的花钱,何常分一个半个给我?'"

"囮"即是"讹诈"之义,从本例的"囮"字可看出,聘娘所言本院看诗句需收钱的规定全是讹骗嫖客的谎言,可见"花钱"是不同于"嫖资"的,它可以不给鸨母,妓女骗来就可以落入自己的腰包。也就是说,"花钱"也可指嫖客在嫖资以外支付给妓女的小费。此词中"花"为妓女之称。

因此,"花钱"也应作为一个词收录,且宜释为:嫖客召妓的介绍费或给妓女的小费。

但是,需要进而研究的是"花"为什么可以指称妓女?"花"是美丽之物,何以与妓女关系密切?

按:"花"可喻指美女。唐·白居易《霓裳羽衣歌》:"娇花巧笑久寂寥,娃馆、苎萝空处所。"古代妓女多是色艺出众,如《全唐诗》收集的49430首诗歌中,有关妓女的就有2000多首,其中21位妓女作家的诗篇136首。由此,"花"的"美女"义又可以衍生指称"妓女"。而且表妓女的"花"之构词能力很强,简列如下:

第一类,表示"妓女"称呼的。

宋·周密《武林旧事·歌馆》:"平康诸坊,如上下抱剑营、漆器墙、沙皮巷、清河坊、融和坊、新街、太平坊、巾子巷、狮子巷、后市街、荐桥，皆群花所聚之地。""群花"乃指众妓女。又有"花娘"，指歌妓、娼妓。唐·李贺《申胡子觱篥歌》："花娘篸绥妥，休睡芙蓉屏。"清·伏雌教主《醋葫芦》："这时把门闭了，臭花娘，莫不恋着汉子。"

第二类，表示与妓女有关的处所词。

如"花街"指众妓女所聚的街道。宋·黄庭坚《满庭芳·妓女》词："初绾云鬟，才胜罗绮，便嫌柳陌花街。""花市"。宋·朱敦儒《鹧鸪天》词："天津帐饮凌云客，花市行歌绝代人。""花门"。明·康海《王兰卿》第一折："做一个三从四德好人妻，不强如朝云暮雨花门妇。""花门柳户"。元·无名氏《郑月莲秋夜云窗梦》第一折："我想这花门柳户，送旧迎新，几时是了也呵。""花柳"。唐·段成式《西阳杂俎·语资》："某少年常结豪族为花柳之游，竟畜亡命，访城中名姬，如蝇袭膻，无不获者。""花院"。明·冯梦龙《醒世恒言》卷三："未识花院行藏，先习孔门规矩。""花台"。元·关汉卿《钱大尹智宠谢天香》楔子："平生以花酒为念，好上花台做子弟。""花胡同"。元·乔吉《杜牧之诗酒扬州梦》："我向这酒葫芦着淹不曾醒，但说着花胡同我可早愿随鞭镫。""花馆"。宋·柳永《玉蝴蝶·春游》词："是处小街斜巷，烂游花馆，连醉瑶卮，选得芳容端丽，冠绝吴姬。""花营"。元·关汉卿《不伏老·梁州》："你道我老也，暂休。占排场风月功名首，更玲珑又剔透。我是个锦阵花营都帅头，曾玩府游州。"以上诸词表示与妓女有关的处所或者妓女所居之地，实皆相同，义为"妓院"。

第三类，表示与妓女有关事物的词。

"花名"。妓女使用的化名。元·宋无《直沽》诗："细问花名何处出，扬州十里小红楼。""花阵"。指妓女行列。宋·赵崇嶓《如梦令》词："日日酒围花阵，画阁红楼相近。残月醉归来，长是雨羞云困。""花酒"①。有妓女陪喝的酒宴。宋·陈允平《渔家傲》："薄幸高阳花酒客。迷云恋雨青楼侧。"元·关汉卿《钱大尹智宠谢天香》楔子："平生以花酒为念，好上花台做子弟。""花选"。指妓女才色名次的评定活动。清·魏秀仁《花月痕》第六回："小岑、剑秋和那十妓，说说笑笑，都说道：'就现在教坊脚色论起来，今年花选，秋痕压在煞末，也算抱屈了。'"

---

① 《汉语大词典》释"花酒"为"在妓院中狎妓饮宴"。该释语将"花酒"理解成动词，不确。实际语料显示，只要有妓女陪侍饮宴之酒均可称为"花酒"，且地点不一定固定于妓院。

"花选"又可指妓女才色评定名次的册子。清·魏秀仁《花月痕》第七回："其始原极慎重,延词客文人,遴选姿容,较量技艺,编定花选,放出榜来。""花案"。指评定妓女才色名次的榜单。清·坐花散人《风流悟》第五回："奴家十五岁被人拐入烟花,在南京院子里二年,花案上考了个状元。""花国"。指妓女行列。清·俞达《青楼梦》第七回："原来挹香人才风雅,貌亦俊秀,又多情,又慷慨,是以众美人有爱他的,慕他的,怜他的,所以花国寻芳,独占尽许多艳福。""花船"。指载有妓女招客之船。唐·白居易《武丘寺路》："银勒牵骄马,花船载丽人。"

"花钱"属于以上提及"花"类词的第三类,表示与妓女有关的事物,即"嫖客召妓的介绍费或给妓女的小费"。

"花钱"之不传且不见载于辞书,其故有二:一为妓女在现代社会的非法而逐渐销声匿迹,概念随着事物的消失而退出交际领域,成为历史词汇。因此,"花"的"妓女或与妓女有关的"义项除了在诸如"寻花问柳""花天酒地"等一些成语中还保留,已没有单独使用或者构词能力;二为"花钱"一词在现代汉语中是个很常见的动词短语,义为"花费钱财",如"我不要你送,我自己花钱买了部车""要花钱吗""买房子很要花钱的"。现代汉语中这种"花钱"的常规组合义,让现代辞书编纂者忽略了清代词语"花钱"是个名词的事实。

第三章

汉语大型辞书内部系统自身修复的方法研究

汉语大型辞书（本章指《汉语大词典》，以下简称《大词典》）的编纂是一项巨大而长期的工程，其完善需要几代人的努力。《大词典》本着"古今兼收，源流并重"科学而严格的编纂原则，更增加其任务的繁重。从大的方面来说，收词、释义必须是具有系统性的，汉语词汇系统有古代的、近代的、现代的，有各个具体断代的，有某本专书的、有文献的、方言的，等等。虽然这些系统在理论上是封闭的，但是由于汉语典籍的浩瀚，要把这些外在的系统有规则地纳入辞书，并使其成为辞书内部有规则的系统则是一项繁难的任务，因而漏收词条、义项以及书证晚出的失误不胜枚举。对于这种失误，以往的研究都是从辞书外部入手的，通常最多的是通过专书词汇的研究从而发现《大词典》的这些失误。

我们要探讨的是从《大词典》内部已有的词汇系统来对其自身进行修复。因为《大词典》的编纂是以部首来统率内容的，因而词汇的语义系统往往不是外显的，而是内含的，这种内含的性质会使得同一个语义范畴中的成员因为编纂的疏漏而形成空格，我们就是利用语义范畴的系统性对这些空格进行类推填平，从而达到修复辞书收词、释义不足的目的。

第一节　汉语大型辞书修订的语义范畴
　　　　　系统内部构拟法

下面我们以具体二例的论证来显示语义范畴系统内部构拟法的操作程序：

一　念顾

《大词典》释之为："照顾；体恤。"例仅举《后汉书·楚王英传》：

"庶欲宥全王身，令保卒天年，而王不念顾太后，竟不自免。"可以看出《大词典》将"顾"理解成"照顾"之义，这是不正确的。"念顾"文献用例极少，从所举之例看，释义与前后文语义不符，"念顾"应为"思念；牵挂"之义。因为"念顾"为同义并列的双音复合词，"念"为"思念；怀念"义，这很常见，《说文解字·心部》："念，常思也。"且"顾"亦有"眷念"义，即"怀念；想念"义，《广韵·暮韵》："顾，眷也。"《诗经·小雅·伐木》："宁适不来，微我弗顾。"因此，两个同义构词语素还可以构成"顾念"一词，《大词典》收录了该词，并释之为"眷顾想念；念及"，该释语中，只有"想念"或者"念及"放入《大词典》所举之例是通畅的，如用"眷顾想念"来理解例中的"顾念"，则不可通，如《汉书·外戚传上·孝武李夫人》："上所以挛挛顾念我者，乃以平生容貌也。"唐·顾况《寄上兵部韩侍郎奉呈李户部卢刑部杜三侍郎》诗："伏承诸侍郎，顾念犹迍邅。"明·凌濛初《二刻拍案惊奇》卷六："翠翠道：'向者因顾念双亲，寄此一书。今承父亲远至，足见慈爱。'"周恩来《致郑洞国信》："时机急迫，顾念旧谊，特电促速下决心。"

"念顾"与"顾念"二词在训释上的失误主要是由于忽略了"顾"与"念"同义，皆有"思念"义。含有"思念；牵挂"之义的还有"眷""怀""恋"等诸词，我们且将其构成的双音词及《大词典》的释义列举如下：

眷念　怀念；想念。

该词释义是正确的，引其一例如唐·元稹《莺莺传》："长安行乐之地，触绪牵情。何幸不忘幽微，眷念无斁。""眷念无斁"即"不停地想念"之义。再举易懂之例，如唐·许敬宗《奉和登陕州城楼应制》诗："眷念三阶静，遥想二南风。""眷念"与"遥想"构成对文，其意义相近或相同。

顾怀　眷顾怀念。

怀顾　怀念眷顾。

从这组词看，《大词典》的释义语言的顺序随着构词语素顺序的调整而调整。但是这种看似非常保险的训释方式在对同义并列复合词释义时就会出现致命错误。上文我们说过"顾"有"思念"之义，而"怀"之"怀念"义是常见义，因而"顾怀"即"顾念"之义，"怀顾"即"念顾"之义，四词皆应为"思念；牵挂"义。

念恋　思念爱恋。

例为《金瓶梅词话》第八回："他辜负咱，咱念恋他。"

恋念 怀念；思念。

首例为叶圣陶《火灾·两样》："过后回想，也只觉那一年是很可恋念的，别的就说不大出了。"

本组二词同样构成同素异序词，二者相较，"恋念"的释义才正确，只是《大词典》只用了现代汉语的例子，其实该词早有用例，如《晋书》卷四十："槐望见，谓充私乳母，即鞭杀之。黎民恋念，发病而死。"《敦煌变文·伍子胥变文》："朕自别卿之后，恋念不离心怀。"《唐文拾遗》卷六十六："不幸短命，福降沉沦。严父切骨，慈母割恩。哀哀恋念，泣对孤坟。"《明史》卷三百三："持二女仓卒欲赴井。长女曰：'若使母先投，必恋念吾二女，不如先之。'"以上诸例，皆只能解释为"怀念；思念"，而不能解释成"爱恋"之义。《伍子胥变文》之例似乎可以解释成"爱恋"，但是从上下文看，例子中的这句话是吴王对伍子胥说的，因此"恋"不可能是"爱恋"之义。而实际上，"恋"有"思念"之义，如《梁书·张缅传》："舍域中之常恋，慕游仙之灵族。"唐·李白《杭州送裴大泽》诗："去割辞亲恋，行忧报国心。"可见，"恋"与"念"可同义。那么，"念恋"与"恋念"的词义应该相同，且《大词典》之《金瓶梅》例解释成"思念"亦文义通畅。

含有"思念"义的单音词有"顾""念""眷""怀""恋"等，这些词能够互相两两组合成并列复合词，构成一个"思念"语义范畴，那么在这个语义范畴系统中，其成员的意义应该相近或者相同，《大词典》的训释有的是正确的，如"眷念"与"恋念"，但大多都在训释上出问题，主要原因还是没有注意到此类词的同义性，当然在训释的时候也就忽略了本该有的系统性。

二 愍伤

《大词典》释"愍伤"为"哀伤"，释"伤愍"为"哀痛；哀怜"。先不举例论证，且用语义范畴系统内部构拟法（或者说系统类推法）即可得出"愍伤"及其同素逆序词"伤愍"释义的问题。以下是《大词典》收录的"怜悯；同情"语义范畴的成员及其释义（例证略）。

愍伤 哀伤。

伤愍 哀痛，哀怜。

哀愍 怜惜，同情。

第三章 汉语大型辞书内部系统自身修复的方法研究

愍哀　哀怜。
愍怜　怜悯。
怜愍　哀怜；同情。
怜伤　哀伤。
伤怜　哀怜。
哀怜　怜惜；同情。
怜哀　哀怜。
哀悯　哀怜；同情。
悯哀　哀伤。
悯伤　哀怜。
伤哀　哀怜。
哀伤　悲痛忧伤。

从以上系统排比中，我们可以看出，这些词的意义都应该有"怜悯；同情"义。因为组成以上语义场的构词语素"愍""怜""悯""伤""哀"它们可以构成同义词，皆有"同情；怜悯"之义，《大词典》皆有收录。前三者的这一义项较为常见，我们只列出"伤"与"哀"这一义项的相关例证，如《战国策·秦策一》："武王将素甲三千领，战一日，破纣之国，禽其身，据其地，而有其民，天下莫不伤。""天下莫不伤"为"天下没有谁不同情"之义。《穆天子传》卷五："天子作诗三章以哀民。"郭璞注："哀，犹愍也。""哀民"即"怜悯人民"。因此，我们通过《大词典》内部的"怜悯；同情"语义系统的成员比较，可以得出以下结论：

第一，"愍伤"之释义应该为"怜悯"；"伤愍"之释义中应该去除"哀痛"之义。

第二，《大词典》误释"怜伤""悯哀"为"哀伤"义，应改为"怜悯"义。

第三，《大词典》漏收了"悯伤"之同素逆序词"伤悯"，当补收。

第四，"哀伤"除了有"悲痛忧伤"义，应该还有"怜悯"之义，《大词典》失之，当补。

这四点都是与这个语义范畴系统不相符合的，可以得到证明。其自身可修复如下：

关于第一点，我们且分析二例。《汉书·盖宽饶传》："谏大夫郑昌愍伤宽饶忠直忧国，以言事不当意而为文吏诋挫。"唐·牛肃《纪闻·吴保安》："行路见吾，犹为伤愍。"前例中，"愍伤"应与"忠直忧国"一样都是表示一个人的性格，"郑昌愍伤"之"郑昌是一个有怜悯之心的人"；后例"行路"与"吾"应该是陌生的，因此，"愍伤"应该解释为"怜悯，同情"义而不是"哀伤"或者"哀痛"义。虽然说怜悯之时也许会产生伤心，但是其伤心程度较之"哀伤"或者"哀痛"是要轻得多的，因此，"怜悯"与"哀伤"二词词义应该得到区分。

关于第二个结论，我们同样可以分析《大词典》的用例来论证其释义的错误。"怜伤"之例，《后汉书·钟离意传》："意怜伤之，乃听广归家，使得殡敛。"该例文义，补充其前文"人防广为父报仇，系狱，其母病死，广哭泣不食"则更清楚。该例的意思是钟离意怜悯（或同情）檀广的遭遇，听（允许义）他出狱为其母殡敛。另外，从句法上看，"怜伤之"不能解释为"哀伤之"，还因为"哀伤"为不及物动词，后面不当有宾语，而解释成"怜悯/同情之"则文从字顺。《大词典》之"悯哀"例为洪深《戏剧导演的初步知识》上篇一："或如参加丧葬，而所见所闻的线形色光音调，并不足以使人发生悲痛悯哀。"此例中的"悲痛悯哀"中"悯哀"如果还解释成"哀伤"（悲痛忧伤义），则原文理解"悲痛悲痛"，语义上，其中之一是多余的，而"悯哀"解释为"怜悯"则使得原文的意思具有层次性，即丧葬场面的所见所闻并不足使人发生悲痛或者怜悯之情。另外，《大词典》之"悯哀"例太晚，其实在《敦煌变文》中就有用例，如《维摩诘所说经讲经文》："不敢去，怕难回，伏望慈悲赐悯哀。"因为慈悲赐给的当然是"怜悯"或者是"同情"，而不应该是"哀伤"。

关于第三个结论，我们从整个语义范畴系统中可以看出，上文所举同义双音词皆有同素逆序词，那么，同一范畴的成员都应该具有这一特点。因此，"悯伤"应该也有一个同素逆序词"伤悯"，而从文献用例看来，确实存在"伤悯"一词。且举二例，如《全唐文》卷二百八十五："念其远劳，情以伤悯，虽有宠赠，犹不能忘。"北宋张君房《云笈七签》卷一百一十二："会稽崔希真，严冬之日，有负薪老叟，立门外雪中，崔凌晨见之，有伤悯之色。"从所举用例来看，"伤悯"与该语义范畴系统中的其他成员的意义一致，皆为"怜悯；同情"义。《大词典》当补收该词。

关于第四个结论，正如上文所述，"哀"与"伤"皆有"怜悯"之义，因此它们也应该会像语义系统中其他成员一样可组合成一组同素逆序词。《大词典》将"伤哀"释为"哀怜"，却只收录"哀伤"的"悲痛忧伤"义，而从文献用例来看，"哀伤"除了《大词典》所释之"悲痛忧伤"义，确实有"怜悯"之义，如《三国志·魏书》："虽云流徙，道路饿杀，天下闻之，莫不哀伤。"晋·常璩《华阳国志》卷十："余乃诣吏乞代母死。吏以余年小，不许，余因自刎死。吏以白令，令哀伤，言郡，郡上尚书出慎。"《汉魏南北朝墓志汇·西晋》："路人行夫，尚有哀伤，况训亲属，岂不惆怅。"此三例，其语义程度均未达到"悲痛"的地步，第三例容易看出，因为例中"哀伤"之语义程度比"惆怅"还要低，因此不可能是"悲痛"，而只能是"怜悯；同情"。"哀伤"此义当补。

从以上二例的研究我们可以得出语义范畴系统内部构拟法的操作程序（以本节的同素逆序词为例）可以分为三步：

第一，确定一个语义范畴，这个语义范畴的成员尽可能的多。

第二，将辞书中该语义范畴的成员及其释义进行排比归纳，得出系统中的空格或者不符合系统特征的地方。

第三，由内而外（或者说是演绎法）的方法对排比归纳所得出的结论进行论证。

实践证明，语义范畴系统内部构拟法对于辞书修订可有如下贡献：

第一，词条漏收的修订。如"伤愍"一词的发现。

第二，义项漏收的修订。如"哀伤"之"怜悯"义的发现。

第三，义项误释的修订。如将"念恋"改释为"思念"；将"怜伤""悯哀"改释为"怜悯"义。

第四，书证晚出的修订。如将"恋念""悯哀"之例证从现代提前到唐代。

语义范畴系统内部构拟法着眼于辞书已收录的词语，从辞书自身内部出发，用演绎法先得出结论，再进行论证，较之以前的研究方法目标更明确、范围更小、效率更高。希望语义范畴系统内部法能在大型辞书的修订中得到更多的运用，同时希望大型辞书在编纂之时，更多地注意辞书内部语义范畴的系统性，减少编纂过程中的失误。

第二节　汉语大型辞书修订的语义范畴内部演绎类推法

在第一节中，我们讨论了内部系统构拟法，但是这种方法主要是应用于同素逆序的同义复合词所构成的内部系统来进行内部缺失成分的拟测。所以，使用对象比较狭小。我们可以将这种系统内部修复的思想推广开来，放到更广泛的语义范畴中来进行，可以称为范畴成员的类推法。具体做法是首先确定一个语义范畴，其次查看《大词典》收录了这个范畴中的哪些范畴成员，再次使用演绎的方法穷尽性罗列出这个范畴中的所有成员来，最后验证《大词典》是否对这些成员都进行了收录，缺失的范畴成员即可看作《大词典》所漏收的词条。因为在同一语义范畴中的成员具有同等的地位，收录了其中的某些成员而缺失另外一些成员是不合理的。当然，罗列出的范畴成员还需要用语料库进行检索，验证在历史文献中确实存在。以下我们以具体实例（"瑞"义范畴内部演绎类推研究）来展示语义范畴内部演绎类推法的具体操作。

《说文·玉部》："瑞，以玉为信也，从玉、耑。"即"瑞"的本义是古代玉制的信物。《玉篇·玉部》："瑞，信节也，诸侯之珪也。"从字书的训释来看，"瑞"是一种比较贵重的东西，因此，可以引申为"吉祥"之义。《古今韵会举要·寘韵》："瑞，祥瑞也。"段玉裁《说文解字注·玉部》："瑞，引申为祥瑞者，亦谓感召若符节也。"所以，从"符节"义引申为"吉祥"义，人的趋吉避害的认知心理起了很大的作用，"吉祥"的东西当然是美好的东西，因此"瑞"在这个意义上进一步泛化成事物美称的修饰语。《大词典》就收录了大量含有表示美称"瑞"的复合词语，如"瑞日"（吉祥的太阳），"瑞世"（盛世），"瑞禾"（嘉禾），等等。我们将这一语义范畴成员可以分成一些次类，以便观察那些次类中还有可能的成员被漏收。

一　"瑞+植物名"

《大词典》收录这一类复合词有"瑞木、瑞禾、瑞麦、瑞芝、瑞竹、瑞芽、瑞草、瑞叶、瑞莲"九个。通过这种词汇的构词结构和内容，我们假设应该还有这样的词语：瑞枝、瑞花、瑞柏、瑞兰、瑞菊、瑞柳，等等。对于这些假设的词语，我们需要通过语料库的检索来验证，从文献用例来看，这些词的用例都较多，兹各列几例如下：

（1）帖则西域神兽，南山瑞枝。屈盘犀岭，回旋凤池。（《全唐文》卷一百三十八）

（2）采石月，光天禄。姑溪水，增川福。炳灵祥曾产，瑞枝奇木。秋露短檠诗礼训，春风小院琵琶曲。愿长眉疏鬓等松椿，年年绿。（宋·

石孝友《满江红》词）

（3）故能慈导三有，仁济万物，犹以发药未周，宝船不倦，解敛却盖，躬诣道场。瑞花承足，人观雕辇之盛，金轮启路，物睹重英之饰。（《全梁文》卷六十）

（4）伏以太上老君，先天大圣，变化不常，潜现难测。瑞花旁绕，知芳辉之不歇；华苌上浮，明魄宝之常贵。（《全唐文》卷二百七十七）

（5）及鼓铸之日，大雪蔽空；灵塔既成，瑞花飘席。（《全唐文》卷三百十九）

（6）龙云玉叶上，鹤雪瑞花新。（骆宾王《咏雪》，《全唐诗》卷七八）

（7）大礼云毕，回舆上京，肃驾赖乡，躬奠椒醑。仰瑞柏而延伫，挹神泉而永叹，如在之思既深，敬始之情弥切。（《全唐文》卷十二）

（8）然后登龙角，升华池，陟林岭，瞻翠微。见瑞柏之奇状，审循葛之延蔓。龙凤交贯，垂于庙庭。（《全唐文》卷七百十六）

（9）太常寺仙蝶、国子监瑞柏，仰邀圣藻，人尽知之。（《阅微草堂笔记·槐西杂志一》卷十一）

（10）若丘长孺，虽无益无世，然不可不谓之麒麟凤凰、瑞兰芝草也。（《焚书》卷四）

（11）曰鸟兽草木，曰楼台殿阁，曰芝草瑞兰，曰杉松栝柏，曰布帛菽粟，曰千里八百，曰江淮河海，曰日月星辰。（《焚书》卷四）

（12）问重阳之瑞菊，尚隔十朝。（《熙朝新语》卷十四）

（13）中书省有枯柳，德宗自梁、洋回，柳再荣，时以为瑞柳，渭试进士，以之命题。（《廿二史劄记》卷十八）

（14）宜其俯凤池而洒润，接难树以连荣。儒有因物比兴，属词揣称。闻瑞柳於春宫，遂揄扬于天应。（《全唐文》卷四百四十六）

通过对以上假设词语的文献查考，我们认为这些词语在汉语史文献中有大量的用例，根据《大词典》的收词原则，不应厚此薄彼，对这一类词都应该收录。

二 "瑞+动物名"

《大词典》收录这一类复合词有"瑞鸟、瑞马、瑞禽、瑞兽、瑞鸭、瑞鹤"七个，根据这一语义场成员的构词结构和内容，我们假设还有这样的词语应该收录：瑞牛、瑞兔、瑞羊、瑞麟、瑞鹿、瑞鱼、瑞燕、瑞雁、瑞雉、瑞鹊、瑞鸠、瑞鹄、瑞鸾、瑞雀，等等。对于这些假设的词语，我们同样需要通过语料库的检索来验证，从文献用例来看，这些词的用例都较多，兹各列几例如下：

（1）诸卫大将军中郎以下给袍者皆易其绣文，千牛卫以瑞牛，左右卫以瑞马，骁卫以虎，武卫以鹰，威卫以豹，领军卫以白泽，金吾卫以辟邪。（《文献通考·王礼考七》卷一百一十二）

（2）臣昨轻率愚下，进瑞牛一头，今蒙恩赐良马一匹。（《全唐文》卷二百四十五）

（3）千牛大将军骖乘，交角幞头，红抹额，绣瑞牛裲裆，红锦衬袍。（《元史》卷七十九）

（4）伏闻今月五日，营田巡官陈从政献瑞兔，毛质皦白，天驯其心，其始实得之符离安阜屯。（《全唐文》卷五百五十一）

（5）四十五年六月，太医院吏目李乾献兔，体备五色，以为瑞兔。（《明史》卷三十）

（6）两壁画龟文、金凤翅，绯幰衣、络带、门帘皆绣以瑞羊。（《文献通考·王礼考十二》卷一百一十七）

（7）进贤车以瑞麟，明远车以对凤，羊车以瑞羊，指南车以孔雀，记里鼓、黄钺车以对鹅。（《宋史》卷一百四十八）

（8）挺秀金芝，传芳玉叶，天上瑞麟重睹，竞爽谢庭兰玉。（宋·晁元礼《喜迁莺》词）

（9）赢得宾僚，听隔墙、无事高歌。帐烟寒、瑞麟影坠，帘雾细、宝鸭香多。（宋·葛郯《玉蝴蝶》词）

（10）尧禾五尺，未足称珍，汉苗九穗，方斯非拟，如随瑞鹿，若降神乌，暮律向游，献春方始，食乃民天之贵，粒有延龄之名，藉此资身，因斯养性。（《全梁文》卷十）

（11）乘轩抚俗，降瑞鹿于临淮；置水观风，格神珠于合浦。（《唐文续拾》卷十三）

（12）本年乡试不远，要识英才于未遇之先，特悬两位淑女、两头瑞鹿做了锦标，与众人争夺。已娶者以得鹿为标，未娶者以得女为标。夺到手者，即是本年魁解。（《十二楼·夺锦楼》第一回）

（13）陵阳垂钓，白龙衔钩。终获瑞鱼，灵术是修。（《全晋文》卷一百三十九）

（14）伏见衢州所进瑞鱼铭等，神物环奇，形制纯古。（《全唐文》卷

二百八十九）

（15）河曲停游，洛滨息往。祥梨吐秀，瑞燕流响。(《全隋文》卷十一)

（16）瑞燕来巢，饥蝗避舍，及甘霖应候一事，讥祥之感召，容或适然，而乡望允孚，必非幸致。(《郎潜纪闻二笔》卷二)

（17）陈敬所奏，瑞雁翻朱；薛泰申文，祥麟孕素。(《全唐文》卷一百七十二)

（18）伴祥乌於苑囿，邻瑞雁於池塘，懿夫以道德为筌蹄者其可忘。(《全唐文》卷七百一十九)

（19）冠去神羊影，车迎瑞雉群；远从南斗外，遥仰列星文。(《初学记·职官部上》卷十一)

（20）玉鸡清五洛，瑞雉映三秦。(《全唐诗补编·全唐诗续拾》卷六十)

（21）视人如子，临事若神。秋鹰坐化，瑞雉行驯。(《全唐文》卷二百七十)

（22）虞夏之历，正建于孟春。于时冰泮发蛰，百草权舆，瑞雉无释。(《大戴礼记·诰志第七十一》)

（23）专司瑞鹊之禾，实主鸣蝉之稻。(《全唐文》卷一百七十四)

（24）伏惟某公孤官授社，昂臣疏宗，登雅誉於祥凫，照祯黻於瑞鹊。(《全唐文》卷二百四十七)

（25）于是瑞鹊成巢，嘉禾合颖，祥乌素翟而狎至焉。(《全唐文》卷三百五十五)

（26）愿弹去汝，来彼瑞鹊。来彼瑞鹊，其音可乐。（丘光庭《补茅鸱》，《全唐诗》卷七百六十八)

（27）白旗白绂白旄头，白玉雕鞍白瑞鸠，筑坛待拜天郊后，自有金星助冕旒。(《全唐诗补编·全唐诗续拾》卷三十六)

（28）清河府君瑞鸠传裔，灵剑得学，宰晋相韩，兴蜀霸汉，德源自远，良派爰多。(《全辽文》卷四)

（29）池边迷瑞鹄，洞里悟仙牙。(《全唐诗补编·全唐诗补逸》卷十三)

（30）疑赢女之性情，瓃郁金之薄妆。又似黄星烂於霄汉，瑞鹄来于建音。(《全唐文》卷六百九十七)

（31）狎中牟之驯雉，岂惧骁媒？惊重泉之瑞鸾，非关照舞。(《全唐

文》卷一百九十八)

（32）半捻愁红，念旧游、凝伫兰翘，瑞鸾低舞庭绿。（宋·周密《楚宫春》词）

（33）时闻仙鹤唳，每见瑞鸾翔。仙鹤唳时，声振九泉霄汉远；瑞鸾翔处，毛辉五色彩云光。（明·许仲琳《封神演义》第三十七回）

（34）香鸟步花，驯游于云囿；瑞雀飞环，翔舞于风前。（《全梁文》卷二十二）

（35）至尊未明求衣，晨兴于含章之殿。爰有瑞雀，翱翔而下。（《全隋文》卷十五）

（36）非熊从渭水，瑞雀想陈仓。此欲诚难纵，兹游不可常。（《旧唐书》卷九十八）

三 "瑞+自然景物名"

《汉语大词典》收录这一语义场的复合词有"瑞日、瑞月、瑞星、瑞光、瑞雪、瑞云、瑞霞、瑞露、瑞霭、瑞烟、瑞气、瑞彩、瑞色"十三个，根据这一语义场成员的构词结构和内容，我们假设还有这样的词语应该收录：瑞雨、瑞雷、瑞风、瑞时、瑞电、瑞景、瑞雾，等等。对于这些假设的词语，我们同样也需要通过语料库的检索来验证，从文献用例来看，这些词的用例都较多，兹各列几例如下：

（1）请言瑞雨之可喜也：协气交泰，嘉生是赖，湛覃而不溺，衍溢而无害。东渐出日之表，西被无雷之外，南穷火鼠之译，北尽烛龙之会。（《全唐文》卷二百二十一）

（2）仁心及草木，号令起风雷。照烂阴霞止，交纷瑞雨来。（张九龄《和崔尚书喜雨》，《全唐诗》卷四十九）

（3）嬉游处，尽祥烟瑞雨，霁月光风。（宋·黄机《沁园春·为潘郴州寿》词）

（4）怪不得昨晚一夜的祥云瑞雨，今早佛殿上观世音旁边，一尊龙女香菩萨不见了，原来在这里。（清·陈森《品花宝鉴》第十四回）

（5）若三月雪是瑞雪，腊月雷当为瑞雷耶！（《大唐新语·谀佞第二十一》卷九）

（6）宰相爕和阴阳，而季春雨雪，乃灾也。果以为瑞，则冬月雷，渠为瑞雷邪？（《新唐书》卷一百一十二）

（7）绛烛朱笼相随映，驰绣彀、尘清香衬。万金光射龙轩莹。绕端

门，瑞雷轻振。(宋·赵佶《金莲绕凤楼》词)

(8) 玉舆明淑景，珠旗转瑞风。平原与上路，佳气远葱葱。(《先秦汉魏晋南北朝诗·北齐诗卷一》)

(9) 瑞风飞来随帝辇，祥鱼出戏跃王舟。(唐·徐坚《初学记·礼部下》卷十四)

(10) 眼前鱼变辞凡水，心逐莺飞出瑞风。(唐五代·王定保《唐摭言》卷十五)

(11) 翔风者，瑞风也，一名景风。春为发生，夏为长盈，秋为收藏，冬为安宁。(《太平御览》卷八百七十二)

(12) 天将瑞时，必有人杰，况当出震之日，实藉济川之才。(《全唐文》卷七十六)

(13) 嗣王祝之曰，既瑞世瑞时，可勿惊勿畏。(《全唐文》卷八百四十二)

(14) 风云嘉会，有英杰瑞时，来符平泰。子建才华，平阳勋业，流庆至今犹在。(宋·李焕《喜迁莺》词)

(15) 虽古者有祥虹流月，瑞电绕枢，彼皆琐微，不足引喻。(《全唐文》卷六百七十七)

(16) 恭以少昊乘乾，曳祥虹於华渚；轩辕出震，流瑞电於枢星。(《全唐文》卷九百六十三)

(17) 真祥麟乃是青华雷府祥光瑞电天喜真君降生。(清·俞万春《荡寇志》第一百三十八回)

(18) 曲池涵瑞景，文字孕祥烟；小臣同百兽，率舞悦尧年。(唐·徐坚《初学记·储宫部》卷十)

(19) 区夏大宁，灵祇集贶，而公卿宗子，耆艾法流，金曰玉芝白鱼，神言瑞景，天之应也。(《全唐文》卷三十九)

(20) 神机丕应，瑞景潜仪。光合玉虎，彩动金枝。(《全唐文》卷一百八十四)

(21) 十地祥云合，三天瑞景开。(樊忱《奉和九月九日登慈恩寺浮图应制》，《全唐诗》卷一百〇五)

(22) 瑞景光融。换中天霁烟、佳气葱葱。皇后崇壮丽，金碧辉空。(宋·无名氏《行香子慢》词)

(23) 放神光于方丈，晃耀移时。兴瑞雾於周回，氤氲永日。(《全唐文》卷八百九十二)

（24）千珍合就锁烟云，众宝装成笼瑞雾。(《敦煌变文·维摩诘经讲经文》卷二)

（25）花市无尘，朱门如绣。娇云瑞雾笼星斗。沈香火冷小妆残，半衾轻梦浓如酒。(宋·毛滂《踏莎行·元夕》词)

（26）岭上时兴於瑞雾，谷中虚老于乔松。(《全辽文》卷五)

四　"瑞+器物名"

《大词典》收录这一语义场的复合词有"瑞玉、瑞珪、瑞图、瑞炉、瑞宝、瑞羽、瑞车、瑞信"八个，根据这一语义场成员的构词结构和内容，我们知道这一语义场的成员都和人们的生活密切相关，因此涉及的事物也很多，那么这类词也应该还有很多，我们假设还有这样的词语应该收录：瑞玺、瑞宝、瑞书、瑞盐、瑞石、瑞园、瑞橘、瑞井、瑞鼎、瑞府、瑞塔、等等。对于这些假设的词语，我们同样也需要通过语料库的检索来验证，从文献用例来看，这些词的用例都较多，兹各列几例如下：

（1）孝皇帝讳谨使上公臣某，敢用嘉荐醴酒，奉呈瑞玺，以告先灵。(《全三国文》卷三十一)

（2）往者得瑞玺以告宗庙，而奠於亲庙；此则告于尊，奠於亲，故事明比。(《通典》卷五十五)

（3）隆帝道，获瑞宝，颂声并作，洋洋浩浩。(《宋书》卷二十二)

（4）自然具有七种瑞宝。(隋·阇那崛多《起世经》卷二)

（5）岂惟传历代之瑞宝，抑亦彰受命之符信者也。(《全唐文》卷六百四十七)

（6）青鸟灵兆久，白燕瑞书频。从此山园夕，金波照玉尘。(权德舆《大行皇太后挽歌词三首》，《全唐诗》卷三二七)

（7）得龙瑞书，谓曾参观敦煌石室藏经，见宋人作书，颇类吾父。(马叙伦《石屋余渖》)

（8）胡元瑞书，盖得之金华虞参政家者。(明·谢肇淛《五杂俎·事部一》卷十三)

（9）代宗时，河中府盐池生瑞盐。(《太平御览》卷八百六十五)

（10）河中盐池生瑞盐，实土德之上瑞。(《旧唐书》卷一百二十七)

（11）奏称雨不为害，且有瑞盐，代宗疑其不然，乃遣谏议大夫蒋镇往视。(明·于慎行《谷山笔麈》卷十七)

（12）瑞石灵图出于张掖之柳谷，始见于建安，形成于黄初，文备于

大和。(《文选》卷六)

（13）六月壬申，神武如天池。获瑞石，隐起成文曰"六王三川"十一月壬辰，神武西讨。(《北史》卷六)

（14）嵩阳令樊文进瑞石，则天命示百寮。(唐·刘肃《大唐新语》卷六)

（15）永征二年，蓝田县令田仁注献瑞石，文理成字。(《太平御览》卷八百七十三)

（16）空台四柱，随仙衣而俱扬；宝渐三重，映瑞园而涵影。(《全梁文》卷十八)

（17）荆南高季昌进瑞橘数十颗，质状百味，倍胜常贡。(《旧五代史》卷三)

（18）进瑞橘赋状。(《全唐文》卷七百〇三)

（19）谢所进瑞橘赋宣付史馆状。(《全唐文》卷七百〇四)

（20）孙权经此，自立标井上，掘得井铭。权忻以为瑞井。江中风浪，井水辄动。(《全汉文》卷五十七)

（21）八月十二日，敕亳州太清宫是混元降圣之里，名高道祖，福荫皇基，九宫之瑞井涵空，一鹿之仙踪在树，累代之祯祥可纪，近年之感应尤彰。(唐·杜光庭《历代崇道记》)

（22）送瑞鼎诣相国梁公启。(《全梁文》卷六十)

（23）仙露含灵掌，瑞鼎照川湄。(许敬宗《奉和入潼关》，《全唐诗》卷三五)

（24）谨辄献食一百舆，伏知金难瑞鼎，盈上帝之珍羞；玉女行厨，尽群仙之品味。(《全唐文》卷二百〇九)

（25）赤氏朱雁，有吴丹鸟，皆纪之金册，藏之瑞府，以有事也。(《全唐文》卷二百〇九)

（26）连壤石以熠熠，杂冰霰之皑皑。未登光於瑞府，畏委质于瑶台。(《全唐文》卷三百五十二)

（27）空分瑞塔，地积香台。(《全唐文》卷十五)

（28）红纱上下，风含水精之瓦，烟照石项之砌，又有龙花瑞塔，降於忉利。(《唐文拾遗》卷十九)

（29）瑞塔千寻起，仙舆九日来。(宋之问《奉和九日登慈恩寺浮图应制》，(《全唐诗》卷五十二)

五 "瑞+抽象名物或抽象动词"

抽象名物是指名词所表达的事物是抽象的,不是具体有形的。《大词典》收录这一语义场的复合词有"瑞世、瑞年、瑞相、瑞象、瑞彩、瑞曲、瑞梦、瑞物、瑞命、瑞典、瑞祝、瑞异、瑞福、瑞祐、瑞应、瑞德、瑞圣"十四个,根据这一语义场成员的构词结构和内容,我们知道这一语义场的成员语义虽然较为抽象,但是也都和人们的生活密切相关,因此涉及的事物也很多,那么这类词也应该还有很多,比照已经收录的词语,我们假设还有这样的词语应该收录:瑞岁、瑞像、瑞迹、瑞令、瑞名、瑞祥、瑞士、瑞娥、瑞表,等等。对于这些假设的词语,我们同样也需要通过语料库的检索来验证,从文献用例来看,这些词的用例都较多,兹各列几例如下:

(1)艳艳风光呈瑞岁,泠泠歌颂振雕盘。(卢纶《春日喜雨奉和马侍中宴白楼》,《全唐诗》卷二百七十九)

(2)挺挺祖风烈,瑞岁滞偏州。(宋·京镗《水调歌头》词)

(3)京城内胜光寺模得陕州舍利石函,变现瑞像娑罗双树等形相者。(《全隋文》卷二十二)

(4)十八年,复遣使送天竺旃檀瑞像、婆罗树叶,并献火齐珠、郁金、苏合等香。(《梁书》卷五十四)

(5)永藏仝流,或慧举十徵,或昭明再造,或简文瑞像,或武帝香炉:宝铃吟风,珠幡交露。(《全唐文》卷二百六十二)

(6)孔图献赤,苟文表白,节节奇音,行行瑞迹。(《全隋文》卷十五)

(7)启瑞迹于天中,烁灵仪於像外。(《全梁文》卷六)

(8)金文鸟印,篆字虬蟠,分明而瑞迹如新,拂拭而苔痕尚在。(《全唐文》卷九百四十一)

(9)高阳乃命玄宫,禹亲把天之瑞令,以征有苗。(《墨子》卷五)

(10)天符瑞令,遐哉邈矣。(《南齐书》卷十八)

(11)奉宣十月二十九日敕,云天慈训诲,赍寺瑞名,施物二千段,米一千斛,熏陆香二斛,千僧法斋,度四十九人出家,修治寺宇,即聚众烧香宣唱。(《全隋文》卷三十五)

(12)懋卿恚甚。然素闻瑞名,为敛威去。(《明史》卷二百二十六)

(13)风雨时,物繁昌。却走马,降瑞祥。(《宋书》卷二十)

（14）三峰路险，雪满空崖，瑞祥烟雾起。(《全唐五代词》卷七)

（15）如此瑞祥，实未曾有。应是禅师来仪之兆也。(《祖堂集》卷十七)

（16）慎简乃僚，允迪瑞士。(《全唐文》卷十九)

（17）燕燕于飞，瑞娥以卵。玄玉爰发，圣敬日远。(《全晋文》卷一百二十一)

（18）山车泽马，充牣於郊畿；瑞表祥圆，洋溢于中外。(《全唐文》卷九十八)

（19）及夫欢呈朝晏之馀，瑞表经纶之初。(《全唐文》卷三百三十四)

　　以上我们仅以"瑞"的语义系统的内部系统演绎类推就可以发现其中的许多成员都未被《大词典》收录。如果有人提出这些复合结构是不是词呢？严格来说有些要说是一个结合很紧密的词确实有困难，但是，我们这样做的标准却是依据《大词典》的做法而推导的，因为以上五类词语中，《大词典》都收录了其中的一些成员，作为一部"古今兼收、源流并重"的语文大型辞书，同一类词中，有些词语收录而有些词语不收录的做法肯定是不合适的，如果要收录辞书中已有的这些词语，那么我们通过演绎法所得到的词语同样需要收录。

　　从实际操作来看，我们此节提出的"语义范畴内部演绎类推法"主要是针对词语漏收的，是非常有效的，而且这种方法只能针对《大词典》这样对汉语词汇进行穷尽性收录的大型辞书进行的，因为如果一般辞书，有些词语可以收录，有些词语也可以不收录，这与它的编纂目的和查阅对象是密切相关的，也与编纂者的认识水平密切相关的。而《大词典》是汉语词典中收词最全的，力图成为收罗汉语所有文献词汇"古今兼收、源流并重"的语文大型辞书，故而我们所提倡的方法是非常有效的。但是这种方法的实施需要借助大型语料库的帮助，因为只有最大型的语料库，才能够更完整和系统地展现某一个词语的历史语义系统，也能够全面地展现某一语义系统中所有成员的构成，那么我们提出的先演绎、后通过语料库进行印证的方法在这种大型语料库的支持下，就能够有效地为辞书漏收的词语提供强有力的文献用例。

下 篇

实践篇

第四章

《汉语大词典》词语漏收研究

《大词典》是一部大型的历史性的语文词典,其收词原则是"古今兼收,源流并重"。专书词汇研究是汉语词汇史以及大型辞书编纂的基础,而挑选一部有价值的专书进行穷尽性的词汇搜罗则是大型辞书收词工作的关键。我们选取宋代的笔记,如《北梦琐言》《邵氏闻见录》《野客丛书》《渑水燕谈录》《齐东野语》《癸辛杂识》《涑水记闻》以及元代笔记《湖海新闻夷坚续志》等笔记小说作为调查对象,因为这些笔记比较详尽地记载了北宋的历史、杏林逸事、民俗风情,是研究宋代文化的珍贵资料,同时也是研究宋元语言,特别是词汇的珍贵资料。宋元时期在汉语史中处于近代汉语的发展期,词语非常丰富,其中诸多词语为《大词典》所收录,但是也有许多词语为《大词典》所漏收,我们利用软件对其中的文本进行词语切分,得出的切分结果经过人工剔除,剩下部分我们拿来与《大词典》进行比照,得出其中诸多失收的词语。再利用大型语料库对这些词语进行检索,从而考察这些词语在整个汉语史中的使用情况,然后根据这些文献用例来总结这些词语在汉语史的意义系统。以下按照词类对漏收词语记录如下。

第一节 名词的漏收

名词漏收在我们所调查到的失收词语中所占比重是比较大的。其中以典章制度、官职官署名称以及服饰类名物词失收较多。因为这类词所指一般是具体的事物,如果这类事物没有在其他书籍中出现,而辞书编纂者如果没有看到这类词所在的书籍,这就肯定会造成失收。如:

一 官职官署类名称词语

【典客】

而典客已持谒白曰:"某监押见留客次谢筵。"(《癸辛杂识·健啖》前集)

按:"典"有"掌管;主持;任职"之义;"客",可指他国或外地人在本国或本地做官者。根据文意理解"典客"应为官职名。而"典客"在其他辞书中有收录,如《辞源》:典客:官名。秦代始置,掌管接待少数民族和诸侯来朝等事务。汉景帝中六年改名大行令,武帝太初元年改名大鸿胪。见《汉书百官公卿表》上。南朝宋以后,只掌管郊庙祭祀和朝觐的赞礼事务。①《中国历代官制大辞典》:典客:①官名,秦、西汉初皆置,列位九卿,秩中二千石。掌接待少数民族等事务。景帝中六年(前144)改名大行令,武帝太初元年(前104)又改名大鸿胪。参见"大鸿胪"。②吏职名。唐朝鸿胪寺典客署属官,员十三人。参见"掌客"。②《学生古汉语词典》2008年版同样有收录。《大词典》收录的相关词汇还有"典史""典诰""典谒""典签",故"典客"也应补收。"典客"在文献中的其他用例有:西汉·司马迁《史记·淮南衡山列传》:"丞相臣张仓、典客臣冯敬。"东汉·班固《汉书》卷十九上:"典客,秦官,掌诸归义蛮夷,有丞。"这里释义了"典客",其意大致与《辞源》呼应。唐·欧阳询《艺文类聚》卷四十九:"鸿胪本故典客。"这里也与《辞源》释义相对——武帝太初元年改名大鸿胪。《全唐文》卷三百十二:"致其饔饩,辨其等威,在周为大行人,在秦为典客,在汉为鸿胪。"行使大礼明辨威仪的(官职),周朝是大行人,秦朝是典客,汉朝是鸿胪。

【掌客】

于是客之至者,掌客必各点检衔袖,唯恐犯令得罪。(《癸辛杂识·马裕斋尹京》后集)

按:"掌客"指"掌管接待来宾的官。"《玉篇·手部》:"掌,手中也。"《释名·释形体》:"掌,言可以排掌也。"《说文·手部》段玉裁注:"凡《周礼》官名掌某者,皆捧持之义。"亦同《广雅·释诂三》:"掌,主也。"如《礼记·曲礼下》:"天子之六工。"孔颖达疏引干宝云:

---

① 商务印书馆编辑部:《辞源》,商务印书馆2009年版,第347页。
② 吕宗力:《中国历代官制大辞典》,北京出版社1994年版,第500页。

"凡言掌者，主其事也。"《周礼·天官·职币》："振掌事者之余财"，郑玄注："掌事，谓以王命有所作为。"引申至官名，如宋·洪迈《容斋四笔》卷十五："唐人好以它名标榜官称，太尉为掌武。""客"，《说文·宀部》段玉裁注："自此托彼曰客。"又《玉篇·宀部》："客，宾也。"《周礼·秋官·大行人》："掌大宾之礼，及大客之仪。"贾公彦疏："小司徒云：'小宾客令野修道委积。则客亦名宾，是宾客通也。'"于此，"客"作"宾客"义。另《史记·吴太伯世家》："楚之亡臣伍子胥来奔，公子光客之。"司马贞索隐："客，是谓客礼以接待也。"再有，"官名"之义。如《资治通鉴·周纪二》："秦王说之，以为客卿。"胡三省注："秦有客卿之官，以待自诸侯来者，其位为卿而以客礼待之也。"宋·洪迈《容斋四笔》卷十五："唐人好以它名标榜官称。鸿胪为客卿。""掌客"在其他辞书中有收录，如《中国历代官制大词典》："掌客：官名。①《周礼》官名，为秋官司寇之属，有上士二人、下士二人，掌飨宴宾客牢礼等级之事。②隋朝鸿胪寺典客署官，置十员，正九品；炀帝大业三年（607）改典客署为典蕃署后不置。唐朝鸿胪寺典客署复置，十五员，正九品上。掌送迎蕃客，专莅馆舍。"且其收有"典客"一词，于该词义项②中亦有"参见'掌客'"一句。故，"掌""典"二字均有"掌管；主持"之义，是不同朝代对同一职位的不同称呼。"掌客"在历代文献中的其他用例，如《乐府诗集·章夏》卷九十六："王有掌封，迺尔疆理。王有掌客，馈尔饔饩。"据此，"掌封"应与"掌客"相对存在，但于资料及文章篇幅有限，也未能查到有收录该词的词书，故于此也暂不讨论深究。再如，唐·李延寿《北史》卷三十三："安世曰：'周谓掌客，秦改典客，汉名鸿胪，今曰主客。'"清·吴敬梓《儒林外史》第四十一回："正坐下，凉篷小船上又荡了两个掌客来搭船，一同进到官舱。"上引《北史》例中曾明确阐述了"掌客"一词相应职位的历史名称变更，一目了然。句中"鸿胪""主客"皆为《大词典》所收录，然"掌客""典客"漏收，而这两词又均被其他词典收录。"主客"，在《大词典》中释义为"①官名。战国时已有此官，秦及汉初称典客，为九卿之一。武帝时称大鸿胪。③接待宾客。宋·张齐贤《洛阳缙绅旧闻记·梁太祖优侍文士》：'荀鹤（杜荀鹤）为主客者引入，令趋骤至阶陛下。'"因义项①年代早于义项③，故可推断义项①抽象泛化有了义项③。义项③中，"主客"则理解为动宾结构。"掌客"亦有此种用法，具有"接待来宾"的动宾义。如元·脱脱《宋史》第二百二十三："宣和末，金泛使至，徽宗命世则掌客。世则记问该洽，应对有据，帝闻，悦之，自是掌客多命世则。"据上，《大词典》当补该词。上引《癸辛杂识》例之文意为："但凡来这的宾客，掌客都要逐一检查衣袖，看是否真有所藏，唯恐触犯令条，得罪了马裕斋。"

【知郡】

先子为衢倅时，外舅杨彦赡知郡，既而除工部郎官。(《癸辛杂识·知州借紫》后集)

按："知郡"一词，意为"地方行政机构郡之长官。"《大词典》释"知"为"主持；执掌。"如《国语·越语上》："有能助寡人谋而退吴者，吾与之共知越国之政。"《吕氏春秋·长见》："三年而知郑国之政也。"高诱注："知，犹为也。"《周书·李棠传》："仲密但知民务而已。"《宋史·蔡挺传》："以挺知博州。"《中国历代官制大辞典》对"知"的解释也有"主持；执掌"的内涵，其释义为："官制用语。初为兼官形式之一，即以他官暂时主持某一官署事务。亦称权知、掌知、监知知某事等。唐朝以佐官代理长官亦用此称。宋朝派遣中央官员主持州、军、县等地方事务，多用此称，为'差遣'（即实际职务）形式之一。后世遂入衔，成为正式官称。"① 《说文·邑部》："郡，周制：天子地方千里，分为百县，县有四郡。至秦初，置三十六郡以监其县。从邑，君声。"《大词典》亦释"郡"为"古代地方行政区划名。周制县大郡小，战国时逐渐变为郡大于县。秦灭六国，正式建立郡县制，以郡统县。汉因之。隋唐后，州郡互称，至明而郡废。"如《左传·哀公二年》："克敌者，上大夫受县，下大夫受郡。"杜预注："《周书·作雒篇》：千里百县，县有四郡。"陆德明释文："千里百县，县方百里；县有四郡，郡方五十里。"《三国志·蜀志·诸葛亮传》："自董卓以来，豪杰并起，跨州连郡者不可胜数。"宋·岳珂《桯史·刘改之诗词》："开禧乙丑，过京口，余为馕幕庚吏，因识焉……暇日，相与跻奇吊，多见于诗，一郡胜处皆有之。"清·屈大均《〈广东新语〉自序》："予举广东十郡所见所闻，平昔识之于己者，悉与之语。"综合语料，可推测"知郡"有"地方行政机构郡之长官"的意思。且《中国历代官制大辞典》已收"知州、知县、知军、知府"，分别释义为"地方行政机构州、县、军、府之长官"，核以本例，"知郡"也可释义为"地方行政机构郡之长官"。《大词典》也收录了同

---

① 吕宗力：《中国历代官制大辞典》，北京出版社1994年版，第512页。

构词"知府、知县、知通、知州",故"知郡"当补。

【推官】

是时,陈希亮为司录,言禹可赏不可罪,宰相不从,希亮争不已,卒从希亮言,以禹为徐州推官。(《渑水燕谈录·党论》卷一)

按:"推官",是一种官名。唐代节度使、观察使,团练使、防御使之属官。位次于判官、掌书记,掌推勾狱讼之事。五代沿袭唐制。宋朝时三司下各部每部设一员,主管各案公事。其后诸州、府皆置有推官。如金代官品,正七品的有诸总管府推官、诸府推官。元朝各路总管府及各府亦沿置,掌治刑狱。明朝为各府的佐贰官,属顺天府、应天府的推官为从六品,其他府的推官为正七品,掌理刑名、赞计典。清初仍沿置,康熙六年即废除了推官。清代的布政司理问、都事、按察司知事等,即唐推官之职。

"推",意为"审问"。《类篇·手部》:"推,穷诘。"《文选·潘岳〈马汧督诔〉》:"雍州从事忌敦勋劾,极推小疵。"吕延济注:"言忌其功效,推穷小过也。"唐·吴兢《贞观政要·纳谏》:"大理推得其伪,将处雄死罪。少卿戴胄奏法止合徒。"元·佚名《争报恩》第三折:"如今把姐姐拖到宫中,三推六问,屈打成招。""官",《字汇·宀部》:"官,职也。"《论衡·命禄》:"智虑深而无财,才能商而无官。"故而,"推官"即"审问案件的官职"。由于该词所表示的职位在唐代产生,以后历代都有设置,因此在文献中也是高频出现,如李仍叔《隋唐五代墓志汇编》:"公初任试太祝,次转金吾仓曹,迁监察御史,赐绯鱼袋,为成德军节度巡官,转殿中为推官,又改侍御史,仍带旧职,迁户部外郎,转为判官。"北宋·王钦若等《册府元龟》卷五百四十七:"及付台之后皆望有所申明,然而推官怯慑迎风听从,不敢异同其事,人皆惜之。"宋·颐藏《古尊宿语录》卷十八:"感梦于雄武军节度推官阮绍庄。"明·冯梦龙《警世通言》卷二十四:"留刘推官后堂待茶,问:'苏氏如何发放?'刘推官答言:'发还原藉,择夫另嫁。'"清·顾炎武《明纪三朝野史》卷一:"工部右侍郎,河南劝农兵部尚书丁启睿复原官,安抚河南开封府推官陈潜夫为江西道御史巡按。"蔡东藩《五代史演义》第五十二回:"河南府推官高锡,上书切谏,大致劝周主择贤任能,毋亲细事,周主不从。"以上论述足以证明,"推官"是意义和形式都稳固的专有名词,《大词典》应补收。

【郡僚】

一日郡僚绘象渭州僧舍，或为其色不类，令以粉笔图其面，将别图貌。(《渑水燕谈录·先兆》卷六)

按："郡僚"意为"郡吏"。"郡"是我国古代的地方行政区划。周制县大郡小，秦以后郡大县小。《释名·释州国》："郡，群也。人所群聚也。"《广雅·释诂四》："郡，国也。"《正字通·邑部》："郡（周制）县大郡小；秦并天下，郡大县小。汉郡国皆统于州。然周乃分部之名，或九州或十二州。南北朝分裂，彼此相冒，各立侨寓名邑，至百余州，而郡即隶马。隋废郡存州，州即郡也。炀帝改州为郡，州之名废。唐复置郡置州，郡之名废。其实一也。"如《左传·哀公二年》："克敌者，上大夫受县，下大夫受郡。"《史记·秦始皇本纪》："海内为郡县，法令由一统。"《三国志·蜀志·诸葛亮传》："自董卓已来，豪杰并起，跨州连郡者不可胜数。"而"僚"有"官"之义。《玉篇·人部》："僚，官也。"《尚书·陶漠》："百僚师师，百工惟时。"孔传："僚、工皆官也。"《诗经·小雅·大东》："百僚是试。"毛传："是试用于百官也。"《文选·左思〈咏史八首〉之一》："世蹑高位，英俊沈下僚。"李善注："《尔雅》曰：僚，官也。"按：今本《尔雅》字作"寮"。"僚"与"寮"同义通假。

大量的语料可证，"郡僚"与"郡寮"在文献中是通用的。含有"郡僚"的文例有，《后汉书·史弼列传》卷六十四："从事大怒，即收郡僚职送狱，遂举奏弼。"《晋书·凉武昭王列传》卷八十七："郡僚以年谷频登，百姓乐业，请勒铭酒泉，玄盛许之。"《金史·宗贤列传》卷六十六："秉德曰：'吾闻郡僚廉能如一，汝等以为如何？'"唐·杜佑《通典·选举二》卷十四："自后魏末、北齐以来，州郡僚佐已多为吏部所授，至隋一切归在省司。""郡寮"的用例如周绍良、赵超《唐代墓志汇编续集》卷十："先使目之，嘉其茂异，……俾参郡寮，夙夜在公，……诚哉。"唐·白居易诗题："郡斋旬假始命宴呈座客示郡寮。"在明代蒋一葵的同一部笔记小说《尧山堂外纪》中，作者分别用了"郡僚"和"郡寮"来表示"郡吏"的意义，如《尧山堂外纪》卷三："后一鹤降郡屋，郡僚子弟弹之，鹤以爪攫楼板，若书字焉，其辞曰：'乡原一别重来，事非甲子不记。……'"又如《尧山堂外纪》卷五十四："及期，遍请郡寮，举拂示众曰：'众香国中来，众香国中去。'"通过以上论述，《大词典》(十卷，第631页)已收"郡寮"，为方便读者查阅，《大词典》应补收"郡僚"。

第四章 《汉语大词典》词语漏收研究

【掌诰】

朱崖李太尉奖拔寒俊，至于掌诰。(《北梦琐言·杜荀鹤入翰林》卷六)

按：该例的文义是"太尉李德裕奖励提拔出身寒微而才能杰出的人，甚至官至掌诰之职"。故例中"掌诰"为"古代官名，负责颁布或宣读皇帝的诰命"之义。《说文·手部》："掌，手中也。"唐·柳宗元《与韩愈论史官书》："役使掌固"，蒋之翘辑注引《汉书》应劭云："掌故，掌故事也。"故"掌"有"掌管"义。如《周礼·天官》："乃立天官冢宰，使帅其属而掌邦治。"唐·杜甫《八哀诗·赠左仆射郑国公严公武》："四登会府地，三掌华阳兵。"而"诰"为"皇帝的制敕"，如唐·韩愈《顺宗实录五》："（太上皇）又下诰曰：'人伦之本，王化之先，爰举令图，允资内辅。'"元·佚名《前汉书平话》卷下："敕细柳将军北戍雄，阵前却敌笑谈中；自从战罢边尘静，铁券书名诰已封。"可见"掌诰"的字面意思为"掌管皇帝的诰命"，是一个动宾结构的合成词，如《旧唐书·高郢列传》："郢性恭慎廉洁，罕与人交游，守官奉法勤恪，掌诰累年，家无制草。"宋·孙光宪《北梦琐言》卷五："唐僖宗皇帝蒙尘于蜀，朝士未集，阙人掌诰。"这种动词可以用来转喻掌管皇帝诰命的人，如唐·韦应物《和吴舍人早春归沐西亭言志》诗："一门双掌诰，伯仲侍言归。"宋·王辟之《渑水燕谈录》卷三："逾年，方命掌诰。沂公之取人如此，故当时士大夫务以冲晦自养焉。"而且从收词的系统性来看，《大词典》收录了"掌计""掌班""掌典""掌珍""掌典""掌书""掌徒""掌节"等同构复合词，它们都是表示官职名。结合文献用例和"掌诰"意义，《大词典》理应补录"掌诰"。

【都指挥使】

忠正军节度使王审琦与太祖皇帝有旧，为殿前都指挥使。(《邵氏闻见录》卷一)

按：此处"都指挥使"为官名。唐末有行在都指挥处置使，为临时差使。五代称诸将统帅为都指挥使。宋殿前司、侍卫亲军步军司、侍卫亲军马军司与各军皆以都指挥使为长官。辽南面官与北面官、金殿前司、京城武卫军与诸总管府皆有都指挥使。元置各军都指挥使与兵马指挥使司，设都指挥使、副都指挥使等官。明置卫所于各地，以都指挥使司为常设统率机构，简称都司，长官都指挥使为地方最高军事长官，属朝廷五军都督府。明京卫与外卫并置指挥使司，有指挥使等官。且"都指挥使"一词在历代文献中出现的频率也非常高,如《唐文拾遗》卷三十七:"愿谐群望,暂屈长才,辄敢请充都指挥使,仰俟一呼之命,同成九拒之功。"北宋·李昉《太平广记》卷一百二十四:"李彦光为秦内外都指挥使,主帅中书令李崇委任之,专其生杀,虐酷黩货,遭枉害者甚众。"明·沈德符《万历野获编》卷五:"父松,以兴邸护卫起家,官至都指挥使,掌锦衣卫。"蔡东藩《五代史演义》第十一回:"晋王率亲军陷入梁阵,所向无前,十荡十决,往返至十余次,梁马军都指挥使王彦章,支持不住,竟率部众西走。"可见,该词理应被《大词典》收录。

【修书官】

至元丰七年秋,《资治通鉴》书成进御,特拜公资政殿学士,赐带如二府品数者;修书官皆迁秩,召范祖禹及公子康为馆职。(《邵氏闻见录》卷十一)

按:此处"修书"作为名词修饰"官",组成偏正式复合词,其义项是从"官署名称"之"修书"转指而来。"修书"先产生的是动词义项,本义是"编纂书籍"。《字汇·人部》:"修,葺也。"故"修"为"整修;修理"。如《尚书·禹贡》:"既修太原,至于岳阳。""书"即"书籍"。这种以名词修饰名词的偏正复合词在官署名称中很常见,比如"纠察官""参知政事"等,且"修书官"在其他文献出现频率也非常高,如宋·欧阳修《辞转礼部侍郎札子》:"臣伏思圣恩所及,必以臣近进《唐书》了毕,凡与修书官,并均睿泽。"宋·吴缜《五代史纂误》:"尝闻修唐书自建局至印行罢局,几二十年。修书官初无定员,皆兼莅他务,或领外官,其书既无期会,得以安衍,自肆苟度岁月,如是者将十五年将十五年而书犹未有绪。"汪篯《唐玄宗时期吏治与文学之争》:"开元六年,驾还长安,乃敕无量在丽正殿前修书,改干元殿为丽正修书院。改修书官为丽正殿直学士。"曾贻芬《中国历史文献学史述要》:"《文苑英华》也有明显的不足之处,首先,这部书卷帙较大,多人分编,加之中间又换了一批修书官,其成书草率可想而知。"可见,"修书官"在历史上确实存在,故《大词典》理应收录。

【畿簿】

彼又称重于公卿间,是后日游其门,执师弟子之礼,授经论文,非二帝三王之道,孔子、孟轲之言不言。及其提点畿内,仆为畿簿。(《邵氏闻见录》卷十二)

按:此处"畿簿"是官名,京城内主要负责文书簿籍等一类的官员。

"畿"是指京城管辖的地区。如《史记·孝文本纪》:"夫四荒之外不安其生,封畿之内勤劳不处,二者之咎,皆自于朕之德薄而不能远达也。"又如宋·王安石《乞制置三司条制》:"窃观先王之法,自畿之内,赋入精粗以百里为之差,而畿外邦国,各以所有为贡。"根据《汉语大字典》"簿"为"古代官职名"。指主簿一类官职,因负责文书簿籍故多称簿,历朝皆有,如汉代的主簿,唐代的司簿、典簿、掌簿、亦简称簿。故该词是指在京城内主管文书簿籍的官员。"畿簿"一词在其他历史文献中也有出现,例如唐·陆贽《陆贽集下》:"奉先县簿、尉,诸畿令,各二十五贯文;畿簿、尉,各二十贯文。"《宋史》卷一百五十八:"雄望州司理、判、司,中州录事参军,中县令,次畿簿、尉,六选;紧上州司理、判、司,下州、中下州录事参军,中下县、下县令,紧望县簿、尉,学究,七选。"再者,《大词典》收录了"畿劳""畿解""畿驿"等内部结构同为偏正结构的名词,故《大词典》理应收录"畿簿"一词。

【著作佐郎】

曾布时以著作佐郎编敕,巧黠善迎合荆公意,公悦之。(《邵氏闻见录》卷十三)

按:"著作佐郎"为古代一种官名,为"著作郎"的下属官职。"著作郎"为三国魏始置,属中书省,掌编撰国史。晋代改属秘书省,号称大著作。南朝末期为贵族子弟出身之管。至唐代主管著作局,掌撰拟文字,曾一度改称司文郎中。著作郎下有著作佐郎、校书郎、正字等官。该官职名在文献中用例很多,如《晋书·华谭列传》:"时晋陵朱凤、吴郡吴震并学行清修,老而未调,谭皆荐为著作佐郎。"《宋书·王球列传》:"球少与惠齐名,美容止。除著作佐郎,不拜。"《魏书·李郁列传》:"谧弟郁,字永穆。好学沉静,博通经史。自著作佐郎为广平王怀友,怀深相礼遇。"《旧唐书·郝处俊列传》:"贞观中,本州进士举,吏部尚书高士廉甚奇之,解褐授著作佐郎,袭爵甑山县公。"《宋史·冯瓒列传》:"瓒以荫补,解褐授秘书省校书郎,迁著作佐郎,出为诸城令。"《元史·张康列传》:"十五年夏四月,至上都见帝,亲试所学,大验,授著作佐郎,仍以内嫔松夫人妻之。"蔡东藩《宋史演义》第六十一回:"当下决意主和,派著作佐郎刘岑,太常博士李若水,分使金军,请他缓师。"而且《大词典》收录了"著作郎"(其别名"大著作"一词也为《大词典》所收录),也收录了"著作郎"下属的"校书郎"及"正字"两个官名,那么,作为同属于"著作郎"下的官职名"著作佐郎"就理当为《大词典》所补收。

【提刑】

薛俅肃之为梓州路提刑，市有道人卖兔毫笔者，以蜀中所无也，因呼之。(《邵氏闻见录》卷十六)

按：此处"提刑"为官名。是提点刑狱公事的简称，或称提点刑狱。宋置于各路，主管所属各州司法、刑狱、监察地方官吏并劝课农桑。时公文用语称"选"，其官署称宪司。宋神宗熙十年（1077）又置提点京畿刑狱。金有提刑使，后改按察使。明、清皆于各省置提刑。"提刑"在历史各文献中的记录，如北宋·李昉《太平广记》卷一百五十九："后绍定己丑，眉山李埋守郡，得本于提刑吕祖烈，复锓木于玉山堂。"南宋·普济《五灯会元》卷十九："提刑郭祥正字功甫，号净空居士。志乐泉石，不羡纷华。"明《金瓶梅》第十九回："前日我告爹说，爹还不信。从那日提刑所出来，就把蒋太医打发去了。"许慕羲《宋代宫闱史》第六十九回："过了两天，又接到苗傅等檄文，即召守臣汤东野，提刑赵哲，同议讨贼。张浚也引所部来会张浚。浚言及朝事，涕泣交下。"故《大词典》理应收录该词。

【承务郎】

蔡持正以门客假承务郎，奏衍，赏其术。(《邵氏闻见录》卷十六)

按：此处"承务郎"是官名，始于隋文帝时，尚书各司，在侍郎外，各置员外郎一人，管理本司籍帐，侍郎出缺，代其职务。炀帝改侍郎为郎，废员外郎，每司增设一郎。既而又裁去所增之郎，改设承务郎，实即原员外郎。唐复（620年）改为员外郎。另置承务郎为文散官第二十五阶，从八品下。宋同唐。元丰改制用以代校书郎、正字、将作监主簿。金从七品上。元升为从六品。明为从六品初授之阶。清废。亦以"承务"为地主富人通称，与"员外"相似。该官署名词在历史其他文献中出现频率很高，例如唐·刘肃《大唐新语》卷十二："炀帝闻而伤之，赠银青光禄大夫，谥曰壮武公，拜二子为承务郎。"北宋《册府元龟》卷四百五十七："又减曹郎一人置承务郎，一人同员外之职门下省置黄门侍郎员外，二人去给事之名。"清·赵翼《廿二史札记》卷二十五："理宗又诏周世宗八世孙承务郎柴彦颖袭封崇义公，此皆见于本纪及《续通鉴长编》。"许慕羲《宋代宫闱史》第九十四回："有诏命冉璡为承事郎，冉璞为承务郎，权通判州事。徙城工作，尽委二人办理。"故《大词典》理应收录。

【修媛】

初为修媛，后册为贵妃，饮膳供给皆逾于曹后。(《涑水记闻》卷八)

按：此处"修媛"为"皇帝嫔妃称号"。"修"有"美、善"义，如《楚辞·离骚》："老冉冉其将至兮，恐修名之不立。"唐·韩愈《进学解》："文虽奇而不济于用，行虽修而不显于众。"《说文·女部》："媛，美女也。"《广雅·释诂一》："媛，美也。"如《诗经·鄘风·君子偕老》："展如之人兮，邦之媛也。"晋·郭元祖《钩翼夫人》："婉婉弱媛，庙符授钩。"宋·高承《事物纪原》卷一："唐百官志注曰：唐因隋制，有修媛。按隋制无之，而北史后妃传：北齐武成河清中，置修媛为御女。唐以为嫔，疑唐采齐制也。"[①] 由于该词所表示的是称号，因此在历代文献中也是高频出现，如唐·李延寿《北史》卷十三："……英范、怀顺、修媛、良则、瑶章、训成……徽娥、肃仪、妙则为八十一御女，比正四品。"《旧唐书》卷五十一："昭仪、昭容、昭媛、修仪、修容、修媛、充仪、充容、充媛各一人，为九嫔，正二品。"宋·魏泰《东轩笔录》："会其侄女有宠于仁宗，册为修媛。"《宋史》卷一百六十三："修仪、修容、修媛、充仪、充容、充媛，曰婕妤，曰美人、曰才人、贵人。""修媛"在其他辞书中也有收录，如《中国古代职官大辞典》："修媛：皇帝嫔妃。唐朝为内官九嫔第六，正二品。宋朝为内命妇之一，正二品。金同唐制。"《中国历代职官辞典》："修媛：嫔妃名。唐为九嫔之第六。宋、金延之，宋为二品，金正二品。"且《大词典》收录"修仪"，因此，"修媛"作为常见的皇帝嫔妃称谓应该被《大词典》收录。

【群牧司】

司马温公尝曰："昔与王介甫同为群牧司判官，包孝肃公为使，时号清严。"(《邵氏闻见录》卷十)

按：这里"群牧司"又叫"群牧使"是官署名，也省称"群牧"。宋景德四年（1007）置。设制置使一人，以枢密使或副使任职；使一人，以两省以上官充；副使一人，以合门以上及内侍都知充；以下又有都监二人、判官二人。凡内外厩牧之事，均归该司管辖。群牧司既总全国马政，太仆寺除车略及祭祀用羊外，无他职司。元丰改制，马政依前代成规，归属太仆寺。崇宁二年（1103），太仆寺依旧制不治旧事，马政归枢密院所隶官司。该词在其他文献出现频率也非常高，如《宋史》卷一百六十四：

[①]（宋）高承：《事物纪原》，中华书局1989年版，第27页。

"凡邦国厩牧、车舆之政令，分隶群牧司、骐骥院诸坊监，本寺但掌天子五辂、属车，后妃、王公车辂，给大中小祀羊。"宋·李焘《续资治通鉴长编》："司马光又上疏曰：'臣闻……寻罢景灵宫使，为同群牧制置使。听五日一朝会，子若孙一人扶之。'"清·吴广成《西夏书事》卷十一："其官分文武班，曰中书，曰枢密，曰三司，曰御史台，曰开封府，曰翊卫司，曰官计司，曰受纳司，曰农田司，曰群牧司，曰飞龙苑，曰磨勘司，曰文思院。"故《大词典》理应收录该词。

【司农寺】

曾布时以著作佐郎编敕，巧黠善迎合荆公意，公悦之。数日间相继除中允、馆职，判司农寺。(《邵氏闻见录》卷十三）

按：此处"司农寺"是中国古代的一个官署。北齐设立司农寺，大司农改称司农寺卿或司农卿，副官称司农少卿，隋唐两宋相沿，为九寺之一。掌管粮食仓储、仓廪管理和京官朝官禄米供应。掌管国库收支谷物和货币。本为国家财政机关，后被户部取代。宋神宗时，为推行新法的重要机构。青苗法、农田水利法、免役法、保甲法都由它制定或执行。元朝设大农令，废除司农寺。其在历史文献中出现频率非常高，《唐代墓志汇编续集》卷十："挺持立身，宦居扃烈。乃朝议郎行司农寺导官署令直殿中省尚辇局上柱国之叙。"北宋·沈括《梦溪笔谈》卷九："检正中书五房公事，判司农寺。皆要官，权任渐重。无何，坐事夺数官，归武昌。"元·张光祖《言行龟鉴》卷六："刘忠肃公挚在南京幕府，会司农寺颁新令，尽斥卖天下祠庙，依坊场河渡法收净利，南都阌伯庙岁为钱。"清·法式善《陶庐杂录》卷六："元二十五年，令诸屯隶司农寺者，每三十顷以下二十顷以上为一屯。"故《大词典》理应收录。

【司属】

又朱光庭掞、杜纯孝锡皆府官，公荐为山陵司属，二人忠信有余，多所论列，役成而民被其赐。(《邵氏闻见录》卷十三）

按：此处"司属"为"官署名"。唐代置。掌皇族宗亲事务。《旧唐书·职官志一》："光宅元年（公元684年）九月，改……宗正为司属……"（王俊良《中国历代国家管理辞典》第147页。）《说文·司部》："司，臣司事于外者。"《广雅·释诂一》："有司，臣也。"此处"司"为官署；政府机构。现用以称中央机关部以下一级的行政部门。如外交部有礼宾司，教育部有高教司。如唐·张乔《送三传赴长城尉》诗："登科精鲁史，为尉及良时。高论穷诸国，长才并几司。"宋·郑樵《〈通志〉总序》:"册府之藏，不患无书；校雠之司，未闻其法。""属"为官属；部属。《广韵·烛韵》:"属，官众也。"如《尚书·周官》:"六卿分职，各率其属，以倡九牧。"《左传·宣公十七年》:"郤子至，请伐齐，晋侯弗许，请以其私属，又弗许。"宋·陆游《老学庵笔记》卷七:"秦会之跋《后山集》，谓曾南丰修《英宗实录》，辟陈无己为属。"且"司属"一词在其他历史文献中也有出现，如唐·杜佑《通典》:"大唐龙朔二年，改为司宗，咸亨元年复旧。光宅元年，改为司属，神龙初复旧。"

【帅幕】

余时为帅幕，一日以公事至，见有薛监酒方叔在焉。(《癸辛杂识·马裕斋尹京》后集)

按:"帅幕"意为"帅府幕僚。""帅"，《说文·巾部》:"帅，佩巾也。"《玉篇·巾部》:"帅，今为将帅字。"《慧琳音义》卷三:"将帅"，注引《考声》云:"帅，统领也。"亦同卷五:"将帅"，注引《字书》云。如《左传·襄公二十五年》:"五吏三十帅"，孔颖达疏:"帅者，有所率领。"《礼记·月令》:"天子乃命将帅"，朱彬训纂引方性夫曰:"知足以率人而先之谓之帅。"《说文·巾部》释"幕"为"帷在上曰幕，覆食案亦曰幕。"《楚辞·招魂》:"离榭修幕"，王逸注:"幕，大帐也。"清·赵翼《陔余丛考》卷二十一:"古所谓幕府，指将帅在外之营帐而言。"引申则有《大词典》释"幕"为"指幕府聘用的僚属"之义。如宋·岳珂《桯史·淳熙内禅颂》:"(王才臣)阶荐得官，初任径为成都帅幕。"后亦指以充当幕友为职业。如:"游幕""习幕"。上例证中亦出现了"帅幕"该词。那么"帅幕"即"帅府幕僚"之义。同样，《汉语大字典》释"幕"也有"在幕府任职的助理人员"的意思。如清·吴敬梓《儒林外史》第十五回:"不要说算命、拆字是下等，就是教馆，作幕，都不是个了局。"清·李宝嘉《官场现形记》第四十一回:"马二爷历充立幕，这些规矩是懂得的。"据以上语料及词典释义，"帅幕"可释为:"帅府幕僚。"该词在当世及后世文献中一直有用例，如宋·周密《齐东野语》卷十一:"所记张浮休之弟确，尝为乌延帅幕，独不庭谒。"《宋史》卷四百:"久之，为浙东帅幕、福建常平属、沿海参议。"明·沈德符《万历野获编》卷二十二:"据写本补，纲协赞陕西延绥等处军务，似不过帅幕僚佐，未知当时与总兵相处，礼节何如。"清·毕沅《续资治通鉴》卷一百二十八:"自秦桧专国，朝士为所忌者，终身以添倅或帅幕处之，未尝有为郡者。"《大词典》当补该词。

【光禄卿】

元符末，哲宗升遐，上皇即位之初，钦圣皇太后同听政，忠宣公自永州先以光禄卿分司南京、邓州居住，盖二圣欲用公矣。(《邵氏闻见录》卷十四)

按：此处"光禄卿"为"官署名"，掌宫廷宿卫及侍从，北齐以后掌膳食帐幕，唐以后始专司膳。秦代称郎中令，汉初沿置。武帝时改称光禄勋。东汉末复称郎中令。为宫廷宿卫及侍从诸官之长。魏、晋、南朝宋、齐及北魏均同。以后废置不常，至南朝梁改名光禄卿，北齐置光禄寺，设卿及少卿，此后皆以皇室膳食为专职，与汉代执掌完全不同。"光禄卿"在历史文献中的用例略举几例如下：《全梁文》卷五十三"黄门侍郎、右军安成王长史，拜御史中丞，迁秘书监、太子中庶子、光禄卿、出为义兴太守，迁为司空临川王长史，领扬州大中正……"《唐文拾遗》卷十二："父训，累授光禄卿，娶嗣纪王纤诚之季女。"北宋·李昉《太平广记》卷二百："建元二年，密自巩洛，鼓行伐隋，兵败归唐，授光禄卿。"明·沈德符《万历野获编》卷三："贤妃父拜光禄卿，仍居高丽。是时尚仍元俗，未禁属国进女口也。"清·褚人获《隋唐演义》(下)第五十四回："不意爵仅光禄卿，心中甚是不平。殊不知这正是唐主爱惜他，保全他处。"故《大词典》理应录收该官署名词。

【镌工】

天申厚赂镌工，得本以献安石。(《邵氏闻见录》卷十)

按：此处"镌工"义为"古代刻板印刷的人"。"镌"为"雕刻"，根据《说文·金部》："镌，穿木镌也。"如《资治通鉴·梁纪十七》："敕镌银券赐桃棒"胡三省注。

注《大词典》释"工"为"古时对从事各种技艺的劳动者的总称。"例如《论语·卫灵公》："工欲善其事，必先利其器。"《孟子·滕文公下》："昔者赵简子使王良与嬖奚乘，终日而不获一禽。嬖奚反命曰：'天下之贱工也。'"南朝梁·刘勰《文心雕龙·原道》："云霞雕色，有逾画工之妙。"故"镌工"是古代雕刻印刷的劳动者。该词在其他历史文献中也有出现，如明·蔡东藩《中华野史·明朝卷》："时蔡天申为西京察访，厚赂镌工，得书以献安石。"

唐凤纪《洛阳今昔》："皇帝允许后，蔡邕就亲自写起来，命镌工把字刻在石碑上。刻下来共有七经：有：周易、佃书、诗经、仪礼、春秋、公羊、论语。"

除此义项外，"镌工"还有"镌刻艺术"的意思，如唐·元稹《元氏长庆集》卷六十："字体方整，仿欧体，镌工精湛，避宋讳至完字止。"清·戴锡庚《沽水旧闻·盛宣怀之麻雀牌》："盛赠以小牌一副，背竹腹骨，大如今日见者之半而强，镌工精细，无万，而为九品，惟无四五耳。"弘征《杯边秋色·弘征随笔》："'边城'下署'沈从文'三个小字，也似乎不是沈先生所亲题，或只是从手稿中的临摹，勾勒和镌工都不足以体现沈先生书法的神韵。"故《大词典》理应收录"镌工"一词。

二 丝织品、服装家具器物类名词

【锦绮】

于内帑借钱一百二十万，绸绢七十万，银四十万，锦绮二十万。（《涑水记闻》卷九）

按：此处"锦绮"为"有彩色花纹的丝织品"之意。《说文·帛部》："锦，襄色织文也。""锦"义为"用彩色经纬丝织出各种图案花纹的丝织品"，如《诗经·秦风·终南》："君子至止，锦衣狐裘。"《说文·糸部》："绮，文缯也。"段玉裁注："谓缯之有文者也。"《广雅·释器》："绮，彩也。"《六书故·工事六》："绮，织彩为文曰锦，织素为文曰绮。""绮"义为"平纹底起花的丝织品"，如《古诗十九首·客从远方来》："客从远方来，遗我一端绮。""锦绮"为同义连言复合词，该词在其他文献中也有用例，如《后汉书·董卓列传》："坞中珍藏有金二三万斤，银八九万斤，锦绮、缯縠、纨素、奇玩，积如丘山。"《晋书·食货志》："宫中以锦绮为席，绫纨为荐。"《梁书·武帝本纪下》："后宫职司贵妃以下，六宫袆褕三翟之外，皆衣不曳地，傍无锦绮。"《魏书·韩麒麟列传》："在朝诸贵，受禄不轻，土木被锦绮，僮妾厌粱肉，而复厚赉屡加，动以千计。"唐·李峤《纸》诗："云飞锦绮落，花发缥红披。"北宋·李昉《太平广记·神仙七·王远》："衣有文采，又非锦绮，光彩耀目，不可名状，皆世之所无也。"元·高明《蔡伯喈琵琶记》第九出："洛阳富贵，花如锦绮。"明·王世贞《皇明异典述》卷九："赐其子嗣王遐旺金箱玉带一、金百两、银三千两，及钱、钞、锦绮、纱罗、衾褥、帐幔、器皿。"清·吴广成《西夏书事》卷四："继迁遣使如契丹谢，献良马二十匹、粗马二百匹、驼一百头，锦绮三百匹。"《大词典》收录了"锦绣"，那么，"锦绮"也应当收录。

【缯缟】

自麻之外，缯缟固不待言，苎葛虽布属，亦皆吉服。(《癸辛杂识·彭晋叟》前集)

按：此处"缯缟"一词泛指对丝绸细绢之类上好布料的统称。《说文·糸部》："缯，帛也。"《素问·五藏生成论》："生于心，如以缟裹朱。"王冰注："缟，白色。""缟"另有义项"细白的生绢"，故"缯"与"缟"可构成同义连用的复音词，"缯缟"专指上好布料，而"缟"的白色义项在此淡出、忽略。"缯缟"在其他文献中的典型用例，如唐·欧阳询《艺文类聚》卷二十一："辞不半纸，慰藉轻于缯缟，讥望重于丘山。"宋·苏辙《栾城集》卷四："清泉供浣濯，素月铺缯缟。"用"缯缟"——做衣服的材料来指代将要浣洗的衣服。《唐文拾遗》卷二十四："至于经费余羡，缗钱缯缟、米盐稻麦之数，莫之能纪，咸登于内府，实于禁仓。"这里"缯缟"则具体指布匹。且《大词典》收录了同类词"缯帛"和"缯绡"，故依据大型辞书内部语义系统的完整性，该词当补。

【茜锦】

或斑如玳瑁，或粲如茜锦，其一上有金银丝，皆平日目所未睹。(《癸辛杂识·故都戏事》后集)

按："茜锦"意为"绛红色的薄丝织品"。"茜"，有释义如《说文·艸部》："茜，茅草也。从艸，西声。"《广韵·霰韵》："茜，草名，可染绛色。"《史记·货殖传》："若千亩卮茜"裴骃集解引徐广曰："茜，一名红蓝，其花染缯赤黄也。"《汉语大字典》亦释"茜"为："绛色（深红色）。"如晋·佚名《休洗红》："休洗红，洗多红色淡。不惜故缝衣，记得初按茜。"唐·李群玉《黄陵庙》："黄陵庙前莎草春，黄陵女儿茜裙新。"明·汤显祖《牡丹亭·惊梦》："你道翠生生出落的裙衫儿茜。"《汉语大字典》对"锦"的解释则为："用彩色经纬丝织出各种图案花纹的丝织品。"其义亦如《说文》《玉篇》所释。如《荀子·赋》："杂布与锦，不知异也。"三国蜀·诸葛亮《教》："今民贫国虚，决敌之资，惟仰锦耳。"《大词典》收录了"茜罗"这一同类词，释义为："绛红色的薄丝织品。"如后蜀·毛熙震《南歌子》词："远山愁黛碧，横波慢脸明。腻香红玉茜罗轻。"核以本例，"茜锦"可释义为"彩色绛红花纹丝织品"。因此，依据大型辞书内部语义系统的完整性原则，该词当补。

【夹服】

升朝官，每岁诞辰、端午、初冬赐时服，止于单袍，太祖讶方冬犹赐

单衣，命易以夹服。(《渑水燕谈录·官制》卷五)

按：此处"夹服"指双层的衣服。其中"夹"为"双层的"之义。唐·李贺《秦宫诗》："越罗夹衫迎春风，玉刻麒麟腰带红。""夹衫"即为"双层的衣衫"，清·顾祖禹《读史方舆纪要·河南三·河南府》："宫城东西有夹城，各三里。"《清史稿·交通志二》："同治七年，仅借用夹板船运米一次，旋又中止。"

"夹服"同"夹衫"一样，在唐宋文献中常见。如《旧唐书·德宗本纪上》卷十二："时将士未给春衣，上犹夹服，汉中早热，左右请御暑服，上曰：'将士未易冬服，独御春衫可乎！'"宋《太平御览·兵部十二·抚士下》："又曰：德宗在梁州，山南地偏，及夏尤热，将士未给春服，上亦御袂服以视朝。"在后代文献中亦有用例，如《元史·舆服志二》卷七十九："舍人、领军将军从者四人，执夹服佩，并同前队。"《大词典》已收"夹衣""夹袄"，理应补收意义相近且常用的"夹服""夹衫"。

【褐裘】

寺僧守严者，异其骨相，阴使画工图于寺壁：青巾褐裘，天人之相也，今易以冠服矣。(《邵氏闻见录》卷一)

按："褐裘"是一个由两个名词性语素组成的名物类词语，义为"由粗毛、皮制成的御寒衣服"。根据《说文·衣部》："褐，编枲袜，一曰粗衣。"段玉裁注："褐，贱者之服也。"此处"褐"为"粗布或粗布衣，古时贫贱者所服，最早用葛、兽毛，后通常指大麻、兽毛的粗加工品"。《汉语大字典》也将"褐"解释为："用兽毛或粗麻制成的衣服。"《玉篇·衣部》："马被粗衣。"如《诗经·豳风·七月》："无衣无褐，何以卒岁？"郑玄笺："褐，毛布也。"《孟子·滕文公上》："许子衣褐。"赵岐注："以毳织之，若今马衣也。或曰：褐，枲衣也；一曰粗布衣也。""裘"有"用毛皮制成的御寒衣服"义。《说文·裘部》："裘，皮衣也。"《仪礼·聘礼》："褐降立。"郑玄注："寒暑之服，冬则裘，夏则葛。"《说文·裘部》徐锴系传："裘，以兽皮毛作之，以助女工也。"如《诗经·豳风·七月》："一之日于貉，取彼狐狸，为公子裘。"《初学记》卷二十六引汉·班固《白虎通》："古者缁衣羔裘、黄衣狐裘，禽兽众多，独以狐羔，取其轻暖。"故"褐裘"即"由粗毛、皮制成的御寒衣服"。该词在其他文献中出现频率很高，如唐·白居易《村居苦寒》："褐裘覆絁被，坐卧有余温。"北宋·李昉《太平广记》卷一百一十八："复有丫鬟数人，皆及姝美，先出迎客，陈设鲜华，异香满室。俄而有一老人，须眉皓然，身长七尺，褐裘韦带，从二青衣而出。自称曰：'元浚之。'向韦尽礼先拜。"宋·叶寘《爱日斋丛抄》："新平之行，幽土寒冽，门人郑文宝适掌转运，迎铉于途，解所被褐裘以献，铉终却之，遂为寒气所伤，下痢卒。"再者，无论是上文所举例中的"青巾褐裘"，还是"褐裘韦带"，其中与"褐裘"对举的"青巾"与"韦带"皆为《大词典》所收录，且《大词典》收录了"褐衣""褐衾""褐袖"等同一语义场的其他同构成员，故"褐裘"应补收。

【搢圭】

就耕位，侍中奉耒进御，上搢圭秉耒三推，礼仪使奏礼成，上曰："朕既躬耕，不必泥古，愿终亩以劝天下。"（《渑水燕谈录·帝德》卷一）

按："搢圭"是指把圭插于带右，是古代帝王、诸侯举行朝会、祭祀、丧葬等隆重仪式时的重要礼仪。"搢"意思为"插"。《仪礼·乡谢礼》："三耦皆执弓，搢三而挟一个。"郑玄注："搢，插也。插于带右。"宋·陆游《山村书所见》诗之二："腰间一枝搢枯竹，横吹短笛过村东。"清·王士禛《池北偶谈·谈异五河套喇嘛》："左手指间搢一小红旗，掌中托一小净水瓶，右手捻诀而前。""圭"，同"珪"，《说文·玉部》："珪，古文珪从玉。"《周易·益》："有孚中行，告公用珪。"《仪礼·聘礼》："所以朝天子，珪与缫皆九寸，剡上半寸，厚半寸，博三寸。"汉·刘向《说苑·修文》："诸侯以珪为贽，珪者玉也，薄而不挠，廉而不刿，有瑕于中，必见于外，故诸侯以玉为贽。"唐·段成式《酉阳杂俎·礼异》："古者安平用璧，兴事用珪，成功用璋，边戎用玠珪。"

因此，"搢圭"的内部结构是动宾结构，即指"插圭于带右"。如北宋·李攸《宋朝事实·封禅》卷十一："皇帝搢圭，盥手，门下侍郎进帨巾，皇帝帨手讫，乐作，解剑、脱舄如常仪。"《金史·礼志四》卷三十一："至位，太祝酌福酒于爵，时寒预备温酒，以奉侍中，侍中受爵奉以立，礼仪使奏：'请搢圭。'"《元史·祭祀志三》卷七十四："皇帝搢圭，俯受牲盘，北向跪奠神案上。"又《明史·礼志七》卷五十三："皇帝由殿左门入，至拜位跪，亲王百官皆跪。奏搢圭，奏进册。""搢圭"原本只是动词加宾语的短语，但由于只在帝王出现的场合使用，是举行重要礼仪时的必要程序，封建社会帝王的尊贵使得该词在史料中频繁出现，就像《大词典》已收的"搢笏""搢版"一样已经凝固成词，此外《大词典》已收结构相同、意义类似的"执圭",则同样应该收录"揞圭"一词。

【环珥】

其石有如玉色者,闻匠者取以为环珥之类。(《癸辛杂识·游阅古泉》后集)

按:"环珥",指"玉制圆圈形或其他小饰品。"《说文·玉部》:"环,璧也。"《类篇·玉部》:"环,玉名。"《大词典》释"环"为:璧的一种。圆圈形的玉器。如《左转·昭公十六年》:"宣子有环,其一在郑商。"宋·高承《事物纪原·衣裘带服·环》:"《瑞应图》曰:'黄帝时,西王母献白环,舜时又献之。'则环当出于此。"这里说明了"环"字的最早出处。清·王国维《观堂集林·说环玦》:"余读《春秋左氏传》'宣子有环,其一在郑商',知环非一玉所成。岁在己未,见上虞罗氏所藏古玉一,共三片,每片上侈下敛,合三而成规。片之两边各有一孔,古盖以物系之。余谓此即古之环也……后世日趋简易,环与玦皆以一玉为之,遂失其制。"此例正是对"环"的具体解释。所以"环珥"的"环"字意为"圆圈形玉器。"《说文·玉部》:"珥,瑱也。"《玉篇·玉部》:"珥,珠在耳也。"《大词典》对"珥"的解释为:"珠玉做的耳饰。也叫瑱、珰。"如《战国策·齐策三》:"薛公欲知王所欲立,乃献七珥。美其一。明日视美珥所在,劝王立为夫人。"《文选·枚乘〈七发〉》:"九寡之珥以为约。"李善注引《仓颉篇》:"珥,珠在耳也。"唐·韩愈《城南联句》:"酣欢杂弁珥,繁价流金琼。"清·纪昀《阅微草堂笔记·如是我闻四》:"母脱簪珥付之去,孝廉弗闻也。"冰心《寄小读者》五:"(那女儿)头上、手戴满了簪子、耳珥、戒指、镯子之类,说话时善能作态。"可见"环""珥"二字皆为佩戴装饰物。综合以上语料,"环珥"在文献中的解释应为"玉制圆圈形或其他小饰品"。《大词典》收其同素逆序词"珥环",释义为"耳环"。但从语料看,"环珥"语义范围比"珥环"大,不仅指耳环,各种类似起装饰作用的用珠宝玉石等为之的小玩意儿都可用"环珥",更还原了"环""珥"两字的本义。该词在其他文献中的用例,如宋·朱彧《萍洲可谈》卷二:"五色莹彻,中有缠丝者,可琢为环珥玩饰。"清·李慈铭《越缦堂读书记》集部:"县令历城高模字彦范,为具衣襦环珥,即日成婚于县廷。"近代·王韬《淞隐漫录》倩云:"耳际有微孔,若曾穿环珥者。"且"环玦""环琨""环瑱""环璧"这些同类词皆为《大词典》所收录,故"环珥"也当收录。

【绣鞯】

尝牵马将乘，抚其鞍曰："贱畜，我已薄命矣，汝岂无分被绣鞯邪？"（《涑水记闻》卷三）

按：此处"绣鞯"可释为"彩线绣成的马鞍垫"。"绣"义为"绘画和刺绣设色，五彩俱备"。如《周礼·考工记·画缋》："五采备谓之绣。"《说文·革部》："鞯，马鞁具也。从革荐声。则前切。""鞯"指的是"马鞍下的垫子"。如《魏书·段承根传》："晖置金于马鞯中，不欲逃走，何由尔也？"唐·李贺《马诗》之十一："内马赐宫人，银鞯刺麒麟。""绣鞯"一词的"绣"为形容词，"鞯"为名词，两者构成偏正式的合成词。该词在其他文献中也有用例，如宋·史浩《花心动》词："迟日轻阴，雨初收，花枝湿红犹滴。玉镫绣鞯，才得新晴，柳岸往来如织。"宋·刘昌诗《芦浦笔记》："绣鞯狭坐三千骑，玉带金鱼四十班。"《宋史·舆服二》："大中祥符五年，诏绣鞯及闹装校具，除宗室及恩赐外，悉禁。"清·王韬《淞隐漫录》："从圈下过，环埒驰行，能超越十六圈，而察女双足，一若未尝须臾离绣鞯也。"《大词典》收录了"绣衣""绣像"等同构词，那么，"绣鞯"也当收录。

【马鞚】

平子侍禁宜孙追及德和，执其马鞚，拜之数十。（《涑水记闻》卷十一）

按：此处"马鞚"为"马笼头"之意。《玉篇·革部》："鞚，马勒也。""鞚"义为"马笼头"。《初学记》卷二十二引《通俗文》："所以制马口曰鞚。"如《太平御览》卷三百五十八引："晋·傅玄《良马赋》：'纵衔则往，揽鞚则止。'"前蜀·花蕊夫人《宫词》之二十一："上得马来才欲走，几回抛鞚抱鞍桥。""马鞚"为前一语素修饰后一语素构成的偏正复合词，该词在其他文献中也有用例，如唐·魏征《隋书》卷六十四："后从高祖与齐师战于晋州，贼甚盛，高祖将挑战，茂固止不得，因捉马鞚。"宋·司马光《资治通鉴》卷二百二十一："力士又叱辅国与己共执上皇马鞚，侍卫如西内，居甘露殿。"清·杜纲《南朝秘史》第四回："胡藩执马鞚谏曰'今羽林射手，尚有八百，皆是精锐……'"《大词典》已收"马鞅""马鞍"等同构词，因此，"马鞚"也应收录。

【几席】

廷臣以千文易得之，帖之小屏，致几席间，以为朝夕之玩。（《渑水燕谈录·帝德》卷一）

第四章 《汉语大词典》词语漏收研究

按：此处"几席"指在古代供坐卧的器具。"几"是古人席地而坐时供倚靠的器具。《说文·几部》："几，踞几也。"《字汇·几部》："几，古人凭坐者。"《尚书·顾命》："相被冕服，凭玉几。"《诗经·大雅·行苇》："或肆之筵，或授之几。"郑玄笺："年稚者为设筵而已，老者加之以几。"孔颖达疏："几者所以安身，少不当凭几。"《史记·吴王濞列传》："今吴王前有太子之郄，诈称病不朝，于古法当诛，文帝弗忍，因赐几杖。""席"就是"席子"，用芦苇、竹篾、蒲草等编成的坐卧铺垫的用具。如：炕席、凉席、芦席。《说文·巾部》："席，籍也。"《玉篇·巾部》："席，床席也。"《正字通·巾部》："席，坐卧所藉也。"《周礼·春官·司几筵》："设莞筵纷纯，加缫席画纯。"贾公彦疏："初在地者，重即谓之筵，重在上者，即谓之席。"《孟子·滕文公上》："皆衣褐，捆屦织席以为食。"宋·吕南公《勿愿寿》："儿屡妻病盆甑干，静卧藜牀冷无席。"

"几席"是由两个名词性语素构成的并列式复合词，属名物类词语，由于与日常生活息息相关，所以被高频率地载入历代文献，如《仪礼·特牲馈食礼第十五》卷四十四："盛两敦，陈于西堂，藉用萑，几席陈于西堂，如初。"《梁书·顾宪之列传》卷五十二："朔望祥忌，可权安小床，暂设几席，唯下素馔，勿用牲牢。"又唐·杜佑《通典·袷禘上》卷四十九："……天府陈国实，司几筵陈几席，司服共祭服，典辂出玉辂，司乐宿悬，……"宋·李昉《太平广记》卷二百八十五："即于别室，夜设几席，焚名香以降神灵。"元·张养浩《散曲朝天曲·夏》："一带山川，万顷风烟，都在几席边。压枝低金杏如拳，客来时樽酒留连。"还有明·陈仲琳《封神演义·洪荒之玉鼎新传》第一百七十一章："坛上罗列笾、豆、簠、簋、金爵、玉斝，陈设祭前，并生刍炙脯，列于几席，鲜、酱、鱼、肉设于案桌，无不齐备。"清·李宝嘉《官场现形记》第一回："王乡绅一席居中；两傍虽有几席，都是穿草鞋，穿短打的一班人；还有些上不得台盘的，都在天井里等着吃。"综上，"几"指靠的工具，"席"指坐的工具，但是结合成一个词"几席"后，在人们长期的使用中独立地、固定地指称一种必不可少的普通家具，可供人们休息、用餐。"几席"的语料非常丰富，《大词典》应当补收这个词条。

【土器】

乃从其所谋为厌胜，以土器盖其面。(《湖海新闻夷坚续志》前集卷一)

按：该句中"土器"一词，义为"用泥土所冶的器物，如瓷、瓦等"。该词为《大词典》所漏收，虽然《大词典》收录了"土瓷""瓷器"等词，但这些词并不能包括替代"土器"一词。"土器"一词产生的语境源于4350年前的龙山文化中的"黑陶文化"，当时制陶已很发达，人们为了顺应生活、生产的需要，用泥土炼治出各种器具，如汉·孔安国《尚书正义》所述："治木器曰梓，治土器曰陶，治金器曰冶。"此句中亦可见已有土器，其治冶工艺曰"陶"。"土"，《说文·土部》："土，地之吐生物者也。二象地之下，地之中物出形也。"高鸿缙《中国字例》："'土'本地之初文，秦汉后始分为二，土为泥土，地为土地。"故例句中"土"为"泥土、土壤"之义。"器"，为"器具"义，《说文解字》："器，皿也。象器之口，犬所以守之。"段玉裁注："器乃器皿统称。"

"土器"一词在历史文献中多有用例，《后汉书·卓鲁魏刘列传》："孚，诚信也。缶，土器也。"该句中"缶"是土器的一种，此时土器已从上例中表具体的器物，扩大到表示一个大类，如同金器、木器。再如《大藏经·论集部》卷七十七："烧供了后以彗扫散炉坛上物取集入土器。"北宋·李攸《宋朝事实》："以甲乙日择东地作坛，取土造青龙，土器之大小、龙之修短，余方皆如之。"其中"土器之大小"一句亦可见"土器"已普遍使用，大小皆有定制。此处"土器"如首例中之义，表具体器物。"土器"一词所概括的器具包括《大词典》所收录的"土盎：瓦罐。""土釜：瓦锅。""土塯：盛饭的瓦器"等，《大词典》所收的"瓷器"也是"土冶器物的一类总称"，但"瓷器"的概括范围较"土器"更小，"瓷"初泛指白色质坚的陶瓷，后专指以高岭土为原料烧制而成者为瓷器。如《集韵·脂韵》云："瓷，陶器之至坚者。"故"瓷器"并不能和"土器"等同，亦不能取代之。故《大词典》应考虑补收"土器"一词。

【丝筦】

一日，后苑赏花宴词臣，公不得预，以诗贻诸馆阁曰："闻戴宫华满鬓红，上林丝筦侍重瞳。"（《渑水燕谈录·歌咏》卷七）

按："丝"，"八音之一。"指弦乐器，因其弦古代多以蚕丝为之，今亦以钢丝为之，故称。《周礼·春官·大师》："皆播之以八音：金、石、土、革、丝、匏、竹。"郑玄注："丝，琴瑟也。"唐·李贺《李凭箜篌引》："吴丝蜀桐张高秋，空山凝云颓不流。"元·高明《琵琶记·牛氏规奴》："屏前，品竹弹丝。""筦"，管乐器。《广韵·缓韵》："筦"同

"管"。《诗经·周颂·执競》："钟鼓喤喤，磬筦将将。"陆德明释文："筦，音管。本亦作管。"《后汉书·董仲舒传》："圣王已没，钟鼓管弦之声未衰。"颜师古注："筦与管字同。"宋·佚名《诣南郊》："详烟瑞霭杂天香，筦磬发声长。"综上所述，"丝筦"应释为"弦乐器和管乐器。"亦泛指音乐。与《大词典》已收的"丝管"意同。"丝筦"早在先秦文献中已有用例，如《淮南子·缪称训》卷十："譬若鼓，无所与调，无所不比。丝筦金石，小大脩短有叙，异声而和。"该词要早于"丝管"最早用例，《南齐书·礼志三》："绍乾维，建徽号，流风声，被丝管，自无怀以来，可传而不朽者，七十有四君。"并且"丝筦"一词在后代文献用例也不少，如宋·张抡《望仙门》词："新曲调丝筦，新声更飐霓裳。"因此，《大词典》理应补收。

【挽铃】

一日，闻挽铃声，俾看架下，不见有人。（《北梦琐言·京兆府鸦挽铃》卷十）

按："挽铃"的意思为："哀悼死人的铃，亦可称为'招魂铃'；如果铃铛响了，就表示魂魄回来了。"《大词典》释"挽"有"哀悼"义，如南朝梁·刘协《文心雕龙·乐府》里有："至于轩歧鼓吹，汉世铙挽，虽戎丧殊事，而并总入乐府。"《新唐书·十一字诸子传》："（李）泌为挽词三解，追述俠志。"清·蒋志由《负思》："地覆天翻文字海，可能歌哭挽神州。"以上之"挽"皆为"哀悼"之义。故"挽铃"即"哀悼死者之铃。"从《北梦琐言》之例上下文来看，"挽铃"还有"招魂"的功能。"挽铃"在其他文献中亦有不少用例，如宋·曾慥《类说》卷四十一："温璋为京兆尹，一日闻挽铃者三，乃一鸦也。"宋·沈括《梦溪笔谈》卷一："至如挽铃故事，亦缘其在禁中，虽学士院吏，亦止于玉堂门外，则其严密可知。"近代郑孝胥《郑孝胥日记》："礼佛者不焚香，但以一钱投幔内大柜中，挽铃作响，拍手者再，乃鞠躬合掌、低头默祝而退。"且《大词典》收录有"挽郎""挽歌""挽诗"等同构词，理应补收"挽铃"。

【三搭头】

于是有为之语云："开庆六君子，至元三搭头，宋之云亡，皆此辈有以致之。"（《癸辛杂识续集上·开庆六士》）

《大词典》释"搭头"为："①搭配的东西。今多指与热销的东西一起搭卖给别人的滞销货物。"清·李渔《比目鱼·挥金》："请看五十两一封，共二十封，都是粉边细丝，一釐搭头也没有。"又如：这菜场经营作风很差，买瘦肉，非要你买一块肥肉做搭头。②附带的东西。老舍《四世同堂》三十八："他的铺子是以布匹为主，绸缎只是搭头儿。"

按："搭头"尚有"搭垂于头前及左右两侧的束发的统称，是一种男性古发式"之义。上文意为："于是有话是这样说的：'开庆年间的六君子和至元年间的元兵都是导致南宋灭亡的原因。'"原文中"三搭头"有释为："元代蒙古族男子发式，又称'不狼儿'。先在头顶正中交叉剃开两道直线，然后将脑后一束头发全部剃去，正面一束或者剃去，或者加工修剪成各种形状，任其自然覆盖于额间，再将左右两侧头发编织成辫子，结环下垂至肩。"① 所以"至元三搭头"指的即是"至元年间的元军的发式"。"搭"，可作量词，相当于"处""块"。如唐·卢仝《月蚀诗》："摧环破壁眼看尽，当天一搭如煤炲。"元·白朴《梧桐雨》第三折："隐隐天涯，剩水残山五六搭；萧萧林下，坏垣破屋两三家。"《说文·页部》："头，首也。"《广雅·释亲》："首谓之头。"《大字典》释"头"为"头部有发部分。又头发；发式。如：剃头；平头。"《说苑·谈丛》："衣虽弊，行必修；头虽乱，言必治。"宋·潘阆《酒泉子十首》之九："别来已白数茎头，早晚却重游。"清·吴敬梓《儒林外史》第十四回："见那一船一船乡下妇女来烧香的，都梳着挑鬓头。"以上，"头"皆为"头发；发式"之意。因此，"三搭头"可形象理解为"有前、左、右三处头发搭在头上的发型"。"搭头"即可指其中的任意三分之一处的头发。该词在其他文献中亦有应用，宋·孟珙《蒙鞑备录》："上至成吉思，下及国人，皆剃婆焦，如中国小儿留三搭头在囟门者，稍长则剪之，在两下者，总小角垂于肩上。"故"婆焦"应为"古代蒙古发式"的正式名，因其形象与中国小儿三搭头酷似而被汉人统称为"三搭头"。而《大词典》收"婆焦"一词，用"三搭头"来释义，两发式的细微差别之处亦未标明，然"三搭头"亦未收录。再如，明·顾起元《客座赘语》卷十："礼部榜文一款'内使剃一搭头，官民之家儿童剃留一搭头者，阉割，全家发边远充军。剃头之人，不分老幼罪同。'"因此，《大词典》漏收"搭头"为"搭垂于头前及左右两侧的束发的统称，是一种男性古发式"的义项。

---

① http://baike.baidu.com/view/430644.htm.

三　建筑类名词

【安神御】

功成，赐院额，奉安神御，命知制诰刘筠志之。(《渑水燕谈录·帝德》卷一)

按："安神御"的意思为"古代帝王设立的一种象征安置神主的器物，是用来供奉的。""安神"的意思是"安置神主"。《续资治通鉴·宋高宗绍兴三十二年》："任申，钦宗虞主还几筵殿，上亲行安神礼。""御"指对帝王所作为及所用物的敬称。《春秋·桓公十四年》："秋八月壬申，御廪灾。"杜预注："御廪，公所亲耕以奉粢盛之仓也。"《后汉书·曹节传》："盗取御水以作鱼钓。"李贤注："水入宫苑为御水。""安神"和"御"组合为一词在古代文献中有诸多用例，北宋·李攸《宋朝事实》卷六："今于三州因其旧寺，建殿以奉安神御，滁州曰端命，并州曰统平，澶州曰信武。"又《宋史·神宗本纪三》卷十六："乙酉，以奉安神御赦天下，官与享大臣子若孙一人。"还有《清史稿·德宗本纪一》卷二十三："十二月丙寅，奉安神御于寿皇殿。"通过以上论述可得，"安神御"是一个意义稳固且用例频繁的名物类词语，《大词典》应补收。

【城塞】

西夏求故地，举廊延、环庆非吾要害城塞数处与之。(《邵氏闻见录》卷五)

按："城塞"指形势险要的城池要地。《说文·土部》："城，以盛民也。""城"有"城池，城市"义，《左传·僖公十五年》："赂秦伯以河外列城五。"宋·苏轼《江城子·密州出猎》词："为报倾城随太守，亲射虎，看孙郎。"而"塞"，《大词典》释之为："险要之处。多指边界上可以据险固守的要地。"《左传·文公十三年》："春，晋候使詹嘉处瑕，以守桃林之塞。"晋·陆机《辩亡论下》："东负沧海，西阻险塞。"那么"城塞"即"指形势险要的城池要地"。该词在历史文献中使用频率很高，如《后汉书·南匈奴列传》："南单于遣子将万骑，及杜崇所领四千骑，与邓鸿等追击逢侯于大城塞，斩首三千余级，得生口及降者万余人。"唐·杜佑《通典》卷一百七十八："南至三会海口一百八十里，西至范阳郡二百十里。北至庆长城塞二百三十五里。东南到北平郡石城县一百八十五里。"宋·许洞《虎钤经》卷十七："凡攻城塞有诸气从城中出入吾军者，胜气也，谨备之。"明·严从简《异域周咨录》卷二十三："……檄将校曰：'虏犹水也，城塞以止驱，犹筑防以障流，防不备则水注于不备之地，防既备则水漏于不固之防。"清·汪寄《海国春秋》（上）："铁柱道：'天印入寇，抢夺沿边许多城塞，而今过洋，倘彼以巨舰追击，我等俱饱鱼腹耳！'"且《大词典》收录了"城墙""城池"等同结构词项，故《大词典》当补收该词。

【池湟】

是邑也，池湟坚牢，人心犷悍，昼夜攻击以至疲竭。（《北梦琐言·梁祖围枣强事》卷十六）

按：此例"池湟"义为"护城河"。《汉书·食货志上》："汤池百步"，颜师古注："池，城池边也。"因此"池"有"护城河"义，如《诗经·陈风》有："东门之池，可以沤麻。"孔传："池，城池也。"《孟子·公孙丑下》："城非不高也，池非不深也，兵革非不坚利也，米粟非不多也；委而去之，是地利不如人和也。"而"湟"亦有"护城河"之义，《文选·枚乘〈七发〉》："黄池纡曲。"唐·李善注："黄当为湟。湟，城池也。""城池"即"城墙与护城河"。元·刘祁《归潜志》卷十一："新弃马逾城，二人者遽命将追及，堕湟水中，斩其首。"故"池湟"是两个都表示"护城河"义的单音节语素复合而成的并列双音词，词义仍然是"护城河"，如《全唐文》卷二百五："韬轶蓬莱，池湟环渤，载隆法宝，大启群迷。"《李太白全集》卷二十五："既服御于灵仙，久驯扰于池湟。"宋·王钦若《册府元龟》卷三百九十："乃趋贝州与晋军遇于堂邑，邀击，却之，追北五十余里，遂军于莘县。增城垒浚池湟，自华及河筑甬道以通饷路。"《艺文类聚》卷三十七："夫琁玉致美，不为池湟之宝；桂椒信芳，而非园林之实。"以上四例之"池湟"皆为"护城河"义，故《大词典》当补录。

【马铺】

熙宁末，余夜宿青州北耔河马铺，晨起行，见村民百余人，欢呼踊跃，自北而南。（《渑水燕谈录·名臣》卷二）

按："马铺"指备有马匹的驿站。"铺"，"驿站"，指古代传递公文和投递信件的地方。宋·周密《齐东野语·祥瑞》："所在奏贡芝草者，动二三万本，蕲黄间至有一铺二十五里之间，遍野而出。"《元史·兵志四》："每十里或十五里、二十五里，则设一铺。"明·叶子奇《草木子》：卷三下："州县凡十里立一铺。大事则遣使驰驿，起船马有札子。小事文书以铺兵传送。"清·顾炎武《日知录·驿传》卷十："今时十里一铺，设卒以递公文。"则"马铺"是一个偏正式的词语，指备有马匹的驿站。该词自宋代产生后用例颇多，如宋·洪迈《夷坚甲志》卷八："去城二里，我乃负汝至马铺。去城四里，汝复负我过浮桥。其人欣然如所，约而去，至马铺欲下。"《金史·百官志四·符制》卷五十八："并左右司掌之，有合递文字，则牌送各部，付马铺转递，日行二百五十里。"清·王士禛《池北偶谈》卷二十："一日，宿孙村马铺中，风电阴黑，夜半有急叩门者云：'传语崔主簿，君合系地震压杀人数，辄敢擅逃过河，今已收魂岱岳，到家速来。'"以上诸多语料显示"马铺"是一个较常用的词语，《大词典》理应补收。

【秘阁】

是时方兴文学，修三馆，建秘阁，购文籍，旦以选与校正。(《涑水记闻》卷七)

按：此处"秘阁"有"封建王朝宫中收藏书画的阁楼"之意。《集韵·至韵》："秘，密也。""秘"有"不公开的"之意，如《楚辞·九章·惜往日》："秘密事之载心兮，虽过失犹弗治。"《论衡·实知》："阴见默识，用思深秘。"《说文·门部》："阁，所以止扉也。""阁"可指"宫廷中收藏图书、安置贤才或绘象表功的房子，后世泛指收藏图书、器物的房子"，如宋·赵与时《宾退录》卷六："又进登一阁，稍大，阁中皆陈列法书图画。""秘阁"在其他辞书中也有收录，如《文献学辞典》释之为："历代封建王朝宫中藏书校书处。亦称秘馆、秘府。自汉末始，由秘书监执管。"《简明古籍辞典》释之为："宋朝廷藏书处。在宋东京开封（今属河南省）。端拱元年，诏分三馆藏书万余卷别为书库，名曰秘阁。与三馆合称四馆。据《宋史·艺文志》序：'太宗始建崇文院，徙三馆之书以实之；又分三馆书万余卷别为书库，目曰秘阁。真宗时命三馆写四部书二本，置禁中之龙图阁，及后苑之太清楼。又以秘阁地隘，分内藏西库以广之。后王宫火，延及崇文院、秘阁，书多煨烬。'""秘阁"为前一语素修饰后一语素构成的偏正复合词，该词在其他文献中也有用例，如唐·刘肃《大唐新语》卷七："聚书甚多，不减秘阁。至于图画，亦多异本。"宋·李昉《太平广记》卷二百一十一："初吴曹不兴图青溪龙，僧繇见而鄙之，乃广其像于龙泉亭，其画留在秘阁，时未之重。"《宋史》卷三百一十："今天下无事，灵贶并至，望以《泰山诸瑞图》寘玉清昭应宫，其副藏秘阁。"明·邱浚《大学衍义补》卷九十四："太宗始建崇文院，而徙三馆之书以实之，又分三馆书万余卷别为书库，名曰秘阁。"

清·赵翼《廿二史札记》卷十一:"璇仪等殿及华林、秘阁三千余间,尽被火烧。"蔡东藩《两晋演义》第四十回:"逸与从子硕继进,用了火弓火箭,射入城中,焚去太极东堂,延及秘阁。""秘阁"作为我国古代常见的"封建王朝宫中藏书的阁楼"这一特殊用途的建筑应该被《大词典》收录。

【院额】

真宗幸洛阳,顾瞻遗迹,徘徊感怆,乃命建为僧舍。功成,赐院额,奉安神御,命知制诰刘筠志之。(《渑水燕谈录·帝德》卷一)

按:此处"院额"指某些特定场所悬挂的题有文字的牌匾。"院"指居处等某些特定场所(寺院、宅院、道院);"额"指匾额。南朝·宋羊欣《笔阵图》:"前汉萧何善篆籀,为前殿成,覃思三月,以题其额。"唐·贯休《寄杭州灵隐寺宋震使君》:"僧房谢朓语,寺额葛洪书。""院"和"额"组合为一个结构稳固且独立的词语,在古代典籍中多有用例,如唐·徐铉的《明道人归西林,求题院额,作此送之》诗题。又宋·叶寘《爱日斋丛抄》卷四:"绍兴初,始以兵火废,秦桧当国,胡明仲因书请兴复旧区,重赐院额。"《元史·文宗本纪二》卷三十三:"是月,陕西雨。赐凤翔府岐阳书院额。"综上可见,"院额"是一个由两个名词性语素组成的名物类词语,且在古代较常用,《大词典》应补收。

四 官职以外的人物身份类名词

【敝民】

邹阳曰:"高皇帝收敝民之倦。"谷永曰:"陛下当盛壮之隆。"(《野客丛书·汉人下语》卷十三)

按:"敝民"意为"谦称自己国家的百姓"。"敝"有"谦辞"之义,如《左传·僖公四年》:"君惠徼福于敝邑之社稷,辱收寡君,寡君之愿也。""民",《说文·民部》:"民,众萌也。从古文之象。凡民之属皆从民。"《玉篇·民部》:"民,众氓也。"如《易经·节卦》:"天地节而四时成,节以制度,不伤财,不害民。"因此,"敝民"可解释为"谦称自己国家的百姓"。该词在其他文献中的用例,如《魏书·李冲传》:"是以周成继业,营明堂于东都;汉祖聿兴,建未央于咸镐。盖所以尊严皇威,崇重帝德,岂好奢恶俭,苟敝民力者哉?"《资治通鉴》:"民曰:'窃闻贤明之君,使民不畏吏,吏不取民。今我畏吏,是以遗之;吏既卒受,故来言耳。'茂曰:'汝为敝民矣!凡人所以群居不乱,异于禽兽者,以有仁

第四章 《汉语大词典》词语漏收研究

爱礼义，知相敬事也。汝独不欲脩之，宁能高飞远走，不在人间邪！吏顾不当乘威力强请求耳。亭长素善吏，岁时遗之，礼也。'"清·杜纲《南朝秘史》："太子统谏曰：'臣闻水有四渎，所以宣天地之气，非人力可得而塞。今敝民力以塞之，就使功成，亦非顺天之道。敌人纵受其害，内地亦未见其利。愿陛下熟思而深计之。'"《大词典》收录了"敝人""敝邑""敝房"等与"敝民"结构相似的词，故《大词典》失收该词，应当补录。

【里民】

又内官宋愈昭自言于柳州江岸为二三女人所招，里民叫而止之，亦蛟也。（《北梦琐言·武休潭蛟》逸文卷四）

按："里民"意为"村民，市民。"《诗经·郑风》："无逾我里"，孔颖达疏："里者，人所居之名。"可见"里"义为："人所聚居的地方。（1）乡村的庐舍、宅院。泛指乡村居民聚落。"如晋·张协《杂诗》有："里无曲突烟，路无行轮声。"明·柯潜《〈归田诗〉序》："公生长多贤之里，山川奇诡秀丽之州。（2）城市的市廛，街坊。今称巷弄。"如《国语·鲁语下》："先王制土，籍田以力，而砥甚远通；赋里以入，而量其有无；任力以夫，向议其老幼。"韦昭注："里，廛也。谓商贾所居之区域也。"《后汉书·杨振传》："伏见诏书为阿母兴起津城城门内第舍，合二为一，连里竟街，雕修缮饰，穷极巧伎。"李贤注："里即坊也。"无论是城市抑或乡村，"里"在这里应该是一种聚居单位。再根据《大词典》对"民"的解释为："平民，百姓，人民。与君、官对称。"如《周易·系辞下》："上古结绳而治，后世圣人易之以书契，百官以治，万民以察，盖取诸。"《诗经·大雅》："宜民宜人，受禄于天。"《朱熹集传》："民，庶民也。"《国语·国语上》："防民之口甚于防川，川壅而溃，伤人必多，民亦如之。"《文选·张衡》："民忘其劳，乐输其财。"可见"里民"意为"村民，市民。""里民"在其他文献中的用例较多，具代表性的有：唐·李贺《李贺诗全集》："大抵幽邃岑寂，气候古澹可喜，除里民樵罩外无人者。"宋·普济《五灯会元》卷十六："亲旧里民，遇之如故。"清·蓝鼎元《蓝公案》："噫！异哉！乡保里民皆畏郑氏至此乎？"《大词典》收录了"里人""里中"等意义相近，结构相似的词，失收"里民"。

【都民】

时都民、戚里、官府往往皆欲苟安，疑惑撼摇，目之为贼。（《癸辛

杂识·施行韩震》前集）

按："都民"指"市民。"《说文·邑部》："都，有先君之旧宗庙曰都。从邑，者声。周礼：距国五百里为都。"后根据去国之距，语义扩展为"大邑""邑"和"下邑"。如《诗经·小雅·十月之交》："作都于向。"《战国策·燕策一》："王因令章子将五都之兵"，鲍彪注："都，大邑也。"《战国策·秦策二》："王不如因而赂之一名都"，高诱注："都，邑。"《国语·晋语一》："于晋为都"，韦昭注："下邑曰都。"又引申为"聚"，如《周礼·春官·司常》："师都建旗。"另《广雅·释诂四》："邑，国也。"《尔雅·释地》："邑外谓之郊"，郭璞注："邑，国都也。"及《资治通鉴·晋纪八》："邑野萧条"，胡三省亦注："聚居城市为邑。"故，"都"为"邑"，有"城市""都市"之义。《大词典》释"民"则为："平民，百姓，人民。与君、官对称。"综合两字解释，可释"都民"为"市民"。"都民"在其他文献中的用例，如宋·王钦若《册府元龟》卷六百九十二："赵王元景武德中为安州大都督，其旧，安陆都民，隋末流宕他所者皆归之。"元·刘一清《钱塘遗事》卷七："臣留，不过使都民苟安旦暮，而非所以为宗社大计也。"《明史·志第二十九》："丞相率百官以下及都民耆老，拜贺舞蹈，呼万岁者三。"以上三例"都民"皆为普通小城百姓。且《大词典》收同类结构词"都人""都君"，故"都民"也当补收。

【籍民】

契丹乘西鄙用兵，中国疲弊，阴谋入寇。朝廷闻之，十月始修河北诸州城，又籍民为强壮以备之。（《涑水记闻》卷九）

按：此处"籍民"为"登记征用平民"之意。"籍"有"记录；登记"义，如《左传·成公二年》："非礼也，勿籍。"杜预注："籍，书也。"《史记·项羽本纪》："（沛公曰）：'吾入关，秋豪不敢有所近，籍吏民，封府库，而待将军。'"宋·苏轼《钱氏表忠观碑》："籍其地之所入，以时修其祠宇，封殖其草木。""民"义为"平民，百姓，人民。与君、官对称"。如《诗经·大雅·假乐》："宜民宜人，受禄于天。"朱熹集传："民，庶民也。"《国语·周语上》："防民之口，甚于防川，川壅而溃，伤人必多，民亦如之。"《文选·张衡〈东京赋〉》："民忘其劳，乐输其财。"薛综注："民，谓百姓也。言民不以力役为劳苦，不以财赋为损费。""籍民"为前一语素支配后一语素的动宾式复合词，该词在其他文献中也有用例，如宋·欧阳修《新五代史》卷七："冬十月壬戌，括马，籍民为兵。"《金史》卷十五："甲寅，以南伐师还，罢南边州郡籍民为兵者。"《明史》卷三："丁卯，命冯胜、傅友德帅开国公常升等分行山西，籍民为军，屯田于大同、东胜，立十六卫。"《大词典》收录了同构词"籍田""籍夫""籍马"，那么，"籍民"也应当收录。

【庶贱】

又贺襄州赵洪嗣袭书云："不沐浴佩玉为石祁兆，不登山取符而无恤封。"是显言其庶贱。（《北梦琐言·郑准集军书》卷七）

按：此例"庶贱"义为"平民，百姓"。《说文·广部》："庶，屋下众也。""庶"有"百姓，平民"义，如《尚书·召诰》："厥既命殷庶。"《左传·昭公三十二年》："三后之姓，于今为庶。"唐·杜甫《丹青引赠曹将军霸》诗："将军魏武之子孙，于今为庶为清门。"而"贱"则有"地位低下的人"之义。如汉·荀悦《汉纪·文帝纪上》："小不得僭大，贱不得逾贵。""庶"之"平民"义其实也隐含了"地位低下的人"之义，故"庶"与"贱"在此义上是同义词，则其二者所并列构成的复合词"庶贱"之义则同样为"平民，百姓"。此义早在汉代已见用例，如汉·陆贾《新语·资质第七》："（天下之名木）无膏泽而光润生，不刻画而文章成，上为帝王之御物，下则赐公卿，庶贱而得以备器械。"此例是说，天下名木，普通老百姓得到它则用来制成各种用具。《太平经》卷八十六："灾变异之见，常于旷野民间，庶贱反先知之也。""庶贱"作为平民生活于"旷野民间"，故凡有灾害变异之现象，它们反而先知道。"庶贱"在其他文献中的用例较多，具有代表性的有：《梁书·贺琛列传》："今言妓之夫，无有等秩，虽复庶贱微人，皆盛姬姜，务在贪污，争饰罗绮。"此例，"庶贱"与"微人"对举，可见二者意思相近。

再者，从"平民，百姓"义可引申为"婢妾"之义，因为二义含有一个共同的源义素"地位低下"，所以当"庶贱"用于专指女性时，它的词义发生了引申。如《三国志·吴志·孙登列传》："初，登所生庶贱，徐夫人少有母养之恩。""登所生庶贱"之句省略了介词"于"，即"登所生于庶贱"，也就是所"登为庶贱所生"，"庶贱"之地位低，其所生之子地位则同样低。唐·杜佑《通典》卷八十九："昌母后聘，本非庶贱，横加抑黜，复不然矣。"又《旧唐书·李大亮列传》："迥秀母氏庶贱而色养过人，其妻崔氏尝叱其媵婢，母闻之不悦，迥秀即时出之。"此例是说，迥秀之母本为婢妾，地位低下，让迥秀对她太过和颜悦色、孝顺，于是他的妻子不满，就骂其母为"婢妾"，因此从后文的"媵婢"，可知

"庶贱"为"婢妾"之义。

此外，需要指出的是"庶贱"有一个同素逆序词"贱庶"，《大词典》收录了此词，释之为"婢妾"，如唐·蒋防《霍小玉传》："故霍王小女，字小玉，王甚爱之。母曰净持。净持即王之宠婢也。王之初薨，诸弟兄以其出自贱庶，不甚收录。"《大词典》的释义和例证是正确的。但是需要指出的是，"贱庶"和"庶贱"一样，除了有"婢妾"之义，还具有一个初始义，即"平民，百姓"义，如《唐会要·女国》卷九十九："虽贱庶之女，尽为家长，犹有数夫焉，生子皆从母姓。"此例所说为女国之事，在女国中，"其俗贵女子，贱丈夫。妇人为吏，男子为军士。女子贵者，则多有侍男，男子贵不得有侍女。"也就是说在女国中，女子在社会和家庭中都要高于男子，完全是个女权社会，而"贱庶"的"婢妾"义完全是来自男权的封建社会。所以例中"贱庶之女"不是"婢妾所生之女"，而是"女性中地位低的人（即一般平民百姓）所生之女"义。因此，《大词典》之"贱庶"条还应增加"平民，百姓"的义项，该义项在唐代产生，后代亦有用例，如《辽史·圣宗本纪八》："诏两国舅及南、北王府乃国之贵族，贱庶不得任本部官。""贱庶不得任本部官"即"平民百姓不得任本部官"之义。又清·谭嗣同《仁学·二十七》："印度自喀私德之名立，分人为四等，上等者世为君卿大夫士，下等者世为贱庶奴房，至不平等矣。""下等者世为贱庶奴房"即"下等人则世代为平民、奴隶"之义。

综上所述，《大词典》当补录"庶贱"一词及其二义，而且应该补录"贱庶"一词的"平民、百姓"义。

【偏庶】

自古贱庶出之子。王符无外家，为乡人所贱。孝武曰："崔道固如此，岂可以偏庶侮之？"（《野客丛书·贱庶出之子》卷十五）

按："偏庶"意为"妾所生之子"。"偏"，《说文·人部》："偏，颇也，从人，扁声。"段玉裁注："颇，头偏也。引申为凡偏之称。"《广韵·仙韵》："偏，不正也。"如《鬼谷子·决篇》："善其用福，恶其用患；善至于诱也，终无惑偏。"古代妾在夫家的住房是不居中的，一般位于偏侧，因此，"偏房"也可以指"妾"，如汉·刘向《列女传·晋赵衰妻颂》："生虽尊贵，不妒偏房。"而"庶"，《正字通·广部》："庶，嫡庶。妾所出曰庶子。"有"非正妻生的孩子；族宗的旁支。与'嫡'相对"之义。《左传·文公十八年》："天乎，仲为不道，杀嫡立庶。"故

"偏庶"是一个并列式复合词,两个构词语素的意义相同,二者复合后亦表示"妾所生之子"义。该词在其他文献中也多有用例,如《魏书·崔玄伯传》:"崔道固人身如此,岂可为寒士至老乎?而世人以其偏庶,便相陵侮,可为叹息。"《北史·房陵王勇传》:"直以其诸子偏庶,畏人不服,故逆纵之,欲收天下之望耳。"蔡东潘《两晋演义》:"应五十回。偏庶长兄长宁侯祚,与内侍赵长等,表里为奸,交潛谢艾,惹得重华也起疑心,复出艾为酒泉太守。嗣是重华不免骄怠,希见宾佐。"《大词典》漏收了"偏庶"一词,应当补录。

【贤帅】

又如刘总外祖、故瀛洲刺史张懿,赠工部尚书,制曰:"有外孝孙,为吾贤帅,自义率祖,推恩外族。"(《野客丛书·封赠外祖》卷二十八)

按:"贤帅"意为"贤明的统帅"。"贤",《说文·贝部》:"贤,多才也。"《玉篇·贝部》:"贤,能也。""贤"引申为"有德行,多才能",如《论语·先进》:"子贡问:'师与商也孰贤?'""帅"有"军中主将、统帅"之义,如《广韵·质韵》:"帅,将帅也。"《左传·襄公二五年》:"自六正、五吏、三十帅、三军之大夫、百官之正长、师旅及处守者,皆有赂。"因此,"贤帅"作一个词语可解释为"贤明的统帅",该词从西晋开始就多有用例,如《三国志·文帝纪第二》:"今内有公卿以镇京师,外设牧伯以监四方,至于元戎出征,则军中宜有柱石之贤帅,辎重所在,又宜有镇守之重臣,然后车驾可以周行天下,无内外之虑。"《南史·齐本纪上第四》:"升明末,县人儿袭祖行猎,忽见石上有文字,凡处,苔生其上,字不可识,乃去苔视之,其大石文曰:'此齐者,黄石公之化气也。'立石文曰:'黄天星,姓萧,字道成,得贤帅,天下太平。'"《旧唐书·崔汉衡传》:"汉衡诚悫奉职。朝晟忠孝权谋。泽威惠荆、襄。叔明见危誓死,立政惠民。胄抱义危行,守政奉公。皆贤帅矣。"《宋史·赵赞传》:"赞颇知书,喜为诗,容止闲雅,接士大夫以礼,驭众有方略。其为政虽无异迹,而吏民畏服,亦近代贤帅也。"《元史·别儿怯不花传》:"八番宣抚司长乃其世职,英宗遂授怀远大将军、八番宣抚司达鲁花赤。既至,宣布国家恩信,峒民感悦。有累岁不服者,皆喜曰:'吾故贤帅子孙也,其敢违命。'"清·赵尔巽《清史稿》卷二百〇四:"舒保亦以朴勇为林翼所倚重,及林翼殁,无人善用,仓卒殒寇,世咸惜之。富明阿始终江北军事,其勋劳出托明阿、德兴阿之上,晚膺边寄,亦称贤帅。"陆士谔《清朝秘史》:"此贼已成深寇,飘忽靡常,宜各练有定之兵，乃可制无定之贼。方今贤帅新陨，剧寇方张，臣不能速援山东，不能兼顾畿辅。为谋迂缓，骇人听闻，殆不免物议纷腾，交章责备。"《大词典》收录了"贤相""贤王""贤令""贤主""贤臣""贤吏""贤佐""贤君""贤宰"等词条，都可译为"贤明的……"漏收了与这些词条结构相似、意义相近的"贤帅"一词，应当补录。

【土丁】

是役也，颇得黔南兵，皆土丁，遇出征，日给米二升，余无廪给。(《涑水记闻》卷十三)

按：此处"土丁"为"本地征的兵"之义。"土"有"本地的；地方性的"之义，如《左传·成公九年》："乐操土风，不忘旧也。"《大词典》释"丁"为"旧时指到了服劳役年龄的人。"如《隋书·食货志》："男女三岁已下为黄，十岁已下为小，十七已下为中，十八已上为丁。"宋·刘克庄《寄何立可提刑》诗："赤手募丁修险隘，白头擐甲御风寒。"《文献通考·户口一》："家有十丁以上，放两丁征行赋役。""土丁"为前一语素修饰后一语素构成的偏正复合词，该词在其他文献中也有用例，如宋·李攸《宋朝事实》卷十六："番禺令萧注募土丁，具战舰。贼少俱。"明·陈邦瞻《宋史纪事本末》卷十五："时朝廷方议开疆，知桂州沈起遣官入溪洞，点集土丁为保伍，又于融州强置城寨，杀人以千数。"清·王闿运《湘军志·江西篇第四》："而赣州、南安知府汪报闻、周汝筠等，率自募土丁御寇，计亩征税，号曰'田勇'。"蔡东藩《宋史演义》第四十一回："遣使入溪峒募集土丁，编为保伍，令出屯广南。"《大词典》已收"山丁""土兵""土民"等同构词，因此，"土丁"也应该收录。

【随房】

所受月俸，至不能给，遂敝衣破履作瞽者，持弦琴，俾门生舒雅执板挽之，随房乞丐，以足日膳。(《癸辛杂识·乞食歌姬院》前集)

按："随"，跟随；跟从。"房"，《说文·户部》："房，室在旁也。从户，方声。"《释名·释宫室》："房，旁也，室之两旁也。"上文中"房"可活用为使动用法"使在房里"。既是"可以跟随至各房"，那么"随房"就可引申释义为"跟随服侍或跟从服侍的人"。因此，原文就可理解为：由于其所拿月俸不能自足，就带着乐器穿着破烂的衣服鞋子装瞎，使学生舒雅拿着鼓板一起，跟从或服侍着歌姬院的人演出。这样乞讨过活，以解决一日三餐的问题。《大词典》收同类词"随丁""随仇"

"随侍"。"随房"在其他文献中的用例有：宋·龙衮《江南野史》逸文："既而不能给，遂衣敝缕，作瞽者，持独弦琴，俾门生舒雅执板，随房歌舞求焉，以足日膳。"明·凌蒙初《二刻拍案惊奇》卷十一："朱氏着人替他收拾起一间好卧房，就着青箱与他同住，随房伏侍。"青箱与其同住就可以更为方便地跟从服侍他了。清·西周生《醒世姻缘传》第七十四回："巧姐的随房小铜雀进去说道：'俺大妗子家去了。'"

【译者】

译者之称，见《礼记》。(《癸辛杂识·译者》后集)

按："译者"指"翻译，即翻译人员。"《说文·言部》："译，传译四夷之言者。"又《方言》卷十三："译，传也。"《大词典》释"译"为"翻译。把一种语言文字转换成另一种语言文字。"如《礼记·王制》："五方之民，言语不通，嗜欲不同，达其志，通其欲，东方曰寄，南方曰象，西方曰狄鞮，北方曰译。"孔颖达疏："通传北方语官谓之曰译者，译，陈也，谓陈说内外之言。"《周礼·秋官·序官》"象胥"汉郑玄注："东方曰寄，南方曰象，西方曰狄鞮，北方曰译。"贾公彦疏："译即易，谓换易言语使相解也。"《随书·经籍志四》："永平中，法兰又译《十住经》。"孙犁《澹定集·致铁凝信（三）》："这本书，我只读过周扬同志译的上卷，下卷没读过。"《说文·白部》："者，别事词也。"清·王引之《经传释词》卷九："者，或指其事，或指其物，或指其人。"故"译者"即可理解为"翻译人员"，该词在其他文献中的用例，如《宋史》卷一百八十六："然言语不通，一听译者高下其手，吏得因缘为奸。"清·吴广成《西夏书事》卷二十："迎者曰：'译者失辞，某自谓无两首耳。'宗道曰：'译者失辞，何不斩译者？'"《大词典》收录了与"翻译人员"相当的词汇，如"译家、译员、译匠、译士、译人、译师、译言"，分别释义为"翻译家、翻译人员（多指口译的）、翻译者、翻译工作者、做翻译工作的人、翻译佛经的僧侣、翻译工作者"，而对于相同结构相同语义的"译者"却没有收录，故当补收。

【舶商】

有舶商得方珠，褚知之，因矫朝命，籍而取之。(《癸辛杂识·方珠》后集)

按："舶商"指"航海大船商。"《广雅·释水》："舶，舟也。"《玉篇·舟部》："舶，大船。"唐·慧琳《一切经音义》卷二十引《埤苍》："舶，大船也，长二十长，载六七百人是也。"又卷三十一引《埤苍》：

"舶，海中大船也。"《集韵·陌韵》："舶，蛮夷泛海舟曰舶。"如唐·柳宗元《岭南经略副使御史马君墓志》："由巡官判官至押番舶使。"综合语料可知，"舶"指"用于航海的我国或外国船只。""商，商贾也"，《左传·僖公三十三年》："郑商人弦高"，孔颖达疏引《周礼》郑玄注："行曰商，处曰贾。"《大词典》对"商"的释义亦有"商人，贩卖货物的人。"如《商君书·垦令》："商欲农，则草必垦矣。"唐·韩愈《送僧澄观》诗："越商胡贾脱身罪，圭璧满船宁计资。"故，"舶商"在文献中的解释应为"航海的本国或外国船商。"该词自宋才开始出现，可见与其海运发达息息相关，以后各朝均有用例，如宋·欧阳修、宋祁《新唐书》卷一百三十八："嗣恭起州县吏，以课治进至显官，及晃事株戮舶商，没其财数百万私有之。"《宋史》卷一百八十："又自置市舶于浙、于闽、于广，舶商往来，钱宝所由以泄，是以自临安出门，下江海，皆有禁。"明·邱濬《大学衍义补》卷二十五："元因宋制，每岁招集舶商于蕃邦，博易珠翠、香货等物。"清·毕沅《续资治通鉴》卷一百九十二："八月，丁酉朔，禁舶商毋以金银过海，诸使海外国者不得为商。"《大词典》收录有"舶贾"，释其为"国外来的商人"。"舶"在此条目中由"蛮夷泛海舟"义项引申为"外国"，"贾"也即"商人"的意思。故"舶商"亦当为《大词典》所收录。

【酒侣】

其他异物不能尽数，然公明视之亦不甚惜，凡博徒酒侣至，往往赤手攫之而去耳。(《癸辛杂识·向氏书画》后集)

按：《说文·人部》："侣，徒侣也。"《玉篇·人部》："侣，伴侣也。"如《慧琳音义》卷七："伴侣"注引《广雅》。"酒侣"即"酒友"，该词源于唐"诗酒侣"一词，后独立成"酒侣"。《全唐文·故丞相太子少师赠太尉牛公神道碑铭(并序)》卷七百二十："早与韩吏部、皇甫郎中为文章友，其名相上下，晚与白少傅、刘尚书为诗酒侣，其韵无高卑。"例中，晚年与白少傅、刘尚书成为一起作诗喝酒的伴侣，"诗酒侣"亦可理解为"诗侣""酒侣"的简称。唐以后，宋元用例较多，明清亦有用例，如宋·洪迈《夷坚志》卷三："南与衢人郑甸为酒侣。"元·萧德祥《小孙屠》第二出："论荣华，随分有，称吾心愿。且开怀，共诗朋酒侣欢宴。"明·王世贞《艳异编》卷十九："君真真，且从守分，幽意谁为主。诗朋酒侣。向此地嬉游，寻花问柳，须是有奇遇。"清·谢章铤《赌棋山庄词话》卷六："还思行乐处，有高阳酒侣。洛浦娇姝。空赢得半生，酒困诗癯。"可见"酒侣"大多都是跟着"诗侣"的。《大词典》收同类词"酒伴""酒友""酒朋""酒党"，故应补收"酒侣"。

五　时间处所类名词

【年颜】

然于风教似亦不可，以其叔侄年颜相似，恕之可耳。(《北梦琐言·张曙起小悼》卷八)

按："年颜"在此例中的意思是"年龄"。"年颜"是一个并列复合词。《孟子·万章上》："外丙二岁"，朱熹集注引程子曰："古人谓岁为年。"因此"年"为"年纪，岁数"义，如《左传·襄公九年》："晋侯以公宴于河上，问公年。"三国魏·嵇康《与山巨源绝交书》："女年十三，男年八岁，未及成年。"宋·王禹偁《诫诸王诏》："朝谒之暇，友悌为娱，以德以年，雍雍穆穆。"宋·王安石《李白》："君看赤松子，犹自不长年。"而"颜"为"容貌"义，如《楚辞·九辩》："颜淫溢而将罢兮，柯仿佛而委黄。"王逸注："形貌羸瘦，无润泽也。"《后汉书·和熹邓皇后纪》："后长七寸三尺，姿颜姝丽，绝异于众，左右皆惊。"《文选·颜延之〈秋胡诗〉》："惨凄岁方晏，日落游子颜。"吕向注："每及岁暮，常凄惨烦忧，恐秋胡颜儿日就销落。"因此"年颜"作为一个并列复合词具有"年龄，容貌"之义，只不过该词在不同的语境中所突出的语素义不一致，如突出的是年龄，如《北梦琐言》之例，其中"叔侄年颜相似"是指年龄差不多大，因为唐张祜侍郎有爱姬早逝，悲恸不已，退朝见几案上其侄子所作《浣溪沙·枕障熏炉隔绣帷》更出动思念之情，也就是说这种"谑戏"之作于传统风教是不可以的，但是因为他们叔侄之间的年龄相仿而可以原谅。因此，"年颜"突出"年龄"义的用例也很多，如唐·白居易《日渐长，赠周、殷二判官》诗："年颜盛壮名未成，官职欲高身已老。"二句是对比的写法，从后句之"身已老"可见前句"年颜盛壮"为"年富力强"，"年颜"主要还是突出年龄。唐·方干《赠山阴崔明府》诗："平叔正堪汤饼试，风流不合问年颜。""不合问年颜"当为"不应该问年龄"之义；再如宋·惠泉集《黄龙慧南禅师语录·答邹长者》："日往月来如掷梭，年颜不觉暗消磨。"此例之"年颜"是指"岁月"，即"年龄"。

值得注意的是"年颜"一词在突出外貌的语境中，其所表现出来的语义为"容貌"。如唐·白居易《寄同病者》诗："年颜日枯槁，时命日蹉跎。"此例"年颜"与"枯槁"搭配，显然凸显其"容貌"之义；再如白居易《寄王质夫》诗："年颜渐衰飒，生计仍萧索。"又《途中感秋》诗："节物行摇落，年颜坐变衰。"此二例皆描写容颜逐渐衰老之义，亦可见"年颜"之"容貌"义。再如宋·吴处厚《青箱杂记》卷九："久别年颜改，相逢夜话长。"久别重逢关注的更多是容貌而非年龄，故"久别年颜改"即是"久别容颜改"之义。

因此，"年颜"虽是一个并列复合词，但是在具体的语境中，它会表现出偏义复词的特征，而且前后两个语素的语义都可以因为不同的语义凸显而淡化。但是我们认为《大词典》没有必要为"年颜"列出二义，因为"容颜"和"年龄"是紧密相关的两个概念，"容颜老去"从另一个角度来说其实就是"年龄的增长"。故《大词典》补收"年颜"时，释之为"年龄，容颜"即可。

【昨夕】

太后言："昨夕梦甚异，见这孩儿却在庆宁宫（谓英宗复在旧邸）。"（《邵氏闻见录》卷三）

按：此处"昨夕"一词义为"昨晚"。《说文·夕部》："夕，莫也。从月半见。凡夕之属皆从夕。"义为：夕，太阳下山。字形依据"月"字变形，像月亮半隐半现。那么"夕"为"傍晚"的意思。如《诗经·小雅·北山》："偕偕士子，朝夕从事。"《左传·昭公元年》："君子有四时：朝以听政，昼以访问，夕以修令，夜以安身。"晋·陶潜《咏贫士》诗之一："迟迟出林翮，未夕复来归。"唐·韩愈《感春》诗之五："朝明夕暗已足叹，况乃满地成摧颓。"故"昨夕"即"昨天傍晚"，该词在其他文献中出现频率也比较高，如北宋·李昉《太平广记·神仙》卷五十五："寻还襄阳，试索其妻裙带上，果得林檎，问其故。云：'昨夕梦见五六人追，云是张仙唤抽筝。临别，以林檎系裙带上。'"明·凌蒙初《初刻拍案惊奇》卷二十一："甫出房中来，问店主人：'前夕恁人在此房内宿？'店主人说道：'昨夕乃是一巨商。'"清·石玉昆《七侠五义》第六十回："只要剪恶除强，扶危济困就是了，又何必谆谆叫人知道呢。就是昨夕酒楼所谈，及庙内说的那些话，以后劝贤弟再不可如此。"张恂子《隋代宫闱史》第三十回："秀道：'卿不须谦逊，今日的小饮，略报昨夕的盛情。'"且《大词典》收录了"昨夜""昨晚"等近义词，理应补收"昨夕"一词。

【累夕】

往视其母，则其疾良间，累夕即如平时。(《湖海新闻夷坚续志》)

按：该句中的"累夕"谓"每日每夜或一连多日"之义。《大词典》收录了"累日，且释为连日、多日、数日"；又收录了"累夜"，解释为"连夜"，却漏收了"累夕"一词。"累"义为"连续、屡次、积聚"如《史记·秦始皇本纪》："先帝之大臣，皆天下累世名贵人。""夕"为"傍晚"义。《说文·夕部》："夕，莫也。从月半见。"如唐·李白《蜀道难》："朝避猛虎，夕避长蛇。""夕"为"太阳刚没入草丛中，月初见"之义，因为"夕"为"白天和晚上的中间时段"，可引申为"日连夜，夜到昼"，故"累夕"可为"连续白天到夜晚，晚上到天明；连续多日"之义。

"累夕"一词在文献典籍中多有用例，如《宋史》卷三十七："边寇将至，方上元节，遽命张灯启关，累夕宴乐。"该句中"张灯启关"可知"夜晚也如白昼般灯火通明、热闹非凡"，接着道"累夕宴乐"，此处"累夕"应为上述引申义"日连夜，夜到昼"。北宋·李昉《太平广记》卷六十五："累夕伺之，期得一见。"此句中用"累夕"做状语来表达"等候"的情形，可见是"累夕"在此处为"连续多日"之义。明·李渔《闲情偶寄》："人本无疾，而劳之以夜，使累夕不得安眠。"再如清·夏敬渠《野叟曝言》第三十九回："累夕长吁，整青衫，常觉心儿恋。"该句中"累夕"有同于上例之处，但语义有进一步引申，从"连续多日"引申为"时常"。可见"累夕"其义具有普遍性和延续性，应为《大词典》所补收。

【丛薮】

呜呼，如来制戒为入道之门，苟非其人，反为聚淫丛薮。信乎道不虚行也。(《北梦琐言·李壁尚书戮律僧》卷十一)

按：此例"丛薮"为"聚集地、聚集处"之义。《说文·艸部》："丛，草丛生儿"，段玉裁注："丛，聚也，概言之，丛则专谓草。"可见"丛"有"聚集"义。如《尚书·无逸》："乱罚无罪，杀无辜，怨有同，是丛于厥身。"《新唐书·郭子仪传》："乃遣知节……击鼓欢山，张旗帜，夜丛万炬，以疑贼。""薮"而亦有"人或物的聚集之所"义，如《尚书·武成》："为天下捕逃主，萃渊薮。"晋·葛洪《抱朴子·汉过》："云观变为狐兔之薮，象魏化为虎豹之蹊。"唐·柳宗元《柳州东亭记》："豕得以为圂，蛇得以为薮。"那么，"丛薮"为同义双音复合词，义为

"聚集地"。如唐·李善《文选注》卷四十八："言六艺者，道德之深本，而仁义之丛薮也。"此例是说六艺是道德的根源，是仁义的聚集之地。清·汪寄《海国春秋》第二十七回："虽设救时之权谋，奈利之丛薮，瞬息弊生，不但所立之法无用，反增虚费，累商益深。"此例中是说虽然设置了匡救时弊的应变策略，怎奈涉及利益聚集的地方，弊端马上就产生了，不但立的法毫无用处，反而增加了更多虚假税费，让商人的负担更重了。

另外，"丛薮"还有"灌木丛，草丛"义。虽无古代用例，但现代文献中能见到用例，如安得烈·马尔罗著，周克希译《王家大道》："东南亚的崇山峻岭，连绵不尽的大林莽、阴暗的丛薮、遍布着野草荆棘与危险池沼的小道。"莎士比亚著，朱生豪译《仲夏夜之梦》："越过了溪谷和山陵，穿过了荆棘和丛薮，越过了围场和园庭，穿过了激流和爝火；我在各地漂流流浪，轻快得像是月亮光。"此二例之"丛薮"应为"灌木丛，草丛"之义。这是因为"丛"有"丛生的草木"义，如《孟子·离娄上》："为渊驱鱼者，獭也；为丛驱爵者，鹯也。"晋·张协《七命》："瓢林蹶石，扣跋幽丛。"南朝梁·刘考标《广绝交论》："叙温郁则寒谷成暄，论严苦则春丛零叶。"而"薮"也有"草，草丛"之义，如《诗·小雅·伐木》："酾酒有藇。"毛亨传："以筐曰酾，以薮曰湑。"孔颖达疏："筐，竹器也。薮，草也。"晋·湛方生《后斋》诗："解缨复褐，辞朝归薮。""归薮"就是"回到草莽中"，即"辞官隐居山林"。

因此，"丛薮"有二义：①"聚集地，聚集处"②"灌木丛，草丛"。《大词典》当补收"丛薮"及其二义。

【管界】

其札子曰：臣滥守藩方，聊知稼穑。窃见当州管界，承前多是荒凉，户小民贫，程遥路僻。(《邵氏闻见录》卷六)

按：此处"管界"为"管辖范围"。"管"有"管辖；负责"义。如《战国策·秦策三》："淖齿管齐之权，缩闵王之筋，县之庙梁，宿昔而死。"鲍彪注："管，犹管榷之管，专之也。"汉·桓宽《盐铁论·复古》："往者豪强大家，得管山海之利，采铁石鼓铸，煮海为盐。"根据《字汇·田部》："界，限也。"故"界"为"界限；范围"。如《荀子·礼论》："求而无度量分界，则不能不争。"《后汉书·马融传》："奢俭之中，以礼为界。"李贤注："界，犹限也。"晋·陶潜《感士不遇赋》："悼贾傅之秀朗，纡远辔于促界。"故"管界"义为"管辖范围"。该词在其他文献中出现的频率也比较高，如《唐文拾遗》："右宜遍降敕三京诸道州府长吏，分明晓示逐处管界，各令遵守。"北宋·李昉《太平广记》卷四百二十五："石晋时，常山帅安重荣将谋干纪。其管界与邢台连接，斗杀一龙。"明·严从简《异域周咨录》卷三："曰长山；曰穿山；曰霞屿；曰太平；曰管界（俱隶定海县）。莫不因山堑谷，崇其垣墉，陈列兵士，以御非常。"《清史稿》卷六十五："定海关有管界、长山、穿山三巡司。龙头、穿山、清泉三场。"且《大词典》收录了"管内"等同结构近义词，故《大词典》应该收录"管界"。

【塘泊】

太宗初筑塘泊，非以限幽蓟之民，盖欲断虏入寇之路。（《涑水记闻》卷四）

按：此处"塘泊"义为"有堤岸的湖泊"。《说文·土部》："塘，堤也。从土唐声。徒郎切。""塘"义为"堤岸、堤防"。如《庄子·达生》："被发行歌而游于塘下。""泊"义为"湖泽、沼泽"。如唐·崔令钦《教坊记》："东京两教坊，俱在明义坊……其间有顷余水泊，俗谓之月坡。"清·平步青《霞外攟屑·说稗·梁山泊》："泊者，众水之所聚也。"据杨军（1999）《北宋时期的河北塘泊》，其中记载了"塘泊"出现的历史背景："'塘泊'是北宋为防止契丹骑兵南下入侵而在双方边界地带（即今河北中部地区）兴修了一项国防工程。北宋利用当地多为平原、地势低洼的有利地形，将该地区众多湖泊淀泽以及河流沟渠进行开发，构成了一个横亘双方边界的庞大水系，以拦御辽朝骑兵。"[1]"塘泊"在北宋具有特殊的意义，这种防御设施在中国古代历史上也是较为罕见的。"塘泊"一词也在北宋时出现并大量使用，如宋·吕颐浩《燕魏杂记》："由恩州流塘泊，以通漕运。"宋·曾公亮《武经总要》："塘泊狭浅，旧置部署以下兵官，屯兵满万人，以护塘泊。"《宋史·河渠二·黄河中》："塘泊之设，以限南北，浊水所经，即为平陆，三也。""塘泊"作为记载北宋出现的一种特殊的防御工程的词汇应为《大词典》所收录。

【坟所】

于是执政以为充因祠祭教抃上言。又礼直官日在温成坟所。（《涑水记闻》卷八）

按：此处"坟所"指"坟墓所在地"。《说文·土部》："坟，墓也。"

---

[1] 杨军：《北宋时期的河北塘泊》，硕士学位论文，北京大学，1999年。

"坟"意为"墓之封土隆起者。后泛指坟墓"。如《礼记·檀弓上》:"古者墓而不坟。"郑玄注:"墓,谓兆域,今之封茔也。古,谓殷时也。土之高者曰坟。"唐·温庭筠《过陈琳墓》诗:"曾于青史见遗文,今日飘蓬过此坟。""所"有"处所;地方"义,如《诗经·魏风·硕鼠》:"乐土乐土,爱得我所。"唐·韩愈《送李六协律归荆南》诗:"早日羁游所,春风送客归。""坟所"是由前一个语素修饰后一语素构成的定中式合成词,该词在其他文献中也有用例,如唐·姚思廉《陈书》卷九:"有伊氏者,善占墓,谓其兄曰:'君葬之日,必有乘白马逐鹿者来经坟所,此是最小孝子大贵之征。'"宋·皇都风月主人《绿窗新话》卷下:"姚氏之举族泣曰:'玉京死矣,坟在南城。'燕遂悲鸣至坟所,亦死。"明·冯梦龙《警世通言》卷十八:"蒯氏家属,即行释放。期会一日,亲往坟所踏看疆界。"《大词典》收录了同构同义词"坟地""坟场",那么,"坟所"也应当收录。

【绝崖】

永乐北倚山,南临无定河,三面皆绝崖,地诚险要,虏骑数来争之,皆败去。(《涑水记闻》卷十四)

按:此处"绝崖"为"陡峭的山崖"之意。《广雅·释诂一》:"绝,断也。""绝"有"距离远;隔绝难通"之义,如《汉书·武帝纪》:"其令州郡察吏民有茂材异等,可为将相及使绝国者。"颜师古注:"绝远之国,谓声教之外。"唐·薛能《逢友人边游回》:"游子新从绝塞回,自言曾上李陵台。"《广韵·佳韵》:"崖,高崖也。""崖"义为"山或高地陡立的侧面",如汉·马融《长笛赋》:"惟籦笼之奇生兮,于终南之阴崖。"唐·韦应物《至西峰兰若受田妇馈》诗:"攀崖复缘涧,遂造幽人居。""绝崖"为前一语素修饰后一语素构成的偏正复合词,该词在其他文献中也有用例,如唐·李吉甫《元和郡县图志》卷十二:"今堡中见贮义仓,北面绝崖,三面各二丈五尺,周回二里。"宋·岳珂《鄂国金佗续编》卷十二:"今来骆科等贼徒既众,又倚恃峻山绝崖,扎立硬寨,陈元、裴铎所统官兵不过一千余人,本司别无官兵可以接续应援。"清·丁治棠《仕隐斋涉笔》卷六:"舟过巫峡,遇逆风,避绝崖下宿焉。"《大词典》已收"绝壁""绝地""绝壑"等同构词,因此,"绝崖"也应该收录。

【草壤】

遍行寻索,果有一卷阁在古井中草壤之上。(《湖海新闻夷坚续志》)

按:此句中"草壤"一词,义为"荒草地"。《大词典》漏收了"草壤"一词，已录了"草地"一词，"草地"并不能等同于"草壤"，不是等义词，不能相互取代。"草"，《说文·艸部》："草，草斗，栎实也。从艹，早声。"徐铉曰："今俗以此为草木之艹。"《玉篇·艸部》："草，同艹。"即"草木植物的总称。"后引申为"荒野"，如《韩非子·外储说左下》："垦草仞邑，辟地生粟。""壤"，《说文·土部》："壤，柔土也。"《释名·释地》："壤，穰也，肥壤也。"即"松软肥沃的泥土"。"草壤"较"草地"更显"荒芜"特征。如宋·洪迈《夷坚丁志》："观水所注，其地少人行，阴苔滑足，李不觉陨坠，似两食顷，乃坐于草壤上，肌肤不小损，睨穴中，正黑如夜。""草壤"也有"一般的草地"义，如萧子显《南齐书》卷三十三："群从姑叔，三姤帝室，祖兄二世，糜躯奉国，而致子侄饿死草壤。"但"草壤"与"草地"存在着较大的差别。

"草地"义为长野草的地方，草原，如《续资治通鉴·元顺帝至正九年》："明日，章再上，帝不得已，仅夺哈玛尔舒苏官，居之草地。"可见"草地"强调的是"土地、地方"。"草地"与"草壤"区别性语素"地"与"壤"，"地"，《说文·土部》："地，元气初分，轻、清、阳为天；重、浊、阴为地，万物所陈列也。"即"大地；地面"同"天"相对。《说文·土部》："地，万物所陈列也。"即"地"包括"壤"，"壤"是"地"的一部分，但"草地"不能代替"草壤"。"草地"强调"地面"，"草壤"强调所含的"泥土、泥泞"义，突出"杂乱"或"荒芜"特点，如《宋史》卷九十七："安运河在城中者，日纳潮水，沙泥浑浊，一汛一淤，比屋之民，委弃草壤，因循填塞。"此句中"草壤"若换成"草地"，则达不到表述运河边民居之杂乱的效果。且"草地"着眼范围大，"草壤"着眼点小，更体现文中所表述的"草地"特征，如上例中"沙泥浑浊，一汛一淤，比屋之民，委弃草壤"，凸显出"草地"到处泥泞的特征；也更详细表述物体着眼点，如首例中的"一卷阁在古井中草壤之上"，"草壤"一词，说明此卷落在"草丛中泥土上"，并非"草地"的着眼点：众草茎叶上。故"草壤"不能被"草地"所代替。

综上所述，《汉语大词典》应考虑补录"草壤"一词。

【下际】
峰峦岩石三十有六，秀拔奇伟，上亘斗绝之壁，下际无底之渊，清溪九曲，流出其间。(《湖海新闻夷坚续志》)

按：此句中"下际"一词，义为"底部"。该词为《大词典》所漏收，虽然《大词典》收入了"下面"，虽然"下面"与"下际"为同义词，但其并不能完全代表并取代"下际"表义，"下面"，次序靠后的或部位低的部分，宋·黎靖德《朱子语类》卷六十九："只上面忠信与修辞立诚便是材料，下面知至知终，惟有宝了，方会如此。""面"，《说文·面部》："面，颜前也。"后引申为"物体的表面"如唐·韩愈《南山诗》："微澜动水面，踊跃躁猱狖。"

"际"，《说文·阜部》："际，壁会也。"段玉裁注："两墙相合之缝也。"即"两墙相接处"。后引申为1.交界或靠边缘的地方。《广雅·释诂四》："际，方也。"《小尔雅·广诂》："际，界也。"如《楚辞·天问》："九天之际，安放安属？"洪舆祖补注："际，边也。"2.事物的分界或边际，《文选·王俭〈褚渊碑文〉》："韵宇弘深，喜愠莫见其际。"刘良注："际，涯畔也。"宋·苏轼《应制与上两制书》："古者有贵贱之际，有圣贤之分，二者相胜而不可以相参。""下"，《说文·二部》："下，底也。"段玉裁注云："有物在一之下也。"即"低处、底部"，《正字通·一部》："下，〈说文〉作丅；底也，今文作下。"《尚书·太甲下》："若升高，必自下。"故"下际"为"底部"之义，有别于"下面"。

"下际"一词在历代典籍文献中多有用例的，如郑玄《仪礼注疏》："言上际者，对两旁有衽，掩旁两厢下际也。"《全唐诗》卷七十四（苏颋诗集二）："下际天光近，中来帝渥滋。国朝良史载，能事日论思。"该句中"下际"所表示的目及范围广阔，有着"辽阔"之义，如用"下面"则不妥。《金史》卷四十三："顶之下际两角各缀方罗径二寸许，方罗之下各附带长六七寸。"此处"下际"表示具体物体的下方。再如《清史稿》卷九十三："制服五：曰斩衰服，生麻布，旁及下际不缉。"此二例中"下际"所表示的"底部"清晰可感，若用"下面"则概括模糊。综上所述，"下际"并不能被"下面"所替代表义，且其在历代文献典籍中多有用例，故《大词典》应考虑补录"下际"一词。

【窗隙】

乃局轮于密室，开窗隙以给食。（《湖海新闻夷坚续志》）

按：该句中"窗隙"一词，谓"窗缝"义。《大词典》漏收了该词，其收录了与"窗隙"有着相同构词方式的一些词，如"窗洞"一词，被释为"墙上开的通气透光的洞孔"和"窗格"一词，被释为"窗上的格子"，及"窗眼"一词，被释为"窗格的孔"。

"窗"，《说文·宀部》："囱，在墙曰牖，在屋曰囱。"段玉裁注：

"屋在上者也。"即"天窗"义。《广韵·江韵》:"囱,〈说文解字〉作窗,通孔也。"后泛指"房屋,车船上通气透光的洞口。"如《后汉书·何进传》:"尚书卢植执戈,于阁道窗下,仰数段珪。""隙",《说文·阜部》:"隙,壁际孔也。"即"墙壁裂缝"义。《周礼·秋官·赤友氏》:"凡隙屋,除其狸虫。"后泛指"孔穴、空隙",如《商君书·修权》:"谚曰:虫众而木析,隙大而墙坏。"

"窗隙"一词,在历代典籍文献中亦多有用例,如宋·李昉《太平广记》:"至三更,有月上,斜照窗隙。"句中"月光从窗隙中漏了进来",即"窗隙"与"窗孔"有类似之处。北宋·沈括《梦溪笔谈》:"或中间为窗隙所束,则影与鸢遂相违,鸢东则影西,鸢西则影东。"再例明·凌蒙初《二刻拍案惊奇》(上):"沈将仕将窗隙弄大了些,窥看里面。"可见"窗隙"为窗子的自然之缝隙,非预留之孔。再如清·冯梦龙《醒世恒言》(下):"黄生推篷而起,悄然从窗隙中窥之,见舱中一幼女年未及笄。"综上所述,《大词典》应考虑补录"窗隙"一词。

【隙地】

唐崇贤窦公家,罕有名第,璟仆射先人,不善治生,事力甚困。京城内有隙地一段,与大阁相邻,阁贵欲之。(《北梦琐言·窦家酒炙地》卷十)

按:"隙地"义为"闲田,空地"。《说文·阜部》:"隙,壁际孔也。"可见"隙"本义为"壁缝,空隙",如《孟子·滕文公下》:"钻穴隙相窥,踰墙相从。""空隙"义可引申出"空闲"义,如《左传·隐公五年》:"故春搜、夏苗、秋狝、冬狩,皆于农隙讲事也。"孔颖达疏:"隙训闲也。"《南史·徐勉传》:"文案间隙,员仗蹑履,逍遥陋馆。"《正字通·阜部》:"隙,闲暇也。"隋·李德林《从驾还京》:"玄览时乘隙,训旅次山川。"可见"隙地"即"空地,闲田"之义。"隙地"一词,早在先秦已见用例,如《左传·哀公十二年》:"宋郑之间,有隙地焉。"《唐会要》卷十九:"其余围外远坊,本是隙地。"唐·杜甫《催宗文树鸡栅》诗:"墙东有隙地,可以树高栅。"唐·白居易《早春晚归》诗:"草色连延多隙地,鼓声闲缓少忙人。"唐·杜荀鹤《山中寄友人》诗:"深山多隙地,无力及耕桑。"《宋史·李允则列传》:"下令安抚司,所治境有隙地悉种榆,久之榆满塞下。"《元史·王伯胜列传》:"使客至,无所舍,皆馆于民,民苦之,伯胜乃择隙地为馆厩,度闲田百顷,募民耕种,以廪饩之。"《明史·舆服志四》:"世宗初,垦西苑隙地为田,建殿曰无逸。"《清史稿·阿尔泰列传》卷一百一十三："以山东产山绸，疏请令民间就山坡隙地广植梓椤，免其升科。"根据以上所举之例，可知"隙地"为"空地，闲田"义，该词从先秦到清代都有大量文献用例，且《大词典》收录了"隙屋"等同构词，则"隙地"当补录。

　　需要指出的是，《大词典》将"隙屋"释为"坏漏的屋舍"，无例证。此义是将"隙"理解成了"壁隙，空隙"义，有了空隙的房屋当然是坏漏的房屋，但是这种理解得不到文献例证的支持，如《周礼·秋官·赤友氏》："赤友氏掌除墙屋，以蜃炭攻之，以灰洒毒之。凡隙屋，除其狸虫。"郑玄注："除墙屋者，除虫豸藏逃其中者。蜃，大蛤也，捣其炭以坋之则走。"从例中可知，隙屋的处理不是修补墙壁，而是用石灰等消毒，以除去狸虫，说明"隙屋"并非"坏漏的屋舍"，而应解释为"闲置的屋舍"，这从《大词典》所收录的另一词语"隙宇"的例证中亦可以看出，《大词典》释"隙宇"为"隙屋"，如唐·柳宗元《梓人传》："裴封叔之第，在光德里。有梓人欸其门，愿佣隙宇而处焉。"此例是说"有匠人敲裴封叔的门，表示愿意被雇佣并愿意住在闲置的房屋中。"又唐·柳宗元《岭南节度飨军堂记》："问材焉取，则隙宇是迁。"此例是说"如问建飨军堂的材料从哪里获取，则去搬迁那些闲置的房屋"。

　　因此，无论是"隙地"还是"隙屋"与"隙宇"，它们的构词语素"隙"都应该是"空闲的、闲置的"之义。那么，《大词典》就应该将"隙地"释为"空地"，而将"隙屋"与"隙宇"解释为"闲置的屋舍"。

六　文字计谋类名词

【字文】

　　仆观《真诰》，其间有为姓杨人作离合书曰："偃息盛木，玩执周书。"其意谓周书为《易》，木加易即杨字也，乃知以木易为杨姓，其误久矣。不知左右之字文皆非。（《野客丛书·木易非姓杨字》卷十七）

　　按："字文"即"文字"，指"记录语言的书写符号。古代多指单字"。"字"，《〈说文解字〉序》："仓颉之初作书，盖依类象形，故谓之文。其后形声相益，即谓之字。字者，言孳乳而浸多也。""文"有"字，文字"之义，如《尚书·序》："古者伏牺氏之王天下也，始画八卦，造书契，以代结绳之政，由是文籍生焉。"故"字文"可解释为"记录语言的书写符号，古代多指单字"，与"文字"是同素逆序词，该词在其他文献中也多有用例，北宋·沈括《梦溪笔谈·艺文二》："然古语已有二声合为一字者，如'不可'为'叵'，'何不'为'盍'，'如是'为'尔'，'而已'为'耳'，'之乎'为'诸'之类，以西域二合之音，盖切字之原也。如'束'字文从而、犬，亦切音也。殆与声俱生，莫知从来。"宋·黎靖德《朱子语类·尚书一》："盖书有古文，有今文。今文乃伏生口传，古文乃壁中之书。禹谟说命高宗肜日西伯戡黎泰誓等篇，凡易读者皆古文。况又是科斗书，以伏生书字文考之，方读得。岂有数百年壁中之物，安得不讹损一字？"明·凌蒙初《二刻拍案惊奇》："晦翁叫取起来看。从人拂去泥沙，将水洗净，字文见将出来，却是'某氏之墓'四个大字；旁边刻着细行，多是小民家里祖先名字。"清·夏敬渠《野叟曝言》："历考从前，固尝一灭于魏，再灭于字文，三灭于后周武帝，尽毁佛词，世宗毁像铸钱，魏主则诛杀沙门，至无一存者。"《大词典》收录了"文字"，漏收了"字文"一词，应当补录。

【文据】

执政议遣太常少卿、判三司开拆司刘公忱为使，忱对便殿曰："臣受命以来，在枢府考核文据，未见本朝有尺寸侵虏地。"（《邵氏闻见录》卷四）

按"文"有"字、文字"义，如《左传·昭公元年》："于文皿虫为蛊。"杜预注："文，字也。"唐·张九龄《敕岁初处公》："我玄元皇帝著《道德经》五千文，明乎真宗，致于妙用。"据《大词典》"据"有"凭据即用作证明的书面文件"之义。如宋·岳珂《桯史·部胥增损文书》："宪命以成案录为据，付之。"且《大词典》释"字据"为"书面的凭证，如合同、契约、收据、借条等。"故"文据"与"字据"是同义词，即书面凭据。再者，《大词典》收录了"文证"一词。"据"即"证"也。且"文据"一词在其他文献中出现频率也比较高，如唐·道世《法苑珠林》第七十二卷："文据有八证，道理存三由。"《宋史·食货志·会子》："钱、钞、物三等偏重之弊。陕西给钞五百万缗，江、淮发运司给见钱文据或截兑上供钱三百万缗。"清·李圭《鸦片事略》："《烟台条约》，暨此次议定续增专条，一并由两国朝廷批准。其批准文据，应在伦敦作速交换，定约大臣各奉本国国家之命，议定续增专条。"蔡东藩《民国演义》第二十六回："共计四箱，一并押至督署，由黎亲讯，立将犯人斩首。及检阅箱内文据，多半与武汉国民党交通部勾连。"综上，《大词典》应补收"文据"一词。

【奇计】

有报成安君不用诈谋奇计,而广武君之说不行,信于是欣然大喜,方敢引兵而下,委蛇曲折,得使轻骑入赵壁,立汉帜以乱其军,斩成安君于汦水上。(《野客丛书·韩信之幸》卷十)

按:"奇计"可意为"非凡的计谋"。"奇",《说文·可部》:"奇,异也。一曰不耦。从大,从可。"故"奇"有"特殊;稀罕;不寻常"之义,《楚辞·九章》:"余幼好此奇服兮,年既老而不衰。""计",《说文·言部》:"计,会也,算也,从言,从十。"《广雅·辞诂四》:"计,谋也。"《广韵·霁韵》:"计,筹计。"可引申为"计策,谋略"之义,《楚辞·离骚》:"瞻前而顾后兮,相观民之计极。"故"奇计"一词可解释为"非凡的计谋"。该词在其他文献中也多有用例,如《史记·秦本纪第五》:"寡人思念先君之意,常痛于心。宾客群臣有能出奇计强秦者,吾且尊官,与之分土。"《汉书·张陈王周传》:"高帝用平奇计,使单于阏氏解,围以得开。"《三国志·吕蒙传》:"后从权拒曹公于濡须,数进奇计,又劝权夹水口立坞,所以备御甚精。"宋·周必大《二老堂杂志》:"至元康四年,仅复其家,卒不绍封,汉家真少恩哉。或曰良多阴谋奇计,造物所忌,故虽能以智终,而留国不祀。"明·沈德符《万历野获编》卷五:"谋进爵上公,乃出奇计,自撰开国通俗纪传,名《英烈传》者,内称其始祖郭英,战功几埒开平、中山。"清·陆心源《唐文拾遗》卷三十六:"今者三年礼成,万乘恩至,假途端揆,正位司元,凭孔仅之智谋,继齐桓之霸业,必也广施奇计,遍致丰资,答上帝之殊恩,振中兴之盛事。"许慕羲《元代宫廷艳史》:"适值颍州盗起,遂募集子弟兵数百人,与罗山人李思齐同设奇计,剿平寇众,定了罗山。"《大词典》收录有与"奇方""奇略""奇谟""奇谋"等结构和意义相似的词,而且也收录了"诈谋奇计"中的"诈谋",那么,"奇计"作为一个汉语史上高频的词,应当补录。

【谟猷】

有朝士贻书与惊曰:"公以硕大敦厐之德,生于文明之运。矢厥谟猷,出入隆显。"极言讥之,文多不录。(《北梦琐言·秃角犀》卷一)

按:"谟猷"指"计谋,计划,谋略。"如《说文·言部》:"谟,议谋也。"《大词典》释"谟"为:计谋,谋略。如《尚书·君牙》:"呜呼,丕显哉,文王谟。"所以"谟猷"的"谟"字意为"计谋,谋略。""猷"亦有"谋略,计划"义,如《尔雅·释诂上》:"猷,谋也。"宋·

陆游《老学庵笔记》卷一："林自为太学博士，上章相子厚启云：'伏惟门下相公，有猷有为，无相无作。'""谟猷"作为一个同义并列复合名词，义同"谟"或"猷"义，如唐·令狐德棻《周书·于谨传》卷十五："李弼、于谨怀佐时之略，逢启圣之运，绸缪顾遇，缔构艰难，帷幄尽其谟猷，方面宣其庸绩，拟巨川之舟楫，为大厦之栋梁。""运筹帷幄"是指在军帐中决定战争谋略，则"帷幄尽其谟猷"就是在军帐中充分发挥其出谋划策的本领，故此"谟猷"为"谋略"义。宋·司马光《涑水记闻》卷四："当年流落丹心在，自古忠良得路难。必有谟猷裨帝右，直须风采动朝端。世间万事俱尘土，留取功名久远看。"此例是说"必定有出谋略的人在皇帝身边辅佐他"。清·陆以湘《冷庐杂识》卷三："盖尝推原其故，窃见列圣谟猷深远，与前人立法定制之善，不可易也。""谟猷深远"即"谋略深远"。从以上几例中不难看出，"谟猷"有"计谋，谋略"的意思。《大词典》收录有"猷虑""猷略"等结构与"谟猷"相似的词，因此《大词典》理应收录"谟猷"。

七　皇命军事类名词

【密勅】

帝崩，左右欲开宫门召两府，后曰："此际宫门不可开，但以密勅召两府，令黎明入。"（《邵氏闻见录》卷三）

按：此处"密勅"意为"私密的诏书"。《集韵·质韵》："密，秘也。"此处"密"即"秘密。"《左传·昭公十三年》："既乃与巴姬密埋璧于大室之庭，使五人齐而长入拜。"《庄子·人间世》："弟子曰：'趣取无用，则为社何邪？'曰：'密！若无言！'"成玄英疏："汝但慎密，莫轻出言。"唐·王度《古镜记》："（王度）乃密悬此镜于树之间。""勅"同"敕"，《广雅·释诂》："勅，顺也。"故"勅"为"自上命下之词。特指皇帝的诏书。"如《北齐书·宋游道传》："勅至，市司犹不许，游道杖市司，勒使速付。"唐·韩愈《论今年权停举选状》："右臣伏见今月十日勅，今年诸色举选宜权停者。"宋·吴坰《五总志》："当时帝王命令，尚未称勅，至唐显庆中，始云不经凤阁鸾台，不得为勅。勅之名始定于此。"且"密勅"一词在历代文献出现的频率非常高，如东汉《太平经》卷一百一十："天君簿见，密勅"："所案行不得有私相信，感《钞》作惑心易意。行无无，通毋失误。"唐·李靖《唐李问对》："或遇寇至，则密勅主将临时变号易服，出奇击之。"宋·刘义庆《世说新语·规箴》："将至吴，密敕左右，令入阊门放火以示威。"故《大词典》当补录该词。

【敕告】

告谢之日，抱敕告五六通。(《邵氏闻见录》卷十三)

按：此处"敕告"是"皇帝颁布的告示"之义。"敕"有"自上命下之词。特指皇帝的诏书"义。《北齐书·宋游道传》："敕至，市司犹不许，游道杖市司，勒使速付。"唐·韩愈《论今年权停举选状》："右臣伏见今月十日敕，今年诸色举选宜权停者。"宋·陆游《老学庵笔记》卷八："自唐至本朝，中书门下出敕，其敕字皆平正浑厚。""告"即"告谕。"如《尚书·甘誓》："王曰：'嗟！六事之人，予誓告汝。'"《释名·释书契》："上敕下曰告，告，觉也，使觉悟知己意也。"南朝梁·刘勰《文心雕龙·诏策》："及晋武敕戒，备告百官。"《隋书·百官志上》："世子主国，其……文书下群官，皆言告。"且该词在其他历史文献出现频率也非常高，如宋·吕祖谦《宋文（下册）》卷一百四十一："上重逢大臣，又嘉昼官玫直官，章留中不下，遗其敕告，屡诏令就职。"清·梁启超《饮冰室文集全编》（第三册）卷三："埃逐为意大利皇帝开国会于罗马，敕告国民所举之代义士曰。"老舍《四世同堂》第1部《惶惑》（下册）第三十四："不管哪个青年是干什么去吧，反正他已经给了他最好的敕告。"故《大词典》当补录该词。

【赦诏】

文忠公终不相忘，乃因明堂袷享，赦诏天下举遗逸，公意谓河南府必以康节应诏。(《邵氏闻见录》卷十八)

按：此处"赦诏"是指"赦免皇帝先前下达的命令。""赦"为"宽免罪过。"《说文·攴部》："赦，置也。"段玉裁注："《网部》曰：'置，赦也。'二字互训。"如《尚书·汤诰》："罪当朕躬，弗敢自赦。"《左传·僖公二十三年》："天之弃商久矣，君将兴之，弗可赦也已！"宋·刘斧《青琐高议·琼奴记》："父为淮南宪，所至不避贵势，发谪官吏，按历郡县，推洗刑垢，苟有所闻，毫发不赦。"清·蒲松龄《聊斋志异·胡四姐》："（客）摇瓶俯听，曰：'幸止亡其一；此物合不死；犹可赦。'""诏"为"皇帝下达命令。"如汉·高诱《〈淮南子注〉叙》："孝文皇帝甚重之，诏使为《离骚》赋。"《新唐书·魏征传》："帝痛自咎，即诏停册。"清·王夫之《读通鉴论·齐武帝三》："拓跋氏之禁谶纬凡再矣，至太和九年诏焚之。"此外，"赦诏"一词在其他历史文献中出现的频率也非常高，如北宋《册府元龟》卷四百八十四："开成元年正月一日，赦诏

第四章 《汉语大词典》词语漏收研究　　165

京兆府附一年所支用钱物斛斗草等，并勒盐铁使以开成元年直进绫绢充还。辛酉，盐铁使左仆射令狐楚请以罢修曲江亭子，绢一万三千七百匹回修尚书省。"明·沈德符《万历野获编》卷三："缘恩赦诏书自辨云：'律所载，但有居父母及夫丧。而私嫁娶者杖一百，无妻丧嫁娶坐罪之条。乞命廷议是非，昭示天下。'"清·李春芳《海公小红袍传》第八回："这朝中赦诏飞奔法场而来，监斩官接了，忙令军士将孙成全家尽行赦绑。那家人八十一口男女，欢天喜地，一齐回府。"蔡东藩《两晋演义》（上）第三十六回："事解之后，劫掠城邑，放恣兵人，侵及宫省，背违赦诏，诛戮大臣，纵凶极逆，不朝而退。"《大词典》收录了"赦令""赦命""赦书"等词汇，故《大词典》理应收录该词。

【旌幢】

刘仁恭微时，曾梦佛幡于手指飞出，或占之曰："君年四十九必有旌幢之贵。"后如其说。（《北梦琐言·燕王刘仁恭异梦》卷十四）

按："旌幢"意指"有羽毛装饰的，用于军事指挥、仪仗队列及舞蹈表演的军旗。"此例用的是它的引申义："掌军权。""旌"有"古代用牦牛尾或兼五采羽毛饰竿头的旗子"义。《尔雅·释天》："注旄首曰旌"，郭璞注："析五采羽注旄上也，其下亦有旒縿。"《周礼·春官》："全羽为旞，析羽为旌。"《楚辞·远游》："揽彗星以为旍兮，举斗柄以为麾。"洪兴祖补注："旍即旌字。"《说文·㫃部》："旌，游车载旌，析羽注旄首也。"段玉裁注："夏后氏但用旄牛尾。周人加用析羽。夏时徒綏不旒。周人则注羽旄而仍有縿旒。先有旄首而后有析羽注之。故许云析羽注旄首。"孙炎云："析五采羽注旄上也。"《大词典》收录了"旌"之此义。"幢"也是"一种旌旗"，重筒形，饰有羽毛、锦绣。古代常在军事指挥，仪仗行列，舞蹈表演中使用。如《韩非子·大体》："故车马不疲弊于远路，旌旗不乱于大泽，万民不失命于寇戎，雄骏不创寿于旗幢。"《方言》第二："寿羽、幢，翳也。楚曰寿羽，关西关东皆曰幢。"郭璞注："儛者所以自蔽翳也。"《宋史·仪卫志六》："幢，制如节而五层，韬以袋，绣四神，随方色，朱漆柄。"可见，双音节的"旌幢"是古代一种军旗的别称，《北梦琐言》之例用"军旗"义来喻指"军队的指挥权"。再如宋·洪迈《夷坚志》："次年春，山边人见舆马旌幢，骑从呵殿，腾云至其地，作乐而去。"明·许仲琳《封神演义》第九十九回："不觉光阴迅速，也非止一日，只见那日空中笙簧嘹亮，香气氤氲，旌幢羽盖，黄巾力士簇拥而来。"清·陆心源《唐文拾遗》卷三十六："伏承旌幢已到镇上讫，伏惟感慰。"此例借"旌幢"之"军旗"义代指"军队"。且《大词典》收录了"旌旆""旌羽""旌罕""旌夏""旌旄"等表示各种"旗"义的同构词,理应补收"旌幢"这一并列结构的双音词。

【铁简】

福策马运四刃铁简与虏斗,身被十矢,颊中二刃,乃为虏所杀,年六十一。(《涑水记闻》卷十二)

按:此处"铁简"义为"一种铁制四棱鞭类兵器"。《大词典》释:"简"为"鞭类兵器名。后多写作'锏'",如《宋史·张玉传》:"遇夏兵三万,有驰铁骑挑战者,玉单持铁简出门,取其首及马,军中因号曰张铁简。"元·佚名《七国春秋平话》卷上:"燕阵中撞出一将,绛袍朱发,赤马红缨,手把三尖两刃刀,腰上双悬水磨简。"明·吴承恩《西游记》第二十九回:"我这里有的是鞭、简、瓜、锤、刀、枪、钺、斧、剑、戟、矛、镰,随你选称手的拿一件去。""铁简"在其他词典中也有收录,《简明中国古代兵学词典》释"铁简"为"古兵器。鞭属,四棱。"并列举书证《宋史·兵志》:"庆历元年知并州,杨偕遣阳曲县主簿杨拯献《龙虎八阵图》及所制神盾、臂阵刀、手刀、铁连锤、铁简,且言《龙虎八阵图》有奇有正,有进有止。""铁简"为前一语素修饰后一语素构成的偏正式复合词,该词在其他文献中也有用例,如宋·岳珂《鄂国金佗续篇》卷十七:"二月,战于曹州,飞被发,挥四刃铁简,直犯虏阵。"《宋史》卷三百二十五:"桑怿,开封雍丘人。勇力过人,善用剑及铁简,有谋略。"明·严从简《殊域周咨录》卷二十二:"邦直奋击已数十百人,而马至者死者拥遏于前,不能远奋,乃弃其大力,提铁简四面击,渐击渐困惫。"清·朱子素《嘉定屠城纪略》:"惟乔颇勇健,使铁简重二十五斤,差以可用。"《大词典》已收"铁刃""铁标""铁槲"等同构词,因此,"铁简"也应收录。

八 疾病医药类名词

【渴疾】

痟首、消中,二疾既异,而其字亦自不同,后人往往不辨,指为一疾,鲜有别之者。后汉李通素有消疾,此正如相如渴疾也。(《野客丛书·痟消二义》卷十二)

按:"渴疾"可释为"中医学病名。口渴,多饮,善饥,消瘦为主要特征。""渴",有"口干想喝水"之义,《说文·水部》:"渴,尽也。"

段玉裁注："渴、竭，古今字。"《孟子·公孙丑上》："饥者易为食，渴者易为饮。""疾"，古称轻病，后泛指病。《说文·疒部》："疾，病也。"段玉裁注："析言之则病为疾加，浑言之则疾亦病也。"《国语·晋语九》："襄子曰：'吾不幸有疾，不夷于先子，不德而赖。夫地也求饮吾欲，是养吾疾而干吾禄也。吾不与皆毙。'"故"渴疾"可解释为一种中医学病名。该词在其他文献中也多有用例，如后蜀·何光远《鉴戒录·蜀上医》："长兴初，佐蜀董太尉久患渴疾，遣押衙李彦求医。"宋·赵鼎《辩诬笔录》："某闻之骇然，谓曰：'渴疾如此，公所亲见，如何远适？公赴阙，便当奏事，上不问则已，万一问及，切告公以某所苦未愈奏之，庶几可免。'"宋·赵鼎《辩诬笔录》："如某以渴疾自引，至于再三，方蒙矜允，恩意深厚，礼数优渥，君臣之间，初无间隙，至奉祠养疾，尤荷眷顾之意。"宋·洪迈《夷坚丁志》："编修嗜酒得渴疾，每主药必以凉为上，不必与渠议也，我有私藏珍珠，可为药直，君但买好药见疗。"《大词典》收录了与"渴疾"结构、意思相近的词"渴病"，漏收了"渴疾"一词，应当补录。

【病瘠】

急数年，李茵病瘠，有道士言其面有邪气。(《北梦琐言·云芳子魂事李茵》卷九)

按："病瘠"意为"病重致瘦。"上例是说"过了几年之后，李茵病得很瘦了，有道士说他面有邪气。"《说文·疒部》："病，疾加也。"《玉篇·疒部》："病，疾甚也。"可见"病"在古语中为"重病"。"瘠"则有"瘦弱"义，如《左传·襄公二十一年》："〔申叔豫〕遂以疾病……楚子使医视之，复曰：'瘠则甚也，而血气未动。'"杜预注："瘠，瘦也。"唐·韩愈《杂说》之二："善医者不视人之瘠肥，察其脉之病否而已矣。"故"病瘠"有"病重致瘦"之义。如宋·范成大《吴郡志》卷四十五："久而心疑之，又病瘠。"《宋史·兵志十二》："蜀马送京师，道远多病瘠。"《元史·乌古孙良桢列传》："晚岁病瘠，数谒告，病益侵，遂卒。"明·徐光启《农政全书》卷四十四："临赈无法，则强壮先得，羼弱空手，甚至病瘠者且践踏而死矣。"清·蒲松龄《聊斋志异·董生》卷二："居数日，迷罔病瘠。"《大词典》收录了"病乏""病弱""病革"等动补同构词，当补收"病瘠"。

【瘴疟】

康节先公曰："天下将治，地气自北而南，将乱，自南而北。今南方地气至矣,禽鸟飞类,得气之先者也。《春秋》书'六月退飞''鹳鹆来巢',气使之也。自此南方草木皆可移,南方疾病瘴疟之类,北人皆苦之矣。"(《邵氏闻见录》卷十八)

按:此处"瘴疟"是指:"病名,是指因感受山岚瘴气而发的一种疟疾。临床表现有寒多热少,或热多寒少,每日发作或间日发作,烦闷身重、昏沉不语。或狂言谵语。类于恶性疟疾。"《大词典》释"瘴"为"瘴疠"。即感受瘴气而生的疾病。亦泛指恶性疟疾等病。如《北史·柳述传》:"述在龙川数年,复徙宁越,遇瘴疠死。"《大词典》释"疟"为"病名。疟疾。"如《左传·昭公十九年》:"夏,许悼公疟。"《素问·至真要大论》:"恶寒发热如疟。"唐·元稹《晨起送使病不行因过王十一馆居》诗之一:"自笑今朝误夙兴,逢他御史疟相仍。"且"瘴疟"一词在历代文献中出现的频率也非常高,如宋·李谬《岭南中医·瘴疟论》上卷:"余观岭南瘴疟证候,虽或不一,大抵阴阳各不升降,上热下寒者,十盖八九。"且在明·郑全望的《瘴疟指南》里有详细记载,如《瘴疟指南·辩证》卷上:"或问曰:'发热头痛人俱称为伤寒。一以伤寒药治之可乎?'予曰:'当有所辨,诸般发热种种不一,而最毒者在内伤有瘴疟。'"清·雷丰《时病论》:"瘴疟瘴疟之证,岭南地方为多也。乃因天气炎热,山气湿蒸,多有岚瘴之毒,人感之者,即时昏闷,一身沉重,或寒甚热微,或寒微热甚,亦有迭日间日而作者,亦有狂言妄语者,亦有口瘖不言者。"故《大词典》理应收录该词。

【劾召】

叶天师讳法善,家世好修道,皆以阴功密行及劾召之术救物济人。(《湖海新闻夷坚续志》)

按:此句中"劾召"一词,谓巫蛊之术的一种。该词为《大词典》所漏收。"劾",《说文·力部》:"劾,法有罪也。"即"审理、判决"义,如《史记·魏其武安侯列传》:"劾灌夫骂坐不敬,系居室。"亦有"以符咒等来制服鬼魅的迷信活动"之义,如晋·干宝《搜神记》卷二:"寿光侯者,汉章帝时人也,能劾百鬼众魅,令自缚见形。"《资治通鉴·晋惠帝元康二年》:"贾后恐太后有灵,或诉冤于先帝,乃覆而殡之,乃施诸厌劾符画,药物等。"

《大词典》所录入的关于语素[劾]的词目,皆为"判决、揭发过失、揭发罪行的文状"这几个义项,未录入任何关于[劾]的"以符咒等降伏鬼魅"义的相关词汇。"召",《说文·口部》:"召,呼也。从口,刀声。"即"召唤"义，《诗经·齐风·东方未明》："颠之倒之，自公召之。"亦"招致，引来"。《尚书·微子》："降监殷民，用乂仇敛，召敌仇不怠。"《荀子·劝学》："故言有召祸也，行有招辱也。"

"劾召"在历代文献典籍中有诸多用例，如晋·葛洪《抱朴子·内篇》卷二："或云天下无鬼神。或云有之，亦不可劾召。或云见鬼者，在男为觋，在女为巫。"从上述二例可见"劾召"与鬼神相关，联系上下文亦可知其为"以符咒等来制服鬼魄的迷信活动"。《魏书·释老志》卷二十："赐汝《天中三真太文录》，劾召百神，以授弟子。《文录》有五等，一曰阴阳太官。"此句中"劾召"为动词性，表示使用巫蛊之术。宋·张君房《云笈七签》卷一百一十五："师左元放受《中部法》及《三皇五岳》，劾召之要，行之神验，得能役使鬼神，封山制魔。"再如北宋·李昉《太平广记》卷二十六："四代修道，皆以阴功密行及劾召之术救物济人。"此处"劾召"为名词性，表巫蛊之术。综上所述，《大词典》应考虑补录"劾召"一词。

【茶药】
遣中使至永州赐茶药，密谕曰："皇帝与太皇太后甚知相公在先朝言事忠直，今虚位以待相公，不知目疾如何？用何人医治？只为左右有不是当人阻隔相公。"(《邵氏闻见录》卷十四)

按：此处"茶药"是一种养生治病作药用的茶。茶药又称药茶，药茶是祖国传统医学宝库中一个重要组成部分，在历代医书里早有记录，最早见于三国时期张揖所著的《广雅》："荆巴间采茶作饼成米膏出之。若饮，先炙令赤……其饮醒酒。"此方具有配伍、服法与功效，当属于药茶方剂无疑。"茶药"一词在文献中出现频率也非常高，如唐·白居易《继之尚书自余病来寄遗非一……》："茶药赠多因病久，衣裳寄早及寒初。"北宋·李昉《太平广记》卷一百八十二："时尚清苦俭啬，四方寄遗，茶药而已，不纳金帛。"清·吴广成《西夏书事》卷五："继迁叠次进献，太宗遣张崇贵赐以器币、茶药、衣服，持诏谕之云：'既除手足之亲，已失辅车之势。'"许慕羲《宋代宫闱史》第四十一回："旋遣中使张崇贵，招谕继迁，并赐茶药器币衣物，及至道元年，继迁复遣押衙张浦，贡献良马橐驼。"故《大词典》应该收录该词。

九 家畜食物类名词

【牝豕】

邛州临汉县内有湫，往往人见牝豕出入，号曰母猪龙湫。(《北梦琐言·母猪龙湫》逸文卷三)

按："牝豕"意指"母猪"。《说文·牛部》："牝，畜母也。"《玉篇·牛部》："牝，牝牡也。畜母也。"因此"牝"义为："鸟兽的雌性。"《淮南子·地形训》："至阴生牝，至阳生牡。"唐·皇甫氏《原化记·光禄屠者》："光禄厨欲宰牝牛，牛有胎，非久合生。"《大词典》释"豕"为"猪。"如《尚书·召诰》："越翼日戊午，乃社于新邑，牛一，羊一，豕一。"《汉书·公孙弘卜式等传赞》："公孙弘、卜式、宽皆以鸿渐之翼困于燕雀，远迹羊豕之间。"南朝宋·颜延之《赤者白马赋》："戒出豕之败御，扬飞鸟之跱衡。"唐·韩愈《获麟解》："犬豕豺狼麋鹿，吾知其为犬豕豺狼麋鹿。""牝豕"在其他文献中的典型用例有：唐·高彦休《唐阙史》卷下："路遇牝豕引诸豚而行，喀喀有声。"明·熊大木《大宋中兴通俗演义》："其妻亦为牝豕，与人育雏，食人不沾，亦不免刀烹之苦。"清·王士禛《居易续谈》："子如其言，至京师宣武门，访张氏，果有牝豕，适生数子，其一，豕身人面，有髭，貌如其父。"综合两字语料再加上王弼的注解："羸豕，谓牝豕也。"并参照《大词典》收录的"牝鸡""羸豕"等词的词义，可知"牝豕"义为"母猪"。上引《北梦琐言》文意为："邛州临汉县内有一个洞，常见到很多母猪进出，所以叫它母猪龙洞。"

【猫鬼】

南北朝多事蛊毒，有所谓猫鬼者。(《野客丛书·猫鬼》卷三十)

按："猫鬼"一词在文献中出现数次。除上例外，再如《野客丛书·猫鬼》卷三十："观《隋·独狐传》，其家每夜以子时祀猫鬼言子者鬼也。其猫鬼每杀者，所死之家，财物潜移于畜猫鬼家，故当时下诏禁之甚力，谓畜猫鬼之家，投四裔。"又如《野客丛书·猫鬼》卷三十："仆始不晓猫鬼为何物，因观巢氏《病源》，知猫鬼乃老狸野物之精，变而为鬼蜮，而依附于人，人畜之以毒害人。其病心腹刺痛，食人腑脏，吐血而死。乃知猫鬼如此。"上述例子中"猫鬼"均可解释为："野生动物狐狸中的一种妖精，其变为害人的怪物，依附在人身上，吃人的五脏六腑，使人感到心脏和腹部剧烈疼痛，以致吐血而死，是隋朝民间流行的一种巫术。"该词也多见于其他文献资料中,如《北史·隋文献皇后独孤氏传》:"异母弟陀以猫鬼巫蛊咒诅于后,坐当死。"唐·长孙无忌《唐律疏议》:"若自造,若传畜猫鬼之类,及教令人,并合绞罪。"北宋·李昉《太平广记》卷一百三十九:"隋大业之季,猫鬼事起。家养老猫为厌魅,颇有神灵,递相诬告。京都及郡县被诛戮者,数千余家。"清·赵翼《陔余丛考》卷三十四:"《独孤陁传》:的好左道,尝事儿猫鬼,每以子日夜祀之,言子者鼠也。此见于周、隋者也。"蔡东潘《南北史演义》第八十六回:"后异母弟独孤陀,为延州刺史,有婢事猫鬼,能驱令杀人。会后与杨素妻,同时罹病,医官目为猫鬼疾,隋主疑由陀所为,令高颎等讯鞫,得了证据,有诏赐陀自尽。"《大词典》失收该词,应当补录。

【荷芰】

吴中水乡,率多荷芰。(《北梦琐言·白莲女惑苏昌远》卷九)

按:"荷芰"的意思是"荷与菱"。《说文·艸部》:"荷,芙蕖叶。"故"荷"即为"莲"。《说文·艸部》:"芰,菱也。"故"芰"为"菱",如《国语·楚语上》:"屈到嗜芰。"韦昭注:"芰,菱也。"晋·左思《魏都赋》:"丹藕凌波而的皪,绿芰泛涛而浸潭。"唐·杜甫《佐还山后寄》诗之三:"隔沼连香芰,通林带女萝。"仇兆鳌注:"两角为菱,三角四角曰芰。""荷芰"一词表示两种植物,这两种植物一起出现盖因二者所处生长环境相同,可一起种植之故。二者并列出现在文献中早在先秦已见,如《楚辞·离骚》:"制芰荷以为衣兮,集芙蓉以为裳。"又唐·罗隐《宿荆州江陵驿》诗:"风动芰荷香四散,月明楼阁影相侵。""芰荷"一词已为《大词典》所收录,那么作为"芰荷"的同素逆序词"荷芰"同样在文献中有诸多用例,如《南齐书·张融列传》:"苹藻留映,荷芰提阴。扶容曼彩,秀远华深。明藕移玉,清莲代金。"又《陈书·孙玚列传》:"及出镇郢州,乃合十余船为大舫,於中立亭池,植荷芰,每良辰美景,宾僚并集,泛长江而置酒,亦一时之胜赏焉。"唐·尹鹗《临江仙》词:"一番荷芰生旧沼,槛前风送馨香。"宋·范成大《吴郡志》卷四十五:"吴中水乡多荷芰。"北宋·李昉《太平广记·许汉阳》卷四二二:"见满庭皆大池,池中荷芰芬芳,四岸斐如碧玉。"《宋史》卷二百七十三:"进尝于城四面植柳,壕中种荷芰蒲蕟,后益繁茂。"清·徐松《唐两京城坊考》卷五:"余水停成此池,下与锥水潜通,深处至数顷,水鸟翔泳,荷芰翻覆,为都城之胜也。"因此,从《大词典》收词完整性来看,应该补收"荷芰"。

【薄酒】

然仆又观俗有"杜田""杜园"之说,"杜"之云者,犹言"假"耳,如言自酿薄酒,则曰"杜酒"。(《野客丛书·杜撰》卷二十)

按:"薄酒"意为"度数不高的酒,谦称待客之酒。""薄",《说文·艸部》:"薄,林薄也。"引申有"味淡,无味"之义,如《楚辞·大招》:"吴酸蒿蒌,不沾薄只。"王逸注:"薄,无味也。""酒",《释名·释饮食》:"酒,酉也,酿之米麴酉泽,久而味美也。"《尚书·胤征》:"惟时羲和,颠覆厥德,沉乱于酒,畔官离次。"故"薄酒"可解释为:"度数不高的酒,谦称待客之酒。"东汉·王充《论衡》:"淳酒味甘,饮之者醉不相知。薄酒酸苦,宾主謍赜。夫相谴告,道薄之验也。"梁元帝萧绎《金楼子》:"金樽玉盆,不能使薄酒更厚;鸾舆凤驾,不能使驽马健捷。"唐·李商隐《义山杂纂》:"久贫得薄酒。迟滞新妇见客。穷汉醵率。"宋·朱弁《曲洧旧闻》:"岂知俯仰之间,有方轨八达之路乎!念此可以一笑。戊寅九月十二日,与客饮薄酒,小醉,信笔书此纸。"清·褚人获《隋唐演义》第十六回:"列位老爷,不嫌菲肴薄酒,今晚就在小店,看了几盏粗灯,权为接风洗尘之意。"常杰淼《雍正剑侠图》:"今天请乡亲们吃杯薄酒压惊,略表寸心。从今日起,我弟兄蒙好朋友邀请,暂离家乡,今后再有昨夜之事,我弟兄就不能负责了,千万请乡亲们多多谅解。"《大词典》漏收了该词,应当补录。

【杯酒】

希深而下不敢对,永叔取手板起立曰:"以修论之,莱公之祸不在杯酒,在老不知退尔。"(《邵氏闻见录》卷八)

按:"杯酒"意为"酒"。这是因为"杯"是用来盛酒的器皿,"杯"和"酒"总是伴随出现,如《吕氏春秋·直谏》:"齐桓公、管仲、鲍叔、宁戚相与饮酒酣,桓公谓鲍叔曰:'何不起为寿?'鲍叔奉杯而进曰:'使公毋忘出奔在于莒也,使管仲毋忘束缚而在于鲁也,使宁戚毋忘其饭牛而居于车下。'"例中"奉杯而进"中的"杯"其实就是盛满酒的杯子。又如《史记·项羽本纪》:"沛公不胜杯杓,不能辞。""杯杓"就是转指"酒"。这种使用增多,"杯"有"酒"义,"杯"的这种用法在后代亦有用例,如唐·宋之问《饯永昌独孤少府序》:"去留交轸,舞咏相喧,管召鱼乐,杯熏莺醉。"唐·杜甫《秋日荆南述怀三十韵》:"饥藉家家米,愁征处处杯。"因"杯"有"酒"义,故"杯酒"即指"酒",该词早在汉代已见,如《史记·魏其武安侯列传》:"非有大恶,争杯酒,不足引他过以诛也。"又《汉书·司马迁列传》:"夫仆与李陵俱居门下,素非相善也,趣舍异路,未尝衔杯酒接殷勤之欢。"后代文献亦有不少用例,如《唐代墓志汇编续集》:"加以敬事友朋,留连杯酒。当其得意,陶然忘归。"北宋·王若钦《册府元龟》卷三百五十七:"又击卢明月,破之于南阳,斩首数万,虏获极多,后还江都,帝大悦,自执杯酒以赐之。"《大宋宣和遗事·贞集》:"又闻父母皆死,北国皇帝推恩移汝在此,毋苦恼!命左右以杯酒脔肉赐帝,同食于虎下。"明·苏佑《云中事记》:"古人云杯酒释兵权,今杯酒且不费矣。"当然,"杯酒"也可以是"一杯酒"之义,这时它不是词,如清·吴趼人《二十年目睹之怪现状》第六十七回:"你大哥是个爽快人,咱们既然一见如故,应该要借杯酒叙叙,又何必推辞呢。"且《大词典》收录了"杯茗""杯水"等同类词项,故《大词典》理应收录"杯酒"一词。

十 抽象类名词

【愆责】

而况补缺、拾遗,合专司于规谏,天文、历算,须预定于吉凶,成兹误失之由,各负疏遗之罪。若无愆责,何戒后来!(《邵氏闻见录》卷六)

按:此处"愆责"义为"罪罚"。因为"愆"有"罪过,过失"义,《说文·心部》:"愆,过也。"《玉篇·心部》:"愆,失也。"《增韵·儦韵》:"愆,罪也。"如《尚书·伊训》:"惟兹三风十愆,卿士有一于身,家必丧。"晋·葛洪《抱朴子·名实》:"是故抱枉而死,无愆而黜者,有自来矣。"唐·韩愈《祭十二兄文》:"归女教男,反骨本原。其不有年,以补我愆。"《大词典》和《汉语大字典》都将"愆"解释为"罪过,过失"。而"责"有"惩处、处罚"义,此义较为常见,如《史记·李斯列传》:"夫贤主者,必且能全道而行督责之术者也。"司马贞索隐:"督者,察也。察其罪,责之以刑罚也。"那么,"愆责"就是一个并列复合词,且该词在其他历史文献中出现频率也很高,如晋·陈寿《三国志》卷八:"威怒,几至沉没,长为负忝。幸赖慈恩,犹垂三宥,使得补过,解除愆责。"《晋书》卷一百一十一:"贤路!是以中年拜表,披陈丹款。圣恩齿旧,未忍遐弃,奄冉偷荣,愆责弥厚。"《全唐文》卷六百二十六:"将何以宣美皇化,振扬国威,洗愆责于千龄,答生成于再造。"梁·陶弘景《本草经集注》:"过其余肉,虽牛、羊、鸡、犬,补益充肌肤,于亡魂皆为愆责，并不足唊。"宋·刘挚《忠肃集》卷七："朝廷削其一官，降以为副史，以示愆责。"且《大词典》收录了"罪责"等同结构近义词，故"愆责"一词也应补收。

【佳誉】

观《南史》：齐高帝欲用张绪为仆射，以问王俭，俭曰："绪少有佳誉，诚美选矣。南士由来少居此职。"（《野客丛书·不用南人为相》卷二十五）

按："佳誉"意为"美好的声誉"。"佳"，《说文·人部》："佳，善也。"《类篇·人部》："佳，美也。"《广雅·释诂一》："佳，好也。"故"佳"的本义为"美；好"，如《论衡·自纪》："百夫之子，不同父母，殊类而生，不必相似，各以所禀，自为佳好。""誉"，《说文·言部》："誉，称也。从言，与声。"《玉篇·言部》："誉，声美也。"《广韵·御韵》："誉，称美也。"如《荀子·大略》："君子进则能益上之誉而损下之忧。"故"佳誉"可翻译为"美好的声誉"，如宋·陈槱《负暄野录》："太仓失陈红，狡穴得余腐。既兴丞相叹，又发廷尉怒。磔肉饲饥猫，分毫杂霜兔。插架刀槊便，落纸云烟骛。穿墉一何微，托此驰佳誉。"宋·无名氏《瑞鹧鸪》词："璇源一派接天流。秀毓君家公共侯。满月佳时近重九，生朝令节踵千秋。旦评指日腾佳誉，蟾苑他年快壮游。"清·邹圣脉《幼学琼林》："荀氏兄弟，得八龙之佳誉；河东伯仲，有三凤之美名。东征破斧，周公大义灭亲；遇贼争死，赵孝以身代弟。煮豆燃萁，谓其相害；斗粟尺布，讥其不容。"《大词典》收录了"美誉""嘉誉""隽誉""庆誉"等词，均可译为"美好的声誉"，漏收了与这些词结构相近、意义相同的词"佳誉"，应当加以补充。

【命格】

衍曰："今朝廷贵人之命皆不及，所以作相。"又曰："古有命格，今不可用。古者贵人少，福人多；今贵人多，福人少。"（《邵氏闻见录》卷十六）。

按：此处"命格"意为"命运"。"命"有"天命；命运"义。如《周易·干》："干道变化，各正性命。"孔颖达疏："命者，人所禀受若贵贱夭寿之属是也。"朱熹本义："物所受为性，天所赋为命。"三国魏·嵇康《释难宅无吉凶摄生论》："夫命者，所禀之分也。""命格"一词在其他历史文献中的记载也有很多，如南宋·朱熹《朱子语类》卷八十三："先生曰：'春秋之有例固矣，奈何非夫子之为也。昔尝有人言及命格。'

予曰：'命格，谁之所为乎？'曰：'善谈五行者为之也。'"明·蒋一葵《尧山堂外纪》："伊尹退而更曰：'觉兮较兮，吾大命格兮。去不善而从善。何不乐兮！'"清·李汝珍《镜花缘》第十二回："左氏云：'卜以决疑，不疑何卜。'若谓必须推算，方可联姻，当日河上公、陶宏景未立命格之先，又将如何？命书岂可做得定准？那推算之人，又安能保其一无错误……"且《大词典》收录了"命宫""命祜"等同结构名词，理应收录该词。

【处性】

韩彦古字子师，诡谲任数，处性不常。(《癸辛杂识·韩彦古》前集）

按："处性"可释义为"待人接物的性情"。《说文·几部》："处，止也。……处，处或从虍声。"此处可引申为"对待"义，如《礼记·檀弓下》："颜渊谓子路曰：'何以处我？'"《荀子·非相》："谈说之术，矜庄以莅之，端诚以处之，坚强以持之。""性"，"性情，脾气。"《国语·周语上》："先王之于民也，懋正其德，而厚其性。"韦昭注："性，性情也。""处性"自唐以来就有用例，如唐·刘士举《唐文拾遗·唐故南阳张夫人墓志铭（并序）》卷二十六："曾祖岘，处性廉儒，风规可则。"又《唐文拾遗·朝散大夫使持节韶州诸军事守韶州刺史上柱国陈府君墓志铭（并序）》卷二十九："处性冲厚，时誉畅茂。"清·黄以周《续资治通鉴长编拾补》卷十二："监察御史常安民立心凶险，处性颇邪。"此人狡诈凶险，对人处事非常邪恶。《大词典》收有类似词条"处物"，故"处性"也应补收。

【圣化】

对曰："草野陋儒，无补圣化。"(《渑水燕谈录·高逸》卷四）

按："圣化"指帝王的教化。"圣"，古之王天下者。亦为对于帝王的极称。《吕氏春秋·求人》："古之有天下者七十二圣。"《史记·秦始皇本纪》："秦圣临国，始定刑名，显陈旧章。"唐·李商隐《韩碑》诗："元和天子神武姿，彼何人哉轩与羲，誓将上雪列圣耻，坐法宫中朝四夷。"宋·苏轼《和张昌言喜雨》："二圣忧勤忘寝食，百神奔走会风云。""化"指改变人心的风俗；教化；教育。《周易·乾》："善世而不伐，德博而化。"三国魏·阮籍《乐论》："夫金石丝竹、钟鼓管弦之音，干戚羽旄进退俯仰之容，有之，何益于政？无之，何损于化？"明·康海《大复集序》："弘治时，上兴化重文，士大夫翕然从之。"则"圣化"二语素构成偏正式的复合词，指帝王的教化。二语素结合成词在汉代已见用例，如

《汉书·匡张孔马传》卷八十一："今长安，天子之都，亲承圣化，然其习俗无以异于远方，郡国来者无所法则，或见侈靡而放效之。"在封建帝王时代，该词是一个非常常见的词，历代均有大量的用例，如《宋书·王韶之传》卷六十："方今圣化惟新，崇本弃末，一切之令，宜加详改。"《全梁文》卷五十九："法师精理之秀，擅高日下，俱沐圣化，独游神明，深鉴道蕴，洞识宗途。"唐·刘肃《大唐新语》卷二："且高黎小丑，潜藏山海，得其人不足以彰圣化，弃其地不足以损天威。"明·罗懋登《三宝太监西洋记》第八十六回："惟我神将，幸沾圣化。"清·褚人获《隋唐演义》第二十回："今陛下造显仁宫，欲显圣化，与舜文同埶，诚古今盛事，臣等敢不效力？"蔡东藩《秦汉演义》第八十四回："遂答道：'海滨遐远，未沾圣化，百姓为饥寒所迫，又无良吏抚慰，不得已流为盗贼，弄兵潢池。……'"由以上丰富的文例可证，《大词典》当补收"圣化"一词。

【扃护】

室有二厨，贮书，牙签黄袱，扃护甚严。(《癸辛杂识·韩彦古》前集）

按："扃"，《说文·户部》："外闭之关也。从户，冋声。"《广韵·青韵》："扃，户外闭关。"《大词典》释义"扃"为：①从外关闭门户的门闩。②关闭。③门户。因此，"扃"可由"门或门锁"引申为"像门或门锁那样起保护防护作用。"如"扃闭""扃锢""扃键""扃锁""扃关"等《大词典》已收词汇。《说文·言部》："護，救视也。从言，蒦声。"《玉篇·言部》："護，救护也。"故"护"即"保护；遮蔽"。"扃护"即为"用扃锁着或类似扃锁起遮蔽保护作用的行为，泛指各种保护"。"扃护"在文献典籍中的用例，如唐·戴孚《广异记》卷十一："有里正从寺门前过，门外金刚有木室扃护甚固，闻金刚下有人语声。"这里指木室外的门锁甚牢。亦有"扃护"活用用法，如宋·欧阳修、宋祁《新唐书》列传第一百回："太和九年，京师讹言郑注为帝治丹，剔小儿肝心用之。民相惊，扃护儿曹。"这里"扃护"活用为"像锁护着门一样，有保护能力的"，即父母像门锁护家一样各自护着自己的儿辈。清·翟灏《湖山便览》卷三："天章焕烂耀泉石，合加扃护辞嚣喧。"《大词典》当补该词。

第二节 动词的漏收

动词表示的是动词行为，记录的是事件。笔记小说中往往记录了当时社会的一些行为活动，而这些活动在文献中抽象为词，但辞书编纂者如未阅读到此类文献，则这种动词往往会被忽略。而且同样的动作行为也许在别的文献中抽象为别的词语，而在唐宋笔记中又概念化成另一种说法，或者同类事件概念化出同类词语，而大型辞书在收录词语的时候，由于调查的缺陷，往往会顾此失彼。即使是同一语义场中的成员，有时候也只收录了一些而遗漏了另一些。它们包括如下情形。

一 言说思考类动词

我们所定义的言说类比较宽泛，只要是与言语有关的，我们都收在此类。

【深诘】

《世说》谓孔文举有二子，大者六岁，小者五岁，相去才一岁耳，而传谓十二男七岁女，相去悬绝，不可深诘。(《野客丛书·王章孔融儿女》卷一)

按："深诘"一词在文献中出现了三次。除上例外，再如《野客丛书·汉人称谓》卷二十三："又如《史记·袁盎传》，其兄之子种谓盎曰：'君能日饮亡苛'，《汉书》作'丝能日饮亡何。'二史所云，不同如此，是未可深诘也，固虽当时风俗浑厚，又不应以侄对叔，辄称其字之理。"又《野客丛书·张祐经涉十一朝》卷二十四："按《松陵集》时事在咸通间，龟蒙所谓死未二十年之语推之，祐死于宣宗大中之初年，是祐经涉十一朝也，计死时且百二十岁，其寿如此之长，是未可深诘也。"此三例，皆可解释为"深入追究"。"深"有"深入""严酷、苛刻"之义。如唐·杨巨源《和卢谏议》："炉香深内殿，山色明前除。"《史记·刺客列传》："荆轲知太子不忍，乃遂私见樊于期曰：'秦之遇将军可谓深矣，父母宗旨皆为戮没。'""诘"，《说文·言部》："诘，问也。"故"诘"有"追问、询问"之义，如《老子》："视之不见，名曰'夷'；听之不闻，名曰'希'；搏之不得，名曰'微'。此三者不可致诘，故混而为一。""深诘"一词是一个偏正式的复合动词，在文献中多有用例，如宋·沈括

《梦溪笔谈》："余闻其言怪，兼复甚秘，不欲深诘之。今夬与雍、玠皆已死，终不知其何术也。"明·沈德符《万历野获编》："两公语大都皆如此。余心知其非诚言，然不敢深诘。"清·徐时栋《烟屿楼笔记》："故去留生死，一任作者之颠之倒之而已。且元稹隐己姓名，捏称张生，则崔之姓，莺莺之名，又焉知非假借者乎？此等文字，听其存留而已，不必深诘也。"《大词典》收录了"深求""深究""深竟"等结构相似的同义词，因此，"深诘"也理应被收入。

【作奏】

儿宽为延尉汤作奏，即时得可。(《野客丛书·龚张对上无隐》卷二)

按："作奏"应释为"撰写向帝王上书或进言的文书。""作"，《故训汇纂》："作，谓作文也。"如《周易·击辞下》："作《易》者，其有忧患乎？"汉·王逸《〈楚辞·天问〉序》："《天问》者，屈原之所作也。何不言问天？天尊不可问，故曰天问也。"而"奏"，《说文·夲部》："奏，进也。从夲，从廾，从屮；屮，上进之义。"由此可知"奏"的本义为"进；奉献"，引申为"臣子上帝王的文书"，《玉篇·夲部》："奏，书也。"《全汉文·孔衍》："子国孙衍为博士，上书辩之云云。奏上，天子许之，未即论定而遇帝崩，向又病亡，遂不果立。"故"作奏"可以解释为动词义"撰写向帝王上书或进言的文书"，该词早在汉代已见用例，如《汉书·王莽传下》："及安疾甚，莽自病无子，为安作奏，使上言：'兴等母虽微贱，属犹皇子，不可以弃。'"南朝梁·萧统《昭明文选》"汉书，张竦为陈崇作奏曰：日不移晷，霍然四除。"再如《野客丛书·史记简略》卷十二："汤大惊，召宽与语，乃奇其材，以为掾，上宽所作奏，即时得可。"宋·苏轼《东坡志林》："遂大雨三日，岁大熟。吾作奏检具言其状，诏封明应公。吾复为文记之，且修其庙。"明·蒋一葵《尧山堂外纪》："王素一日欲作奏论事，方据几秉笔，忽瞑目，梦至一处。"清·佚名《张文襄公事略》："尝佐豫抚、鲁抚幕，又尝代给事中陆秉枢作奏言事，其文光采震动，为上所惊，荷旨奖问。"蔡东潘《宋史演义》："恕遂诬奏司马光、范祖禹等，曾指斥乘舆，又令王珪为高士京作奏，述先臣遵裕临死，曾密嘱诸子，有叱退士充，乃立今上等事。"此外，"作奏"的动词义还可以转指为名词义，指"向帝王进言的文书"。如《资治通鉴·中宗孝宣皇帝中神爵元年》："时羌降者万余人矣，充国度其必坏，欲罢骑兵，屯田以待其敝。作奏未上，会得进兵玺书，充国子中郎将印惧，使客谏充国曰：'诚令兵出，破军杀将，以倾国家，将军守之可也。'"清·皮锡瑞《经学历史》:"是则作奏虽工,葛龚之名未去;建国有制,节度之榜犹存。"《大词典》应分名、动词二义补录"作奏"。

【罕知】

仆谓此皆传之所有,人所共知。有一事见于他集中,传所不载,人所罕知,姑摭出以资博闻。(《野客丛书·吾丘寿王论》卷二十二)

按:"罕知"意为"很少了解,很少知道"。"罕",《玉篇·网部》:"罕,稀疏也。"如《汉书·张禹传》:"灾变之意,深远难见,故圣人罕言命,不语怪神,性与天道,自子贡之属不得闻,何况浅见鄙儒之所言。""知",《说文·矢部》:"知,词也。从口,从矢。"段玉裁注:"'词也'之上当有'识'字。"《玉篇·矢部》:"知,识也。"如《淮南子·原道训》:"故机械之心藏于胸中,则纯白不粹,神德不全,在身者不知,何远之所能怀!"故"罕知"可解释为"很少了解;很少知道"。"罕知"一词在《野客丛书》中共出现两次,除以上例证外,还有如《野客丛书·以点心为小食》卷三十:"《漫录》谓:'世俗例以早晨小食为点心,自唐已有此语。郑傪为江,淮留后,夫人曰:尔且点心。'或谓小食亦罕知出处。"该词在其他文献中也多有用例,如《北齐书·封隆之传》:"隆之自义旗始建,首参经略,奇谋妙算,密以启闻,手书削稿,罕知于外。"《旧唐书·列女传》:"伏以闾里之中,罕知礼教,女子之性,尤昧义方。"宋·费衮《梁溪漫志》:"然人罕知其故,按唐制凡反逆相坐没其家为官奴婢,反逆家男女及奴婢没家皆谓之官奴婢,男年十四以下者配司农,十五以上者以其年长令远京邑,配岭南为城奴也。"《宋史·宰辅一》:"自时而后,曾巩、谭世勋、蔡幼学、李焘诸人皆尝续为之。然表文简严,世罕知好,故多沦落无传。"明·严从简《异域周咨录·南蛮》:"是岁主试学士李东阳、程敏政发策,以刘静修《退斋纪》为问,人罕知者。江阴徐经与南畿解元唐寅举答无遗,矜夸喜跃,舆议沸腾。"清·况周颐《餐樱庑随笔》:"楚军名由此起。近人辄以湘军、淮军对举,罕知湘与楚之各别者。"许指严《十叶野闻》:"有某公使夫人者,与公主契合,谓为满洲妇女中第一流人物,德容言工俱备,惜未游历外国,罕知世界大势。"《大词典》收录了"罕见""罕闻"等与"罕知"结构相同的词,失收了"罕知"一词,应当补录。

【叩恳】

死无良医,幸公哀我,得并别作商量之说免之。尤荷公孙黑辞职,既而又使子为卿,子产恶之。至恳至叩,不胜激切。(《癸辛杂识·荐杨诚

斋》前集)

按："至恳至叩"即"真心诚意"的意思，其中"叩"可释为"诚恳；真诚。"《广雅·释训》："叩，亦诚也。""叩叩，诚也。"《大词典》收录有"叩诚""叩叩""叩请""叩咨""叩询"，以上五例中"叩"都释为"诚恳"义。"恳"，《玉篇·心部》："恳，诚也；信也。"《集韵·很韵》："恳，诚也。"《大词典》释"恳"为："真诚，诚挚。"如《三国志·吴志·陆凯传》："乃心公家，义形于色，表疏皆指事不饰，忠恳内发。"唐·黄滔《上侯博士圭启》："唯倾丹恳，翘瞩重言。"前蜀·杜光庭《青城令莫庭又为副使修本命周天醮词》："遍天地阴阳之府，周星辰日月之宫，沥恳披心，祈恩悔过。"《汉语大字典》亦释"恳"为"诚信；真诚"。如唐·玄应《一切经音义》卷四引《通俗文》："至诚至恳。"《资治通鉴·唐宪宗元和十四年》："愈虽狂，发于忠恳。"胡三省注："恳，诚也。"综合以上语料，"至恳至叩"有"真心诚意"的意思。

经考察我们发现 A×1A×2 结构（×1×2 为相同词性，故都标记为×）成语中有相当部分的×1×2可以成词，能直接说×1×2，或×2×1（如"碍足碍手"就只能说成×2×1的格式——"手足"），或×1×2、×2×1两种形式都能成词，如："各式各样"——"式样""样式"；"好来好去"——"来去""去来"；"花言巧语"——"言语""语言"；"患得患失"——"得失""失得"等。我们发现这些×1×2和颠倒过来的×2×1的词在某些义项层面有重合的部分。由此可猜想，"恳叩"或"叩恳"也有为词的可能，并且某些义项可能同时具有。另外，由"叩咨""叩询"可推想是否也存在他们的同类词"叩求""叩问"。

从语料调查结果来看，"叩恳"比其同素逆序词"恳叩"多很多，"叩求""叩问"则在清代小说中使用相当频繁，明朝和民国时期也有不少。由此，以上四例都是应该成词的。

"叩恳"一词从语料中可得两个义项：①"恳求"；"请求"；②"恩准"；"同意"。

①"恳求、请求"

按：此处"叩"为"诚恳；真诚"意，"恳"则为《大词典》释"请求；干求"意，如宋·岳珂《桯史·铁券故事》："其属张逵为画计，使请铁券，既朝辞，遂造堂袖札以恳。"《正字通·心部》："恳，欲借为干求意。"清·吴敬梓《儒林外史》第二十五回："你鲍太爷在我们太老爷跟前恳个情罢。"《汉语大字典》同样释"肯"为"请求"意。清·李汝珍《镜花缘》第六回:"况嫦娥自从与我角口,至今见面不交一言,我又何必恳他。"参考语料中实际用例,可以推测"叩恳"的"恳"有"请求"的意思。"叩恳"在文献中的其他用例有:明·孙高亮《于少保萃忠传》第十三回:"那正统帝忙跪下求免,诸大臣皆而三叩恳。"正统帝下跪求饶,众大臣也多次请求饶命。清·褚人获《隋唐演义》第三十二回:"狄去邪忙跪下叩恳道:'去邪奉差,误入仙府,今进退茫茫,伏乞神明指示。'"清·佚名《施公案》第一七一回:"今犯妇怀孕三月有余,叩恳青天垂怜,格外施恩,暂且莫动刑具。"以上用例中,"叩恳"皆为"恳求、请求"的意思。

②"恩准;同意"

按:此义项由"恳求、请求"的行为动作转引成结果"恩准;同意"。如清·贪梦道人《彭公案》第七十回:"身念结发之情,无故被杀,因此抖胆冒犯虎威,惟求叩恳。大人秦镜高悬,拿获凶犯,与小人辨此冤抑,伏乞洞鉴。"文中"我"为替妻子申冤不惜冒犯虎威只求"大人"恩准同意明查此案捉拿凶犯。

另,"恳叩""叩求""叩问"分别释义如下:

【恳叩】

按:"恳叩"为"叩恳"义项①的同素逆序词,亦为"恳求;请求"。其在文献中的其他用例有:唐·王定保《唐摭言》卷八:"时已六月,恳叩公,希奏置举场。"六月份的时候请求"公"上奏重置科举考场。宋·郑刚中《北山集》卷一:"而使螟螣在于朝行,乌雀游于殿陛,臣亦胡颜以宁。三陈恳叩之章,屡犯尊严之怒,必期窜逐以允师言。"宋·韦骧《钱塘集》卷十二:"躬临法会,敷扬梵典,凭释众之勤恳叩佛慈,更效华封之祷。"从以上这几例都易看出"恳叩"即"请求"之义。

【叩求】

按:"叩求"同"叩请"(诚恳地请求)。如:明·凌蒙初《二刻拍案惊奇》卷六:"金生道:'金定姓刘,淮安人氏,先年乱离之中,有个妹子失散,闻得在将军府中,特自本乡到此,叩求一见。'"清·储仁逊《八贤转》第五回:"大人明鉴如神,监生认罪。叩求大人恩施格外。'"前例是恳求一见,后例是请求大人格外施恩。可见"叩求"在此都是"叩请"的意思。

【叩问】

按:"叩问"意为"询问;打听。"《大词典》释"叩"为:"探问;

询问。"如《论语·子罕》："我叩其两端而竭焉。"南朝·梁武帝《撰孔子正言竟述怀诗》："孤陋乏多闻，独学少击叩。"宋·陆游《老学庵笔记》卷十："予幼小不能叩所出，至今悔之。"清·蒲松龄《聊斋志异·香玉》："生略叩生平。"苏曼殊《无题》诗："水晶帘卷一灯昏，寂对山河叩国魂。"《汉语大字典》也释"叩"为"探问；询问。"如《明季稗史初编·僚事杂志》卷十四："待之极恭，叩以边事。"综合两字解释，可释"叩问"为"询问；打听"。"叩问"在其他文献中的用例，如宋·徐梦莘《三朝北盟会编》卷一百四十七："非叩问再三，知其能办，然后自为文榜。"明·冯梦龙《东周列国志》第四十八回："回家闷闷不悦，妻子叩问其故。"总结以上两例语境，"叩问"还均含有详细询问、细细打听的意思。

【建谋】

完颜亮窥江之时，步帅李捧建谋，欲断吴江长桥以扼突奔。(《癸辛杂识·断桥》后集)

按："建谋"意为"提出计谋、谋略。"《说文·廴部》："建，立朝律也。"《玉篇·廴部》："建，竖立也。"汉·班固《汉书·东平思王刘宇传》卷八十："建欲使我辅佐天子。"颜师古注："建，谓立其议。"再如宋·司马光《资治通鉴·汉纪八》："袁盎等皆建以为不可"，胡三省注："建，建议也。"由上语料，"建"有"提出"之义。"谋"，《说文·言部》释为："虑难曰谋。"如《韩非子·存韩》："道不通则难必谋。"《广雅·训诂四》："谋，议也。"《玉篇·言部》："谋，谋计也。"如《左传·昭公十三年》："有主而无谋。"杜预注："谋，策谋也。"《文选·丘迟〈与陈伯之书〉》："赞帷幄之谋。"上引《癸辛杂识》文意为：完颜亮在江边蠢蠢欲动之时，步兵将帅李捧提出的谋略是切断吴江长桥以防后患。《大词典》收有"建策、建书"等同类词。"建谋"在文献中早有用例，如西晋·潘岳《晋潘黄门集》附录："俄而秀遂诬岳及石崇、欧阳建谋奉淮南王允、齐王冏为乱，诛之，夷三族。"唐·李延寿《南史》卷六十三："是时，齐遣郭元建谋袭建邺，又遣其大将东方老等继之。"宋·薛居正《旧五代史》卷九十九："乃逾垣出就洪信兵，共护晋高祖，杀建谋者，以少主授王宏贽。"清·张廷玉《明史》卷二百七十六："咸建谋于上官，先期遣使行赂，兵乃不入城。"从大型辞书的内部语义系统看，"建谋"也是"建策"语义范畴中的成员，故当补。

【规赞】

有孔目官贺隐者，亦返俗僧也，端贞俭约，始为腹心，凡有阙政，赖其规赞。（《北梦琐言·成令公为蛇绕身》卷四）

按："规赞"意为"规谏辅佐"。《诗经·小雅》："规，谓正其已失"，孔颖达疏："诲宣王得失。"《国语·楚语上》："规，规谏也"，韦昭注："在舆有旅贲之规。"因此"规"有"规劝，谏诤"之义。如《左传·襄公十一年》："思则有备，有备无患，敢以此规。"唐·元稹《崔郾授谏议大夫制》："夫以朕之不敏不明，托于人上，月环而其七，而善恶蔑闻。岂谏争之臣，未尽规于不德耶？"而"赞"有"辅助，帮助"义，如《尚书·大禹谟》："益赞于禹曰：'惟德动天，无远弗届。'"孔传："赞，佐。"晋·潘岳《夏侯常侍诔》："内赞两宫，外宰黎蒸。"宋·陆游《老学庵笔记》卷五："南齐武帝崩，郁林王即位，明帝谋废立，右仆射王晏尽力相之。从弟思远谓晏曰：'兄荷武帝厚恩，一旦赞人如此事，何以自立？'"因此，双音节复合词"规赞"之词义为二单音节语素的叠加，即"规谏辅佐"义，如《南齐书·始安贞王道生列传》："高宗辅政，遥光好天文候道，密怀规赞。"《汉魏南北朝墓志选·魏故龙骧将军洛州李使君墓志》："水土之务，平和实难，规赞均明，无思不治。"宋·司马光《资治通鉴》卷二百七十九："帝深以时事为忧，尝从容让卢文纪等以无所规赞。"清·毕沅《续资治通鉴》卷一百三十六："足下以书生为人幕府，不能以此事规赞主帅，而反咎主人以不敛于民，岂不异哉！"以上四例皆"规谏辅佐"之义。且《大词典》将"规佐"释为"规谏辅佐"，将"规弼"释为"规划辅佐"，那么，作为结构相同、意义相同的"规赞"，《大词典》当补收。

【悲忆】

非熊在冥间闻之，甚悲忆，遂以情告冥官，皆悯之，遂商量却令生于况家。（《北梦琐言·顾非熊再生》卷八）

按："悲忆"意为："悲伤地想念。"《说文·心部》："悲，痛也。"《淮南子·精神》："故终身为悲人"，高诱注："悲，哀也。"因此"悲"有"哀痛，伤心"义。如《诗经·豳风》："女心伤悲，殆及公子同归。"《古诗十九首·西北有高楼》："上有弦歌声，上有弦歌声，音响一何悲。"唐·温庭筠《玉蝴蝶》："摇落使人悲，断肠谁得知。"《广韵·职韵》释"忆"为："忆，念也。"《集韵·职韵》释"忆"为："忆，思也。"《大词典》对"忆"的解释则为："思念；想念。"如《关尹子》六七："心忆者犹忘饥，心忿者犹忘寒。"唐·韩愈《次邓州界》："潮阳南去倍长沙，恋阙那堪又忆家。"《汉语大字典》对"忆"的解释也为："思念；想念。"如《乐府诗集·相和歌古辞》："上言加餐食，下言长相忆。"唐·贾岛《寄山中王参》："别来千余日，日日忆不歇。"因此，综合以上语料可知"悲忆"的意思是"悲伤地想念"。"悲忆"在其他文件中的典型用例有：唐·惠详《弘赞法华传》："自从终亡以后。旦夕悲忆。齐郡去太山祠不远。"唐·罗隐《中元甲子以辛丑驾幸蜀四首》："九庙有灵思李令，三川悲忆恨张仪。"元·高明《蔡伯喈琵琶记》："对真容形哀貌枯，想灵魂悲忆痛苦。"

《大词典》收录了"悲吟""悲泣""悲恨""悲怅""悲悼"等诸多偏正同构词，漏收"悲忆"。上引《北梦琐言》文意为："非熊在冥间听见，甚是悲伤地想起了他的父亲，于是将此告诉了冥间官，大家都很同情他，所以商量后决定让他又投胎在况家。"

【苟媚】

今世希酒炙之徒托公侯之势，取容苟媚，过于优旃，自非厚德严正之人未有不为此辈调笑也。(《北梦琐言·张林多戏》卷十二)

按："苟媚"意为"卑贱的奉承。""苟"可释为"随意奉承。"宋·苏轼《乞赐度牒修廨宇状》："其余率皆因循支撑，以苟岁月。"《汉语大字典》释"苟"为："苟且，随便。"《论语·子路》："君子于其言，无所苟而已矣。"《吕氏春秋·遇合》："故君子不处幸，不为苟，必审诸己然后任，任然后动。"《后汉书·阴兴传》："第宅苟完，裁蔽风雨。"可见"苟媚"的"苟"应有"卑贱，苟且"之意。《大词典》释"媚"则为："逢迎取悦。"如《孟子·尽心下》："阉然媚于世也者，是乡原也。"明·冯梦龙《智囊补·杂智》："有缙绅媚一权贵，求的王杯为寿。"《汉语大字典》对"媚"的第二项解释是："巴结；讨好。"如《正字通·女部》："媚，谄媚。又亲顺也。"《诗经·大雅》："维君子使，媚于天子。"朱熹注："媚，顺爱也。"《新唐书·王世充传》："饰台沼，阴奏远方珍物以媚帝，帝爱昵之。"综合以上语料可知，"苟媚"意为"随意的奉承。""苟媚"在其他文献中的典型用例有：晋·陈寿《三国志》卷六十五："是以正士摧方，而庸臣苟媚，先意承旨，各希时趣，人执反理之评，士吐诡道之论，遂使清流。"唐·封演《封氏闻见记》卷九："镐起自布素，一二年而登宰相。正身特立，不肯随意奉承。阉官去来，以常礼接之。"宋·欧阳修《新唐书》卷一百五十七："公者直己不求诸人，则罹困厄；

奸者行私苟媚于众，则取优崇。"此例是说严于律己的人性格清高不肯求人，所以常遇困难；而奸诈的人就懂得献媚取悦于大众，所以一帆风顺。清·顾炎武《日知录》卷十七："遥与晋卿苟媚朝廷，又无廉洁之操，取舍偷滥，甚为当时所丑。"上例说的是吏部侍郎宋遥、苗晋卿谄媚朝廷，毫无廉洁的操守，贪污受贿，名声败坏。同时，《大词典》收录了"苟合""苟利""苟容"等偏正结构双音词，其中"苟"字的意思均为"苟且"，因此《大词典》失收"苟媚"。

【嗟悯】

预戒军巡，以犯夜戮之，湘人俱闻，莫不嗟悯。（《北梦琐言·马希声谋杀沈申》逸文卷一）

按："嗟悯"指"嗟叹怜悯。"《玉篇·口部》："嗟，嗟叹也。"因此"嗟"意为："叹息，怜悯。"如《易经·离》："日昃之离，不鼓缶而歌，则大耋之嗟。凶。"《汉语大字典》释"嗟"为："感叹；叹息。"唐·崔峒《送冯八将军奏事毕归滑台幕府》："自叹马卿常带疾，还嗟李广不封侯。"清·韩则愈《雁山杂记》："于是瓯商复集，民间不嗟食无盐矣。"《大词典》中"嗟"意为："叹词，表悲伤。"如《诗经·周南》："嗟我怀人，置彼周行。"《后汉书·冯衍传》："嗟我思之不远兮，岂败事之可悔？"同时《大词典》还收录有"嗟愍"一词，如《魏书·高祖纪上》："去秋淫雨，洪水为灾，百姓嗷然，朕用嗟愍，故遣使者循方赈恤。"其中"愍"通"悯"。《大词典》释"悯"则为："怜悯；哀怜。"如北齐·颜之推《颜氏家训·省事》："然而穷鸟入怀，仁人所悯，洗死士归我，当弃之乎？"唐·韩愈《贺雨表》："陛下悯兹黎庶，有事山川。"《汉语大字典》释"悯"为："怜恤；哀怜。"如唐·周昙《公子无忌》："能悯钝拙诛豪俊，悯弱摧强真丈夫。"宋·王迈《简同年刁时中俊卿》："吏则日饱鲜，谁悯民艰食？"《老残游记》第六回："其饥寒之状殊觉可悯。""嗟悯"在其他文献中的用例有：宋·李昉《太平广记》："预戒军巡，以犯夜戮之，湘人俱闻，莫不嗟悯。"清·顾炎武《日知录》卷三十："通直散骑侍郎虞愿侍侧，曰：'此皆百姓卖儿贴妇钱所为，佛若有知，当慈悲嗟悯。罪高浮图，何功德之有！'"清·魏秀仁《花月痕》第十九回："堪嗟悯！怜才慕色太纷纷。"《大词典》也收录有"嗟讶""嗟惜""嗟慨""嗟美"等诸多并列结构双音动词，且"嗟"字在其中的意思都是"叹息"，所以《大词典》理应同样收录"嗟悯"。

【察量】

惟祈圣明，特赐察量，更存细微，别具札子，冒犯冕旒。(《邵氏闻见录》卷六)

按：此处"察量"即"考虑"义，为"考察衡量"。根据《广韵·黠韵》："察，监察也。"《正字通·宀部》："察，考也。"如《论语·卫灵公》："众恶之，必察焉；众善之，必察焉。"《新唐书·百官志三》："监察御史十五人，正八品下，掌分察百寮，巡按州县。"宋·王安石《与王子醇书》之三："窃谓公厚以恩信抚属羌，察其材者收为之用。"《红楼梦》第六十九回："我听见这话气的什么儿似的。后来打听是谁说的，又察不出来。"毛泽东《陕甘宁边区政府第八路军后方留守处布告》："察其原因，不外有少数顽固分子，不顾民族国家利益，恣意妄为。""量"即"衡量"。故"察量"是一个并列结构的动词，该词在其他历史文献中也有出现，如宋·兰溪道隆《大觉禅师语录》卷下："朝暮勿忘。提个话头动静自看。如何是道。平常心是道一句。反复察量。待自己之道朗明。方名为工夫灵验。"蔡东藩《后汉演义》："今请先考核左右，诛贪惩浊，复大赦党人，察量二千石刺史能否拨乱致治，虽有盗贼，亦无虑不平了！"且《大词典》收录了"察考""察究"等同结构动词，故"察量"一词应补收。

【鞫验】

鞫验事状明白，乃加诛，亦何晚焉？(《涑水记闻》卷二)

按：此处"鞫验"有"查问验证"之意。《玉篇·革部》："鞫，问鞫也。""鞫"为"查究，查问"义。如《汉书·车千秋传》："未闻九卿廷尉有所鞫也。"颜师古注："鞫，问也。"宋·叶适《国子祭酒赠宝谟阁待制李公墓志铭》："武臣子谤讪，鞫于临安。"《玉篇·马部》："验，征也，证也。""验"为"验证；证实"义。如《韩非子·南面》："言无端末，辩无所验者，此言之责也。"《史记·孟子荀卿列传》："其语闳大不经，必先验小物，推而大之，至于无垠。""鞫验"一词的"鞫"和"验"为两个并列的动词语素，该词在其他文献中也有用例，如《全唐文·文宗皇帝一》："朕以事状之间，虑其冤滥；鞫验之际，须务详明。"宋·李心传《旧闻证误》："及鞫验，事皆虚，继隆坐罢招讨，知秦州。"元·张光祖《言行龟鉴》："鞫验事状明白，加诛何晚。"《大词典》收录了"鞫实""鞫勘"，那么，"鞫验"作为同构近义词也应当收录。

【申绎】

奭每上前说经，及乱君亡国之事，反复申绎，未尝避讳，因以规讽。(《涑水记闻》卷四)

按：此处"申绎"有"解释说明"之义。"申"有"说明、表明"义。这一义项来源已久，如《礼记·郊特牲》："大夫执圭而使，所以申信也。"《楚辞·九章·抽思》："道卓远而日忘兮，愿自申而不得。"《说文·糸部》："绎，抽丝也。从糸睾声。羊益切。""绎"义为"寻绎，理出事物的头绪"，引申为"解析"。如《论语·子罕》："巽与之言，能无说乎？绎之为贵。"《汉书·循吏传·黄霸》："吏民见者，语次寻绎。""申绎"为同义连言复合词，该词在其他文献中也有用例，如《宋史·叶适传》："召入对，言于宁宗曰：'陛下初嗣大宝，臣尝申绎《卷阿》之义为献。'"此例的意思是，叶适被召入宫回答皇上的问话，说："陛下刚在大殿继位，我曾屡次说明屈身之义作为谦让之礼。"（按：《卷阿》为《诗经·大雅》篇名。）又清·纪昀等《四库全书总目提要》："至干道中，翁葆光始析为三篇，作注以申绎其义。"清·孙诒让《周礼正义》卷十三："通校礼经，无不符合。今依其义，更为申绎。"《大词典》收录了"申说""申述"，那么，"申绎"也应当收录。

【对辨】

中丞赵昌言以狱辞闻，收钦若下台对辨，上虽知其情，终不许。(《涑水记闻》卷七)

按：此处"对辨"有"对答辩解"之意。《广韵·队韵》："对，答也。应也。""对"有"应答"义，如《诗经·大雅·桑柔》："听言则对，诵言如醉。"郑玄笺："对，答也。"唐·韩愈《答刘正夫书》："或问：为文宜何师？必谨对曰：宜师古圣贤人。""辨"通"辩"，有"辩解；分说"义，如《荀子·正名》："实不喻然后命，命不喻然后期，期不喻然后说，说不喻然后辨。"王先谦集解："若说亦不喻者，则反复辨明之也。"唐·韩愈《赠崔复州序》："苟有不得其所，能自直于乡里之吏者鲜矣，况能自辨于县吏乎？"宋·章炳文《搜神秘览》："官府栲讯就狱，（旻）不能自辨。""对辨"为两个动词语素并列复合而成。该词在其他文献中也有用例，如唐·王方庆《魏郑公谏录》卷二："若事无指的，万均必是有辞，遣大将军与破亡妇女对辨奸秽，辞既不伏，听者必疑。"南宋·佚名《名公书判清明集》卷十："词穷理屈，又谓妻盗搬房奁器皿，及勒令对辨，则又皆虞氏自随之物。"《宋史》卷八十二："臣等尝陈请于太史局官对辨，置局更历，迄今未行。"清·黄以周等《续资治通鉴长编拾补》卷十八："恕曾上章乞与贼臣惇各被五木对辨于御史府，不降出。"《大词典》收录了"对论""对讲""对语"之类的同构词，那么，"对辨"也应当收录。

【贡聘】

谓自祖先之世，于今八十余年，臣事中朝，恩礼无所亏，贡聘无所怠，何期天子一朝见怒，举兵来伐？（《涑水记闻》卷十四）

按：此处"贡聘"为"进贡聘问"之意。《广雅·释言》："贡，献也。""贡"有"进贡；进献方物于帝王"之义，如《尚书·禹贡》："任土作贡。"孔颖达疏："贡者，从下献上之称。"晋·孙楚《为石仲容与孙皓书》："自兹遂隆，九野清泰，东夷献其乐器，肃慎贡其楛矢。"唐·杜甫《自京赴奉先县咏怀五百字》："彤庭所分帛，本自寒女出。鞭挞其夫家，聚敛贡城阙。"《尔雅·释言》："聘，问也。"《说文·耳部》："聘，访也。"《大词典》释"聘"为"聘问。专指天子与诸侯或诸侯与诸侯间的遣使通问"，如《礼记·曲礼下》："诸侯使大夫问于诸侯曰聘。"《国语·周语中》："定王使单襄公聘于宋。遂假道于陈，以聘于楚。"韦昭注："聘，问也。问者，王之所以抚万国，存省之也。"汉·赵晔《吴越春秋·阖闾内传》："（阖闾）既得宝剑，适会鲁使季孙聘于吴，阖闾使掌剑大夫以莫耶献之。""贡聘"为两个动词语素并列构成的复合词，该词在其他文献中也有用例，如东汉·赵晔《吴越春秋·夫差内传第五》："王曰'寡人知之'未兴师，会鲁使子贡聘于吴。"唐·房玄龄等《晋书》卷九十七："宣帝之平公孙氏也，其女王遣使至带方朝见，其后贡聘不绝。"《宋史》卷四十九："诸侯贡聘，公卿尽忠，则中阶为之比。"《全唐文》卷七百五十："招携以礼，怀远以德，此国家所以殊俗贡聘不倦，命舌人以通志意，委属国以厚宴享。"《大词典》已收"贡赐""贡纳""贡赋"等同构词，因此，"贡聘"也应该收录。

【徐议】

请先拜酒果之赐，徐议彻乐。（《湖海新闻夷坚续志》前集卷一）

按：此句中的"徐议"，谓"稍后再论"或"慢议"之义。《大词典》虽已收录"徐言"但未收"徐议"一词。"徐言"出现较早，在春秋战国已有用例，"徐议"至六朝才有文献记载，如《全梁文》卷二十五："庶务权与，宜俟隆平，徐议删撰，欲且省礼局，并还尚书仪曹。""徐言"与"徐议"在语义上有相同义素：[+缓慢]、[+说话]，但"徐言"不能同义替换"徐议",二者有着本质的区别,下文中将从语素［言］和［议］入手做详细的分析。

北宋时,"徐议"一词已多有用例,如宋·王钦若《册府元龟》卷三十五:"逸可徐议之,十二月己丑司徒长孙无忌等。"该句中"徐议"已从单字的文言词语组合为状中结构的偏正词语,义为"慢慢地讨论"。再如宋·李纲《靖康传信录》第一章:"益固城守,恐金人款我,此徐议可也。"此句中"徐议"一词谓"从长计议"之义。到了明、清更是被普遍使用,如明·冯梦龙《喻世明言》卷九:"得了官职,然后徐议良姻。"明·罗贯中《三国演义》第十六回:"布曰:'尚容徐议。'"此二句中"徐议"一词与首例句中该词的语义不尽相同,可理解为"有时间慢慢讨论计划"。故"徐议"已具备普遍性和常用性,《大词典》应补收该词。

"徐议"并不能被《大词典》已收录的"徐言"所等同替换。"徐言"与"徐议"之间的语义、语用联系和它们本质的区别可从［言］与［议］来分析。

《说文·言部》:"言,直言曰言,论难曰语。从口,平声。"《说文·言部》:"议,语也。从言,义声。"从中可见"言"是陈述等单纯的言语行为,如《广雅·释诂》:"言,问也。"如《史记·扁鹊仓公列传》:"臣意言王曰:'才人女子坚何能?'"诸如此类,"言"释为"告诉、见解、言辞、号令等",而"议"即"语(论难)"是较复杂的言语行为,如(1)谋虑、谋议,《广雅·释诂四》:"议,谋也。"如《尚书·周官》:"议事以制,政乃不述。"(2)评论是非,《广韵·实韵》:"议,评也。"如《论语·季氏》:"天下有道,则庶人不议。"(3)非议、指责,如《篇海类编·人事·言部》:"议,谪也。"如《韩非子·内储说上》:"今邯郸之去魏也远于市,议臣者过于三人愿王察之。"综上可见,"议"是在"言"基础上的复杂的言语行为,段玉裁《说文解字注》:"云'论难曰语',又云'语论也'。是论、议、语三字,为与人言之称。"故"言"无法也不可能代替"议",因此"徐言"也不可能代替"徐议"的表意,《大词典》应收入"徐议"一词。

【掠问】

问有不杀,则执而掠问珍宝所藏之处。(《湖海新闻夷坚续志》前集卷一)

按:此句中的"掠问"一词,谓"拷问"之义,为状中结构的偏正型词语。"掠"为"鞭笞"义,《广雅·乐韵》:"掠;笞也;治也。"《类篇·手部》："掠，搒也。"如《礼记·月令》："毋肆掠。"郑玄："掠谓捶治人。""掠问"一词在古汉语中多有用例，一般为刑狱用词，如《汉书》卷三百六十八："上遣侍御史、廷尉监逮躬，系雒阳诏狱。欲掠问，躬仰天大噱。"该句中有交代"掠问"的语境所反映的现实环境为"诏狱"，可见突出"掠"的义项。再如《明史》第七十五回："传索帑金，括取币帛。甚且掠问宦官，有献则已，无则谴怒。"该句中"掠问"一词的语境与上例不同，但从语义上均为"鞭笞拷问"义。清·纪昀《阅微草堂笔记》卷十八："刘拟山家失金钏，掠问小女奴，具承卖与打鼓者。"可见"掠问"的受事者范围扩大，亦可知该词的语用范围扩大，从常用于刑狱的词，用到普通的场所并施加于普通人，其更具普遍性。故《大词典》应补录该词。

【会问】

妇人常有往张家会问之意。（《湖海新闻夷坚续志》前集卷一）

按：句中"会问"一词，谓"当面询问"或"当面审问"之义，前者语义色彩较轻，用途更广泛，后者常出现于刑狱用词。该词为《大词典》所漏收。"会"，本义为"会合"，《说文·会部》："会，合也，从人，从曾省。"清·徐灏《说文解字注笺·会部》："会，犹重也，谓相重、相合也。因之凡相遇曰会。"如《素问·五运行大论》："左右周天，余而复会也。"后由此句中的"会合"义引申为"对"义，如《尔雅·释诂上》："会，对也。"《玉篇·曰部》也做此解释，现代汉语中的"会话"一词中"会"亦是此义。"问"为"询问、责问"义，《说文·口部》："问，讯也。从口，门声。"即"会问"谓"当面询问"，后语用范围扩大，产生了"当面审问"义。

"会问"一词出现较晚，始于宋代，如庄绰《鸡肋编》："尝有舟人杀士人一家，乃经府陈状云：'经风涛损失。'更不会问，便判状令执照。"此句中"会问"为"当面审问"义，该词已从单字表义的文言字词发展到状中结构的偏正词语，"会"为"问"的方式。至明清，该词在小说中被频繁用到，如明·沈德符《万历野获编》："必饱所欲，新建疏上，得旨，果即命淮上抚按会问，则事在中丞掌握间矣，其间暧昧不能尽知。"此处"会问"为"当面审问"义。再如明·冯梦龙《东周列国志》第四十九回："三人下车相见。士会问其来意。"朔曰："吾奉父命，前来接应吾子还朝。"上述两例均为"当面询问"之义，语义色彩较轻。鉴于"会问"在古籍中多有出现，并沿用至今，故《大词典》应考虑补收该词。

【勘断】

监试主文以其前两场可采，决无不终场之理，行下根索及将人吏勘断，必欲得之。(《湖海新闻夷坚续志》)

按：句中"勘断"一词，谓"审问裁断"之义。《大词典》虽录入了"勘定"，被释为"核定、校定"和词"勘问"被释为"查问、审问"等，但"勘断"一词却为其所失收，且"勘断"并不能被"勘定、勘问、勘正"等代替表义并取代。"勘"，《说文新附》："勘，校也。从力，甚声。"即"校对；核定"义，如"勘正"一词中的语素"勘"，亦有"审讯；问罪"义，《篇海类编·身体类·力部》："勘，鞫囚也。"如《隋书·薛道衡传》："付执法者勘之。"由"问罪"义引申为"推究"义，如清·曹雪芹《红楼梦》第五回："勘破三春景不长，缁衣顿改昔年妆。""断"本义为"截开、折断"，《说文·斤部》："断，截也。"后词义扩大表示"裁断、决定"，如《周易·系辞》："圣人以通天下之志，以定天下之业，以断天下之疑。"此义一直沿用，如明·罗贯中《三国演义》第一百十三回："老将丁奉，计略过人，能断大事，可与议之。"故"勘断"义为"审问裁断"或"推究断定"。

"勘断"一词在各代文献典籍中亦有诸多用例，唐·陆心源《唐文拾遗》："五日敕，若有犯者，决杖流配，诉虽有理，不申明。今后所陈，与为勘断，耳之罪，准律别科。"宋·曾敏行《独醒杂志》："若是大段刑禁，事关人命，亦须尽理速行勘断，不待淹廷。"此句中"勘断"谓"审问裁断"刑禁之事。清·纪昀《阅微草堂笔记》："俄闻都城隍升座，冥吏白某控某负心事，证人已至，请勘断。"上述两例中"勘断"均用在断定刑案中，可表示事件"鉴定判断"。鉴于《大词典》的收词原则，并综上所述，《大词典》应考虑补录"勘断"一词。

【反责】

老夫知君壮重有守，聊以此相戏耳，毋自反责。(《湖海新闻夷坚续志》)

按：该句中"反责"一词，义为"反而责怪"。"反"，《说文·又部》："反，覆也。"即"翻转"义，后引申为"掉转头（转向相反的方向）"亦有"反省"义，如《孟子·公孙丑上》："自反而木缩，虽褐宽博，吾不惴焉。"赵岐注："人加恶于己，己内自省。""责"，《说文·贝部》："责，求也。"即本义为"索取"，后引申为"责备"，《字汇·贝部》："责，诮也。"如《尚书·秦誓》："责人斯无难，惟受责俾如流，是惟难哉!""反责"一词为《大词典》所漏收,其收录的"反躬自责""反躬"等词,不能等同于"反责",虽在上述例句中与"反躬自责"同义,但从下文中所论的三点亦可知"反责"并非"反躬自责"的缩略式,并不能被其代替。

(1)"反躬自责"的隐形宾语只限"自己",而"反责"的宾语除了如上例中为"自己",还可为其他任何人称,如明·凌蒙初《初刻拍案惊奇》卷十七:"况且爷爷不责小的不孝,反责母亲,小的至死心里不安。"句中"反责"义为"反而责怪",其宾语为"母亲"。再如明·余邵鱼《周朝秘史》第五十四回:"前此一战,赵穿违法归朝,反责臣父,故臣父令臣特来投降。"蔡东藩《两晋演义》:"哪知闵闻言大怒,反责祐离间戎夷,把他处斩,并杀嫂子伯阳,直抵襄国城下,四面围攻。"从此句中"反责"的宾语为一件事,可见"反责"的宾语不仅包括自己、其他人称,还可为某事。通过上述例句可看出"反责"一词的表义范围大于"反躬自责"。《大词典》虽也收入"反躬"一词,义为"反过来要求自己,自我检查。"但也只是在某种情况下与"反责"构成同义词,从上述语例也可看出"反责"的表义范围也大于"反躬",不能被"反躬"代替。

(2)"反躬自责"用于褒义或中性色彩,一般不会用贬义。但"反责"可常用于贬义,表不满的情绪,如明·罗贯中《三国演义》第二十六回:"关公曰:'汝等何故背反朝廷?'都曰:'汝乃背主之人,何反责我?'"再如清·魏文中《绣云阁(上)》:"不自责而反责吾焉,计已左矣,为人父者,亦宜先自正己,以为后人法。"

(3)"反责"的用例出现时间早于"反躬自责",早在唐代"反责"一词就出现在了唐诗里,白居易《箭镞》:"反责镞太利,矢人获罪名。"而"反躬自责"最早的用例为鲁迅《华盖集续编·无花的蔷薇之二》:"假如当局者稍有良心,应如何反躬自责,激发一点天良。"综上所述《大词典》应考虑补收"反责"一词。

【细思】

觉而细思,其日并无策拐者,想是道院铁拐先生。(《湖海新闻夷坚续志》)

按:此句中"细思"一词,谓"仔细思考"义。《大词典》漏收了该词,但录入了与"细思"有相同构词法的一些词,如"细行"一词,被释为"便服出行","细话"一词,被释为"细说";"细玩"一词,被释为"细细体味",及"细语"一词,被释为"低声细语"。

"细",《说文·糸部》:"细,微也。"朱骏声《说文通训定声》:"细者,丝之微也。"即本义为"微小的丝",后泛指"事物细微,与'大'相对。"如《尚书·旅獒》:"不矜细行,终累大德。"孔传:"轻忽小物,积害毁大,故君子慎其微。"由"细微"义引申为"详细;具体"义,如《南史·戴僧静传》:"署事有卿名,我便不复细览也。"

"思",《说文·心部》:"思,容也。从心,囟声。"徐灏笺:"人之精髓在脑,脑主记识,故思从囟。"《集韵·志韵》:"思,虑也。"即"思考;想"义,如苏轼《送安淳秀才失解西归》:"旧书不厌百回读,熟读深思子自知。""细思"谓"仔细思考"义。

"细思"一词,在历代文献典籍中有诸多用例,如宋·王钦若《册府元龟》卷九百一十八:"苏公是宰相公。若害之致天子何地公细思之。"再如宋·李昉《太平广记》卷三百四十八:"便有一无名小鬼赠一篇,殊为著钝。然虽细思之,已是落他芜境。"上述两例中"细思"后均带宾语,表示"仔细思索"。清·陆心源《唐文拾遗》卷八:"朕以郑光元舅之尊,贵欲优异,令免征税,初不细思。"该句中"细思"义为"认真思考"。综上所述,《大词典》应考虑补收"细思"一词。

【具析】

伽蓝等神具析,方行彰露,欲云岁终方敢类奏。(《湖海新闻夷坚续志》)

按:此句中"具析"一词,谓"具体分析"。《大词典》漏收了该词,收录了与"具析"有着相同构词方式的一些词,如"具论"一词,被释为"详细讨论","具告"一词,被释为"详细告诉","具陈"一词,被释为"备陈、详述"。

"具",《说文·廾部》:"具,共置也。"段玉裁注:"共,供古今字,当从人部作'供'。"由"备置"义引申为"具备、完备"义,《广韵·遇韵》:"具,备也,办也。"如《管子·明法》:"百官虽具,非以任国也。"由"完备"义引申出"详尽"义,如《史记·高祖本纪》:"高祖适从旁舍来,吕后具言客有过,相我子母皆大贵。"

"析",《说文·木部》:"析,破木也。一曰折也。从木,从斤。"即本义为"劈;剖。"如唐·玄应《一切经音义》卷十五引《声类》:"析,劈也。"后引申为"分开、分散"义,《广韵·锡韵》:"析,分也。"如《尚书·盘庚下》:"今我民用荡析离居,罔有定极。"由此义引申出"分析、辨认"义,如陶潜《移居二首》:"奇文共欣赏,疑义相与析。"

"具析"一词,在历代文献典籍中有诸多用例,如司马光《涑水记闻》卷十六:"诏二人具析语所从来,皆无以对。"《宋史》卷十五:"李常言青苗敛散不实,有旨具析,翰林学士兼知通进、银台司范镇封还诏书。"明·顾炎武《日知录之余》:"自今举人,凡关食禄之家,委礼部具析以闻,当复试。"句中"具析"为"详细地分析"。再如清·皮锡瑞《经学历史》:"刊误订讹,具析疑滞,有功后学者,又其一。"此句中"具析"指针对"刊误"中的"具体分析"。综上所述,《大词典》应考虑补录"具析"一词。

【类奏】

伽蓝等神具析,方行彰露,欲云岁终方敢类奏。(《湖海新闻夷坚续志》)

按:此句中"类奏"一词,谓"依类进奏"义。《大词典》漏收了该词,收录了与"类奏"有着相同构词方式的一些词,如"类选"一词,被释为"依类选任",和"类义"一词,被释为"根据类似的事例,来说明意义",及"类总"一词,被释为"分类汇总"。

"类",《说文·犬部》:"类,种类相似,唯犬为甚。从犬,类声。"即"种类,许多相似或相同事物的。"《周易·乾》:"本乎天者亲上,本乎地者亲下,则各从其类也。"如《论语·卫灵公》:"子曰:'有教无类。'""奏",《说文·夲部》:"奏,奏进也。"段玉裁以为后一"奏"字为"复举字之未删者。"如《尚书·益稷》:"予乘四载,随山刊木,暨益奏庶鲜食。"后特指向帝王上书或进言,如《尚书·舜典》:"敷奏以言,明试以功。"孔传:"奏,进也。"孔颖达疏:"奏是上进之语,故为进也。"

"类奏"一词,在历代文献典籍中有诸多用例,如《宋史》卷一百六十四:"若宫邸官因事出入,日书于籍,季终类奏。"明·沈德符《万历野获编》:"是年冬,礼部类奏四方所进芝一千八百四本,诏犹以径尺以上者尚少,命广求以进。"上述两例中"类奏"常出现于朝廷用语,用于臣子进言。再如《明史》卷一百十九:"凡会议会推,并令廷臣类奏,取自上裁,用杜专权。"综上所述,《大词典》一般古今兼收,鉴于"类奏"在古代文献中常有用例,故《大词典》应考虑补录"类奏"一词。

【弹举】

后世解经,有极佳处,然观史传所引,又往往不然。似此甚多,不可

殚举。(《野客丛书·解经恶穿凿》卷十三)

按:"殚举"可意为"详尽叙述;详尽举例"。"殚",《说文·歹部》:"殚,殛尽也。从歹,单声。"段玉裁注:"穷极而尽也。"故"殚"有"尽,竭尽"之义,《汉书·诸侯王表》:"而本朝短世,国统三绝,是故王莽知汉中外殚微,本末俱弱,亡所忌。""举",《说文·手部》:"举,对举也。"《广韵·语韵》:"举,言也。"故"举"有"称;言说"及"提出;列举"之义,《礼记·杂记下》:"过而举君之讳则起。"因此,"殚举"可释为"详尽叙述;详尽举例"。该词在其他文献中也多有用例,如宋·罗大经《鹤林玉露》:"'酒债寻常行处有,人生七十古来稀',此七言之拙者也。他难殚举,可以类推。"《宋史·职官一》:"秦、汉及魏、晋、南北朝,官制沿革不常,不可殚举。"明·王士性《广志绎》:"记其绵亘,则阁道八十里,直抵丽山,表南山之阙以为塞,络樊川为池,以木兰为梁,以磁石为门,度渭,象太极阁道抵营室也。其他阳、或阳、平阳,囊泉、长杨、祈年诸宫,不暇殚举。"《清史稿·柯琴列传》:"且以十存二三之文,而谓之全篇,手足厥冷之厥,或混于两阴交尽之厥,其间差谬,何可殚举?"《大词典》收录了与"殚举"结构及意义相似的词"殚述",解释为:"详尽叙述。多用于否定。"故当补录"殚举"一词。

二 破坏兴治保护类动词

【冲圮】

未大水前,预梦告张,求饮食。至其日,率其类遏水头,并不冲圮李宅。(《北梦琐言·崔从事为庙神赐药》卷第十二)

按:"冲圮"意为"冲毁"。"冲"意为:"谓直朝某一方向而去。"如汉·蔡琰《胡笳十八拍》:"杀气朝朝冲塞门,胡风夜夜吹边月。"宋·孙升《孙公谈圃》卷中:"隋开汴河,其势正冲今南京,至城外,迁其势以避之。"《大词典》对"冲"也有类似解释:"直朝某一方向而去。"如《山海经·海外北经》:"有一蛇,虎色,首冲南方。"杜甫《暮秋将归秦留别湖南幕府亲友》诗:"北归冲雨雪,谁悯敝貂裘。""圮"在该词中意为:"毁坏;坍塌。"如《尚书·咸有一德》:"祖乙圮于耿。"孔传:"河水所毁曰圮。"汉·张衡《思玄赋》:"流夫眺夫衡阿合,者见有黎之圮坟。"宋·苏辙《襄阳古乐府·野鹰来》:"嵯峨呼鹰台,人去台已圮。"《宋史·无行志一上》:"嘉泰二年七月丙午,上杭县水,圮田庐,坏稼,尺多溺死。"清·刘献廷《广阳杂记》卷三："乙丑八月初六夜二更，浙抚大堂内火光如斗，自梁滚下……而梁折堂圮。"林森《庐山交芦桥题记》："去秋洪水暴发，桥圮。兹经黄龙寺主持青松重修，行人称便焉。"综上可知"冲圮"有"冲毁，冲垮。"的意思。"冲圮"在其他文献中的用例比较多，具有代表性的有：明·宋濂《元史》卷六十四："今岁水涨，冲决坝堤六十余处，虽已修毕，恐霖雨冲圮，走泄运水，以此点视河堤浅涩低薄去处，请加修理。"清·昭连《啸亭杂录》："癸亥秋，杞县河溢，冲圮衡家楼，上命侍郎那彦宝堵御，经冬未竣。"赵尔巽《清史稿》卷一百二十六："九年，决封丘大王庙，冲圮县城，水由长垣趋东昌，坏平安堤，北入海，大为漕渠梗。"《大词典》收录了"冲淡""冲破""冲塞""冲激"等动补结构双音词，失收"冲圮"。其中"冲塞""冲破"的意义分别为"冲积淤塞"和"冲击突破"。

【坏毁】
　　左廊是修舍桥路人，右廊是坏毁桥路人。(《湖海新闻夷坚续志》)
　　按：此句中"坏毁"一词，为"破坏、毁坏"义。该词与"毁坏"构成同义词，二者为同素异序词，但"毁坏"的义项更多，语用更范围更广，有"颓败、倒塌、破坏、拆除"等义。跟"坏毁—毁坏"构成同义词方式类似的，还有"坏败—败坏"，"坏败"义为"败坏、溃败、衰替"，"败坏"义为"损害、破坏"。《大词典》收录了与"坏毁"有相同构词方式的一些词，如"坏裂"一词，被释为"崩溃"；"坏乱"一词，被释为"破坏、毁乱"，和"坏散"一词，被释为"破坏、离散"；"坏灭"一词，被释为"毁灭、磨灭"。但《大词典》漏收了"坏毁"一词。
　　"坏"，《说文·土部》："坏，败也。"段玉裁注："败者，毁也。毁坏字皆谓自毁自坏。"即"坏"为"衰败、破毁"义，如《论语·阳货》："君子三年不为礼则礼坏，三年不为乐则乐崩。"司马迁《报任安书》："考之行事，稽其成败与坏之理。""毁"，《说文·土部》："毁，缺也。"即"破坏、毁坏、毁灭"义，如《周易·系辞上》："乾坤毁，则无以见〈易〉。"王筠《说文解字句读》："毁之而后缺，缺非毁之正训，当作败也。"可知"毁"与"坏"有着相同的义项"缺""败""坏毁"和"毁坏"为同义词。
　　"坏毁"一词，在历代文献典籍中有诸多用例，如《春秋谷梁传注疏》卷二："四年，翚与宋伐郑，故来绝鲁，坏前平也。许规反，坏毁之也。"该句中"坏毁"为"败坏"义。宋·王钦若《册府元龟》:"防浸决桥梁,坏毁事不获已,必藉人功,须慰彼民。"宋·黎靖德《朱子语类》:"作延世与焉,必相破坏,深论便宜以相难极。(坏毁也。音怪,极穷也。)"此句中"破坏"是"坏毁"的补充说明,语义相应。综上所述,《大词典》应考虑补录"坏毁"一词。

【成毁】

凡物之成毁,亦自有数,吏误也,何罪之有!(《湖海新闻夷坚续志》)

按:此句中"成毁"一词,义为"成就或毁败",该词虽是由两个相反的语素"成"和"毁"组成,这两个语素组合后并非偏义复词,而在语用中常并列表义,表示两种相反的结果。《说文·戊部》:"成,就也。"即"完成、实现"义,由此义引申为"成功"义,与"败"相对,亦为"成就、成绩",如唐·李白《化城寺大钟铭》:"少蕴才略,壮而有成。"《说文·土部》:"毁,缺也。"段玉裁注:"缺者,破器也。因为凡破之称。"由"残缺"义引申出"毁坏、失败"义,《尔雅·广言》:"毁,坏也。"即为"破坏、毁坏、毁灭"义,其毁坏的对象可为具体的事物,如王安石《光宅二首》:"台殿金碧毁,丘墟桑竹繁。"也可指抽象的事物,如《左传·文公十八年》:"毁则为贼,掩贼为藏。"杜预注:"毁则,坏法也。"故"成毁"可指具体事物的"毁坏",也可指抽象事物的"毁灭"。该词最早出现于战国,如《吕氏春秋·孝行览》:"赏重则民移之,民移之则成焉。成乎诈,其成毁,其胜败。天下胜者众矣,而霸者乃五。"此句中"成毁"与"胜败"互文见义,此处这两个词都是由两个相反的语素并列表义,表示两个相反的结果。到清代,在小说创作中已频繁用到该词,如夏敬渠《野叟曝言》:"万物有成毁,只分鼓与殇。"再如清·王夫之《读通鉴论》:"宽假之,则成毁一同,而理事皆可无碍,心亡罪灭而大恶冰释。"

《大词典》虽已收入"成败"一词,但"成败"并不能代替"成毁"表义。尽管"败"也有"毁坏"义,如《战国纵横家书·苏秦谓齐王章(四)》:"王必毋以竖之私怨败齐之德。"此处"败"与"毁"相通,但与相反地语素"成"组合后,"成败"不再仅表"成功或失败"义,常常作为偏义复词,偏指[败],表示"失败"义。故《大词典》应考虑补收"成毁"一词。

【湿损】

虎问来人索书,却称渡江遭浪湿损。(《湖海新闻夷坚续志》)

按:此句中"湿损"一词,谓"打湿损坏"。该词为《大词典》所漏收。"湿",《说文·水部》:"湿,水。出东郡东武阳,入海。"即本义为古水名,此时读"ta"(四声),后同"湿"。《周易·乾》:"水流湿,火就燥。"孔颖达疏:"水流于地,先就湿处。"唐·杜甫《春夜喜雨》:"晓看红湿处,花重锦官城。""损",《说文·手部》:"损,减也。从手,员声。"即本义为"减少、亏损",如《周易·损》:"损下益上,其道上行。"宋·苏轼《郊祀奏议》:"天子仪物,日以滋多,有加无损,以至于令。"由"亏损"义引申为"毁、坏",张相《诗词曲语辞汇释》卷三:"损,犹坏也。"《淮南子·说山》:"小人之誉人反为损。"高诱注:"损,毁也。"

"湿损"一词,在历代文献典籍中有诸多用例,如六朝·贾思勰《齐民要术》:"卷书勿用鬲带而引之,非直带湿损卷,又损首纸令穴。"该句中"湿损"为状中结构的偏正词语,"湿"为"损"的方式。再如唐·李九龄《春行遇雨》:"采香陌上谁家女,湿损钗头翡翠翘。"明·戚继光《练兵实纪》:"平日收架,务要如法,不许湿损。如收架不如法,不行晒凉。"此句中"湿损"为"被水损坏",对应"晾晒",综上所述,《大词典》应考虑补录"湿损"一词。

【坐销】

臣读《史记》,见汉武帝时主父偃、徐乐、严安辈所上长书,及唐玄宗时宰相姚元崇直奏十事,可以坐销患害,立致升平。(《邵氏闻见录》卷六)

按:此处"坐销"义为"消除"。根据《大词典》"坐"有"削损;扣除"义。"销"即"消除;消散。"如《后汉书·方术传下·寿光侯》:"此小怪,易销耳。"南朝梁·刘勰《文心雕龙·诸子》:"金石靡矣,声其销乎!""坐销"为并列结构的复合词,义为"消除"。且"坐销"一词在历史文献出现的频率非常高。例如唐《唐文拾遗》卷五十一:"至如若木停驭,游气坐销,缤纷暖王,飒绩红绡,粘粉汗于翠钿,蠹香鬓于步翘,似望日而欲诉,复从风而俱笑。"宋·王钦若等《册府元龟》卷六百二十一:"以臣计之国力十耗其七,马无所使,财赋坐销,朝廷甚非所利。"清·王夫之《宋论》卷十:"夫宋之所以浸弱浸削至于亡者,始终一纲宗之言,坐销岁月而已。"蔡东藩《民国演义》卷五十二:"不过因君体欠强，当知为国自爱，大丈夫应建功立业，贻名后世，怎好到酒色场中，坐销壮志呢。"故《大词典》应该收录"坐销"。

【摧倒】

每出则先若裂屋摧倒声，然后现形，广丈余，状仿佛如龟。(《湖海新闻夷坚续志》)

按：此句中"摧倒"一词，谓"毁坏、折倒"义。该词为《大词典》所漏收，其收入了"摧折""摧坏""摧陷""摧落"等词。这些词与"摧倒"均为"动词性语素'摧'+结果义语素"构成，结果均具有破坏性。

"摧"，《说文·手部》："摧，挤也。从手，崔声。一曰拥也，二曰折也。"故本义为"推挤"，《广雅·释诂三》："摧，推也。"后由此义引申出"折断、毁坏"义。如《周礼·考工记·与人》："凡居材大与小无并，大倚小则摧，引之则绝。"由"折断"义引申为"挫损、挫败"义，如《楚辞·九饮·忧苦》："折锐摧矜，凝泛滥兮。"王逸注："摧，挫也。""倒"，《说文新附》："倒，仆也。从人，到声。"即"仆、倒下"义，引申为"败落、失败"义，南朝·裴松之注引《魏略》："于今日卿等门户倒矣。"可见"摧倒"一词，谓"毁坏、折倒"，该词在历代文献典籍中多有用例，既用来表示具体事物的毁坏、折倒，又可表示抽象事物的衰败，如《大藏经·经疏部》卷七十一："彼法无有如是法。可得扶举，可得摧倒。何以故，一切诸法离自性故。"此句中"扶举"与"摧倒"形成反义，亦可见"摧倒"之破坏义。再如《大藏经·大宝积经卷》卷六十一："摧倒邪慢幢，当建正法灯。"此例中"摧倒"用于抽象事物的衰败。"摧倒"的历代的用例中，表具体事物毁坏的居多，如六朝·陶弘景《吴太极左仙公葛公碑》："于兹十有五载，将欲移憩坛上，先有一空碑，久已摧倒。"唐·白居易《有木诗八首》："一但树摧倒，独立暂飘摇。"此二例中"摧倒"的主语均为具体可见之物，此时为"折断"义。唐·封演《封氏闻见记》："又于明堂之北造天堂，以俟佛像。大风摧倒，重营之。"再如《敦煌变文集》卷三："六师见宝山摧倒，愤气冲天，更发瞋心，重奏王曰：'然我神通变现，无有尽期。'"可见"摧倒"一词在历代文献中的常用性，且沿用至今，故《大词典》应考虑补录"摧倒"一词。

【力沮】

桧力沮恢复，乞诏飞班师。(《湖海新闻夷坚续志》)

按：此句中"力沮"一词，义为"竭力阻止"。该词为《大词典》所漏收。"力"，《说文·力部》："力，筋也。象人筋之形。治功曰力。"即"人和动物筋肉收缩或扩张所产生的效能"，如"体力、气力"。段玉裁注："筋者其体，力者其用也。"后引申为"努力、致力于"，《篇海类编·身体类·力部》："力，勤也。"如《诗经·大雅·烝民》："古训是式，感仪是力。"郑玄笺："力，犹勤也。""力"亦有"尽力地、竭地"义，《玉篇·力部》："力，强也。"如《史记·卫将军骠骑列传》："军大捷，皆诸校尉力战之功也。"

"沮"，《说文·水部》："沮，水。出汉中房陵，东入江。从水，且声。"即"沮"本义为水名，源出湖北省保康县西南。此时读音为"ju"（一声），后借用为"ju"（三声），又为"终止、阻止"义，《广韵·语韵》："沮，止也。"如《诗经·小雅·巧言》："君子如怒，乱庶遄沮。"毛传："沮，止也。"郑玄笺："君子见谗人如怒责之，则此乱庶几可废止也。"故"力沮"一词，谓"竭力阻止"之义。

"力沮"一词在历代文献典籍中有诸多用例，如唐《唐代墓志汇编续集·李君（永定）墓志》："公以死自誓，志无所诎，虏计穷力沮，而后见还。"此句中"计穷"修饰"力沮"，可见"力沮"并非短语，其可单独作句子成分。北宋·李攸《宋朝事实》："信矫诬之说而力沮言者，臣恐自此矫诬之人无复忌惮矣。"此句中"力沮"为"竭力反对"义。再如《宋史·寇准传》："澶渊之幸，力沮众议，竟成隽功，古所谓大臣者，于斯见之。"清·王士禛《古夫于亭杂录》："或荐于上，时元积为相，力沮之，不得召见，罢归。"此句中"力沮"可接宾语，表竭力反对阻止某件事。综上可见，"力沮"应为《大词典》考虑补录之列。

【兴创】

盖其论无论正统之有无，虽分裂之不一，或兴创而未成，比择其间强大者一国当之，其余不得与焉。（《癸辛杂识·正闰》后集）

按："兴创"意为"建造；创立"。《说文·舁部》："兴，起也。"《大词典》释"兴"有"设立；制造"的意思。如汉·班固《两都赋序》："内设金马石渠之署，外兴乐府协律之事。"鲁迅《书信集·致曹靖华》："该书的译者，已于本月被捕了，他们那里也正在兴文字之狱。""创"则有"建造"的意思，如《新唐书·李昭德传》："武后营神都，昭德规创文昌台及定鼎、上东诸门，标置华壮。"宋·周密《武林旧事·湖山胜概》："南园，中兴后所创。光宗朝赐平原郡王韩侂胄。"清·蒲松龄《聊斋志异·狐女》："日已西下，君姑止此。我相佳地，暂创一室，以避虎狼。"可见"兴""创"二字都有"建造"之意，构成同义连用的复音词"兴创"。《大词典》收有"兴建""兴造""兴立""兴作"等这些同义连用的复音词，分别释为"建造；创立""创建；建立""兴办；创建""兴造制作；兴建"。如此，"兴造"也应收录其中。该词在其他文献中的用例有如：唐·赵蕤《长短经》卷二："陈武帝起自草莱，兴创帝业，近代以来，可方何主？"宋·苏轼《苏东坡全集》卷五十九："又若宜兴创市桥，去西津堰。"明·谢诏《东汉秘史》第六回："纵有紫微降世，二十八宿拥护，不能兴创而立也。"许慕羲《元代宫廷艳史》第十七回："原来成吉思汗久有伐金之志，只因自己国家兴创，金邦又是大国，未敢轻举。"

【治效】

以谓遂之治效著名，宣帝不以为赏，而悦其佞词，宜其起王胶东之伪也。(《野客丛书·胶东之诈》卷四)

按："治效"为"治理效果"之义。"治"，《故训汇纂》："治，理也。"故"治"有"治理、统治"之义，《国语·齐语》："管子对曰：'昔者，圣王之治天下也，参其国而伍其鄙，定民之居，成民之事，陵为之终，而慎用其六柄焉。'""效"有"效果，功效"之义，《类篇·支部》："效，功也。"《战国策·秦策》："愿大王少留意，臣请奏其效。"故"治效"是一个偏正式复合词，《野客丛书》中还有用例，如《野客丛书·宣帝之致良史》卷二十六："宣帝致此者，于久任劝励之外，又有所谓保全之术，使之不能动摇，故其得以肆志于职业间，而无恐惧不安之态，是以成久任之治效也。"在其他文献中亦有用例，如《宋史·理宗本纪五》："若李宗勉、崔与之、吴潜之贤，皆弗究于用；而史弥远、丁大全、贾似道窃弄威福，与相始终。治效之不及庆历、嘉祐，宜也。"《元史·胡祗遹传》："祗遹选郡子弟，择师教之，亲为讲论，期变其俗，久之，治效以最称。"《明史·刘观传》："然考之，未有所表见，意史轶之欤？严震直之于广西，张紞之于云南，治效卓然。"蔡东藩《宋史演义》："是以太祖开建大业，太宗不承基统，仁宗治效渌洽，神宗大有作为，高宗坐弭强敌，皆有其势而弗乘，安于理而不妄为者也。"《大词典》收录有"治行""治明""治状""治绩"等同构词，故当补录"治效"一词。

【奔避】

于时奔避劳止，又时当六月而相国策名，尔后在翰林，暑月苦于蒸

溽，同列戏之曰："今日好造榜天。"以其进取非时也。(《北梦琐言·陆扆相六月及第》卷四)

按：此例"奔避"为"逃避"义。《说文·夭部》："奔，走也。"因此"奔"有"逃跑，逃亡"义。如《左传·僖公五年》："晋灭虢，虢公丑奔京师。"如：《诗经·小雅》："鹿斯之奔，维足伎伎。"晋·潘岳《西征赋》："超遂遁而奔狄，甲卒化为京观。""奔走"有"逃走"义，《大词典》收录了此义，如《北史·叔孙建传》："斩首万余级，余众奔走，投沁水死，水为不流。"故"奔避"即为"逃避"之义，此义在其他文献中的用例较多，如《梁书》卷三十："及难作，临川王宏以下诸弟侄各得奔避。方其逃也，皆不出京师，而罕有发觉，惟桂阳王融及祸。"《旧五代史》卷一百二十三："左右无不奔避，唯仁海端立以俟，略无惧色。"《明史》卷一百一十八："王好武，不乐居宫中，时时挟弹露剑，驰逐郊外。奔避不及者，手击之。"从以上文例不难看出"奔避"有"逃避"之义。《大词典》收录有很多结构与"奔避"相似的双音并列复合词，如"奔逃""奔走"等。因此与之同构的"奔避"也应补收。

【废驰】

公殁逾四十年，子孙贤令至今奉公之法，不敢废驰。(《渑水燕谈录·忠孝》卷四)

按：引文中"废驰"意为"废弃；懈怠"，《大词典》已收"废弛"，却没收同义而通用的"废驰"。《篇海类编·宫室类·广部》："废，驰也。"可见"废"和"驰"意义相同，"废驰"是由同义语素构成的并列复合词。"废"为"懈怠；旷废"。如《晋书·谢安传附谢玄》："玄又自陈，既不堪摄职，虑又旷废。"又唐·柳宗元《户部侍郎王君先太夫人河间刘氏志文》："内赞漠画，不废其位。""驰"，"弛"也。二者音同形似而通假。历代典籍中表"废弃；懈怠"之义的"废弛"和"废驰"皆有诸多用例，"废弛"的文例如《汉书·王莽传》卷九十九："逐仁贤，诛残戚属，而公被胥、原之诉，远去就国，朝政崩坏，纲纪废弛，危亡之祸，不隧如发。"明·抱瓮老人《今古奇观》卷四十："岂知渐渐有人晓得他曾做仆射过的，此时朝政紊乱，法纪废弛，也无人追究他的踪迹。""废驰"的文例有《旧唐书·武宗本纪》："谏议大夫高少逸、郑朗等于阁内论：'陛下校猎太频，出城稍远，万机废驰，星出夜归，方今用兵，且宜停止。'"《宋史·王审琦列传》卷二百五十："承干病足，在大名不能骑，政多废驰，及代，赐告家居，表求解职，不允。"明·余邵鱼《周朝秘史》第五十五回："正主公忧勤惕厉之秋，宵旦戒惧之时，然而废驰乾纲，崇台是务，戕贼民命，打弹是图。"

最能说明问题的是意为"废弃；懈怠"的"废驰"和"废弛"出现在同一时期的不同文献中，运用在同一语境中，且充当相同的句法成分，如清·杜刚《南朝秘史》："当是时，幼主初立，群情未附，武备废驰。"《清史稿·显祖诸子列传》卷二百一十五："又虑武备废弛，时出射猎，诸王贝勒置酒高宴，以优戏为乐。"足以说明二者在表示"废弃；懈怠"时是通用的，《大词典》已经收录"废弛"，理应补收"废驰"。

【废闲】

遗寺并无一僧一童，问寺外之人，则谓因兵火废闲五十余年矣！（《湖海新闻夷坚续志》）

按：此句中"废闲"一词，谓"废置不用"义，该词为《汉语大词典》所漏收，其收入了"废弃、废置"二者与"废闲"为同义词，均有"废置不用"义，只是程度上不同而已，"废闲"与"废置"的"荒废"程度较轻，只是搁置不用，而"废弃"则为"荒废到舍弃"的程度。《汉语大词典》还收入了这类的词如"废损"一词，被释为"荒废损害"和词"废旷"，被释为"荒废、不利用"，及词"废舍"，被释为"废弃"，这些词与"废闲"的构词方式相同。

"废"，《说文解字》："废，屋顿也。从广，发声。"即"倾倒、坍塌"义，朱骏声《说文通训定声》："按：倾塌无用之意也。"即亦有"无用的"之义，如《战国策·秦策五》："太公望，齐之逐夫，朝歌之废屠。"韦昭注："卖肉于朝歌，肉上生臭不售，故曰废屠。""废"常用作"废弃、荒废、荒芜"义。"闲"，此处"闲"通"閒"，段玉裁《说文解字注·门部》："闲，古多借为清闲字。"义为"空闲、空"，《广韵·山韵》："闲，暇也。"如唐，李坤《古风二首》之一："四海无闲田，农夫犹饿死。""废闲"一词，谓"废置不用"义，如《全金诗》卷二十九："牢落衰年病转侵，医编药裹废闲吟。"后由此义暗喻引申出"归隐"义，该词在历代典籍文献中多有用例，如宋·罗大经《鹤林玉露》："越数日，宰执再以请，御批有'历事岁久，念欲废闲'之语。"此句中"废闲"为动词"归隐"。宋·文天祥《文天祥集》卷六："锐欲再请，又念起自废闲，岂当重渎已甚。"明·戚继光《练兵实纪》："法则未备，屡奉明诏，令中外臣工，得举所知将材，各以名闻，又令废闲将官，类得甄录，用将亦既广矣。"此句中的"废闲"为名词，即为"归隐之士"。故《汉语大词典》应考虑补录"废闲"一词。

【扞边】

皆顿首晦谢，请以死扞边。（《渑水燕谈录·名臣》卷二）

按："扞边"意为"捍卫边境"。"扞"，"捍卫；护卫"。后作"捍"。《广韵·翰韵》："扞，以手扞，又卫也。"《尚书·问候之命》："汝多修，扞我于艰。"孔传："扞我于艰难，谓救周诛犬戎。"《汉书·刑法志》："夫仁人在上，为下所仰，犹子弟之卫父兄，若手足之扞头目，何可当也？"颜师古注："扞，御难也。"《三国志·吴志·吴主传》："统等以死扞权，权乘骏马越津桥得去。"《新唐书·循吏传·韦丹》："筑堤扞江，长十二里。""边"，"边境；边界"。《玉篇·辵部》："边，边境也。"《左传·成公十三年》："（秦）又欲阙剪我公室，倾覆我社稷，帅我蝥贼，汤摇我边疆。"《论衡·骨相》："文帝之后六年，匈奴入边，乃以亚夫为将军。"宋·辛弃疾《八声甘州·夜读李广传》："汉开边，功名万里，甚当时健者也曾闲？"清·杨潮观《魏征破笏再朝天》："怪无端不辞征战苦，自将临边走这遭。"

"扞边"在南北朝时期已有用例。如《南齐书·高帝本纪下》卷二："或戍扞边役，末由旋反，听于同军各立五保，所隶有司，时为言列。"《旧唐书·韦皋传》卷一百四十四："至是，自以扞边失律，惧得罪而归心焉。"蔡东藩《南北史演义》第二十七回："崇祖为萧齐健将，御虏有功，正宜令彼扞边，永作干城，乃以青宫私怨，诬罪处死，其冤最甚。"通过以上论述可知，"扞边"本是一个动宾短语，由于使用频率高而逐渐凝固成词，《大词典》应补收。

三 官职提升罢黜类动词

【除直】

杨文节万里自大蓬除直龙图阁，将漕江东，朝论惜其去，公留录黄欲缴奏。（《癸辛杂识·荐杨诚斋》前集）

按："除直"即"授官供职"。《大词典》"除"有"拜官；授职"义项，"直"有"当值；值勤"义项，所以"除直"可合意为"授官供职"。并且《大词典》收录同类词"除授""除召""除试""除官""除拜""除守""除陛"。上文意为，杨万里从大蓬坐船去往龙图阁上任，当朝之人纷纷惜其才，欲再次上奏朝廷为之挽留。"除直"在其他文献中亦有诸多用例，如唐·李延寿《北史》卷四十九："太后嘉之，除直齐，封南和县子。"宋·王辟之《渑水燕谈录》卷二:"陈贯自盐铁副使除直昭文馆,知相州。"陈贯从盐铁副使调任昭文馆。明·瞿佑《归田诗话·泸溪送澹庵》:"光宗即位,忠简荐之,召对便殿,除直敷文阁,年已九十余矣。"清·纪昀《四库全书总目提要》卷一百五十七:"孝宗时召对,赐国子监主簿。干道六年复除直敷文阁。"《大词典》当补该词。

【累迁】

宰相王溥父祚,少为太原掾属,累迁宿州防御使。(《渑水燕谈录·名臣》卷二)

按:"累迁"应释为"多次迁升"。"累",是"多次,数次"之义。《说文·糸部》:"累,缀得理也。一曰大索也。"如《汉书·李广传》:"禹从落中以剑斫绝累,欲刺虎。"颜师古注:"累,索也。"索是大绳,故有"大"义,从而引申出"积聚"义,如《隶释·汉老子铭》:"九等之叙,何足累名。""积聚"可引申为"多次"义。"迁"为"晋升"或"调动"义,如《管子·禁藏》:"夏赏五德,满爵禄,迁官位,礼孝悌,复贤力,所以劝功也。"《史记·张丞相列传》:"(申屠嘉)以材官蹶张从高帝击项籍,迁为队率。"宋·叶适《江陵府修城记》:"天子迁赵公金紫光禄大夫,以宠褒之。"所以"累迁"是一个偏正式的词语,指"多次迁升"。《渑水燕谈录》之例是说,"年轻的时候为太原佐治的官吏(依《大词典》之说),多次迁升为宿州的防御使官。"

"累迁"早在汉代已见用例,如《全汉文》卷二十四:"初为郎,累迁太中大夫。"《全宋文》卷三十九:"至宋元嘉中,累迁殿中侍御史,转南台侍御史始兴王浚后军,迁员外散骑侍郎。"《全梁文》卷四十八:"入梁累迁至吏部尚书,除左骁骑将军,卒谥夷子。"《三国志·魏书·诸夏侯曹传》卷九:"及即位,为散骑侍郎,累迁城门校尉,加散骑常侍,转武卫将军,宠待有殊。"唐·刘肃《大唐新语·孝行》卷五:"则天召见审言,甚加叹异,累迁膳部员外。"北宋·王钦若等《册府元龟·内臣部·才识》卷六百六十六:"杨复恭幼入内侍省,知书有学术,累迁至观军容使。"通过以上诸多文例可见,"累迁"的使用频率很高,与《大词典》已收的"屡迁"构词法相同,"累"与"屡"语素意义一致,故《大词典》应补收"累迁"。

【坐贬】

余靖安道上疏论救,以朋党坐贬。(《渑水燕谈录·名臣》卷二)

按:"坐贬"指因罪降职。"坐","由……而获罪;定罪"。唐·玄应《一切经音义》卷二："坐，罪也。谓相缘罪也。"并引《仓颉篇》："坐，辜也。"《韩非子·定法》："公孙鞅之治秦也，设告相坐而责其实。"《说苑·奉使》："荆王与晏子立语。有缚一人过王而行……王曰：'何坐？'曰：'坐盗。'"《隋书·西域传·吐谷浑》："杀人及盗马者死，余坐皆征物以赎罪。""贬"，"减损、降职"的意思。《玉篇·贝部》："贬，减也，损也。"《诗经·大雅·召旻》："孔填不宁，我位孔贬。"毛传："贬，坠也。"《商君书·境内》："爵自二级以上，有刑罪则贬。"唐·韩愈《左迁至蓝关示侄孙湘》："一封朝奏九重天，夕贬潮州路八千。"因此，"坐贬"的内部结构为状中结构，即"因罪降职"。

"坐贬"不仅见于《渑水燕谈录》，早在《后汉书》中已见用例。如《后汉书·章帝八王传》卷五十五："有司因劾奏蒜，坐贬爵为尉氏侯，徙桂阳，自杀。"《晋书·羊祜传》卷三十四："竟坐贬为平南将军，而免杨肇为庶人。"欧阳修《新五代史·杂传》："坐贬司农少卿，出为河中节度副使。"唐·张鷟《野朝佥载》卷二："安石坐贬蒲州，太极元年八月卒。"北宋·李昉《太平广记·杂录六》卷四百九十八："竟坐贬抚州司马，终于贬所。"元·陈世隆《北轩笔记》："至其诛死，则因昔勘元载，鞫狱伏诛，而其党杨炎坐贬。"《明史·徐贞明传》卷二百二十三："会御史傅应祯获罪，贞明入狱调护，坐贬太平府知事。"清·龚炜不《巢林笔谈续编》卷下："亡汉之罪，孙权不谊贼名，蒙之坐贬奚疑？"蔡东藩《后汉演义》第四十一回："平原王翼，也坐贬为都乡侯，遣归河间。""坐贬"省略了紧缩复句"因获罪而被降职"中的关联词语，造成原因直接修饰结果，变成一个紧缩式偏正型复合词动词，其后一般带官名作宾语，也有带地名作宾语的，如唐·张鷟《野朝佥载》例。《大词典》已收"坐累"，意为"因过失而受牵连"；"坐逮"，意为"因事被追捕"；"坐废"，意为"获罪罢职"；"坐谪"，意为"获罪被贬"等结构类似的词，因此，从《大词典》收词的系统性来看，加之"坐贬"从上古汉语到近代汉语的用例较多，《大词典》理应补录"坐贬"。

【坐流】

不从，乃诱王知谦使诣阙讼冤，而阴为之内助，世衡坐流窦州。（《涑水记闻》卷九）

按：此处"坐流"为"因罪放逐远方"之意。"坐"有"由……而获罪；定罪"之义。如唐·玄应《一切经音义》卷二："坐，罪也。谓相缘罪也。"并引《仓颉篇》："坐，辜也。"《韩非子·定法》："公孙鞅之治秦也，设告相坐而责其实。"《说苑·奉使》："荆王与晏子立语。有缚一人过王而行……王曰：'何坐？'曰：'坐盗。'"《隋书·西域传·吐谷浑》："杀人及盗马者死，余坐皆征物以赎罪。""流"意为"古代的一种刑法。把罪人放逐到远方。"如《尚书·舜典》："流共工于幽洲。"孔传："象恭滔天，足以惑世，故流放之。"《新唐书·刘幽求传》："帝密申右之，乃流幽求于封州。""坐流"的内部结构为状中结构，即"因罪放逐远方"。"坐流"为紧缩复句"因获罪而被放逐远方"省略关联词语而构成，用原因直接修饰结果，变成一个紧缩式的偏正型复合动词，其后一般带地名作宾语，也可不带。该词在其他文献中也有用例，如唐·刘悚《隋唐嘉话》补遗："遂移兵固守，官军不得入，万顷坐流岭南。"元·脱脱等《宋史》卷一百五十九："太平兴国初，选人孟峦拟宾州录事参军，诣匦诉冤，坐流海岛。"清·王夫之《读通鉴论》卷二十二："驸马都尉裴虚己私从岐王游，挟图识，坐流新州，离其婚，法严而无所贷。"蔡东藩《南北史演义》："康生死罪，如群臣议，难当恕死，坐流安州。"《大词典》已收"坐累""坐逮""坐废""坐谪"等同构词，因此，"坐流"也应收录。

【徙流】

张宪、岳云戮于市，徙流两家妻奴，资产皆没官。（《湖海新闻夷坚续志》）

按：句中"徙流"一词，谓"流放"之义。该词为《大词典》所漏收，该词典收录了与"徙流"有着相同构词方式的一系列词，如"徙放"一词，被释为"流放"，"徙逐"一词，被释为"放逐"，和"徙散"一词，被释为"迁移疏散"等。

"徙"，《说文·辵部》："徙，移也。从彳，从步，会意。"即"迁移"义。如《周礼·地官·比长》："徙于国中及郊。"郑玄注："或国中之民出徙郊，或郊民入徙国中。"即"徙"的本义未涉及迁移的路程远近，只有"移动"的特征，只有当"徙"与其他语素组合时，才能显示其所徙路程特点。"流"，《说文·水部》："流，水行也。"即"水的移动"王筠《说文解字句读》："谓水之自行也。"后"流"由"水行"义引申出"移动"义，即从专指"水"的移动，扩大指表行为动词"移动"，《广雅·释诂一》："流，行也。"《诗经·豳风·七月》："七月流火。"毛传："流，下也。""流"由"水行之远方的移动"义引申出"把罪人放逐到远方"，此为古代的一种刑罚，如《尚书·舜典》："流宥五刑。"孔传："以流放之法宽五刑。"《国语·周语上》："乃流王于彘。"韦昭注："流放也。""徙流"即"迁移、流放"义。

"徙流"在历代文献典籍中有诸多用例，如唐·杜佑《通典》："周定王五年徙流禹之所道，渐以尘塞。"此句中"徙流"亦表刑罚之一。明·安遇时《包公案》："那知拐骗逃妇，安免徙流之役。"此句中"徙流"即为刑罚"流放"义。再例《明史·禹贡》："成化十四年，河决，徙流县南，而县北之流遂绝。"清·陈康祺《郎潜纪闻》："地不毛，极寒，人兽冻辄毙，徙流罪不当死，不应驱之死地，乃独为疏上之。"上述诸例中"徙流"均为"流放"义，故其"迁移"义逐渐消失。综上所述，《大词典》应考虑补录"徙流"一词。

【追勒】

乞押臣妾归田里，谢某等各与追勒。(《湖海新闻夷坚续志》前集卷一)

按：此句中的"追勒"一词，义为"削官""停职"。"追"，《大字典》释为"削夺、收缴"义。"勒"本义指"拉紧缰绳以止住牲口"，后引申为"约束、抑制"义，在现代汉语中仍沿用此义，如"勒令""勒停"。"追勒"一词，为《大词典》所漏收，其收录了"追官勒停""追停"等。"追勒"早在六朝已有用例，如《全梁文·建文帝》卷六："痛祥云之灭采，悲列曜之晖，追勒高乡。"此句中，用"祥云之采灭""列曜之晖尽"来暗喻"被削官被贬于他乡"之境。"追勒"在宋代已频繁使用，如宋·周密《齐东野语》卷十七："庚申、辛酉之间，大小之臣，追勒迁放无虚月，忠厚之泽几尽矣。"该句中"追勒"与"迁放"连用，同为被贬后之境遇，语境相同。例《四库全书·昭忠录》："已下本州，如法官敛安葬，乞行褒赠。通判万道同轻徇迎降，乞行追勒。"此句中"乞行褒赠"和"乞行追勒"互文见义，可见"追勒"与"褒赠"语义相反。

"追勒"一词，并不能被《大词典》所收入的"追官勒停""追停"等替代。"追官勒停"谓"追回官职，勒令停职"之义，可能会存在误认为"追勒"是"追官勒停"的缩略式，前者虽包括后者所表示的义项，但后者不能与前者等同，后者释义范围比前者窄。在例"欲以布衣挟进退大臣之权，遂追勒编置。"(清《郯与丛考》)中则义为"停止执行"，用此义项时与"追停"构成近义词，但"追停"在语境中多强调"停"这一语素。综上所述，《大词典》当补收"追勒"一词。

【勒罢】

羞愧无地，回奏朝廷，姚孜勒罢。（《湖海新闻夷坚续志》）

按：此句中"勒罢"一词，谓"勒令停职"之义。《大词典》漏收了该词，但收录了与"勒罢"有着相同构词方式的词，如"勒体"一词，被释为"令官员退休"，和"勒停"一词，被释为"强制停止、勒令停职。""勒"，《说文·革部》："勒，马头络衔也。从革，力声。"即"带有嚼头的马笼头"，如《释名·释车》："勒，络也，络其头而引之也。"由名词性"马笼头"引申为动词"拉紧缰绳止马"，如《西厢记》第二本楔子："舍着命提刀仗剑，更怕甚勒马停骖。"

"罢"，《说文·网部》："罢，遣有辠也。"王筠《说文解字句读》："遣者，纵也，纵舍之也。"故其本义为"放遣罪人"即"遣归、遣去"义，《广雅·释诂二》："罢，归也。"又由"遣归"引申为"免除、解除"义，《字汇·网部》："罢，废也，黜也。"如《淮南子·时则》："罢官之无事，器之无用者。"

"勒停"并不能代替"勒罢"表义，语素"停"与"罢"虽有相同的义素，但也有着区别，"罢"强调"免除、解除"即"废、黜"，"停"强调"止"，《说文新附》："停，止也。从人，亭声。"即"静止、止息"《庄子·德充符》："平者，水停之盛也。"杜牧《山行》："停车坐爱枫林晚，霜叶红于二月花。"

"勒罢"一词，在历代典籍文献中有诸多用例，如宋·周必大《二老堂杂志》："上谓茂良先权冲替二人，然后施行；茂良亟下临安府，杖一百，勒罢。"该句中"勒罢"省略宾语，亦表示"勒令停职"。宋·真德秀《西山政训》："后因惠安人户陈诉县吏令妆束乔鼓衹应筵会，已将犯人重断勒罢。"再如《明史》卷六十九："乃取中旨勒罢其弟兵部主事迪，斥其子编修丕为民。"此句中"勒罢"即为"罢免"义，再如《清史稿》卷二百三十一："会山东教案起，德使海靖勒罢李秉衡职。"综上所述，《大词典》应考虑补录"勒罢"一词。

【荐贤】

其人怏怏而归，为国荐贤，固如是哉！（《湖海新闻夷坚续志》）

按：句中"荐贤"一词，义为"举荐有才之人"。该词为古代常用词，从用人制度产生，"荐贤"即已存在，该词产生的语用机制是汉代的"举孝廉"制度。"荐贤"作为词语记载最早出现在春秋战国时期，刘安《淮南子》中所摘录孔子的言论："仲尼曰：'洞则无善也，化则无常矣，而夫子荐贤，丘请从之后。'"此句中"荐贤"表示"荐举行为"。

"荐"本义为"兽畜吃的草"，《说文·艸部》："荐，兽之所食草。"由于此草常用于祭祀，故有"进；进献"义，如《玉篇·艸部》："荐，进献也。"如《礼记·祭义》："诸侯有善，归诸天子；卿大夫有善，荐于诸侯。"后引申为"推荐、推举"，如《孟子·万章上》："诸侯能荐人于天子，不能使天子与之诸侯。""贤"，《说文·贝部》："贤，多才也。"《玉篇·贝部》："贤，有善行也。"即"才能、德行均好为贤"，如《六书故·动物四》："贤，德行道执逾人者谓之贤。""荐贤"从春秋起便有诸多用例，如刘知几《史通通释》："太史公曰：'苏建尝责大将军不荐贤待士。'"此句中"荐贤"已表示具体的举荐行为。再如《全汉文》："君无仁德，臣怀叛戾，华饰虚举，荐贤名实不相副。"北宋·李昉《太平广记》卷一百八十四："奄有疆土，充庭述职，为诸侯表式。而乃孜孜以荐贤为急务。"鉴于"荐贤"一词用例之多，在社会亦有很大的实用性，常出现在文字或话语中，《大词典》应考虑补收该词。

【擢恩】

内东门司保奏甲擢恩，仁宗怪问之，乃言是乙至半道足跌伤甚，不能行。(《湖海新闻夷坚续志》)

按：句中"擢恩"一词，谓"受恩"之义。"擢"，《说文·手部》："擢，引也，从手，翟声。"即"拔取，抽出"义。《方言》卷三："擢，拔也，自关而西，或曰拔，或曰擢。"后引申为"选拔、进升"，如《战国策·燕策》："先王过举，擢之乎宾客之中，而立之乎群臣之上。""恩"，《说文·心部》："恩，惠也。"《广韵·痕韵》："恩，恩泽也，惠也。""擢恩"为"被选中接受恩惠"，即"受恩"之义，如唐·白居易《六年春赠分司都诸公》："忝擢恩已多，遭逢幸非一。偶当谷贱岁，适直民安日。"《明史》卷五十二："帝召杨士奇等言之，士奇对曰：'谦不谙大体，然心感超擢恩，欲图报耳。主圣则臣直，惟陛下优容之。'"此句中"擢恩"为"博得恩惠"义，清·况周颐《续眉庐丛话》："及渐长从朱永、张肯堂、吴钟峦学，遂擢恩贡生。寻屡征不就，以故被劾，乃避之舟山，而始来此邦。"此句中"擢恩"同与"受恩"，谓"接受恩惠"之义。鉴于"擢恩"在古籍中的诸多用例，其存在常用性，《大词典》应考虑补收"擢恩"一词。

【荐送】

是年坠马人必被荐送，次年必登第。(《湖海新闻夷坚续志》)

按：此句中"荐送"一词，谓"举荐"之义该词为《大词典》所漏收，《大词典》收录了一些与"荐送"有着相同构词方式的词语，如"荐誉"一词，被释为"推举赞美"，"荐拔"一词，被释为"推荐提拔"，"荐进"一词，被释为"推荐引进"。

"荐"，《说文·艸部》："荐，兽之所食草。从存，从艹。"即其本义为"兽畜吃的草"。因"古者神人以荐遗皇帝"，即"荐"常用于祭祀，如《左传·隐公三年》："可荐于鬼神，可羞于王公。"郑玄注："荐，进也。"故由此引申出"进献"之义，又由"进、进献"义引申出"推荐、推举"义，如《孟子·万章上》："诸侯能荐人于天子，不能使天子与之诸侯。""送"，《说文·辵部》："送，遣也。"即"遣去、送亲"义，如《春秋·庄公元年》："夏，单伯送王姬。"杨倞注："送，致女。"后引申为"馈赠"义，如《仪礼·娉礼》："宾北面听命，还少退，再拜稽首送币。"亦有"输送"义，《汉书·食货志下》："干戈日滋，行者齐，居者送，中外骚扰相奉。"

"荐送"为"举荐"义，该词在历代典籍文献中多有用例，具有较高的普遍使用性，如宋·张师正《括异志》："开封府宁陵县人也，尝两举进士不预荐送，即改业明法。"此句中"荐送"义为"推举、举荐"。再如孙光宪《北梦琐言》："洎蜀人梁震俱称进士，谒成中令，欲希荐送。有薛少尹者，自蜀沿流至渚宫。"此句中"荐送"如"荐贤"有相似之处。《宋史·帝王本纪·仁宗》："己亥，诏士有文而行不副者，州郡毋得荐送。"此句中"荐送"谓"推荐呈上"之义，因受事宾语是文本。综上所述，《大词典》应考虑补录"荐送"一词。

四 死活灾难类动词

【斥死】

其残忍所及，非特一亚夫而已。释之以劾奏之恨斥死，邓通以吮痈之怨饿死，晁错为国远虑而诛死。（《野客丛书·景帝杀周亚夫》卷二十七）

按："斥死"意为"被放逐并导致死亡"。"斥"有"驱逐；疏远"之义，《广韵·昔韵》："斥，逐也，远也。"《汉书·丙吉传》："西曹主吏白欲斥之，吉曰：'以醉饱之失去士，使此人将复何所容？'""死"，《说文·歹部》："死，澌也，人所离也。"故"死"的本义为"生命终结"。因此，"斥死"可解释为"被放逐并导致死亡"，该词在其他文献中的用例，如《新唐书·逆臣下》："赞曰：唐亡，诸盗皆生于大中之朝，太宗之遗德余泽去民也久矣，而贤臣斥死，庸懦在位，厚赋深刑，天下愁苦。"《宋史·张商英传》："有郭天信者，以方技隶太史，徽宗潜邸时，尝言当履天位，自是稍眷宠之。商英因僧德洪、客彭几与语言往来，事觉，鞫于开封府。御史中丞张克公疏击之，以观文殿大学士知河南府，旋贬崇信军节度副使，衡州安置。天信亦斥死。"《宋史·陈亮传》："及秦桧倡邪议以沮之，忠臣义士斥死南方，而天下之气惰矣。"明·蒋一葵《尧山堂外纪》："贤日忧惕，每侍上，不敢有言，乃作乐章，使工歌之，欲以感悟上及后，其辞曰：'种瓜黄台下，瓜熟子离离。一摘使瓜好，再摘使瓜稀。三摘尚云可，四摘抱蔓归。'天后不听，贤卒斥死黔中。"《大词典》收录了"枯死""诛死""流死""溺死""走死""逃死"等与"斥死"结构相类似的词，则"斥死"也应收录。

【身殁】

遇恩，荫补遍于群从，身殁之日，诸子犹有褐衣者。(《涑水记闻》卷七)

按：此处"身殁"有"身亡，去世"之意。"身"有"生命"义，如《楚辞·离骚》："鲧婞直以亡身兮，终然殀乎羽之野。"汉·班昭《东征赋》："唯令德为不朽兮，身既没而名存。"《广雅·释诂四》："殁，终也。""殁"有"死，去世"之义，如《国语·晋语四》："管仲殁矣，多谗在侧。"《史记·屈原贾生列传》："伯乐既殁兮，骥将焉程兮？"《周书·郑孝穆传》："父叔四人并早殁。""身殁"为"身""殁"两个语素构成的主谓复合词，该词在其他文献中也有用例，如北齐·魏收《魏书》卷三十八："身殁后，乞葬河内州县之东乡，依古墓而不坟，足藏发齿而已。"宋·李昉《太平广记》卷三百八十五："及身殁之后，又发遣小儿北归，使道体归葬本土，眷属免滞荒陬。"明·邱浚《大学衍义补》卷八十四："呜呼，使此议行，则凡为臣子者生前所为虽或侥幸以免王庭之诛，然身殁之后公义凛然终不可掩。"清·顾炎武《日知录》卷十三："晚年财产并尽，身殁之后，诸子无室可居，以至冻馁。"《大词典》收录了同构同义词"身故"，那么，"身殁"也应当收录。

【死诀】

师道在城上，妻遣奴与师道相闻，师道怒曰："吾已与汝为死诀，尚寄声何为！"(《涑水记闻》卷十三)

按：此处"死诀"为"生死告别"之意。"死"为"死亡，生命终止"义，与"生"相对。如《尚书·康诰》："昬不畏死，罔弗憝。"《汉书·郊祀志上》："桑穀死。"唐·李商隐《无题》诗："春蚕到死丝方尽，蜡炬成灰泪始干。"《玉篇·言部》："诀，死别也。""诀"义为"将远离或久别而告别，多指生死告别。"如《史记·孙子吴起列传》："（吴起）与其母诀，啮臂而盟曰：'起不为卿相，不复入卫。'"南朝宋·鲍照《代东门行》："涕零心断绝，将去复还诀。""死诀"为前一语素修饰后一语素构成的偏正复合词，该词在其他文献中也有用例，如晋·陈寿《三国志·吴志》卷十六："有钱则舍，无钱则取，怨呼道路，母子死诀，是不遵先帝十一也。"后晋·刘昫等《旧唐书》卷一百八十六上："今满朝侧息不安，皆以为陛下朝与之密，夕与之雠，不可保也。闻有追摄，与妻子即为死诀。"宋·欧阳修、宋祁等《新唐书》卷一百六十八："诏下，御史中丞裴度为言'播极远，猿狖所宅，禹锡母八十余，不能往，当与其子死诀，恐伤陛下孝治，请稍内迁'。"宋·李昉《太平广记》卷二百四十八："比醉归，与其家死诀。其实非鸩也，既不死。"《大词典》已收同构同义词"死别"，因此，"死诀"也应该收录。

【振活】

仲舒断曰：甲无子，振活养乙，虽非己出，《春秋》之义，父为子隐，子为父隐，甲宜匿乙。（《野客丛书·董仲舒决狱事》卷一）

按："振活"为"救活，养活"义。"振"，《说文·手部》："振，举救也，从手，辰声，一曰奋也。"《故训汇纂》："振，济也。"如《周易·蛊》："君子以振民育德。"陆德明释文："振，济也。"而"活"亦有"救活；养活"之义，如《庄子·天下》："愿天下安宁，以活民命。"因此，"振活"是一个同义连言复合词，可解释为"救活，养活"。再如宋·苏辙《栾城集》卷三十六："弼既设方略振活其老幼，而招其壮悍者为军，不待朝旨皆刺'指挥'二字，其后皆为劲兵，百万之众无一人为盗者。"《宋史·韩琦传》："京师发龙猛卒戍保州，在道为人害，至定，琦悉留不遣，易素教者使之北，又振活饥民数百万。"又《宋史·李璆传》："间遭岁饥，民徙，发仓振活，无虑百万家，治属之政多可纪。"《明史·张国维传》："山东饥，振活穷民无算。"《大词典》收录了同构同义词"救活""养活"等词，故《大词典》应补收"振活"一词。

【亲忧】

闻南地多瘴，设有疾以亲忧，奈何？（《癸辛杂识·寡欲》前集）

按："亲"，即亲人；家人。"忧"，居丧。多指居父母丧。《尚书·说命上》："王宅忧，亮阴三祀。"孔颖达疏："言王居父忧。"《梁书·文学传下·刘杳》:"自居母忧,便长断腥膻,持斋蔬食。"故"亲忧"指"家人去世后的居丧期,犹指居父母丧。"上文意为,听说南地多有瘴气,如果患了疾病导致有家人居丧该怎么办?该词在汉末已现,《后汉书·荀韩钟陈列传》:"虽在亲忧犹有吊问丧疾者。"唐·刘肃《大唐新语》卷六:"构性至孝,初丁继亲忧,其萧氏、卢氏两妹,皆在襁褓,亲乳之,乳为之出。"又《宋史》列传第一百七十三:"太夫人年高,能无贻亲忧乎?"清·西周生《醒世姻缘传》第三回:"父母惟其疾所愁,守身为大体亲忧。"

五 羁押查办类动词

【置理】

揭晓之际,彭已置理,乃以次名代之。(《癸辛杂识·彭晋叟》别集)

按:本句中"置理"一词,义为"获捕受惩处;被查办。""置","安放;安置。""理",《大词典》有义项释为"治理狱讼的官"和"掌刑狱的官署"。"置理"由其字面组合意为"放置于审案官员或官署机构处",引申抽象为"受惩处;被查办"。"置理"的此义用法多在明清后世中见,如明·王世贞《嘉靖以来首辅传》卷一:"使其私人佐豪,相率掘宏坟墓毁其家。宏走之郡自系狱,仅得免台为捕。豪置理而亡。"豪受惩处而死。清·邵廷采《东南纪事》卷一:"捐千金谋修筑,知府陈振豪弗授功,聿键以为言,崇祯帝震怒,逮振豪置理。"以上三例都是捉拿振豪接受惩处。

另外,总结"置理"在文献中的其他用法还有以下三个义项:

(1)"设置;安排。"此义项中"置"释义为"任命;任",词语意偏重于"置"。文献用例如:西晋·陈寿《三国志·魏书·武帝纪》:"于是置理曹掾属。"于是设置了东西曹掾属。西汉·刘向《说苑》卷十四:"成王闻之,不及履而至于子文之室曰:'寡人幼少,置理失其人,以违夫子之意。'"宋·乐史《太平寰宇记》卷一百四十一:"太祖三年分京兆,地置上洛郡,于此置理是也。"

(2)"处理;治理。"文献用例如:《全唐文》卷十九:"既惮劬劳,咸规避匿,不有整革,将何置理?"清·佚名《乾隆下江南》第五十六回:"嘉兴县心地糊涂,着即行撤任,另委员置理,其余着毋庸议。"

(3)"理会;理睬。"文献用例仅限于当代,如郭廷以《中华民国史事日志》1937——中华民国二十六年丁丑:"陕变张学良所提八项主张,不予置理。"及其1943——中华民国三十二年癸未:"美大使高思命林华德勿予置理,史迪威则颇感兴趣,遣人赴桂林接洽。"

基于以上诸多用例及义项,且《大词典》已收其同类词"置念",故"置理"也应补收。

【押行】

取空头敕填之,差使臣即日押行,其意以谓少缓则中变矣。(《邵氏闻见录》卷九)

按:此处"押行"是古代一种官方术语,义为"押解犯人前往"。因"押"有"押送"义,如《旧唐书·敬宗纪》:"令中使押杜景先往淮南及江南、湖南、岭南诸州,求访异人。"而"行"为"前往"义,如《诗经·秦风·无衣》:"王于兴师,修我甲兵,与子偕行。"毛传:"行,往也。"宋·苏轼《菩萨泉铭叙》:"初送武昌寒溪寺,及偏迁荆州,欲以像行,人力不能动,益以牛车三十乘,乃能至舡。舡复没,遂以还寺。"因此"押行"是一个偏正式的复合词,即把犯人以押解的方式前往某地,该词在其他文献中也较多见,如宋·洪迈《夷坚丁志》卷二:"张在书室,见仆立于前。方以未押行为怒,忽无所睹,即仆地,遂得疾暴下。逾旬而卒。"元·张光祖《言行龟鉴》卷六:"公坐政事堂,召守忠,数其罪,谪蕲州,取空头敕填之,差使臣即日押行,意以为少缓则中变矣。"《金瓶梅》第十回:"其余发落已完,当堂府尹押行公文,差两个防送公人,领了武松解赴孟州交割。"此外,《大词典》已收结构相同、意义类似的"押送",则同样应该收录"押行"一词。

【告捕】

虑有不逞之徒,妄相惊煽,云"官欲文面为兵,发之戍边"。有为此言者,听人告捕,当以其家财充赏。(《涑水记闻》卷九)

按:此处"告捕"为"上报捉拿"之意。《广韵·号韵》:"告,报也。""告"有"上报,报告"义,如《史记·孟尝君列传》:"〔齐王〕使人至境候秦使。秦使车适入齐境,使还驰告之。"宋·丁谓《丁晋公谈录》:"今大礼已毕,輙有二事,上告陛下。"《说文·手部》:"捕,取也。"《广韵·暮韵》:"捕,捉也。""捕"有"捉拿"义,如《左传·襄公十四年》:"譬如捕鹿,晋人角之,诸戎掎之。"汉·扬雄《长杨赋》:"张罗罔罝罘,捕熊罴豪猪。"唐·玄奘《大唐西域记·婆罗疣斯国》:"猎人剥其牙也,诈服袈裟,弯弧伺捕。""告捕"为两个动词语素构成的连动复合词,该词在其他文献中也有用例,如宋·欧阳修《新唐书》卷五十六："自唐之宗室与朝廷之士，日被告捕，不可胜数，天下之人，为之仄足，如狄仁杰、魏元忠等皆几不免。"《宋史》卷一百八十四："初，官既榷茶，民私蓄盗贩皆有禁，腊茶之禁又严于他茶，犯者其罪尤重，凡告捕私茶皆有赏。"明·刘若愚《酌中志》卷二："宜即照旧安心办事，不准辞，有能告捕真正奸逆之人，破格叙赏。"清·黄以周等《续资治通鉴长编拾补》卷二十六："官钱虽未入行使路分，亦乞比类私钱法，严立罪赏，许人告捕。"《大词典》收录了同素逆序词"捕告"，那么，"告捕"也应当收录。

六 供给获利类动词

【募资】

治平中，淄川僧文幼募资，即其地为茔室，亦起堂祠樵。（《渑水燕谈录·高逸》卷四）

按：此处"募资"指募集资金，"募"是一个动词性语素，义为"广泛征求；征召"。如：募捐、应募。《说文·力部》："募，广求也。"《广韵·暮韵》："募，召也。"《吴子·图国》："安集吏民，顺俗而教，简募良材，以备不虞。"《金史·宣宗纪下》："戊辰，山东民侨居者募壮士五百人，益东莒公燕宁军。"而"资"，是一个名词性语素，是货物、钱财的总称。《说文·贝部》："资，货也。"《周易·旅》："怀其资，得童仆，贞。"王弼注："资，货。"《诗经·大雅·板》："丧乱蔑资，曾莫惠我师。"毛传："资，财也。"

"募"与"资"构成动宾式的复合词，在近代文学作品中用例颇多，如清·王闿运《湘军志·湖南防守篇第一》："翟诰权辰沅道，但张战功；且募资助军不以烦，院司故尤重翟诰，奏补实授，论荐甚力。"清·叶梦珠《阅世编》卷十："顺治中，好事者募资公买，将建镇府生祠，复营内厅门宇，大工未就，会镇、府相继罢去，工亦中辍。"陈莲痕《清宫四大丑闻·乾隆休妻》："足足又住了好几年，了空久静思动，想把法力扩充出去，使得佛理愈加庄严灿烂，便希望募资建造一座很大的寺观，还要加造一座十三级的浮屠。"综上所述，"募资"具有丰富的语料且意义固定，《大词典》已收录了"募款"，二者结构相同，且"款"与"资"意义相近，理应补收"募资"。

【供纳】

建隆中，令供纳价钱一贯五百文。（《渑水燕谈录·官制》卷五）

按:"供纳"是"进献交纳"的意思。"供",即奉献;祭献。《广雅·释诂二》:"供,进也。"《玉篇·人部》:"供,祭也。"《广韵·钟韵》:"供,奉也。"《尚书·无逸》:"文王不敢盘于游田,以庶邦惟正之供。"《晋书·王济传》:"帝尝幸其宅,供馔甚丰。"清·曹雪芹《红楼梦》第五十三回:"咱们哪怕用一万两银子供祖宗,到底不如这个有体面。""纳"是"交纳;贡献"之义。《尚书·禹贡》:"百里赋纳总,二百里纳铚,三百里纳秸服。"《春秋·庄公二十二年》:"冬,公如齐纳币。"《盐铁论·本议》:"农人纳其获,女工效其功。""供纳"是由两个谓词性语素组成的并列式复合动词,在历代古籍中多有记载,如《辽史·食货志下》卷六十:"东平县本汉襄平县故地,产铁矿,置采炼者三百户,随赋供纳。"《唐文拾遗》卷六十:"此日便定日试判三场,逐场次日申奏后,限两日内供纳宣黄,次日乞降可否敕命,铨司自前注拟诸色选人,准格三注。"宋·李昉《太平广记》卷一百三十三:"乡胥里正,恒令供纳,常豢养鹅鸭千万头,日加烹杀。"清·方汝浩《东度记(上)》:"善男子道:'我家自祖到今,历过十余世,都在这村宗族同居,耕种的国王田地,代代不绝衣食、供纳钱粮。……'"由以上用例可见,"供纳"作为一个结构紧密的复合词,可独立作为动词充当句法成分,且语料充足,具有在《大词典》中建立该词目的必备条件,理应补收。

【蒙利】

未至冬大雪寒,即以元价易薪刍与民,官不伤财,民且蒙利。(《渑水燕谈录·才识》卷四)

按:此句中"蒙利"的意思是"得利;获益"。"蒙"指受,承接。《周易·明夷》:"内文明而外柔顺,以蒙大难。"《孟子·离娄下》:"西子蒙不洁。"《元史·河渠志》:"黄河决溢,千里蒙害。"而"利"意为"利益",与"害"相对。《墨子·经上》:"利,所得而喜也。"《正字通·刀部》:"利,害之反也。"《尚书·泰誓》:"是能容之,以保我子孙黎民,亦职有利哉。"宋·王安石《答司马谏议书》:"举先王之政,以兴利除弊,不为生事。"

"蒙利"是一个由动词性语素"蒙"和名词性语素"利"构成的动宾式复合词,具有动词的语法性质,广泛地出现在各个时期的语料中,如《后汉书·明帝本纪》:"又或以为河流入汴,幽、冀蒙利,故曰左堤强则右堤伤,左右俱强则下方伤,宜任水势所之,使人随高而处,公家息壅塞之费,百姓无陷溺之患。"《北史·孙搴列传》卷五十五:"文襄在邺闻之，谓杨愔曰：'王左右赖此人，天下蒙利，岂独吾家也？'"又如《金史·世宗本纪下》卷八："人皆以奉道崇佛设斋读经为福，朕使百姓无冤，天下安乐，不胜于彼乎？尔等居辅相之任，诚能匡益国家，使百姓蒙利，不惟身享其报，亦将施及子孙矣！"《明史·河渠志六》卷八十八："今虽有瓠口郑、白二渠，而堤堰摧决，沟洫壅潴，民弗蒙利。"《大词典》已收"蒙恩""蒙泽""蒙羞""蒙难"等结构相似的复合词，理应补收"蒙利"。

七　娶嫁跪拜类动词

【娶嫁】

帝谓光献曰："吾夫妇老无子，旧养十三（英宗行第）、滔滔（宣仁小字），各已长立。朕为十三、后为滔滔主婚，使相娶嫁。"（《邵氏闻见录》卷三）

按：此处"娶嫁"与"嫁娶"构成一组同素异序词，二者意义相同，结构相同，都是并列结构。其意思是指男女成婚。"嫁娶"一词早在西汉就已经出现，如西汉韩婴《韩诗外传》卷四："有无相贷，饮食相招，嫁娶相谋，渔猎分得。"而"娶嫁"一词东汉才出现，如东汉·桓谭《新论》："犹果物谷实久老则自堕落矣，后世遭衰薄恶气，娶嫁又不时，勤苦过度，是以身生子皆俱伤，而筋骨血气不充强……"六朝·常璩《华阳国志》："故工商致结驷连骑，豪族服王侯美衣，娶嫁设趟阁之厨膳，归女有百两之从车，送葬必高坟瓦椁……"唐·杜佑《通典》卷五十九："今按，三十二十而娶嫁者，周官云'掌万民之判'，即众庶之礼也。"北宋·王钦若等《册府元龟》卷八百四十二："富室娶嫁，金、银各数十两，马、牛、羊皆数十头，酒数十瓶；女之所赍金银将从亦称是。"清·曹雪芹《红楼梦》第六十九回："我们皆是亲戚。接到家里住着是真，并无娶嫁之说。"因此，作为"嫁娶"一词的同素异序词，"娶嫁"一词该补收。

【取妇】

时宫中谓天子取妇，皇后嫁女云。（《邵氏闻见录》卷三）

按："取妇"义为"娶妻"。"取"有"取妻"义。此义之"取"后多作"娶"。如《周易·咸》："咸，亨利贞，取女，吉。"《史记·淮南衡山列传》："王后生太子迁，迁取王皇太后外孙修成君为妃。"而"妇"有"妻"义，如《诗经·豳风·东山》："鹳鸣于垤，妇叹于室。"《乐府诗集·相和歌辞三·陌上桑》："使君自有妇，罗敷自有夫。"故"取妇"即"娶妻"也。"取妇"一词在历史文献中用例很多，如战国《礼记》："孔子曰：'嫁女之家，三夜不息烛，思相离也。取妇之家，三日不举乐，思嗣亲也。三月而庙见，称来妇也。'"西汉·贾谊《新书》卷三："取妇嫁子，非有权势，吾不与婚姻。"西晋·陈寿《三国志》卷十一："武阳年小，有母，先与相扶接，避白波，东客扬州取妇。"唐·杜佑《通典》卷七十九："无禁取妇、嫁女、祠祀、饮酒、食肉。自当给丧事服临者，皆无践。"北宋·李昉《太平广记》卷二百七十二："伯玉尝于妻前诵《洛神赋》。语其妻曰：'取妇得如此，吾无憾焉。'"蔡东潘《元史演义》第三十七回："比年赏赐泛滥，盖因近侍之人，窥伺天颜喜悦之际，或称乏财无居，或称嫁女取妇，或以技物呈献。"除了有大量用例，从《大词典》收词的系统性来看，它收录了与"取妇"同构近义的"取女""取室"等词，故《大词典》当补收"取妇"一词。

【拜迎】

仆观《北史》李虎拜迎魏帝，帝曰："朕以卿为死矣。"（《野客丛书·解经恶穿凿》卷十三）

按："拜迎"可释为"跪拜相迎"。"拜"，《说文·手部》："拜，首至地也。"有"表示恭敬的一种礼节。行礼时下跪，低头与腰平，两手至地。后用为行礼的通称"之义，如《仪礼·士相见》："出迎于门外，再拜。宾答再拜。""迎"有"迎接"之义，如《左传·僖公二十二》："君子曰：非礼也。妇人送迎不出门，见兄弟不逾阈，戎事不迩女器。"故"拜迎"可解释为"跪拜相迎"。《大词典》收录了与之相对的"拜送"一词，失收了该词。"拜迎"一词不仅见于《野客丛书》，早在先秦文献中已见，如《礼记·昏义第四十四》："是以昏礼纳采、问名、纳吉、纳徵、请期，皆主人筵几于庙，而拜迎于门外，入，揖让而升，听命于庙，所以敬慎重正昏礼也。"后代皆有用例，如《全汉文·迎日辞》："维某年某月上日，明光于上下，勤施于四方，旁作穆穆。维予一人某，敬拜迎日于郊。"《抱朴子外篇·弭讼卷》："主人拜迎于门，听命于庙，玄熏贽币，亲御授绥，婿有三年之丧，致命女氏，女氏许诺而不敢改。大丧既没，请命于婿，婿有辞焉，然后乃嫁。"唐·段成式《酉阳杂俎》："扬州东陵圣母庙王女道士康紫霞，自言少时梦中被人录于一处，言天符令摄将军巡南岳，遂擐以金锁甲，令骑道从千余人马，蹀虚南去。须臾至，岳神拜迎马前。"宋·司马光《涑水记闻》："永兴军上言朱能得天书，真宗自拜迎入宫。"《宋史·李穀传》："契丹入汴，少帝蒙尘而北，旧臣无敢候谒者，穀独拜迎于路，君臣相对泣下。"明·蒋一葵《尧山堂外纪》："重宣恩诏向穷边，蕃落依稀似昔年。酋长拜迎张绣幄，羌姬歌舞散金钱。"清·于邺《花烛闲谈》："毛大可曰：'昏义，婿至，主人几筵于庙，而拜迎于门外。妇家亦告庙，且迎婿入庙行事。'"钟毓龙《上古秘史》："方回是男家的媒妁，待以大宾之礼。帝尧是主人，在大门之外拜迎。"除了"拜送"，《大词典》还收录了"拜叩""拜伏"等结构相近的词，故"拜迎"理应补录。

【合迎】

忽报敕使到，旧例合迎，令鞭马而去。（《湖海新闻夷坚续志》）

按：句中"合迎"一词，义为"一起迎接"。"合"为"聚合、聚集"义，后虚化为副词，谓"共同、一起"义。如唐·陆德明《经典释文·毛诗音义上》："〈大序〉是子夏作，〈小序〉是子夏、毛公合作。""迎"，《说文·辵部》："迎，逢也。"即本义为"遇，相逢"后引申为"迎接"。《方言》卷一："逢、逆、迎也。自关而东曰逆，自关而西或曰迎，或曰逢。"如《仪礼·士昏礼》："主人如宾服迎于门外。""合迎"跟"合唱""合编"，有着相同的构词方式，均为状中结构的偏正词语，"合"为"迎"的方式，表示"一起完成×动作、×任务"。"合迎"一词最早出现于唐·陆龟蒙《寄怀华阴道士》："珠宫凤合迎萧史，玉籍人谁访蔡经。"该词在各代文献多有用例，如《大藏经·本缘部》卷三："详共莫敬莫礼拜，此人违誓不合迎。"此句中的"合迎"已从具体的"一起迎接"引申为抽象义"迎合"。明·余邵鱼《周朝秘史》："国家不可以一日无君，今先君之子皆奔于外，合迎夷吾而立之！"此句中"合迎"为"全体迎接"义。宋·李昉《太平广记》卷一三五："敕使到，旧例合迎，县令惊，忙揖二客，鞭马而去，客遂出。"综上，《大词典》应考虑补录该词。

【序坐】

择日于崇化堂鸣鼓集众诸生，两廊序坐，学者穿秉立堂上，状元亦襕幞立，同舍班俟揖。（《癸辛杂识·成均旧规》后集）

按：《说文·广部》："序，东西墙也。从广，予声。"序，堂东西墙之别称，所以别序内外也。《尔雅·释宫》："东西墙谓之序。"由此可引申出先后大小高低等区别义，如"次第先后大小"，《周礼·春宫·肆师》："以岁时序其祭祀。"那么"序坐"就有"依次序而坐"之义。该词在前朝后世中都有用例，如后晋·刘昫《旧唐书》卷十："丙寅，立春，上御宣政殿，读时令，常参官五品已上升殿序坐而听之。"五品以上官员依品级次序坐下听之。唐·赵璘《因话录》卷六："元和初，宗人弘宣、简辞、弘正、简求，俱候焉。留坐目之甚久，命贞亦序坐。"《宋史》志第一百一十五："每遇讲读，詹事以下至进读官上堂，并用宾礼参见，依官职序坐。"清·张廷玉《明史》志第三十二："凡文武官公聚，各依品级序坐。"再有，"序坐"在小说作品中使用频率非常高，如清代历史小说《三春梦》（作者不详）中使用十三次。故《大词典》当补收该词。

【仰视】

美盛言江南可取，帝大言谕彬曰："所谓大将者，能斩出位犯分之副将，则不难矣。"美汗下，不敢仰视。（《邵氏闻见录》卷一）

按："仰视"义为"抬起头向上看"。《说文·人部》："仰，举也。"《字汇·人部》："仰，举首望也。"所以"仰"为"抬头，脸向上"。如《周易·击辞上》："仰以观于天文，俯以察于地理。"《三国志·魏志·文德郭皇后传》"葬首阳陵西"裴松之注引三国魏·王沈《魏书》载《哀策》："哀子皇帝睿……叩心擗踊，号啕仰诉。""视"即"看"。故"仰视"是一个偏正式的复合动词，该词早在先秦文献中已见，《荀子·解蔽篇》："瞽者仰视而不见星，人不以定有无，用精惑也。"《史记·项羽本纪》："无不膝行而前，莫敢仰视。"《后汉书·公孙述列传》："仰视天，俯视地，观放麑啜羹，二者孰仁？"《旧唐书·权怀恩列传》："怀恩姿状雄毅，束带之后，妻子不敢仰视。"宋·李昉《太平广记》卷六十八："翰甚怪之，仰视空中，见有人冉冉而下，直至翰前，乃一少女也。"元·郑光祖《醉思乡王粲登楼》第三折："卫灵公仰视飞雁，孔子知其不能用，投于陈国。"明·吴承恩《西游记》第四十回："刮得那三藏马上难存，八戒不敢仰视，沙僧低头掩面。"清·无垢道人《八仙得道》第四十九回："立刻抽身而起，步出殿庭，仰视天空，正见一轮皓月，高悬空际。"且《大词典》收录了"仰望""俯视"等同结构词语，而未收录"仰视"，理应补收。

八　移动类动词

【趋退】

仲远趋退复位，甲士露刃闭门。（《湖海新闻夷坚续志》前集卷一）

按：此句中的"趋退"谓"小步疾行退出"之义。"趋"为古代的一种礼节,以碎步疾行表示敬意。《论语·子罕》:"子见齐衰者,冕衣裳者与瞽者,见之,虽少,必作;过之,必趋。"此句中"趋"即为"小步疾行之状"。"退"即"退却、后退"义,《玉篇·辵部》:"退,却也。"《大词典》虽收入了"趋出""趋进"等词,但漏收了"趋退"一词。虽然"趋出"与"趋退"都有"离去"这个共同义素,但"趋出"并不能代替"趋退"表义。

因为首先"趋出"和"趋退"从这两个词语产生的语境看,在封建社会礼仪制度中表示的具体动作不同,上面论到"退,却也",即是后退的动作,与面朝的方向有关,同"进"形成反义;而"出",《集韵·至韵》:"出,自内而外也。"与"入"相对。在广义上,"出"可包含面朝内的"退出",也含面朝外的"走出"。但中国素有"礼仪之邦"之称,中国古代的"礼"与"仪"渗透于古代社会的各个方面。"礼"是制度、规则和社会意识观念;"仪"是"礼"的具体表现形式。它是依据"礼"的规定和内容,形成的一套完整的程序,适应当时社会需要,要体现贵贱等级关系及维护其统治而衍生出来的。这一套完整的程序包括对"臣见君""少见长""卑见尊"向后退出的礼仪规范,先面朝尊长者小步疾退几步,再转身小步疾行。故包含两个不同的"离去"的动作即"退"和"出"。

"趋退"一词在历代文献典籍中多有记载,早在春秋战国已有用例,如春秋《左传·襄公三十一年》:"申丰趋退,归,尽室将行。他日,又访焉。"该句中"趋退"一词已表示和体现上述讨论的"礼","一直小步疾行至屋内的尽端(即门口)才正常行走。"北宋·王钦若《册府元龟》卷六百一十七:"卿作福于下,归虐于上,邪挺拜谢趋退,自是宪司不敢以闻数日。"此句中"趋退"一词与上例中的语义、语境均相似。再如《元史》卷六十七:"侍仪使引册使以下,由左门以出,百官趋退。"此句中"趋退"亦出现在臣子参见君主时之礼,可见至封建社会末一直有沿用这一礼仪并常用到"趋退"一词,如清·昭连《啸亭杂录》:"男巫致词毕,以米洒扬,趋退,主人叩拜。"此例中"趋退"语用范围有所扩大,从"参见君王之礼"拓展到"见尊长者之礼"。综上所述,"趋退"一词具有常用性和普遍性,《大词典》应补录该词。

【窜归】
谢至为三卫守,贪酷激变,欲窜归临安。(《湖海新闻夷坚续志》)
按:此句中"窜归"一词,义为"逃回"。《大词典》虽收录了"窜走",并释为"逃跑";也收录了"窜跑",并释为"逃奔";以及收录"窜越",并释为"逃亡",但漏收了"窜归"一词。"窜",《尔雅·释诂下》:"窜,微也。"郭璞注:"微谓逃藏也。"即"隐秘地逃跑",如《国语·周语上》:"我先王不窋,用失其官,而自窜于戎狄之间。""窜"亦有单表"逃跑、逃亡"义,《玉篇·穴部》:"窜,逃也。""归"本义为"女子回娘家省亲",后词义扩大,表示"返回"义,《诗经·邶风·燕燕》:"之子于归,远送于野。"毛传:"归,归宗也。"如《全汉文·谯玄传》:"未及终而王莽居摄,变易姓名,窜归隐遁。公孙述僭号于蜀,连聘不诣。"如明·施耐庵《水浒传》第七十二回:"从小在外,今日方归。""窜归"一词还可表示"逃跑回"。再如清·蒲松龄《聊斋志异·野狗》:"乡民李化龙,自山中窜归。值大兵宵进,恐罹炎昆之祸,急无所匿。"上述二例中语用之境均为"窜归"这一行为"不想被别人所知晓",故"窜归"为"偷偷逃回"之义。

"归"由"返回"义引申出"归附、趋向"义,如《孟子·梁惠王上》:"诚如是也,民归之,由水之就下。"当"归"为此义项时,"窜归"后接的宾语,可不为"家乡",而为别地,别国。此种用法在古籍中亦多见,《北史》卷四十一:"尔朱兆入洛,侃时休沐,遂窜归华阴。普泰初,天光在关西,遣侃子妇父韦义远招慰之。"《旧五代史·庄宗纪四》:"而乃辄幸重惠,复背明廷,罔顾欺违,窜归伪室,既同枭獍,难贷刑章,可并妻子同戮于市。"此二例中"窜归"的宾语有特别交代,为"华阴""伪室",可见并非家乡,故此处"窜归"不能释为"逃回",应为"逃往""归附"义。清·黄以周《续资治通鉴长编拾补》卷五十六:"次日,军坏,解潜仅免,窜归蓝田。"清·纪昀《阅微草堂笔记》卷十八:"妻党所食,皆杂以秽物。知不可住,皆窜归。"综上所述,《大词典》应考虑补收"窜归"一词。

【潜归】

有女子诣阙,称为柔福帝姬,自房中潜归。(《湖海新闻夷坚续志》)

按:句中"潜归"一词,义为"暗中返回"。《大词典》虽已收录了"潜出""潜行""潜退""潜涉"等,但失收了"潜归"一词。这些词有着相同的构词方式:"潜"+行为动词,表示暗自、偷偷地做某事。《说文·水部》:"潜,涉水也。一曰藏,一曰汉水为潜。"即为"隐藏"义,《广雅·释诂四》:"潜,隐也。"后引申为"暗中;秘密地",如《左传·哀公六年》:"(子闾)与子西、子期谋,潜师闭途,逆越女之子章立之，而后还。"杜预注："潜师，密发也。""归"即"返归"。如《诗经·邶风·燕燕》："之子于归，远送于野。"毛传："归，归宗也。"故"潜归"即"暗中返归"。如六朝·陶潜《搜神后记》卷五："后以鸡鸣出去，平早潜归，于篱外窃窥其家中。"此句中"窃窥"照应"潜归"的"偷偷暗归"义。明·余邵鱼《周朝秘史》："孙子遂辞惠王，说回云梦山去，其实潜归齐国。"再如抱翁老人《今古奇观（下）》："鸾自觉悲伤欲泣，潜归内室，取乌丝笺题诗一律，使明霞送廷章上马，伺便投之。"可见"潜归"一词在历代文献典籍中有诸多用例。

综上，《大词典》应补收"潜归"一词。

九 其他类动词

这一类动词涉及的面比较多，而且每一类的数量很少，因此，我们把它们放在一起，称为其他类动词。

【蔽覆】

今公殁十五年余矣，旧宅已为东邻茆氏所有，不知此井蔽覆如故，或复发掘汲取也。(《野客丛书·孙公谈圃》卷五)

按："蔽覆"意为"覆盖；遮蔽"。"蔽"，《玉篇·艸部》："蔽，障也。"有"覆盖；遮挡"之义，如西汉·东方朔《七谏》："浮云陈而蔽晦兮，使日月乎无光。""覆"，《说文·襾部》："覆，覂也。一曰盖也。从襾，复声。"有"覆盖；遮蔽"之义，如南朝梁·谢朓《晚登三山还望京邑》："喧鸟覆春洲，杂英满芳甸。"故"蔽覆"可解释为"覆盖；遮蔽"，属于并列连言复合词，最早出现于东汉时期，其后用例也颇多。如东汉·王充《论衡》卷五："非所积之地，则盗跖所居；所少之野，则伯夷所处也。集过有多少，不能尽蔽覆也。夫集地有多少，则其过县有留去矣。"宋·田况《儒林公议》："天地至大，有邪气奸于其间焉，为凶暴，为戕贼，任其肆行，如天地卵育之而莫能御也。人生最重，或异类出于其表焉，为蛊惑，为妖怪，信其异端，如人蔽覆之而莫能格也。"明·蒋一葵《尧山堂外纪》："愁郁烦而难处，且罗缕而自陈。有漏狭之草屋，不蔽覆而受尘。欲恚怒而无益，徒拂郁而独嗔。"清·蒲松龄《聊斋志异》："叔向知其误，骇极，莫知所为。而女已顿起，四顾曰：'三哥来耶？'叔向惊，就问之，则慰娘也。乃解衣蔽覆，异归逆旅。急发傍冢，冀父复活。"因此，《大词典》应该补录该词。

【截水】

晋武帝问侍臣："旄头何义？"彭推对曰："秦有奇怪，触山截水，无不崩溃，惟是畏旄头，故虎士服之，此秦制也。"(《野客丛书·旄头罼罕》卷十六)

按："截水"意为"堵截流水"，与"触山"相对。"截"有"断，割断"之义，《说文·戈部》："截，断也。"《全梁文·萧琛传》："夫刃之有利，砥砺之功，故能水截蛟螭，陆断兕虎。若穷利尽用，必摧其锋锷，化成钝刃。""水"有"特指河流"之义，《诗经·卫风·竹竿》："泉源在左，淇水在右。"故"截水"可解释为"堵截流水"，该词在其他文献中也多有用例，如南宋《五灯会元·归宗怀恽禅师》："问：'截水停轮时如何？'师曰：'磨不转。'曰：'如何是磨不转？'师曰：'不停轮。'"《宋史·河渠四》："民或于古河渠中修筑堰碣，截水取鱼，渐至淀淤，水潦暴集，河流不通，则致深害，乞严禁之。"《元史·河渠二》："遇旱，视水缓急，撤闸通流，验工分水以灌溉；若霖雨泛涨，闭闸退还正流。禁治不得截水置碾磨，栽种稻田。"《明史·河渠一》："水力盖居七八，非专用人力也。筑堤则有截水、缕水之异，截水可施于闸河，不可施于黄河。"清·李斗《扬州画舫录》："朱阑数丈，远通两岸，彩虹卧波，丹蛟截水，不足以喻。而荷香柳色，曲槛雕楹，鳞次环绕，绵亘十余里。"《清史稿·河渠三》："八年，直督曾国藩请于南七工筑截水大坝，两旁修筑圈埝，并挑濬中洪，疏通下口，以免壅溃。"《大词典》收录了与"截水"结构、意义都相似的词"截流"，漏收了"截水"一词，应当补录。

【历考】

自《纲目》之作，用《春秋》法，而正统所在有绝有继，皆因其所建之真伪，所有之偏全斟酌焉，以为之予夺，此昔人所未及，今历考之。(《癸辛杂识·正闰》后集)

按："历考"意为"遍考；逐一考察"。《大词典》释"历"为："尽，遍。"如《尚书·盘庚下》："今予其敷心腹肾肠，历告尔百姓于朕志。"汉·王褒《四子讲德论》："于是相于结侣，携手俱游，求贤索友，历于西州。""考，察也"，《周易·复》："中以自考也。"再如《楚辞·招魂》："上无所考此盛德兮。"《广雅·训诂四》："考，究也。"《汉书·东方朔传》："考其文理。"由上可知，"考"有"考察，探究"之义。且据《大词典》收录的同类词目"历访""历问""历阅""历览""历听"

的释义，其分别为"逐一访问，遍访""遍问""遍读""遍览，逐一地看""遍听"，以及"历考"在文中的语境来看，"历考"宜释义为"遍考；逐一考察"。《大词典》失收该词。"历考"在其他文献中的代表性用例有：唐·刘肃《大唐新语》卷五："历考前闻，率由旧典。"宋·罗大经《鹤林玉露》甲篇卷二："然历考往圣，如孔子相鲁，而下大承气汤，固是对证。"明·皇甫录《皇明纪略》："历考昆志及访昆之耆旧，皆无所谓璹者。"清·张廷玉《明史》列传第七十九："一鹏等复上言：'历考前史，并无自寝园迎主入大内者。'"许慕羲《宋代宫闱史》第三十七回："我也不敢凭空武断，历考稗史，也是议论不一。"《大词典》当补收该词。

【败失】

余曰："今夫衙前掌官物，败失者或破万金之产，彼肯顾千五百钱、两斛之谷，来应募邪？"（《涑水记闻》卷十五）

按：此处"败失"为"失利；失败"之意，同"成功"相对。"败"有"失败；失利"义，如《孙子·形》："故善战者，立于不败之地。"《史记·项羽本纪》："战胜而将骄卒惰者败。"唐·韩愈《唐故检校尚书刘公墓志铭》："韩全义败，引军走陈州。""失"有"失掉；丢失"义，如《论语·阳货》："既得之，患失之。"南朝梁·任昉《奏弹刘整》："范今年二月九日夜，失车栏子夹杖龙牵等。"唐·韩愈《顺宗实录四》："亲治细事，失君人大体。"两个词复合后意义发生融合，该词在其他文献中也有用例，如五代·王定宝《唐摭言》卷十四："臣谬掌贡闱，果兹败失，上负圣奖，下乖人情。"后晋·刘昫《旧唐书》卷九十二："元忠在军，唯持重自守，竟无所克获，然亦未尝败失。"明·严从简《殊域周咨录》卷十八："昔中山武宁王，开国元勋，亦惟严守边境，防慎出入，故无败失。"清·黄以周等《续资治通鉴长编拾补》卷四："募六道之富人，使以其船及人漕之，而所过免其商税，能以若干至京师而无所欺盗败失者，以今三司军大将之赏与之。"《大词典》收录了同素逆序词"失败"，因此，"败失"也应该收录。

【痛挞】

尔谓主孕，必痛挞汝，远嫁荒恶，行无资装。（《湖海新闻夷坚续志》）

按：此句中"痛挞"一词，谓"狠狠地笞打"之义。该词为《大词典》所漏收，该词典收录了与"痛挞"有着相同构词方式和特征的一系列词语，如"痛打"一词，被释为"狠狠地殴打"义；"痛杀"一词，被释为"狠狠地击杀"；"痛杖"一词，被释为"狠狠地杖击"义；"痛殴"一词，被释为"狠狠地殴打"义。

"痛"，《说文·疒部》："痛，病也。"桂馥《说文解字义疏》："病也者。"张揖《杂字》："痛，痒疼也。"即其本义为"痛疼、痛楚"，《字汇补·疒部》："痛，甚也。"表疼痛程度之极，亦可知后由"疼痛"后引申为"极""很"，如《管子·七臣七主》："汝臣痛言人情以惊主。"尹知章注："痛，甚极之辞。"《资治通鉴·汉哀帝元寿元年》："不可以示天下，为害痛矣。"后"痛"表程度的"极"义又引申出"尽情地"。"挞"，《说文·手部》："挞，乡饮酒，罚不敬，挞其手。"《玉篇·手部》："挞，笞也。"即其本义为"用鞭、棍等打人"。如《尚书·益稷》："侯以明之，挞以记之。"孔传："笞挞不是者，使记识其过。"《列子·皇帝》："斫挞无伤痛。"张湛注："挞，打也。"即"痛挞"义为"尽情地笞打"。

"痛挞"一词，在历代文献典籍中有诸多用例，如宋·张齐贤《洛阳缙绅旧闻记》："此皆驱使者，有不如意，即痛挞之。"再如清·李希圣《庚子国变记》："则入执昭炜至营，痛挞之，复驱出，晕堕于玉河桥下。"清·梁溪坐观老人《清代野记》："合局之人大动公愤，诱周至江南岸而痛挞之，并勒其供状。"此句中"痛挞"为状中结构的偏正词语，表"鞭打程度之深"，后接宾语。综上所述，"痛挞"一词应为《大词典》补录。

【禳度】

光赞恳求禳度，师教以纸黏竹篾为柽梏。（《湖海新闻夷坚续志》）

按：此句中"禳度"一词，谓"祭神祈求避祸求福"之义。该词为《大词典》所漏收，该词典收录了与"禳度"有着相同构词方式和特征的一些词语，如"禳除"一词，被释为"祭神除灾"；"禳解"一词，被释为"向神祈求解除灾祸"，"禳避"一词，被释为"祭神避祸"；"禳谢"一词，被释为"向神祭祷，谢罪消灾"。

"禳"，《说文·示部》："禳，磔禳祀，除厉殃也。古者燧人祭子所造。从示，襄声。"即为"祭名，除邪消灾的祭祀"，王韵《说文解字句读》："禳自是祭名。云磔禳祀者，谓磔牲以禳之祀名曰禳也。"《广韵·阳韵》："禳，除殃祭也。"如《周礼·天宫·女祝》："掌以时招梗禬禳之事，以除厉殃。"郑玄注："却变异曰禳。禳，攘也。皿礼唯禳其遗象今存。"《左传·昭公二十六年》："齐有彗星，齐侯使禳之。"杜预注：

"祭以禳除之。"

"度"，《说文·又部》："度，法制也。从又，庶省声。"段玉裁注："寸、尺、寻、常、仞皆以人之体为法。寸法人手之寸口……"即其本义为"法制、法度"，《字汇·广部》："度，法也，则也。"如《尚书·太甲中》："欲败度，纵败礼。"孔颖达疏："准法谓之度。"后引申为"度过；使度过"，如《国语·周语下》："而度之于众生。"韦昭注："度之，谓不伤害也。"晋·葛洪《神仙传·老子》："则可以延年度厄。"故"禳度"一词，谓"祭神祈求避祸求福"之义。

"禳度"一词，在历代文献典籍中有诸多用例，该词最早见于道藏《道法会元》卷三十一："称本命某年某月某日某时，建生状，投法坛，丐祈禳度。"和"讼在官，宜求解，仍求禳度。"该句中"禳度"初常用于祭祀祈祷，以其形式出现，后脱离其形式，与"祈福"类似，如此句中"仍求禳度"。再如圆仁《入唐求法巡礼行记》："依法禳度外，谨具笺状，上启东岩天齐大生仁圣帝圣前。"明·沈德符《万历野获编》："特与禳度施行，是夜仍请屏斥妖氛。"上述二例中"禳度"均为"祭祀祈祷避祸求福的行为"。综上所述，《大词典》应考虑补录"禳度"一词。

【炼冶】

久视炼冶，经岁而成，色如紫金，卿为试之。(《湖海新闻夷坚续志》)

按：此句中"炼冶"一词，义为"用熔炼等方法，提炼所需要的金属。"与"冶炼"是同素异序词，构成同义词，"冶炼"谓"用焙烧、熔炼等方法，从矿石中提炼出所需要的金属。"如同"善良"与"良善"；"健康"与"康健"也跟"炼冶"与"冶炼"构成同义词的方式类似。《大词典》收录了"冶炼"，但未录入"炼冶"一词。

"炼"，《说文·火部》："炼，炼冶金业。从火，柬声。"段玉裁注："冶，毛本作治。今依宋本，炼冶者，炼而冶之，愈消愈精。"即"冶"为"熔冶金石，使纯净或坚韧"。如《论术·谈天》："女娲销炼五色石以补苍天。""冶"，《说文·冫部》："冶，销也。"段玉裁注："销者，炼金也。"如《史记·平准书》："（富商大贾）冶铸煮盐，财或累万金。"唐·李峤《宝剑篇》："吴山开，越溪涸，三金合冶成宝锷。"可见"炼"和"冶"有着相同的义项"提炼"。

"炼冶"一词，在历代文献典籍中有诸多用例，如唐·司空图《二十四诗品》："犹矿出金，如铅出银。超心炼冶，绝爱缁（淄）磷。"《金史》卷六十："平陆产银铁，若以盐易米，募工炼冶，可以广财用、备戎器。"《清史稿》卷一百四十九："铁料运自晋省，置炉炼冶，以供取用，庶施工有序，而藏富在民。"上述二例中"炼冶"的对象均为金属，义为"熔炼"。"炼冶"一词由"熔炼"义引申为"潜心研究、学习"义，如清·陆以湘《冷庐杂识》："《过畏垒湖》云：'远水帆飞林影外，高楼人在雁声中。'皆超心炼冶，不愧作家。"此句中"炼冶"已不局限于"金属冶炼"，也可用在"心里建设"。综上所述，"炼冶"一词，应在《大词典》考虑补录之列。

【准敕】

慕被寿州推勘院准敕追摄入狱根勘，专往王虎子，回太湖换书。(《湖海新闻夷坚续志》)

按：此句中"准敕"一词，谓"准许"义。《大词典》漏收了该词，但收入了与"准敕"有着相同构词手法的一些词，如"准行"一词，被释为"准许、许可"，"准遵"一词，被释为"遵循、依照"，"准裁"一词，被释为"衡量、裁定"等。

"准"，《说文·水部》："准，平也。"段玉裁注："谓水之平也，天下莫平于水。"故"准"为"标准"义，如《荀子·致士》："程者，物之准也；礼者，节之准也。"由"标准、准则"义引申出"依照、依据"义，《周礼·考工记》："辀注则利准，利准则久，和则安。"如清·吴善述《说文广义校订》："准，有准则可以依从，故以为依准字。"

"敕"，《说文·攴部》："敕，诫也。"即本义为"告诫"，后由此引申为表示"自上命下之词"如《史记·乐书》："余每读《虞书》，至于君臣相敕，维是几安，而股弘不良，万事坠坏，未尝不流涕也。"汉世之尊长或官长告诫子孙或僚属，皆称敕，后南北朝以后专指皇帝诏书，《广韵·职韵》："敕，书也。"《新唐书·百官志一》："凡上之逮下，其制有六：一曰制，二曰敕，三曰册，天子用之。"故可见"准敕"义为"准许"。

"准敕"一词在历代文献典籍中有诸多用例，如周绍良《唐代墓志汇编续集》："巡察御史何彦先准敕升进。秩满，授梁州南郑县令。"该句中"准敕"为"得到君主命令"义，再如唐·杜佑《通典》："臣今准敕，依琴中旧曲，定其宫商，然后教习，并合于歌。"后"准敕"的隐形主语从君主扩大到可指上级或尊长，如北宋·王钦若《册府元龟》："诸县有临街店舍田地，宜准敕许人收买依限。"上述两例中的"准敕"的隐形主语已非君主，而指"上级"。清·陆心源《唐文拾遗》："诸道进奉却回，及准敕发遣官健家口，不合给驿券人等，承前皆给。""仍仰本县准敕，分明给与凭据。"综上所述，《大词典》应考虑补录"准敕"一词。

【决赌】

但与决赌讫，一叟曰："君输我。"（《湖海新闻夷坚续志》）

按：此句中"决赌"一词，谓"一决胜负"或"赌博"之义。《大词典》漏收了该词，收入了与"决赌"有着相同构词方式的一些词，如"决事"一词，被释为"决断事情、处理公务"，"决计"一词，被释为"拿定主意"，"决知"一词，被释为"审知辨识"。

"决"，《说文·水部》："决，行流也。从水，从夬。庐江有决水，出于大别山。"即有"开凿壅塞，疏通水道"义，《尚书·益稷》："予决九州，距四海。""决"通"决"，《玉篇·水部》："决，俗决字。按：古籍中多作'决'，今'决'字通行。"后引申为"判决、断案"，如《韩非子·外储说左下》："及狱决罪定，公慨然不悦，形于颜色，臣见又知之。"由"断案"又引申出"决定、断定"义，如《史记·萧相国世家》："群臣争功，岁余功不决。"

"赌"，《说文新附》："赌，博弈也。从贝，者声。"钮树玉新附考："赌义当本于射，古读射近都，后人或借作都，又改作赌耳。"即本义为"以财物作注比输赢。"如唐·玄应《一切经音义》卷十五引《通俗文》："钱戏曰赌也。"《篇海类编·珍宝类·贝部》："赌，博财。"后由具体的"以财物作注比输赢"引申为抽象义"争输赢"，如唐·李欣《古意》："赌胜马蹄下，由来轻七尺。"故"决赌"义为"一决胜负"。

"决赌"一词，在历代文献典籍中有诸多用例，如《晋书·阮籍传》："性至孝，母终，正与人围棋，对者求止，籍留与决赌。"此句中"决赌"为具体义上的"一决胜负"。宋·李昉《太平广记》卷四十："皆相对象戏，身仅尺余，谈笑自若，剖开后，亦不惊怖，但与决赌。"此句中"决赌"义为"争输赢"。明·凌蒙初《二刻拍案惊奇》卷二："小子不愿各殿下破钞，小子自有利物与小娘子决赌。"再有，明·冯梦龙《喻世明言》卷二十一："公子宽坐，容在下回家去，再取稍来决赌。"明·冯梦龙《东周列国志》第八十八回："先生果能使某必胜，某当请于王，以千金决赌。"上述诸例中"决赌"中为有利作注而决输赢。综上所述，《大词典》应考虑补录"决赌"一词。

【豫求】

师孟曰："非也，师孟恐不得常侍左右，自欲豫求《墓志》，俟死而刻之耳。"（《涑水记闻》卷十六）

按：此处"豫求"为"事先寻求"之意。《广雅·释言》："豫，早也。""豫"有"预先；事先"义，如《汉书·赵充国传》："宜遣使者行边兵豫为备，敕视诸羌，毋令解仇，以发觉其谋。"《清史稿·礼志四》："盖先世有劫祀者，故豫使人防之，因沿为制。"《玉篇·裘部》："求，索也。""求"有"寻找；搜寻"义，如《诗经·小雅·伐木》："嘤其鸣矣，求其友声。"《后汉书·皇后纪下·献帝伏皇后》："董承女为贵人，操诛承而求贵人杀之。""豫求"为前一语素修饰后一语素构成的偏正式复合词，该词在其他文献中也有用例，如宋·司马光《资治通鉴》卷一百〇二："勒兵欲攻王猛，无上也。临战豫求司隶，邀君也。"明·邱浚《大学衍义补》卷首："谋之必周，虑之必远，未乱也而豫图制乱之术，未危也而豫求扶危之人，则国家常治而不乱，君位常安而不危矣。"清·黄宗羲《明儒学案》卷二十二："世儒反以先本为非，必欲穷索物理而豫求于末终，是不为絫也哉。"《大词典》已收"豫防""豫见""豫算"等同构词，因此，"豫求"也应该收录。

【优进】

阁门副使韩存宝将陕西兵讨戎泸蛮，拔数栅，斩首数百级。上欲优进官秩，以劝立功者。（《涑水记闻》卷十四）

按：此处"优进"为"增加优厚待遇"之意。《说文·人部》："优，饶也。"《小尔雅·广诂》："优，多也。""优"可引申为"优厚，给予好的待遇"。如唐·韩愈《与凤翔邢尚书书》："然而未至乎是者，盖亦有说云。岂非待士之道未甚厚，遇士之礼未甚优！""进"有"增进；加强"义，如《礼记·乐记》："礼减而进，以进为文。"郑玄注："进，谓自勉强也。"宋·沈作喆《寓简》卷一："君子欲抑阴而进阳，故阳用极数，而阴取其中焉耳。""优进"为偏正式复合词，该词在其他文献中也有用例，如北齐·魏收《魏书》卷三十一："详因忠表让之际，密劝世宗以忠为列卿，令解左右，听其让爵。于是诏停其封，优进太府卿。"唐·李延寿《南史》卷七十九："二年，庆遣上表，言行冠军将军、右贤王馀纪十一人忠勤，并求显进。于是诏并加优进。"《宋史》卷三百七十三："此含垢之时，宜使人谕意，优进官秩，畀之以京口纲运，如晋明帝待王敦可也。"明·沈德符《万历野获编》卷七："宣德元年，以病乞归，优进通政司右参议致仕。"清·黄以周等《续资治通鉴长编拾补》卷四十七："帝解玉带赐黼，优进太傅，封楚国公，总治三省事，许服紫花袍，驺从仪物，几与亲王等。"《大词典》已收"优恩""优遇""优待"等同构词，因此，"优进"也应该收录。

【会戏】

昔有郭忠恕善戏虐，尝与聂崇义者会戏。(《湖海新闻夷坚续志》)

按：句中"会戏"一词，义为"一起切磋戏"。该词为《大词典》所漏收。"会戏"与《大词典》所收的"会酒""会操""会演"，有着相同的构词方式，均为状中结构，"会"+动词，表示一起聚会做某事，或相聚讨论。"会"，《说文·会部》："会，合也，从亼，从曾省。"即"会合、聚合"义，《广雅·释诂三》："会，聚也。""戏"古指歌舞、杂技等表演，如《史记·孔子世家》："齐有司趋而进曰：'请奏宫中之乐。'优倡侏儒为戏而前。"今通指戏剧，如"看戏、京戏"。"会戏"即为"相聚论戏"，该词在各代文献典籍中多有用例，如《宋书》卷二十四："高祖会于江宁，朝士毕集。毅素好樗蒲，于是会戏。"此句中"毕集"即是"会戏"的前提，聚集一起切磋戏。再如明·蒋一葵《尧山堂外纪》卷四十："韦庄幼时，常在华州下邽县侨居，多与邻巷诸儿会戏，及广明乱后，再经旧里，追思往事。"清·陈恒庆《谏书稀庵笔记》："如遇团拜，在会馆观堂会戏则可，宴集在饭馆庄则可。""会戏"这种构词方式和语用一直延续至现代汉语，现代的戏社亦常用该词。综上，《大词典》应考虑补录该词。

【迁过】

道人到叔杨家，屏左右，历历言之平生不善，劝以迁过。(《湖海新闻夷坚续志》)

按：此句中的"迁过"一词，义为"改错"。该词为《大词典》所漏收，其收入了"迁行"一词，被释为"改正其行为"，"迁怨"一词，被释为"自己不如意时抱怨别人"，"迁悔"一词，被释为"改悔"等。"迁过"与上述些词均为"动词语素'迁'+行为性名词语素"。

"迁"，《说文·辵部》："迁，登也。"即"向上移、挪动"，《广雅·释言》："迁，移也。"如《文选·张衡〈西京赋〉》："五都货殖，既迁既引。"后由"移动"义引申出"变更、变动"义，如《礼记》："有百世不迁之宗，有五世则迁之宗。""过"即"过失、过错"义，《字汇·辵部》："过，失误也。无心之失，谓之过。"如《周礼·地官·调人》：

"凡过而杀人者，以民成之。"故"迁过"一词义为"改正过错"。该词在历代史料中均有出现，如唐《刘太真诗词》卷三："顾十二况左迁过，韦苏州房杭州韦睦。"北宋·黎靖德《朱子语类》："儒用录云：'只消当下迁过。若改过，须是大段勇猛始得。'"此句中"迁过"与"改过"语义相近对应，均表示改错行为。该词一直延续至近现代汉语，如张恂子《隋代宫闱史》："只是明知君恶，不能早日劝阻天子，迁过从善，待至日幕途穷，方上一纸谏书，尚有何用？"此句中"迁过"与"从善"并列表义，可见"迁过"有"转变、改变"义项。综上所述，"迁过"一词应为《大词典》收词之列。

【擅举】

天命革宋，江南田地尽属大元，毋得擅举阴兵助宋，各取知委。（《湖海新闻夷坚续志》）

按：此句中"擅举"一词，义为"擅自发动"。该词为《大词典》所漏收，其收入了与"擅举"构词方式相同的一系列词，如"擅命"，被释为"擅自发号施令，不受节制"；"擅退"一词，被释为"擅自退让不受"；以及词"擅杀"，被释为"未经批准而擅自诛杀"；"擅与"被释为"无昭旨擅自发兵"等。

"擅"，《说文·手部》："擅，专也。"即"独揽"义，但此处"擅"仅表示情态、方式，为副词，相当于"擅自""任意"，如《墨子·号令》："诸吏卒民，非其部界而擅入他部界，辄收。""举"本义为"双手托物使之向上"，语例中为其引申义，为"兴起""发动"义，如《史记·春申君列传》："王又举甲而攻魏。"可见"擅举"一词，义为"擅自发动"，该词在历代文献典籍中多有用例，如北宋·王钦若《册府元龟》："窃见杨守亮擅举干戈阻难西道，将图割据吞并东川据巴夕为万窟，恣豺狼于梁。"再如《金史》卷四十："弼奏其事，宰臣以兖州虽擅举而无违失，苟利于民，专之亦可。"清·吴广成《西夏书事》："罕守旧制，各务邀功，不虞生事，遂致延、绥、泾原等界，擅举甲兵，入臣境土。"此二例中"擅举"为军事用语环境，接表古军事方面的宾语如甲兵、干戈等。此句中"擅举"的语用范围扩大，可表主语发出的某一行为"擅自行动"，可省宾语。综上所述，"擅举"一词应在《大词典》补录之列。

【罹祸】

去征永新，阖邑罹祸，兵后所存民户，百不及一，疟疾又复盛行，死者无数，惨矣哉！（《湖海新闻夷坚续志》）

按：此句中"罹祸"一词，谓"遭受祸难"之义。该词为《大词典》所漏收，《大词典》收录了与"罹祸"构词方式相同的一系列词语，如"罹兵"一词，被释为"遭受战乱"；"罹乱"一词，被释为"遭逢变乱"，及"罹罪"一词，被释为"遭受罪罚"；"罹难"一词，被释为"遭遇祸难"。

"罹"，《说文新附》："罹，心忧也。从网，未详，古多通用离。"《集韵·戈韵》："罹，遭也。"即"遭遇"义，如《尚书·汤诰》："罹其凶害，弗忍荼毒。"孔传："罹，被。""祸"，《说文·示部》："祸，害也，神不福也。"即"灾害、灾难"与"福"相对。《说文·示部》："祸，害也。"《字汇·示部》："祸，殃也，害也。"如《史记·司马相如列传》："祸固多藏于隐微而发于人之所忽者也。"

"罹祸"一词在历代文献典籍中多有用例，且语义"遭受祸难"一直延续至今。汉·王充《论衡》："多横恣而不罹祸，顺道而违福，王朔之说，白起自非、蒙恬自咎之类也。"再如六朝《全梁文》卷十六："比屋罹祸，尽家涂炭，四海沸腾，天下横溃，此谁之咎？"此句中"罹祸"与"涂炭"互文见义，语义相近，均表示"遭受祸难"。至清朝已常被用到，清·佚名《西巡回銮始末》第二十三回："寿将军闻之，自度终不能亲见俄将与议和事，又不欲使城中居民无端罹祸，又自念世受国恩，宜阖门殉节。"清·陈康祺《郎潜纪闻》："况公忠荩耆臣，早邀天鉴，使书联便恐罹祸。"综上所述，"罹祸"一词为《大词典》所漏收，应考虑对其补收。

【执笄】

唐南平公主下降王珪之子，珪坐，令亲执笄，行盥馈之礼，曰："吾岂为身荣，所以成国家之美耳。"(《渑水燕谈录·帝德》卷一)

按："执笄"是"手持发簪"的意思，指古代女子成年或举行重要礼仪时用簪贯发或固定弁的一种礼仪。"执"，"拿、持"的意思。《广韵·缉韵》："执，持也。"《诗经·邶风·简兮》："左手执龠，右手秉翟。"《晋书·舆服志》："笏，古者贵贱皆执笏，其有事则搢之于腰带。"明·吴承恩《西游记》第三十四回："三藏心惊，轮开手，牵衣执袂，滴泪难分。""笄"，是"簪"的意思，古时用以贯发或固定弁。《说文·竹部》："笄，簪也。"朱骏声《说文通训定声》："笄有二：内安发之笄，男女皆有之；固冕、弁之笄，唯男子有之。又冕、弁则有笄，贯之于其左右，屈组为纮，垂为饰。冠无笄，则缨而结其条。"《释名·释首饰》："笄，系也，所以系冠使不坠也。"《仪礼·士冠礼》："皮弁笄，爵弁笄。"郑玄

注：">笄，今之簪。"

"执笄"即以手持簪，但它并不是一个词组，因为"执笄"所表达的概念是一个特定的仪式，因此应当看成一个词。如《全唐文》卷三九三："执笄助祭四十余载，人莫见夫人喜怒之容。"北宋·王钦若等《册府元龟》卷七百九十四："所以成国家之美耳，于是夫妻西向坐，公主亲执笄行盥馈之道，礼成而退。"又《清史稿·欧阳玉光妻蔡传》卷五百八十："惟本亦早卒，从姑敬事祖姑，祖姑兴，姑执笄侍左，妇自右为约发。"蔡东藩《唐史演义》第十七回："于是与夫人并坐堂上，令公主执笄盥馈，然后退入。"综上可见，"执笄"是古代的一种固定礼仪，是由动词性语素和名词性语素构成的动宾式复合词，这一仪式经常与"盥馈"（谓侍奉尊者盥洗及进膳食）互现，《大词典》已收了"盥馈"一词，则"执笄"也应当收录。

【慕善】

巴蜀多故，土豪倔起，斯乃押衙之子，独能慕善，苟不诱进，渠即退志。以吾称之，人必荣之，由此减三五员草贼，不亦善乎？（《北梦琐言·柳玭大夫赏牟麐》卷四）

按："慕善"有"崇尚善举、善事"的意思。《说文·心部》："慕，习也。""慕"有"思慕、向往"义。如《尚书·毕命》："弗率训典，殊厥井疆，俾克畏慕。"《孟子·万章上》卷九："人少则慕父母。"赵岐注："慕，思慕也。"三国魏·嵇康《与山巨源绝交书》卷三十二："且延陵高子臧之风，长卿慕相如之节，志气所托，不可夺也。"而"善"则为"善行，善事，善人"义，如《周易·坤》卷二："和善之家，必有余庆。"《论语·为政》："善举而教不能，则劝。"《史记·吴王三澨列传》："盖闻为善者，天报之以福。"

"慕善"是一个动宾结构的复合词，该词在中古时期已见用例，如《三国志·吴志·潘濬列传》："吾受国厚恩，志报以命。尔辈在都，当念恭顺，亲贤慕善。"《宋书·严世期列传》："严世期，会稽山阴人也。好施慕善，出自天然。"《北齐书·尉瑾列传》："瑾少而敏悟，好学慕善。稍迁直后。"以上三例中，"慕善"分别与三个动宾结构复合词"亲贤""好施""好学"对举，这三个词皆为《大词典》所收录，分别释之为"亲近贤人""喜好施舍""喜爱学习"，那么，"慕善"作为与之同构的复合词，表示人的一种品质，其性质相当于一个形容词，因此理应为《大词典》收录。"慕善"在近代汉语中亦有不少用例，表达的同样是人的一种品质，如《北梦琐言》卷三："此子慕善，才与不才，安可拒之某今自见其人质清秀，复览其文卷，深器重之。"又宋·李昉《太平广记》卷一百一十九："我虽贱隶，少怀慕善，未尝为非，实不作劫。"无论是"此子慕善"还是"少怀慕善"都是描述一个人本身具有的一种品质，而不是一种具体的行为动作。因此，无论从词语的凝固度和《大词典》收词的系统性来看看，"慕善"都该为《大词典》所补录。

【共享】

既又谓宰执曰："自今更不用兵，与卿等共享太平。"（《邵氏闻见录》卷五）

按：此处"共享"为"一起受用；共同具有享受"。《说文·共部》："共，同也。"如《论语·公冶长》："愿车马，衣轻裘，与朋友共，敝之而无憾。"《孟子·滕文公上》："三年之丧，齐疏之服，飦粥之食，自天子达于庶人，三代共之。"《资治通鉴·汉献帝建安十三年》："此为长江之险已与我共之矣。"《字汇·亠部》："享，受也。"故此处"享"为"享受；受用"。《左传·僖公二十三年》："保君父之命而享其生禄。"杜预注："享，受也。"《庄子·让王》："我享其利，非廉也。"《后汉书·郅恽传》："刘氏享天永命，陛下顺节盛衰，取之以天，还之以天，可谓知命矣。"《晋书·傅玄传》："天下享足食之利。""共享"为偏正结构的复合词，义为"共同享受"。且该词在历史文献中出现的历史文献也比较高，如西汉·刘安《淮南子》："故明王之用兵也为天下除害，而与万民共享其利。"北宋·黎靖德《朱子语类》："自东封后，真宗以太平宜共享，令直省官为买妾，公不乐。"明·罗贯中《三国演义》第四十八回："收服江南之后，天下无事，与诸公共享富贵，以乐太平。"清《康雍干间文字之狱》："数十年来，堤工巩固，亿姓永无昏垫之虞，共享平成之庆。"且《大词典》收录了"共存""公用""共有"等同结构词语，所以《大词典》可以补收"共享"一词。

【抄录】

辄思抄录，专具进呈，伏望圣慈，特垂披览，谨具逐件如后云云。（《邵氏闻见录》卷六）

按：此处"抄录"义为"照原稿誊写；抄写"，《正字通·手部》："今人誊抄文字曰抄。"如晋·葛洪《抱朴子·论仙》："夫作金皆在神仙集中，淮南王抄出以作《鸿宝枕中书》。"南朝梁·刘勰《文心雕龙·论说》："曹植《辨道》，体同书抄。"宋·罗大经《鹤林玉露》卷八引宋杨万里《赠抄经头陀》诗："刺血抄经奈若何，十年依旧一头陀。"根据《大词典》"录"也有"抄写；誊录"义。《宋史·李继和传》："继隆罢兵柄，手录唐李绩遗戒授继和。"明·宋濂《送东阳马生序》："每假借于藏书之家，手自笔录，计日以还。"冰心《晚晴集·悼郭老》："幸而我还能看到许多郭老的字迹，有的是录毛主席的或是他自己的诗词。"且"抄录"一词在历史其他文献出现的频率也非常高，如唐《禅源诠序》卷三："但以抄录之故，不免于连续缀合之处，或加减改换三字两字而已。"北宋·李昉《太平广记》卷第十五："凝坐良久，追忆梦中经，不遗一字。乃慎持念，遂抄录传于世。"明·戚继光《纪效新书》卷二："处处填完，一队毕通，令队长带赴又一处，抄录腰牌纸内所填格限在册，即将一队兵送于空地立标之所坐听。"清·梁章巨、朱智若《枢垣记略》："霱辨明而入，及暮而归，抄录谕旨，收贮档案，颇称勤慎。"故《大词典》理应收录"抄录"一词。

【编敕】

曾布时以著作佐郎编敕，巧黠善迎合荆公意，公悦之。(《邵氏闻见录》卷十三)

按：此处"编敕"是宋代一项重要和频繁的立法活动。是指将一个个单行的敕令整理成册，上升为一般法律形式的一种立法过程。《说文·糸部》："编，次简也。"此处"编"为"指把分散的事物按照一定的条理组织起来"。"敕"的本义是尊长对卑幼的一种训诫。南北朝后期"敕"成为皇帝诏令的一种。宋代的"敕"是指皇帝对特定的人或事所作的命令。"敕"的效力往往高于律，成为断案的依据。"敕"主要是关于犯罪与刑罚方面的规定，所谓"丽刑名轻重者，皆为敕"。"编敕"作为宋代的立法活动，除在《邵氏闻见录》中有体现外，在其他历史文献中也可见，如宋·叶梦得《石林燕语》卷二："旧法：祖父母私忌不为假。元丰编敕修《假宁令》，于父母私忌假下，添入逮事祖父母者准此，意谓生时祖父母尚存云尔。"《宋史》卷二百一十："今之编敕，皆出律外，又数改更，官吏且不能晓，百姓安得闻之？"《清史稿》卷一百四十二："盖清代定例，一如宋时之编敕，有例不用律，律既多成虚文，而例遂愈滋繁碎。"故《大词典》理应收录该词。

【垂克】

曹彬攻金陵，垂克，忽称疾不视事。(《涑水记闻》卷三)

按：此处"垂克"可释为"即将成功"。《广韵·支韵》："垂，几也。"《集韵·真韵》:"垂,将及也。""垂"有"将近"义。如《东观汉记·韦豹传》:"今岁垂尽当辟,御史意在相荐。"宋·苏轼《祭常山神文》:"今夏麦垂登,而秋谷将槁。"《说文·克部》:"克,肩也。象屋下刻木之形。苦得切。""克"有"能够、完成"义,后引申为"战胜;攻取"。如《易经·既济》:"高宗伐鬼方,三年克之。"《吕氏春秋·爱士》:"(缪公)遂大克晋,反获惠公以归。"高诱注:"克,胜也。"唐·韩愈《司徒兼侍中许国公神道碑铭》:"师道之诛,公以兵东下,进围考城,克之。""垂克"为偏正结构的复合词,该词在其他文献中也有用例,如《三国志·蜀志·诸葛亮传》:"如何不吊,事临垂克,遘疾陨丧!朕用伤悼,肝心若裂。"唐·房玄龄《晋书·王浚列传》:"演图杀浚,事垂克而天卒雨,使不得果,是天助浚也。"宋·文莹《玉壶清话》:"后围福州,与诸将争功,城垂克,建封勒兵退,至坏成绩。"《明史·瞿能传》:"攻北平,与其子帅精骑千余攻彰义门,垂克。"清·陈其元《庸闲斋笔记》:"同治三年五月,大军围之于江宁,城垂克,乃仰药死,贼平。"《大词典》收录了"垂亡""垂死""垂成"等词,那么,从大型词典收词的系统性来看,"垂克"也应当收录。

【度人】

恐其惊骇,且罢度人、修寺一二十载,容自销铄。(《涑水记闻》卷三)

按:此处"度人"可释为"使人出家"。"度"是佛教语。为"剃度、超度,使人出家"义。意谓引其离俗出生死。如唐·苏鹗《苏氏演义》卷下:"眉娘不愿住宫中,度以黄冠,赐号逍遥。"《旧唐书·睿宗纪》:"天下滥度僧尼、道士、女冠,并依旧。""度人"为动宾式合成词,该词在历史文献中有大量用例,如唐·杜佑《通典·职官三》卷二十一:"造寺不止,枉费财者数百亿;度人不休,免租庸者数十万。"南唐·静、筠禅僧《祖堂集·本净和尚》:"佛度众生为有心故,道不度人为无心故。"北宋·李昉等《太平广记·异僧五》:"文宣叩头请止之,因敕禅师度人造寺,无得禁止。"明·冯梦龙《醒世恒言》卷二十一:"普度群生,接引菩提之路。说法如云,度人如雨。"清·文康《儿女英雄传》第五回:"分明是变化不测的神龙,好比那慈悲度人的菩萨!"

另外,"度人"还有"揣度他人"之义。《尔雅·释诂上》:"度,谋也。"《玉篇·又部》:"度,揆也。""揆"为"揣测"义。"度"还有"忖度、谋虑"义。如《世说新语·雅量》:"可谓以小人之虑度君子之心。""人"为"别人、他人"义。如南朝梁·刘勰《文心雕龙·书记》:"辞者,舌端之文,通己于人。"因此,"度人"还有"揣度别人"义,此义多用于"以己度人"一词,意为"拿自己的心思来揣度别人。"如宋·朱熹《朱子语类·论语九·里仁篇下》:"人多说人已物我,都是不曾理会。圣人又几曾须以己度人!"明·冯梦龙《警世通言》卷十二:"虽不是自己的老婆,年貌也相仿佛,徐信动了个恻隐之心,以己度人,道:'这妇人想也是遭难的。'"蔡东藩《民国演义》第五十回:"'仪小子,撤销帝号,并不要抄他老头儿家产,伤心什么?'想是以己度人。"《大词典》收录了"度世",那么,"度人"属于同类词,也应当收录。

【翦取】

寇稍翦取,亡数指挥,乃窜。(《涑水记闻》卷四)

按:此处"翦取"是"截得"义。《说文·羽部》:"翦,羽生也。一曰矢羽。从羽,前声。"王筠注:"翦者,谓新生之羽,整齐之状也。""翦"本义是"初生的羽毛",引申为动词"剪",有"截断、斩断"义,段玉裁注:"翦者前(剪)也。前者,断齐也。"如《诗经·召南·甘棠》:"蔽芾甘棠,勿翦勿伐,召伯所茇。蔽芾甘棠,勿翦勿败,召伯所憩。蔽芾甘棠,勿翦勿拜,召伯所说。"《说文·又部》:"取,捕取也。从又从耳。"如《周礼·夏官·大司马》:"获者取左耳。"引申为"得到、获得"义。如《诗经·魏风·伐檀》:"不稼不穑,胡取禾三百廛兮?""翦取"为偏正型复合词,语素"翦"修饰限定语素"取",该词在其他文献中也有用例,如宋·黄公绍《莺啼序》:"有人翦取松江水,忆细鳞巨口鱼堪鲙。"又如宋·张炎《湘月》:"落日沙黄,远天云淡,弄影芦花外。几时归去,翦取一半烟水。"清·包世臣《齐民四术·农一》:"及夏至,翦取蔓枝,每一叶下截过节为苗,栽之沟塍,略如芋法。"此外,"翦取"还有"剪取"义,"翦"实为"剪",如清·陆以湉《冷庐杂识》卷三:"字纸之废弃者,必翦取空隙处,置箧中以备用。"《大词典》收录了"翦截",那么,从收词的系统性来看,"翦取"也应当收录。

【观鉴】

画《无逸》为图,乞施便坐,为观鉴之助。(《涑水记闻》卷四)

按:此处"观鉴"有"观看鉴赏"之意。《说文·见部》:"观,谛视也。"段玉裁注:寀谛之视也。"观"义为"观看、观览"。如《诗经·小雅·庭燎》:"君子至止,言观其旗。"《周书·长孙澄传》:"虽不饮酒,而好观人酬兴。"《广韵·鉴韵》:"鉴,同鉴。""鉴"为"照察,审辨"义。如《后汉书·郭太传》:"其奖拔士人,皆如所鉴。"唐·韩愈《进顺宗皇帝实录表状》:"圣明所鉴,毫发无遗。""观鉴"由两个并列的动词语素构成,该词在汉代文献即见用例,如东汉·王充《论衡》:"生不希世准主,观鉴治内,调能定说,审伺际会。"此例之义为读书人不该迎合世俗,揣摩君主意图,而应省察其境内情况,而调整自己专长,确定自己主张,从而寻找机会。南朝宋·谢灵运《昙隆法师诔》:"物以灵异,人以智贵,即是神明,观鉴意谓。"《大词典》收录了"观看""观赏",那么,"观鉴"也应当收录。

【摄祀】

冬至摄祀昊天上帝,外级止七十位。(《涑水记闻》卷四)

按:此处"摄祀"可释为"中国古代王朝在冬至日进行的祭天典礼"。"摄"有"安静、静谧"义,《集韵·贴韵》:"摄,摄然,安也。"如《汉书·严助传》:"天下摄然,人安其生。"颜师古注引孟康曰:"摄,安也。"《说文·示部》:"祀,祭无已也。"《尔雅·释诂下》:"祀,祭也。""祀"为"祭祀"义,特指祭祀天神。如《周礼·地官·鼓人》:"以雷鼓鼓神祀。"贾公彦疏:"天神称祀,地祇称祭,宗庙称享。"中国古代祭祀活动的历史源远流长,祭祀不仅是古人用来表达对神明的崇敬,更是统治者维护自身统治地位的重要手段。《易经》称之:"夫大人者与天地和其德,与日月合其明,与四时和其序,与鬼神合其吉凶,先天而天弗违,后天而奉天时。"祭天更是皇帝才有的权力,来祈求国泰民安,这也是一场最庄严隆重的盛典。《宋史·礼志三》中记载:"冬至祀昊天上帝于圜丘,以五方帝、日、月、五星以下诸神从祀。又以四郊迎气及土王日专祀五方帝,以五人帝配,五官、三辰、七宿从祀。""摄祀"为偏正式复合词,该词在其他文献中也有用例,如明·宋濂《元史·郊祀上》:"南郊之礼,其始为告祭,继而有大祀,皆摄事也,故摄祀之仪特详。"《明史·本纪第六·成祖二》:"己卯,皇太子摄祀天地于南郊。"《清史稿·志五十八·礼二》:"议者谓飨神不可无乐,未若摄祀之当乎礼也,遣代便。""摄祀"作为中国古代的一种常见的祭祀活动应该被《大词典》收录。

【辄预】

天文变异,汝职所当言也,何得辄预国家大事?汝罪当族!(《涑水记闻》卷五)

按：此处"辄预"为"擅自干预"之意。《玉篇·车部》："辄，专辄也。""辄"为"擅自，专擅"义。如《三国志·魏志·曹爽传》："臣辄敕主者及黄门令罢爽、羲、训吏兵，以侯就第。"《资治通鉴·晋武帝泰始八年》："朝廷猝闻召万兵，必不听；不如辄召，设当见却，功夫已成，势不得止。"唐·慧琳《一切经音义》卷二二引《珠丛》："凡事相及为预也。""预"有"参预、干预"义。如《三国志·吴志·陆逊传》："时何定弄权，阉官预政。""辄预"由前一个语素修饰后一个语素的状中式结构构成，该词在唐代即见用例，如《旧唐书·王叔文传》："皇太子之事上也，视膳问安之外，不合辄预外事。"宋·孔平仲《续世说》："太子视膳、问安外，不合辄预它事。"《宋史·兵二·禁军（下）》："欲仍依旧法，及诸军除转排补，并隶将司，州县无得辄预。"明·蒋一葵《尧山堂偶隽》："舜齐七政，治罔逮于要荒；武通八蛮，赐不闻于正朔。岂伊绝域，辄预颁时。"《大词典》收录了"辄代""辄用"等词，则构词相同的"辄预"也应当收录。

【阴结】

且陛下召魏野，野闭门避匿，而放阴结权贵以自荐达。(《涑水记闻》卷六)

按：此处"阴结"为"暗地结交"之意。《说文·阜部》："阴，暗也。"段玉裁注："暗者，闭门也。闭门则为幽暗。故以为高明之反。""阴"有"幽暗，昏暗"义，如《楚辞·九歌·大司命》："一阴兮一阳，众莫知兮余所为。""阴"可引申为"秘密的、暗地的"，如《战国策·秦策二》："张仪反秦，使人使齐，齐、秦之交阴合。""结"为"结交"义，如《周礼·春官·典瑞》："琬圭以治德，以结好。"唐·贾岛《寄远》："始知相结密，不知相结疏。""阴结"由前一个语素修饰后一个语素的状中式结构构成，该词在历代文献中也有大量用例，如西汉·刘向《战国策·齐六·貂勃常恶田单》："外怀戎翟、天下之贤士，阴结诸侯之雄俊豪英。"晋·陈寿《三国志·魏书·韩暨传》："暨阳不以为言，庸赁积资，阴结死士，遂追呼寻禽茂，以首祭父墓，由是显名。"金·佚名《大金吊伐录·册大齐皇帝文》卷四："岂意天方肇乱，自启衅阶，阴结叛臣贼虐宰辅，招集奸慝扰乱边陲。"宋·黎靖德《朱子语类·本朝七》卷一百三十三："其叔积中，却素有包藏，阴结徒党，置兵器满仓箱中。"明·沈德符《万历野获编》卷二十九："思尧即索林支属也，其父凤历者，尚以不得知府怨望，阴结四川七州，及水西宣慰安国亨谋作乱。"

清·赵翼《廿二史札记》卷二十七："李显忠之取灵壁也，阴结金统军萧琦为内应。"蔡东蕃《两晋演义》第四十四回："郁律向来疏阔，毫不加防，那惟氏却阴结诸将，乘间逞谋，得将郁律害死，并戮部酋数十人。"《大词典》收录了"阴合""阴交"，那么，同构的"阴结"也应当收录。

【延召】

谏官蔡襄上言："两府私第毋得见宾客，若欲询访天下之事，采拔奇异之材，许临时延召。"（《涑水记闻》卷十）

按：此处"延召"为"引入召见"之意。《尔雅·释诂下》："延，进也。""延"有"引导；引入；迎接"义，如《礼记·曲礼上》："主人延客祭，祭食，祭所先进。"郑玄注："延，道也。"唐·王昌龄《赵十四兄见访》诗："客来舒长簟，开合延清风。"宋·林逋《山阁偶书》诗："但将松籁延佳客，常带岚霏认远村。"《说文·口部》："召，呼也。""召"有"召唤；召见"义，如《诗经·小雅·出车》："召彼仆夫，谓之载矣。"《史记·司马穰苴列传》："景公召穰苴，与语兵事，大说之，以为将军。""延召"为两个动词语素构成的连动复合词，该词在其他文献中也有用例，如慧觉等译《贤愚经》卷十三："自抑不往。又复延召。终不从命。"宋·李昉《太平广记》卷八："幕客白曰：'陈处士真道者，必有少君之术，能祈之乎'李然之，因敬而延召。"清·钮琇《觚剩续编》卷一："常攒眉而言两台延召之频，三司应酬之密，六时并无暇逸。"《大词典》已收"延入""延迎"等同构词，因此，"延召"也应收录。

【整促】

及明，平命军士整促甲马，再与贼战。（《涑水记闻》卷十一）

按：此处"整促"为"整顿"之意。"整"有"整理；整治"义，如《诗经·大雅·皇矣》："王赫斯怒，爰整其旅。"《文选·张衡〈东京赋〉》："乃整法服，正冕带。"薛综注："整，理也。"南朝梁·刘勰《文心雕龙·附会》："整派者依源，理枝者循干。"《集韵·觉韵》："齪，或作促。"《大字典》释"促"同"齪"。"齪"有"整顿；戒备"义，如宋·岳飞《奏目疾乞解军务札子》："已整齪在寨军马。""整促"为两个并列的动词语素构成的复合词，该词在其他文献中也有用例，如宋·石茂良《避戎夜话》卷下："姚仲友疑之，与石茂良登敌楼而望，正见贼兵整促人马。"明·卜大同《备倭记》卷下："某见与统制齐敏商议，整促水军，及添创大船，葺理诸塞，务为先备，使贼不敢犯。"清·袁棠《哭步蟾三兄》："临安雁字至维扬，整促行装从此去。"民国·戴锡章《西夏纪》卷七："及明，平命军士整促甲马，再与敌战。"《大词典》已收"整饬""整龊""整肃"等同义同构词，因此，"整促"也应收录。

【扼断】

扼断故关及水洛，则援兵断绝，秦州必危。（《涑水记闻》卷十二）

按：此处"扼断"为"阻断"之意。《说文·手部》："扼，把也。""扼"有"阻塞；拦阻"义，如《管子·度地》："此五水者，因其利而往之可也，因而扼之可也。"尹知章注："扼，塞也。"《宣和遗事》后集："十一日，车驾出幸金兵营，百姓数万人扼车驾曰：'陛下不可轻出！若出，事不测！'"明·文徵明《靖海颂言叙》："诏发诸路兵讨之，而公与今中丞艾公寔领其事。夏四月首事，徂秋八月，竟扼贼而歼之。"《说文·斤部》："断，截也。""断"有"断绝；隔绝"义，如《礼记·儒行》："过言不再，流言不极，不断其威，不习其谋。"孔颖达疏："断，绝也。"唐·李白《大堤曲》："不见眼中人，天长音信断。""扼断"为动补式复合词，该词在其他文献中也有用例，如宋·薛居正等《旧五代史》卷六十五："十六年，汴将贺瑰攻德胜南城，以战船十余艘，竹竿维之，扼断津路，王师不得渡。"明·王守仁《王明阳集》卷十一："贼疑，不敢击。已度险，遂扼断其后路。"清·董诰等《全唐文》卷八百九十八："扼断咽喉，清其郊野。任约之龙果睡，王弥之豹徒飞。"民国·许慕羲《宋代宫闱史》第九十六回："谁知纽璘径袭灵泉山，大败杨大渊军，进围云顶山城，扼断蒲择之归路。"《大词典》已收"扼死""扼守""扼塞"等同构词，因此，"扼断"也应该收录。

【庇匿】

所部之民叛如中国者，官吏容受庇匿。（《涑水记闻》卷十三）

按：此处"庇匿"为"庇护隐藏"之意。《说文·广部》："庇，荫也。""庇"有"保护；保佑"义，如《国语·楚语》："夫从政者，以庇民也。"《宋书·武帝纪下》："其名贤先哲，见优前代，或立德着节，或宁乱庇民，坟茔未远，并宜洒扫。"《广雅·释诂四》："匿，藏也。"又"匿，隐也。"《广雅·释诂四》："匿，藏也。""匿"有"隐藏；隐瞒"义，如《国语·周语中》："武不可觏，文不可匿。"韦昭注："匿，隐也。"《史记·季布栾布列传》："季布匿濮阳周氏。"《魏书·昭成帝纪》："时国中少缯帛，代人许谦盗绢二匹，守者以告，帝匿之。""庇匿"为两个动词语素并列构成的复合词，该词在其他文献中也有用例，如宋·谢申甫等《庆元条法事类》卷七："若犯赃私罪庇匿不举者，以其罪罪之。"

明·陈邦瞻《元史纪事本末》卷一："三十年二，月江西行院月的迷失言'江南豪右多庇匿盗贼，宜诛为首者，余徙内县'从之。"清·李圭《鸦片事略》卷上："应勒限一个月查明，若不能早令革除，又不肯据实举发，即是有心庇匿，除本犯加重治罪外，应将庇匿之员即行革职。"蔡东藩《唐史演义》第六回："他本漳南农人，投入军伍，以骁勇得充队长，后因庇匿罪犯，为郡县所侧目。"《大词典》已收"庇藏""庇护""庇卫"等同构词，因此，"庇匿"也应该收录。

【爱信】

东莞县主簿兼令黄固素为吏民所爱信。(《涑水记闻》卷十三)

按：此处"爱信"为"喜爱信任"之意。《字汇·心部》："爱，好乐也。""爱"有"喜欢，爱好"义，如《论语·颜渊》："爱之欲其生，恶之欲其死。"唐·杜甫《戏为六绝句》之五："不薄今人爱古人，清词丽句必为邻。"《广韵·震韵》："信，重也。"《字汇·人部》："信，不疑也。""信"有"相信、信任"义，如《论语·公冶长》："始吾于人也，听其言而信其行。"《资治通鉴·周赦王三十一》："刑赏已诺信于天下矣。"胡三省注："信，人不疑而心孚也。""爱信"为两个动词语素并列构成的复合词，该词在其他文献中也有用例，如西汉·贾谊《新书》卷二："淮阴侯、韩王信、陈豨、彭越、黥布及卢绾皆功臣也，所尝爱信也，所爱化而为雠，所信反而为寇，可不怪也。"唐·杜佑《通典》卷一百八十八："奴文昔尝北至洛阳商货，因教王作宫室兵车器械，王爱信之，使为将，乃潜王诸子，或徙或奔。"宋·袁枢《通鉴纪事本末》卷三："阴使聂壹为间，亡入匈奴，谓单于曰'吾能斩马邑令、丞以城降，财物可尽得。'单于爱信，以为然而许之。"《大词典》已收"爱重""爱敬"等同构词，因此，"爱信"也应该收录。

第三节　形容词和副词的漏收

名词和动词是《大词典》失收词类最多的，而形容词和副词相较而言要少一些，但是形容词和副词相比，则形容词又要多些。因为形容词表达事物的性质或者状态，是一个开放的类，而副词却是一个基本封闭的类，因此，从总数上来说，形容词要比副词多得多。鉴于形容词和副词二者数量较少，它们就不再按照语义进行细分。我们先来看形容词。

一　形容词的失收条目

【虚滥】

唐至德间，官爵虚滥，至以大将军告身易一醉，又何其轻也。(《野客丛书·官名沿革轻重不同》卷二)

按："虚滥"义同"虚假"。"虚"有"虚假，不真实"义。《管子·弟子职》："赤毋虚邪，行必正直。""滥"，《故训汇纂》："滥，假也。"《左传·昭公八年》："石不能言，或冯焉；不然，民听滥也。"孔颖达疏："民听滥，失实，无言而妄称有言也。"因此，"虚滥"是同义连言词，表示"不真实""虚假"之义。该词在汉代已见用例，如汉·黄宪《天禄阁外史》："昔者，林宗与甫言曰：'今诸侯王敖惰而不知礼，大夫污浊而不知义，有司贪残而不知仁，士虚滥而不知耻，民巧诈而不知信。'"又唐·孔颖达《礼记正义》："'币必诚'者，诚谓诚信。币帛必须诚信，使可裁制，勿令虚滥。"《全唐文·陆贽（四）》："在城陷于贼中潜藏，不受逆命，并诸色前资官，被伪署官爵，频遭迫胁，首末不出，事迹昭著，众所明知者，并委御史台访察，勘核其事，勿容虚滥，仍限今月内，具名衔事迹闻奏。"以上诸例中，"虚滥"的上下文中皆有"诚信"与之对文，可见其"虚假"义无疑，且《大词典》中"虚""滥"都收录有"不真实"的义项，因此"虚滥"也理应收录。

【饿饥】

夏人决黄河水柜以灌吾垒，兵将冻溺饿饥不战而死者数十万人。(《邵氏闻见录》卷五)

按：此处"饿饥"与"饥饿"构成一组同素异序词，二者有相同的语义和结构，"饿"即"饥"也，故二者都是指"肚子很空，想吃东西"。且二者都是并列结构。"饥饿"早在春秋时期就有出现，如春秋《管子·重令》："菽粟不足，末生不禁，民必有饥饿之色。"而"饿饥"到西汉才出现，如西汉·刘向《说苑》卷十三："吴王曰：'吾闻义兵不服仁人，不以饿饥而攻之，虽得十越，吾不为也。'"清·罗惇曧《太平天国战记》："无计与辩，然后出朝。主有怒色，我亦不乐问城内男女饿饥，日日哭求我救，不可已强行密令城中寒家男妇，准出城外逃生。"总之，作为"饥饿"一词的同素异序词，"饿饥"一词该补收。

【穷饥】

居蓬衣白之士，所以勤身苦心，矻矻皇皇，出其家，辞其亲，甘穷饥

而乐离别者,岂有贰事哉,笃守道而求知也!(《野客丛书·二书一意》卷十三)

按:"穷饥"意为"贫困饥饿"。"穷",《说文·穴部》:"穷,极也。从穴,躬声。"《广雅·释诂四》:"穷,贫也。""穷"的本义为"极,尽"可引申为"贫困"。《墨子·非命中》:"虽昔也三代之穷民,亦由此也,内之不能善事其亲戚,外不能善事其君长。""饥",《说文·食部》:"饥,饿也。从食,几声。"《广韵·脂韵》:"饥,饥饿也。"《墨子·尚贤下》:"若此则饥者得食,寒者得衣,乱者得治。"故"穷饥"可解释为:"贫困饥饿。"该词在文献中也多有用例,如《盐铁论·论儒》:"子曰:'居今之朝,不易其俗,而成千乘之势,不能一朝居也。'宁穷饥居于陋巷,安能变己而从俗化?"宋·李昉《太平广记》卷一百五十七:"后数月,穷饥益不堪。敏求数年前,半被伊慎诸子求为妹婿,时方以修进为己任,不然纳之。"元·辛文房《唐才子传》:"诗曰:'才名四十年,坐客寒无毡。惟有苏司业,时时与酒钱。'其穷饥轗轲,淡如也。"《大词典》收录了"穷饿""穷馁"两个与"穷饥"意义、结构都相近的词,理应补录该词。

【巧谲】

钦若为人阴险多诈,善以巧谲中人,人莫之窥。(《涑水记闻》卷七)

按:此处"巧谲"有"诡诈"之意。"巧谲"与前文的"阴险多诈"相呼应。从该词的内部构成来分析也是如此,"巧"有"欺诈"之义,如《老子》:"绝巧弃利,盗贼无有。"《淮南子·本经训》:"及伪之生也,饰智以惊愚,设诈以巧上。"《说文·言部》:"谲,权诈也。""谲"亦有"诡诈、欺诳"义,如《论语·宪问》:"晋文公谲而不正,齐桓公正而不谲。""巧谲"为两个同义形容词语素并列复合而成。该词在其他文献中也有用例,如宋·何去非《何博士备论》:"曹公之于兵也,巧谲奇变,离合出没,其应无穷,白首于兵,未尝不以少敌众也。"此例"巧谲"是突出曹公用兵的变化多端,出人意料,那么其用的谋略表面上看都是具有欺骗性的,是"诡诈"的。又宋·李焘《续资治通鉴长编》:"错之意,欲人主用机权巧谲,以参制群下。"此例之义为"人主用机智权谋和诡诈之策来弹劾控制群臣"。又如清·王夫之《读通鉴论》:"则宵人之巧谲,但能淋漓慷慨为忠愤之言。"清·佚名《康熙起居注》:"揆叙奏曰:'所学虽甚优,然其人巧谲。'"清代二例中前后文都是一个转折句,说明前后的意思是相反的,前者说"小人虽诡诈,但也能淋漓慷慨发忠义激愤的言论",后者说"这个人学识虽然很好,但为人诡诈"。故"巧谲"为"诡诈"之义。且《大词典》收录了"巧伪""巧诈"之类的同构词,那么,"巧谲"也应当收录。

另外,需要指出的是《大词典》释"巧诈"为:"机巧诈伪"。仅从释义上看,"机巧"与"诈伪"的意义是相反的,一词之释义将相反二义叠合在一起是不符合逻辑的,其释义之误的根本原因是将构词语素"巧"之义理解成了"机巧"义,这是不正确的。其实"巧诈"之"巧"与"巧谲"之"巧"同样都是"欺诈"义。故"巧诈"同样也应该释为"诡诈"之义,如《淮南子·主术训》:"法令所禁,则犯之以邪。为智者务于巧诈,为勇者务于斗争。"《史记·日者列传》:"初试官时,倍力为巧诈,饰虚功执空文以调主上,用居上为右。"

【巧慧】

后巧慧,善迎人主意。(《涑水记闻》卷八)

按:此处"巧慧"有"灵巧聪慧"之意。"巧慧"与后文的"善迎人主意"相呼应。从该词的内部构成来分析也是如此,《说文·工部》:"巧,技也。"《广韵·巧韵》:"巧,能也。""巧"有"聪明能干、灵巧"义,如唐·白居易《见小侄龟儿咏灯诗》:"巧妇才人常薄命,莫教男女苦多能。"《说文·心部》:"慧,儇也。"徐锴《说文解字系传》:"儇,敏也。"即"聪慧"义。如《论语·卫灵公》:"群居终日,言不及义,好行小慧,难矣哉!"汉·祢衡《鹦鹉赋》:"性辩慧而能言兮,才聪明以识机。""巧慧"是由两个并列的形容词语素构成的合成词,该词在其他文献中也有用例,如前蜀·杜光庭《墉城集仙录》:"(边洞玄)性巧慧,能机杼,众女官怜而敬之。"宋·王谠《唐语林·贤媛》:"婕妤妹适赵氏,性巧慧,因使工镂板为杂花,象之而为夹结。"元·黄雪蓑《青楼集》:"玉莲儿端丽巧慧,歌舞谈谐,悉造其妙。"明·蒋一葵《尧山堂外纪》:"不挈以自随,乃于留都纳次室,极巧慧,善承事,公甚嬖焉。"清·胡渭《禹贡锥指》:"(贾鲁)巧慧绝伦,奏功神速,前古所未有,惜乎其大才而小试之也。"许指严《十叶野闻》:"前废后容止,足称佳丽,亦极巧慧。"《大词典》收录了同构词"巧敏""巧丽",那么,"巧慧"也应当收录。

【高卑】

而又各以品之高卑,荫其亲属,多者及九族,少者三世。(《野客丛书·晋官品占田》卷十三)

按:"高卑"在此词条中可意为"尊卑,位分的高低"。"高",《说文·高部》:"高,崇也。"《广雅·释诂一》:"高,敬也。"可引申为"尊贵之位,显贵之位"之义,如《孝经·诸侯章》:"在上不骄,高而不危;制节谨度,满而不溢。""卑",《说文·十部》:"卑,贱也,执事也。"如《左传·僖公二十三年》:"秦晋,匹也,何以卑我?"故"高卑"可解释为:"尊卑,位分的高低。"在其他文献中的用例,如《魏书·萧宝夤传》:"自比已来,官罔高卑,人无贵贱,皆饰辞假说,用相褒举。"《南史·王僧孺传》:"此籍既并精详,实可宝惜,位宦高卑,皆可依案。"宋·洪皓《松漠纪闻》:"中甲十二年,下甲十三年,不以所居官高卑,皆迁大夫,中下甲服绿,例赐银带。"《宋史·梁颢传》:"又唐高祖之备北边也,选颈兵为游骑,不赍军粮,随逐水草,遇敌则杀,当时以为得策。愿于边将中,不以名位高卑,但择其武勇谋略素为众所推服者,取十人焉。"明·沈德符《万历野获编》:"又冠带闲住者,必先云革了职,盖已夺爵秩,无品级高卑可分,一切头踏仪从,俱不得用,仅予以仕服耳。"清·赵翼《陔余丛考》:"李冲以魏孝文有高卑出身各有常分之诏,上疏曰:'未审上古以来,置官列位,为欲为膏粱地,为欲赞益时政?'"田滕蛟《元代野史》:"至掳掠妇女,另置一营,不准男女混杂,以身分高卑,定贵贱取赎。"

以上诸例均是指身份地位的高低。此外,从文献资料中的用例来看,"高卑"还有另一个义项为"高低"义。"卑",《广雅·释言》:"卑,庳也。"《字汇·十部》:"卑,下也。"如三国魏·曹丕《芙蓉池作》:"卑枝拂羽盖,修修摩苍天。""卑枝"即为"低枝"。故"高卑"另一义项为"高低",如吕不韦《吕氏春秋·孟冬纪第十》:"审棺椁之厚薄,营丘垄之小大、高卑、薄厚之度,贵贱之等级。"《晋书·五行上》:"古者天子诸侯,宫庙大小高卑有制,后夫人媵妾多少有度,九族亲疏长幼有序。"明·李渔《闲情偶寄》:"至于耳之大小,鼻之高卑,眉发之淡浓,唇齿之红白,无目者犹能按之以手,岂有识者不能鉴之以形?"清·章学诚《文史通义》:"世无辨尧、桀之是非,世无辨天地之高卑也。目力尽於秋毫,耳力穷乎穴蚁。"钟毓龙《上古秘史》:"此人长于算学,崇伯此番治水,测量高卑,计算道里,大概非算学不可,此人可以胜任。"

《大词典》收录有"高低""高下"等与"高卑"意义相近结构相似的词,根据语义场成员收录平等原则,"高卑"当补录。

【便顺】

又势有不便顺谓之"乖剌"。乖剌者，乖戾也；如东方朔谓"吾独乖剌而无当"，杜钦谓"陛下无乖剌之心"是也。(《野客丛书·拨剌乖剌》卷十六)

按："便顺"，从所收集的语料来看，共有以下四个义项：①方便顺利；②通顺；③有利，顺应；④灵活。

"便"有"便利方便"之义，如《淮南子·本经》："在内而合乎道，出外而调于义，发动而成于文，行快而便于物。""顺"，《广韵》："顺，从也。"《释名·释言语》："顺，循也，循其理也。"如汉·扬雄《法言·问神》："圣人存神索至，成天下之大顺，致天下之大利。"故"便顺"可解释为"方便顺利"，该义项可用来解释《野客丛书》中出现的"便顺"一词，其他文献用例，如《宋史·河渠五》："诸司累相度不决，谓其下流旧入边吴、宜子淀，最为便顺，而屯田司惧填淤塘泺，烦文往复，无所适从。"

"便"，《字汇·人部》："便，顺也。""顺"亦有"通顺"之义，《荀子·荣辱》："故曰斩而齐，枉而顺，不同而一，夫是之谓人伦。"故"便顺"还有第二个义项"通顺"，如宋·黎靖德《朱子语类》卷七十三："九三爻解得便顺。九四、上六二爻不可晓。看来圣人会得九四、上六爻文义，又与三爻不同。"

"便"，利也，有利。《字汇·人部》："便，宜也，利也。"《吕氏春秋·本经》："万物章章，以害一生，生无不伤；以便一生，生无不长。""顺"有"顺应"之义，《释名·释言语》："顺，循也。循其理也。"《周易·革卦》："天地革而四时成，汤武革命，顺乎天而应乎人，革之时大矣哉。"孔颖达疏："殷汤周武聪明睿智，上顺天命，下应人心。"因此，"便顺"的第三个义项为"有利，顺应"。如宋·钱俨《吴越备史》："是月庚申，王亲率镇国、镇武亲从上直等都指挥使王谔等五万余人，发自国城，丁德裕为先锋使。是日，天气晴和，风色便顺。癸亥，次嘉禾，有气黑色，形如覆舟，当行府之上。"《宋史·赵安易传》："今详当时先山陵后祔庙，正为年月便顺，别无阴阳拘忌。今则年月未便，理合从宜。"

经分析语料"便顺"还有第四个义项为"灵活"，如宋·邹应博《鹧鸪天·家居日寿词》："十月二十一日，吾母太淑人生日也。今年九十，仰荷乾坤垂佑，赐以福寿康宁，愿益加景覆，令其耳目聪明，手足便顺，五脏六腑，和气流通，常获平安之庆，子孙贤顺，寸禄足以供甘旨也。"

《大词典》收录有"便顺"的同素逆序词"顺便"，漏收了"便顺"一词，应当补录。

【闲慢】

哲宗顾宰臣笑曰："如此等岂可作学官？可与闲慢差遣。"（《癸辛杂识·误着祭服》前集）

按：《说文·门部》："闲，阑也。从门中有木。"《玉篇·门部》："闲，暇也。"且《说文·门部》段玉裁注："闲，古多借为清闲。"而《大词典》漏收"清闲"义项。"慢"，《说文·心部》："慢，惰也。从心，曼声。一曰慢，不畏也。"《广韵·谏韵》："慢，怠也。"这样"闲"中有"慢"义，"慢"中有"闲"义，二者构成的同义并列复合词"闲慢"，则取两字合意谓"不打紧，不重要"之义。此义在宋代及其后文献中亦多有用例，如宋·黎靖德《朱子语类》卷十一："学者观书，不可只看紧要处，闲慢处要都周匝。"元·张光祖《言行龟鉴》卷五："这个官职不比闲慢差遣，须与他朝廷理会，事有所触犯，祸出不测。"清·毕沅《续资治通鉴》卷二："翰林学士、文班常参官每五日内殿起居，以次转对，并须指陈时政得失，朝廷急务，刑狱冤滥，百姓疾苦，不得将闲慢事应诏。"该词也可用来表状态、性情，引申为"悠闲散漫"，如唐·元稹《有鸟二十章（庚寅）》："有鸟有鸟毛似鹤，行步虽迟性灵恶。主人但见闲慢容，行占蓬莱最高阁。"唐·刘长卿《送郑司直归上都》："马首归何日，莺啼又一春。因君报情旧，闲慢欲垂纶。"宋·元照《大藏经—律疏部》第四十卷："悠悠谓闲慢也。"《大词典》当补该词。

【祇肃】

天圣中，玉清灾，荘献泣曰："先帝遵道奉天，故大建馆御已尽祇肃之道，今忽灾毁，何以称先帝遗意？"（《渑水燕谈录·党论》卷一）

按："祇肃"指恭敬、大敬。"祇"，《说文·示部》："祇，地祇，提出万物者也。"《玉篇·示部》："祇，地之神也。"《尚书·微子》："今殷民乃攘窃神祇之牺牷牲用。"《尸子》卷下："天神曰灵，地神曰祇，人神曰鬼。"也泛指神灵。《文选·木华〈海赋〉》："惟神是宅，惟祇是庐。"李善注："神、祇，众灵之通称，非唯天地而已。"既然"祇"被认为是"提出万物者也"之神，那么说明"祇"具有强大法力，因而"祇"可以引申为"大"义，如《易经·复》："不远复，无祇悔。"孔颖达疏："既能速复，是无大悔。"《后汉书·郎顗传》："思过念咎，务消祇悔。"

"祇悔"即为"大悔"之义。"肃"指肃立，肃然起敬。《玉篇·聿部》："肃，敬也"。《广韵·屋韵》："肃，恭也，敬也。"《尚书·洪范》："恭作肃，从作义。"《左转·僖公二十三年》："其从者肃而宽，忠而能力。"杜预注："肃，敬也"。

因此，"祇肃"就是"大敬、恭敬"之义。东汉·荀悦《前汉纪·前汉高祖皇帝纪》卷三："百官执职成礼而罢。莫不祇肃。"《尚书正义》卷八："社稷宗庙，罔不祇肃。肃，严也。"这两例中，"祇肃"都出现否定词"不"之后，所以只能是谓词性的词语，又据语境意义"祇肃"前一语素在结构中作状语限制修饰后一语素，所以"祇肃"的内部结构是偏正式的词语，"莫不祇肃"和"罔不祇肃"皆为"没有不恭敬的"之义。又如《金史·乐志上》卷三十九："卓彼嘉坛，奠玉方泽。百辟祇肃，八音纯绎。""百辟祇肃"即"百官恭敬"之义。因此，《大词典》该补收"祇肃"。

【驰慢】

好事者或谤其居官驰慢，朝廷召还。(《渑水燕谈录·名臣》卷二)

按："驰慢"者，"松懈轻忽"义。"驰"，"弛"也。二者音同形似而通假。"弛"为"松懈、松弛"之义，如《商君书·靳令》："物多末众，农弛奸胜，则国必削。"三国魏·嵇康《与山巨源绝交书》："吾不如嗣宗之贤，而有慢弛之阙。"例中"慢弛"即"弛慢"也。故"弛慢""驰慢"为同义并列的复合词。"慢"为"轻忽、怠忽"义，与"弛"义近，如《尚书·咸有一德》："夏王弗克庸德，慢神虐民。"《三国志·蜀志·诸葛亮传》："若无兴德之言，则责攸之、祎、允等之慢，以彰其咎。"所以文献中，表示"松懈轻忽"义之"弛慢""驰慢"均有用例。"弛慢"的用例有《旧唐书·文宗本纪》："宗庙不葺，罪在有司弛慢，宜加重责。""夫政之于民，过急则刻薄，伤缓则弛慢。"《宋史·职官志五》："请自今太学长贰、博士、正禄，选学行纯备、众所推服者为之，有弛慢不公，考察不实，则重加谴责。""驰慢"的用例有宋·王銍《默记》卷上："时以街巷隘狭，例从展拓，怒厢校驰慢，于通衢中鞭背数十。"《金史·太祖本纪第二》："如欲益兵，具数来上，不可恃一战之胜，辄有驰慢。"《续资治通鉴》卷八："政绩尤异者为上，恪居官次、职务粗治者为中，临事驰慢、所莅无状者为下，岁终以闻。"从以上几例可以看出，"弛慢"与"慢弛"在句中的意思是一样的。甚至二词在不同的文献中记载相同的事情用了不同的两个词，如《周书·乐逊列传》："夫政之于民，过急则刻薄，伤缓则弛慢。"《全后周文》卷五："夫政之于民，过急则刻薄，伤缓则驰慢。"在《周书》中使用了"弛慢"，在《全后周文》中使用了"驰慢"，说明二者在"松懈轻忽"义上是互相通用的。《大词典》收录了"弛慢"，那么，"驰慢"也理应补录。

【纯直】

王昭素先生素纯直，入市买物，随所索偿其值，不复商较。(《渑水燕谈录·高逸》卷四)

按："纯直"可释为"纯朴正直"。"纯"，"质朴；无雕饰"。《淮南子·要略》："不剖判纯朴，靡散大宗。"高秀注："纯朴，太素也。"《新五代史·唐明宗纪》："明宗虽出夷狄，而为人纯质。"宋·欧阳修《吉州学记》："礼让兴行，而风俗纯美。""直"，"正，合乎正义的。"《广雅·释诂二》："直，正也。"《左传·僖公二十八年》："师，直为壮，曲为老，岂在久乎。"《史记·游侠列传》："(郭)解曰：'公杀之固当，吾儿不值。'"《论语·卫灵公》："直哉史鱼!"则"纯直"是并列式的复合词，其在历史文献中用例不少，如唐·孔颖达《春秋左传正义》："秉心纯直，布行贞实也。"北宋·王钦若等《册府元龟》卷八百九十五："税性纯直，不复禀覆，因默记之。"《金史·撒改列传》卷七十："体貌雄伟，美须髯，纯直有材干。"因此，"纯直"是一个描述人性格品质的形容词，《大词典》已收"纯良""纯厚""纯诚"等结构、意义类似的复合词，理应补收"纯直"。

【淡伫】

左右惊愕，太守召问之，对曰："适乐作次，有孤云横飞，淡伫可爱。"(《渑水燕谈录·书画》卷七)

按：从语境中可知，"淡伫"意为"淡雅；淡静"。"淡"，指安静、闲适。唐·白居易《睡起晏坐》："淡寂归一性，虚闲遗高虑。"宋·陆游《浴罢》："浴罢淡无事，出门随意行。"清·允禧《灌花》："盱睢忘忧子，淡焉此静对。""伫"，"久立"也。《尔雅·释诂下》："伫，久也。"《诗经·邶风·燕燕》："瞻望弗及，伫立以泣。"毛传："伫立，久立也。"《楚辞·离骚》："延伫乎吾将反。"王逸注："伫，立貌。"清·曹雪芹《红楼梦》第一回："老先生倚门伫望。"引申为长久地停止、停留。《文选·谢惠连〈西陵遇风献康乐〉》："临津不得济，伫楫阻风波。"又《傅亮〈为宋公修张良庙教〉》："塗次旧沛，伫驾留城。"李善注："伫，谓停久也。""长久地停止"即为"静止；不动"，所以此处"伫"义同

"静"。

"淡"与"伫"构成并列式的复合词"淡伫",是形容词,"伫"亦作"佇","伫立"及"佇立",该词早在唐五代时期的文学著作中就有记载,如《敦煌变文》卷二下:"三底异越,和云水已(以)随身,五德超伦,共温恭而淡伫。"还有清·王士禛《分甘余话》卷一:"一日太守宴会,院深击鼓失节,召问之,对曰:'适仰见飞鸿,淡伫可爱,思欲图写,凝思久之,不知鼓声之失节也。'"所以应补收"淡伫"。《大词典》已收"淡竚",是单义词,释为"淡雅;淡静","竚"与"伫"意义相同,我们发现"淡竚"与"淡伫"在同一时期的文献中,在类似的语言环境里,具有相同的语法功能,同样的搭配对象,如宋·周邦彦《玉团二》词:"铅华淡竚新妆束。好风韵,天然异俗。"宋·无名氏《孤鸾》:"是小萼堆红,芳姿凝白。淡伫新妆,浅点寿阳额。"两例中"淡竚"与"淡伫"都修饰"新妆",又如宋·罗烨《醉翁谈录·德奴家烛有异香》:"其长女曰蓬仙,其为人心怀洒落,精神淡竚,似非尘俗中人。"明·冯梦龙《喻世明言》卷二十四:"不施朱粉,分明是梅萼凝霜,淡伫精神,仿佛如莲花出水。仪容绝世,标致非凡!"这两例中"淡竚"与"淡伫"都与"精神"并列夸赞女性的容貌气质,可见两词意义相同且通用,《大词典》应补收"淡伫"。

【敏俊】

唐右补阙张曙,吏部侍郎祎之子,祎之侄。文章秀丽,精神敏俊,甚有时称。(《北梦琐言·张曙戏荀鹤》卷四)

按:"敏俊"有"聪敏卓异"的意思。《说文·攴部》:"敏,疾也。"《广韵·轸韵》:"敏,聪也。"《论语·公冶长》:"敏而好学。"何晏集解引孔安国曰:"敏者,识之疾也。"因此"敏"有"通达,聪慧"之义。如《左传·襄公十四年》:"有君不吊,有臣不敏。"杜预注:"敏,达也。"唐·韩愈《柳子厚墓志铭》:"子厚少精敏,无不通达。"《汉语大字典》释"敏"则为:"聪慧、聪敏、敏慧。"如《广韵·轸韵》:"敏,聪也;大也。"《论语·颜渊》:"回虽不敏,请事斯语矣。"《国语·晋语四》:"且晋公子敏而有文。"韦昭注:"敏,达也。"可见"敏"有"聪敏"的意思。《淮南子·泰族》:"智过千人者谓之俊。"因此"俊"意为:"才德超卓的人。"如《尚书·立政》:"古之人,迪惟有夏,乃有室大竞,吁俊尊上帝。"孔传:"犹乃招呼贤俊,与共尊事天上。"《鹖冠子·能天》:"是以德万人者谓之俊,德千人者谓之豪,德百人者谓之英。"唐·韩愈《示爽》诗:"念汝将一身,西来曾几年。名科撑众俊,州考居吏前。"《说文·人部》:"俊,材千人也。"《正字通·人部》:"俊,才智拔类也。"《尚书·虞书》:"俊乂在官。"孔颖达疏:"马、王、郑、皆云,才德过千人曰俊。"《孟子·公孙丑上》:"尊贤使能,使俊杰在位。"赵岐注:"俊,美才出众者也。"宋·王安石《韩持国从富并州辟》:"官虽众俊后,名字久訇磕。"综合以上语料,可以看出,"俊"意为"出众,卓异"。所以,"敏俊"有"聪敏卓异"的意思。"敏俊"在其他文献中的用例较多见,仅列举以下几个具有代表性的例子以供参考:唐·李延寿《北史》卷二十六:"道玙少而敏俊,自太学博士转京兆王愉法曹行参军。"宋·赞宁《大宋高僧传》卷十七:"释惟俨,俗姓寒,绛县人也。童龀慷恺,敏俊逸群。"《宋史》卷二百六十九:"昭俭少敏俊,后唐长兴中,登进士第。"明·林茂桂《南北朝新语》卷二:"尔朱文略,荣之第五子,聪敏俊爽,多所通习。"综合以上文例来看,"敏俊"有"聪敏卓异"的意思。《大词典》收录了"敏秀""敏妙""敏茂""敏惠""敏锐""敏丽"等形容词性双音同构词,失收"敏俊"。

【忿狷】

于是宰臣归中书贬其官,示小惩也。又尝忿狷,挤其弟落井,外议喧然。(《北梦琐言·孟弘微躁妄》卷九)

按:此例"忿狷"指"愤恨,急躁",该词为近义的二语素"忿"与"狷"并列复合而成。《逸周书·大匡》:"昭位非忿。"孔晁注:"忿,怒也。"因此"忿"有"愤怒;怨恨"义,如《周易·损》有:"君子以惩忿窒欲。"汉·邹阳《狱中上书自明》:"此鲍焦所以忿于世,而不留富贵之乐也。""狷"则有"偏急"义,如《汉书·刘辅传》:"臣闻明王垂宽容之听,崇谏争之官,广开忠直之路,不罪狂狷之言。"颜师古注:"狷,急也。"《文选·潘岳〈射雉赋〉》:"若夫多疑少决,胆劣心狷。"李善注引《说文解字》:"狷,急也。"唐·杜牧《长安送友人游湖南》:"子性剧弘和,愚衷深褊狷。"可知,复合词"忿狷"义为"愤恨,急躁"。"忿狷"早在中古时期已见用例,西晋·聂承远译《佛说超日明三昧经》卷上:"菩萨忍辱,天人乐顺。化忿狷者令无纤介。"此例说的是菩萨能忍受耻辱,天和人才能快乐安顺,才能令愤恨急躁的人没有丝毫的过错。《世说新语》中就有《忿狷》篇,其中收录了八则故事,多是因小事而生气、仇视或性急的事例,如第八则故事:"桓南郡小儿时,与诸从兄弟各养鹅共斗。南郡鹅每不如,甚以为忿。乃夜往鹅栏间,取诸兄弟鹅悉杀之。"唐·李翰《蒙求》:"洪乔掷水,陈泰挂壁。王述忿狷。荀粲惑溺。"此例说的都是几个古代的名人:洪乔将信投水,陈泰是战将则把他的画挂在墙上,王述性格急躁,荀粲则沉溺感情不能自拔。清·潘永因《宋稗类钞》卷二:"躁竞,以躁竞则必忿狷也。"此引例本身就是对"忿狷"的解释,说明"忿狷"含有急躁的意义。同时,《大词典》释"忿躁"与"忿速"为"愤怒急躁",那么,也应该收录同义同构词"忿狷"。

【昏闷】
后桧挈家游西湖,身中得暴疾,昏闷之际,见一人披发嗔目。(《湖海新闻夷坚续志》)
按:此句中"昏闷"一词,谓"昏沉迷糊"之义。该词为《大词典》所漏收,该词典收录了与"昏闷"有着相同构词方式和特点的一些词语,如"昏坎"一词,被释为"昏花、模糊"义,"昏忳"一词,被释为"昏沉、郁闷"义,"昏困"一词,被释为"昏沉、困倦","昏疲"一词,释为"犹困倦"。

"昏",《说文·日部》:"昏,日冥也。"即"日暮,即天刚黑的时候。"《诗经·陈风·东风之杨》:"昏以为期,明星煌煌。"由"日暮"时"天昏暗"特点引申出"昏迷、昏沉"义,如《三国志·吴志·贺邵传》:"近鸿胪葛奚,先帝旧臣,偶有悖逆,昏醉之言耳,三爵之后,礼所不讳。""闷",《说文·心部》:"闷,懑也。"即"烦闷、不爽快"义,如《周易·干》:"遁世无闷,不见是而无闷。"《素问·风论》:"风者,善行而数变,腠理开则洒然寒,闭而热而闷。"王冰注:"闷,不爽貌。"后引申为"失去知觉",如《梁书·王僧辩传》:"僧辩闷绝,久之方苏。""昏闷"一词,谓"昏沉迷糊"之义。

"昏闷"一词,在历代文献典籍中有诸多用例,如《佛语录·修习止观坐禅法要》:"多无喜心,忧愁不乐,悲思瞋恚,头痛眼花昏闷等。"明·罗贯中《五代秘史》:"黄巢一时惊倒,昏闷在地,文武各官扶起,只见一箭拴在冠顶之上,巢却未死。"此句中"惊倒"可见"昏闷"已不是"烦闷、不爽快",而是"昏沉迷糊"类似"晕倒"状。再如清·杨铁兰《杨家将》:"赞闻此言,昏闷在地。马忠径入,仓皇救醒。"此句语义也亦可见"昏闷"如"晕倒"状。综上所述,《大词典》应考虑补录该词。

【气直】

仍以气直嗜酒，为季父所责。(《北梦琐言·牛希济梦异》逸文卷一)

按："气直"意为"理直气壮。"《大词典》释"气"为："精神状态，情绪。"如《庄子·庚桑楚》："欲静则平气。"《史记·淮南衡山列传》："当今诸侯无异心，百姓无怨气。"唐·韩愈《送浮屠文畅诗序》："之于其躬，体安而气平。"《大词典》对"直"的解释则为："有理；正义。"如《国语·周语中》："夫君臣无狱，今元咺虽直，不可听也。"晋·干宝《搜神记》卷二："又尝煮水令沸，以金指环投汤中，然后以手探汤：其直者，手不烂；有罪者，入汤即焦。"综合以上语料及分析，可知"气直"意为"理直气壮、正气凛然的样子"。"气直"在其他文献中的典型用例有：唐·柳祥《潇湘录》卷一："时李玄为牧，气直不信妖妄，及累闻左右启白，遂朝服而坐，召问之，其魂随召而至，玄问曰：'尔已死，何能复化如人，言词朗然，求见于余。得何道致此，必须先言，余即与尔议祠宇之事。'"该例说的是李玄为牧官，理直不信有鬼怪，直到总是听到有人身旁禀告，于是穿上朝服坐了起来，召来人以问，他的魂魄于是飘了过来，"你已经死了，怎么还能这么清楚地用人的面貌来见我又提要求呢？怎么做到的，必须先告诉我，我才会和你说你要求的事。"宋·李昉《太平广记》卷三百四十七："进士赵合，貌温气直，行义甚高。大和初游五原，路经沙碛，睹物悲叹。"这里的"气直"同样是指人的一种性状，即"理直气壮"。《辽史》卷一百十五："诉于官，官择舌辩气直之人为和断，官听其屈直。"《全唐文》卷七百五十六："诚至气直，天子为之动容，敛袖慰而谢之。"从以上文例不难得知"气直"意为"理直气壮"。《大词典》收录了"气秀""气长""气若""气和"等多个偏正结构双音词，因此《大词典》失收"气直"。上引《北梦琐言》文意为："但是仍然理直气壮地酗酒，被叔叔责骂。"

【舒快】

然每一伸缩，渐觉舒快，比明身已直矣。(《湖海新闻夷坚续志》)

按：此句中"舒快"一词，谓"舒畅、畅快"之义。《大词典》漏收了该词，收录了与"舒快"有着相同构词方式的一些词，如"舒安"一词，被释为"安详"，"舒放"一词，被释为"放纵"，"舒和"一词，被释为"舒缓和顺"，"舒泰"一词，被释为"舒畅安宁"。

"舒"本义为"缓慢，从容"。如《诗经·召南·野有死麕》："有女如玉，舒而脱脱兮。"毛传："舒，徐也。"由"缓慢"义引申为"安详、安宁"义,如韩愈《南山诗》:"悠悠舒而安,兀兀狂以狙。"亦有"舒畅"义,如杜甫《五盘》诗:"喜见淳朴俗,坦然心神舒。"

"快",《说文·心部》:"快,喜也。"即"高兴、愉快"义,如《战国策·秦策五》:"文信侯去而不快。"高诱注:"快,乐。"故"快"亦有"畅快、舒畅"义。

"舒快"一词,在历代文献典籍中有诸多用例,如北宋·黎靖德《朱子语类》:"看义理每觉有一重似帘幕遮蔽,又多有苦心不舒快之意。""舒快"一词,在现当代用的较多,如钟毓龙《上古秘史》一百〇三回:"那所受的毒疠之气,排泄殆尽,众人顿时觉得胸腹舒快。"蔡东藩《民国演义》:"并替他前后按摩,果然胁间气痛,较前舒快。"综上所述,《大词典》应考虑补录"舒快"一词。

【巧黠】

曾布时以著作佐郎编敕,巧黠善迎合荆公意,公悦之。(《邵氏闻见录》卷十三)

按:此处"巧黠"义为"虚伪狡猾""巧"有"虚伪、欺诈"义,如《老子》:"绝巧弃利,盗贼无有。"《淮南子·本经训》:"及伪之生也,饰智以惊愚,设诈以巧上。"而"黠"则有"狡猾"义,如《战国策·楚策三》:"今山泽之兽,无黠于麇。"《后汉书·明帝纪》:"人冤不能理,吏黠不能禁。"南朝梁·刘孝绰《和湘东王理讼诗》:"禁奸摘铢两,驭黠震豺狸。""巧黠"是由两个近义语素并列形成的复合词,在历史文献中颇有用例,如《旧唐书·安禄山列传》:"二十八年,为平卢兵马使。性巧黠,人多誉之,授营州都督、平卢军使。"《古尊宿语录》卷十二:"遮汉向你道不会,谁论善知识莫巧黠。"《宋史·张继能列传》:"国信司吏陈诚者,颇巧黠,继能欲援置群牧司,而诚先隶群牧,坐事停职。"明·沈德明《万历野获编》卷十一:"即监生历事久者亦得。盖此时拨各衙门观政,尚未限定常规,以故巧黠者能越次得之。"清·王夫之《宋论》:"求赢于势,急引与己同者以为援,群小乃起而应之,竭其虔矫之才、巧黠之慧、以为之效。"故《大词典》理应收录该词。

二 副词的失收条目

【自亲】

观黄霸为丞相,荐史高可太尉,宣帝大怒,至使尚书责问,谓侍中高,朕所自亲,君何越职而举。(《野客丛书·杨兴妄作》卷二)

按:"自亲"意为"亲身、亲自"。"自"有"亲自"之义。《集韵·至韵》:"自,己也。"《易经·小畜卦》:"《象》曰:牵复在中,亦不自失也。""亲"有"亲自,躬亲"义。《诗经·小雅·节南山》:"弗躬弗亲,庶民弗信。""自亲"表示"亲身"义,与"亲自"是同素逆序词,意义相近。"亲自"如《墨子·兼爱中》:"'越国之宝在此!'越王亲自鼓其士而进之。""自亲"亦有许多用例,如《汉书·元后列传》:"太后旁弄儿病在外舍,莽自亲候之。"汉·班固等《东观汉记·周泽传》:"周泽为渑池令,克身俭约,妻子自亲釜灶。"晋·常璩《华阳国志》第十卷(下):"四时祭祀,自亲养牲酿酒,曰:'夫祭,礼之尊也。'"《宋书·戴法兴列传》:"吾今自亲览万机,留心庶事,卿等宜竭诚尽力,以副所期。"《新唐书·仆固怀恩列传》:"奉先过怀恩,升堂拜母,母让曰:'若与我儿约兄弟,今何自亲云京?然前事勿论,自今宜如初。'酒酣,怀恩舞,奉先厚纳以币。"因此,"自亲"作为"亲自"的同素异序词,理应被《大词典》收录。

【曲蒙】

曲蒙恩泽,方尹浩穰,既殊有截之欢,合首无疆之祝。(《野客丛书·长安浩穰》卷二十六)

按:"曲蒙"意为"敬词。承受;承蒙。""曲",《大词典》释为"表敬之词。表示对方降低身份,或自己高攀"义,如宋·王禹称《和国子柳博士喜晴见赠》:"劳寄新诗曲相贺,由来灾异系三公。""蒙"有"敬词。受到"之义,如《文选·张衡〈西京赋〉》:"忘《蟋蟀》之谓何,岂欲之而不能,将能之而不欲欤,蒙窃惑焉,愿闻所以辩之之说也。"故"曲蒙"属于敬词,可解释为"承受;承蒙"。该词在其他文献中的用例也颇多,如《魏书·陆俟》:"况曲蒙莫大之恩,奖以忠贞之义,而更违天背道,包藏奸逆,求情推理,罪乃常诛。"《隋书·白官上》:"在昔晋初,仰惟盛化,常侍、侍中,并奏帷幄,员外常侍,特为清显。陆始名公之胤,位居纳言,曲蒙优礼,方有斯授。可分门下二局,委散骑常侍尚书案奏,分曹入集书。"《旧唐书·后妃上》:"妾与陛下结发为夫妇,曲蒙礼待,情义深重,每言必候颜色,尚不敢轻犯威严,况在臣下,情疏礼隔,故韩非为之说难,东方称其不易,良有以也。"唐·段成式《酉阳杂俎》:"是以潄流湖底,枕石泥中,不意高赏殊私,曲蒙钩拔,遂得超升绮席,忝预玉盘。远厕玳筵,猥颁象箸,泽覃紫簋,恩加黄腹。方当鸣姜动椒,纡苏佩俛。"宋·王素《王文正公遗事》:"宰臣生日赐酒饩中书，会辅臣，上特优宠，自是为例，后因对奏曰：'每遇生日，曲蒙恩赐，又烦宴设，废务一日，以私妨公，望特寝罢。'"明·严从简《异域周咨录》："自分必然齑粉，无复孑遗矣。岂意曲蒙恩宥，容令输情，监统委官厌境宣谕，合国之众皆相对涕泣，扶老携幼，只侯军门，愿同登庸束身降服。所幸不死，是父母之恩，天地之赐也。"《大词典》收录了与"曲蒙"结构和意义相似的词，如"曲垂""曲荷""曲赐"等，故也理应收录"曲蒙"一词。

【寻即】

唐干宁中，荆南成令公汭曾为僧，盗据洙宫，寻即真命。(《北梦琐言·徐相讥成中令》卷五)

按：此例"寻即"义为"立即"。《玉篇·寸部》："寻，遂也。"因此"寻"有"随即"义。如《后汉书·邳彤传》："彤寻与世祖会信都。"清·刘淇《助字辨略》卷二："寻，旋也；随也。凡相因而及曰寻，犹今之随即如何也。"唐·王昌龄《塞下曲》之四："功勋多被黜，兵马亦寻分。"宋·吴曾《能改斋漫录·事始一》："自庆历间，张希文始以圈子标记，礼部因之，颇以为便。元祐复诗赋，尝加校正，寻又罢。"而"即"亦可以充当瞬时副词，义为"便，就"，如《战国策·楚策一》："(苏秦)即阴与燕王谋，破齐共分其地。"《南齐书·魏房列传》："刘昶赂客解奉君于会刺杀僧朗，房即收奉君诛之，殡敛僧朗，送丧随灵诞等南归，厚加赠赙。"《祖堂集》卷二十："已至十岁，精勤好学；属词咏志，即见凌云。"因此，"寻即"这一双音复合词为同义语素并列而成，其词义同两个单音节词的意义，历史文献用例很多，如《魏书·慕容白曜列传》："房崇吉固守升城，寻即溃散。"《旧唐书·高丽列传》："在此所有高丽人等，已令追括，寻即遣送。"宋·李昉《太平广记》卷四十："身为横木决破颐颔间，少许出血，寻即平复。"《元史·顺帝本纪三》："寻即控辞，养疾私第，再三谕旨，勉令就位，自春徂秋，其请益固。"明·邱浚《大学衍义补》卷一百五十五："自有西僧以来，此属不为边患，遇有寇盗朝遣僧谕之，寻即解散。"清·叶梦珠《阅世编》卷十："盖上心知讲筵故事，不当诃斥也。先生寻即假归。"同时，《大词典》收录有"寻时""寻手"等同构同义词，并分别释之为"片刻""随即"，故"寻即"当补录。

第五章

《汉语大词典》义项漏收研究

　　义项是能独立使用的语义的最小单位。义项可分为词义项和语素义项，有单义项和多义项之分，都以一定的语音形式为其物质外壳，都具有概括性。"义项是客观存在的东西"，① 在辞书编纂中，如何概括义项和选择义项是一项重要的工作。汉语具有悠久的历史，许多词从古到今都一直使用着，其中有的词在不同的历史时期有不同的义项，即使在相同的历史时期，由于表达的需要和词义发展的结果，一个词也会有不同的义项。《大词典》作为汉语中目前最大的词典，作为一部以"古今兼收、源流并重"为编纂原则，并试图反映整个汉语词汇系统的词典，有责任将这些词的义项都收录其中，尽量使每一个词的词义系统完整，使一个词的源流清晰。但是由于资料收集不够完备等因素，《大词典》目前还存在许多词语义项漏收的问题，在课题的研究中，我们发现其中义项最容易漏收的是名词和动词，其次是形容词，再次是副词和量词等。

第一节　名词义项的漏收

　　名词表达的是事物名称的概念。《大词典》在解释名词的时候，有时由于不释本义而漏失来源理据意义，有时由于动词的外在形式而漏失了其名词义，有时由于单音节语素具有多个义项，因而在组合成双音节词的时候也会形成多义复合词，而词典往往忽略了其中的一个或几个义项。这样的名词有：

【本草】

　　又以圣门十哲七十子，各有为本草，无乃不可乎。(《癸辛杂识续集

---

① 赵振铎：《字典论》，上海辞书出版社2001年版，第88页。

上·圣门本草》）

《大词典》释"本草"为："《神农本草经》的省称，古代著名药书。因所记各药以草类为多，故称《本草》。"

按："本草"尚有"底版；原版，有时亦引申泛指为言论、看法等"之义。显然，原文中之"本草"非《大词典》之释义能贯通。我们看《圣门本草》条的全文即可明白。"陈参政揆家集（家人的著作集）名亦受家传，内有《忸怩集》，乃为举子时程文。又以圣门十哲七十子，各有为本草，无乃不可乎？陈即行之之祖也。"此例跟《神农本草经》完全扯不上关系，故《大词典》之"本草"释义不全。《说文·木部》："木下曰本。从木，一在其下。"本义为草木的根或靠根的茎干，后引申为"版本"义，引例为宋·陆游《老学庵笔记》卷十："绍圣所修既成，焚元祐旧本。"又如：本文；稿本。《说文·艸部》："草，草斗，栎实也。"本义为栎实，即栎树的荚果，皂角。假借为"草木"之"草"以后，则另造"皂"字来代替。《广雅·释言》："草，造也。"引例为《汉书·任敖传》："召公孙臣以为博士，草立土德时历制度。"《大字典》："底稿；稿子。如：起草。"故综合两字意"本草"有"底版；原版，或引申为借指言论、看法等"之义。原文中"本草"应理解为"引申泛指的言论、看法"意，即各家有各家的版本、看法。该词在其他文献中的典型性用例，有《全晋文》卷七十七："间于张华没后入中书省，得华先帝时答诏本草。先帝问华可以辅政持重付之以后事者，华答：明德至亲，莫如先王，宜留以为社稷之镇。"《北史》卷二十一："初，宏父潜为兄浑等谍手笔本草，延昌初，著作佐郎王遵业买书于市，遇得之。"故《大词典》当补"本草"之"底版；原版，有时亦引申泛指为言论、看法等"义项。

【波流】

湜自学圣人之道，诵之于口，铭之于心，徒恨今之人待士之分以虚华，而今之士望人之分以豪末，上下相鼓，波流相翻，是以役役栖栖，犹郁郁而无语，窃以阁下以周、召之才。（《野客丛书·二书一意》卷十三）

按：《大词典》收录了"波流"的三个义项即①水流；支流；②随波逐流。比喻世事的变化。③形容目光流转。用这些义项解释该句略有不妥，"波"有"波浪"之义，《楚辞·九歌·湘夫人》："与女游兮九河，动风起兮横波。""流"有"江河流水"之义，《史记·周本纪》："武王渡河，中流，白鱼跃入王舟中。""波流"与"上下"相对，"上下"即"地位高低之人"是两种人，"波流"也应为两种不同的事物，即"波浪与水流",《大词典》笼统地将"波流"解释为一种事物,失收了第四个义项。该义项在其他文献中也多有用例,如唐·独孤及《送陈兼应辟兼寄高适贾至》:"肃肃举鸿毛,冷然顺风吹。波流有同异,由是限别离。""波流有同异"说明不能将"波流"笼统地解释为"水流",而应该是"波浪与水流"。《全梁文》卷十三:"逮有晋之隆安,集艰虞于天步。世交争而波流,民失时而狼顾。延乱麻于井邑,曝如莽于衢路。"《大词典》当补收该义项。

【朝路】

献可待对于崇政,司马温公为翰林学士,侍读迩英阁,亦趋赞善堂待召,相遇朝路,并行而北。(《邵氏闻见录》卷十)

《大词典》"朝路"条有二义:其一指"朝廷的品级、品位"。如宋陆游《老学庵笔记》卷八:"(寺监长官)往往以特恩赐金带,朝路混淆,然犹以旧制不敢坐狱。"其二指"当朝显要"。如宋·岳珂《桯史·宸奎坚忍字》:"辛丑岁,将廷策多士贡名者,或请时事于朝路间,闻其语而不敢形于大对。"

按:《大词典》的二义无法解释《邵氏闻见录》之用例,此处"朝路"应释为"通往朝廷的道路"。古代君王及高级官吏处理政务的地方皆称朝,后专指帝王接受朝见处理政务处。如《诗经·齐风·鸡鸣》:"鸡既鸣矣,朝既盈矣。"孔颖达疏:"朝盈,谓群臣辨色入,满于朝上。"《孟子·公孙丑下》:"昔者有王命,有采薪之忧,不能造朝。今病小愈,趋造于朝,我不识能至否乎。""朝路"复合即为"通往朝廷的道路"之义。这种意义的"朝路"在文献中多有用例,如《旧唐书·令狐楚列传》:"致王璠、郭行余之辈,敢驱将吏,直诣阙庭。震惊乘舆,骚动京国,血溅朝路,尸僵禁街。"南宋·曾敏行《独醒杂志》卷三:"既召还,一日于朝路中戏同列曰:'衣冠佩玉而旋,舍人给事。'"再如宋·黎靖德《朱子语类》卷一百三十:"徐德占为御史中丞,不敢见人,朝路见南丰,叙致甚恭。"从所举用例中可以看出,"朝路"是一个地点名词,在句中都是表示动作所发生的处所。《大词典》所列的第二义项其实是错误的,其所举文献《桯史》中的用例"朝路"正是我们所说的"通往朝廷的道路",从它所处的"于……间"的句法结构来看,我们的解释放入其中才是通畅的,而《大词典》所谓"当朝显要"放入文献用例中是完全不通的,而且文献中并无他例表此义,因此"朝廷显要"这个义项是不存在的。"通往朝廷的道路"是"朝路"的本义,而《大词典》的第一个义项是从这个义项上进行引申的结果，因为不同官职的官员所进入朝路的通道是有所不同的，因此，"通往朝廷的道路"可以转指"品级或者品位"。所以，《大词典》不仅应该补录"朝路"的"通往朝廷的道路"这个义项，而且应该将这个义项列为第一个义项，而将"品级、品位"列为第二个义项。

【尘迹】

环泉古木蒙密，尘迹不到，去市廛才数百步而如在深山中。(《渑水燕谈录·事志》卷八)

按：此处"尘迹"是指尘世的痕迹。"尘"，"世俗"。《老子》第四章："和其光，同其尘。"河上公章句："常与众庶同垢尘，不当自别殊。"晋·陶潜《归园田居五首》："白日掩荆扉，虚室绝尘想。"宋·苏舜钦《游招隐道中》："扬鞭望招隐，尘思漠然收。""迹"就是"痕迹"。《北齐书·彭城王列传》："韩毅教澈书，见澈笔迹未工。"唐·封演《封氏闻见记·图书》："吏部尚书王方庆宅院有（郑）虔山水之迹，为时所重。"宋·王谠《唐语林》卷六："尝因积雪，门无辙迹。"殷夫《我们是青年的布尔塞维克》："我们的旗帜显明：斧头镰刀和血迹。"

《大词典》在对"尘迹"进行释义时只列了一个义项"犹陈迹"。"陈迹"就是"遗迹；旧迹"的意思。这一释义对于实际存在的所有用例并不具有解释能力。除了《渑水燕谈录》中的文例，我们还能举出很多例子证明为"尘迹"再建立一个义项的必要性。如明·陈仲琳《封神演义》第五回："云中子曰：'……朕思深宫邃密之地，尘迹不到，焉有妖怪之理。……'"此句中的"尘迹"当然不表示"陈迹"，用"尘世的行迹"解释更为合理，而且这两个意义的界限也较明显，容易区分。以下用例同上，唐·王建《七泉寺上方》："长年好名山，本性今得从。回看尘迹遥，稍见麋鹿踪。"清·王士禛《池北偶谈》卷十二："高房山小幅，有鲜于伯机题云：'素有烟霞疾，开图见乱山。何当谢尘迹，缚屋住云间。'"一个词语只有在义项建立之后，读者才可能全面掌握其意义，通过收集"尘迹"的典型用例并归纳分析，我们认为《大词典》应补充漏释的义项如下：①陈迹；②尘世的痕迹。

【称衡】

或仅如称衡而首大数倍，谓之饭揪头，云此种最毒。(《癸辛杂识后集·故都戏事》)

《大词典》释"称衡"："抗衡，不相上下。《韩非子·亡征》：'轻其适正，庶子称衡，太子未定而主即世者，可亡也.'陈奇猷集释：'称衡，即提衡，又即抗衡也。'"

按："称衡"尚有"秤杆"之义。《说文·禾部》："称，铨也。"本义即称重量的器具。"衡"，《说文·角部》释为"牛触，横大木其角。"后引申为"秤杆；秤"，引例为：《国语·周语下》："先王之制钟，大不出钧，重不过石，律度量衡，于是乎生。"因此，两字合意有"秤杆"的意思，如《礼记正义》卷五十："'故衡诚县，不可欺以轻重'者，衡，谓称衡。县，谓称锤。诚，审也。若称衡详审县锤，则轻重必正，故云'不可欺以轻重'。"原文意为有蛇身如秤杆，而头格外大数倍的饭揪头是最毒的。因为秤杆也是越至称尾越细，再加上秤杆上标示刻度的星花亦如蛇皮上的花纹，所以"称衡"在此处理解为秤杆是可通的。其在文献中的其他用例，如《庄子·集释》卷四："《权衡》李云：权；称锤；衡，称衡也。"唐·拾得《拾得全集》："银星钉称衡，绿丝作称纽。"即制作秤杆的钉星花步骤。《宋史》志第一百二十："制同钟、鼓楼而大，设刻漏如称衡。"故《大词典》漏收"称衡"此义项。

【凋残】

尔后招辑户口，训练士卒，沿流而镇渚宫。寻授节旄，抚绥凋残，励精为理。（《北梦琐言·成令公为蛇绕身》卷四）

《大词典》释"凋残"为："①花叶衰败脱落。唐·杜甫《废畦》诗：'秋蔬拥霜露，岂敢惜凋残。'②衰落；残败；减损。《后汉书·樊宏传》：'伏见被灾之郡，百姓凋残，恐非赈给所能胜赡，虽有其名，终无其实。'"

按："凋残"还可指"残户，残兵"。《大词典》对"凋"的第二项解释为："泛指人或事物受到损伤或衰败困穷。"如《文选·班固〈幽通赋〉》："单治裏而外凋兮，张修襮而内逼。"张良注："单豹导气于内，与人无患，而为饿虎所食，故云外凋也。"晋·葛洪《抱朴子·嘉遁》："夫绳舒则木直，正进则邪凋。"唐·陆贽《答宰臣请复御膳表》："军储国计，资用皆空，凋户疲剩，膏泽已竭。"《大词典》释"残"为："剩余；残存。"唐·杜甫《洗兵马》诗："祇残邺城不日得，独任朔方无限功。"唐·韩愈《论变盐法事宜状》："及至收获，悉以还债，又充官税，颗粒不残。"宋·杨万里《晴望》诗："枸杞一丛浑落尽，只残红乳似樱桃。"因此"凋残"还可作名词，表示"残败之人或物"，正如《大词典》对"凋残"的第二项解释，但不完整，因为从《北梦琐言》的文意来看，"抚绥"的对象只能是人，而不是一种"凋残的景象"。所以"凋残"还可释为"残户，残兵"。

此义在其他文献中的用例有：宋·薛居正《旧五代史》卷十七："是时荆州经巨盗之后，居民才一十七家，汭抚辑凋残，励精为理，通商训农，勤于惠养，比及末年，仅及万户。"宋·欧阳修《欧阳修集》卷八十二："至于大兵之后，抚彼凋残。余孽未平，推吾恩信。"清·王夫之《读通鉴论》卷二十七："杨行密定扬州，輂米赈饥；成汭抚集凋残于荆南，通商劝农。"

【肺肝】

所贵诈伪悛心，忠臣尽力，共畏三千之法，同坚八百之基。臣于此时，欲吐肺肝，先寒毛发，惊疑犹豫，数日沉思。（《邵氏闻见录》卷六）

按：此处"肺肝"义为"情怀，心声"。《大词典》共记载了"肺肝"两个义项：1. 比喻内心。2. 比喻心腹。然此处"情怀，心声"不同于义项"1. 比喻内心"，而是由"内心"引申开来，指代"内心的情怀，内心的话"。该义项除本书证外，还在其他历史文献有记载，例如《唐文拾遗》卷四十二："辑某既怀志士之勤，又抱愁人之苦，聊凭毫牍，敢述肺肝。"清·葛虚存《清代名人轶事》："方域倜傥任侠使气，好大言，遇人不肯平面视，然一语辄合，吐出肺肝，誉之不容口。"《大词典》失收该词义项"情怀，心声"，应该补收。

【丰韵】

罗隐、顾云，俱受知于相国令狐。顾虽醯贾之子，而风韵详整。罗亦钱塘人，乡音乖剌。相国子弟每有宴会，顾独与之，丰韵谈谐，莫辨其寒素之士也。（《北梦琐言·罗顾升降》卷六）

《大词典》释"丰韵"为："①指妇女优美的仪态神情。如元·曾瑞《留鞋记》第一折：'想姐姐这般丰韵，自然有个俊俏的郎君作对哩。'《水浒传》第四回：'鲁达看那女子时，另是一般丰韵，比前不同。'苏曼殊《碎簪记》：'余且答且细瞻之，则容光靡艳，丰韵娟逸。'②指景物美丽。元·张寿卿《红梨花》第三折：'见如今节遇三春，都不如洛阳丰韵。'③指文章饶有韵味。刘师培《论近世文学之变迁》：'惟姬传之丰韵，子居之峻拔，涤生之博大雄奇，则又近今之绝作也。'"

按："丰韵"尚可指"气质，亦可用来形容男人。"《别雅》卷三："丰采，风采也。"《大词典》释"丰"为："风度，风姿。"如元·李好古《张生煮海》第一折："则见他正色端容，道貌仙丰。"《汉语大字典》

释"丰"为"人的仪表举止。也作'风'。"宋·史达祖《东风第一枝·灯夕清坐》:"羞醉玉,少年丰度。"明·冯梦龙《醒世恒言·张淑儿巧智脱杨生》:"其实那晚见他丰格超群,必有大贵之日。"清·洪升《长生殿·定情》:"昨见宫女杨玉环,德性温和,丰姿秀丽。"可见"丰"泛指风度。《汉语大字典》释"韵"为:"情趣,风度。"《文选·王俭》:"韵字弘深。"刘良注:"韵字,尤器量也。"如《洪武正韵·震韵》:"韵,丰度也。"《抱朴子·刺骄》:"若夫伟人巨器量逸韵远高蹈独往萧然自得。"晋·陶渊明《归园田居六首》之一:"少无适俗韵,性本爱丘山。"《南宋·谢弘微傅》:"康乐诞通度,实有名家韵。"宋·周邦彦《锁阳台·白玉楼高》:"云鬟,香雾湿,月娥韵压,云冻江梅。"可见"丰韵"还可解释为"气质,风度",且并不局限于形容女人。从上引的《北梦琐言》文意可知"丰韵"一词是指"顾云",而顾是鹾贾的儿子,所以《大词典》对"丰韵"释义偏窄。

此义在其他文献中的用例有:宋·朱敦儒《青玉案》:"共才子佳人斗高致。莫道衰翁都无意。为他丰韵,为他情味,锁得真个醉。"明·凌蒙初《二刻拍案惊奇》卷四:"兴哥出来接见,果然老成丰韵,是个作家体段,张贡生一见心欢。"清·竹秋氏《绘芳录》:"从龙在烛光下见梅仙、五官两人各具一种丰韵,梅仙举止安舒,风神潇洒,五官眉目姣好,言笑如痴。"

【冠栉】

唐襄州赵康凝令公世勋嗣袭,人质甚伟,酷好修容,前后垂镜以整冠栉,往往以家讳刑人。(《北梦琐言·赵令公红佛子》卷四)

《大词典》释"冠栉"为:"梳发戴帽。唐·白居易《时热少客因咏所怀》诗:'冠栉心多嬾,逢迎兴渐微。'清·吴伟业《偶成》诗之十二:'冠栉懒施高枕,樵苏失爨清谈。'"

按:"冠栉"还可释为"帽子和梳子。或帽子和头发。"《大词典》对"冠"的第一项解释为:"帽子的总称。"如《礼记·曲礼上》:"为人子,父母存,冠衣不纯素。"《急就篇》卷三:"冠帻簪簧结发纽。"颜师古注:"冠者,冕之总名,备首饰也。"宋·岳飞《满江红·写怀》:"怒发冲冠,凭栏处,潇潇雨歇。"杨玉如《辛亥革命先著记》第五章:"都督及将校免冠行四叩礼。"《大词典》对"栉"的第一项解释为:"梳子,篦子等梳发用具。"如《诗经·周颂》:"其崇如墉,其比如栉。"朱熹集传:"栉,理发器。言密也。"宋·苏轼《于潜令刁同年野翁亭》诗:"山人醉后铁冠落,溪女笑时银栉低。"王十朋集注:"于溪妇女皆插大银栉,长尺许,谓之蓬沓。"清·林则徐《钱票无甚关碍宜重禁吸烟以杜弊源片》:"谚云:……僧寮之旁不鬻栉。"因此,"冠栉"也可以作名词表示"帽子和梳子"。文例中从"整"字的动词词性来看,"冠栉"应该是代指"帽子和头发"。上引《北梦琐言》文意为:"唐代襄州令公赵康凝继承世代的功勋,身材高大,酷爱打扮,常常前后垂镜以整理帽子和头发,经常因为家讳而处罚仆人。"

该义在文献中的其他用例如:宋·皇都风月主人《绿窗新话》卷下:"琼至,即弃冠栉,损其妆饰,奉承李公之室以主母礼,大和悦焉。"从"弃冠栉,损妆饰"从这样的并列结构也可得知"冠栉"和"妆饰"的词性一致。因此,《大词典》对"冠栉"的释义不全,"梳发戴帽"是由"冠栉"名词义转换而来,是其名词义的一种活用,是一种临时义。

【奸谋】

离逖奸谋,使不得就,君之力也,惟帝念功,命作尚书令。(《野客丛书·陈元方事》卷二十二)

按:《大词典》收录"奸谋"一词的一个义项即"奸邪的计谋"。用此义项解释该句,未免有些不通,"就"在此例中的意思为"靠近,接近",只有人才可以发出这样的动作,"疏远有奸邪计谋的人,使其不能接近,是君主的功劳。"故"奸谋"一词当补充另一表示一类人的义项,即"有奸邪计谋的人"。此义项在其他文献中的用例,如《史记·李斯列传》:"尽除先帝之故臣,更置陛下之所亲信者,此则阴德归陛下,害除而奸谋塞,群臣莫不被润泽,蒙厚德,陛下则高枕肆志宠乐矣。计莫出于此!""害除而奸谋塞"即"除掉祸害,遏制有奸邪计谋的人"。"奸谋"从"奸邪的计谋"之义到"有奸邪计谋的人"之义的引申是转喻的结果,词义从表示某种性质到具有某一性质的人或者事物是世界语言引申的常见规律。《大词典》应收录此义项。

【㲉】

"其在并州,厅钱丛苇,有小鸟如鹡鸰来巢,孕卵五色,旦如鸡子,数日㲉毁雏见,已大于母。"(《大唐新语》卷五)

按:此处"㲉"尚有"蛋壳"之义。如《旧唐书·萧瑀传》:"及乎三淮沸浪,五岭腾烟,假余息于熊蹯,引残魂于雀㲉。""熊蹯"与"雀㲉"在对偶句的相同句法位置上,具有相同的结构,都是偏正结构,前者指"熊的足掌",后者指"雀蛋壳","躯壳"才是魂魄休息的地方。

而《大词典》收列的义项为：由母哺食的幼鸟，亦指鸡雏。未收"蛋壳"义，当补收。那么，"鷇"之"蛋壳"义是如何来的呢？从词义的相关引申来看，需要哺食的幼鸟，应该还是未出生多久的，刚从它的胚胎——壳中出来，因此，当然"鷇"可以表示"蛋壳"之义。

【连钱】

其家所蓄异蛇凡数十种，锯齿毛身，白质赤章，或连钱、或绀碧、或四足、或两首。(《癸辛杂识后集·故都戏事》)

《大词典》释"连钱"为："①花纹、形状似相连的铜钱。《南史·梁纪下·简文帝》：'项毛左旋，连钱入背。'唐·韩偓《即目》诗之二：'溪涨浪花如积石，雨晴云叶似连钱。'②马名。③代称连钱障泥。障泥上饰花纹如连钱。南朝宋·刘义庆《世说新语·术解》：'王武子善解马性，尝乘一马，箸连钱障泥。'唐·卢照邻《长安古意》诗：'妖童宝马铁连钱，娼妇盘龙金屈膝。'"

按："连钱"还可释为："相连铜钱形状的花纹。"《大词典》释"连"为"连缀；串联"。如汉·刘向《列女传·珠崖二义》："珠崖多珠，继母连大珠以为系臂。"《汉语大字典》中也有同类解释："连接。"如《文选·苏武〈别从弟诗〉》："况我连枝树，与子同一身。"吕向注："兄弟如木连枝而同本。"《水经注·江水》："两岸连山，略无阙处。"《大词典》中"钱"的释义则为："形状像铜钱一样的东西。亦指像铜钱一样的花纹。"如《南史·梁纪下·简文帝》："(梁简文帝)直发委地，双眉翠色。项毛左旋，连钱入背。"唐·段成式《戏高侍御》诗之七："豹钱骢子能擎举，兼著连干许换无？"根据所引语料及《大词典》释"连钱"义项，可看出义项②明显由义项①引申得出。原文中即可照此理解为"相连铜钱形状的花纹"，即"背部有如相连铜钱形状的花纹的蛇。"此种理解下的语义范围扩大，就可指一切具有相连铜钱形状花纹的东西，不仅是障泥和蛇皮，还可描述锦绣、豹纹、云彩等，其语用范围更加灵活。

此义在文献中描写"锦绣"的有：南朝·萧统《昭明文选》卷三十："东宫旧事曰：窗有四面，绫绮连钱。"唐·皮日休《全唐诗·病后春思》卷六百一十三："连钱锦暗麝氛氲，荆思多才咏鄂君"明·宋濂《元史》志第二十八："锦帽，制以漆纱，后幅两旁，前拱而高，中下，后画连钱锦，前额作聚文。"描写"豹纹"的有：唐·章碣《赠边将》："宛转龙蟠金剑雪，连钱豹躩绣旗风。"描写"云彩"的有：唐·韩偓《即目二首》:"溪涨浪花如积石,雨晴云叶似连钱。"从以上几例,可以看出唐诗中"连钱"的用法最为灵活,几乎各种类似连钱的图文都能用上该词,因此《大词典》漏释该义项。

【烈景】

逡巡晦暝,风雨骤作。温惶骇,奔走数里,依然烈景。(《北梦琐言·捕鱼获龙》逸文卷四)

《大词典》释"烈景"为:"谓烈日。唐·皮日休《惑雷刑》:'得他牛,则昼役夕归,棰耕于烈景,笞耨于晦冥,未尝一息容其殆。'"

按:"烈景"应该是指:"厉害的景象。包括'烈日''暴雨'等。"因此,此词目《大词典》释义偏窄。《大词典》对"烈"的解释为:"甚。(1)厉害,猛烈。"如《孟子·万章下》:"《康诰》曰:'杀越人于货,暋不畏死,罔弗憝。……于今为烈,如之何其受之?'"《汉书·五行志下之上》:"孝公始用商君攻守之法,东侵诸侯,至于昭五,用兵弥烈。""景"在《大词典》中的释义则为:"景象;情况。"如《汉书·梅福传》:"阴盛阳微,金铁为飞,此何景也!"颜师古注引苏林曰:"景,象也。"可见"烈景"应该是"厉景,酷景",而不仅限于"烈日"。从《北梦琐言》文例亦可看出"烈景"亦可指"风雨骤作"。上引《北梦琐言》文意为:不一会天色就变阴沉了,风雨大作。温既惊慌又害怕,于是跑了几里地,但是还是风雨的景象。因此,《大词典》对"烈景"的释义偏窄。

"烈景"在其他文献中用例如:唐·欧阳询《艺文类聚》卷五:"旭旦烟云卷,烈景入东轩,倾光望转蕙,斜日照西垣,既卷蕉梧叶,复倾葵藿根。"此例"烈景"指"狂风景象"。唐·欧阳詹《德胜颂二章》:"九阳构旱而莫展,六阴作潦而不就。氛祲蔼为庆雲,烈景为祥光。油油熏熏,宛复如春,块不破而雨足,条无声而风畅。"此例酷烈之景象化作祥和之光景。

【秘书】

宪以仕隋为秘书,学徒数百人,公卿亦多从之学,撰文选音义十卷,年百余岁乃卒。(《大唐新语》卷九)

按:此处"秘书"一词,尚有"秘书监,秘书省主官,掌校理图书典籍"之义。"秘书监"之义是从"官署名称"之"秘书"转指而来。东汉桓帝始置秘书监一官,典司图籍,先属太常寺。曹操置秘书令,典尚书奏事,属少府。晋初裁并,西晋末复置。南朝梁始定此名,其主官为秘书监。监以下有少监、丞及秘书郎、校正郎、正字等官，领国史、著作两局，掌国之典籍图书。而从"官署名称"转指为"在其中任职的官员"则是一种常见词汇相关引申方式，但一般只有主官"秘书监"能够省称为"秘书"，如《汉书·叙传上》："每奏事，斿以选受诏进读群书。上器其能，赐以秘书之副。""秘书之副"即"秘书监的副手"之义。而其他属官一般用全称，如《汉书·董贤传》："云后舅伍宏以医待诏，与校秘书郎杨闳结谋反逆，祸甚迫切。""秘书郎"则不能省称。"秘书"作为"官署名"义的例子也常见，如《三国志·魏书·文帝纪》："其以此诏藏之宗庙，副在尚书、秘书、三府。"《晋书·虞浦传》："子勃，过江上《江表传》于元帝，诏藏于秘书。"当在"官署"设置"官职"之后，二者就发生了联系，如《后汉书·孝桓帝纪》："大鸿胪梁国盛允为司空，初置秘书监官。""秘书监官"即"在秘书省从事监督工作的官员"，省称即为"秘书监"或者"秘书"。从上可见，"秘书"具有"官署名"和"官职名"二义，二者具有引申关系。后代皆有用例，不赘例。

其实，"秘书"以上二义的形成源于"秘书"的本义，即"内容秘密的文书"。如《汉书·百官公卿表上》："有两丞，秩千石。一曰中丞，在殿中兰台，掌图籍秘书，外督部刺史，内领侍御史员十五人，受公卿奏事，举劾按章。"《汉书·百官公卿表下》："蒲侯苏昌为太常，十一年坐藉霍山书泄秘书免。"《晋书·世祖武帝纪》："自秦始以来，大事皆撰录秘书，写副。后有其事，辄宜缀集以为常。"从此三例看，"秘书"的内容是秘密的、不能够外泄的，否则要治罪；并且重大的事情都要用秘书来记录，还将秘书编成集子，那么负责收藏这些"秘书"的地方则称为"秘书（省）"，负责管理这些"秘书"的主官称为"秘书（监）"。但是《大词典》关于"秘书"条只收列如下两个义项：1. 职务名称之一。我国现今秘书的主要职责是协助领导人综合情况，调查研究，联系接待，办理文书和交办事项等。2. 使馆中介于参赞和随员之间的外交人员。分一等秘书、二等秘书和三等秘书。受使馆首长之命进行工作，享有外交特权与豁免权。从所收录的义项看，现代"秘书"的意义应该是古代语义的引申，那么，"秘书"一词的词义系统可用简图表示如下：

内容秘密的文书 ⟶ 管理文书的官署 ⟶ 收藏文书的官员 ⟨ 领导人的助理 / 一种外交人员

这些词义能够引申而产生联系主要是因为它们之间有一个共同的义素"文书","领导的助理"的秘书,其主要工作还是为领导处理文字材料,而作为"介于参赞和随员之间的外交人员"的"秘书"同样是以处理文字材料为其工作重心。因此,《大词典》重今而薄古,漏收的三个义项应该补收。

【明敕】

马周,太宗将幸九成宫,上书谏曰:"伏见明敕,以二月二日幸九成宫。"(《大唐新语》卷二)

按:《大词典》将"明敕"释为:"明白地训示或告诫。"核以本例,不可通。"明敕"在句中充当"见"的宾语,说明此处"明敕"是一个名词,为"圣明的诏令"之义。又《大唐新语》卷十一:"敬潜怒,摄而案之,曰:'郊外远迎,故违明敕。'"《大词典》释"敕"为:古时自上告下之词。汉时凡尊长告诫后辈或下属皆称敕。"南北朝以后特指皇帝的诏书。"《后汉书·孝和帝纪》:"而郡国举吏不加简择,故先帝明敕在所,令试之以职,乃得充选。"《魏书·李歆传》:"吾违太后明敕,远取败辱,不杀此胡,复何面目见吾母也?"《北史·卢恺传》:"向奉明敕,欲以老牛,享士有亏。仁政帝美其言而止。"《旧唐书·萧至忠传》:"伏愿陛下远稽旧典,近遵先圣,特降明敕。"宋·张君房《云笈七签·李约妻要黄箓道场验》:"上告天地,拜表陈词,如世间表奏,帝王即降明敕。"明·顾炎武《日知录·嫌名》:"愿陛下留意察纳,别下明敕,使自后章奏一遵礼律处分,则天下幸甚。敕免所罚。"从以上例子可以看出,"明敕"除了《大词典》已收录的动词义项,还可以作为名词,应当补收。

【年次】

钦若悉命输之仓,奏请不拘年次,先支湿谷,不至朽败。(《涑水记闻》卷七)

按:此处"年次"为"年代的次序"之义。"年"有"年代"义,如晋·左思《魏都赋》:"虽则衰世,而盛德形于管弦。虽踰千祀,而怀旧蕴于遐年。"唐·杜甫《寄题江外草堂》诗:"经营上元始,断于宝应年。"《玉篇·欠部》:"次,叙也。"《新书·六术》:"六亲有次,不可相逾。""次"有"顺序,次序"义,如《国语·周语中》:"吾曰:'子则贤矣。抑晋国之举也,不失其次,吾惧政之未及子也。'"三国魏·曹操《船战令》:"鼓三通鸣,大小战船以次发。""年次"为定中式复合词,

"年次"的"年代的次序"之义在其他文献中也有用例，如宋·洪遵《翰苑遗事》："臣今欲乞将国朝以来，学士所撰文书，各以门类，依其年次，编成卷帙，号为《学士院草录》。"《宋史》卷三百〇九："允恭以为诸州新陈相揉，两河诸州风土，各有所宜，非杂以数品，即商人少利。请依旧江北置务，均色号，以年次给之。"《明史》卷三百〇一："今掇其尤者，或以年次，或以类从，具着于篇，视前史殆将倍之。然而姓名湮灭者，尚不可胜计，存其什一，亦足以示劝云。"《大词典》仅释"年次"为"年龄的顺序"，而忽略了"年"的"年代"义，释义不全，应补收义项"年代的次序"。

【契】

欧阳秘书异齐先生是其至契，贻书于其子宏思。(《湖海新闻夷坚续志》)

按：此句中"契"一词，谓"感情志趣投合的朋友"之义，此义项为《大词典》所漏释，《大词典》只收入了相关的动词性"投合；合"义。"契"，《说文·大部》："契，大约也。从大，从㓞。"徐锴系传引《周礼》郑玄注："大约，邦国约也。"《周易》："后代圣人易之以书契。"朱骏声《通训定声》："契，会意，㓞亦声。"即"契"的本义为"券证；文卷"，见《玉篇·大部》："契，券也。"后引申为"投合、合"，如《新唐书·李勣传》："其用兵多筹算，料敌应变，皆契事机。"由此又引申出"领悟"等义，"契"的语义演进轨迹为："书契谓出于受人之凡要——凡薄书之曰目，狱讼之要辞，皆曰契——今人但于买卖曰文契。"

"契"的"感情志趣投合的朋友"义，是由"投合；合"引申而来的。该义项在历代文献典籍中亦多有用例，如晋·陶潜《桃花源诗》："愿言蹑轻风，高举寻吾契。"唐·武元衡《至栎阳崇道寺闻十少府趋侍》："松筠自古多年契，风月杯贤此夜心。"旧俗对门下弟子也可亲切地称"契"，如清·钱彩《说岳全传》第七回："徐仁道：'既如此，贤契们请回寓。'"

综上，"契"的"感情志趣相投合的朋友"义和"旧时对门下弟子亲切的称谓"义均被《大词典》所漏释，《大词典》在修订时应考虑补释这两个义项。

【群望】

又辞曰："琦等勋烈彰灼，明如日星。中外执笔之士，歌咏之不暇。伏乞促令入谢。以快群望。"以此见富公岂因不预定策而歉魏公哉！(《邵

氏闻见录》卷九)

　　按:《大词典》释"群望"为"受祭于天子、诸侯的山川星辰。望,谓不能亲到,望而遥祭。"例如《左传·昭公十三年》:"初,共王无冢适,有宠子五人,无适立焉,乃大有事于群望。"杜预注:"群望,星辰山川。"《文选·张衡〈东京赋〉》:"元祀惟称,群望咸秩。"薛综注:"群岳众神,望以祭祀之,皆有秩次。"《旧五代史·梁书·太祖纪四》:"帝深轸下民,遂命庶官徧祀于群望。"

　　《大词典》释"群"为"犹众人;群众。"如晋·左思《咏史》之三:"功成耻受赏,高节卓不群。"南朝梁·刘勰《文心雕龙·才略》:"潘勖凭经以骋才,故绝群于锡命。"唐·杜甫《李司马桥成》:"向来江上手纷纷,三日成功事出群。"如:党群关系;干群关系。《大词典》释"望"为"希望;期待"。例如《孟子·梁惠王上》:"王如知此,则无望民之多于邻国也。"晋·潘岳《西征赋》:"弘大体以高贵,非所望于萧傅。"唐·韩愈《与孟东野书》:"自彼至此,虽远,要皆舟行可至,速图之,吾之望也。"明·宋濂《送和赞善北归养母诗序》:"传曰:求忠臣者必于孝子之门,予盖于希文望之。"柳青《铜墙铁壁》第七章:"望你们迅速行动起来。"故"群望"尚有"群众期望"之义。该义项在其他文献中也经常出现,如北宋·王钦若《册府元龟》卷七百六十六:"北招戎狄、东收燕赵、长驱济河、据有秦雍海内之权指麾可取。愿引达节以顺群望,则汤武之业于公不远。"清·王夫之《宋论》:"乃自其一窜再窜、颠倒于奸邪之手,君情不获,群望不归,观望者徙倚而谅其志之难成,媢嫉者侧目而幸其功之不就。"蔡东藩《后汉演义》第四十二回:"惟震为关西名儒,群望所归,若一时将他除去,免不得物议沸腾,摇动大局,所以群小尚有畏心,未敢无端加害。"《大词典》收录了"众望",并释之为"众人的希望",故《大词典》也应该收录"群望"之"群众的期望"的义项。

【神龟】

　　仆因观《北史》:神龟之间,张仲瑀铨削选格,排抑武人,不使预清品,一时武人攘袂扼腕,至无所泄其愤。(《野客丛书·不可为已甚》卷十五)

　　按:《大词典》收录了"神龟"的两个义项即①传说中称有灵异的龟;②水龟的别称。中医用以制作龟甲入药。用这两个义项解释该句均略有不妥,应解释为"年号",具体指"518年2月—520年7月,是北魏的君主魏孝明帝诩的第二个年号,共计2年余。"该义项在文献中也多有用例,如《魏书·灵征八下》:"神龟元年正月,汾州上言永安县木连理。"《周书·冯迁传》:"魏神龟中,刺史杨钧引为中兵参军事,转定襄令,寻为并州水曹参军。所历之职,咸以勤恪著称。"《北史·王慧龙传》:"正始中,为光州刺史,有受纳响,为中尉王显所劾,终得雪免。神龟中,除左将军、兖州刺史。去州归京,多年沈滞。"宋·魏了翁《鹤山笔录》:"后魏孝明帝神龟元年置大斌县,属上郡,周、隋不改。大斌者,取稽胡怀化、文武杂半之义。"明·顾炎武《日知录之余》:"魏肃宗神龟二年十二月,诏除淫祠,焚诸杂神、于文之庙。"清·赵翼《陔余丛考》:"北魏孝明帝以神龟纪年,孝昌中有大臣叱列伏龟,正始中有羽林监王元龟。"故《大词典》应补录该义项。

【誊录】

殿中侍御史萧定基时掌誊录。(《涑水记闻》卷三)

按:此处"誊录"作名词,义为"誊录的人或誊录部门",即宋代开始设置的"科举考试时誊抄考生试卷的人或部门"。《说文·言部》:"誊,迻书也。"段玉裁注:"今人犹谓誊写。"《玉篇·言部》:"誊,传写也。""誊"有"抄写;转录"义。如宋·黄庭坚《跋自临东坡〈和陶渊明〉诗》:"此书既以遗荆州李翘叟,既而亡其本,复从翘叟借来未誊本,辄为役夫田清盗去。"《正字通·金部》:"录,誊写曰录。""录"也有"誊写"义,如《宋史·李继和传》:"继隆罢兵柄,手录唐李绩遗戒授继和。"则"誊录"为同义连言结构,其先产生的是动词义"誊写抄录",由于科举制度的不断发展完善,宋代开始设置誊录院,"誊录"固定为一种官职,成为一个专有名词。如《宋史·选举志一》:"八年,始置誊录院,令封印官封试卷付之,集书吏录本。""誊录"由动词义演变为表示执行这一动作的人或者部门,这是词义转喻引申的结果。如宋·吴自牧《梦粱录》卷二:"朝廷差知贡举、监试、主文考试等官,并差监大中门官诸司、弥封、誊录等官,就观桥贡院。"明·邱濬《大学衍义补》卷九:"凡科场中出题、刻文、阅卷、取人皆一人专之,所谓弥封、誊录殆成虚设。"清·方浚师《蕉轩随录》:"同考官、内外监试及收掌、对读、弥封、誊录等官,处分殆遍。"随着社会的发展,"誊录"的词义范围也扩大了,不仅是"科举时试卷校阅前的手续之一",还可以指"一般的誊写抄录",如明·罗懋登《三宝太监西洋记》第七十九回:"王爷道:'好个白头无事老烟霞!我们碌碌,怎么能够。'马公公道:'誊录而已。'"清·曹雪芹《红楼梦》第十八回:"探春另以彩笺誊录出方才一共十数首诗，出令太监传与外厢。"曹绣君《古今情海》："呜呼！此人此诗，即使想不传颂，也不得不传颂，我把它誊录下来，以待采风者。"《大词典》只收录了"誊录"的一个动词义项"用工楷誊清抄录。科举时试卷校阅前的手续之一。""誊录"应分为两个义项：①誊写抄录；②用工楷誊清抄录。科举时试卷校阅前的手续之一。亦可指"科举考试时誊抄考生试卷的人或部门"。

【我家】

宣帝尝曰："我家自有制度，本以霸王道杂之。"此语甚当。似不若曰：杂秦周之所以取者取之，杂秦周之所以守者守之者汉也。(《野客丛书·士君子立论之难》卷十三)

按：《大词典》收录了"我家"的两个义项：①称自己；②我们家；我家的。然"家"有"国家"之义，如《尚书·洪范》："后民用章，家用平康。"虽然《大词典》注意到了"家"作为"国家"的义项，但《大词典》却失收了"我家"的第三个义项"我们国家；我们国家的"。该义在其他文献中用例夥多，如《今文尚书》："定极。尔谓朕：'曷震动万民以迁？'肆上帝将复我高祖之德，乱越我家。"《今文尚书》："王若曰：'猷！大诰尔多邦，越尔御事。弗吊！天降割于我家，不少延。洪惟我幼冲人，嗣无疆大历服。'"《前汉纪·荀悦》："初，宣帝任刑法，元帝谏之，劝以用儒术。宣帝不听。乃叹曰：乱我家者，必太子也。故凡世之论政治者，或称教化，或称刑法，或言先教。"《三国志·钟繇传》："觊又好学慕古，有退让之行。为童幼时，膺祖太尉修言：'觊似我家性，国有道不废，国无道免于刑戮者也。'"宋·徐梦莘《三朝北盟会编》卷二十二："山前山后，乃是我家旧地，更说做甚？你家地土，却须割取些来，方可是省过也。"《大宋宣和遗事》："虏酋曾告马广道：'刘起庆用兵，一夕逃遁，您看我家用兵有走的么？'则中国之取侮于女真者，不特一事也。"

【详议】

太宗慎重刑罚，淳化二年，始置审刑院，以覆大理奏案，以近臣一人知院事，设详议六人，择京朝晓律、常任法寺官者为之。(《渑水燕谈录·官制》卷五)

按：此处"详议"为名词，"执掌审议的官职。""详议"本义为"审议"，动词。"详"，"审查；审理。"《说文·言部》："详，审议也。"《玉篇·言部》："详，审也，论也，諟也。"《资治通鉴·魏元帝景元元年》:"祸殆不测,宜见重详。"胡三省注:"详,审也。""议","言谈;谈论。"《说文·言部》:"议,语也。"段玉裁注:"上文云'论难曰语',又云'语论也',是论、议、语三字,为与人言之称。"《吕氏春秋·怀宠》:"凡君子之说也,非苟辩也;士之议也,非苟语也,必中礼然后说,必当义然后议。"因此,作为动词的"详议"是一个并列连言的结构。如《汉书·魏相丙吉传》卷七十四:"愿陛下与平昌侯、乐昌侯、平恩侯及有识者详议乃可。"《大唐西域记》卷八:"承王国内有大论师,我虽不敏,愿与详议!"

而"详议"之义不仅于此,它自宋代始可指"执掌审议的官职",如《宋史·神宗本纪二》卷十五:"甲子,诏增审刑院详议、详断官,罢刑部校法官。"《宋史·职官志一》卷一百六十一:"政和二年,置于编类御笔所,有详议、同详议官,宣和二年,诏与大晟府制造所协声律官并罢。"以上两例"详议"作名词,表示官职名。当然,"详议"后面还可以有"官"字,如《金史·杨鹏传》卷一百二十三:"谗间既行,有相图之隙,详议官杨鹏释之曰:'外难未解而顾私忿。'"《元史·宋子贞传》卷一百五十九:"实素闻其名,招置幕府,用为详议官,兼提举学校。"以上两例"详议"作名词修饰"官",构成偏正式复合词。更多的时候,"详议"直接就可以表示"任审议一职的官员"之义,这种词义引申方式和上文的"纠察"是一致的,如《宋史·吴及列传》:"辟大理寺检法官,徙审刑院详议,累迁太常博士。"《皇明异典述》卷七:"置审刑司,左右审刑正六品,左右详议正七品。"

但是《大词典》关于"详议"条只收列了"审议"这一个义项,理应补录"详议"的名词义项:"执掌审议的官员"。

【小智】

忽然为人,何足控抟;化为异物,又何足患!小智自私,贱彼贵我;达人大观,物无不可。真人恬漠,独与道息。释智离形,超然得丧。乘流则逝,得坎则止。(《野客丛书·鹖冠子》卷二十九)

按:《大词典》收录了"小智"的一个义项为"小智慧;小聪明",用这一义项来解释《大词典》所举例证:"贾谊《鵩鸟赋》:'小智自私兮,贱彼贵我。'"以及《野客丛书》这条例子都略有不妥,应解释为"有小智慧的人;浅陋的人"。该义在其他文献中的用例,如《吕氏春秋·别类》:"或湿而干,或燔而淖,类固不必,可推知也?小方,大方之类也;小马,大马之类也;小智,非大智之类也。"《后汉书·仲长统传》：“今反谓薄屋者为高，藿食者为清，既失天地之性，又开虚伪之名，使小智居大位，庶绩不咸熙，未必不由此也。”宋·张君房《云笈七签·杂修摄部二》：“夫养生缮性，其方存于卷者甚众。其或幽微秘密，疑未悟之心。至于澄神内观，游玄采真，故非小智所及。”明·居顶《续传灯录》：“夫不能离诸见，则无以明自心。无以明自心，则不能知正道矣。故经云，言词所说法，小智妄分别。不能了自心，云何知正道。”清·王夫之《读通鉴论》卷二十七：“是是非非者，所以推行其恻隐之大用，平英雄之气，顺众庶之欲，功不速、利不小、而益无方者也。此两者固相妨矣，小智之所争，大智之所不屑也。”蔡东潘《前汉演义》第九十六回："国家柱石待贤臣，小智如何秉国钧，殿上一声传预报，荣身已是兆亡身。"另《大词典》中收录有"大智"一词的两个义项①大智慧；②有大智慧的人。"小智"与"大智"是一对反义词，故《大词典》在收录"小智"这一词条时，既在例证上欠佳，释义方面也有待商榷。

【正名】

贾曰："此博号也，上者在主，中者在卿大夫，下者在布衣之士。乃其正名非为先生为先醒也。"取其俱醉独先醒之义。(《野客丛书·先醒》卷二十二)

按：《大词典》收录了"正名"一词的四个义项即①辨正名称、名分，使名实相副；②即楔子。元杂剧的开场白；③元明杂剧最后有两句或四句对子，总括全剧内容。一般称前一句或前两句为"题目"，后一句或后两句为"正名"。失收了第四个义项"正式的称呼；标准的称呼"。该义项的其他用例如《荀子·正名》："故其民莫敢托为奇辞以乱正名，故其民悫，悫则易使，易使则公。其民莫敢托为奇辞以乱正名，故一于道法而谨於循令矣。"《太平经·四吉四凶诀第一百七十八》："'请问，何故正名为续命之符？''然，所以续命符者，举士得人，乃危更安，乱更理，败更成，凶更吉，死更生。上至于度世，中得理于平，下得竟其天年，全其身形。'"宋·黎靖德《朱子语类》卷二十七："'忠恕而已矣'，不是正忠恕，只是借'忠恕'字贴出一贯底道理。人多说人己物我，都是不曾理会。圣人又几曾须以己度人！自然厚薄轻重，无不适当。'忠恕违道不远'，乃是正名、正位。"明·祝允明《野记》："此爵称今亦多不知也。又，官名吏胥等除正名表字应合公私身名于世。敢有更名易讳，及两三名字者，为人举发，家产给赏告人，诛其身，家徙化外。"清·石玉昆《小五义》第二十一回："此刀正名叫'灵宝'，皆因它纹似灵龟，俗呼叫作七宝刀，能切金断玉，不论什么样的兵器，削上就折。"

第二节　动词义项的漏收

　　动词表示动作或者事件的意义。动词义项漏收常见的情况是：由于动作复合构成的复合动词可以转指名词，因此辞书只注意了名词义而忽略了动词义（如"障面""纠察"等）；由于动词语义程度的差异，特别是感情色彩上的差异会导致形成不同的词义，词典如果只注意其中之一的话，也会导致义项的漏收；词典如果只注意了动词的引申义而未注意其本义，也会导致本义的漏收（如"安制"等）；忽略动词古词义也会造成动词词义的漏收（如"拜谢"等）；还有一种更为常见的义项漏收现象，即由于构词语素有多个义项，则含有该语素的复合动词就会具有多义性，而词典往往只收录其中一个义项，这就会造成义项的漏收（如"对接""审细""塞道""发言"等）。凡此种种，在我们以下的具体实例中皆有体现，不一一在此列出。

【安制】

今中夏义安，臣之所教，足以安制四夷矣。(《大唐新语》卷七)

按：此处"安制"一词，应释为"安定，安置"之义。这种意义的"安制"其实早在先秦已见，如《荀子·王霸》："所闻所见，诚以齐矣，则虽幽闲隐辟，百姓莫敢不敬分安制以化其上，是治国之征也。""敬分"为"重视名分"，"安制"即"安定"，如《荀子》："百姓没有谁敢不重视名分并安定生活来感化主上。"《汉书·刑法志》卷二十三："然皆干赏蹈利之兵，庸徒鬻卖之道耳，未有安制矜节之理也。"元·乔吉《玉箫女两世姻缘》第三折："镇守吐蕃，安制边疆。"以上诸例皆可释为"安定"之义。再如宋·薛居正《旧五代史·李思传》卷七十三："梁祖怒，贬思安制云怀州刺史。"《清史稿·南怀仁传》："五十四年，命纪理安制地平经纬仪，合地平、象限二仪为一。"此二例皆可理解成"安置"之义。《大词典》仅列"遵守国家法度"一个义项，而漏收了更为常用的"安定，安置"义，应补收。

【拜谢】

太宗谓玄龄、士廉曰："卿但知南衙事，我北门小小营造，何妨卿事？"玄龄等拜谢。(《大唐新语》卷二)

按：此处"拜谢"一词，义为"行拜礼表示道歉或认错"。"谢"之"感谢"义兴起较晚，应该到汉代才看到用例，如《汉书·张安世传》："尝有所荐，其人来谢。安世大恨，以为举贤达能，岂有私谢邪？"此例中的二"谢"皆为"感谢"义。"谢"的本义是"辞却，推辞"，《说文·言部》云："谢，辞去也。"如《礼记·曲礼上》云："大夫七十而致事，若不得谢，则必赐之几杖。"从这一本义可以引申出"道歉；认错"义，因为从认知上讲，认知主体推辞某件事情一般含有愧疚之情，因此这是一种因果引申，如《战国策·秦策一》："嫂蛇行匍伏，四拜，自跪而谢。"又《隋书·李密传》："请斩谢众，方可安辑。"正如《正字通·言部》所云："谢，自以为过曰谢。"那么《大唐新语》中对于太宗的责问，房玄龄等不可能是感谢，当然应该是"道歉"之义。此义在后世文献典籍中亦有用例，如宋·李昉等《太平广记》卷六十四："今既如斯，固子之簿福也。他日守位不终，悔亦何及！镐拜谢悔过。"例不多举。《大词典》认为"拜谢"只有"行拜礼表示感谢"之义是不全面的，应补收"行拜礼表示道歉或认错"之义。

【出参】
内子卢氏与其良人操尚略同，因季父薛监来省，卢新妇出参。俟其去后，命水涤门阈。薛监知而大怒，经宰相疏之。(《北梦琐言·薛保逊轻薄》卷三)

按：《大词典》释"出参"为："犹弹劾。清·李宝嘉《文明小史》第四十三回：'藩台拿他大骂一顿，详了抚台，一面拿他出参，一面勒限赔修。清·吴趼人《二十年目睹之怪现状》第六十回：'至于他一定要怎样我，那出参的考语，正是欲加之罪，何患无词。'""弹劾"之义用于《北梦琐言》文例，其上下文不通，从引文文意可知：季父薛监来视察，卢氏新进门的老婆出来参见，待薛监离去后，竟然让人用水洗门槛。薛监知道后大怒，后来还是宰相从中调和。因此，从上下文语义看，《北梦琐言》例中的"出参"应为"出来参拜、出来参见"义。从另一方面来看，"弹劾"一般为政治用语，《北梦琐言》该篇目也不涉及政治，所以根据内容可知该"弹劾"义在此例中是不合的。"出参"之"出来参拜"义在历史文献中用例夥多，如唐·顾况《郑女弹筝歌》："郑女出参丈人时，落花惹断游空丝。"唐·段成式《酉阳杂俎》卷九："不幸有一子技过老僧，欲请郎君为老僧断之。乃呼：'飞飞出参郎君！'飞飞年才十六七，碧衣长袖，皮肉如腊。"宋·薛居正《旧五代史》卷一百一十九："浣娶礼部尚书窦宁固之女，年甲稍高，成婚之夕，窦女出参，涛辄望尘下拜，浣惊曰：'大哥风狂耶？新妇参阿伯，岂有答礼仪！'"

此外，"出参"还有"出任"义。如《旧唐书·裴潾列传》："若令宫闱之臣，出参馆驿之务，则内臣外事，职分各殊，切在塞侵官之源，绝出位之渐。"此例似乎还可以理解成"内臣出宫闱去参与馆驿的事物"，即"出参"之"出"似乎还有"出来"义，但是理解成"出任"亦是可以的，可以看成此义的形成中。到了元代以后的用例中，就只能理解成"出任"了，不只用于内臣外出任职。如《元史·李好文列传》："九年，出参湖广行省政事，改湖北道廉访使，寻召为太常礼仪院使。"又明·焦竑《玉堂丛语》卷七："初奉敕教文华生数十辈，至是出参大政、为御史之列郡者相望，四方士得一见先生，夸于人以为幸。"《清史稿·李中德列传》："康熙初，父从征福建，中德亦出参陕西军事，奉母以行。"此三例，"出参"皆为"出任"义。故"出参"一词，《大词典》漏收了其"出来参拜"与"出任"二义，当补。

【出给】

诈称杨侍郎、汪安抚侵占寺地为名，出给文书，将带河西僧人，部领人匠丁夫，前来将宁宗、杨后、理宗、度宗四陵，盗行发掘。(《癸辛杂识续集上·杨髡发陵》)

《大词典》释"出给"为："发给；给予；付给。《晋书·郑默传》：'出为东郡太守，值岁荒人饥，默则开仓振给，乃舍都亭，自表待罪。朝廷嘉默忧国，诏书褒叹，比之汲黯。班告天下，若郡县有此比者，皆听出给。'明·施耐庵《水浒传》第四十六回：'当即行移文书，出给赏钱，捕获杨雄、石秀。'"

按："出给"可解释为"出示"义。《说文·出部》："出，进也。象草木益滋，上出达也。"本义为"长出"。引申为"出现；显露"义。《玉篇·出部》："出，见也。"引例为《乐府诗集·相和歌辞三·陌上桑》："日出东南隅，照我秦氏楼。"《说文·糸部》："给，相足也。"本义为"衣食丰足；充裕。"《玉篇·糸部》："给，供也。"《广韵·缉韵》："给，供给。"可见，不论"出"还是"给"都有"拿出去；出来"的意思。因此，"出给"尚有"出示、拿出来看"之义。此义在文献中的其他用例有：《全唐文》卷一百二十五："如是无故违程，依格殿选。其有故违程者，须分明出给得所在凭由，许至前冬赴集。"宋·程颢《河南程氏遗书》卷十九："旧例，初入京官时，用下状出给料钱历，其意谓朝廷起我，便当廪人继粟，庖人继肉也。"《金史》志第二十三："诸职官之任、以理去官者，接送人力于从己人内给半，取接者皆于所在官司出给印券差取。"其用例宋、元时期为多。以上诸例中"出给"若译成"发给；给予；付给"会显得牵强，句中都与凭证、凭据有关，故译成"出示（某凭证）"较为妥当。因此，《大词典》应补"出给"之"出示"义项。

【对接】

吏责之，仁杰曰："黄卷之中，圣贤备在，犹未对接，何暇偶俗人而见耶？"(《大唐新语》卷六)

按：《大词典》收录"对接"并释为："指两个或两个以上人造轨道飞行体（如宇宙飞船等）在太空相互接合。"此义揆之此例之"对接"则不可通，"对接"之本义应为"相互接触"，那么不同的事物相互接触就可以引申出不同的意义，则人与人的"对接"可以解释为"交往；相会；接待"之义（如《大唐新语》之例即为此义），事物与事物的对接则可以理解为"连接；接壤"之义，而军队与军队的"对接"则只能理解成交战。《大词典》则漏收了这三个义项，以下举例分述之：

①交往；相会；接待。如北齐·魏收《魏书·裴骏传》卷四十五："高祖初，征为尚书主客郎，与萧赜使颜幼明、刘思效、萧琛、范云等对接。转都官郎，迁员外散骑侍郎。"又《魏书·卢玄传》："遣其侍中柳元景与度世对接，度世应对失衷。"唐·姚思廉《梁书·范缜传》："胥有口辩，大同中，常兼主客郎，对接北使。"

②接壤；连接。如梁·萧子显《南齐书·州郡志下》："咸康八年，尚书殷融言：'襄阳、石城，疆埸之地，对接荒寇。诸荒残寄治郡县，民户寡少，可并合之。'"宋·赵汝愚《宋名臣奏议》卷九十二："常为义理之所存，对接上天，近若咫尺。"

③交战。如《魏书·韦阆传》："珍乃分遣铁马，于上流潜渡，亲率步士与贼对接。旗鼓始交，甲骑奄至，腹背奋击，破之。"宋·王钦若等《册府元龟》卷五百四十一："西戎内侵，介胄仍袭；南寇纷扰，对接近畿；蛮民疏戾，每造不轨。窥觇间隙，或生虑外。"未收以上三个义项，可考虑补收。

【发言】

此言杜诗合古意。盖言少陵效古人作诗是矣，然不知古人作诗乃效何人也。大抵作者发言偶合，岂必拘拘于效古哉！(《野客丛书·杜诗合古意》卷十九)

按：《大词典》收录了"发言"的五个义项即①发表意见；②发表的意见；③表现于语言文字；④犹开口；⑤犹扬言。用这五个义项解释该句略有不妥，"发"有"表达；说出"之义，如《汉书·王贡两龚鲍传》卷十："今大王以丧事征，宜日夜哭泣悲哀而已，慎毋有所发。""言"，《广韵·元韵》："言，言语也。"故"言"有"口语或文章中的句子"之义，如《论语·为政》："《诗》三百，一言以蔽之，曰'思无邪'。"故"发言"还有一个义项为"遣词造句"，该义项在其他文献中也多有用例，如《全梁文·昙无德四分律》："初制，毗婆沙于石羊寺出舍利弗阿毗昙梵本。虽未及译，时问中事，发言奇新（辇九作'新奇'）。"唐·温大雅《大唐创业起居注》："羽檄，赏罚科条，接抚初附，慰悦远近，帝或口陈事绪，手疏意谓，发言折中，下笔当理，非奉进旨，所司莫能裁答。"南朝宋·谢灵运《撰征赋（并序）》："士颂歌于政教，民谣咏於渥恩。兼《采芑》之致美，协《汉广》之发言。"《唐文拾遗》卷四十八："公主同驱绣毂，内助政经，佐寨帷露冕之功，赞察俗抚民之化。或发言善谏，则惠馥兰芳；或静虑澄机，则珠图月皎。"《唐代墓志汇编续集》："植性明敏，禀气惠和，识智才辩，天假神授，属文游艺，不师於人，发言立词，唯孝与义，居先君丧，绝浆七日，几不胜哀。"故《大词典》应补录该义项。

【供承】

至近驿，有指挥索白马四匹，察事者觉其非常，乃羁縻之。未供承间，而真陈仆射亦连辔而至，其妖人等悉擒缚而俟命，颍川俾隐而诛之。（《北梦琐言·妖人伪称陈仆射》卷四）

《大词典》释"供承"为："供应。《诗经·小雅》：'有饛簋飧，有捄棘匕。'唐·孔颖达疏：'主人以簋盛飧，以匕载肉，是主人供承之惠，于宾客厚也。'"

按："供承"尚可释为"招供，承认"。《大词典》对"供"的解释为："受审者陈述、交代案情。"如宋·陈襄《州县提纲·面审所供》："吏辈责供，多不足凭。"明·施耐庵《水浒传》第二十二回："唐牛儿供道：'小人并不知前后。'"李劼人《死水微澜》第六部分："若不是供出来，还要上夹棍、跪抬盒、站吊龙哩！"《大词典》对"承"的解释则为："招认；承认。"如《新唐书·酷吏传》："俊臣曰：'囚多不服，奈何？'兴曰：'易耳，内之大瓮，炽炭周之，何事不承。'"因此，"供承"还可解释为"招供，承认。"《大词典》对"供承"的释义不全。上引《北梦琐言》文意为：到了附近的驿站后，有个指挥使四匹白马，管事的觉得不寻常，于是羁留了来者。就在他还没有招认的时候，真的陈仆射快马赶来，这些妖人就统统被抓了，后来颍川秘密地把他们都处死了。

此义在其他文献中的用例有：宋·李焘《续资治通鉴长编》卷五百二十："庚寅，诏随龙人昭宣使、遥郡刺史刘瑗特授宣政使、遥郡防御使，应随龙内臣及长宿车子，登位日供承翊卫内臣四人张琳、张祐等各迁两官，余一官。"清·戴笠《行在阳秋》卷上："至是本高等四人败死。国贞被执，叛降。遂供承昊等谋，清皆杀之。"

【回纳】

明日，方令人户搬所余粮草于仓场回纳。(《涑水记闻》卷十二)

按：此处"回纳"为"回收"之义。《说文·口部》："回，转也。""回"有"收回"义，如《新唐书·李乂传》："若回所赎之货，减方困之徭，其泽多矣。"《广雅·释诂三》："纳，入也。""纳"有"接收；接受"义，如《孟子·滕文公下》："段干木踰垣而辟之，泄柳闭门而不纳。"前蜀·韦庄《夏夜》诗："傍水迁书榻，开襟纳夜凉。""回""纳"两词复合后意义发生融合，"回纳"可释为"回收"。"回纳"的"回收"之义在其他文献中也有用例，如宋·李攸《宋朝事实》卷十五："候有人户将到见钱，不拘大小铁钱，依例准折，交纳置库收锁，据合同字号给付人户，取便行使。每小铁钱一贯文，依例克下三十文入官。其回纳交子，逐旋毁抹合同簿历。"《金史》卷四十七："七月，上谓宰臣曰：'前徙宗室户于河间，拨地处之，而不回纳旧地，岂有两地皆占之理。'"《新元史》卷七十六："十一年，定官吏病百日作拐，所支俸米除全月回纳还官外，支过破月俸钞如已过初五日者，免其回纳。"《大词典》释"回纳谓奉还别人赠送之物"，释义不全，应补收义项"回收接纳"。

【籍没】

丁晋公治第，杨景宗为督役，丁后籍没，而景宗贵显，乃以其第赐景宗。(《野客丛书·丁晋公治第》卷十一)

按：《大词典》收录了"籍没"的一个义项即"谓登记所有的财产，加以没收。"引《三国志·魏志·王修传》"太祖破邺，籍没审配等家财物赀以万数"等四个例子。将该义项用在此条中略有不妥，"籍没"与下句的"贵显"进行对比，"贵显"一词《大词典》收录了"谓居高位而显扬于世"和"指高贵显要的人，权贵"两个义项，在该句中应解释为前一个义项。"籍"有"人名簿"之意，"没"有"淹没"之义，因此，此处的"籍没"应解释为:"身份地位没落而淹没于世。"该义项在其他文献中的用例,如宋·李昉《太平广记·宣世志》:"其明日,术士来,且贺:'以赖此人,不然几为所祸。乃负冤而死者也。明公久专机要,积戾万状。自兹十稔,乃非吾之所知。'其后林甫籍没,果期十年也。"明·沈德符《万历野获编》卷一:"至洪武三十五年七月,实建文四年也,文皇新即位,以前任知府叶仲惠等修太祖录,指斥靖难君臣为逆党,论死籍没,本年十二月始命重修。"因此,《大词典》失收了该义项。

【间隙】

是时既退元丰大臣于散地,皆衔怨刺骨,阴伺间隙,而诸贤者不悟,自分党相毁。(《邵氏闻见录》卷十三)

《大词典》收录"间隙"三个义项:1. 空隙;2. 指可乘之机;3. 隔阂。

按:此处"间隙"为"挑拨离间"的意思,《大词典》释"间"为"离间"。例如《逸周书·武纪》:"间其疏,薄其疑。"朱右曾校释:"间,谓设事以离间之。"《史记·陈丞相世家》:"大王诚能出捐数万斤金,行反闲,闲其君臣,以疑其心,项王为人意忌信谗,必内相诛。"清·昭梿《啸亭杂录·设间诛袁崇焕》:"明庄烈帝信其间,乃立磔崇焕。举朝无以为枉者,殊不知中帝之间也。"《大词典》释"隙"为"引申为离间的话"。例如宋·岳珂《桯史·袁孚论》:"自是纤人知谮之不行,亦无复投隙者。"故"间隙"有"离间"义。该义项在其他历史文献中也有出现。如《三国志·吴书四》:"慈留三日,单步径至都昌。时围尚未密,夜伺间隙,得入见融,因求兵出斫贼。"《北史》卷一:"复请以金锦赂国之大人,令致间隙。五十八年方遣帝。神元使诸部大人诣阴馆迎帝。"明·顾炎武《日知录集释》卷十三:"炀帝以旧邸之情,特相爱幸,遂乃忘蔑君亲,潜图弑逆。密伺间隙,招结群丑,长戟流矢,一朝窃发。"故《大词典》应该补录"间隙"的"离间"义。

【纠察】

祥符二年,朝廷以京狱讼之繁,惧有冤滞,始置纠察在京刑狱司,以省冤滥,命知制诰周起、侍御史赵湘为之。(《渑水燕谈录·官制》卷五)

按:此处"纠察"是指"纠察官或纠察司"。"纠察官或纠察司"之义是从"官署名称"之"纠察"转指而来。"纠察"先产生的是动词义项,本义是"举发督察"。"纠","检举;告发。"《玉篇·丩部》:"纠,举也。"又《玉篇·糸部》:"纠,告也。"《尚书·囧命》:"绳愆纠谬,格其非心。"孔颖达疏："绳谓弹正，纠谓发举。有愆过则弹正之，有错谬则发举之。"《后汉书·蔡茂传》："会洛阳令董宣举纠湖阳公主，帝始怒收宣，既而赦之。"《隋书·刑法制》："诏有能纠告者，没贼家产业以赏纠人。""察"，"考察，调查。"《广韵·黠韵》："察，监察也。"《正字通·宀部》："察，考也。"《论语·卫灵公》："众恶之，必察焉；众好之，必察焉。"《新唐书·百官志三》："监察御史十五人，正八品下，掌分察百寮。"《元史·食货志二》："盐吏不察民瘼。"

"纠察"的动词义项用例如，《后汉书·窦宪传》："昔永平中，常令阴党、阴博、邓迭三人更相纠察，故诸豪戚莫敢犯法者。"由于社会政治经济发展的需要，宋代开始"纠察"逐渐固定为一种官职，是一个专有名词。如《宋史·真宗本纪二》卷七："丁巳，置纠察在京刑狱司。"从"纠察在京刑狱"到"置纠察在京刑狱司"，"纠察"从动词义，演变成表示执行这一动作意义的人或者部门，这是词义转喻引申的结果。再如《宋史·职官志三》卷一百六十三："大中祥符二年，置纠察刑狱司，纠察官二人，以两制以上充。"此例中"纠察"作名词分别修饰"刑狱司"和"官"组成偏正式复合词。且后面的中心语可以省略，就形成了名词"纠察"，如《宋史·仪卫志五》："次左右清道率府副率各三人，仗内检校并纠察，各一人骑从。"

但是《大词典》关于"纠察"条只收列如下两个义项：①"举发督察"；②在群众活动中维持秩序。亦指维持秩序的人。所以《大词典》应补收"纠察"的"官署名称"义。

【举哀】

文靖乃请治丧皇仪殿，太后与帝举哀后苑，百官奉灵车由西华门以出，用一品礼殡洪福寺。(《邵氏闻见录》卷六)

按：此处"举哀"义为"全部哀悼"，因为"举"有"皆；全"的意思。例如"举国上下""举世闻名"，再如《大词典》里"举"的例证：《左传·哀公六年》："僖子不对而泣曰：'君举不信群臣乎？'"《孟子·梁惠王下》："百姓闻王钟鼓之声，管钥之音，举疾首蹙頞而相告。"焦循正义："举，犹皆也。"宋·苏轼《乞罢登莱榷盐状》："若不配卖，即一二年间举为粪土。"

《大词典》释"举哀"为"指高声号哭以哀悼。"举例为《东观汉记·陈龟传》："陈龟为五原太守，后卒，西域胡夷，并凉民庶，咸为举哀，吊祭其墓。"元·宫天挺《范张鸡黍》第二折："老夫正抚古树盘桓片时，则听的草堂上贤士举哀。"《初刻拍案惊奇》卷十二："大家举哀了一场，将一杯水酒浇奠了，停柩在家。"

《大词典》释"哀"即"高声号哭以哀悼"的意思。而"举"没有解释。其"全，皆"的义项并不显现。并且《大词典》对"举哀"的词例义项全部都是"高声号哭以哀悼"的意思。且该义项在其他历史文献出现的频率也非常高。如北宋·王钦若等《册府元龟》卷七百十一："源干曜为太子少傅安阳郡公薨赠幽州大都督帝于洛城南门举哀深悼惜之。"明·杨尔增《两晋秘史》第六十五回："惠帝食之，中毒而崩，时年四十八岁，在位十七年。百官举哀发丧，葬于太阳陵。"

另外"举哀"还有"办理丧事"的意思。"举"有"办理"的意思。例如宋·范仲淹《窦谏议录》："贫困者有丧不能自举，公为出金塟之。"清·方苞的《与徐司空蝶园书》："夫备灾宜豫，非仓卒所能举。"故"举哀"义为"办理丧事"即"戴孝"。该义项在其他历史文献出现的频率也很高，例如《三国志·吴书·周瑜传》："瑜还江陵为行装，而道于马丘病卒，时年三十六。权素服举哀。"六朝《全刘宋文》卷五十六："若本亲有惨，举哀之仪，宜仰则太后。"唐温大雅《大唐创业起居注》卷三："于是隋主崩问至，帝乃率文武群贤僚佐，从少帝举哀于大兴后殿。"宋·王钦若等《册府元龟》卷一百九十五："明帝太始三年二月为战亡将士举哀。"明·杨尔增《两晋秘史》第一十二回："却说武帝既崩，杨骏与大臣举哀发丧。"故《大词典》理应将"指高声号哭以哀悼"改为"全部哀悼"更为全面。且根据综上所述，"举哀"还有"办理丧事，戴孝"的含义，《大词典》应该补收。

【窨】

"岂有一国大臣拜一国大臣之礼！事至于此，惟有一死耳，何相窨拜耶！竟不屈。"（《湖海新闻夷坚续志》前集卷一）

按：此句中"窨"谓"逼迫、强迫"之义。从句义中亦可知"不屈相拜"的气节，与"尴尬、难为情"义无关。参照全文及《说文·穴部》中对"窨"的释义，此处解释为"逼迫"更妥。此义项为《大词典》所漏释。"窨"在《说文·穴部》中有释为"窨，迫也。"《大词典》中的释义着重强调"窨"的"困迫"这一义项，以及这一义项隐喻引申出的引申义如"穷困""匮乏""尴尬"等。亦可能受古人释义影响，如《诗经·小雅·正月》："终其永怀，又窨阴雨。"毛传："窨，困也。"但"窨"的"逼迫"义早在西汉就有用例，如刘向《战国策》："秦、楚挟韩以窘魏，魏失不敢东，是齐孤也。"再如唐·杜佑《通典》："高祖窘平城之围，文帝屈供奉之耻。"宋·李昉《太平广记》："男子不能自励，窘辱如此，复何为容？"故《大词典》应考虑对词条"窘"义项的补充。

【可取】

美盛言江南可取，帝大言谕彬曰："所谓大将者，能斩出位犯分之副将，则不难矣。"（《邵氏闻见录》卷一）

《大词典》释"可取"为："可以选用、取用；值得学习或赞许。"

按："可取"尚有"可以攻取"之义，一般用于军事中。此义在文献中的其他用例有：战国·吕不韦《吕氏春秋·先己》："问于伊尹曰：'欲取天下，若何？'伊尹对曰：'欲取天下，天下不可取；可取，身将先取。'"西汉·刘向《战国策·齐策二》："计者，不如按兵勿出。齐必缓，缓必复与燕战。战而胜，兵罢弊，赵可取唐、曲逆；战而不胜，命县于赵。"晋·陈寿《三国志·魏书》卷二十八："惟会亦以为蜀可取，豫共筹度地形，考论事势。"明·罗贯中《三国演义》第五十一回："甘宁曰：'都督未可造次。今曹仁令曹洪据守彝陵，为掎角之势；某愿以精兵三千，径取彝陵，都督然后可取南郡。'"明·冯梦龙《东周列国志》第四十八回："康公又问士会：'魏可取否？'寿余以目盼士会，且蹑其足。"故"可取"尚有"可以攻取"之义，《大词典》理应补收。

【利益】

因观二公之言，其利甚博，又思世有不为利益后嗣计者，顾以惨刻为术，求媚于时，鸣呼，哀哉！（《野客丛书·利益后嗣》卷二十五）

按：《大词典》收录了"利益"的两个义项即①好处；②原为佛教语。指利生益世的功德。这两个义项均将"利益"解释为名词，用来解释该句略有不妥。"利"有"有利；对……有利"之义，《国语·晋语》："为仁者，爱亲之谓仁；为国者，利国之谓仁。""益"有"有益"之义，《论语·季氏》："益者三友。"因此，利益还可以解释为"有利于；有益于"，该义项在其他文献中的用例，如：《孟子·梁惠王章句上》："言惠王今问我曰何以利益我国，则为王之大夫必问我曰何以利益我家，为大夫既欲利益其家，则为王之士庶人亦必问我曰何以利益我身。"北魏·佛陀扇多《银色女经》："二仙报言：'摩那婆！我等皆为利益众生，故在此林，行于苦行，作种种事。'彼复语言：'我于今者，亦为利益一切众生，故来至此，欲作苦行。'"唐·实叉难陀《地藏菩萨本愿经》："定自在王白佛言：'世尊，愿不有虑。我等百千万亿菩萨摩诃萨，必能承佛威神广演是经，于阎浮提利益众生。'"五代·佚名《敦煌变文·惠远外传》："广度愚迷，宣扬圣教，文词灿烂，域内无双，利益众生，莫知其数。长于苦海，如作法船，结大果因，渡人生死。"《旧唐书·张廷珪传》："伏惟陛下慎之重之，思菩萨之行为利益一切众生，应如是布施，则其福德若南西北方四维上下虚空不可思量。"明·冯梦龙《喻世明言》卷三十七："长老又把手来摸着这小儿的头，说道：'无灾无难，利益双亲，道源不替。'只见这小儿便不哭了。众人惊异，说道：'何曾见这些异事？真是活佛超度！'"清·方汝浩《东度记》第十九回："老和尚合掌称谢，说道：'老僧也是神游奇遇，望明府把这百千万亿大善小善、大恶小恶赐教，何者为大，何者为小，何者一善解得百恶，何者一恶坏了千善，怎的叫做有心无心，怎的叫做他人自己，明分细剖，不独老僧受教，且利益众生。'"蔡东潘《明史演义》第七十回："只是实心办事的官吏，往往利益下民，触忤当道，其时秉政大臣，如资望最崇的徐阁老，与郭朴、高拱未协，屡有争议，又严抑中官，以致宵小侧目，他遂引疾乞归。"《大词典》仅收录"利益"两个义项，漏收了第三个义项"有利于；有益于"，应当补录。

【露立】

昨夜朕忽闻微雷，因起，露立于庭，仰天百拜以祷。(《涑水记闻》卷八)

按：此处"露立"为"暴露（地站立）于"之义。《玉篇·雨部》："露，见也。""露"为"显露；暴露"义，如《礼记·孔子闲居》："地载神气，神气风霆，风霆流形，庶物露生。"孔颖达疏："言众物感此神气风霆之形，露见而生。"《汉书·扬雄传下》："今乐远出以露威尔。"颜师古注："露谓显暴不深固。"唐·韩愈《石鼓歌》："剜苔剔藓露节角，安置妥帖平不颇。""立"为"站立"义，如《尚书·顾命》："一人冕执刘立于东堂。"《左传·成公二年》："綦毋张丧车，从韩厥曰：'请寓乘！'从左右，皆肘之，使立于后。"《史记·项羽本纪》："哙遂入，披帷西向立。""露立"为前一语素修饰后一语素的偏正式复合词，"露立"的"暴露地站立于"之义在其他文献中也有用例，如唐·李吉甫《元和郡县图志》卷十："登封之夕，凝氛昏晦，迅风激烈，皇帝出齐宫，露立以请，及明清霁，旗幡不摇。"宋·黎靖德《朱子语类》卷九十一："古人屋檐作'室'。无廊庑。三公露立于槐下，九卿露立于棘下。当其朝会，有雨则止。"清·丁治棠《仕隐斋涉笔》卷六："雨后探访，言此村屋瓦庐茅，被风卷尽，大小男妇，露立雨中，衣物水淋，无一干者。"佚名《上古秘史》第一百四十八回："这时夜色已深，四野昏沉如墨，众人露立长久，都有倦意。"《大词典》仅释"露立谓无居处"，释义不全，应补收义项"暴露地站立着"。

【落职】

及贼退，朝廷责罕奏章稀少，黜监信州税，仲简落职知筠州。(《涑水记闻》卷十三)

按：此处"落职"为"降职"之义。"落"有"坠；使下降"义，如南朝梁·刘勰《文心雕龙·檄移》："摧压鲸鲵，抵落蜂虿。"明·唐顺之《咨总督御史胡》："骁贼四人升楼顶而望，一铅丸落其一人。余贼滚溜而下。"《广雅·释诂四》："职，业也。""职"有"职位，亦指任职的处所"义，如《孟子·公孙丑上》："莫如贵德而尊士，贤者在位，能者在职。"清·顾炎武《菰中随笔》："宋文帝性仁厚恭俭，勤于为政，守法而不峻，容物而不弛，百官皆久于其职。""落职"为动宾式复合词，"落职"的"降职"之义在其他文献中也有用例，如《宋史》卷四百九："忠恕自知不为时所容，力请外补，遂以直秘阁知赣州。抵郡才两月，言者指为朋比，落职，降两官，罢。"明·蒋一葵《尧山堂外纪》卷九十四："苞苴既入矣，越数日，刘瑾事败伏诛，太守亦以钻刺落职。"清·何刚德《春明梦录》卷上："宋制军（璟）魄力薄弱，遇事推让，遂至马江一战，全军歼焉，张被劾落职。"蔡东藩《后汉演义》第五十七回："曹节等又嘱颖追劾刘猛，摭拾他罪；猛因此落职，罚作左校刑徒。"《大词典》仅释"落职"为"罢官"，释义不全，应补收义项"降职"。

【诮让】

质颇诮让太祖，且不肯拜。(《涑水记闻》卷一)

按：此例"诮让"为"责备；不满"之义。"诮"有"责备"义，如唐·柳宗元《佩韦赋》："蔺疏颜以诮秦兮，入降廉犹臣仆。""让"有"责备""责问"义，如《南史·刘劭传》："多有过失，屡为上所让，忧惧，乃与劭共为巫蛊。""诮让"的"责备"之义在其他文献中也有用例，如《汉书·石万君传》："有过失不诮让，为便坐对案不食。"《后汉书·袁绍刘表列传》："蛮夷戎狄将有诮让之言，况我族类，而不痛心邪！"清·蒲松龄《聊斋志异》："三日乃来，复求药。生恨其迟，词多诮让。"《大词典》释"诮让"为"责问"，又释"责问"为"责备；诘责究问"。而释"责备"为"以尽善尽美要求人"与"批评；指责"两个义项，可见"责问"与"责备"之词义是有区别的,《大词典》仅释"诮让"为"责问"不妥,还应收入"责备"义。且用例"质颇诮让太祖"一句,从语义上看,宰相范质不大可能是"责问"太祖,而应该是词义程度稍轻的"责备,不满"义,且从语法上看,例中"颇"为程度副词,后面不能修饰言说动词"责问",却能够修饰心理动词"责备"以及具有形容词性的"不满"。故"诮让"一词应列二义,一为"责问",二为"责备,不满"。

【倾】

于是巫之言犹行,举世倾信,然则圣俞亦不贤且有罪当死矣!(《湖海新闻夷坚续志》)

按:此句中"倾"一词,义为"全部;都"义。该义项为《大词典》所漏收。"倾",《说文·人部》:"倾,仄也。从人,以顷,顷亦声。"《广雅·释诂二》:"倾,衺也。"《广韵·清韵》:"倾,侧也。"即为"侧;斜"义,如见《列子·汤问》:"怒而触不周之山,折天柱,绝地维,故天倾西北。"

《大词典》收入了"倾"的"倾斜""倒下""行为不正""竭尽""胜过""损伤"等十五个义项,虽较为全面,但却漏释了"倾"常用的两个义项:"全部、全""依、倚"。

(1)"全部、全"。该义项是由《大词典》所释的"尽、竭尽"义项引申而来的,该义项在历代文献典籍中多有用例,如《文选·孙楚〈征西官送于陟阳侯作〉》:"倾城远追送,饯我千里道。"李善注:"倾,犹尽也。"唐·王维《新晴晚望》:"农月无闲人,倾家事南亩。"

(2)"倾斜"义。如《老子》第二章:"长短相形,高下相倾。"《后汉书·朱穆传》:"彼与草木俱朽,此与金石相倾。"

《大词典》所释的"把东西倒出来"义,引申出"尽;竭尽"义,但《大词典》对此义项所用的释语不周,应为"倾尽"。因为"把东西倒出""倒"的宾语偏重于"物",如《韩非子·外储说右下》:"今简公之以法禁其父久矣。而田成桓倾圃池而示渴民也。"唐·杜甫《追酬故高蜀州人日见寄》:"欲倾东海洗乾坤。"但在现实语用中"倒"的宾语亦有指向人的。

【求婚】

时晏元献公为相,求婚于文正。文正曰:"公之女若嫁官人,某不敢知。必求国士,无如富某者。"元献一见公,大爱重之,遂议婚。(《邵氏

闻见录》卷九)

《大词典》释"求婚"为:"男女中的一方请求对方与己结婚。"

按:此处"求婚"应该为:"请求赐婚,求亲"的意思。"求"有"请求给予"义,例如《周易·蒙》:"匪我求童蒙,童蒙求我。"《新唐书·马璘传》:"入朝,求宰相,以检校左仆射知省事,进扶风郡王。""求婚"在这里是请求长辈嫁女儿于自己。该义项在历史其他文献中出现的频率也非常高,例如《左传·昭公五年》:"若其未有,君亦图之。晋之事君,臣曰可矣:求诸侯而麇至;求婚而荐女,君亲送之,上卿及上大夫致之。犹欲耻之,君其亦有备矣。"《三国志·魏书》卷二十二:"曹爽辅政,使夏侯玄宣指,欲引臻入守尚书令,及为弟求婚,皆不许。"唐·杜佑《通典》卷一百九十七:"遣使求婚,开皇中,帝妻以宗女安义公主。帝欲离闲北狄,故特厚礼,遣牛弘、苏威、斛律孝卿相继为使,突厥前后使入朝三百七十辈。"明·罗贯中《三国演义》第七十七回:"忽有人自荆州来,言东吴求婚于关公,关公力拒之。"清·杜刚《南朝秘史》第三回:"佥期已有允意,恰值其时,桓玄亦遣使来为其子升求婚。升字麟儿,少在江陵,曾与荆生同学,才貌风流,彼此相仿。"故《大词典》理应收录该词"求亲"的义项。

【塞道】

此皆疾吏之风,悲痛之辞也!故天下之患,莫深于狱;败法乱正,离亲塞道,莫甚乎治狱之吏。(《野客丛书·汉狱吏不恤》卷十二)

按:《大词典》收录了"塞道"之"边塞要道"义,引北魏·郦道元《水经注·河水三》:"阙口有城,跨山结局。谓之高阙戍。自古迄今,常置重捍,以防塞道。"仅一个例子,且该义项解释用在此条中略有不妥。"塞"有"蔽,遮掩"之义,如:《说文·土部》:"塞,隔也。"《玉篇·土部》:"塞,蔽也。"《荀子·大略》:"故塞而避所短,移而从所仕,疏知而不法,察辨而操僻,勇果而亡礼,君子之所憎恶也。""道"有"道德;道义"之义,如:《大戴礼记·文王官人》:"素动人以言,涉物而不终;问则不对,详为不穷;色示有余;有道而自顺用之,物穷则为深。"故"塞道"还有"不明道义"之义,如《吕氏春秋·有度》:"恶欲喜怒哀乐,六者累德者也。智能去就取舍,六者塞道者也。"另,从所收集的语料来看,"塞道"还有第三个义项即"堵塞道路",如《管子·大匡》:"鲍叔乃告小白曰:'夫国之疑二三子,莫忍老臣。事之未济也,老臣是以塞道。'鲍叔乃誓曰:'事之济也,听我令;事之不济也,免公子者为上，死者为下，吾以五乘之实距路。'"宋·洪迈《夷坚志·丙志》："宣和七年正月望夜、京师太一宫张灯，观者塞道，二人坠于池。宫卒急拯之，不肯上，肆言如狂。道众施符敕百端，皆弗効。"明·孙允中《云中纪变》："次日黎明，我师西南二路集城下，斩关而入，杀伤者塞道，财产劫掠一空。"清·夏敬渠《野叟曝言》第一百一十回："须臾，天已微明，素臣带着金砚竟望府前而来，只见拦街塞道，俱拥满百姓。"

【审细】

敌以四夷为外，诸侯为内，而不知平以四夷、诸侯皆为外，而以亲附百姓为内也。此盖一时引用，不审细故耳。(《野客丛书·何敞引陈平语》卷二)

文帝虽天资仁厚，然失于轻信，赏罚之命，往往出于一时，而不加审细，所以当时之人卒能救止，不至丽于有过之地。(《野客丛书·文帝轻信》卷十四)

按：《大词典》收录了"审细"的一个义项即"详细、仔细"，引南朝宋·刘义庆《世说新语·赏誉》"谢公云：刘尹语审细"等四个例子，该义项可用来解释《野客丛书》的第一个例子，但解释第二个例子略有不妥，"审"有"审查；审核"之义，如《大戴礼记·本命》："是故，审伦而明其别，谓之知，所以正夫德者。""细"有"详细；仔细"之义，如《齐民要术·卷八》："治小麦，细磨为面，以水拌而蒸之。"故"审细"还有"仔细审核、详细核查"之义，《大词典》失收了该义项，此义在其他文献中也有许多用例，如后蜀·何光远《鉴诫录》卷二："僧因报臣警戒，遂省其非。寻便还钱，改正公事，其神人果又报僧曰：'薛公名字在宰相夹中。'臣自后不敢欺公，每事审细，大凡公事，岂宜造次而行。"唐·吴兢《贞观政要·赦令第三十二》："贞观十年，太宗谓侍臣曰：'国家法令，惟须简约，不可一罪作数种条。格式既多，官人不能尽记，更生奸诈，若欲出罪即引轻条，若欲入罪即引重条。数变法者，实不益道理，宜令审细，毋使互文。'"南宋·普济《五灯会元》卷十三："临行又问：'百年后忽有人问，还邈得师真否，如何祇对？'岩良久，曰：'只这是。'师沈吟，岩曰：'价阇黎承当个事，大须审细。'"因此，《大词典》释义不全，应补录该义项。

【疏引】

若疏引大河水，得至渑池县境，导之入谷水，委实利便可行。(《涑水记闻》卷十五)

按：此处"疏引"为"开浚引导"之义。"疏"有"开浚；开通"义，如《国语·周语下》："夫天地成而聚于高，归物于下。疏为川谷，以导其气。"韦昭注："疏，通也。"《左传·成公十六年》："塞井夷灶，陈于军中，而疏行首。"杜预注："疏行首者，当陈前决开营垒为战道。"宋·孔平仲《夏旱》诗："安得疏江拥三峡，余波末流灌百城。"《清史稿·怡贤亲王允祥传》："仍疏赵北、苑家二口以防冲决。"《集韵·准韵》："引，导也。"《集韵·准韵》："引，导也。""引"有"导引，带领"义，如《诗经·大雅·行苇》："黄耇台背，以引以翼。"郑玄笺："以礼引之，以礼翼之；在前曰引，在旁曰翼。"《史记·项羽本纪》："项羽引兵西屠咸阳。""疏引"为两个动词语素并列而成，"疏引"的"开浚引导"之义在其他文献中也有用例，如《宋史》卷三百三十一："逾年，知庆州。州据险高，患无水，盖尝疏引涧谷汲城中，未几复绝。"清·法式善《陶庐杂录》卷五："而萑苇弥望，尽旷废之。议兴水利，垦辟疏引，如南人圩田之制。"《清史稿》卷一百二十九："滚水坝工程应即兴办。其修堤及疏引河，应于本年秋后部署，来年二月兴工。"《大词典》释"疏引"："①断断续续地叫。②旧时募捐簿前的简短的说明文字。从所收义项看，不能解释上文之"疏引"例句，故释义不全，应补收义项。③开浚引导。"

【违法】

适江东漕张琬有违法事，帝语主欲遣官按治，以帝意告都检正俞充。充与琬善，以书告琬。（《邵氏闻见录》卷十三）

按：此处"违法"是"违犯法规"。《大词典》收且仅收该条义项，经研究发现，"违法"在古代还有"不遵守常规道理"的意思。《大词典》释"法"为"常规，常理"。举例为《孙子·军争》："倍道兼行，百里而争利，则擒三将军。劲者先，罢者后，其法十一而至。"宋·辛弃疾《议练民兵守淮疏》："窃计两淮户口不减二十万，聚之使来，法当半至，犹不减十万。"而"违"即"不遵守，违背"。故"违法"有"不遵守常规常理"的意思。该义项在历史文献中也有出现，例如《左传·昭二十六年》："规求无度。又规避违法，以方为圆也。"《大藏经》第二卷："彼如是问。我如是答。为顺诸法说耶。得无谤世尊耶。为顺法耶。为违法耶。无令他来难诘。"净空法师《阿难问事佛吉凶经讲义》："违法失理，其罪莫大，罪福有证，可不慎耶。""违法失理"中的"法"同"理"，狭义的来说，是佛的教法、佛陀的教学，广义上讲"法"和

"理"是道理、常理。故《大词典》应该补收其"违背常理"的义项。

【相偶】

我天女也，受命而来，与君相偶。(《湖海新闻夷坚续志》前集卷一)

按：此处"相偶"一词，词义为常用义："男女婚配。""相"本义为"看；观察"，后引申为"辅助；选择"。如郑玄注："相，犹择也。""偶"意为"婚配；同伴；对等；等同；遇见；迎合"。《大词典》释"相偶"为"男女婚配；成对；共处、在一起；相对"。但纵观"相偶"的用例，《大词典》存在着漏释的问题。

漏收义项是"对等、等同"，如《尔雅·释鱼》："鲤、鳣二字相偶，无二名。"用《大词典》所释的四个义项核以此例，亦不可通，再者"偶"亦有"对等、等同"之意。《大词典》可考虑补释这些词义。

【谢绝】

兵火后，忽谢绝妻子，剪发为僧。(《癸辛杂识续集下·吴生坐亡》)

按：《大词典》释"谢绝"为："婉言拒绝或推辞。"而"谢绝"尚有"离开；舍弃"义。《说文·言部》："谢，辞去也。"《说文·糸部》："绝，断丝也。"又《释名·释言语》："绝，截也。"王先谦疏证补王先慎曰："绝之本义为丝之断，引申为凡割断之通称。"故"谢绝"可理解为"离开、舍弃"之义。该词在其他文献中的用例有，如《全唐文》卷七百七十五："衣食不求于外，药物自有其资，乃可谢绝尘间。"意谓不求于外间世界，自然可以离开尘世再创自己的小天地。明·冯梦龙《警世通言》卷四十："身外有身，脱质成仙，超凡入圣，谢绝尘世，以归三岛，故曰神仙。"其于清的用例夥多，仅举两例。明·抱瓮老人《今古奇观》卷八："自此之后，秋公日饵百花，渐渐习惯，遂谢绝了烟火之物。"清·吴趼人《二十年目睹之怪现状》第一回："一阵的心如死灰，便生了个谢绝人世的念头。"韦千里《千里命稿》之三："清静无为。孑然一向。鲜淑堪言。然以后甲子乙丑。水木之乡。亦不过谢绝红尘。"以上诸例若用《大词典》释义之"婉言拒绝或推辞"难免牵强，概其语境中均有意已决之态度，故释为"离开；舍弃"较妥。《大词典》当补收该义项。

【修】

苏颋，神龙中给事中，并修弘文馆学士，转中书舍人。(《大唐新语》卷一)

按：此处"修"，为"担任，任职"之义。"修"有"实行，从事某种活动"之义。《国语·晋语五》:"晋为盟主,而不修天罚,将惧及焉。"韦昭注:"修,行也。"又《汉书·食货志》:"鸡豚狗彘毋失其时,女修蚕织,则五十可以衣帛,七十可以食肉。"从"从事某种活动"可引申为"担任,任职"之义,这意义在较早的文献中即有用例,如《左传·昭公二十六年》:"周其有髭王,亦克能修其职,诸侯服享,二世共职。"《周礼·天宫》卷三:"各修乃职,考乃法,待乃事,以听王命。"《大词典》收列"修饰;装饰"等23个义项。未收"担任、任职"一义,当补收。

【宴饯】

将行,特命三省以上赴琼林苑宴饯,复赐御诗送行。(《渑水燕谈录·名臣》卷二)

按:结合引文的语境,此处"宴饯"解释为"设宴送行"更为恰切,"宴饯"在《大词典》中的义项只有一个,即"设宴招待",这两种释义在语义上有一定程度的重合,但是我们可通过考证二者的内部语义和客观语言事实来探讨是否有区分的必要。首先看语素义,"宴","酒食;筵席"。如:设宴;盛宴;国宴。《左传·召公九年》:"君彻宴乐,学人舍业,为疾故也。"《北史·韦师传》:"上召师与左仆射高颎,上柱国韩擒等于卧内赐宴。"唐·杜甫《百京赋奉先县泳怀五百字》:"赐洛皆长缨,与宴非短褐。"二者对这个义素的解释是一致的,再看另一个"饯","用酒食送行。"如:饯行;饯别。《尔雅·释诂上》:"饯,进也。"郝懿行义疏:"按:饯为送行,行有进意,送而饮之酒,亦所以进之也。"《玉篇·食部》:"饯,送行设宴也。"《诗经·邶风·泉水》:"出宿于沛,饮饯于祢。"毛传:"祖而舍軷,饮酒于其侧曰饯。"陆德明释文:"送行饮酒谓之饯。"《聊斋志异·崂山道士》:"今宵最乐,然不胜酒力矣。其饯我于月宫可乎?"

通过查阅史料,与酒食相关的"饯"只表示"送行",到底在解释整个词义的时候,语素"饯"的意义是否应该被忽略,还要对历代的语料进行考察。明·抱瓮老人《今古奇观》卷三十七:"次日开宴饯行,邀请郡中门生、故吏、各官与一时名士毕集,俱来奉陪崔县尉。"明·冯梦龙《东周列国志》第一百七十回:"临发之日,太子丹与相厚宾客知其事者,俱白衣素冠,送至易水之上,设宴饯行。"曹绣君《古今情海》卷十一:"周仲宏回江南时,樊事真在齐化门外为他设宴饯行。"以上用例都比较晚出,不管是"开宴饯行"还是"设宴饯行",从认知层面上分析,"开宴"或"设宴"与"践行"这两个概念图式使人们通过实践经验建立起认知联系，而"宴饯"就是由前两个图式融合成的一个完整图式。从历时的角度看，我们并没有充分的语料来证明"宴饯"是由"开宴饯行"或"设宴饯行"在高频率的使用过程中演变凝结而成的，通过以上论述至少可以说明"饯"的语素义对"宴饯"这个词的语义形成有重要作用。

《艺文类聚》卷二十九引南朝梁简文帝《饯别诗》："行乐南北皮，宴饯临华池。"此处"宴饯"出自一首《饯别诗》，如《渑水燕谈录》的引文一样，在一个送行、送别的情景语境中，与语素"饯"的意义"设酒食送行"一致，这是古代的一种礼仪。表示"设宴送行"之义的用例颇多，如《梁书·萧子显传》卷二十五："时中庶子谢嘏出守建安，于宣猷堂宴饯，并召时才赋诗，同用十五剧韵，恺诗先就，其辞又美。"《宋史·种放列传》卷四百五十七："将行，又迁起居舍人，命馆阁官宴饯于琼林苑，上赐七言诗三章，在席皆赋。"《旧唐书·宣宗本纪》卷十八下："八月，以门下侍郎……同平章事，兼扬州大都督府长史，充淮南节度副大使、知节度使事。宣宗宴饯，赋诗以赐之。"我们认为在有明确送行、饯别的语言环境中的"宴饯"，在诠释词义时没有理由省去语素"饯"的意义，而以"设宴招待"一笔带过。辞典释义必须精确地反映语义的模糊，同时也不允许有任何一点释义者另加的模糊。所以在这一类语料的基础上，可归纳建立"设宴送行"这个义项。

当然，也存在相当一部分文例，"宴饯"并不表示"送行"，如《新唐书·后妃传上·杨贵妃》："初，安禄山有边功，帝宠之，诏与诸姨约为兄弟，而禄山母事妃，来朝，必宴饯结欢。"宋·乐史《杨太真外传》："又命杨铦以下，约禄山为兄弟姊妹，往来必相宴饯。"此处"宴饯"用《大词典》所列的义项"设宴招待"解释很恰当。综上所述，《大词典》对"宴饯"的释义存在疏漏，应补充完整如下：宴饯①设宴招待；②设宴送行。

【隐晦】

洪宣垂老，隐晦不仕。(《湖海新闻夷坚续志》)

按：该句中"隐晦"一词，谓"退隐不仕"之义。《大词典》对该词的释义不周，漏释了"退隐不仕"这个义项，只解释为"说话，写文章的意思曲折不明显"。语素"隐"与"晦"均有[+隐居]、[+隐藏]义素，而《大词典》仅强调了"隐"和"晦"的[+精微]、[+暗隐]义素。

"隐"，《说文·阜部》："隐，蔽也。"杜预注："隐之本义盖谓隔日不相见。引申为凡隐蔽之称。"《玉篇·阜部》:"隐,不见也,匿也。"《广韵·隐韵》:"隐藏也。"晋·潘岳《射雉赋》:"闪降丘以驰敌,虽形隐而草动。"亦有"隐居"义,后引申为"隐士",如《周易·坤》:"天地变化,草木蕃;天地闭,贤人隐。"孔颖达疏:"天地否闭,贤人潜隐。"《宋书·隐逸传·周续之》:"入庐山事沙门释慧远,时彭城刘遗氏循迹庐山,陶渊明亦不应征命,谓之寻阳三隐。"

"晦",《说文·日部》:"晦,月尽也。"即指"农历每月的最后一天"。《左传·成公十六年》:"陈不违晦。"杜预注:"晦,月尽,阳之尽。"后引申为"日暮;昏暗"义,由此义又引申出"隐藏"义,《隋书·高祖纪》:"高祖甚惧,深自晦匿。"后又引申出"不仕"义,如宋·王禹偁《四皓庙碑》:"周公,圣人之用者;先生,圣人之晦者,但时异而迹殊耳。"而《大词典》只强调了"晦"的"精微、暗隐"义,如《史通·内篇·叙事》:"章句之言,有显有晦。"杜预注:"晦,亦微也,谓约言以纪事,事叙而文微。"当"晦"与"隐"组合时,"退隐不仕"的义项更突出。

"隐晦"为"退隐不仕"义时的用例,在历代典籍文献中多有出现,如唐·钱起《巨鱼纵大壑》:"倾危嗟幕燕,隐晦诮泥龟。"宋·李昉《太平广记》卷一百五十:"遂出家,住太行山四十年,戒行精苦,往往言人将来之事。初若隐晦。"宋·黎靖德编《朱子语类》卷一百三十七:"张子房近黄老,而隐晦不露。诸葛孔明近申韩。"《元史》卷三十一:"二十八年,复诏求隐晦之士,俾有司具以名闻。"及卷五十八:"今圣天子选用贤良,一新时政,虽前日隐晦之人,亦将出而仕矣。"综上所述,《大词典》应考虑补释"隐晦"的"退隐不仕"义。

【迎合】
曾布时以著作佐郎编敕,巧黠善迎合荆公意,公悦之。(《邵氏闻见录》卷十三)

《大词典》释"迎合"为:①约期会合。②谓揣摩他人意旨而投其所好。

按:此处"迎合"为"谓揣摩他人意旨而投其所好",义为曾布善于揣摩荆公而取悦他。但是"迎合"除本书义项和"约期会合"外还有"符合时局,随大流"的意思。《大词典》释"合"为"符合;适合"。如《孙子·九地》:"合于利而动,不合于利而止。"《新唐书·沈传师传》:"慎重刑法,每断狱,召幕府平处,轻重尽合乃论决。"宋·王安石

《范增》诗之二："谁合军中称亚父,直须推让外黄儿。"明·凌蒙初《初刻拍案惊奇》卷二:"及问他宫中旧事,对答来皆合。"周立波《山乡巨变》上一:"这还不是正合一句老话所说的,'有钱四十称年老,无钱六十逞英雄。'""迎合"作为"符合时局,随大流"义在历史文献中出现频率比较高,例如宋·蔡绦《铁围山丛谈》卷一:"至仁庙初始垂帘,儒臣迎合时事,年号天圣为'二人圣',明道为'日月',故后人咸祖述之。"明·沈德符《万历野获编》卷二:"其纪新郑将去,为南北科道及大小臣工所聚劾,以为皆迎合时情,而参高保徐,尤属谄媚。"清·方浚师《蕉轩随录》卷八:"呈臆断而訾典章,就其一偏一曲之见,言人人殊,考之前史,甚至有迎合时事,党护乡曲者。"故《大词典》理应收录该义项。

【影接】

仆又观之,如鹭目成而受胎,鹤影接而怀卵,鸳鸯交颈,野鹊传枝,此见《变化论》。(《野客丛书·禽经》卷二十八)

按:《大词典》收录了"影接"的一个义项即"形容迅速接应",用这一义项来解释该句略有不妥。"影",《广韵·梗韵》:"影,物之阴影也。"如《前汉纪·孝平皇帝纪》:"池阳有小人,影长尺余,或乘车马,或步行。""接",《说文·手部》:"接,交也。"徐灏注笺:"接者,相引以手之义,引申为凡交接之称。"故"接"有"交接,会合"之义,如《淮南子·原道训》:"人生而静,天之性也;感而后动,性之害也;物至而神应,知之动也;知与物接,而好憎生焉。"因此,"影接"还可解释为"影子相接",该义项在其他文献中的用例如唐·李世民《初夏》:"哢莺犹响殿,横丝正网天。佩高兰影接,绶细草纹连。"宋·陈允平《尉迟杯》:"晴丝飚暖,芳草外、斜阳自南浦。望孤帆、影接天涯,一江潮带愁去。""影子相接"该义可引申出"通过影子相接传情来结成亲好",该句中应解释为引申义,正好与上文的"目成"一词相对应,该义在其他文献中用例,如清·屈大均《广东新语》:"孕以音,或以影相接。音则以风,风之上下,其雌雄鸣必随之。鸣曰都护,声必三,三声而其精已传。精之传以风,是谓风化,亦曰风胎。凡鹤以声交,鹳以影接,而孔雀兼之,故谓孔雀与蛇交者非也。"故《大词典》该词条释义不周全。

【御戎】

王禹偁为谏官,上《御戎十策》,大旨以谓:外任人,内修德,则可以弭之。(《涑水记闻》卷三)

第五章 《汉语大词典》义项漏收研究　　299

按：此例"御戎"为"抵御敌寇"之义。《大词典》释"御"为"通'禦'。有抵御；抵抗"义，如《史记·五帝本纪》："乃流四凶族，迁于四裔，以御螭魅。"晋·陆机《辩亡论下》："强寇败绩宵遁，丧师太半，分命锐师五千，西御水军。"唐·王维《赠吴官》诗："长安客舍热如煮，无个茗糜难御暑。""戎"有"寇敌"义，如《易经·解》："负且乘，亦可丑也，自我致戎，又谁咎也。"朱熹本义："戎，古本作寇。"王国维《观堂集林·鬼方昆夷獫狁考》："其字从戈从甲，本为兵器之总称，引申之则凡持兵器以侵盗者，亦谓之戎。""御戎"为前一语素支配后一语素的动宾式复合词，"御戎"的"抵御敌寇"之义在其他文献中也有用例，如《旧唐书·陆贽传》："备边御戎，国家之重事，理兵足食，备御之大经。"宋·黎靖德《朱子语类》卷一百三十一："钦宗闻之，令引见。力陈御戎之策，忠义慨然。上大喜，即擢知枢密院事。"《宋史》卷二百九十五："又欲训土兵代戍卒，以减边费，为御戎长久之策，皆未及施为。"《明史》卷三百三十："况中国之御戎，维在边关之有备。戎之顺逆，亦不在一寺之远近。"《大词典》释"御戎"："①驾御军车。也指为君主驾御军车的甲士。②引申为参与军事行动。"释义不全，应补收义项"抵御敌寇"。

【障面】

教坊使丁仙现舞，望仁宗御像引袖障面，若挥泪者，都人父老皆泣下。（《邵氏闻见录》卷二）

《大词典》"障面"条释义：折扇的别称。古人常用以遮蔽面孔，故称。清·钮琇《觚賸·泥无身》："吾邑盛泽卜孟硕，名舜……常于暑月，首挽高髻，身衣大红苎布袍，跣足行歌市中。所用障面，长三四尺，而袖小，盖仅方广数寸。见者皆指为狂。"

按：《大词典》对"障面"之"折扇"义的来源进行了说明，这其实就是"折扇"义的源义，应当作为"障面"的第一个义项收录，即"障面"的第一个义项应为"遮脸"。因为"障"有"遮挡、遮蔽"义，如北周·庾信《和炅法师游昆明池》之二："密菱障浴鸟，高荷没钓船。"唐·韩愈《南海神庙碑》："上雨旁风，无所盖障。""面"即"脸"，故"障面"在此文中应理解为"遮住脸"。"障面"之"折扇的别称"义是从"遮住脸"这个义项中转喻而来，折扇最早出现于我国公元5世纪的南北朝时期。唐宋时期折扇已在市井广为流行，其用途除了取风纳凉，更是文人雅士的标志和女子遮羞的装饰物件。故用"障面"的动作来转喻动作发生和完成的工具"折扇",这是词语词义引申常见的规律。表示动作义的"障面"的使用频率比"折扇"义的"障面"的使用时代更早,使用频率更高。除了《邵氏闻见录》中所见到的用例,再如北宋·李昉《太平广记》卷二百二十四:"未见间,伫立闲谈。互有谐谑。顷之丞相遽出,宋以手板障面,笑未已。"明·钟惺《夏商野史》:"雕题不见羿射,便稍放心,用盾障面,以目从盾窍中窥羿。"清·蒲松龄《聊斋志异》卷三:"女出未尝障面,村人皆见之,或少年群居,私议其美,及觌面逢之……"蔡东藩《五代史演义》:"隆演吓得魂不附体,慌忙用衣障面,嗫嚅答道:'这……这事我不敢与闻。'一面说,一面走入内室。"可见《大词典》应收录该义项。

【折阅】

解子感激,即欲分与数两,至州折阅,不过受杖,岂不胜于一死。(《湖海新闻夷坚续志》)

按:以上例中"折阅"一词,谓"数量减少"之义。《大词典》仅释该词为"商品减价销售",但众多各代文献典籍中出现"折阅"一词用例的具体语义,并非只是"商品减价销售",此释义范围窄,亦有"数量上的减少",如上例。更多用到的是"贬值"义,包括"商品贬值""货币贬值"。且"贬值的商品"并非是要"降价销售",只是陈述"贬值"这一事实。如《宋史》卷一百三十三:"其官私见在当十钱,可并作当三,以为定制。尚虑豪猾惮于折阅。"

"折",《说文·手部》:"折,断也。"即本义为"折断",引申为"减损"义,如《格物麁谈·天时》:"对三光便溺,折入年寿。"亦引申有"亏损"义,如《汉书·食货志下》:"均官有以考检厥实,用其本贾取之,令折钱。""阅"《字林》曰:"阅,其数也。"即"查点、计算"义,如《论衡·自纪》:"稻谷千钟,糠皮太半,阅钱满机,穿决出万。""折阅"一词常用作"贬值"义,①"货币贬值",如《宋史》卷三十九:"庚午,黎州蛮寇边。壬午,以会子折阅日甚,诏侍从、两省以下各疏奏所见。"句中"会子"为南宋的纸币,常简称"会"。清·赵翼《陔余丛考》:"宰执预知其事者,恐所积钱折阅,乃尽以买金银。"②"商品贬值",如宋·戴埴《鼠璞》:"虽七百六百,诸处不等,不至十分折阅,以楮稍损于开禧,自然而然也。"综上,《大词典》应补释"折阅"一词的"贬值"义。

【自发】

未几,有朝士自外方以寄遗钦若,为人所知,钦若因自发其事,太后由是解体。(《涑水记闻》卷七)

按:此处"自发"为"自我揭发"之义。"自"有"自己;亲自"义,如《诗经·小雅·节南山》:"不自为政,卒劳百姓。"《孟子·离娄上》:"人必自侮,然后人侮之;家必自毁,而后人毁之,国必自伐,而后人伐之。"唐·李商隐《东还》诗:"自有仙才自不知,十年长梦采华芝。""发"有"揭露;暴露"义,如《管子·正世》:"罪过不发,则是长淫乱而便邪僻也。"《汉书·郑当时传》:"司马安为淮阳太守,发其事,当时以此陷罪。"《南史·范泰传》:"明日送晔付廷尉,入狱,然后知为湛之所发。""自发"为主谓式复合词,"自发"的"自我揭发"之义在其他文献中也有用例,如宋·李昉《太平广记》卷三百五十二:"妇人深怪颖有此妖术,后因至切,问于颖曰:'若不白我,我必自发此事。'颖遂具述其实。"明·杨循吉《吴中往哲记》:"坐劾辽王,更得罪,当斩,会王事亦自发,乃得以前奏不缪免死。"清·王夫之《宋论》卷二:"则当日陈不误之谋于太祖而不见听,小人虽谲,不期而自发其隐,恶能掩哉?"《大词典》释"自发":"①不受外力影响而自然产生。②启发自己。③自行奋发。④亲自发动。⑤自行抒写。⑥自己提倡。⑦同'自觉'相对。指人们未认识、未掌握客观规律时的一种活动。在活动过程中,为客观必然过程所支配,往往不能预见其活动的后果。"可见,《大词典》该词条释义不全,应补收义项"自我揭发"。

【足】

愚民无知,乃以其所言为不切于时务,复以俚语足前句云:"吃了西湖水,打作一锅面。"市井小儿,嚣然诵之。(《癸辛杂识前集·真西山入朝诗》)

《大词典》释"足"为:"够得上某种程度和数量。宋·陈造《竹米行》:'今岁麦秋旱岁余,得麦仅足偿官租。'清·西清《黑龙江外记》卷五:'布特哈,无问官兵散户,身足五尺者,岁纳貂皮一张,定制也。'"

按:"足"还有"增补"之义。联系原文中的上下文,可知"吃了西湖水,打作一锅面"是对前两句"若欲百物贱,直待真直院"的补充。从《大词典》释义为"够得上某种程度和数量"显然不包括原文中的情况,对打油诗的补充,既不能算是因为有诗句数量多少的限制而进行的补充,更不能跟程度联系起来。因此,以《大词典》的释义,明显不够。其"增补"义亦于多处可见,如《释文》:"足,即且切,益也。"《广韵·遇韵》:"足,足添物也。"《慧琳音义》卷一:"足岳",注引《韵英》:"足,增益,亦假借字也。"文献中的其他用例,如《列子·杨朱》:"逃于后庭,以书足夜。"殷敬顺释文:"足,益也。"意为用读书的方式来打发夜,亦即用书来增补原本孤单的夜。汉·班固《汉书·五行志中之下》卷二十七:"左右阿谀甚众,不待臣音复谄足。"唐·释慧琳《慧琳音义》卷二十五:"复能充足。"《辞海》中亦收有"足"的该义项。因此,"足"在《大词典》中释义不全。

第三节 形容词、量词和副词的义项漏收

形容词是描写事物性质或者状态之词。就我们调查的文献来看,《大词典》对形容词的义项漏收情况比之名词和动词情况要好一些,义项漏收的形容词也要少一些,更多的是体现在双音节的形容词身上,由于构词的单音节的形容词语素有多个义项,而由它们构成的双音节形容词必然就有多个义项。《大词典》往往会忽略了其中的一些义项造成漏收。形容词的语义系统往往体现在它所修饰的事物身上,当一个形容词所修饰的对象范围比较大的时候,特别是所修饰的对象属于不同的范畴,而形容词要与修饰对象的词义进行搭配,产生和谐,其词义外延自然就要具有广阔的范围,而词义的范围超过一定的限度,我们就要将它们分成不同的义项。辞书往往会忽略一些形容词在具体语料中的修饰对象,这样,也就有可能忽略其中的一些义项。

量词和副词的义项漏收情况要好一些,从调查的情况来看,只有少数的量词和副词会发生义项漏收情况,这主要是由于这两个词类的成员本身义项就比较少,因而漏收的可能性也就较少。我们将调查中发现的形容词、量词和副词的义项漏收情况分列如下。

【惨痛】

病目,恶明,常以物帛包封乃能出,若日光所烁,则惨痛彻骨。(《涑水记闻》卷六)

按:此例"惨痛"为"悲惨疼痛"之义,形容"极度痛苦"。"惨"有"程度严重;厉害"之义,如《史记·平准书》:"长吏益惨急,而法

令明察。"《说文·疒部》:"痛,病也。""痛"义为"疼痛、疾病、创伤等引起的难受的感觉",如《易经·说卦》:"坎为水……其于人也,为加忧,为心病,为耳痛。"《汉书·灌夫传》:"蚡(田蚡)疾,一身尽痛,若有击者。"明·王守仁《传习录》卷上:"持志如心痛,一心在痛上,岂有工夫说闲话管闲事。""惨痛"为两个形容词语素并列而成,"惨痛"的"悲惨疼痛"之义在其他文献中也有用例,如前蜀·杜光庭《墉城集仙录》卷四:"夫人于肘后筒中出药一丸,大如小豆,即令服之,登时而愈,血绝疮合,无复惨痛。"宋·李昉《太平广记》卷一百一十六:"居一年而得病,恍惚惊悸,肌体坏烂,状若火疮,有细白虫,日去升余,惨痛烦毒,昼夜号叫。"陆士谔《清朝秘史》卷一百一十六:"那凌迟刑是寸割分碎的,受刑的人惨痛呼号,他老人家愈是快活,酒下的愈快。"《大词典》释"惨痛"为"悲伤沉痛",《现代汉语词典》(2012)释"惨痛"为"悲惨痛苦",又释"悲伤"为"悲痛忧伤","悲惨"为"悲苦凄惨","悲伤"和"悲惨"不同义,可见,《大词典》该词条释义不全。"惨痛"应分为两个义项①悲伤沉痛;②悲惨疼痛,形容极度痛苦。

【精严】

贯休戒行精严,求化养众。(《北梦琐言·回避一抄夏供》逸文补遗)

《大词典》释"精严"为:"①精良整齐。《南史·王玄谟传》:'玄谟之行也,众力不少,器械精严,而专仗所见,多行杀戮。'清·纪昀《阅微草堂笔记·滦阳消夏录二》:'外祖张雪峯先生,性高洁,书室中几砚精严,图史整肃。'②精细严密。宋·胡仔《苕溪渔隐丛话前集·半山老人四》:'荆公晚年,诗律尤精严,造语用字,间不容发。'清·龚自珍《己亥杂诗》之六五:'文侯端冕听高歌,少作精严故不磨。'傅専《变雅楼三十年诗徵序》:'犹恐涉乎标榜,未厌群流;或失精严,转疵竽滥。'"

按:"精严"尚可释为"精诚严格。""精"为表程度的副词,意为:"很",如《管子·心术下》:"形不正者德不来,中不精者心不治。"尹知章注:"精,诚至之谓也。"《淮南子·修务训》:"官御不厉,心意不精。"高诱注:"精,专也。"

《大词典》对"严"的释义则为:"严厉;严格。"如《易经·遁》:"君子以远小人,不恶而严。"清·陈康祺《郎潜纪闻》卷七:"当时诸将一心,战守艰苦,威德洽而纪律严,父老皆以为长城之倚。"从上引《北梦琐言》的文例可知，"精严"被用来修饰"贯休"的"戒行"，因此根据各大辞典对两单字的释义，"精严"还可释为"精诚严格"。

此义在其他文献中的用例有：宋·周去非《岭外代答》卷二："僧之黄衣者，有室家；红衣者寺居，戒律精严。道士以木叶为衣。"明·释如惺《大明高僧传》卷三："得法于静庵镇法师。天资颖悟戒行精严。"清·江顺诒《词学集成》卷六："至南渡诸家，分刌合度，律吕精严，其矩矱森然秩然。"

【通熟】

仆与刘赞犹子恧攵通熟，自言家世合有一人得道矣，即白衣叟其仿佛乎。(《北梦琐言·刘李愚甥》卷十)

《大词典》释"通熟"为："通晓熟练。北齐·颜之推《颜氏家训·省事》：'天文、书绘、棊博……如此之类，略的梗概，皆不通熟。'"

按："通熟"还可以指关系"友好熟络"。《大词典》对"通"的解释有："往来；交好。"如《左传·隐公元年》："惠公之季年，败宋师于黄。公立而求成焉。九月，及宋人盟于宿，始通也。"《汉书·季布传》："吾闻曹丘生非长者，勿与通。"清·戴名世《胡以温家传》："每上官行部至宣府，闻以温名，多欲见之，辄闭户弗与通。"《大词典》对"熟"的解释则为："深知；熟悉。"如《吕氏春秋·重己》："故有道者不察所召，而察其召之者，则甚至不可禁矣。此论不可不熟。"高诱注："熟，犹知也。"宋·苏舜钦《太子太保韩公行状》："尽熟道路夷险，道路所出。"《汉语大字典》对"熟"的释义也类似："因常见或常用而知道得清楚。如：熟人；熟路。"唐·柳宗元《断刑论》："胡不谋之人心，以熟吾道？"宋·王安石《送子思兄参惠州军》："去思今岂忘，耳目熟遗迹。"从各大辞典对"通""熟"的解释可看出，"通熟"还可以释为"友好熟络"，用来形容人际关系。正如引文所言，仆和恧攵很熟，并告诉他一个秘密，即家里有人得道。显然此例中的"通熟"不能用"通晓熟练"来解释。因此《大词典》义项不全。

此义在其他文献中的用例有：《旧唐书》卷一百六十六："言有奇士王昭、王友明二人，尝客于燕、赵间，颇与贼党通熟，可以反间而出元翼。"《唐会要》卷五十九："郢性专介，尤疾其风，既领职，拒绝请讬，虽同列通熟，无敢言者。"

【婉顺】

广引无益有损之义，文多不录，文理婉顺，与韩愈元和中上《请除

佛骨表》不异也。(《北梦琐言·再兴释教》卷一)

按：此例之"婉顺"应为"委婉"义。"文理委婉和顺"即"文辞义理委婉"。《大词典》释"婉顺"为："温顺。《汉书·元后传》：'及壮大，婉顺得妇人道。'"从《大词典》的释义和例证来看，该词的释义是正确的，因为"婉顺"是对人的描写，"温顺"恰当。但是"婉顺"如果修饰的是人以外的对象，则其义发生改变，如《北梦琐言》之例。再如南朝梁·刘勰《文心雕龙》："王逸以为诗人提耳，屈原婉顺，《离骚》之文，依《经》立义，驷虬乘，则时乘六龙；昆仑流沙，则《禹贡》敷土。"此例是说屈原的措辞比较委婉和顺。宋·黎靖德《朱子语类》卷二十七："见得孝子深爱其亲，虽当谏过之时，亦不敢伸己之直，而辞色皆婉顺也。"此例中，"辞色"也不宜说"温顺"，"辞色委婉和顺"则较为妥当。宋·洪迈《容斋随笔》卷十六："观高祖、太宗一时失言，二臣能因其所言随即规正，语意既直，于激切中有婉顺体，可谓得谏争之大义。"此例是说"在激切的言语中又有委婉和顺的风格"。明·凌蒙初《初刻拍案惊奇》卷二十五："府判见他出语婉顺，心下喜他，便问道：'你可认得襄阳赵司户么？'"此例亦表达的是"言语委婉和顺"之义。

综上所举之例，"婉顺"除了可以形容人之"温顺"，还可以形容人之言语或文章之文辞的"委婉和顺"风格。故《大词典》应该补收"婉顺"之"委婉和顺"义。

【恓惶】

徐凝诗曰："天下三分明月夜，二分明月在扬州。"其盛如此。通州不然，白乐天诗曰："通州海内恓惶地，司马人间冗长官。"(《野客丛书·唐时扬州通州》卷十五)

按：《大词典》收录了"恓惶"的两个义项，即①忙碌不安貌；②悲伤貌。用这两个义项解释该句均略有不妥。"恓"，《正字通·心部》："恓，与悽同"，有"寒冷"之义。"惶"，《说文·心部》："惶，恐也。"故此句中"恓惶"应解释为"凄凉"，此义项在其他文献中亦有用例，如《大唐三藏取经诗话·入香山寺第四》："法师思惟：此中得恁寂寞！猴行者知师意思，乃云：'我师莫讶西路寂寥，此中别是一天。前去路途，尽是虎狼蛇兔之处，逢人不语，万种恓惶。此去人烟，都是邪法。'"另从所收集的语料来看"恓惶"还有一个义项为"可怜"，该义项在文献中的用例如《旧唐书·庶人重福传》："苍生并得赦除，赤子偏加摈弃，皇天平分之道；固此乎？天下之人，闻者为臣流涕。况陛下慈念，岂不愍臣恓惶？伏望舍臣罪愆，许臣朝谒。"元·徐畹《杀狗记》第十六出："读尽文章，多少艰辛泪万行。书，为你把亲撇漾！书，为你多磨障！哈！身向破窑藏，好恓惶。冷落饥寒，苦楚难名状。一夜思量一夜长。"明·罗贯中《隋朝野史》第一百二十回："文公正气冲牛斗，被贬之时志愈强。秦狂风无怨望，蓝关遇雪实恓惶。岭鳄鱼退去彰公直，佛骨迎来诛表章。千古高风应不泯，长随明月照潮阳。"《大词典》应收录"恓惶"的第三、第四个义项。

【阴厉】

夫丧乱之间，阴厉旁作，心既疑矣，邪亦随之。关妖之说，正谓是也。(《北梦琐言·关三郎入关》卷十一)

按：《大词典》释"阴厉"为："阴沉严厉。碧野《没有花的春天》第三章：'"阿兴，你那把杀猪刀呢？"大肉瘤长工在后边紧紧拉着绳子，阴厉地低声地问。'"从《大词典》所举文献用例来看，其释义是正确的，揆之《北梦琐言》却不通畅，说明"阴厉"还有另外的意义。因为"阴"在中国古代哲学中被认为是宇宙中贯通物质和人事的两个对立面之一，跟"阳"相对。如天、火、暑是阳，地、水、寒是阴，就有"阴间""阴君""阴气""阴界"等词。而"厉"有"恶鬼"之义，如《左传·成公十年》："晋侯梦大厉，被发及地，搏膺而踊。"汉·张衡《东京赋》："尔乃卒岁大傩，殴除群厉。"《北梦琐言》文例所属"关三郎入关"这一篇中"关三郎"指的是鬼兵，据上下文义可知，"阴厉"就是指一种由阴鬼带来的气氛，即"阴森"。

"阴厉"之"阴森"义在文献中用例较多，如明·张介宾《类经》卷十五："愚按：伤寒一证，感天地阴厉之气，变态不测，最为凶候，治一有差，死生反掌。"明·徐祯卿《迪功集》卷四："光华奄薄蚀，阴厉故相乘。"清·屈大均《广东新语》卷二十五："然以类言，松似夫而柏非妇，柏得阴厉之气胜也，似妇而为血属者，其惟漆乎！"故《大词典》当补"阴厉"之"阴森"义。

【卮】

纲以饼肉之半犒士，及赐酒人一卮，而斥卖其余，欲以其钱市兵器为守御备。(《涑水记闻》卷十一)

按：此处"卮"义为"量词，相当于杯"。"卮"的名词义为"古代一种酒器"，如《汉书·高帝纪上》："上奉玉卮为太上皇寿。"颜师

第五章 《汉语大词典》义项漏收研究

古注:"卮,饮酒圆器也。"清·蒲松龄《聊斋志异·仙人岛》:"众大笑。桓怒诃之,因而自起泛卮,谢过不遑。""卮"还可以作量词,相当于"杯",前面可加数词,该义项在其他文献中也有用例,如唐·杜佑《通典》卷七十:"尚书三公郎中以令置案上,奉以先入,就席伏读讫,赐酒一卮。"宋·李昉《太平广记》卷三:"果遂举饮,尽三卮,醺然有醉色,顾谓左右曰:'此酒非佳味也。'"明·罗懋登《三宝太监西洋记》第八回:"宴罢蓬莱酒一卮,御炉香透侍臣衣。"清·张尚瑗《石里杂识》:"妪与子乃嗷然而哭,问翁葬地,不远。具二卮,酹一卮于墓,而自醮其一。"蔡东藩《前汉演义》第四十二回:"用金贿通宫中,探听明白,果然是两卮鸩酒。"另外,《大词典》收录了"卮酒"一词,释之为"杯酒",这也可以作为"卮"可以作量词的一个旁证。《大词典》释"卮"为"古代一种酒器",仅收了"卮"的名词义,应补收义项"量词,相当于杯"。

【绝】

状得绝似,但欠鸡鸣犬吠耳。(《湖海新闻夷坚续志》)

按:此句中"绝",谓"极"义。《说文·糸部》:"绝,断丝也,从系,从刀。"段玉裁注:"断之则为二,是曰绝。"《广雅·释诂一》:"绝,断也。"即本义为"断绝;不连属"。《史记·刺客列传》:"秦王惊,自引而起,袖绝。"《大词典》对"绝"之"极,最"义虽有收录,但是对"绝"的释义不全面,有所漏释。《大词典》只解释了"绝"的些许动词性和副词性的语义,漏释了其用作形容词和语气词的语义,而且对其动词和副词用法的语义解释也有所缺漏。所漏释义项如下:

(1)用作动词,"落"。《大词典》所释有"断、净尽、停止、缺乏、摒弃、远隔、竭、尽等",但漏了语义"落",该义在历代典籍文献中多用到,如《广雅·释诂三》:"绝,落也。"《楚辞·离骚》:"虽萎绝亦何伤兮,哀众芳之无岁。"王逸注:"绝,落也。"

(2)"绝"用作形容词的语义被《大词典》所漏释,为"险恶的;没有活动余地的",此语义在历代文献典籍中多有用例,如《尉缭子·天官》:"背水阵为绝地,向反阵为废军。"《孙子·九变》:"绝地无留。"贾林曰:"溪谷坎险,前无通路曰绝。"杨沫《青春之歌》:"第一部第五章:'林道静的心里渐渐充满了一种青春的喜悦,一种绝处逢生的欣幸。'"

(3)用作语气词,"罢了;了"。该语义也经常在历代文献典籍中出现，如张相《诗词曲语词汇释》卷三："绝，犹罢或了也。"元·孙仲章《勘头巾》第三回："听言绝，我则沉默默腹内忧，都做了虚飘飘心上喜。"元·杨景贤《西游记》第三本第十句："师父听得叫罢询详细，弟子见言绝说个就里。"

第六章

《汉语大词典》词语误释研究

释义是辞书所有环节中最重要的一环，释义的准确度直接影响一部辞书的质量。有这样一些释义，它们对词语的解释完全是错误的，从而形成辞书中的误释。误释是释义准确性存在问题最严重的一类，是辞书中的硬伤。也有一些释义，自身也有一定的道理，但并不准确。"辞书之为用，旨在释疑解惑。则释文须以严密、准确、恰到好处、无使太过，亦无不及为本。"[①] 如宽义窄释，限定语加得不恰当，导致义域缩小；也有窄义宽释，释义越出词语本身的含义范围，大多表现为该加限定词而未加，或所加的限定词不恰当所致。也有误释区别特征，在解释古代名物词时，编者已经注意交代事物的区别特征，可惜所释特征不正确。还有释义不完全、漏义等各种情况。根据对《大词典》的调查，我们对发现的释义问题分类列举如下。

第一节 词语整体误释

词语整体误释是指辞书对某个词的释义完全是错误的。造成误释的原因多种多样，但是许多误释是由没有依据足够的文献用例造成的，在孤证或者少数用例的情况下随文释义，导致了对词语理解的偏差，这种错误是应该加以订正的。指出《大词典》释义错误的研究成果还比较多，说明一部大型辞书，出现这样的错误也是难免的。鉴于辞书都是处于不断地修订过程之中，特别是像《大词典》这样的权威大型辞书，对这种问题应该在修订的时候加以改正。略举数例如下。

---

① 田忠侠：《辞源通考·绪论》，福建人民出版社2002年版，第6页。

【怏怅】

琪相寂寞，每临流跋石，摘树叶而试草制词，吁嗟怏怅而投于水中。（《北梦琐言·李琪书树叶》卷六）

按：此例之意为："相国李琪常感寂寞，每次来到河边踩到石头，他就摘下树叶在上面写词，然后郁闷失望地将其投入水中。""怏怅"一词为"郁闷失望"之义。此义从其前的"吁嗟"一词得到印证。"吁嗟"，《大词典》释之为"叹词，表示忧伤或有所感"，故"怏怅"一词含有"郁闷失望"义无疑。这是因为"怏"有"郁郁不乐"义，如《战国策·赵策三》："辛垣衍怏然不悦曰：'嘻，亦太甚矣先生之言也！'"唐·牟融《有感》："盛世嗟沉伏，中情怏未舒。""怅"亦有"怨望，失意"，如《楚辞·九歌》："怨公子怅忘归，君思我兮不得闲。"唐·韩愈《赠族侄》："既往怅何及？将来喜还通。"故二单音词复合之后，意义也进行了融合，表示"郁闷失望"之义。该义在历史文献中用例夥多，如宋·李昉《太平广记·李茵》卷三百五十四："逼令上马，与之前去。李甚怏怅，其夕宿逆旅，云芳复至。"此例中，行动为人所逼，心中自然是不快，郁闷失望可想而知。宋·李焘《续资治通鉴长编》卷二百二十六："明之虽辞新命，然已不赴救局，居家习进读，且择日拜职矣，忽悉罢之，怏怅而已。"此例之义是说，本已择日拜职，忽然得知被罢职，郁闷失望而已。元·王好古《阴证略例》："烦冤者，有情不能诉，有怀不能吐，故为怏怅，唯阴证阳脱而咳逆者，其状似之。"此例中"有情不能诉，有怀不能吐"更突出了"怏怅"的"郁闷"之义。清·陈朗《雪月梅》第二十六回："当即一揖而别，心中十分怏怅，遂同蒋贵回船来，一一与母亲说知。"

而《大词典》释"怏怅"为"抱歉"且只举一例，即宋·苏洵《与欧阳内翰第三书》："昨出京仓惶，遂不得一别，去后数日始知悔恨。盖一时间变出，不意遂扰乱如此，怏怅，怏怅。"该例中，"怏怅"进行了反复，将"怏怅，怏怅"解释为"抱歉，抱歉"似乎符合现代汉语的表达形式，但是《大词典》只有一个孤证，不足信。且此孤证之"怏怅"亦可解释为"郁闷失望"，即"遗憾"。苏洵原文"怏怅，怏怅"可以解释为"遗憾，遗憾"。

综上，我们认为《大词典》对"怏怅"的解释不准确，是随文释义的结果，其释义没有建立在大量文献用例综合考察的基础上。《大词典》应将"怏怅"之义改为"郁闷失望"。

【坏裂】

取其奏坏裂投地。(《涑水记闻》卷一)

按：此处"坏裂"可释为"毁坏，扯裂"。"奏"为"奏书"，此例的意思为"拿过他的奏书并将其撕裂，然后丢在地上"。"坏"有"拆毁、毁掉"义。如《左传·襄公三十一年》："子产相郑伯以如晋。晋侯以我丧故，未之见也。子产使尽坏其馆之垣，而纳车马焉。"清·孔尚任《鹧鸪天》："城连晓雨枯陵树，江带春潮坏殿基。""裂"有"扯裂"义。如《晏子春秋·杂下一》："女子而男子饰者，裂其衣，断其带。"清·俞正燮《癸巳存稿·布》："女观魏、晋、北魏、唐所行，知用布帛不便，巧伪则害人，裂匹为尺则害己，此其弊也。""坏裂"一词，"坏"和"裂"为两个并列连言词，可释为"毁坏，扯裂"，此义项在其他文献中也有用例，如三国魏·康僧铠《无量寿经》："坏裂魔网，解诸缠缚，超越声闻、缘觉之地，得空无相无愿三昧。"此例解释为"毁坏"或"扯裂"都可以。《旧五代史·周书·张沆传》："每宾僚大集，手自出题，令面前赋诗，少不如意，则坏裂抵弃。"诗歌必写于纸上或者布上，则此例之"坏裂"亦可释为"毁坏扯裂"。明·邱浚《大学衍义补》："无所是非，或依倚权势，坏裂公法，其焯然有状可指数也。""坏裂公法"亦为"毁坏公法"之义。而《大词典》释"坏裂"为"崩溃"，并举清代用例，如清·唐甄《潜书·五形》："兵刃未加，已坏裂而不可收矣。"从《大词典》所举之例看，"崩溃"似乎可以通畅，然解释为"毁坏"亦上下文通畅，而"崩溃"用于我们上文所举之例则佶曲聱牙，不可通也，所以不可仅从清代孤例来确定"坏裂"为"崩溃"的意义。且从语法来看，"坏裂"后面多带宾语，而"崩溃"为不及物动词，不能说"崩溃魔网""崩溃公法"。即使是《大词典》所举用例，"坏裂"后无宾语也只是省略的结果。故《大词典》之"坏裂"条释义不当，应予以改正。

第二节 释语范围不确

一个词语产生以后不是凝固不变的，时过境迁，词义的内涵和外延就会发生变化，这是由语言使用者观念更新引起的词义演变[①]，一部好的语

[①] 董为光：《汉语词义发展基本类型》，华中科技大学出版社2004年版。

文工具书就要尽可能及时地、客观地反映这种变化。同一个词语在长期的言语实践中指称范围扩大，也体现了语言使用的经济性原则。如果辞书没有注意这种词义范围的变化，就会造成词义宽释或者词义的窄释。如：

【恩遇】

吕文靖公奏曰："太后为先帝丧纪之数、宗庙之仪，不忍裁减，曲尽尊奉，此虽至孝之道，以臣所见，尚未足报先帝恩遇之事。……"（《渑水燕谈录·党论》卷一）

按：此处"恩遇"应释为"恩惠知遇"。"恩"，"恩惠"。《说文·心部》："恩，惠也。"《广韵·痕韵》："恩，恩泽也，惠也。"《孟子·梁惠王上》："今恩足以及禽兽，而功不至于百姓者，独何与？"《宋史·王曾传》："夫执政者，恩欲归己，怨使谁归？"清·曹雪芹《红楼梦》第十九回："贾府中从不曾作践下人，只有恩多威少的。""遇"指得志，见赏。《史记·儒林列传》："世以混浊莫能用，是以仲尼干七十余君无所遇。"《论衡·逢遇》："昔周人有仕数不遇，年老白首，泣涕于涂者。"宋·王安石《次韵酬宋玘六首》之六："更怪高材终未遇，有司何日选方闻？"

《大词典》释"恩遇"为"天子的知遇"，较早见于五代十国时期，《后汉书·贾复传》："是时列侯，唯高密、固始、胶东三侯与公卿参议国家大事，恩遇甚厚。"我们收集了相关的语言材料，经过考证，认为《大词典》的释义将客观语义缩小了。记载于同时期典籍，如《晋书·祖逖列传》卷六十二："头感逊恩遇，每叹曰：'若得此人为主，吾死无恨。'"根据"帝乃以逊为奋威将军、豫州刺史，……"文意，句中"逊"这个人物显然不是天子。这样的例子还有很多，《魏书·崔挺列传》："松柏既州之豪帅，感游恩遇，奖谕群氏，咸来归款，且以过在前政，不复自疑。"文中也很清楚地介绍了"游"的身份："纂从祖弟游，字延叔，少有风概。释褐奉朝请，稍迁太尉主簿。江州刺史陈伯之启为司马，还除奉车都尉。大都督、中山王英征义阳，引为录事参军，寻转司马。及英败于钟离，游坐徙秦州，久而得还。大将军高肇西征，引为统军，除步兵校尉，迁豫州征虏府长史；未几，除征虏将军、北赵郡太守，并有政绩。熙平末，转河东太守。"所以，此处"游"也不是天子。以下文例更是一目了然，宋·李昉《太平广记》卷二百三十四："官人见宰相了，出谢云：'若非给事恩遇，某无因得见相公。某是尚食局造包子手，不知给事宅在何处？'"明·凌蒙初《二刻拍案惊奇》卷七："史生见说，欢喜非常，谢道：'鲰生何幸，有此奇缘，得此恩遇。虽粉骨碎身，难以称报！'"清·吴趼人《二十年目睹之怪现状》第四十一回："须知我这个是知己之感，不是恩遇之感。"蔡东藩《后汉演义》第九十四回："将士等都想再战，听到班师命令，尚觉失望，欲要他力敌追兵，巴不得杀敌多人，借报恩遇；所以军令一下，齐声相应。"以上用例皆可证明，"恩遇"并不只指"天子的知遇"，可以指拥有施授"恩遇"能力的所有人，义项就是辞典对词语在实际运用中不同意义的概括反映，所以《大词典》把"恩遇"的释义改为"恩惠知遇"才更具概括性。

【号慕】

郡之僚属若吏民之贤者，莫不号慕叹息，相与出钱帛数十万赙其家。（《渑水燕谈录·忠孝》卷四）

按：此处"号慕"的意思是"哀号人之过世，表达怀恋追慕之情"。"号"，"大声哭"。如：号泣；号恸。《周易·夬》："象曰：'无号之凶，终不可长也。'"王弼注："众所共弃，故非号所能延也。"《左传·宣公十二年》："申叔视其井，则茅存焉，号而出之。"杜预注："号，哭也。"《汉书·刘向传》：而号曰："骨肉归复于土，命也。"颜师古注："号，谓哭而且言也。"《颜氏家训·风操》："礼以哭有言者为号。"元·杨显之《苦寒亭》第一折："你家里哭去，张着大嘴号什么！"而"慕"的意思是"思慕"。《玉篇·心部》："慕，思也。"《广韵·慕韵》："慕，思慕。"《孟子·万章上》："人少则慕父母。"赵岐注："慕，思慕也。"三国魏·曹植《杂诗六首》之一："翘思慕远人，愿欲托遗音。"金·董解元《西厢记诸宫调》卷一："一时间见了他，十分地慕想他。"

《大词典》释"号慕"为："谓哀号父母之丧，表达怀恋追慕之情。"但在以下用例中，"号慕"所表示的意义与《大词典》所释不符，这都是宽义窄释的结果。如《三国志·吴志·朱桓列传》："年六十二，赤乌元年卒。吏士男女，无不号慕。"《北齐书·张华原列传》卷四十六："后卒官，州人大小莫不号慕。"以上两例中，众人"号慕"的对象是官吏，而非父母。《宋史·凶礼一》卷一百二十二："阁门使宣口敕曰：'先皇帝奄弃万国，凡在臣僚，毕同号慕，及中外将校，并加存抚。'"此句中臣僚"号慕"的对象是皇帝，不是父母。以下文例也充分说明"号慕"不仅仅用来表达对父母的哀号追思，如《旧唐书·哀帝传》卷二十下："朕以幼冲，君临区宇，虽情深号慕，而法难徇私，勉循秦、汉之规，须示追降之典。"《全唐文补遗》第二集："以元和十四年达京，十五年，胡君终。夫人号慕之至，忧积三年。"南宋·普济《五灯会元》卷十八："顷於苍茫间，见以笛掷空而没。众号慕，图像事之。"通过以上论述，《大词典》所立"号慕"的义项未能皆具准确性和全面性，特别是在词义范围上没有注意，释义缩小了词义的范围，应修改为"哀号尊者或长者过世，表达怀恋追慕之情"。

【势】

倭妇人体绝臭，乃以香膏之，每聚浴于水，下体无所避，止以草系其势，以为礼。(《癸辛杂识续集下·倭人居处》)

《大词典》释"势"为："⑥男性生殖器。《太平御览》卷六四八引汉·郑玄《尚书纬·刑德放》：'割者，丈夫淫，割其势也已。'清·蒲松龄《聊斋志异·铁布衫法》：'又出其势，即石上，以木椎力击之，无少损。'亦指动物的卵巢和睾丸。如：这头公猪和那头母猪都已做过去势手术。"

按：从原文中明显可见，"势"亦有指"女性生殖器"之义，故释为"雄性或雌性动物生殖器"更妥，既可指男、女，又包含了动物。《说文新附·力部》："势，盛力，权也。"另《字汇·力部》："势，阳气也。宫刑：男子割势。势，外肾也。"虽明清字典《字汇》中没有明确写出可指女性生殖器，但于语料中"势"确实经历了从汉——专指男性生殖器，宋——男、女皆可，到《大词典》上指当代公猪、母猪隶属动物类的语例变化，其语义外延得到延伸，使用范围更加普遍，使得"势"的新义大于旧义，与语义演变中语义外延扩展相符。因此，《大词典》当释"势"义为"雄性或雌性动物生殖器"较妥。

【睢盱】

谓貌睢盱，若常寒饿者，而贵震天下，相者以为真猴形云。(《涑水记闻》卷三)

按：此处"睢盱"可释为"瞪大眼的样子"。《说文·目部》："睢，仰目也。""睢"有"大视"义，如《文选·马融〈长笛赋〉》："僬眇睢维，涕洟流漫。"李善注："《声类》曰：睢，大视也。"《说文·目部》："盱，张目也。"《易经·豫》："盱豫，悔。"虞翻注："盱，张目也。""盱"有"张目"义，如《列子·黄帝》："而睢睢，而盱盱。"张湛注引《仓颉篇》云："盱，张目貌。"两词复合后意义发生融合，"睢盱"的"瞪大眼的样子"之义在其他文献中多有用例，如唐·韩愈《射训狐》："咨余往射岂得已，候女两眼张睢盱。枭惊堕梁蛇走窦，一夫斩颈群雏枯。"宋·洪迈《夷坚志》："新城县中田村民李氏妻生子，躯干矬小，面目睢盱如猴，手足指仅寸，不类人。"清·王世祯《池北偶谈》卷二十四："为童子时，常五鼓入塾，道遇一长人如方相状，目睢盱可畏，直前欲搏之。"王锳先生在《"睢盱"非限"仰视"》一文中也指出："'睢盱'都不含'仰视'意思，只表示'瞪着眼看'，是'平视'或'环视'，有时还可能是往下看。辞书的'仰视'之解大概源于《说文》，该书'目部'云：'睢，仰目也。''盱，张目也。'其实'仰目''张目'都是一个意思，就是'瞪着眼看'，之所以称'仰'，是因为人在睁大眼睛瞪视的时候，眼角眉梢都会上扬的缘故。段玉裁于《说文》目部'盱'字下云：张载注《魏都赋》'盱衡'曰：'眉上曰衡、盱，举眉大视也。'亦可资证。因此，'睢盱'这个义项的准确概括应是'瞪视貌'，它可以是平视，也可以是下视，当然也不排斥仰视。"① 因此，《大词典》释"睢盱"为"①浑朴（淳朴无华；雄厚朴实）貌。②睁眼仰视貌。③喜悦貌。"第二个义项"睁眼仰视貌"的释义其实也是缩小了词义的范围，也就是窄释了词语。不妥，应改正。

【盌】

乃取大盌，满酌饮之，一举而尽，如是者三。(《涑水记闻》卷七)

按：此处"盌"可释为"一种敞口而深的器皿"。《说文·皿部》："盌，小盂也。从皿，夗声。""盌"字为形声字，"夗"义为"敞口"，"皿"义为"容器"。"夗"与"皿"合起来表示"大口小腹的容器"。与"盉"（小口大腹的容器）相对。"盌"之"一种敞口而深的器皿"义项在其他文献中也有用例，如《方言》卷五："盂，宋、楚、魏之间或谓之盌。"唐·韩愈《游青龙寺赠崔大补阙》诗："二三道士席其闲，灵液屡进颇黎盌。""盌"不仅可以作食器，还可以用来饮酒等，如《三国志·吴志·甘宁传》："（孙权）特赐米酒众殽……宁先以银盌酌酒，自饮两盌。"明·佚名《道法会元》卷一百三十七："咒毕，挥剑斩之，提鹅头在手，滴血入盌中搅酒，用喷四方。"《大词典》释"盌"为"一种敞口而深的食器"不妥，"食器"限制范围过窄，应予以改正。

【斤斧】

谁人运斤斧，大匠日羲黄。(《湖海新闻夷坚续志》)

按：此句中的"斤斧"一词泛指"各种斧子"。《大词典》释该词为"斧头"。释义范围窄，造成该释义不当的原因是把"斤"和"斧"等同

---

① 王锳：《"睢盱"非限"仰视"》，《辞书研究》2005年第4期。

了。然而"斤"与"斧"并非一物。"斤",《说文·斤部》:"斤,斫木也。""斧",《说文·斤部》:"斧,斫也。"段玉裁注:"凡用砍物者皆用斧;砍木之斧,则谓之斤。"即"斤"为"用以砍木,与斧相似,比斧小而刃横"。文献中亦有"斤""斧"区分特征的叙述,如王筠《说文解字句读》:"斤之刃横,斧之刃纵,其用与钁相似,不与刀锯相似。"再如周纬《中国兵器史稿·周代劈砍长兵(斧、戚、斤)》:"斧之用直劈,斤之用则为横断也。"在古代文献中亦能间接看出"斤"与"斧"并非一物,如汉·贾谊《治安策》:"至于髋髀之所,非斤则斧。"再例《释名·释用器》:"斤,谨也。板广不可得削,又有节,则用斤之,所以详谨令灭斧迹也。"由上可见"斧"不能代替、等同"斤",二者并非一物。故《大词典》对"斤斧"所做的释义范围窄,应为"各种斧子"。

【笏】

其父商也,壮岁无子,将如京师,其妻授以白金数笏。(《湖海新闻夷坚续志》)

按:此句中"笏"一词,为量词,谓"金银、墨等的计算单位"义。该义来源于铸金银、墨块等铸造成笏的形状。《大词典》对"笏"的释义有诸多不妥之处。《大词典》所释为:1. 古代臣朝见君时所执的狭长板子,用玉石、象牙、竹木制成,也叫手板。后世惟品官执之。2. 量词。条块。用于金银、墨等。

第一个义项的释语有三处不足,应为"古代君臣朝会时手中所持的狭长板子,按品第分别用玉石、象牙或竹木制成,上面可以记事"。1.《大词典》释为"臣见君时所执"即"是臣所拿的物品,而君无。"但实际上,君臣均持有,见《广韵·没韵》:"笏,一曰手板,品官所执。天子以玉,诸侯以象,大夫鱼须文竹,士木可也。"2.《大词典》仅释"用玉、象牙、竹木制成",并无显示其真正代表的现实意义。应补充为"按品第分别用玉石、象牙或竹木制成"。从上例亦可见,再如《正字通·竹部》:"明制,笏无象与鱼须文竹之别,但四品以上用象牙,五品以下用木,以粉饰之,虽各朝代具体各品第所执不同,但均有品第分别,以显示权力、身份的不同。"3.《大词典》所释义未显示其用途,除了能显示其所执人的身份、地位,"笏"还有很重要的用途,用来"记事",记录皇帝的授命和重要信息。《释名·释书契》:"笏,忽也,君有教命及所启白,则书其上,备勿忘也。"《礼记·玉藻》:"凡有指书于君前,用笏;造受命于君前,则书于笏。"从中可见,"笏"之除代表义外的实际用途。

《大词典》对"笏"的释义，除了释语不周，还漏释了一个义项："旧时戏班用来写戏目，供人点戏用的手板。"只是由于语言发展的规律和趋势，双音词代替了单音词，"笏"很少单独表义了，而是牙笏、笏板等，但"笏"的上述义项并没有因成为语素后的［笏］和［牙］、［板］等组合而消失或被代替，清·曹雪芹《红楼梦》第九十三回："只见一个掌班拿着一本戏单，一个牙笏。"赵树理《刘二和与王继圣》："有人要点戏，戏班里自然愿意，打发了个唱旦的拿了个写着戏本名目的笏板来了。"综上所述，《大词典》修正时，应考虑"笏"一词释义不足的问题。

第三节 义项分合失误

词汇直接而敏锐地体现了社会的发展变化，于是同一个词位内的义位增多，多个义位密集在一个词位内就形成多义词。词典释义要科学地归纳、划分多义词的义项，就应该在精准概括词语在实际使用中的意义的基础上，"分其所当分，合其所当合"，排除一切不必要的、人为的不规范因素。这类释义不准确，既缘于客体本身的模糊，也存在释义的模糊。义素之间的界限不够明确、范围相接、部分重合，语义差异仅具有相对性，这就形成义素的模糊域，但模糊性不是含混不清、不可名状，而是在模糊中有明确性。[①] 这就要求辞书编纂者在尊重客观模糊的前提下，严格追求释义的精确性，避免主观模糊。那么，义项的分合就必须清楚，义项之间要能够区分得开，也就是说义项既要有概括性，又要有区别性。

【宁谧】

少有忧勤，足为警戒；它日四方宁谧，朝廷未必无事。（《渑水燕谈录·名臣》卷二）

按：《大词典》释"宁谧"为"安定平静"，其实《渑水燕谈录》引文的"宁谧"解释为"安定，稳定"更妥。客观的语言事实显示，语境中"宁谧"若释为"安定平静"，存在人为的释义模糊，加标点以明确义位的界限，有利于准确理解语言的实际内涵。此处"宁"义为"安宁，安定"。《广韵·青韵》："宁，安也。"《尚书·大禹谟》："野无遗贤，万

[①] 张志毅：《张庆云词汇义学与词典编纂》，外语教学与研究出版社2007年版。

邦咸宁。"孔传："贤才在位，天下安宁。"《左传·定公五年》："及宁，王欲杀之。"杜预注："宁，安定也。"《辽史·营卫志上》："随阳迁徙，岁无宁居。""谧"，"安宁；寂静"。《尔雅·释诂上》："谧，静也。"《说文·言部》："谧，静语也。一曰无声也。"《广韵·质韵》："谧，安也"。《南史·贺琛传》："今诚愿责其公平之效，黜其谀愿之心，则下安上谧，无侥幸之患矣。"

表示"安定，稳定"的"宁谧"在历代典籍中记录颇丰，如《周书·文帝纪下》："朕所以垂拱九载，实资元辅之力，俾九服宁谧，诚赖翊赞之功。"《北史·高道穆列传》卷五十："储畜既盈，人无困弊，可以宁谧四海，如身使臂者矣。"元·黎崱《安南志略》："在镇二十年，恩威宣著，南州宁谧。"明·冯梦龙《智囊·明智部》："其后松、滋遂隶于荆州，南雍遂并于襄阳，迄今千载，宁谧如故。"在这一类书证的语境中，"宁谧"修饰的是"天下、社稷、政局"等社会环境，强调的是环境的"安定，稳定"，与之相对的是"动乱，动荡"，主要指由人的社会活动所引起的环境变化，区别于"安定，稳定"。"宁谧"还有"安静，宁静"之义，如《新唐书·褚遂良传》卷一百〇五："发哀大告，内外宁谧。"辛雷《一个爱说梦话的人》："江面幽暗，静穆而宁谧。"此时"宁谧"并无"安定"的意思，强调的是"静语，无声"，与之相对的是"喧嚣，嘈杂"，若按《大词典》的义项解释，恐怕不够确切。综上所述，"安定，稳定"与"安静，宁静"的语义差异不是很大，前者侧重"安稳"，后者侧重"静寂"，从一种质到相邻的另一种质，其间的过渡是一个量变的过程，用逗号以示两种分明的质间的中介连续，我们认为是实际且必要的。所以《大词典》中"宁谧"的释义应修改为"安定，平静"，虽与之前区别甚微，但辞书编纂的态度越严谨才越能充分地发挥其作为工具书的功能。

【废弛】

公殁逾四十年，子孙贤令至今奉公之法，不敢废弛。(《渑水燕谈录·忠孝》卷四)

按：《大词典》释"废弛"为"废弃懈怠"。"废"为"懈怠；旷废"之义，《篇海类编·宫室类·广部》："废，弛也。"如《晋书·谢安传附谢玄》："玄又自陈，既不堪摄职，虑又旷废。"又唐·柳宗元《户部侍郎王君先太夫人河间刘氏志文》："内赞漠画，不废其位。""弛"，有"松懈；放纵；松弛"的意思，《商君书·靳令》："物多末众，农弛奸胜，则国必削。"历代有大量记录"废弛"的语料，经过对比分析，我们发现在具体的语言环境中，用《大词典》的释义"废弃懈怠"去理解，并不完全准确。如《旧唐书·武宗本纪》："谏议大夫高少逸、郑朗等于阁内论：'陛下校猎太频，出城稍远，万机废弛，星出夜归，方今用兵，且宜停止。'"此例中"废弛"侧重表"废弃"义，释为"懈怠"不甚妥当，还有类似的用例，唐·张籍《上韩昌黎书》："顷承论于执事，尝以为世俗陵靡，不及古昔。盖圣人之道废弛之所为也。"宋·赵抃《清献集》卷八："然则舍此而欲风化之宣是犹却行而求前也。窃见京师太学殆将废弛。"

还有一部分记载"废弛"的文例侧重表"懈怠"义，唐·吴融《祝风诗》："田畯不胜荒，农功皆废弛。"此处"废弛"形容农事的懈怠，若解释为"废弃"颇显牵强。表此义的书证还有，《宋史·王审琦列传》卷二百五十："承衍病足，在大名不能骑，政多废弛，及代，赐告家居，表求解职，不允。"明·抱瓮老人《今古奇观》卷四十："岂知渐渐有人晓得他曾做仆射过的，此时朝政紊乱，法纪废弛，也无人追究他的踪迹。"《清史稿·显祖诸子列传》卷二百一十五："又虑武备废弛，时出射猎，诸王贝勒置酒高宴，以优戏为乐。"综上所述，在具体的语料中"废弛"的语义侧重不一，"废弃"义为"抛弃不用"，"懈怠"是指松懈怠慢，二者语义界限较为明确，用"废弃懈怠"浑然释之，有主观使语义模糊之误，用分号隔开释义会更加清晰准确，所以我们认为《大词典》应释"废弛"为"废弃；懈怠"。

【奋跃】

圉人供刍粟或少倨，则嘶鸣奋跃，踶啮不已，此尤异他马也。(《渑水燕谈录·事志》卷八)

按：此处"奋跃"义为"奋力跳跃"，描述马的动作状态。《大词典》释"奋跃"为"奋力跳跃，常以形容振奋"，我们认为"奋跃"当"奋力跳跃"讲时并不表"振奋"义，而形容"振奋"时又不应释为"奋力跳跃"。因此，"奋力跳跃"与"形容振奋"应分立为两个义项，释义才更准确明了。

(1) 奋力跳跃。此时"奋"义为"尽力；用力"，《史记·田单列传》："遂经其颈于树枝，自奋绝脰而死。"沙汀《选灾》："(那人) 接着就又奋力爬坡。""跃"，"跳跃"。《广雅·释诂一》："跃，跳也。"《玉篇·足部》："跃，跳跃也。""奋跃"就是一个偏正式的动词，主要是描述动物的跳跃情状。如《全汉文》卷四十二："夫鸿均之世，何物不乐，飞鸟翕翼，泉鱼奋跃。"宋·李昉《太平广记》卷四百七十一："顷之，村人刈草，误断其尾，鱼即奋跃而去，风雨随之，入太湖而止。"再如明·罗贯中《水浒传》第九十二回："吴用对解珍、解宝道贼人丧胆，军士已罢，兄弟努力上城解珍带朴刀上飞楼，攀女墙，一跃而上，随后解宝也奋跃上去。"《清史稿·胡金题妻俞传》卷三百二十二："至桥半，奋跃入水，贼怒其绐，矛刺之，死。"还有陆士谔《清朝秘史》第五十一回："此时六七个教徒，已在养心门对面膳房的屋上纵身奋跃，大有辟门直入之势。"以上用例，"奋跃"皆表示外在的动作情状，无内在的"振奋"之义。

（2）精神振奋。此时"奋"义为"振作；奋发"。《广雅·释言》："奋，振也。"《诗经·大雅·常武》："王奋厥武，如震如怒。"汉·贾谊《过秦论上》："及至始皇，奋六世之遗烈。""跃"应释为"心动貌"。南朝梁·简文帝《谢敕使入光严殿礼拜启》："微心悚跃，上谢无辞。"宋·叶适《信州重修学记》："士乃附悦，有跃于心。"因此，此义之"奋跃"中的"奋"与"跃"与"奋力跳跃"之"奋跃"中的"奋"与"跃"的意义是有区别的，前者是后者的引申义。"奋跃"之"精神振奋"义在古代文献中用例较多，如《梁书·密王友伦列传》卷十二："因声鼓誓众，士伍奋跃，追斩数十里。"《辽史·萧思温传》卷七十："思温不知计所出，但云车驾旦夕至；麾下士奋跃请战，不从。"《旧唐书·李光进列传》卷一百六十一："于是人争奋跃。贼乃大溃，死者数千人。"《宋史·李纲列传》卷三百五十八："始，金人犯城者，蔡懋禁不得辄施矢石，将士积愤，至是，纲下令能杀敌者厚赏，众无不奋跃。"《金史·太祖本纪》卷二："众皆奋跃，追及辽主于护步答冈。"明·严从简《异域周咨录》："初谋劫营夺驾，选壮士七十余人与之盟，激以忠义，约事成高爵厚赏，士皆奋跃用命。""奋跃"在以上文例中皆指内在精神的激发，因此应与"奋发跳跃"相区别。

综上所述，"奋力跳跃"是本义，"精神振奋"是通过引申产生的新义，两个意义虽存在内部联系，但已完全分离为两个独立的义项，所以《大词典》关于"奋跃"条应收列两个义项：①奋力跳跃。②精神振奋。

【商较】

王昭素先生素纯直，入市买物，随所索偿其值，不复商较。（《渑水燕谈录·高逸》卷四）

按：引文的意思是："王昭素先生向来纯朴正直，上街买东西，卖家索价多少，就支付多少，不再商讨比较。"此处"商较"表示"商讨比较"，《大词典》所收"商较"的两个义项：①研究比较；②品评，都不能涵盖引文中"商较"的准确意义。"商"，意为"计议、商量"，后引申为"商讨；商议"。《说文·卤部》："商，从外知内也。"王筠句读："谓由外以测其内也。"《广雅·释诂一》："商，度也。"《战国策·中山策》："商敌为资，未可豫陈也。"鲍彪补注："商，较之。"《汉书·沟洫志》："（许）、商（乘马）延年皆明计算，能商功利。"颜师古注："商，度也。""较"意为"比较；较量"。《六书故·公事三》："较，比较也。"《老子》第二章："长短相较，高下相倾。"唐·韩愈《雨中寄孟刑部几道联句》："研文较幽玄，呼博骋雄快。"明·冯梦龙《东周列国志》第五十五回："若不较是惧我也。"《大词典》所归纳的义项"研究比较"中的"研究"本身就是个多义词，有四个义项："钻研；探索""商讨；考虑""仔细询问""特指审讯"，显然用来解释"商较"中语素"商"的义项应是"商讨；考虑"，给词语释义就是要解释词义间的区别特征，从过去的经验已知，不管是辞典释义的内容还是释义所采取的方式，都有越来越精确的趋势。如果采用单义词就能完整释义，我们就没有必要选用多义词，用"商讨比较"来取代"研究比较"更具有精确性，同时也不影响释义全面性的原则，表示此义的文例如《魏书·韩崔高孙王传》卷二十四："又曰：'生民以来，未有盛于孔子者也。'斯非通贤之格言，商较之定准乎！"又如《旧唐书·礼仪五》卷二十五："至于孙卿、孔安国、刘歆、班彪父子、孔晁、虞喜、干宝之徒，或学推硕儒，或才称博物，商较今古，咸以为然。"明·蒋一葵《绕山堂外纪》："昭宗虽运钟艰险，智量过人，每与侍臣言论，商较时政，曾无厌倦。"通过以上论述，我们认为《大词典》应把"商较"的义项修改为：①商讨比较；②品评。

【包弹】

"包弹"对"杜撰"，为甚的。包拯为台官，严毅不恕，朝列有过，必须弹击，故言事无瑕疵者曰"没包弹"。杜默为诗多不合律，故言事不合格者为"杜撰"。（《野客丛书·杜撰》卷二十）

按：《大词典》收录了"包弹"的一个义项即"批评；指责。"依据该句的解释："包拯时任台官一职，严厉刚毅，朝廷官员有犯错的，定会弹劾批评，不会轻易原谅，因此把事物没有瑕疵称为'没包弹'。"故"包弹"亦有"瑕疵"之义，该义项在其他文献中也多有用例，如宋·蔡绦《铁围山丛谈》："故都邑谚谓人之不正者，曰：'汝司马家耶？'目人之有玷缺者，必曰：'有包弹矣。''包弹'之语，遂布天下。"元·无名氏《村里迓鼓·四季乐情》："宝髻高梳楚岫云，莲脸施朱粉。包弹处全无半分，可人意风韵，见他时忽的销魂。"元·乔吉《李太白匹配金钱记》第一折："这娇娃是谁家，寻包弹觅破绽敢则无纤掐，似轴美人图画。"元·乔吉《杜牧之诗酒扬州梦》第二折："多情杨柳叶，解语海棠花。压尽越女吴娃，从头髻至鞋袜，觅包弹无半掐，更那堪百事聪明，模样儿十分喜恰。"《大词典》也收录了"没包弹"一词，解释为"谓无可批评、指摘；没有缺陷"，并举《野客丛书》为首例，对于"包弹"条，《大词典》仅分析了其"批评；指责"这一义项，漏收了"瑕疵"这一义项，且所举例证："明·高明《琵琶记·牛氏规奴》：'看他仪容娇媚，一个没包弹的俊脸，似一片美玉无瑕。'"此例之"包弹"也应为"瑕疵"义，《大词典》之释义还有待商榷。

第四节　词素义漏释与误释

　　漏释或者误释词素义主要也是对词义认识不足导致的。漏释词素义一般是发生在双音节词语中，指在双音节复合词中，其中释义只注重了某个词素的意义而忽略了另一个词素的意义，这导致漏释词素义。当然也有对词素义认识不足而导致了对词素义的误释，这都是辞书释义应该注意避免的问题。我们发现《大词典》中出现此类问题的词条有：

　　【冗兵】
　　二曰：减冗兵，并冗吏，使山泽之饶稍流于下。(《涑水记闻》卷三)
　　按：此处"冗兵"可释为"庞杂闲散的军队"。《说文·宀部》："冗，从宀，人在屋下，无田事。""冗"有"闲散""多余"之义，如汉·荀悦《申鉴·时事》："禄依食，食依民，参相澹，必也正贪禄，省闲冗，与时消息。""兵"义为"军队"。"冗兵"之"庞杂闲散的军队"义项在其他文献中多有用例，如宋·欧阳修《新唐书·陈子昂》："以庸将御冗兵，徭役日广，兵甲日敝。"《宋史·兵八》："本欲减冗兵而冗更多，本欲省大费而费更广，非计之得也。"明·邱浚《大学衍义补》："事之害财者三，一曰冗吏、二曰冗兵、三曰冗费，三冗既去，天下之财得以日生而无害。""冗兵"与"冗吏""冗费"为宋朝的三大政治问题，其结构相同，意义相关。《大词典》释"冗兵"为"庞杂疲弱的军队"，而

"冗吏""冗费"的"冗"也并不能用"庞杂疲弱"来解释，且"冗"并无"疲惫衰弱"的义项，故《大词典》之"冗兵"条释义不当，应改正。

【穿透】

山四环皆秀石，绝类香林、冷泉等处，石多穿透巉绝，互相附丽。（《癸辛杂识后集·游阅古泉》）

《大词典》释"穿透"为："贯通。明高攀龙《讲义·一贯》：'便四方上下、古往今来一齐穿透。'"

按："穿透"应理解为"穿过；打通。或描写光、影的照射、映照。"《说文·穴部》："穿，通也。"《说文新附·辵部》："透，过也。"又《增韵·候韵》："透，通也。"可见，"穿透"乃同义复合词，均有"通"之义。但据所通之物的不同，释义为"穿过；打通。或描写光、影的照射、映照"较妥。且"贯通"尚有连通的意思，《大词典》释义欠完善。该词最早出现于宋，且使用尤多，仅宋·李昉《太平广记》中就出现15次，如《太平广记》卷九十五："用铁链子穿透他们的脑袋，拖下去锁了起来。"宋·郑克《折狱龟鉴》卷三："楚金忧闷，偃卧窗边，日光穿透，因取反书向日看之。"宋·赜藏《古尊宿语录》卷十九："高高峰顶猿时啸。孤轮穿透碧潭心。"宋·姜夔《绝妙好词》卷二："晚寒穿透绿纱衣。"明清次之，如明·徐弘祖《徐霞客游记·粤西游日记一》："极西一洞门，亦自西北穿透东南。"明·张景岳《景岳全书》卷三十四："两头俱用鹅翎筒穿透，以线扎定。"清·顾祖禹《读史方舆》卷九十八："石峰拔地，苍翠横空，玲珑穿透，可容百余人。"又卷一百二十一："绝顶有泉，又有穿岩，岩孔穿透，广容千人。"故《大词典》"穿透"之释义有待商榷。

【阴德】

两头蛇解珍：左啮右噬，其毒可畏，逢阴德人，杖之亦毙。（《癸辛杂识续集上·宋江三十六赞》）

《大词典》释"阴德"为："①暗中做的有德于人的事。《隋书·隐逸传·李士谦》：'或谓士谦曰："子多阴德。"士谦曰："所谓阴德者何？犹耳鸣，已独闻之，人无知者。今吾所作，吾子皆知，何阴德之有！"'明·凌蒙初《初刻拍案惊奇》卷二十：'如今单说前代一个公卿，把几个他州外族之人，认做至亲骨肉，撮合了才子佳人，保全了孤儿寡母，又安葬了枯骨枯骸，如此阴德，又不止是完人夫妇了。'"

按：《大词典》释"阴德①"不准确，应理解为"不求回报而做的有德于人的事"更妥。如若严格按照引例《隋书·隐逸传·李士谦》中"己独闻之，人无知者"对"阴德"的定义，则文献中大部分的"阴德"都是明着做的。所谓暗中做的即不为人知的，况且释义中所谓的"暗中"也只是程度的不同：或"暗中"谓对操众者以外的所有人；或"暗中"仅对当事人而言。由此，义项①的例证则只限于《隋书·隐逸传·李士谦》这种说明情况了的案例，再如明·清溪道人《禅真后史》第三回："阴德者，在于冥冥之中行的好事，不丧自己的心术，不玷他人的节义，光明正大，人所不知，方谓之阴德。"明·凌蒙初《初刻拍案惊奇》卷二十中的引例则也算不上完全意义上的"阴德"，虽说是前代公卿的事迹，但是在前代就已经公开化了，还是因为记录在案到下一代才公开都是模糊的。所以说"阴德①"应分成两个义项：其一如原义项①，其二则为"不求回报而做的有德于人的事"。

"阴德"尚有"冥间德行，需现世屡行善事才能有所回报"之义。《说文·阜部》："阴，暗也。水之南，山之北也。"后引申为旧时迷信指冥间。《说文·彳部》："德，升也。"段玉裁注："升当作登。"即其本义指登高；攀登。《玉篇·彳部》释义为："德，惠也。"后引申为道德；品行。《篇海类编·人事类·彳部》："德，德行。"故"阴德"意谓冥间的德行，但需于现世多做好事才能累积起来的恩惠。该词在其他文献中的用例，如汉·司马迁《太史公自序》："韩厥善积阴德，赵武才得兴立。"晋·葛洪《抱朴子》卷六："是故非积善阴德，不足以感神明。"明·清溪道人《禅真后史》第十七回："你家阴德好，家门正当发迹。"清·无垢道人《八仙得道》第十回："也不晓什么事情伤了阴德，竟使我落到这等下场！"可见《大词典》释义有待商榷。

【精至】

唐崔玄亮，曾典眉州，每公退，具简履以朝太上，焚修精至，不舍昼夜。(《北梦琐言·关三郎入关》卷十一)

《大词典》释"精至"为："工巧细致。《吕氏春秋·诬徒》：'从师苦而欲学之功也。'汉·高诱注：'苦不精至也。'"毕沅校正："精至，即精致。"

按："精至"应该指"精诚至极"。《大词典》释"精"为："纯一；精诚。"如《管子·心术下》："形不正者德不来，中不精者心不治。"尹知章注："精，诚至之谓也。"《淮南子·修务训》："官御不厉，心意不精。"高诱注:"精,专也。"《大词典》对"至"的解释有:"达到极点。"《国语·越语下》:"阳至而阴,阴至而阳。"韦昭注:"至,谓极也。"《论语·雍也》:"中庸之为德,甚至矣乎!"朱熹集注:"至,极也。"《史记·春申君列传》:"臣闻物至则反,东夏是也。"张守节正义:"至,极也,极则反也。冬至,阴之极;夏至,阳之极。"从《大词典》所用文例来看,"苦不精致也"是说之所以觉得学艺苦是因为没有达到"精诚至极"的境界。从《北梦琐言》的文例来看,"焚修"是一种修行,不可能用"工巧细致"来形容,因此"精至"应该解释为"精诚至极"。

"精至"在其他文献中的用例,如唐·张九龄《答严给事书》:"足下犹不谅此意,以为汲汲于声名,而洒约以庄生之言,博以东山之法,晓导精至,诚故人之情。"《旧唐书》卷一百二十八:"故开府仪同三司、检校礼部尚书、兼司农卿、上柱国、张掖郡王段秀实,操行岳立,忠厚精至,义形于色,勇必有仁。"宋·志磐《大藏经·佛祖统纪》:"高宗知其念佛,口出光明,舍身精至。赐号其寺曰光明。"从以上文例均可看出,《大词典》系误释该词。

【倦色】

陛下日居深宫,留连荒宴,临朝则多羸形倦色,决事如不挂圣怀。(《涑水记闻》卷三)

按:此处"倦色"可释为"疲倦的神色"。《广韵·线韵》:"倦,疲也。""倦"有"疲惫劳累"义,如《孙子·行军》:"吏怒者,倦也。"《国语·晋语一》:"用而不倦,身之利也。"韦昭注:"倦,劳也。"唐·权德舆《祗役江西路上以诗代书寄内》:"辛苦事行役,风波倦晨暮。"《说文·色部》:"色,颜气也。""色"有"脸色;表情"义,如《论语·公冶长》:"令尹子文,三仕为令尹,无喜色;三已之,无愠色。"《史记·商君列传》:"今者王问可以为相者,我言若,王色不许我。"宋·欧阳修、宋祁等《新唐书·宦者传上·鱼朝恩》:"每视学,从神策兵数百,京兆尹黎干率钱劳从者,一费数十万,而朝恩色常不足。""倦色"为偏正式的复合词,即"疲倦的神色"之义,该义在其他文献中也有用例,如宋·李昉《太平广记》卷一百六十四:"仁,未尝见喜愠于颜色。而亲贤下士,推毂后进,虽位重年高,曾无倦色,笃好书籍,手不释卷。"明·罗贯中《三国演义》第二十五回:"关公乃秉烛立于户外,自夜达旦,毫无倦色。"清·俞蛟《乡曲枝辞》:"分之丸如粟粒,置灯檠于床，持竹筒若洞箫者，横卧而吸其烟，必两人并卧，传筒互吸，则兴致倍加。其烟入腹，能益神气，彻夜不眠，无倦色。"另外，《现代汉语词典》（2012）释"倦色"为"倦容"，释"倦容"为"疲倦的脸色"是正确的，《大词典》不仅从宋代《太平广记》这个孤例来确定"倦色"为"懈怠厌倦的神色"的意义，故《大词典》之"倦色"条释义不当，应改正。

【愕眙】

又取豚肩，以指分为数段而啖之，势若狼虎。群盗视之愕眙。（《涑水记闻》卷七）

按：此处"愕眙"可释为"惊讶的样子"。《广雅·释诂一》："愕，惊也。""愕"有"惊讶"义，如战国楚·宋玉《高唐赋》："卒愕异物，不知所出。"唐·韩愈《送高闲上人序》："天地事物之变，可喜可愕，一寓于书。"《宋史·寇准传》："契丹相视惊愕，不能成列。"《集韵·至韵》："眙，惊视貌。"《篇海内编·身体类·目部》："眙，惊貌。"清·桂馥《说文义证》："眙，惊貌为眙之本训。""眙"有"惊貌"义，如《新唐书·萧复传》："杞对上，或谄谀阿匼，复厉言：'杞词不正。'帝色眙，谓左右曰：'复慢我。'""愕"与"眙"为同义词，二者复合为一个并列式合成词，其义与其中的任一语素相同，即"惊讶的样子"。"愕眙"之"惊讶的样子"义项在其他文献中多有用例，如宋·彭乘《续墨客挥犀》卷七："或云子醇尝与西人对阵，兵未交，子醇命军士百余人装为讶鼓队，绕出军前，虏见皆愕眙，进兵奋击，大破之。"明·冯梦龙《智囊》："秀实笑而入，曰'杀一老兵，何甲也。吾戴吾头来矣。'甲者愕眙。"清·况周颐《眉庐丛话》："公既饶勇敢战，马又翘骏倍常，每酣战时，公提刀单骑突出，马振鬣嘶鸣，驰骤如风雨，将士恐失主将也，辄奔命从之。贼愕眙失措不能当，往往以此取胜。""愕眙"前多有动词"视""见"等，"愕眙"为描述看见某物或某事件后的状态。另外，作为一个同义并列连言的复合词，"愕眙"还有一个同素逆序词"眙愕"，都是表示"惊愕"之义，如唐·王方庆《魏郑公谏录》卷一："陛下生平不爱音声，今忽为教女乐差舛，责及孝孙，臣恐天下眙愕。"又《清史稿·陈梦说传》："策马径前，千夫拥粮而进，逆苗眙愕，鸟兽散。"故《大词典》释"愕眙"为"惊视"不妥，应予以改正。

【素】

贾默顾左右，具素铺以易。（《湖海新闻夷坚续志》）

按：此句中"素"，《大词典》释义为："'蔬食'与'荤'相对。"欠妥，应释为"'菜蔬类食品'与'荤'相对"。《大词典》所释错误之处在于把"蔬"等同于"菜"。《说文·艸部》："菜，草之可食者，从草，采声。"段玉裁注："此举形声包会意，古多以采为菜。"《众经音义》引《字林》云："'蔬，菜也。'是汉魏间字。"即汉魏之后，蔬才可指草叶可食者的通名。在此之前，"菜"与"蔬"所指不同，"菜"指"采摘的可食用的草叶"；"蔬"指"园圃所种植青菜"。

从古籍中诸多语例亦可看出一二。如战国《仪礼》："寝有席，食蔬食，水饮，朝一哭、夕一哭而已。既练，舍外寝，始食菜果，饭素食，哭无时。"可见"食蔬"者状况要好于"食菜者"。《国语·楚语下》："祀以特牛；大夫举以特牲，祀以少牢；士食鱼炙，祀以特牲；庶人食菜，祀以鱼。上下有序则民不慢。"从中可见"菜"为普通庶民所常食，"蔬"为有钱人家才能享用之物。如《全汉文》卷七："岁比灾害，民有菜色，惨怛于心。"其中"菜色"一词即说"民因长期食菜而面容枯黄之色"。故"菜"仅为"野外所采摘的可食用的草叶"。

"蔬"大体同于现代所说的"菜"，只是种植技术差异。例晋·潘岳《闲居赋》："灌园粥蔬，以供朝夕之膳。"再如宋·陆游《老怀》："荒园寂寂谁霜叶，抱瓮何妨日灌蔬。"《国语·鲁语上》："昔烈山氏之有天下也，其子曰柱，能植百谷百蔬。"可看出"蔬"是经过培育的青菜。综上所述，"菜"与"蔬"并不能笼统归为一物，在汉魏以前有着本质的区别，故《大词典》所释的"素"为"'蔬食'与'荤'相对"。应改为"'菜蔬类食品'与'荤'相对"更为妥帖。

【案】

见一狗伏于案下，睁目不敢亲近。(《湖海新闻夷坚续志》)

按：上例中"案"为"几桌"之义。但《大词典》所释的除此义项外，有一个义项"有足的盘盂类食器"释义不妥，因为这种诠释没有体现"案"最重要的本质：材质。应释为"古时进食用的短足木盘"，如"举案齐眉"。《大词典》对"案"的释义，"有足"虽然区分了"盘"与"案"，如《急就篇》："椭杅盘案梧碗盌。"颜师古注："无足曰盘，有足曰案，所以陈举食也。"但容易造成"案"如同盘、盂亦为金属类或者瓷器类材质的假象，《说文·木部》："案，几属。从木，安声。"故"案"应为木质器皿。故《大词典》所释的"有足的盘盂类食器"应改为"古时进食用的短足木盘"。

【纵火】

城陷恐有伏兵，命卒纵火，乃安仁也。(《湖海新闻夷坚续志》)

按：此句中"纵火"一词，应为"恶意放火"之义。《大词典》释该词为"放火"，有待商榷，该释义未体现其明显的语用中的感情色彩。

"纵"，《说文·糸部》："纵，缓也。一曰舍也。"即本义为"松缓"。《南齐书·丘灵鞠传》："蓬发驰纵，无形仪，不治家业。"后引申为"恣纵、不约束"之义，《玉篇·糸部》："纵，恣也。"《尚书·太甲中》："欲败度，纵败礼。"《楚辞·离骚》："启《九辩》与《九歌》兮，夏康娱以自纵。"

"放"，虽亦有"不约束"义，但程度较轻，如"豪放；旷放"。《广雅·释言》："放，妄也。"从历代"放"的用例亦可见其［恣意］表现较轻，如《文选·嵇康〈与山巨源绝交书〉》："又读《庄》、《老》重增其放。"明·冯梦龙《醒世恒言·卢太学诗酒傲公侯》："虞梈从此自谓余生，绝意任迭，益放于诗涵。"

"纵火"释为"放火"有所不妥，"纵火"感情色彩义为贬义，与"纵火"构词方式相同的一系列词语也均为贬义，如："纵兵：放纵兵士""纵法：枉法""纵恶：肆意作恶""纵掠：肆意掠夺"。"放火"义为"引火焚烧"，也经常用于中性义，如《周礼·夏官·罗氏》："蜡则作罗襦"，汉·郑玄注："王制曰：'昆虫已蛰，可以火田。'今俗放火张罗，其遗教。"宋·陆游《老学庵笔记》："上元放灯，许人入州治游观，吏人遂书榜揭于市曰：'本州依例放火三日。'"虽此处的"放火"为"放灯"义，但亦可见"放火"多用于中性，用于贬义时程度情节亦比"纵火"较轻。

从"纵火"一词在历代典籍文献中的用例，亦可观该词恶意、恣意程度、情节较重，如五代·崔鸿《十六国春秋别传》卷六："三月，温至城下，纵火烧其大城诸门。势众惶惧，无复固志，势乃夜开东门。"明·沈德符《万历野获编》卷二十九："官司以兵捕之，其党有被擒者，有授首者，惟马妖树青白二旗，纵火肆掠。"《唐文拾遗》卷二十四："逆贼李希烈之将童待召率众袭鄂州，顺风纵火，邑屋将焚。"综上所述，《大词典》所释"纵火"一词为"放火"义，有待商榷。

第七章

《汉语大词典》词目书证问题研究

辞书，特别是大型辞书，释义中的例证是释义部分的重要内容。例证可以对词义进行印证，使得辞书更具有说服力；例证还可以展示词语的来源和历史的流变；例证当然还可以展示词语用法的环境，使得词语意义的获得一目了然。因此，辞书释义中例证的选择和举出一定要根据词语解释的需要，而不是认为只要有例证就可以了。我们此章对《大词典》的举例存在的问题进行了研究，发现《大词典》的例证存在缺失、单一、晚出、遥隔等缺陷，对这些问题，我们给出了解决方案，我们通过大型语料库对这些书证存在问题的词条进行文献用例搜索，对缺失例证的词条予以补充例证，对例证单一的词条进行补充例证，对例证晚出的词条进行书证提前，对例证遥隔的词条进行中间例证的补充，等等。希望我们的研究能抛砖引玉，使得大型辞书在释义例证的时候能够考虑方方面面的例证功能，提高例证的水平，从而提高整部辞书的质量。以下是具体的问题和解决方案。

第一节 书证缺失

书证是词义的重要补充，是词义正确与否的有力证据，也是词语用法和适用语境的具体体现。通过研究，我们发现《大词典》的书证存在缺失的情况，唐宋笔记的诸多语料可以为《大词典》提供补充，现列举如下：

【翰林学士】

真宗即位，咸平五年，翰林学士王钦若、直馆洪湛知贡举。（《涑水记闻》卷二）

《大词典》："官名。唐玄宗开元初以张九龄、张说、陆坚等掌四方表疏批答、应和文章，号'翰林供奉'，与集贤院学士分司起草诏书及应承皇帝的各种文字。德宗以后，翰林学士成为皇帝的亲近顾问兼秘书官，常值宿内廷，承命撰拟有关任免将相和册后立太子等事的文告，有'内相'之称。唐代后期，往往即以翰林学士升任宰相。北宋翰林学士仍掌制诰。清代以翰林掌院学士为翰林院长官，其下有侍读学士、侍讲学士。清末复置翰林学士，仅备侍读学士的升迁。"此词条无书证，除了《涑水记闻》，还应补充唐代用例《旧唐书·于公异列传》："公异初应进士时，与举人陆贽不协；至是贽为翰林学士，闻上称与，尤不悦。"

【公私】

二公曰："今公私困竭，上下遑遑，其故非他，正由畜养冗兵太多故也。"(《涑水记闻》卷五)

《大词典》："公家和私人。如：公私两利；公私兼顾。"此词条无书证，除了在《涑水记闻》中出现，该词早在战国就已有用例，此后用例更多。如战国·商鞅《商君书》："公私之分明，则小人不疾贤，而不肖者不妒功。"东汉·荀悦《前汉纪》卷十九："数易长吏，送故迎新之费，乃为奸吏因缘，公私费耗甚多。"唐·杜佑《通典》卷四十："当今一夫耕而供数百人食，一妇蚕而供数百人衣，遂使公私皆无储蓄。"

【少师】

及立皇太子，以当时两府领少师、少傅、少保，召钦若于外，为太子太保。(《涑水记闻》卷七)

《大词典》："①古代官名。'三孤'之一。周代始置，为君国辅弼之官，地位次于太师。北周以后历代多沿置，与少傅、少保合称'三少'。一般为大官加衔，以示恩宠而无实职。参见'少保'。"此词条无书证，除了《涑水记闻》，还应补充最早用例《尚书·周官第二十二》："官不必备，惟其人。少师、少傅、少保，曰三孤。"

【少傅】

及立皇太子，以当时两府领少师、少傅、少保，召钦若于外，为太子太保。(《涑水记闻》卷七)

《大词典》："古代官名。'三孤'之一。周代始置，为君国辅弼之官。与少师、少保合称'三孤'。后一般为大官加衔，以示恩宠而无实职。"此词条无书证，除了《涑水记闻》，还应补充最早用例《尚书·周官第二十二》："官不必备，惟其人。少师、少傅、少保，曰三孤。"

【太保】

及立皇太子，以当时两府领少师、少傅、少保，召钦若于外，为太子太保。(《涑水记闻》卷七)

《大词典》："①古三公之一，位次太傅。周置，为辅弼国君之官。春秋后废，汉复置。后代沿置，多为重臣加衔，以示恩宠，并无实职。亦指太子太保，为辅导太子之官。参见'太师'、'太傅'。"此词条无书证，除了《涑水记闻》，还应补充最早用例《尚书·旅獒第七》："西旅厎贡厥獒，太保乃作《旅獒》，用训于王。"

【市易司】

刑部郎中王居卿初提举市易司，奏以田宅金帛抵当者，减其息；无抵当徒相保者，不复给。(《涑水记闻》卷十四)

《大词典》："官署名。宋王安石推行市易法时所置。参见'市易法'。"此词条无书证，可补充书证《涑水记闻》用例。

【本息】

自元丰二年正月七日以前，本息之外，所负罚钱悉蠲之，凡数十万缗。(《涑水记闻》卷十四)

《大词典》："本金和利息。如：种田人看节气，生意人算本息。"此词条无书证，可补充书证《涑水记闻》用例。

【校理】

集贤校理刘攽贡父好滑稽，尝造介甫。(《涑水记闻》卷十五)

《大词典》："古代官名。执掌校勘整理宫廷藏书。唐置集贤殿校理，宋因之。元、明废。清置文渊阁校理，掌注册点验。"此词条无书证，除了《涑水记闻》，还应补充唐代用例《旧唐书》卷一百四十九："迁起居郎、赞善大夫，兼史馆修撰，又加集贤殿校理。"

【公私】

致和以来，天下公私匮竭，民不聊生。(《邵氏闻见录》卷五)

按：《大词典》收录了"公私"一词，并释之为"公家和私人"。其释义正确，然并没列举出文献用例。"公私"一词除了在《邵氏闻见录》中可见，早在先秦时期就已经出现。如《商君书·修权第十四》上："公私之分明，则小人不疾贤，而不肖者不妒功。故尧、舜之位天下也，非私天下之利也，为天下位天下也。"西汉·贾谊《新书》："汉之为汉几四十岁矣，公私之积，犹可哀痛也。故失时不雨，民且狼顾矣。"《南史》卷五十三："去年称为丰岁，公私未能足食，如复今兹失业，虑恐为弊更深。"《唐代墓志汇编续集》："始末四十八载，备历九将，处领有谟，公私齐美，侪流之辈，甘心伟矣。"

"公私"一词在汉语史上的用例颇多，《大词典》应该在该条下补充不同时代的相应例证。

【均籴】

政和中，取粟麦于民，谓之均籴，姚氏力不给，举家日夜号泣，欲亡去。(《邵氏闻见录》卷十七)

按：《大词典》释此处"均籴"为"宋代按照人户家产、土地多少，分等摊派征购粮食的制度。购价往往低于市价。徽宗政和三年(1113)始行于陕西，后推广至诸路。参阅《文献通考·市籴二》。"缺乏词例，除本书证外，还可以补充《明史》卷七十二："治之政佐邦国，赡军输，以支兑、改兑之规利漕运，以蠲减、振贷、均籴、捕蝗之令悯灾荒，以输转、屯种、籴买、召纳之法实边储，以禄廪之制驭贵贱。"

【木瓜】

后夫人病瘦，医者既投药，又梦寝堂门之左右木瓜二株，左者俱已结，右者已枯，因为大父言。(《邵氏闻见录》卷十八)

按：此处"木瓜"为："落叶灌木或小乔木，叶长椭圆形，春末夏初开花，花红色或白色。果实长椭圆形，色黄而香，味酸涩，经蒸煮或蜜渍后供食用，可入药。"《大词典》收录该词并无词例，属于词例缺失。除本书外该词还见于其他历史文献，如唐·杜佑《通典》卷一百八十八："毗野树，花似木瓜，叶似杏，实似楮。婆田罗树，花叶实并似枣而小异。"明·柳如是《柳如是集》："登金谷而不游。叹木瓜之溃粉，聆凄响于清锏。"钟毓龙《上古秘史》第一百三十八回："又有一种树木，其状如棠而圆叶，赤实，实大如木瓜，名作樆木，食之使人多力。"

【国子监】

熙宁初，介甫之弟安国字平甫为西京国子监教授，从康节游。(《邵氏闻见录》卷十八)

按：此处"国子监"为："我国封建时代的教育管理机关和最高学府。隋、唐、宋、元、明、清，称国子监。晋称国子学，北齐称国子寺。清末改革学制，自光绪三十二年起设学部，国子监并入学部。"《大词典》收录该词并没有词例，除补充本书证外，该词还见于其他历史文献，如唐·刘肃《大唐新语》第二十四章："令右丞相裴耀卿摄太尉，持节就国子监册命讫，有司奠祭，乐用宫悬八佾之舞。"明·沈德符《万历野获编》卷十一："唯国子监，则祭酒、司业投帖于其属各厅各堂，俱称寅即去。"清·曾国藩《曾国藩家书》："元月初一日可到国子监考到，十四日就可录科。"

【分进】

元微之论亦曰："京令得与御史丞分进道路，以其捕逐之意也。"或者往往疑之，谓唐赤令如此之重。(《野客丛书·赤令与中丞分道》卷二十四)

"分进"即"谓军队在必要时，把行军纵队迅速展开，分成若干纵队分散前进"。《大词典》没有举出具体的例证，无证不具有说服性，可用《野客丛书》的例证来补充宋代文献用例。

【助教】

《湖海新闻夷坚续志》："开封府大桶村张氏家富，有孙助教者为其行钱。"

《大词典》仅释"助教"，1. 古代学官名。2. 高等院校中教员一种职称。但《大词典》并未举例，"助教"一词在最早出现于六朝时期，此后多有用例，《全梁文》卷四十八："齐初为国子生，举明经，除扬州祭酒兼国子助教，历奉朝请太学博士，太常丞，去职。"《唐代墓志汇编续集·志文》卷四："遂复人事，再选授国子四门助教，转冈乡丞。"唐·杜佑《通典》："辄敕助教陈福签，当诸出为人后者，还服本亲，皆降一等，自为后者之身。"北宋·王钦若《册府元龟》："二十三年澄奏世表为国子助教。"

【工尺】

《大词典》："我国民族音乐音阶上各个音的总称，也是乐谱上各个记音符号的总称。符号各个时代不同，通用的是：合、四、一、上、尺、工、凡、六、五、乙。"此词条未引书证。

可补充书证：《癸辛杂识后集·记方通律》："五凡工尺，有何义理？"

第二节　书证单一

书证单一指词条中释义举例为"孤证"，即只有单个书证。就辞书编纂来说，书证单一不利于理解词义，也无法体现词义的发展演变。通过研究，我们发现《大词典》存在不少书证单一的情况，而近代汉语的笔记史料文献可为《大词典》提供补充，现列举如下：

【疏族】

《大词典》："远族；远亲。汉·蔡邕《济北相崔君夫人诔》：'推恩中外，施浃疏族。'"此词条孤证，可补充书证《涑水记闻》卷二："自诚，徽之疏族也，徙居建昌。"

【设燕】

《大词典》："设宴。燕，通'宴'。唐·白行简《三梦记》：'（张女）由门而入，望其中堂，若设燕张乐之为，左右廊皆施帏幄。'"此词条孤证，可补充书证《涑水记闻》卷三："因为设燕，饮以漫陀罗酒，昏醉，尽杀之，凡数十人。"明·余永麟《北窗琐语》："屠太宰襄惠公，武宗初年召用，过杭，藩臬诸公设燕于紫薇楼。"

【明旨】

《大词典》："对帝王旨意的美称。《文选·王褒〈圣主得贤臣颂〉》：'（臣）无有游观广览之知，顾有至愚极陋之累，不足以塞厚望，应明旨。'吕延济注：'明旨，谓宣帝命也。'"此词条孤证，可补充书证《涑水记闻》卷四："执中不肯署，曰：'向者上无明旨，当复奏，何得遽令如此？'"

【感恚】

《大词典》："愤恨。感，通'憾'。《后汉书·董卓传》：'忠耻为众所胁，感恚病死。'"此词条孤证，可补充书证《涑水记闻》卷四："数日，昺感恚自死，旁无家人。"

【详润】

《大词典》："安详温和。《亢仓子·臣道》：'朝廷百吏，姿貌多美，颜色谐和，词气华柔，动止详润。'"此词条孤证，可补充书证《涑水记闻》卷四："奭年少位下，然音读详润，帝称善。"

【谏争】

《大词典》："谏争。争，通'诤'。直言规劝。《荀子·修身》：'谄谀者亲，谏争者疏。'"此词条孤证，可补充书证《涑水记闻》卷四："真宗已封禅，符瑞屡降，群臣皆歌诵盛德，独奭正言谏争，毅然有古人风采。"

【怯沮】

《大词典》："胆小不前。《后汉书·荀彧传》：'敌人怀利以自百，臣众怯沮以丧气。有必败之形，无一捷之埶。'"此词条孤证，可补充书证

《涑水记闻》卷四:"平叱曰:'吾谓竖子骁决,乃尔怯沮吾军!'"

【中伺】

《大词典》:"从中侦察。《史记·淮南衡山列传》:'淮南王有女陵,慧,有口辩。王爱陵,常多予金钱,为中伺长安,约结上左右。'"此词条孤证,可补充书证《涑水记闻》卷五:"夷简素与内侍副都知阎文应等相结,使为中伺,久之,乃知事由郭后。"

【狂险】

《大词典》:"极端阴险。《旧唐书·宦官传·吐突承璀》:'太子通事舍人李涉,性狂险,投匦上书,论希先、承璀无罪,不宜贬戮。'"此词条孤证,可补充书证《涑水记闻》卷五:"上曰:'向者谏官御史言:若讷举胡恢书石经,恢狂险无行;又若讷前导者欧人致死,可谓无过乎?'"明·冯梦龙《智囊》:"赵凤曰:'玄豹言已验,若置之京师,则轻躁狂险之人必辐凑其门。自古术士妄言致人族灭者多矣'。"

【赍勑】

《大词典》:"携持诏书。唐·元稹《代谕淮西书》:'某月日遣使赍勑送付界首布告讫。'一本作'赍敕'。"此词条孤证,可补充书证《涑水记闻》卷六:"寇莱公之贬雷州也,丁晋公遣中使赍敕往授之,以锦囊贮剑,揭于马前。"明·王世贞《皇明异典述》卷八:"兹得卿来疏奏问并贺,省览之余,具悉忠爱,特遣锦衣卫副千户刘昂赍敕往视卿疾。"

【眊乱】

《大词典》:"昏聩惑乱。《汉书·五行志下之上》:'象陈眊乱,不服事周,而行贪暴,将致远夷之祸,为所灭也。'"此词条孤证,可补充书证《涑水记闻》卷六:"众知上眊乱误言,皆不应。"

【秤锤】

《大词典》:"称物时挂在秤杆上可以移动,用以使秤平衡的金属锤。《论语·子罕》:'可与立,未可与权。'宋·朱熹集注:'权,秤锤也。所以称物而知轻重者也。'"此词条孤证,可补充书证《涑水记闻》卷七:"太夫人性严,尝不胜怒,举秤锤投之。"

【少保】

《大词典》:"①古代官名。'三孤'之一。周代始置,为君国辅弼之官。后一般为大官加衔,以示恩宠而无实职。《尚书·周官》:'少师、少傅、少保曰三孤。'孔传:'此三官名曰三孤。孤,特也。言卑于公,尊于卿,特置此三者。'"此词条孤证,可补充书证西汉·贾谊《新书》卷五：“于是为置三少，皆上大夫也，曰少保、少傅、少师，是与太子燕者也。”《涑水记闻》卷七：“及立皇太子，以当时两府领少师、少傅、少保，召钦若于外，为太子太保。”

【喧斗】

《大词典》：“喧哗殴斗。《魏书·刑罚志》：'于是更置谨直者数百人，以防諠斗于街术。吏民安其职业。'”此词条孤证，可补充书证《涑水记闻》卷七：“因一僧许赂钦若银十挺，既入六挺，余负而不归，僧往索之，因喧斗。”

【密祷】

《大词典》：“暗中祈祷。《新唐书·张守珪传》：'守珪密祷于神，一昔水暴至，大木数千章塞流下，因取之，修复堰防，耕者如旧，州人神之，刻石纪事。'”此词条孤证，可补充书证《涑水记闻》卷八：“上曰：'比欲下诏罪己，避寝撤膳，又恐近于崇饰虚名，不若夙夜精心密祷为佳耳。'”明·钱德洪《平濠录》：“公密祷于舟中，无何，北风大作。”

【追册】

《大词典》：“犹追封。《晋书·齐王冏传》：光熙初，追册冏。曰：'……今复王本封，命嗣子还绍厥绪，礼秩典度，一如旧制。'”此词条孤证，可补充书证《涑水记闻》卷八：“将行追册，言官力谏，上意稍寝。”

【鉴辨】

《大词典》：“谓知人识才。汉·赵晔《吴越春秋·阖闾内传》：'胥乃明知鉴辨，知孙子可以折冲销敌。'”此词条孤证，可补充书证《涑水记闻》卷十：“自古以来，邪正在朝，未尝不各为一党，不可禁也，在圣鉴辨之耳。”

【怪僻】

《大词典》：“①谓奇怪而罕见。唐·柳宗元《宥蝮蛇文》：'（蝮蛇）形甚怪僻，气甚祸贼。'”此词条孤证，可补充书证《涑水记闻》卷十：“忱为文尤怪僻，人少有能读其句者。”清·李光地《榕村语录》卷二十二：“所以读书要正当，莫著怪僻之论，有此一段怪论，便恐有发作时。”

【轻易】

《大词典》：“②轻佻浮躁。《南史·周朗传》：'帝以约轻易，不如徐勉，于是勉舍同参国政。'”此条义项孤证，可补充书证《涑水记闻》卷十:"(忱)性轻易,喜傲忽人,好色嗜利,不修操检。"

【弃远】

《大词典》:"抛弃、疏远。《韩非子·说难》:'所说出于为名高者也,而说之以厚利,则见下节而遇卑贱,必弃远矣。'《楚辞·离骚》'不抚壮而弃秽兮'宋·洪兴祖补注:'谓其君不肯当年德盛壮之时,弃远逸佞也。'"此词条书证时代过早且孤例,不能很好体现词汇的发展,可补充书证《涑水记闻》卷十:"御史中丞王畴劾奏忱曰:'忱口谈道义,而身为沽贩;气凌公卿,而利交市井;畜养污贱,而弃远妻孥。'"

【阙漏】

《大词典》:"缺失遗漏。《文献通考·经籍十九》:'繁略不均,校之实录,多所阙漏。'"此词条孤证,可补充书证《涑水记闻》卷十二:"今近里要害城堡尚多阙漏,岂暇于孤远无益之处枉劳军民?"

【溃破】

《大词典》:"犹打破,擂破。《六韬·练士》:'有拔距伸钩、强梁多力、溃破金鼓、绝灭旌旗者聚为一卒,名曰勇力之士。'"此词条孤证,可补充书证《涑水记闻》卷十三:"正月二十一日,矢石且尽,城遂溃破,苏缄犹誓士卒殊死战。"

【关知】

《大词典》:"告知。《北齐书·高干传》:'干虽求退,不谓便见从许。既去内侍,朝廷罕所关知,居常怏怏。'"此词条孤证,可补充书证《涑水记闻》卷十三:"中正既至,军事进止,皆由己出,蔡不复得预闻,事既施行,但关知而已,监司皆附之。"

【干赏】

《大词典》:"求取赏赐。《荀子·议兵》:'兼是数国者,皆干赏蹈利之兵也,佣徒鬻卖之道也。'"此词条孤证,可补充书证《涑水记闻》卷十三:安道欲烹之,广南西路转运司奏:"所获非智高母、子,蛮人妄执之以干赏耳。"

【縻縶】

《大词典》:"拘禁。《资治通鉴·陈宣帝太建十二年》:'取金之事,虚实难明,今一旦代之,或惧罪逃逸;若加縻縶,则自郧公以下,莫不惊疑。'胡三省注:'谓系缚也。'"此词条孤证,可补充书证《涑水记闻》卷十三:"缘道皆不縻縶,供侍甚严。"元·马端临《文献通考》卷三十三:"遂使翘翘之楚多致于弃捐,皎皎之驹莫就于縻縶,遗才滞用,阙孰甚焉。"清·杜纲《北史演义》卷六十三："又取金之事，虚实难明，一旦代之，或惧罪逃逸。若加縻絷，则自郎公以下，莫不惊疑。"

【勤职】

《大词典》："①谓忠于职守，工作勤恳。唐·常衮《授韦谔给事中制》：'五年勤职，时谓淹才。'"此词条孤证，可补充书证《涑水记闻》卷十三："以鲍轲为勤职，欲以为本路转运使，台谏有言而止。"明·冯梦龙《智囊》："县官惭惧，解绶而去。由是诸郡县闻风股栗，莫不勤职。"

【欢和】

《大词典》："犹欢谐。汉·冯衍《与宣孟书》：'思厚欢和之节，乐定金石之固。'"此词条孤证，可补充书证《涑水记闻》卷十四："使朝廷与夏国欢和如初，生民重睹太平，宁有意也？"

【私火】

《大词典》："指民间日常生活用火。《周礼·夏官·序官》：'司爟下士二人徒六人。'郑玄注引汉·杜子春曰：'爟为私火。'"此词条孤证，可补充书证《涑水记闻》卷十四："（王中正）恐虏知其营栅之处，每夜二更辄令军士灭私火，后军饭尚未熟，士卒食之多病。"

【答款】

《大词典》："谓对答审问和诚心服罪。《隋书·刑法志》：'凡系狱者，不即答款，应加测罚，不得以人士为隔。'"此词条孤证，可补充书证《涑水记闻》卷十四："上乃脱械出外答款。中正恐公岳复有所言，甚惧。"

【租佃】

《大词典》："土地、山林、水域占有者（主要是地主）把占有物出租给人使用而进行剥削。宋·苏轼《申三省起请开湖六条状》：'自来西湖水面，不许人租佃。'"此词条孤证，可补充书证《涑水记闻》卷十四："选其马可充军马用者，悉送沙苑监；其次给传置；其次斥卖之。牧田听民租佃。"清·李有棠《金史纪事本末》卷三十四："九月壬申，定屯田户自种及租佃法。"

【戏笑】

《大词典》："②讥笑。《汉书·英布传》：少时客相之，当刑而王。及壮，坐法黥，布欣然笑曰：'人相我当刑而王，几是乎？'人有闻者，共戏笑之。"此词条孤证，可补充书证《涑水记闻》卷十五："余以其狂妄，常语于同列，以资戏笑。"

【解役】

《大词典》："①解除劳役。《晏子春秋·谏下八》：'未几，朝韦囧解役而归。'张纯一校注引俞樾曰：'韦囧，人名。朝者，召也。'"此词条孤证，可补充书证《涑水记闻》卷十五："于是诸州竞为刻剥，或数十年前尝经酬奖，今已解役，家赀贫破，所应输钱有及二三千缗者，往往不能偿而自杀。"

【营致】

《大词典》："经营。唐·韩愈《与郑相公书》：'前后人所与，及裴押衙所送钱物，并委樊舍人主之，营致生业，必能不失利宜。'"此词条孤证，可补充书证《涑水记闻》卷十六："介甫使人为营致，除京官，留金陵且半年。"明·陆容《菽园杂记》："然浮海之装，捆载珠玉，在齐复营致千金之产，自齐居陶，父子耕蓄，转物逐利，复积蓄累巨万。"

【媚事】

《大词典》："谓以谄媚事人。《汉书·王莽传上》：'又遣王昭君女须卜居次入侍。所以诳耀媚事太后，下至旁侧长御，方故万端。'"此词条孤证，可补充书证《涑水记闻》卷十六："汝砺又言：'俞充为成都转运使，与宦官王中正共讨茂州蛮，媚事中正，故得都检正。'"

【雅信】

《大词典》："素来的信任。《汉书·杜周传》：'然范雎起徒步，由异国，无雅信，开一朝之说，而穰侯就封。'颜师古注：'雅信，谓素相任信。'"此词条孤证，可补充书证《涑水记闻》卷十六："奉世先为枢府检详，冲卿自枢府入相，奏为检正，雅信重之。"

【坟院】

京城南悫贤寺，温成张妃坟院也。(《邵氏闻见录》卷二)

按：《大词典》收录了"坟院"，并释之为"坟园"，很是。但只列举了元代一个用例，如元·关汉卿《鲁斋郎》第一折："消不的你请我坟院里坐一坐，教你祖宗都得生天。"此处书证单一，而且书证晚出。可以补充《邵氏闻见录》中的例证，同时还可以补充后代的用例，如清·纪昀《阅微草堂笔记》："张大骇曰：'是某家坟院，荒废久矣，安得有是？'"

【高仰】

边近西山，地势高仰，不可为溏泺，向闻遣使部兵，遍置榆柳，冀其

成长，以制房骑，昔庆历《慢书》，所谓创立堤防，障塞要路，无以异矣，三也。(《邵氏闻见录》卷四)

按：此处"高仰"为"指地势高。与'低洼'相对而言。"《大词典》收录了该词，举例为宋·李纲《靖康传信录下》："地形低下处，可益增广；其高仰处，即开干壕及陷马坑之类。"仅此一条书证，其实早在唐代该词就有记载，例如唐·杜佑《通典》："以益溉郑国傍高仰之田，素不得郑国之溉灌者。仰谓上向。"之后的历史文献中也都有出现，如《明史》卷八十六："历嘉而苏，众水所聚，至常州以西，地渐高仰，水浅易泄，盈涸不恒，时浚时壅，往往兼取孟渎、德胜两河……"

【庸儒】

白时中、李邦彦并左右相，愞薄庸懦无所立，蔡京以盲废复出，领三省事；用其子絛为谋主，絛与其兄相仇，絛败，京复致仕。(《邵氏闻见录》卷五)

按：《大词典》收录了"庸儒"一词，并释之为"平庸的儒者"。这是正确的，然只有一个唐代的书证，刘知几《史通·惑经》："岂与夫庸儒末学，文过饰非，使夫问者缄辞杜口，怀疑不展，若斯而已哉！"应该补充《邵氏闻见录》的宋代用例。该词在后代亦有用例，如清·烟水散人《珍珠舶》第十回："假使一旦时来运利，不要说材兼文武，倜傥不羁之士，就是那庸儒残学，亦能高步青云，取富贵而有余。"

【转延】

秦始皇之拒谏，终累子孙；汉武帝之回心，转延宗社。(《邵氏闻见录》卷六)

按：此处"转延"为"变化延长"《大词典》收录该词，举例为唐·韦应物《除日》诗："淑景方转延，朝朝自难度。"仅此一条书证。

【承前】

窃见当州管界，承前多是荒凉，户小民贫，程遥路僻。(《邵氏闻见录》卷六)

按：此处"承前"为"从前"。《大词典》收录该词，举例为《资治通鉴·唐玄宗开元二十九年》："承前诸州饥馑，皆待奏报。"胡三省注："承前，犹今言从前也。"仅此一条书证，其实该词早在唐代就有记载，例如唐·杜佑《通典·食货典》卷五："皇八年五月，高颎奏，诸州无课调处及课州管户数少者，官人禄力，承前以来，恒出随近之州。"还可补充其他更早文献，《后汉书》卷六十四："谢承书曰：'弼年二十为郡功曹，承前太守宋欣秽浊之后，悉条诸生聚敛奸吏百余人，皆白太守，埽豯还县，高名由此而兴。'"

【貌肖】

公惘然久之，后至祆庙后门，见一土偶短鬼，其貌肖茶肆中见者，扇亦在其手中，公心异焉。(《邵氏闻见录》卷七)

按：此处"貌肖"为"谓形貌相似"。《大词典》举例为明·刘基《郁离子·千里马》："上古圣人以木主事神，后世乃易以土偶，非先王之念虑不周于今之人也，苟求诸心诚不以貌肖。"仅此一条书证，且为首例，太晚。应补充《邵氏闻见录》例证。

【清素】

所以马援书，勤勤告诸子：举世贱清素，奉身好华侈。(《邵氏闻见录》卷七)

按：此处"清素"为"犹清贫"。《大词典》收录该词。举例为南唐·刘崇远《金华子杂编》卷上："家本清素，日用尤乏。"仅此一例。除本书证还可补充其他书证，如《全梁文》卷四十："次虔之，为乐安令，居官清素，民皆德之。次岳，次峻，并文名冠世，峻为西台学士。"明·杨尔增《两晋秘史》第三回："每欲委兵权归国，叹无人可领此职也。孤若一旦求清素之名，必遗祸于国家矣！"

【青帏】

公闻之大恸，故居家俭素，所卧青帏二十年不易。(《邵氏闻见录》卷七)

按：此处"青帏"为"青色的帏幕。指闺阁。"《大词典》收录该词。举例为清·王闿运《采芬女子墓志铭》："略修词于彤管，时写韵于青帏。"仅此一词例，且书证滞后，除可补充《邵氏闻见录》例证外，还可补充《清史稿》卷一百二十："贝子明轿一，暖轿一。红盖，红幨，青帏。余如贝勒。"

【判状】

孙文懿公，眉州鱼蛇人。少时家贫，欲典田赴试京师，自经县判状，尉李昭言戏之曰：'似君人物求试京师者有几？(《邵氏闻见录》卷八)

按：此处"判状"为"犹今之判决书"。《大词典》(第 2 册第 646 页) 举例为唐柳宗元《段太尉逸事状》："(农) 且饥死，无以偿，即告太尉。太尉判状辞甚巽。"仅此一个词例。可补充元《三国志评话》："方欲落笔判状，有左右劝元峤，看县尉破黄巾贼功劳，权免杖罪，令左右人绕厅拖三遭。"

【败盟】

虏万一败盟，臣死且有罪。(《邵氏闻见录》卷九)

按：此处"败盟"为"毁约，违约。"《大词典》收录了该词，举例为宋·陆游《湖水愈缩戏作》诗："今秋雨少烟波窄，堪笑沙鸥也败盟。"仅此一条书证，不能体现语言的流变，除本书证外，还可以补充其他历代文献，如唐《禅源诠序》四卷："将使两家学者知一佛无二道，四河无异味，言归于好，永无败盟。"明·沈德符《万历野获编》卷二十四："宋恃此塔防契丹败盟，先事保聚，今则无所用之矣。"明·冯梦龙《东周列国志》第九十回："秦攻一国，则五国共救之，如有败盟背誓者，诸侯共伐之。"

【立嗣】

公曰："后宫生子，所立嗣退居旧邸可也。"(《邵氏闻见录》卷九)

按：此处"立嗣"为"确立王位继承人"。《大词典》收录了该词，举例为《史记·孝文本纪》："古者殷周有国，治安皆千余岁，古之有天下者莫长焉，用此者也。立嗣必子，所从来远矣。"仅此一词例，例证单一，除《邵氏闻见录》例证外，还可补充《全汉文》卷五十三："故《春秋》之义，诛君之子不宜立。元虽未伏诛，不宜立嗣。"明·罗贯中《三国演义》第三十一回："敌兵压境，岂可复使父子兄弟自相争乱耶？主公且理会拒敌之策，立嗣之事，毋容多议。"

【庭训】

吾视稷犹子也，果不悛，将庭训之。(《邵氏闻见录》卷十)

按：《大词典》释"庭训"为"家教"。在《邵氏闻见录》例证里，"庭训"为动词，义为"教训"，故《大词典》可补充该动词义项和例证。"庭训"作为名词在《大词典》只举清·蒲松龄《聊斋志异·陈云栖》："无何，孝廉卒。夫人庭训最严，心事不敢使知。"书证单一、滞后，可以补充更早的文献用例，如《抱朴子·外篇》卷五十："年十有三，而慈父见背，夙失庭训。"

【府官】

明日，公交府事，以次见监司。府官如常仪。(《邵氏闻见录》卷十)

按：此处"府官"为"官职"。《大词典》收录了该词，词例为《管子·幼官》："定府官，明名分，而审责于群臣有司，则下不乘上，贱不乘贵。"仅此一条词例，属于词证单一。还可以补充其他朝代的词例，东汉·荀悦《前汉纪》卷二十一："贡禹。字少翁。初为河南令。以职事为府官所责。"唐·杜佑《通典》卷二十："其太尉、司徒与二大属官阶同。唯司空府官每降一阶。"明·罗懋登《三宝太监西洋记》第九十二回："柳爷是个新任府官，锋芒正锐，却又是和尚轻藐他，他越发吃力。"清·佚名《乾隆南巡记》第五十四回："然后，让我亲到嘉兴府去见了府官，与他说明，谅他不敢怎样！"

【园圃】

洛城园圃复盛。公坐亭河上，榜曰"漕河新亭"(《邵氏闻见录》卷十)

按：此处"园圃"为"种植果木菜蔬的园地"。《大词典》收录了该词，举词例为："《周礼·天官·冢宰》：'以九职任万民。一曰三农，生九谷；二曰园圃，毓草木。'"词证单一，该词例早在春秋时代就已经出现，如春秋《墨子·非攻》："今有一人。入人园圃。窃其桃李。众闻则非之。上为政者得则罚之。此何也。"其他文献有唐·郑处诲《明皇杂录》卷上："遇岁除，日闲无事，妻孥登城眺览，见数人，方于园圃有所瘗。"明·沈德符《万历野获编》卷二十九："比数年来，元夕前后，姚魏已盛行于时，豪贵园圃在在有之，始知拿州语信然。"清·夏敬渠《野叟曝言》第四十七回："第一句，先为梅花寻一园圃，如贮阿娇者，必先购一金屋，把梅花之孤标冷格，早已和盘托出。"

【条例司】

荆公置条例司，初用程颢伯淳为属。(《邵氏闻见录》卷十一)

按：此处"条例司"为"宋官署'制置三司条例司'的省称"。《大词典》收录了该词，举例为《宋史·职官志一》："判大名府韩琦言：'条例司虽大臣所领，然止是定夺之所。今不关中书而径自行下，则是中书之外又有一中书也。'"书证单一。可补充《邵氏闻见录》例证。

【病疮】

后荆公病疮良苦，尝语其侄曰：亟焚吾所谓《日录》者。(《邵氏闻见录》卷十一)

按：此处"病疮"为"受伤有病"。《大词典》收录了该词，举例为《三国演义》第五十一回："吾见公瑾病疮，医者言勿触怒，故曹兵搦战，不敢报知。"仅此一条滞后的书证，除《邵氏闻见录》例证外，还可补充其他历史文献，如东汉王充《论衡》："一始皇之身，世或言死于沙丘，或言死于秦，其死言恒病疮。"蔡东藩《宋史演义》第九十九回："希贤病疮道死，宋廷才知惹祸，亟使人移书元军，略言：'戕使事系边将所为，朝廷实未预知。当依法按诛，还乞贵国罢兵修好！'"

【园宅】

温公通判太原时，月给酒馈待宾客外，辄不请，晚居洛，买园宅，犹以兄郎中为户。(《邵氏闻见录》卷十一)

按：此处"园宅"为"田园第宅"。《大词典》收录了该词，举例为《宋书·杨运长传》："运长质木廉正，治身甚清，不事园宅，不受饷遗。"词证单一。该词早在唐代就已经出现，例如唐·杜佑《通典》卷二十三："掌屯田、官田、诸司公廨、官人职分、赐田及官园宅等事。员外郎一人。改置与户部员外郎同。"明·顾炎武《日知录集释》卷十七："邵尧夫虽未被荐，公着居洛中，雅敬尧夫，恒相从游，为市园宅。"《明史演义》："原来京城西北，多筑内臣园宅，自被寇众纵火，免不得一并延烧。"

【疏族】

章惇者，邠公之疏族。(《邵氏闻见录》卷十三)

按：此处"疏族"为"远族；远亲"。《大词典》收录了该词，举例为汉·蔡邕《济北相崔君夫人诔》："推恩中外，施浃疏族。"词证单一，其他文献有唐·杜佑《通典》卷九十六："尝为父子，爱敬兼加，岂得事改，便同疏族？方之继母嫁，于情为安。"明·沈德符《万历野获编》卷六："冒认朱相国金庭同宗，与其疏族称昆季，狙狯闪烁，犹然山会胥吏伎俩也。今老矣，予亦识之。"清·吴广成《西夏书事》卷十一："吾祖，华言可汗也。于是属族悉改'嵬名'，蕃部尊荣之，疏族不与焉。"

【私族】

私族父之妾，为人所掩，逾垣而出，误践街中一妪，为妪所讼。(《邵氏闻见录》卷十三)

按：此处"私族"为"宗族"。《大词典》收录该词，举例为《左传·昭公十九年》："其一二父兄惧队宗主，私族于谋，而立长亲。"仅此一条词例，除《邵氏闻见录》中词例外，可以补充金·刘祁《归潜志》："又偏私族类，疏外汉人，其机密谋谟，虽汉相不得预。"清·顾炎武《日知录集释》卷十四："对晋人谓，私族于谋，而立长亲。是叔父继其兄子。"

【押字】

布曰：丞相已定，何问彼为？俟敕出令押字耳。(《邵氏闻见录》卷

十三)

按：此处"押字"为"犹今言签字"。《大词典》收录了该词，举例为宋·范成大《坐啸斋书怀》诗："眼目昏缘多押字，胸襟俗为少吟诗。"仅此一条词例，属于书证单一，除本条《邵氏闻见录》书证外，还可补充元·张光祖《言行龟鉴》卷六："如涂擦文字，追改日月，重易押字，万一败露，得罪反重，亦非所以养诚心、事君不欺之道也。"明·罗贯中《隋唐野史》第九十一回："二公下泪，即取白绢一幅，四人书名押字，歃血为盟，死生不负所约。"

【招置】

范文正公帅延安，招置府第，俾修制科，至登进士第，其志乃已。(《邵氏闻见录》卷十三)

按：此处"招置"为"招募设置"。《大词典》收录该词，举例为《旧五代史·晋书·杨思权传》："（杨思权）乃劝从荣招置部曲，调弓砺矢，阴为之备。"仅此一条词例。可补充如唐《唐文拾遗》卷七十二："地繇古观，废非一祀，沈君必将复其层构，招置道流，以识前修，且彰今躅。"元·纳新《河朔访古记》："甲辰，尼玛哈中书招置幕下，年四十七卒。"明·冯梦龙《情史》卷十四："遂招置馆中，读书游伴。偶童氏小恙，琼奴方侍汤药，而苕郎入问疾。"蔡东藩《宋史演义》第六十三回："所有招置新军，及御营司兵，俱用新法团结。"

【按牍】

近岁刘寿臣为留台，于故按牍中得少师自书假牒十数纸，皆楷法精绝。(《邵氏闻见录》卷十六)

按：此处"按牍"为"文书。按，通'案'"。《大词典》收录了该词，举例为："唐白居易《征秋税毕题郡南亭》诗：'按牍既简少，池馆亦清闲。'"一本作"案牍"。仅此一条词例，属于词例单一，可以补充明·戚继光《练兵实纪》卷三："稍知任内之略，乃将钱粮、兵马、城池、地理各文册，于案牍中择出，粗涉一过，先取大数，抄为手折，常在袖中，应参上司。"清·章学诚《文史通义》卷七："然簿书案牍，颁于功令，守于吏典，自有一定科律。"

【识悉】

明日往观，于桑枝上生一仙人横笛者，其眉宇衣服识悉毕具。(《邵氏闻见录》卷十六)

按：此处"识悉"为"知悉。"《大词典》收录了该词，举例为《宋书·孝义传·郭原平》："每出市卖物，人问几钱，裁言其半，邑人皆共识悉，辄加本价与之。"仅此一条词例，属于词例单一。可参见其他历史文献，如《抱朴子·外篇》（二）："其清高闲能者，洪指说其快事；其贪暴暗塞者，对以偶不识悉。"清·屈大均《广东新语》卷十五："暹罗在占城南，洪武四年，其王参烈昭毗牙遣使奈思俚侪刺识悉替等来朝贡，进金叶表，其物有象、象牙、犀角、孔雀尾、翠毛、六足龟、龟筒、宝石、珊瑚……"

【司狱】

商爱之，偶以事下有司狱，旬日归，辄叹恨不已。(《邵氏闻见录》卷十七)

按：此处"司狱"为"掌管刑狱的官员"。《大词典》收录了该词，举例为汉·扬雄《法言·告知》："如有犯法，则司狱在。"仅一条词证，除《邵氏闻见录》例外，还可以补充《明史》卷七十二："冶之政佐邦国，赡军输，以支兑、改兑之规利漕运，以蠲减、振贷、均籴、捕蝗之令悯灾荒，以输转、屯种、籴买、召纳之法实边储。"

【杯觞】

康节和曰：道堂闲话尽多时，尘外杯觞不浪飞。初上小车人已静，醉和风雨夜深归。(《邵氏闻见录》卷十八)

按：此处"杯觞"为"酒杯"。《大词典》收录该词，举例为《三国志·吴志·胡综传》："性嗜酒，酒后欢呼极意，或推引杯觞，搏击左右。"仅此一条，属于词例单一，可补充其他历史文献，例如《晋书·阮咸传》："诸阮皆饮酒，咸至，宗人间共集，不复用杯觞斟酌，以大盆盛酒，圆坐相向，大酌更饮。"清·佚名《小八义》第六十一回："大哥二弟论短长阮英落地屋中看，手指挖破书房窗顺着窗孔往里瞧二人吃酒举杯觞。"

【皮甲】

常谓康节曰："先生可衣此出，朝服乘马，用皮甲眝深衣隋其后，入独乐园则衣之。"(《邵氏闻见录》卷十九)

按：此处"皮甲"为"用兽皮制的软甲"。《大词典》收录该词，举例为《元史·史天祥传》："天祥请代攻，木华黎喜，付皮甲一。"书证单一，可以补充东汉·应劭《风俗通义》释义："鼓者，郭也，春分之音也。万物郭皮甲而出，故谓之鼓。"唐·杜佑《通典》卷一百八十八："庭列仪仗，有纛，以孔雀羽饰焉。兵器有弓、箭、刀、稍、皮甲。征伐皆乘象，一队有象百头，每象有百人卫之。"明·钟惺《夏商野史》第十七回："每家自置兜鍪皮甲、戈矛、弓矢、盾橹。而每车有小旗、小鼓。"陆士谔《清朝秘史》第二十一回："永历帝抬头，见那缅将穿着皮甲，佩着铜剑，满脸笑容地进来。"

【中直】

伯温上世范阳，以中直笃实，读书谨礼为家法。(《邵氏闻见录》卷二十)

按：此处"中直"为"正直"《大词典》收录该词，且仅举了一个词例为《周易·同人》："象曰：同人之先，以中直也。"孔颖达疏："以其用中正刚直之道。"词例单一，不利于词项的流变性考察，可补充其他书证，例如（后秦·竺佛念译）《出曜经》卷三十："欲慢日用增者。夫中直之人厌患利养。戒闻施惠众德具足。"明·沈德符《万历野获编》卷三："或曰：吕序中直拟继述先朝母后，置太后中宫何地，且称脱簪劝讲，毋乃巧为媚乎？"

【惭怅】

相国睹之，惭怅而已，乃扃闭此厅，终身不处也。(《北梦琐言·李商隐草进剑表》卷七)

《大词典》："羞愧惆怅。宋·程颢《李寺丞墓志铭》：'惟偶为仲通所责，则其人必惭怅累日，痛自饬励。'"该词条可用文例很少，除本条《北梦琐言》书证外，仍可补充《全三国文》卷十八："尝闻乌反哺，未闻枭食其母也。问者惭怅不善也。"此例意为只听说过乌鸦反哺，从没听说过枭吃自己母亲的，提问的人为不孝之人感到羞愧。

【仙分】

收相少年于庐山修业，一日，寻幽至深隐之地，遇一道者谓曰："子若学道，即有仙分。必若作官，位至三公，终焉有祸，能从我学道乎。"(《北梦琐言·杨收不学仙》卷十二)

《大词典》："谓成仙的素质及缘分。《南史·隐逸传下·邓郁》：'白日，神仙魏夫人忽来临降，乘云而至……谓郁曰："君有仙分，所以故来，寻当相候。"'"该词条使用较多，唐代前后都有用例，有代表性的如东晋·葛洪《神仙传》卷四："子既有仙分，缘又聪明，得此便成，不必须师也。"宋《湖海新闻夷坚续志》后集卷一："门外之人，有仙骨而无仙分，宜速分付。"清·汪寄《海国春秋》："餐得灵芝，已有仙分。登云越海，俱属寻常。"

【佛幡】

刘仁恭微时，曾梦佛幡于手指飞出，或占之曰："君年四十九必有旌幢之贵。"(《北梦琐言·燕王刘仁恭异梦》卷十四)

《大词典》："佛寺所用的幡盖。《资治通鉴·唐高祖武德二年》：'武周进逼介州，沙门道澄以佛幡缒之人城，遂陷介州。'"孤证。可补梁《大藏经·经律异相》："师到其门语言：'卿舍有佛幡盖，我不敢进'。"唐·道世《法苑珠林》卷七十四："佛幡多者、欲作余佛事用者得；若施主不许者不得。"改例中"佛幡多者"是指佛幡多的人。清·和邦额《夜谭随录》："公子恻然，急纳小女于案下，以佛幡覆蔽之。"

【败阙】

杨令坚勉之，乃曰："某每岁公税享六十缗事例钱，苟无败阙，终身优渥。不审相公欲为致何官职？"(《北梦琐言·毕舅知分》卷四)

《大词典》："犹过失。唐·韩愈《论变盐法事宜状》：'宰相者，所以临察百司，考其殿最，若自为使，纵有败阙，遣谁举之？此又不可者也。'"其他可供参考的用例如五代《祖堂集》卷七："和尚败阙也。"宋·普济《五灯会元》卷十一："僧参，师举拂子。僧曰：'今日败阙'，师放下拂子。"此处是描述僧人犯错勇于承认，于是大师放下了惩罚的拂子。清·黄以周等《续资治通鉴长编拾补》卷六："将军换诸司副使，太常丞、正率换内殿崇班、太子中允，并与州郡监当，一任无败阙，与亲民。"

【讦切】

又以彭城先德受贿饮鸩，乃作《鹦鹉杯赋》，丑词讦切，人为寒心。(《北梦琐言·苦麻刘舍人事》卷四)

《大词典》："攻讦，切责。《后汉书·桓荣传论》：'张佚讦切阴侯，以取高位，危言犯众，义动明后，知其直有余也。'"其他可补充的用例较多，如宋·蔡襄《端明集》卷二十三："使其言有讦切，亦愿优假，无为奸邪构间，致有斥逐，使天下之人指朝廷有拒谏之失也。"又如《后汉书》卷六十七："论曰：张佚讦切阴侯，以取高位，危言犯众，义动明后，知其直有余也。"以及明·邱濬《大学衍义补》卷四十："夫恭而无礼则自为罢（音疲）劳，慎而无礼则徒为畏惧，勇而无礼则流于陵犯，直而无礼则伤于讦切，其弊如此，岂所贵于恭、慎、勇、直哉。"

【郡牧】

次即讳福扬历七镇，终于使相，凡八男，三人及第至尚书、给谏、郡

牧，见有诸孙皆朱紫，不坠士风。(《北梦琐言·李鹏遇桑道茂》卷十)

《大词典》："郡守。郡的行政长官。旧题宋·尤袤《全唐诗话·黄颇》：'颇，宜春人，与肇同乡，颇富而肇贫，同日遵路赴举。郡牧饯颇离亭，肇驻塞十里以俟。'"此词条用例很多，出现得也比较早，完全可以多补充各代用例，以证源流，如唐·李虚中注《李虚中命书》："高而为君父，贵而为王侯，大而为郡牧，下而为庶民，文于仁义忠信，富于财谷布帛，成而祀天地，灵而驱万物，此人之事也。"五代·王仁裕《玉堂闲话》："其如某将娶而未亲迎，遭郡牧强以致之，献于上相裴公。"此例非常具有代表性，其中"君父""王侯""郡牧""庶民"形成一组梯度对比，地位由高到低。宋·苏易简《文房四谱》卷一："甚善，诘之，工以实对。郡牧乃令一户必输人须，或不能逮，辄责其直。"

【标仪】
李戏之曰："昔者未睹标仪，将谓可乘鸾鹤。此际拜见，安知壮水牛亦恐不胜其载。"(《北梦琐言·李远识曹唐》卷五)

《大词典》："崇高的仪则。唐·孙樵《文贞公笏铭》：'怒虎可唾，笏不可挫；太华可裂，笏不可折；柱天不仄，指日不蚀。标仪条臆，起梗开直。'"该词用例虽不多，除本条《北梦琐言》例证外，仍可找出有代表性的几例，如《大藏经·续高僧传》："兼又持信标仪不交华薄。"此处"标仪"与"华薄"为一对反义词，此例意为他同时只相信有高尚仪则的人，不与肤浅虚荣的人交往。宋·无名氏《夏云峰》词："化工深意，巧付与、别个标仪。"

【滂注】
滂注愈甚，已过食时，民家意其朝饥，延入厅事。(《北梦琐言·孔侍郎借油衣》卷十)

《大词典》："倾泻。南朝齐·王琰《冥祥记》：'乃读《海龙王经》，造卷发音，云气便起，转读将半，沛泽四合，才及释轴，洪雨滂注。'"其他用例有梁·慧皎《高僧传》："瑜乃誓曰'若我所志克明，天当清朗，如其无感，便当滂注。使此四辈知神应之无昧也。'言已，云景明霁。"唐·释道宣编《广弘明集》："人力既丰，四面齐至，忽见云气围绕，大雨滂注，雷电震击，百工奔走。"明·杨尔曾《韩湘子全传》第八回："既而雷电晦冥，大雨滂注，火轮走掣，飚驭盘旋。"

【赫燄】
当项羽置太公于高俎之上，赫燄可畏，无地措身，而分羹之言，优游

暇豫，出于其口，恬不之愧。(《野客丛书·高帝弃二子》卷一)

"赫燄"犹"显赫"。《大词典》仅举例证《五灯会元·雪峰存禅师法嗣·玄沙师备禅师》："若到这里，体寂寂，常的的，曰赫燄，无边表。"《五灯会元》乃唐五代文献，可用《野客丛书》的例证来补充宋代文献用例。

【稽命】

自三月至七月，稽命如是之久，不得已，然后勉强受之。(《野客丛书·殷浩失望》卷二)

"稽命"即"不及时听从命令"。《大词典》仅举例证《南齐书·氐传》："梁州刺史范柏年怀挟诡态，首鼠两端，既已被伐，盘桓稽命。"《南齐书》为南北朝时期文献，应补充宋代文献用例来突出"稽命"在汉语史上的使用情况。

【通用】

仆谓"何""苛"二字，古者通用，实一义耳。(《野客丛书·班马史文》卷二)

"通用"义项②即"某些写法不同而读音相同或意义相通的汉字彼此可以换用。如'糕'与'餻'，'由''于'繇'"。《大词典》没有具体的例证，可用《野客丛书》例证来补充宋代例证，增强词条的直观性和具体性。

【非意】

仆谓著《太玄》者，小有非意，且不能自制，投天禄阁，为后世笑，尚何以责学《太玄》者邪？(《野客丛书·王涯学太学》卷四)

"非意"义项②即"恶意"。《大词典》仅举例证宋·司马光《叙清河郡君》："君性和柔敦实……人虽以非意侵加，默而受之，终不与之辨曲直。"孤证无说服力，可再补充宋代的用例。

【剧寒】

今人徒知武在匈奴剧寒中被如是之虐，不知剧暑中亦受如是之苦。(《野客丛书·苏武在匈奴》卷四)

"剧寒"即"严寒。"《大词典》仅举例证宋·曾巩《与王深甫书》："剧寒自重，书至幸报。"孤证，可再补充《野客丛书》一条，来增强可信度。

【有娠】

又观《张敬儿传》，其母于田中梦犬子有娠，而生敬儿，故初名苟

儿，又生一子名猪儿。(《野客丛书·敬字》卷五)

"有娠"即"怀孕。"《大词典》仅举例证《汉书·高帝纪上》："是时雷电晦冥，父太公往视，则见交龙于上。已而有娠，遂产高祖。"孤证，可再补充宋代笔记小说《野客丛书》作为书证。

【侍亲】

熙宁三年，余侍亲守官泗上，时公为盱台主簿。(《野客丛书·孙公谈圃》卷五)

"侍亲"即"侍奉父母"。《大词典》仅举例证唐·白居易《送唐州崔使君侍亲赴任》诗："'乌府一抛霜简去，朱轮四从板舆行'自注：'崔郎中，从殿中连典四郡，皆侍亲赴任。'"可再补充宋代用例。

【割损】

师古注谓："以肉归遗细君，是割损其名。"(《野客丛书·割名割炙》卷七)

"割损"即"割削；减灭"。《大词典》仅引例证汉阮瑀《为曹公作书与孙权》："荆土本非己分，我尽与君，冀取其余，非相侵肌肤，有所割损也。"可以《野客丛书》中例进行补充。

【躭酒】

陈暄亦曰："昔吴国张长公躭酒，年六十，自言引满大胜少年时。"(《野客丛书·张长公》卷九)

"躭酒"即"犹嗜酒"。《大词典》仅举例证明·何景明《答刘子纬雨后之作次韵》："穷愁阮籍犹躭酒，老病虞卿只著书。"《答刘子纬雨后之作次韵》为明代文献，《大词典》可用《野客丛书》例证来补充宋代文献用例，同时将书证提前，有利于该词探源。

【深泥】

大抵词人用事圆转，不在深泥出处，其组合之工，出于一时自然之趣。(《野客丛书·周侍郎词意》卷十)

"深泥"义项②即"过于拘泥"。《大词典》仅举例证宋·朱熹《朱子全书》卷六："经旨要子细看上下文义，名数制度之类，略知之便得，不必大段深泥，以妨学问。"孤证无说服力，可再补充宋代用例。

【逊逊】

《蒋君碑》曰"遵五屏四"，《刘修碑》曰"动乎俭，中鬼神，富谦乡党，逊逊如也"，《祝睦碑》曰"乡党逡逡，朝廷便便"，《孔彪碑》曰"无偏无党，遵王之素"。(《野客丛书·汉碑引经语》卷十)

"逊逊"即"恭慎貌"。《大词典》仅举例证宋·洪适《隶释·汉慎令刘脩碑》:"其于乡党,逊逊如也。卑谦博爱,恕已接人。"孤证无说服力,可再补充宋代用例。

【鬻钱】

员半千上书曰:"臣家赀不满千钱,有田三十亩,粟五十石。闻陛下封神岳,举豪英,故鬻钱走京师"云云,此正祖贡禹之意。(《野客丛书·员贡二书》卷十)

"鬻钱"即"卖物得钱"。《大词典》仅举例证《宋史·食货志下三》:"至道二年,两池得盐三十七万三千五百四十五席,席一百一十六斤半。三年,鬻钱七十二万八千余贯。"可补充《野客丛书》用例,体现"鬻钱"一词在汉语史上的流变。

【亡极】

是以狱吏专为深刻,残贼而亡极,媮为一切,故俗语曰:"画地为狱,议不入;刻木为吏,期不对。"此皆疾吏之风,悲痛之辞也!(《野客丛书·汉狱吏不恤》卷十二)

"亡极"即"无穷尽,没有止境"。《大词典》仅举例证汉·贾谊《治安策》:"礼,祖有功而宗有德,使顾成之庙称为太宗,上配太祖,与汉亡极。"《治安策》为汉代文献,用宋代文献来进行补充,体现"亡极"一词在使用上的时代变化。

【离亲】

故天下之患,莫深于狱;败法乱正,离亲塞道,莫甚乎治狱之吏。此所谓一尚存者也。(《野客丛书·汉狱吏不恤》卷十二)

"离亲"义项②即"离间亲属关系。"《大词典》仅举例证《庄子·渔父》:"好言人之恶,谓之谗;析交离亲,谓之贼。"成玄英疏:"人有亲情交故,辄欲离而析之,斯贼害也。"《大词典》可再补充宋代用例。

【创见】

往往谓此语创见于晋,不知此语已先见于徐幹《中论》曰:"文王畋于渭水,遇太公钓,召而与之言,载之而归。文王之识也,灼然若驱云而见白日,霍然如开雾而睹青天。"(《野客丛书·披雾睹天》卷十二)

"创见"义项①即"第一次出现"。《大词典》仅举例证《文选·司马相如〈封禅文〉》:"休烈浃洽,符瑞众变,期应绍至,不特创见。"李善注引文颖曰:"不独一物造见也。"《大词典》可再补充宋代《野客丛书》用例,以更好地证明该义项的解释。

第七章 《汉语大词典》词目书证问题研究

【消疾】

痟首、消中，二疾既异，而其字亦自不同，后人往往不辨，指为一疾，鲜有别之者。后汉李通素有消疾，此正如相如渴疾也。(《野客丛书·痟消二义》卷十二)

"消疾"义项①即"消渴病"。《大词典》仅举例证《后汉书·李通传》："（通）素有消疾，自为宰相，谢病不视事。"李贤注："消，消中之疾也。"《后汉书》孤证不足信，应补充宋代文献用例来突出"消疾"在汉语史上的使用情况。

【施朱】

《颜氏家训》谓梁朝子弟无不熏衣剃面，傅粉施朱。以此知古者男子多傅粉者。(《野客丛书·男人傅粉》卷十二)

"施朱"义项②即"犹言涂脂抹粉"。《大词典》仅举例证清·戴名世《洪崑霞制义序》："乃一旦见有悦之者，则亦遂施朱涂粉，居然自以为国色。此窈窕贞静女所疾趋而避者也。"《大词典》所举例证为清代文献，晚出，不能很好地体现"施朱"一词的源与流，可用《野客丛书》补充宋代用例。

【父道】

兄弟之子，犹子也。古人视侄以父道，曰叔父，曰大人；而事叔亦以子礼，叔侄之分与父子同 (《野客丛书·弟侄献言》卷十三)

"父道"义项②即"为父之道"。《大词典》仅举例证《礼记·昏义》："天子修男教，父道也；后修女顺，母道也。"《礼记》孤证，可补充宋代文献《野客丛书》的例证。

【危言】

班、马二史下"即"字，曰"所治即上意所欲罪，予监吏深刻者；即上意所欲释，予监吏轻平者。即豪，必舞文巧诋，即下户羸弱，虽文致法，往往释之"；曰"其在朝，君语及之即危言，不及之即危行"。(《野客丛书·二史下即字》卷十三)

"危言"义项②即"谓（行为）超过言语"。《大词典》仅举例证《礼记·缁衣》："大人不倡游言。可言也，不可行，君子弗言也；可行也，不可言，君子弗行也。则民言不危行，而行不危言矣。"郑玄注："危，犹高也。言不高于行，行不高于言，言行相应也。"《大词典》可再补充宋代用例。

【危行】

班、马二史下"即"字,曰"所治即上意所欲罪,予监吏深刻者;即上意所欲释,予监吏轻平者。即豪,必舞文巧诋,即下户羸弱,虽文致法,往往释之";曰"其在朝,君语及之即危言,不及之即危行"。(《野客丛书·二史下即字》卷十三)

"危行"义项④即"谓(言语)高于行为"。《大词典》仅举例证《礼记·缁衣》:"大人不倡游言。可言也,不可行,君子弗言也;可行也,不可言,君子弗行也。则民言不危行,而行不危言矣。"郑玄注:"危,犹高也。"《大词典》可再补充宋代用例。

【密进】

宣宗爱唱《菩萨蛮》词,丞相令狐绹假其修撰密进之,戒令勿泄,而遽告于人,由是疏之。(《野客丛书·金条脱事》卷十四)

"密进"即"秘密呈进"。《大词典》仅举沈德符《野获编补遗·内阁·内阁密封之体》:"昨太监陈宽传旨:今后但有票拟文书,卿等自书自封密进,不许令人代写。仰见上委任腹心,防闲漏洩之意。"孤证无说服力,且《野获编补遗》为明代文献,书证相对滞后,《大词典》可用《野客丛书》的例证补充和提前文献用例。

【穷侈】

此吴蜀之所争也。此六朝之所都也。此曹孟德、刘玄德之所摧败奔北,而陆逊、周瑜之所得志而长驱也。此梁武之所不能有,而侯景之所陆梁而睢盱也。此孙皓、陈叔宝穷侈极丽,惟日不足,而今日之荒墟也。(《野客丛书·天开图画记》卷十四)

"穷侈"即"谓过于骄侈"。《大词典》仅举例证三国魏·阮籍《通易论》:"贤人君子,有众以成其大也。穷侈,丧大夫之位。群而靡容,容而无所。"为了体现词语的流变,后代用例也应在词典中有所反映,故《大词典》可用《野客丛书》例证来补充宋代文献用例。

【极丽】

此吴蜀之所争也。此六朝之所都也。此曹孟德、刘玄德之所摧败奔北,而陆逊、周瑜之所得志而长驱也。此梁武之所不能有,而侯景之所陆梁而睢盱也。此孙皓、陈叔宝穷侈极丽,惟日不足,而今日之荒墟也。(《野客丛书·天开图画记》卷十四)

"极丽"义项①即"穷尽美好之景物"。《大词典》仅举例证汉·扬雄《羽猎赋》:"游观侈靡,穷妙极丽。"《大词典》可再补充宋代用例。

【设法】

今用女倡卖酒，名曰"设法"，或者谓汉晋未闻。(《野客丛书·设法》卷十五)

"设法"义项⑤即"宋代酒肆有利用妓女坐堂作乐，招诱顾客者，称为'设法'"。《大词典》仅举例证宋·王栐《燕翼诒谋录》卷三："王安石新法行，散青苗钱于设厅，而置酒肆于谯门。民持钱出者，诱使饮，命妓女坐肆作乐以蛊惑之。小民无知，争竞斗殴，则又差兵官列枷杖以弹压之。此设法之名所由始也。"孤证无说服力，可再补充宋代的用例。

【侧声】

出示王筠，筠读雌霓为雌鸡。约喜，谓曰："霓字惟恐人读作平声。"司马温公谓"非霓字，不可读为平声也。"盖约赋协侧声故尔。(《野客丛书·雌霓》卷十五)

駮娑殿"娑"字，诸处音素可反，唯扬雄赋先河反；承明庐"承明"，本平声，而张曲江、李文饶作侧声用。(《野客丛书·駮娑承明》卷十六)

"侧声"即"仄声。与平声相对。凡上、去、入声之字皆属之。"《大词典》仅举例证宋·陈鹄《耆旧续闻》卷四："梅圣俞尝云：古人造语，有纯用平声琢句，天然浑成者，如'枯桑知天风'是也。有纯用侧声作诗者，如'月出断岸口，影照别舸背。且独与妇饮，颇胜俗客对。'"孤证无说服力，可再补充宋代的用例。

【选格】

君子之治小人，不可为已甚，击之不已，其报必酷。仆因观《北史》，神龟之间，张仲瑀铨削选格，排抑武人，不使预清品，一时武人攘袂扼腕，至无所泄其愤。(《野客丛书·不可为已甚》卷十五)

"选格"即"选拔人才的标准"。《大词典》仅举例证清·郑观应《致潘兰史征君书》："须先定人格，有品行，有学问，有历练方合选格，如不合格者不准入选，庶无劣员。"《大词典》所举例证有所缺失且相对滞后，可用《野客丛书》的例证来补充宋代文献用例，突出"选格"一词的流变。

【酸醨】

凡酒以色清味重而甜者为圣，色浊如金而味醇且苦者为贤，色黑而酸醨者为愚，以家醪糯筋醉人者为君子，以家醪黍筋醉人者为中庸，以巷醪麦筋醉人者为小人。(《野客丛书·酒分圣贤》卷十五)

"酸醨"即"味酸而薄的酒"。《大词典》仅举例证明·冯梦龙《古今小说·宋四公大闹禁魂张》:"酸醨破瓮土牀排,彩画醉仙尘土暗。"孤证无说服力,且《古今小说》为明代文献,书证相对滞后,可用《野客丛书》的例证来补充宋代文献用例,突出"酸醨"一词在汉语史上的使用情况。

【治】

西汉扬州,治无定所。后汉治历阳,后治寿春,后又徙曲阿,至隋唐方治今之广陵耳。(《野客丛书·广陵》卷十六)

"治"义项⑱即"指建立治所"。《大词典》仅举例证《史记·韩信卢绾列传》:"诏徙韩王信王太原以北,备御胡,都晋阳。信上书曰:'国被边,匈奴数入,晋阳去塞远,请治马邑。'"《大词典》可再补充宋代文献用例。

【白牒】

《南史》:宋蔡撙奏王筠为殿中郎,武帝推白牒于香橙地上。(《野客丛书·香橙》卷十六)

"白牒"义项②即"泛指官府文书"。《大词典》仅举例证清·姚鼐《送侍潞川主德州书院用前夕在扬州留别韵》:"策名白牒中,早与南宫荐。"《大词典》所举例证不仅缺失且相对滞后,不利于研究"白牒"一词的来源与演变,故可用《野客丛书》来补充宋代文献用例,体现该词在汉语史上的使用情况。

【越俗】

《海录碎事》曰:"越俗以珠为宝,生女名珠娘,生男名珠儿,绿珠之意用此。"仆谓不然,以女名珠者,珍爱之意也。如彭宠之女名女珠,奇章公牛僧孺爱姬名真珠,皆珍爱之谓。且彭宠南阳人,初非越俗也。(《野客丛书·以珠为名》卷十六)

"越俗"义项②即"南方越地的风俗习惯"。《大词典》仅举例证《史记·封禅书》:"越俗,有火灾,复起屋,必以大,用胜服之。"《大词典》可再补充宋代用例。

【鼓兵】

观《通典》论"冬夏至日寝鼓兵"一条,瓒曰:"按汉制,有冬至绝事不听政之条,而无夏至也。"以此推之,夏至不应寝鼓事。(《野客丛书·大节七日假》卷十六)

"鼓兵"义项②即"击鼓进军"。《大词典》仅举例证宋·周密《齐东野语·鸱夷子见黜》:"又云:'范蠡,越则谋臣,吴为敌国。以利诱太宰嚭,而脱彼勾践,鼓兵却公孙雄,而灭我夫差。'"孤证无说服力,可再补充宋代用例。

【震激】

太白诗曰:"双鳃呀呷鬐鬣张,跋剌银盘欲飞去。"李以"拨"为"跋"。所谓拨剌者,划烈震激之声,箭鸣亦然。(《野客丛书·拨剌乖剌》卷十六)

"震激"义项②即"震动刺激"。《大词典》仅举萧军《五月的矿山》第三章:"人们有的刚刚从地上坐着的姿势立起来,身体还未平衡得好,竟被这炮声震激得吃了一大惊。"《大词典》所举例证为现代文献,书证缺失且滞后,可以《野客丛书》用例将书证提前至宋代,增强说服性和准确性。

【刱意】

退之淹该今古,而又资以城南邺侯三万轴之书,笔端运用,动有源流,非如后人刱意制作。(《野客丛书·退之毛颖传》卷十六)

"刱意"即"谓创立新意"。《大词典》仅举例证宋·程大昌《演繁露·纳粟拜爵》:"秦始皇四年,令民纳粟千石,拜爵一级,按此即晁错之所祖效,非错刱意也。"孤证无说服力,可用《野客丛书》例证再补充宋代用例。

【销折】

金犹有镕铸销折之患,珠则无所蠹耗,虽南渡以前,亦不闻甚多,不知安往,此固难以理诘之者也。(《野客丛书·后世珠少》卷十七)

"销折"义项②即"损耗"。《大词典》仅举例证宋·叶梦得《石林燕语》卷三:"仓廪宿藏,动经数岁,若取之如此,后岂免销折乎?"《大词典》可再补充宋代用例。

【蠹耗】

金犹有镕铸销折之患,珠则无所蠹耗,虽南渡以前,亦不闻甚多,不知安往,此固难以理诘之者也。(《野客丛书·后世珠少》卷十七)

"蠹耗"义项②即"侵蚀损耗"。《大词典》仅举例证清·毕沅《续资治通鉴·宋理宗绍定六年》:"屯田郎官王定言严州岁歉,又言义仓为官吏蠹耗。帝曰:'此是民户寄留于官,专为水旱之备者,奈何耗之?'"孤证无说服力,且《续资治通鉴》为清代文献,书证相对滞后,可用《野客丛书》的例证补充和提前文献用例。

【大正】

仆谓莽窃取国柄，未几大正天诛，汉家恢复大业，凡蠹伪之政，一切扫除而更张之，不应独于人名尚仍莽旧。(《野客丛书·后汉无二名》卷二十二)

"大正"义项④"用兵征伐"。《大词典》仅举例证《尚书·武成》："惟有道，曾孙周王发，将有大正于商。"孔传："大正，以兵征之也。"孤证。宜用《野客丛书》之例证补充。

【追拜】

时议欲以为司徒，纪见祸乱方作，不复办严，即时之郡，玺书追拜太仆，又徵为尚书令。(《野客丛书·陈元方事》卷二十二)

"追拜"义项①即"改封"。《大词典》仅举例证《后汉书·第五伦传》："伦出，有诏以为扶夷长，未到官，追拜会稽太守。"《大词典》此条孤证，不能体现词语时代性，可再补充宋代用例。

【是古】

既并海内，以威力为王道，以权诈为要术，遂非唐笑虞，绝灭旧章，防禁文学，行是古之戮，严诽谤之诛，十余年滂沱而盈溢。(《野客丛书·吾丘寿王论》卷二十二)

"是古"即"以古为是"。《大词典》仅举例证《汉书·刘歆传》："陵夷至于暴秦，燔经书，杀儒士，设挟书之法，行是古之罪，道术由是遂灭。"仅举东汉文献，可补充《野客丛书》作为宋代用例。

【富安】

故皇天疾威，更命大汉，反秦政，务宽厚，六世富安，何征不克？(《野客丛书·吾丘寿王论》卷二十二)

"富安"即"富足安定；使富足安定"。《大词典》仅举例证汉·贾谊《论积贮疏》："今欧民而归之农，皆著于本，使天下各食其力，末技游食之民转而缘南畮，则畜积足而人乐其所矣。可以为富安天下，而直为此廪廪也，窃为陛下惜之！""富安"一词在宋代也有用例，《大词典》应进行补正。

【承宣】

孤证，"当吴毅夫为相日，穆陵将建储，吴不然之，欲别立汗邸，承宣专任方甫以通殷勤。"(《癸辛杂识后集·魏子之谤》)

《大词典》："继承发扬。《汉书·匡衡传》：'继体之君心存于承宣先王之德褒大其功。'"清·张廷玉《明史》列传第四十九："所谓承宣德化，为天子分忧者。"

【司成】

"太学私试以孟、仲、季分为三场，或司成无暇，则并在岁晚。"（《癸辛杂识后集·成均旧规》）

《大词典》："谓主管世子品德教育。《礼记·文王世子》：'乐正司业，父师司成。'孔颖达疏：'父师主太子成就其德行也。'"此词条孤证。

清·王士禛《池北偶谈》卷十六："少司成陈少南见之，大惊叹曰：'此笔当与太史公争衡，必置首选。'"

【出相】

至元斥卖内府故书于广济库，有出相彩书本草一部。（《癸辛杂识续集下·画本草三辅黄图》）

《大词典》："④有的书籍，书页上面是插图，下面是文字，谓之'出相'。"鲁迅《且介亭杂文·连环图画琐谈》："宋元小说，有的是每页上图下说，却至今还有存留，就是所谓'出相'。明清以来，有卷头只画书中人物的，称为'绣像'。"又《且介亭杂文二集·〈死魂灵百图〉小引》："知道和中国向来的'出相'或'绣像'有怎样的不同，或者能有可以取法之处。"此书证单一，且应溯源至宋。

第三节　书证遥隔

书证遥隔即指书证时间跨度过大。如一个词语在整个汉语史上都有用例，辞书在举例的时候没有注意时间的跨度，有时候举一个上古文献的用例，接着就是一个明清的用例或者是现代汉语中的用例。这样不能很好地体现词语的发展，也不利于展现词语演变的全貌。我们发现《大词典》存在大量书证遥隔的情况，而近代汉语处于中间阶段，诸多语料可以为《大词典》的这一缺陷提供补充，现列举如下：

【不瘳】

《大词典》："疾病不愈。《诗经·郑风·风雨》：'风雨潇潇，鸡鸣胶胶，既见君子，胡云不瘳。'朱熹注：'瘳，病愈。'清·王韬《淞隐漫录·吴琼仙》：'女父……疾以弗起，女奉侍汤药，昼夜不解带，吁天刲臂肉以进，迄不瘳。'"该词条书证跨度时间从先秦跳到清代，过大，可补充书证《涑水记闻》卷二："太宗日使医视之，逾月不瘳，上甚忧之。"

【小臣】

《大词典》："①春秋以后指卑微的小吏。《礼记·礼运》：'故政不正，则君位危；君位危，则大臣倍，小臣窃。'孔颖达疏：'大臣谓大夫以上……小臣，士以下。'清·叶廷管《吹网录·闭城门大搜扬雄待诏二事芟正文留考异》：'始知荐雄者，不特非王音，且亦非王根也。然庄（杨庄）乃小臣，但能诵之帝前；根则执政，既已奇而召为门下史，遂荐之于帝，同时并行，固无不可。'"该词条书证跨度时间从先秦跳到清代，过大，可补充书证《涑水记闻》卷三："外则合兵势以重将权，罢小臣訽逻边事。"

【倜傥】

《大词典》："②豪爽洒脱而不受世俗礼法拘束。《三国志·魏志·阮瑀传》：'瑀子籍，才藻艳逸，而倜傥放荡。'清·蒲松龄《聊斋志异·云萝公主》：'章丘李孝廉善迁，少倜傥不泥，丝竹词曲之属皆精之。'周而复《上海的早晨》第四部二九：'他今天不但显得年轻，而且比过去越发英俊了……出落得潇洒不凡，风流倜傥。'"该词条书证跨度时间从三国到清代，过大，可补充书证《涑水记闻》卷三："范讽性倜傥，好直节，不拘细行。"

【输租】

《大词典》："交纳租税。《汉书·儿宽传》：'大家牛车，小家担负，输租襁属不绝，课更以最。'清·郁植《悲歌》之二：'东邻输租鬻小女，石壕夜呼横索钱。'"该词条书证跨度时间从汉代到清代，过大，可补充书证《涑水记闻》卷六："每岁里正常代之输租，前县令不肯禁。"

【官法】

《大词典》："国家的法规、法度、法律。《周礼·天官·大宰》：'以八法治官府……六曰官法，以正邦治。'郑玄注：'官法，谓职所主之法度。'孙诒让正义：'官法，谓邦之大事各有专法，箸其礼节名数，若今会典、通礼之属，一官秉之，以授众官，使各依法共治之，是谓官法。'《二刻拍案惊奇》卷二五：'今世名不烦官法，手刃其人，以报父仇，特来投到请死，乞正世名擅杀之罪。'"该词条书证跨度时间从先秦跳到明代，过大，可补充书证《涑水记闻》卷七："汝不肖，亡赖如是，汝家不能与汝言，官法又不能及，汝恃赎刑，无复耻耳！"

【马庌】

《大词典》:"犹马厩。语出《周礼·夏官·圉师》:'夏庌马。'郑玄注:'庌,庑也。庑所以庇马凉也。'清·恽敬《与赵石农》:'敬久官南中,腰脚疲软,又笨车日行百里,单骑随车,不必善马,是以不敢拜惠,能于马庌中择一中者见赐,最得力也。'"该词条书证时间从先秦跳到清代,跨度过大,可补充书证《涑水记闻》卷十:"尝宴钤辖廨舍,夜久不罢,从卒辄拆马庌为薪,不可禁遏。"

【枉劳】

《大词典》:"徒劳。唐·许裳《野步》诗:'物外趣都别,尘中心枉劳。'《再生缘》第六回:'报完立刻开弓箭,三射金钱竟枉劳。'"该词条书证跨度时间从唐代跳到现代,过大,可补充书证《涑水记闻》卷十二:"今近里要害城堡尚多阙漏,岂暇于孤远无益之处枉劳军民?"明·冯梦龙《喻世明言》卷二十八:"张二哥笑道'是在下至亲。只怕他今日不肯与足下相会,枉劳尊驾。"

【嫡妻】

《大词典》:"正妻。《释名·释亲属》:'妾谓夫之嫡妻曰女君。'《红楼梦》第一回:'嫡妻封氏,性情贤淑。'"该词条书证跨度时间从汉代跳到清代,过大,可补充书证《涑水记闻》卷十四:"(老妪)乃本为人嫡妻,无子,其妾有子,夫死为妾所逐,家赀为妾尽据之。"

【慰存】

《大词典》:"犹慰问。安慰存问。《孔丛子·抗志》:子思自齐反卫,卫君馆而问曰:'先生鲁国之士,然不以卫之偏小,犹步玉趾而慰存之,愿有赐于寡人也。'清·周亮工《〈何省斋太史诗〉序》:'予被废以来,谢客却埽,门庭萧寂,惟省斋何太史时时慰存。'"该词条书证跨度时间从汉代跳到清代,过大,可补充书证《涑水记闻》卷十四:"上遣中使慰谕曰:'汝无罪,勿恐。'且命径诣太皇太后宫,太皇太后亦慰存之。"

【罢归】

《大词典》:"辞职或免官归里。南朝齐·谢朓《休沐重还丹阳道中》诗:'薄游弟从昔,思闲愿罢归。'邓实《国学无用辩》:'辕固生年九十矣,以诸谀儒疾毁而亦罢归。'"该词条书证跨度时间从中古跳到现代,过大,可补充书证《涑水记闻》卷十六:"涑曰:'凡事当从公论,此妄语,何足凭也?'李竦等具奏其状,诏罢归。"

【得志】

《大词典》:"①亦指名利欲望得到满足。多含变异。汉·贾谊《吊屈原文》:'阘茸尊显兮,谗谀得志。'清·蒲松龄《聊斋志异·于去恶》:'得志诸公,目不睹坟典,不过少年持敲门砖,猎取功名,门既开,则弃去。'"此词条书证遥隔,例证时间从汉代跳到清代,可补充书证中间时代用例,《癸辛杂识续集上·杨髡发陵》:"其宗允、宗恺并杨总统等发掘得志。"

【省台】

《大词典》:"朝廷诸省和御史台的并称。亦泛指中央政府。唐·孟郊《秋怀》诗:'人心不及水,一直去不回……一直不知疲,唯闻至省台。'清·侯方域《南省试策四》:'今日省台议论甚深且苛,几束缚任事之臣无可一措其手。'"此词条书证遥隔,可补充书证《癸辛杂识续集上·杨髡发陵》:"有省台所委官拦挡不住。"

【祠宇】

《大词典》:"祠堂;神庙。《文选·夏侯湛〈东方朔画赞〉》:'徘徊路寝,见先生之遗像;逍遥城郭,观先生之祠宇。'张铣注:'祠宇,亦庙也。'清·顾炎武《劳山歌》:'八神祠宇在其内,往往棋置生金铜。'"此词条书证遥隔,可补充书证:《癸辛杂识续集上·霍山显灵》:"杭之霍山张真君祠宇雄壮,香火极盛。"

【豪宕】

《大词典》:"亦作'豪宕'。①谓意气洋溢,器量阔达。唐·王维《戏赠张五弟敬》诗:'今子方豪荡,思为鼎食人。'《觅灯因话·桂迁梦感录》:'施氏素豪宕,家不甚实,加以子幼妻弱,不余十年,而资产萧然,饔飧或不相继。'清·曾朴《孽海花》第二二回:'右边的,是瘦长脸儿,高鼻子,骨秀神清,举止豪宕,虽然默默的坐着,自有一种上下千古的气概。'"此条书证遥隔,可补充书证《癸辛杂识续集下·秦九韶》:"年十八,在乡里为义兵首,豪宕不羁。"

【管弦】

《大词典》:"亦作'管絃'、'筦弦'、'筦絃'。①管乐器与弦乐器。亦泛指乐器。晋·张华《情诗》之一:'终晨抚管弦,日夕不成音。'明·王錂《春芜记·感叹》:'三千珠履盈阶陛,十二金钗列管弦。'"此词条晋与明之间书证遥隔,可补充书证《癸辛杂识续集下·秦九韶》:"堂成七间,后为列屋,以处秀姬、管弦。"

【用度】

《大词典》:"费用;开支。《汉书·食货志上》:'其后用度不足,独复盐铁官。'《红楼梦》第一〇六回:'问起历年居家用度,共有若干进来,该用若干出去。'"此词条二书证相距甚远,可补充书证《癸辛杂识续集下·秦九韶》:"用度无算,将持钵于诸大阃。"

【考功】

《大词典》:"③官名。三国魏尚书有考功定课二曹,隋置考功郎,属吏部,掌官吏考课之事,历代因之,清末废。唐·韩愈《独孤府君墓志铭》:'权公既相,君以嫌自列,改尚书考功员外郎,复史馆职。'《儒林外史》第三十回:'又说到宗子相,杜慎卿道:"宗考功便是先君的同年。"'"此条书证遥隔,可补充书证《癸辛杂识续集下·卖阙沈官人》:"常于考功或他所属投放文书,见是吏人某,承行可问而知。"

【倭人】

《大词典》:"我国古代对日本人的称呼。《汉书·地理志下》:'乐浪海中有倭人,分为百余国,以岁时来献见云。'明·陆深《春雨堂随笔》卷二:'高丽白松扇……正今折扇,盖自北宋已有之。倭人亦制为泥金面、乌竹骨充贡。'"该条书证亦遥隔,可补充书证《癸辛杂识续集下·倭人居处》:"倭人所居,悉以其国所产新罗松为之,即今之罗木也。"

第四节 书证滞后

书证滞后即指辞书释义中所用例证所属时代晚于文献语料中的实际用例。某个词条在上古、中古或者近代汉语文献中就有不少用例,但是辞书没有注意到,因而在举证的时候没有使用最早的用例,而是使用了较为晚出的例证。这种问题的产生是由于《大词典》编纂受到当时编纂工具以及方式的限制(没有大规模语料库的支撑),因此许多条目中的最早用例都比文献已有用例要晚得多。众所周知,最早用例的使用可以体现词语的来源。鉴于这种情况,我们主张在大型语文词典的编纂中,应力求列举出词条最早的用例。我们发现《大词典》存在书证晚出的情况,在近代汉语笔记史料的词汇研究中,其中的诸多语料可以为《大词典》提供补充,甚至通过大型语料库的检索,能够发现该词条更早的用例。现列举如下:

【坏裂】

明日又奏之，太祖怒，取其奏坏裂投地。(《涑水记闻》卷一)

按：《大词典》：释"坏裂犹崩溃"。最早引例为清·唐甄《潜书·五形》："兵刃未加，已坏裂而不可收矣。"比之《涑水记闻》，书证嫌晚。

【叹服】

知州叹服曰："如此尤不可及矣。"(《涑水记闻》卷二)

按：《大词典》：释"叹服"为"赞叹佩服"。最早用例为《二刻拍案惊奇》卷二："小道人随手应去，尽是神机莫测。诸王尽皆叹服，把酒称庆。"书证嫌晚。该词在南朝已有用例，如南朝宋·刘义庆《世说新语》："命朱辟为副，策马于万众中，莫有抗者，遂致冲还，三军叹服。"

【立案】

尝知除州，有吏犯罪，既立案，逾年然后杖之，人皆不晓其旨。(《涑水记闻》卷二)

按：《大词典》：释"立案"谓"①成立案件"。最早引例为《初刻拍案惊奇》卷二："次日李知县升堂，正待把潘甲这宗文卷注销立案，只见潘甲又来告道：'昨日领回去的，不是真妻子。'"书证嫌晚。该词此义项在唐朝已有用例，如《新唐书·百官志》卷四八："凡止民家，不过三夜。出逾宿者，立案连署，不过七日。"

【澄汰】

四曰：澄汰僧尼，使疲民无耗。(《涑水记闻》卷三)

按：《大词典》：释"澄汰犹淘汰，除去不好的或不利的"。最早引例为元·陈绎曾《诗谱·潘岳》："安仁质胜于文，有古意，但澄汰未精耳。"书证嫌晚。该词在五代已有用例，如五代·静、筠禅僧《祖堂集》卷五："值武宗澄汰，隐避三平山。后虽值宣宗再扬佛日，而彼海辱竟绝玄侣。"

【该当】

莱公又数为上言泊学术该当。(《涑水记闻》卷三)

按：《大词典》：释"该当"为"①命运注定如此"。最早引例为清代嘉庆、道光年间俗曲总集《白雪遗音·八角鼓·酒鬼》："依着我说，不如凭着命去闯。酒鬼点头，他说道命里头该当。"书证较之《涑水记闻》文例则嫌晚。

【辨识】

何至则读其碑，辨识文字。(《涑水记闻》卷三)

按：《大词典》：释"辨识"为"辨认识别"。最早引例为：明·王世贞《觚不觚录》："觚之不为觚，几莫可辨识。"书证嫌晚。该词在南北朝已有用例，如梁·萧绎《金楼子》："题缄之字，已磨灭殆尽，不可辨识，而缄封且半敞矣。"

【差官】

皆自投牒，献所著文论，差官考校。(《涑水记闻》卷三)

按：《大词典》：释"差官"为"①朝廷临时派遣的官员。"最早用例为《水浒传》第六十七回："次日，蔡京会省院差官，赍捧圣旨敕符，投凌州来。"书证较之《涑水记闻》之例则嫌晚。

【圣怀】

临朝则多羸形倦色，决事如不挂圣怀。(《涑水记闻》卷三)

按：《大词典》：释"圣怀"为"皇上的心意"。最早引例为：清·昭梿《啸亭杂录·高江村》："江村性趫巧，遇事先意承志，皆惬圣怀。"书证太晚。该词在南北朝已有用例，如梁·沈约《宋书》卷六十三："苏夫人阶缘戚属，情以事深，寒泉之思，实感圣怀，明诏爰发，询求厥中。"

【菩萨】

将校相戒曰："吾辈各当务敛士卒，勿令扰我菩萨。"(《涑水记闻》卷四)

按：《大词典》：释"菩萨"为"②指人们崇拜的神灵偶像。"引例为毛泽东《湖南农民运动考察报告》："只有两个小菩萨名'包公老爷'者，被一个老年农民抢去了，他说：'莫造孽！'"书证嫌晚。由于佛教的传入，早在东汉时期已有该词用例，如东汉·安世高译《佛说八大人觉经》："菩萨常念广学多闻。增长智慧成就辩才。"

【雅爱】

然上与太后雅爱重之，每进见，常加礼。(《涑水记闻》卷四)

按：《大词典》：释"雅爱"为"②敬词。厚爱。"最早引例为《醒世恒言·吴衙内邻舟赴约》："诗后边也有一行小字道：'承芳卿雅爱，敢不如命。'看罢，纳诸袖中。"书证较之本条《涑水记闻》例则嫌晚。

【杖流】

遂奉诏用章杖流。(《涑水记闻》卷四)

按：《大词典》：释"杖流"为"旧时刑罚的一种。先施杖刑，然后流放"。最早引例为清·陆以湉《冷庐杂识·典狱》："康王氏以受贿私和，石文平以威偪人致死，皆问杖流。"书证嫌晚。该词在唐朝已有用例，如唐·杜佑《通典》卷一百六十九："大理卿尹思贞以发生之月，执奏以为不可行刑，竟决杖流岭南。"

【僭称】

元昊苟肯称臣，虽仍其僭称亦不害。(《涑水记闻》卷五)

按：《大词典》：释"僭称"犹言"妄称"。最早引例为明·沈德符《野获编补遗·科场·乡试怪事》："又会试始有知贡举官，岂乡举所得僭称。"书证嫌晚。该词在南北朝已有用例，如北魏·崔鸿《十六国春秋别本》卷四："坚既杀苻生，永光元年六月，去皇帝之号，僭称大秦天王，即位太极殿。"

【输官】

虏退，麻氏敛器械尽输官，留十二三以卫其家。(《涑水记闻》卷六)

按：《大词典》：释"输官"为"向官府缴纳"。最早引例为清·赵翼《瓯北诗话·吴梅村诗》："世祖章皇帝特诏：免此加派，其已输官者，准抵次年钱粮。"书证较之《涑水记闻》用例则嫌晚。

【降辇】

病甚，真宗幸其第问疾，所居在隘巷中，辇不能进。左右请还，上不许，因降辇，步至其第，存劳甚至。(《涑水记闻》卷七)

按：《大词典》：释"降辇谓帝王下车"。最早引例为明·屠隆《彩毫记·拜官供奉》："青藜照夜思刘向，彩笔凌云羡马卿，何妨降辇迎。"书证较之本条《涑水记闻》用例则嫌晚。

【寄遗】

未几，有朝士自外方以寄遗钦若，为人所知。(《涑水记闻》卷七)

按：《大词典》：释"寄遗谓致送礼品"。最早引例为清·孙枝蔚《代书寄呈大兄伯发》诗："昔在承平日，万里如门间，行人无阻塞，寄遗岁不虚。"书证嫌晚。该词在唐朝已有用例，如唐·无名氏《玉泉子》："时尚清苦俭啬，四方寄遗茶药而已，不纳金帛。"

【同馆】

湛家贫，每会客从同馆梁颢借银器。(《涑水记闻》卷七)

按：《大词典》：释"同馆"为"①指同在翰林院任职。馆，馆阁。"最早引例为明·沈德符《野获编·科场二·荐主同咨》："今同年往还投刺，俱称年弟，然先人丁丑榜中，惟同馆数相知称之，其余皆年侍生也。"书证较之本条《涑水记闻》用例则嫌晚。

【凌侮】

仲宣凌侮迫胁，无所不至。(《涑水记闻》卷八)

按：《大词典》：释"凌侮"为"欺负；侮弄。"最早引例为梁启超《商会议》："然以爱力不坚，国力不及，往往受他人凌侮。"书证嫌晚。该词在五代十国时期已有用例，如前蜀·杜光庭《墉城集仙录》卷七："自唐初来往江浙湖岭间，名山灵洞无所不造，经涉之处，或宿于林野，即有神灵卫之，人或有不正之念欲凌侮者，立致颠沛，远近畏而敬之，奉事之如神明矣。"

【振饬】

而陛下责骨吏太轻，责充等太重，将何以振饬纪纲？(《涑水记闻》卷八)

按：《大词典》：释"振饬"为"整顿"。引例为明·归有光《三途并用议》："故欲振饬吏治，莫若清其源而无壅之。"《明史·李邦华传》："军府新立，庶务草创，邦华至，极力振饬，津门军遂为诸镇冠。"书证较之本条《涑水记闻》用例则嫌晚。

【殴伤】

公主尝与怀吉等闲饮，杨氏窥之，公主怒，殴伤杨氏。(《涑水记闻》卷八)

按：《大词典》：释"殴伤"为"殴斗致伤；打伤。"最早用例为《红楼梦》第四回："两家争买一婢，各不相让，以致殴伤人命。"书证嫌晚。该词在东汉时期已有用例，如东汉·王充《论衡》卷二十："人为人所殴伤，诣吏告苦以语人，有知之故也。"

【忤犯】

向以公事忤犯相公，不意相公乃尔奖拔。(《涑水记闻》卷八)

按：《大词典》：释"忤犯"犹"触犯"。最早引例为：明·归有光《与徐子言书》："不幸有所忤犯，致凶德参会，极其排陷。"书证嫌晚。该词在唐朝已有用例，如唐·房玄龄《晋书》卷五十："故能抗言凤阙，忤犯龙鳞，身虽蹇屈，道亦弘矣。"

【绸绢】

于内帑借钱一百二十万，绸绢七十万，银四十万，锦绮二十万。(《涑水记闻》卷九)

按：《大词典》：释之为"绸与绢。泛指丝织物。"引例为清·黄六鸿《福惠全书·刑名·籍没家产》："将金银首饰总置一处，绸绢衣服总置一处。"清代书证较之本条宋代《涑水记闻》用例则嫌晚。

【单弱】

初至青涧城，逼近虏境，守备单弱，刍粮俱乏。(《涑水记闻》卷九)

按：《大词典》：释"单弱②犹薄弱"。最早引例为《老残游记》第十四回："土包单弱，恐怕挡不住。"书证嫌晚。该词此义项在南北朝已有用例，如南朝梁·沈约《宋书》卷八十九："其后数日，官军寻至，守兵单弱，惧不自免，续遣轻兵，共相迎接。"

【衣不蔽体】

家贫，谒索以为生，衣不蔽体，得钱辄买书，所费殆数百缗。(《涑水记闻》卷十)

按：《大词典》：释"衣不蔽体"为"衣服破烂遮不住身体。形容极端贫困。"最早引例为《明史·张昭传》："今畿辅、山东仍岁灾歉，小民绝食逃窜，妻子衣不蔽体。"明代书证较之宋代的《涑水记闻》用例则嫌晚。

【私营】

秘书丞茹孝标丧服未除，入京师私营身计。(《涑水记闻》卷十)

按：《大词典》：释"私营"为"私人谋营，私人经营"。最早引例为明·张居正《与荆南道府二公书》："今方修建赐第，不知者得毋谓公欲借公费以助私营乎？"书证嫌晚。该词在唐朝已有用例，如唐·李延寿《北史》卷五十："铜价至贱，五十有余，其中人功、食料、锡炭、松砂，纵复私营，不能自润。"

【嗜利】

(忱)性轻易，喜傲忽人，好色嗜利，不修操检。(《涑水记闻》卷十)

按：《大词典》：释"嗜利"为"贪求私利；贪图钱财"。最早引例为明·方孝孺《送李宗鲁序》："如以得为喜，则将以失为忧，此好名嗜利者之为，非无固必之道也。"书证嫌晚。该词在西汉已有用例，如西汉·贾谊《新书》卷三："其慈子嗜利而轻简父母也，虑非有伦理也，亦不同禽兽仅焉耳。"

【配侑】

定到郊祀天地，宜止以一帝配侑。(《涑水记闻》卷十一)

第七章 《汉语大词典》词目书证问题研究 369

按：《大词典》：释"配侑"为"配食，祔祭。"最早用例为《清史稿·礼志五》："复增祀忠义公图尔格、昭勋公图赖，昭勋为直义子，忠义为弘毅子，父子配侑，世尤荣之。"清代书证较之《涑水记闻》用例嫌晚。未另立书证，说明《涑水记闻》为最早用例。

【使唤】

其殿侍、军员、兵士及蕃官使唤得力，或斫到人头，或伤中重身，系第一等功劳者，凡一百一十五人。(《涑水记闻》卷十二)

按：《大词典》：释"使唤亦作使换。②使用"。最早用例为柳青《铜墙铁壁》第六章："而他自己真正象俗话说的'卖鞋的赤脚跑'，为了变卖成几个活钱使换，始终没舍得尝尝那苹果是甚味。"现代书证较之《涑水记闻》用例嫌晚。

【体念】

伏乞体念今来此贼不住来沿边作过，正当用人之际，特与各转补名目。(《涑水记闻》卷十二)

按：《大词典》：释"体念"为"②犹体谅"。最早用例为明·李贽《韩成》："而说者犹以一二功臣不终之故，大为帝疑，不知帝之体念诸功臣也亦已无所不至矣。"明代书证较之宋代《涑水记闻》用例亦嫌晚。

【合计】

臣前至泾原，见缘边堡寨隳损，应增置者甚众，合计度修筑。(《涑水记闻》卷十二)

按：《大词典》：释"合计"为"②同谋；共同商量"。最早用例为《警世通言·玉堂春落难逢夫》："分明是皮氏串通王婆，和赵监生合计毒死男子。"书证嫌晚。该词此义项早在战国时期已有用例，如战国《逸周书》卷十："有如忠言竭，亲以为信；有如同好，以谋易寇；有如同恶，合计掬虑，虑泄事败；是谓好害，三不畜也。"

【采伐】

计其土工，何啻百万；更须采伐林木，作楼橹营廨。(《涑水记闻》卷十二)

按：《大词典》：释"采伐"为"砍伐"。最早用例为清·陈梦雷《木瘿瓢赋》："樵苏采伐而弃捐兮，幸得免乎薪煮。"书证嫌晚。该词早在南北朝时期已有用例，如南朝宋·刘义庆《幽明录》："薪未足，遇有两树骈生，吏以龟侧置树间，复行采伐。"

【避形】

臣常患臣僚临事多避形逃迹，致赏罚间或有差误。(《涑水记闻》卷十二)

按：《大词典》：释"避形"为"隐藏身形。"最早用例为清《快心编》初集第四回："湘裙霓裳，唇朱齿瓠，南威避形，西施增妒。"清代书证较之宋代《涑水记闻》用例则嫌晚。

【并吞】

以为谅祚且来并吞诸族，皆诣方平诉求救。(《涑水记闻》卷十二)

按：《大词典》：释"并吞"即"把别国的领土或别人的产业强行纳入自己的范围内"。最早用例为明·无名氏《临潼斗宝》第一折："某有心并吞十七国诸侯，争奈无有妙计。"书证嫌晚。该词早在西汉时期已有用例，如西汉·贾谊《新书》卷一："有席卷天下，包举宇内，囊括四海之意，并吞八荒之心。"

【木牌】

百常募人间道诣成都，及书木牌数百投江中，告急求援。(《涑水记闻》卷十三)

按：《大词典》：释"木牌"为"②木制的牌子。用于告示或作标志"。最早用例为清·黄六鸿《福惠全书·刑名·监禁》："将木牌悬于本监门之首，以便诸囚览记。"清代书证较之宋代《涑水记闻》用例则嫌晚。

【渝约】

又延庆既与之和誓，而臣引兵入箕宗关，蛮渝约出兵拒战。(《涑水记闻》卷十三)

按：《大词典》：释"渝约"为"违约，失约"。最早用例为明·冯梦龙《智囊补·察智·维亭张小舍》："期某日，过期不至。久之，张复遇诸涂，责以渝约。"明代书证较之宋代《涑水记闻》用例则亦嫌晚。

【巢穴】

（渊）谕士卒曰："汝曹降贼，必驱汝为奴仆，负担归其巢穴，朝廷又诛汝曹父母妻子；不若并力完城，岂唯保汝家，亦将有功受赏矣。"(《涑水记闻》卷十三)

按：《大词典》：释"巢穴"为"④敌人或盗贼盘踞之地"。最早用例为明·张居正《答殷石汀计剿海寇书》："林贼既失巢穴，飘泊海上，必不能久，宜与闽中约会图之。"书证嫌晚。该词此义项早在南北朝时期已有用例，如南朝梁·沈约《宋书》卷一："卿今时当至广州，倾其巢窟，令贼奔走之日，无所归投。"

【肆诈】

苟听诬受间，肆诈穷兵，侵人之土疆，残人之黎庶，是乖中国之体。(《涑水记闻》卷十四)

按：《大词典》：释"肆诈"为"肆行诈骗"。最早用例为清·俞正燮《癸巳存稿·喇嘛》："康熙时，以鄂尔多斯喇嘛肆诈，有诏穷治捕之，发内地为奴。"清代书证较之宋代《涑水记闻》用例则嫌晚。

【脱械】

上乃命脱械出外答款。(《涑水记闻》卷十四)

按：《大词典》：释"脱械"为"去掉刑具。谓免罪获释"。最早用例为清·纪昀《阅微草堂笔记·如是我闻三》："使君切齿之仇，纵容脱械，仍纵横于人世，君感乎？怨乎？"清代书证较之宋代《涑水记闻》用例则嫌晚。

【豪户】

有一村多豪户，税不可督，所差户长辄逃去。(《涑水记闻》卷十四)

按：《大词典》：释"豪户"为"有钱有势的大户人家。"最早用例为元·关汉卿《五侯宴》第一折："我堪那无端的豪户，瞒心昧己使心毒。"元代书证较之宋代《涑水记闻》用例亦嫌晚。

【病狂】

有老妪病狂，数邀知州诉事，言无伦理，知州却之则悖詈。(《涑水记闻》卷十四)

按：《大词典》：释"病狂"为"发疯"。最早用例为明·沈德符《野获编·礼部二·四贤从祀》："东光病狂，衣红衣，跣足，唱曲入朝。"书证嫌晚。该词早在汉朝时期已有用例，如东汉·荀悦《前汉纪·孝成皇帝纪》："上从之，问其降状，曰：我病狂妄言耳，遣归，复位如故。"

【遽尔】

上素知其不睦，必为左右所陷，徐对曰："彼公卿家子，岂可遽尔？俟按验得实，然后议之。"(《涑水记闻》卷十四)

按：《大词典》：释"遽尔"为"③仓促；轻率"。最早用例为明·张居正《答宣府张崛崃》："待旨而后许市，诚为后时，但恐彼之罚处，未能如约，则我亦不可遽尔许之。"明代书证较之宋代《涑水记闻》用例则嫌晚。

【预议】

时监丞侯叔献适在外，不预议。(《涑水记闻》卷十五)

按：《大词典》：释"预议"为"参与商议"。最早用例为明·王琼《双溪杂记》："翰林学士专掌词命代草，然亦有预议朝政者。"书证嫌晚。该词早在汉朝时期已有用例，如东汉·荀悦《前汉纪·孝宣皇帝纪》："闻有诏令乃大惊，使吏之丞相府问焉，自朝廷大臣，莫知其预议也。"

【骚怨】

于是民间骚怨。(《涑水记闻》卷十五)

按：《大词典》：释"骚怨"为"牢骚怨恨"。最早用例为清·唐甄《潜书·思愤》："发为骚怨之辞，肆为狂悖之行。"清代书证较之宋代《涑水记闻》用例则嫌晚。

【追理】

其人见存者，请依新法据分数应给缗钱数外，余利追理入官，谓之"打抹"。(《涑水记闻》卷十五)

按：《大词典》：释"追理"为"追查处理"。最早用例为《元典章·户部七·仓库》："照会既给，交关之后，若有短少滥伪之物，并于新官名下追理。"书证嫌晚。该词早在南北朝时期已有用例，如南朝宋·范晔《后汉书》卷一百○二："卓乃与司徒黄琬、司空杨彪，俱带鈇锧诣阙上书，追理陈蕃、窦武及诸党人，以从人望。"

【权发遣】

介甫用新进为提转，其资在通判以下则称"权发遣"。(《涑水记闻》卷十六)

按：《大词典》：释"权发遣"为宋代推行的一种官制。最早引例为清·袁枚《随园随笔·官职中》："宋法判知之外，又有云'权发遣'者，则因其资轻而骤进，故于其结衔称'权发遣'以示分别。王安石秉政时最多此官。"清代书证较之宋代《涑水记闻》用例则嫌晚。

【狎游】

吉甫言王安礼任馆职，狎游无度，安礼由是乞出，一章即许之，除知润州。(《涑水记闻》卷十六)

按：《大词典》：释"狎游亦作狎遊。①指狎邪游。"最早引例为《初刻拍案惊奇》卷四："郑子佻达无度，喜狎游，妾屡谏他，遂至反目。"书证嫌晚。该词此义项早在五代时期已有用例，如后晋·刘昫《旧唐书》卷五十一："上官氏及宫人贵倖者，皆立外宅，出入不节，朝官邪佞者候

第七章　《汉语大词典》词目书证问题研究　　373

之，恣为狎游，祈其赏秩，以至要官。"

【画寝】

枕长寿寺大佛殿西南角柱础画寝，有藏经院主僧见赤蛇出入帝鼻中，异之。(《邵氏闻见录》卷一)

按："画寝"应为"绘饰寝庙"义。《大词典》收录该义项，并举清·周亮工《书影》卷三"寝，庙也；画寝者，画其寝庙也。诸侯画寝，大夫以丹，士庶以白垩"为首见用例，清代书证较之宋代《邵氏闻见录》用例则嫌晚。

【驴子】

僧曰："某有一驴子可乘。"又以钱币为献，帝遂行。(《邵氏闻见录》卷一)

按："驴子"即为"驴"。《大词典》收录了该义项，却以清·蒲松龄《雨后李澹庵至》诗"驴子乌豆客村醅，不嫌隘陋眠荒斋"为首例，清代书证较之宋代《邵氏闻见录》用例则嫌晚。

【仙韶】

一日，开太清楼宴亲王、宰执，用仙韶女乐数百人；有司以宫嫔不可视外，于楼前起彩山幛之。(《邵氏闻见录》卷一)

按：此处"仙韶"为"即仙韶曲。亦泛称宫廷乐曲"。《大词典》收录该义项，举例以明·梅鼎祚《玉合记·宸游》"斟圣酒，进仙韶"为首例，明代书证较之宋代《邵氏闻见录》用例则嫌晚。

【帏帘】

其所用帏帘，有青布缘者。仁宗生长太平，尤节俭。(《邵氏闻见录》卷三)

按：句中"帏帘"应为"帷幕"之义，《大词典》收录了该义项，却以清·唐孙华《恕堂再次前韵见赠复次韵答之》"堂前声乐满丝竹，妓衣不待施帏帘"为首例，清代书证较之宋代《邵氏闻见录》用例则嫌晚。

【弓样】

诸公一日侍神宗坐，近侍以弓样靴进。(《邵氏闻见录》卷三)

"弓样"应为"借指女子的小脚"义。《大词典》收录了该义项，举晚清·褚人获《坚瓠补集·谢禁缠足表》"逐伴游春，谁印香尘之浅？连街踏月，欣传弓样之宽"为首例，晚清例证较之宋代《邵氏闻见录》用例则嫌晚。

【骤兴】

然北虏非不自知理曲，盖欲生事，遂兴干戈。岂是无故骤兴，实有以致其来也。(《邵氏闻见录》卷四)

按：此处"骤兴"为"迅速兴起"。《大词典》收录了该义项，举例为清·康有为《大同书》乙部："时蒙古骤兴，灭回鹘、辽、夏及金。"仅此一条书证，清代孤证较之宋代《邵氏闻见录》用例则嫌晚。

【侦知】

二人不密，造战舰于富良江上，交趾侦知，先浮海载兵陷廉州，又破邕州，杀守臣苏缄，屠其城，掠生口而去。(《邵氏闻见录》卷五)

按：此处"侦知"为"探知；暗中查明"。《大词典》收录了该义项，举例为明·何良俊《四友斋丛说·经四》："敌人侦知其（王阳明）讲学不甚设备，而我兵已深入其巢穴矣。"明代书证较之宋代《邵氏闻见录》用例则嫌晚。

【村民】

公野服杖屦行山中，观村民采茶，劳其辛苦，人不知为晋公也。(《邵氏闻见录》卷七)

按："村民"即"乡村居民"义。《大词典》收录了该义项，却以清·纪昀《阅微草堂笔记·槐西杂志一》"有旗人赴任丘催租，适村民夜演剧，观至二鼓乃散"为首例，较之宋代《邵氏闻见录》用例则嫌晚。

【佛堂】

公无疾，沐浴衣冠，卧佛堂中而薨。(《邵氏闻见录》卷七)

按："佛堂"即"指供奉佛像的堂殿、堂屋"。《大词典》收录了该义项，却以清·陈维崧《江城子·鲍让侯载酒泛舟小泊城南诸寺纪所见》词"蓦遇娇红澹粉佛堂边。恰似湿云倚一朵，扶不定，竹栏前"为首例，较之宋代《邵氏闻见录》用例则嫌晚。

【深究】

其人曰："世之酷吏冤狱，何止如大暑也，公他日当深究此弊。"(《邵氏闻见录》卷七)

按：此处"深究"为"严厉追究处理"。《大词典》收录了该义项，却以明·沈德符《野获编补遗·土司·老挝反复》"刀线歹协助交阯，罪不可容。上命不必深究"为首例，书证较之宋代《邵氏闻见录》用例则嫌晚。

【祭告】

肃毕，章献殿殡，幸洪福寺祭告。(《邵氏闻见录》卷八)

按："祭告"为"古时国有事，祭神而告之"之义。《大词典》收录了该义项，却以清·陈康祺《郎潜纪闻》卷十二"天子为元元祈福，遣大臣分行祭告"为首见用例，书证嫌晚。其在唐代早有记载，如唐·杜佑《通典》卷七十六："孔颖达云：'天道远，以事类而祭告之也。社主杀戮，故求便宜。社主阴，万物于此断杀，故曰宜。'"

【水瓮】

司马温公幼与群儿戏，一儿堕大水瓮中，已没。群儿惊走不能救，公取石破其瓮，儿得出。(《邵氏闻见录》卷九)

按：此处"水瓮"为"一种盛水的陶器。腹部较大"。《大词典》收录了该义项，但其书证最早用例为鲁迅的《故事新编·铸剑》："(他)点上松明，向水瓮里一照。果然，一匹很大的老鼠落在那里面了。"书证嫌晚。除《邵氏闻见录》书证外还有唐·张鷟《野朝佥载》卷三："咸亨中，赵州祖珍俭有妖术。悬水瓮于梁上，以刃斫之，绳断而瓮不落。"

【自慊】

然荆公终英宗之世，屡召不至，实自慊也。(《邵氏闻见录》卷九)

按：此处"自慊"为"自足；自快"。《大词典》收录该词，但以明·王守仁《传习录》卷中"当行则行，当止则止，当生则生，当死则死，斟酌调停，无非是致其良知以求自慊而已"为首例，明代书证较之宋代《邵氏闻见录》用例则嫌晚。

【罇俎】

元祐间，公还政归第，以几杖罇俎临是亭，都人士女从公游洛焉。(《邵氏闻见录》卷十)

按：此处"罇俎"为"借指宴席"。《大词典》收录了该义项，举例为明·徐复祚《投梭记·恣劫》："管罇俎从容，功成必赏。"仅一条书证，且以该书证为首例，较之宋代《邵氏闻见录》用例则嫌晚。

【墓铭】

一日手书讬温公以墓铭，温公亟省之，已瞑目矣。(《邵氏闻见录》卷十)

按：此处"墓铭"为："刻在石上埋入坟中的文字。铭是韵文，用于对死者的赞扬、悼念等。"《大词典》收录该词，但举例为现代刘师培的《文章学史序》："其人已死，以文记人，则为墓铭、行状、碑志，其类甚多。"书证为现代文献，较之宋代《邵氏闻见录》用例则嫌晚。

【弃官】

有侍臣弃官家居者，朝野称其才，以为古今少伦。(《邵氏闻见录》卷十)

按：此处"弃官"为"谓自动解职去官。"《大词典》收录该词，举例为明·沈德符《野获编·科场一·典史再举乡试》："(曹文忠)为山西代州教职，负才不屑卑冗，欲弃官再就试，为吏部驳奏。"书证嫌晚。"弃官"一词早在春秋就已经出现，如《左传》："既而告人曰：'君无道，吾官近，惧及焉。弃官，则族无所庇。子，身之贰也，姑纾死焉。虽亡子，犹不亡族。'"又南朝宋·颜延之《陶征士诔（并序）》："初辞州府三命，后为彭泽令，道不偶物，弃官从好，遂乃解体世纷，结志区外，定迹深栖，于是乎远。"

【盛开】

一日，群牧司牡丹盛开，包公置酒赏之。(《邵氏闻见录》卷十)

按：此处"盛开"为"谓花茂盛地开放"。《大词典》收录该词，举例为现代姚雪垠《李自成》第二卷第十九章："北边的蕉园，南边的瀛台，丹桂盛开，古木参天。"书证嫌晚。可追溯到唐《唐文拾遗》卷四十三："入觐阶，坐调梅鼎，岂止应月中之梦，必期盛开在下之春。"

【追袭】

遵裕狼狈以遁，虏追袭之。(《邵氏闻见录》卷十三)

按：此处"追袭"为"追赶袭击"。《大词典》收录该词，但以元·郑光祖《智勇定齐》第三折"这厮不识咱运机，将人来紧追袭"为该义项首例，较之宋代《邵氏闻见录》用例则嫌晚。

【诲责】

自言其祖本居襄源县，十五六岁时犹为儿戏，父母诲责之，即自奋治生，曰："外邑不足有立。"(《邵氏闻见录》卷十六)

按：此处"诲责"为"督责"。《大词典》收录了该词，但以清·唐甄《潜书·太子》"天子视朝之余，太子事师之余，不离左右，慈以笑语，严以诲责"为首例，孤证。且清代书证较之宋代《邵氏闻见录》用例则嫌晚。

【白玉石】

山上起羯鼓望京楼，山下起华清宫，宫有温泉，以白玉石为芙蓉出水，为御汤、莲花汤、太子汤、百官汤。(《邵氏闻见录》卷十七)

按：此处"白玉石"是指"汉白玉石"。《大词典》收录了该词，以《醒世恒言·李道人独步云门》"（李清）飞捻的赶到那里去看，却是血红的观门，周围都是白玉石砌就台基座"为首例，仅一条滞后词例。此例证可追溯到唐·郑处诲《明皇杂录》卷下："安禄山于范阳以白玉石为鱼龙凫雁，仍为石梁及石莲花以献，雕镂巧妙，殆非人功。"

【挽诗】

至康节捐馆，公作挽诗二章，其一曰："慕德闻风久，论交倾盖新。何须半面旧，不待一言亲。讲道切磋直，忘怀笑语真。重言蒙踣实，佩服敢书绅。"（《邵氏闻见录》卷十七）

按：此处"挽诗"为"哀悼死者的诗"。《大词典》收录了该词，举例为清·方文《述哀》诗："谏文既歊恳，挽诗并愁绝。"此条书证较之宋代《邵氏闻见录》用例则嫌晚。

【冠簪】

司马温公依礼记作深衣、冠簪、幅巾、缙带。（《邵氏闻见录》卷十九）

按：此处"冠簪"为"使冠固定于发髻上的簪子"。《大词典》收录了该词，举例为明·沈德符《野获编·叛贼·发冢》："其棺内外宝货不可胜计，沈得其冠簪一枚，长数寸，而古作绀碧色，出以示余。"仅此一条词例，明代书证较之宋代《邵氏闻见录》用例则嫌晚。

【会法】

会法当赴吏部铨，程颐为伯温曰："吾危子之行也。"伯温曰："岂不欲见先公于地下耶？"（《邵氏闻见录》附录）

按：此处"会法"为"由刑部、都察院、大理寺共同审决"。《大词典》收录了该词，举例为《清史稿·刑法志三》："清则外省刑案，统由刑部核覆。不会法者，院寺无由过问；应会法者，亦由刑部主稿。"仅此一条词例，且清代书证较之宋代《邵氏闻见录》用例则嫌晚。

【忘倦】

或宰臣出镇，赋诗以赠之，词皆清丽。凡对宰臣言政事，即终日忘倦。（《北梦琐言·路德延放恣》卷一）

《大词典》："谓专注于某物或被其吸引而忘却疲倦。清·蒲松龄《聊斋志异·林四娘》：'又每与公评隲诗词，瑕辄疵之；至好句，则曼声娇吟。意态风流，使人忘倦。'"从《大词典》的释义并举例来看，"忘倦"即"忘"和"倦"的常用义结合，看《北梦琐言》例之文意，是说

"只要是和大臣们说政事，都是终日专注其中不知疲倦"，并且该词历来用例较多，如唐《佛语录·大唐西域记》："演说妙法，义不异此，然菩萨妙音，清畅和雅，闻者忘倦，受者无厌。"故应当补充其他清代以前用例以体现其源流。

【节察】

睹其清俭，不觉嗟叹曰："我他年若登廊庙，必为斯人而致节察。"盖赏其知分任真也。(《北梦琐言·赵师儒与柳大夫唱和》卷四)

按：《大词典》"节察"条云："宋代节度使、观察使的合称。清·钱大昕《十驾斋养新录·官名地名从省》：'宋人称节度、观察为节察。'"从《大词典》的释义并举例来看，都说明了"节察"一词源自宋代节度使、观察使的合称，既然如此，那么"节察"一词在宋代就应该有用例。再看《北梦琐言》例之文意，是说"我如果将来录取并进入朝廷，必定因为这个人儿官至节察"，因此，从文意看，此"节察"正是《大词典》所说的"节察"义，因此，《大词典》该条首例应用宋代文例。

【项颈】

杜相审权弟延美，亦登朝序，乘马入门，为门楣所轧，项颈低曲，伸脰前引，肩高于顶，乃一生之疾也。(《北梦琐言·非意致祸》卷十)

按：《大词典》"颈项"条云："脖子。殷夫《梅儿的母亲》：'母亲，别只这样围住我的项颈，你这样实使我焦烦。'叶圣陶《隔膜·潜隐的爱》：'他小臂举起，钩住伊的项颈。'"可见，《大词典》"颈项"条用的都是现代汉语的例证，书证嫌晚。《北梦琐言》之例是说"脖子被门楣所碾压，那么脖子就弯曲着竖不直，于是脖子向前伸着，肩膀高于头顶，造成了一生的残疾"。通过语料调查，《大词典》该条的最早例证见于宋代，除《北梦琐言》外，其他文献亦多见用例，如宋·张君房《云笈七签》卷六十二："每初夜卧，玉枕连项颈极痒，何也？"

【凌傲】

河中判官路德延，相国岩之侄，岳之子，时谓才俊，擢进士第，西平王朱友谦幕僚，放恣凌傲，主公容之。(《北梦琐言·路德延放恣》逸文卷三)

按：《大词典》"凌傲"条下云："清高倨傲。元·丁开《漂泊岳阳遇张中行因泛舟洞庭晚宿君山联句》诗：'笑谈正凌傲，俯仰不偪侧。'"最早用例用元代文献，书证嫌晚，且孤证无说服力。宋《北梦琐言》之"凌傲"即为"清高倨傲"义，"凌傲"一词在中古时期已见，如《陈书·到仲举列传》："而肆此骄暗，凌傲百司，遏密之初，擅行国政，排黜懿亲，欺蔑台衮。"

【饘粥】

瞻相孤贫有艺，虽登科第不预急流。任大理评事日饘粥不给，尝于安国寺相识僧处调餐，留所业文数轴置在僧几。(《北梦琐言·河中饯刘相瞻》卷三)

按：《大词典》"饘粥"条云："亦作'饘䬼'。稀饭。清·方文《卖卜润州邬沂公有诗见赠赋此答之》：'所求升斗供饘粥，不向侏儒说姓名。'清·吴定《答任幼直先生书》：'有田可以具饘䬼，弹琴著书，不愿仕也。'郁达夫《和冯白桦〈重至五羊城〉原韵》：'薄有文章惊海内，竟无饘粥润诗肠。'"可见，《大词典》所用之例都是清代或者现代文献用例，虽然有三个例证可以说明"饘粥"的意义，但是，从《大词典》的编纂目的来说却远远不够。因为"饘粥"一词早在先秦时期就已多见，如《礼记·檀弓上》："哭泣之哀，齐斩之情，饘粥之食。"《春秋谷梁传·昭公十九年》："我与夫弑者，不立乎其位，以与其弟虺，哭泣歠饘粥，嗌不容粒，未逾年而死。"《孟子·滕文公上》："三年之丧，齐疏之服，饘粥之食，自天子达于庶人，三代共之。"《荀子·大略篇》："古之贤人，贱为布衣，贫为匹夫，食则饘粥不足，衣则竖褐不完。"清代书证较之先秦文献用例，嫌晚。

【退避】

令公儒生，非是我敌。请自退避，无辱锋刃。(《北梦琐言·王中令铎拒黄巢》卷三)

《大词典》："后退躲避。明·罗贯中《三国演义》第七十四回：'吾来日与关某决一死，誓不退避。'清·阮元《小沧浪笔谈》卷二：'尝於舟中遇盗，手击杀其魁，余众皆退避。'周而复《上海的早晨》第一部四：'朱暮堂在宝座上看见汤富海冲苏沛霖面前走上来，苏沛霖竟然胆怯地往后退避。'参见'退避三舍'。""退避"在其他文献中的典型用例如唐《通典》："灾祥之发，所以遣告人君，王者之所重戒，故素服废乐，退避正寝，百官降物，用币伐鼓，躬亲救之。"此例意为君王为示训诫，退回卧房摆正身体躺下休息。"退避"与词条意义相同，是唐代典型用例，可将《大词典》例证提前。

【情切】

庄内有鼠狼穴，养四子，为蛇所吞。鼠狼雌雄情切，乃于穴外坋土，

恰容蛇头。伺蛇出穴，裹入所坋处。(《北梦琐言·鼠狼智》卷十二)

《大词典》："感情真切。明·施耐庵《水浒传》第一百一十五回：'小弟见他说的情切，不忍杀他。'臧克家《毛主席的诗教》：'写了离别的愁苦，写得如此率真，如此情切。'"该词书证引明代及现代的用例，较《北梦琐言》晚出很多，并且在其他文献中用例也较多，如唐《唐代墓志铭汇编》："家君哀伤，肝肠断绝，哭子终身，不逾期月。天性道大，怙恃情切，於先茔，昭穆行列。呜呼哀哉！"又如五代·静、筠二禅僧《祖堂集》："大慈和尚，为物情切。"以上均可收入该词书证。

【尸首】

来日为人所害，尸首宛然，刺史高公为之荼毗之。(《北梦琐言·僧怀浚书吉凶》逸文卷一)

《大词典》："尸体。元·杨显之《酷寒亭》第一折：'他如今尸首停在牀榻。'老舍《茶馆》第三幕：'我才十七，就常想还不如死了呢！死了落个整尸首。'"该词条既好理解也很常见，并且从语料来看在宋代就已经很常见，如北宋《册府元龟》卷一百三十五："城内外杀伤饿殍遗骸，令瘗而祭之时，已有僧收拾尸首至二十万。"南宋《碾玉观音》："当下叫救人打捞，便不见了尸首。"但该词条却只有一个元代的和现代的书证，书证嫌晚。

【昏蒙】

乃见波中恢诡谲怪，蛟螭出没，云雾昏蒙，有如武夫执戈戟者，有文吏具襕简者，有捧盘盂者，或绯或绿，倏闪睢盱，莫知何物。(《北梦琐言·武穆王巡边遇怪》逸文卷一)

《大词典》："昏暗；阴暗。清·蒲松龄《聊斋志异·小翠》：'云月昏蒙，不甚可辨。'清·葆光子《物妖志·火》：'动则煨山岳而烬原野，静则烛幽暗而破昏蒙。'管桦《第一课》：'在遮掩着野花的小河上……有昏蒙的尘雾在颤动。'"

"昏蒙"一词虽在宋代以前用例不多，但都比较典型，如五代·李煜《悼诗》："咽绝风前思，昏蒙眼上花。"又如宋《太平广记》："动即煨山岳而烬原野，静则烛幽暗而破昏蒙。"《大词典》清代书证嫌晚。

【认识】

民有致寇者，灯下认识暴客，待晓告巡。(《北梦琐言·许宗裔决狱雪冤》逸文卷一)

《大词典》："能够确定某一人或事物是这个人或事物而不是别的。

清·文康《儿女英雄传》第二七回：'自从咱爷儿俩认识以后，是说你算投奔我来了，你没受着我一丝一毫好处。'老舍《我这一辈子》五：'在前面我已经说过，我认识字，还能抄抄写写，很够当个小差事的。'亦指识别；鉴别。沙汀《记贺龙》十六：'他懒懒地告诉我们，当天军区的一位营长跑来看他，因为知道他爱马，认识马，还特别牵来几匹马要他品评。'""认识"是现代常用词，但并不表示古代没有用过，《大词典》书证始于清末白话文，所以对于体现该词源流没有太大意义，实际上"认识"一词，早在五代已有用例，如《敦煌变文·伍子胥变文》："子胥被妇认识，更亦不言。丈夫未达于前，遂被妇人相识，岂缘小事，败我大仪。"《大词典》清代用例嫌晚。

【耆年】
耆年之后，愈觉清彻。(《渑水燕谈录·名臣》卷二)

《大词典》释"耆年"为"老年"，例举清·袁枚《随园诗话》卷三："归愚先生虽耆年重望，意不属也。"《大词典》释义并不错，但所举清代的例子太晚。"耆年"除在《渑水燕谈录》中出现外，在六朝时期就已出现，如《全宋文·释氏（三）》卷六十四："臣辄奉宣皇猷，绥慰初附，安以空同之宅，充以八解之流，防以戒善之礼，习以六度之风，耆年者悟其即真於新唱，弱丧者始闻归欤之音。"《全梁文·元帝（四）》卷十八："至乃耆年宿望，蓄思构疑，悬钟无尽，短兵有倦；犹若分旦望景，履冰待日，莫不倾河注烛，虚往实归。"《大词典》书证嫌晚。

【炫鬻】
祥符中，王沂公奉使契丹，馆伴耶律祥颇肆谈辨，深自炫鬻，且矜新赐铁券，公曰："铁券，盖动臣有功高不赏之惧，赐之以安反侧耳，何为辄及亲贤？"(《渑水燕谈录·名臣》卷二)

《大词典》释"炫鬻"为炫耀卖弄。例举明·沈德符《野获编·兵部·项襄毅占寇》："项公虽名臣，不闻善风角，而奇中乃而。信乎前辈多能，不肯炫鬻见长。"其实"炫鬻"除在《渑水燕谈录》中出现，在唐代就有记载，如唐·无名氏《玉泉子》："……苟袖一轴投之于先进，靡不私自炫鬻，以为莫我若也。……"所以《大词典》所举明代书证嫌晚。

【沈默】
永叔复与师鲁书云："五六十年来，此辈沈默畏慎布在世间，忽见吾辈作此事，下至灶间老婢亦为惊怪。"(《渑水燕谈录·名臣》卷二)

《大词典》中，沈默的第②个义项是"不说话；不出声"。《渑水燕谈录》之"沈默"即用此义,举例是姚雪垠《李自成》第一卷第四章:"他沉默地缓辔前进,考虑着明天的作战问题。"《大词典》所列现代用例嫌晚。此义项的"沈默"除了在《渑水燕谈录》中出现过,早在六朝时期就有记录,此后亦有用例,如《魏书·徐胡二王传》卷二十七:"其修身履义,皆沈默潜行,不显其美,故时人少得称之。"《晋书·夏侯湛列传》卷五十五:"今乃金口玉音,漠然沈默。"《梁书·曹景宗列传》卷九:"性躁动,不能沈默,出行常欲褰车帷幔,左右辄谏以位望隆重,人所具瞻,不宜然。"《北史·五世孙劭传》卷三十五:"劭字君懋,少沈默,好读书。"《新唐书·李源列传》卷一百九十一:"而源天与至孝,绝心禄仕五十余年,常守沈默,理契深要,一辞开析,百虑洗然。"所以《大词典》"沈默"条以现代姚雪垠的文献用例作为首见之例嫌晚。

【杖遣】

公执奏之曰:"并接羌、胡,兵数十万,一旦因一卒法死一校,卒有轻所部之心,且生事,不若杖遣,于权宜为便。"上如法官议。(《渑水燕谈录·名臣》卷二)

《大词典》释"杖遣"为"谓施以杖刑后发配",列举清·严有禧《漱华随笔·诋毁程朱》:"成祖大怒,遣行人押还,令有司声罪杖遣。""杖遣"除了在《渑水燕谈录》中有记载,后代亦有用例,元·柯劭忞《新元史·敬俨列传》卷二百一十:"俨命有司发其奸赃,杖遣之,仍奏罢其役。"《明史·自氏列传》卷三百三十:"知县马从龙察其诬,杖遣之。"因此,《大词典》所举清代的首见文例嫌晚。

【帑藏】

公恨不得面陈所怀,乃抗论:"近年以来,虚国家帑藏,竭生民膏血,以奉无用之土木,皆丁谓、王钦若启上侈心之所为也,不诛死无以谢天下。"(《渑水燕谈录·名臣》卷二)

《大词典》释"帑藏"为"亦用以指钱币、财产"。列举明·刘元卿《贤奕编·警喻》:"有富人子自童亡外,既长行乞过家而不识也。其父识引之,子复家,授以帑藏,退不敢当。""帑藏"除在《渑水燕谈录》中有记载外,在六朝时期已见用例,其后亦有记录,《全汉文·王闳》卷四十三:"赏赐空竭帑藏,万物喧哗,偶言道路,诚不当天心也,昔褒神蚖变化为人,实生褒姒,乱周国。"《宋书·顺帝本纪》卷十:"又淫费无度,帑藏空竭,横赋关河,专充别蓄,黔庶嗷嗷,厝生无所。"《魏书·明帝本纪》卷三:"太子舍人张茂以吴、蜀数动,诸将出征,而帝盛兴宫室，留意于玩饰，赐与无度，帑藏空竭；……"故《大词典》所列明代之首见例嫌晚。

【诛贬】

虽在下位，不忘天下之忧，其言以排斥佛老、诛贬奸邪为己任。（《渑水燕谈录·奇节》卷三）

《大词典》释"诛贬"为"贬责"。例举清·章学诚《文史通义·记与戴东原论修志》："笔削之例至严，极于《春秋》；其所诛贬，极于乱臣贼子。"用"诛贬"的文例较早见于唐代，《新唐书·颜师邕列传》卷一百八十："先帝任人，始皆回容，积纤微以至诛贬。"除在《渑水燕谈录》中有记录外，后代亦有用例，如明·陈邦瞻《元史纪事本末》卷七："致以非罪诛贬大臣，遣使四出，钩考钱穀，民怨而盗发，天怒而地震，水灾荐至。"所以该义项首见例用清代的文例嫌晚。

【墓次】

又招魂葬其父，庐于墓次，终身哀慕不衰。（《渑水燕谈录·忠孝》卷四）

《大词典》释"墓次"为"葬址，茔地"。例举明·沈德符《万历野获编·工部·邵上葵工部》："邵今居忧，闻至墓次相地，自画为人所刺，幸漏刃而逸，未知信否。"《大词典》所用明代文例嫌晚，"墓次"除在《渑水燕谈录》中出现外，在唐代已见用例，如杜佑《通典》卷一百〇一："耽见周亲以下，皆宜绝服，葬不列墓次。"

【叹服】

相与见旦，旦曰："何不曰：某少尝操刀以割，示有宰天下之志。"莫不叹服。（《渑水燕谈录·才识》卷四）

《大词典》释"叹服"为"赞叹佩服"。例举《二刻拍案惊奇》卷二："小道人随手应去，尽是神机莫测，诸王尽皆叹服，把酒称庆。"《大词典》首明见例用明代的文例嫌晚，"叹服"除在《渑水燕谈录》中有用例外，早在六朝时期就已有文献记载，其后亦是如此，如《全宋文·虞龢》卷五十五："常以章草答庾亮，亮以示翼，翼叹服，因与羲之书云：'吾昔有伯英章草书十纸，过江亡失，常痛妙迹永绝。……'"《梁书·孔子祛列传》卷四十八："比日时开讲肆，群儒刘岩、沈宏、沈熊之徒，并执经下坐，北面受业，莫不叹服，人无间言。"《魏书·王烈传》卷十一："时颍川荀慈明、贾伟节、李元礼、韩元长皆就陈君学，见烈器业过人，叹服所履，亦与相亲。"唐·刘悚《隋唐嘉话》卷下："曹绍夔与道弼皆为太乐令，享北郊，监享御史有怒于夔，欲以乐不和为之罪，杂扣钟磬，使夔暗名之，无误者，由是反叹服。"

【叹慕】

是时，欧阳文忠公留守睢阳，闻而叹慕，借其诗观之。（《渑水燕谈录·高逸》卷四）

《大词典》释"叹慕"为"赞叹羡慕"。例举明·宋濂《翕县孔子庙学记》："神来顾韵，如在左右。观者歆慕，至于咏蹈。"其实，"叹慕"除了在《渑水燕谈录》中有记载，较早见于《全梁文·陶弘景（一）》卷四十六："……实伺夹锺吐气，今既自上体妙，为下理用成工，每惟申锺王论于天下，进艺方兴，所恨臣沈朽，不能钻仰高深，自怀叹慕。"又如《魏书·方技传》卷二十九："辂别传曰：'辂为华清河所召，为北黉文学，一时士友无不叹慕。'"所以，《大词典》所举明代文例嫌晚。

【恳祈】

其后范文正公、文潞公皆优礼之，欲荐之朝廷，先生恳祈，亦不敢强，以成其高。（《渑水燕谈录·高逸》卷四）

《大词典》释"恳祈"为"祈求"。例举杨玉茹《辛亥革命先著记》第八章第二节："盛宣怀欲保私产，不惜断送国权，恳祈顾全大局，勿堕奸计。""恳祈"除在《渑水燕谈录》中有记载外，在其他古籍中也颇多用例，宋·李昉《太平广记》卷七十八："又有兵马使娄瓘举大事，遂恳祈士龙卜地，前后饷千余贯。"明·陆容《菽园杂记》卷七："家人罗拜恳祈，然后许之。"清·黄以周等《续资治通鉴长编拾补》卷十："……京城东低，田已伤雨，北郊犹无害，然恳祈晴雯未之应。"故《大词典》所举杨玉茹的现代文例为首见例嫌晚。

【闲心】

渍不起，有表称谢云："十行温诏，初闻丹凤衔来；一片闲心，已被白云留住。"（《渑水燕谈录·高逸》卷四）

《大词典》记载"闲心"的第①义项为"闲适的心情"。例举明·谢肇淛《无杂俎·地部一》："追思曩者，闲心乐地，讵可复得？"该义项首见例用明代的文例嫌晚，"闲心"除在《渑水燕谈录》中出现以外，早在汉代就见用例，后代亦有记载，如《后汉书·袁绍刘表列传》卷六十四下："先作零陵、桂阳守，甚得江湘闲心。"唐·阎宽《唐诗宋词全集》卷一百一十三："伫应舟楫用，曷务归闲心。"元·刘时中《全元散曲（上）》："锦鳞无，塞鸿疏，大都来只为虚名误，老未得闲心更苦。"

第七章 《汉语大词典》词目书证问题研究

【值钱】

李鹰死后无归客，江上鲈鱼不直钱。(《渑水燕谈录·歌咏》卷七)

此处"直钱"义为"值钱"，《大词典》释"值钱"为"价值高"。例举《红楼梦》第四十五回："黛玉道：'跌了灯值钱，跌了人值钱？'"《大词典》释义并不错，但是所举清代的文例嫌晚。事实上"值钱"在元代就已见用例，如《西厢记》第四折："俺姐姐更做道软弱囊揣，怎嫁那不值钱人样虾胸。"明·凌蒙初《二刻拍案惊奇（下）》卷二十二："看官，你道当初他富贵时节，几百文只与他家赏人也不爽利，而今才晓得是值钱的，却又迟了。"

【秀绝】

既去十年，太常博士沈遵，好奇之士，闻而往游，爱其山水秀绝，以琴写其声，为醉翁吟，盖宫声三叠。(《渑水燕谈录·歌咏》卷七)

《大词典》释"秀绝"为"特出超群"。例举蒋光慈《少年漂泊者》十一："我所以永远地不能忘却她，还不是因为她貌的美丽和才的秀绝，而是因为她是我唯一的知己。"《大词典》释义不错，但例子举现代汉语的例子，嫌晚。"秀绝"一词除了在《渑水燕谈录》已见，其实在唐代就已经出现，如《旧唐书·柱子磧列传》："柱子磧，字景望，博学多通，文章秀绝。"

【粉板】

国朝已来奉使大辽者，道出寺下，例往观之，题名粉板，或剔取一二像，今且尽。(《渑水燕谈录·书画》卷七)

《大词典》中，"粉板"有三个义项，《渑水燕谈录》中的"粉板"应该是"水牌或粉牌"义。《大词典》对这一义项的解释是："①水牌或粉牌。一种约一尺见方的白漆（亦有用黄漆的）木板。可用毛笔写字，能随写随揩。旧时店铺常用以记事。鲁迅《呐喊·孔乙己》：'虽然间或没有现钱，暂时记在粉板上，但不出一月，定然还清，从粉板上拭去了孔乙己的名字。'"同样，该义项首见例用鲁迅的文例嫌晚。

【莽苣】

忽有异人教服长松，明不识之，复告云："长松，长古松下，取根饵之，皮色如莽苣，长三五寸，味微苦，类人参，清香可爱，无毒，服之益人，兼解诸虫毒。"(《渑水燕谈录·事志》卷八)

《大词典》释"莽苣"为"药草名。又名地参。根味甜，可入药"。文例仅举明·李时珍《本草纲目·草一·莽苣》（集解）引陶弘景曰：

"荠苨根茎都似人参，而叶小异，根味甜绝，能杀毒，以其与毒药共处，毒皆自然歇，不正入方家用也。"其实，"荠苨"一词除了在《渑水燕谈录》中出现，早在东汉就见用例，此后用例更多。如东汉·张仲景《金匮要略·果实菜谷禁忌并治第二十五》："荠苨八两。"又西晋·张华《博物志·物类》卷四："荠苨乱人参。"东晋·葛洪《抱朴子·内篇卷之五》："菟丝、苁蓉之补虚乏，甘遂、葶苈之逐痰癖，括楼、黄连之愈消渴，荠苨、甘草之解百毒。"唐·张鷟《朝野佥载》卷一："医书言，虎中药箭食清泥；野猪中药箭豗荠苨而食。"以上文例所提到的"荠苨"即为《本草纲目》中所提到的一种中药"荠苨"。

【称与】

荆国王文公，以多闻博学为世宗师，当世学者得出其门下者，自以为荣，一被称与，往往名重天下。(《渑水燕谈录·谈谑》卷十)

《大词典》释"称与"为"赞许"，"称与"即为此义。但《大词典》仅举明·胡应麟《少室山房笔丛·丹铅新录六》："《名臣录》虽列文公所引诸家杂记，称与之词，不过十之一，而贬剥之说，几乎四之三。""称与"一词在《旧唐书》中已有用例，如《旧唐书·于公异列传》："公异初应进士时，与举人陆贽不协；至是贽为翰林学士，闻上称与，尤不悦。"《大词典》举例嫌晚。

【杀】

后世人多忌讳，丧服往往求杀，今之薄俗，盖有以缟纻为缌功者矣。(《癸辛杂识前集·白帽》)

按：《大词典》：释"杀"为"死板，无可变动"。最早引例为《西游记》第二十三回："师父忒不会干事，把话通说杀了。"明代书证较之宋代《癸辛杂识前集》用例嫌晚。

【奉纳】

已为用佳纸作副本装治，就以奉纳，便可进御矣。(《癸辛杂识前集·韩彦古》)

按：《大词典》：释"奉纳"为"敬献"。最早引例为：清·陈天华《猛回头》："我想这政府是送土地送熟了的，不久就是拱手奉纳。"清代书证较之宋代《癸辛杂识前集》用例嫌晚。

【要是】

然则古人未尝不留意于此，独率更令临书不择笔，要是古今能事耳。(《癸辛杂识前集·笔墨》)

按：《大词典》：释"要是"为"②大概是"。最早引例为：清·周亮工《书影》卷八："此妇要是隐娘、红线之流。"清代书证较之宋代《癸辛杂识前集》用例嫌晚。

【课算】

并选宗室子"与"号十岁已下者，各与课算五行，于是就其中选到十人。(《癸辛杂识后集·理宗初潜》)

按：《大词典》：释"课算"为"起课卜算"。最早引例为明·陶宗仪《辍耕录·中书鬼案》："万里将与李买买一处遣使，以课算为由，前到大同路丰州黑河村地面往来。"明代书证较之宋代用例则嫌晚。

【恩例】

继有此附黄甲第三人恩例，注推官，自方熙孙始。(《癸辛杂识后集·成均旧规》)

按：《大词典》："指帝王为宣示恩德而颁布的条例规定。元·王恽《贺正口号》：'岁岁大酺恩例溥，自惭虚薄仰皇扃。'"元代书证较之宋代略嫌晚。

【相衡】

或本未免解，当年实请免，谓之请免相衡，并相衡免省赴殿。(《癸辛杂识后集·成均旧规》)

按：《大词典》：释"相衡"为"互相比较、衡量"。最早引例为明·睡乡居士《〈二刻拍案惊奇〉序》："至演义一家，幻易而真难，固不可相衡而论矣。"明代书证较之宋代用例则嫌晚。

【寄理】

国子生寄理法，国子生补入者，升补内舍，谓之寄理内舍。升补上舍，谓之寄理上舍。(《癸辛杂识后集·成均旧规》)

按：《大词典》：释"寄理"为"谓在外地居官治事"。最早引例为明·王世贞《与徐子与书》："不佞寄理吴兴，幸不为吏民所厌恶。"明代书证较之宋代《癸辛杂识后集》用例则嫌晚。

【学田】

每重其恩数，丰其馈给，增拨学田，种种加厚，于是诸生啖其利而畏其威，虽目击似道之罪，而噤不敢发一语。(《癸辛杂识后集·三学之横》)

按：《大词典》：释"学田"为"旧时办学用的公田，以田地收益作为学校基金"。最早引证为清·毕沅《续资治通鉴·宋真宗乾元元年》：

"庚辰，判国子监孙奭言：'知兖州日，建立学舍以延生徒，至数百人，臣虽以俸钱赡之，然常不给。自臣去郡，恐渐废散，乞给田十顷为学粮。'从之。诸州给学田始此。"清代书证较之宋代《癸辛杂识后集》用例则嫌晚。

【移庖】

韩平原被诛之夕，乃其宠姬四夫人诞辰，张功甫移庖大燕，至五更方散，大醉几不可起。(《癸辛杂识后集·韩平原之败》)

按：《大词典》：释"移庖"为"临时借用别人庖厨设宴请客"。最早引证为明·沈德符《万历野获编·工部·工部差》："曾以视工至一冬曹郎私宅，适其同管工内官移庖在焉。邂逅欢甚。"明代书证较之宋代《癸辛杂识后集》用例则嫌晚。

【翻胃】

丞相番阳马公廷鸾字翔仲，以翻胃之疾，乞去甚苦，凡十余疏始得请，则疾已棘矣。(《癸辛杂识后集·马相去国》)

按：《大词典》：释"翻胃"为"反胃。指食物咽下后胃里不舒服，有恶心甚至呕吐的症状"。最早引证为清·吴谦《医宗金鉴·刺灸心法要诀·冲脉公孙穴主治歌》："结胸翻胃食难停。注：'翻胃者，朝食暮吐，食难停留也。'"清代书证较之宋代《癸辛杂识后集》用例则嫌晚。

【县学】

撙节浮费，百废俱举，修建县学，一新释奠祭器，刻之于石。(《癸辛杂识后集·先君出宰》)

按：《大词典》：释"县学"为："旧时供生员读书之学校。科举制度童试录取后准入县学读书，以备参加高一级之考试，谓之'进学'、'入学'或'八泮'，士子称'庠生'、'生员'，俗称'秀才'。"最早引证为《儒林外史》第五回："一个叫王仁，是县学廪膳生员。"清代书证较之宋代《癸辛杂识后集》用例则嫌晚。

【跋语】

后有名士跋语甚多，其精神煜煜，透出纸外，与寻常本绝异，正翁极珍之。(《癸辛杂识后集·向氏书画》)

按：《大词典》：释"跋语"为"在书画、文集等后的题词"。最早引证为明·胡应麟《少室山房笔丛·经籍会通三》："里中有元人《育婴图》摹本，载元献跋语，几七百言。"明代书证较之宋代《癸辛杂识后集》用例则嫌晚。

【收受】

若挟贵挟势，及无益俪语以属者，不许收受，达者则先断客将。(《癸辛杂识后集·马裕斋尹京》)

按：《大词典》：释"收受"为"收纳，接受"。最早引证为《水浒传》第八十三回："原无老小者，给付本人，自行收受。"明代书证较之宋代《癸辛杂识后集》用例则嫌晚。

【开手】

其后又欲开手节《十三经注疏》，姚氏注《战国策》、注《坡》诗，皆未及入梓，而国事异矣。(《癸辛杂识后集·贾廖刊书》)

按：《大词典》：释"开手"为"④开始动手、着手"。最早引证为清·李渔《闲情偶寄·演习·迭剧》："故开手学戏，必宗古本。"清代书证较之宋代《癸辛杂识后集》用例则嫌晚。

【铨第】

余试吏部，铨第十三人。(《癸辛杂识后集·十三故事》)

按：《大词典》：释"铨第"为"审查官吏的资历和劳绩，确定其级别与职位"。最早引证为明·王鏊《震泽长语·官制》："光禄勋铨第郎吏，出为它官，以补元缺。"明代书证较之宋代《癸辛杂识后集》用例则嫌晚。

【阃师】

尝闻有阃师馈师宪三十皮笼，扃鐍极严，误留寄他家。(《癸辛杂识后集·馈送寿物》)

按：《大词典》：释"阃师"为"指地方上的军事统帅"。最早引证为《元史·顺帝纪四》："今灾异迭见，盗贼蜂起，海寇敢于要君，阃师敢于玩寇，若不振举，恐有唐末藩镇噬脐之祸。"元代书证较之宋代《癸辛杂识后集》用例则嫌晚。

【竹马】

最后，翁再又作《蜀汉书》，此又不过拾萧、郑弃之竹马耳。(《癸辛杂识后集·正闰》)

《大词典》："②即薅马。南方农村耕稻时所用的一种农具。元·王祯《农书》卷十三：'薅马，薅禾所乘竹马也。似篮而长，如鞍而狭，两端攀以竹系，农人薅禾之际乃置于胯间……余尝盛夏过吴中见之，士人呼为竹马，与儿童戏乘者名同而实异。'"元代书证较之宋代《癸辛杂识后集》用例则嫌晚。

【煞尾】

或有一时煞尾参差不齐，则谓之不和，必有口舌不乐等事。(《癸辛杂识续集上·合乐谐和》)

按：《大词典》：释"煞尾"为"③结束事情的最后一段；收尾"。最早引证为许幸之《忆聂耳》："由于增加了叠句，最后三个'前进'，以铿锵有力的休止符来煞尾。"现代书证较之宋代《癸辛杂识后集》用例则嫌晚。

【诵言】

诵言一别，今几何岁矣。(《癸辛杂识续集上·医术》)

按：《大词典》：释"诵言"为"④称颂之言"。最早引证为明·范景文《张蓬元（抚畿疏草）序》："余于上之知公用公，以卜太平，而未暇诵公，公亦非一二诵言所可既也。"明代书证较之宋代《癸辛杂识续集》用例则嫌晚。

【自失】

内四僧偶别门徒，至中途忘携雨具，还取之，至江干则渡舟解维矣。方怅然自失，舟至中流，亦为风浪所覆，四僧幸而得免。(《癸辛杂识续集上·湖翻》)

按：《大词典》：释"自失"为"②自己失去机会"。最早引证为明·刘基《谕瓯栝父老文》："惟父老审图之，无自失。"明代书证较之宋代《癸辛杂识续集》用例则嫌晚。

【后昆】

大刀关胜，岂云长孙？云长义勇，汝其后昆。(《癸辛杂识续集上·宋江三十六赞》)

按：《大词典》：释"后昆"为"后代；后嗣"。最早引证为明·无名氏《玉环记·延赏庆寿》："止因无子，他日招婿，以续后昆。"明代书证较之宋代《癸辛杂识续集》用例则嫌晚。

【炎凉世态】

其受祸如此之毒，事势相激，乃至于此，为可伤也。(《野客丛书·不可为已甚》卷十五)

果物夺于爱姬之嗜，欲及时致之，虽劳人害马，有所不恤，时政如此，为可伤也。(《野客丛书·杜诗言荔枝》卷二十一)

炎凉世态，自古而然。(《野客丛书·炎凉世态》卷一)

"可伤"即"可悲；可怜"。《大词典》首例引用明·李贽《史纲评要·周纪·襄王》：""未有代德而有二王（可伤！），亦叔父之所恶也。""明代书证较之宋代《野客丛书》用例则嫌晚。

【丧师辱国】

浩之出，不惟一事无立，而丧师辱国，殆有甚焉。（《野客丛书·殷浩失望》卷二）

"丧师辱国"，即"军队损失，国家蒙受耻辱。"《大词典》首例引用《明史·杨本传》："（杨本）从景隆讨燕有功，景隆忌之，不以闻。寻劾景隆丧师辱国，遂以孤军独出，被擒，击北平狱，后被杀。"明代书证较之宋代《野客丛书》用例则嫌晚。

【笑端】

及是一出，一败涂地，而浩之为浩，乃始得其真，在向之期望者，皆可指为笑端，于是知士大夫之名节，要其终而后定，而始之区区，皆得以欺人。（《野客丛书·殷浩失望》卷二）

"笑端"义项①即"取笑的由头；笑料"。《大词典》首例引用明·沈德符《万历野获编·科场二·出题有他意》："正德改元，实误袭西夏李乾顺故号，时马端肃秉铨，出试题以嘲政府之不学，刘晦菴、李西涯、谢木齐三公在揆地，世传为笑端。"明代书证较之宋代《野客丛书》用例则嫌晚。

【果否】

然诗人所言，出于一时，又未知果否一斗三百。（《野客丛书·汉唐酒价》卷三）

"果否"即"犹是否"。《大词典》首例引用明·沈德符《万历野获编·礼部·北岳》："说者谓文毅之父谦，曾祷于曲阳北岳庙，因生子，名以岳，故文毅力竭移祀，未知果否。"明代书证较之宋代《野客丛书》用例则嫌晚。

【明开】

其可明开祸隙以示人哉？宜顗之不得其死也。（《野客丛书·周顗处暧昧召祸》卷三）

"明开"即"明白开列；说清楚"。《大词典》首例引用元·无名氏《谢金吾》第一折："今朝将你个都管亲差，这书上已明开，休的胡猜。"元代书证较之宋代《野客丛书》用例则嫌晚。

【湛族】

寻诸史籍，荆轲无湛族之事，不知阳所言者何人也。（《野客丛书·

荆轲》卷四）

"湛族"即"灭族"。《大词典》首例引明·张煌言《答唐枚臣书》："十有七年，滥膺节钺之寄，尺土未恢，徒然倾家湛族，为天地罪人。"明代书证较之宋代《野客丛书》用例则嫌晚。

【制遏】

观王戊淫暴之意日萌，不可制遏，异日休侯使人谏王，王曰："季父不吾与？我起，先取季父！"（《野客丛书·穆生邹阳》卷四）

"制遏"即"抑制"。《大词典》首例引用《红楼梦》第八十三回："且能培养肝阴，制遏邪火。"清代书证较之宋代《野客丛书》用例则嫌晚。

【叩问】

其夸苑囿之大，固无荒怪不经之说，后世学者，往往读之不通，寻绎师古《音义》，从老先生叩问，累数日而后晓焉。（《野客丛书·相如上林赋》卷五）

"叩问"即"询问，打听"。《大词典》首例引用《警世通言·金令史美婢酬秀童》："金令史只得又同阴补转来，亲去叩问秀童。"明代书证较之宋代《野客丛书》用例则嫌晚。

【汲取】

今公殁十五年余矣，旧宅已为东邻葢氏所有，不知此井蔽覆如故，或复发掘汲取也。（《野客丛书·孙公谈圃》卷五）

"汲取"即"指取水"。《大词典》首例引用清·陈维崧《解语花·咏美人捧茶和王元美》："粧楼小倚，阑干外，汲取春流浅试。"清代书证较之宋代《野客丛书》用例则嫌晚。

【凌晨】

明日凌晨，阍者报门外有人遗下一新生女子在门台上，公主使人收养之，如己女也。（《野客丛书·孙公谈圃》卷五）

观梁文帝《眼明囊赋》序曰："俗之妇人，八月旦多以锦翠珠宝为眼明囊，因凌晨拭目。"（《野客丛书·承露丝囊》卷七）

"凌晨"即"天快亮的时候；清晨"。《大词典》首例引清·冯桂芬《潘母张太夫人墓志铭》："凌晨盥漱毕，易新衣，有顷，遂不语。"清代书证较之宋代《野客丛书》用例则嫌晚。

【情旨】

固虽天上非人间比，使言高烧画烛，贵则贵矣，岂复有此恨等意邪？

观者味其情旨，斯可矣。(《野客丛书·二公言宫殿》卷五)

"情旨"义项②即"心愿；想法"。《大词典》首例引用明·高明《琵琶记·寺中遗像》："小僧请佛了，请相公上香，通达情旨。"明代书证较之宋代《野客丛书》用例则嫌晚。

【展诵】

《冷斋夜话》载：王荆公居钟山，一日于客处得东坡《宝相藏记》，展诵于风檐之下，喜见须眉。(《野客丛书·荆公读苏文》卷六)

"展诵"即"开卷诵读"。《大词典》首例引用清·赵翼《瓯北诗钞》卷二十《述庵司寇新刻大集见贻展诵之馀为题长句兼怀亡友璞函》诗题为证，清代书证较之宋代《野客丛书》用例则嫌晚。

【饰词】

夫人情安则乐生，痛则思死，捶楚之下，何求不获？故囚人不胜痛，则饰词以视之；吏治者利其然，则指道以明之；上奏畏却，则锻炼而周内之。(《野客丛书·汉狱吏不恤》卷十二)

"饰词"义项②即"掩饰真相的话；托词"。《大词典》首例引用清·何焯《义门读书记·三国志·魏志》："此时曹氏代汉之势未成，以支属不欲拥兵，乃晔后来饰词。"清代书证较之宋代《野客丛书》用例则嫌晚。

【鹹卤】

仆自幼尝闻乡中长老言：潮至夷亭出状元。不晓所谓。己亥、庚子，连岁大旱，鹹卤之水果至昆山境上所谓夷亭末地，是时黄由魁天下。(《野客丛书·夷亭之谶》卷十三)

"鹹卤"义项②即"指含有盐味"。《大词典》首例引用《明史·李文忠传》："还言西安城中水鹹卤不可饮。"明代书证较之宋代《野客丛书》用例则嫌晚。

【吉谶】

仆尝作启贺卫魁，一联有曰"谓夷亭两见潮水，君其应吉谶而登大魁；而姑苏连出异人，我欲作雅歌而纪盛事。"盖实录也。(《野客丛书·夷亭之谶》卷十三)

"吉谶"即"吉祥的谶语"。《大词典》首例引用明·田汝成《西湖游览志馀·委巷丛谈二》："郑丞相清之，在太学十五年，殊困滞无聊……及试《青紫明恩》诗，押'明'字，短晷逼暮，思索良艰，漫检韵中，有'赪'字可押，遂用为末句云：'他年蒙渥泽，方玉带围赪。'

归为同舍道之，皆大笑曰：'绿衫尚未能得着，乃妄想击玉乎？'已而中选，攀附史弥远，官至极品，竟赐玉焉，遂成吉谶。"明代书证较之宋代《野客丛书》用例则嫌晚。

【识体】

门人疑之，或以问唯室。曰："今为天子从臣，不比向来，当还其礼，岂以故旧之私废之！"时人以为识体。(《野客丛书·书词轻重》卷十三)

"识体"即"识知体要；懂得道理"。《大词典》首例引用《儿女英雄传》第十二回："若听那个女孩子的那番仗义，这个女孩儿的这番识体，都叫人可感可疼。"清代书证较之宋代《野客丛书》用例则嫌晚。

【谆戒】

李卫公《平泉山居戒子孙》曰："鬻平泉者，非吾子孙也。以平泉一树一石与人者，非佳士也。"谆戒非不切至，然平泉怪石名品，几为洛阳大族有力者取去。(《野客丛书·逍遥谿愚谿》卷十五)

"谆戒"即"谆谆告诫"。《大词典》首例引用清·周亮工《读画录·陈章侯》："明年，从金道隐邮筒得章侯书并书画扇，意存谆戒。"清代书证较之宋代《野客丛书》用例则嫌晚。

【翟袆】

当逍遥公隆盛之日，太官载酒，奉常抱乐，銮舆翟袆，增贲泉谷，见诗于诸公者不一。(《野客丛书·逍遥谿愚谿》卷十五)

"翟袆"即"翟衣"。《大词典》首例引用清·赵翼《邺城怀古》诗："最是可怜西去后，青裙换却翟袆红。"清代书证较之宋代《野客丛书》用例则嫌晚。

【辨识】

于是羽林武贲几千人，至尚书省诟骂，直造仲璃之第，屠灭其家，群小悉投火中，及得尸体，不复辨识，惟以髻中小钗为验。(《野客丛书·不可为已甚》卷十五)

"辨识"即"辨认识别"。《大词典》首例引用明·王世贞《觚不觚录》："觚之不为觚，几莫可辨识。"明代书证较之宋代《野客丛书》用例则嫌晚。

【差官】

而郊以吟诗废务，上官差官以摄其职，分其半禄。酸寒之状，可想而知，观此语亦可以发一笑也。(《野客丛书·汉唐俸禄》卷十六)

第七章　《汉语大词典》词目书证问题研究

"差官"义项①即"朝廷临时派遣的官员"。《大词典》首例引用《水浒传》第六十七回："次日，蔡京会省院差官，赍捧圣旨敕符，投凌州来。"明代书证较之宋代《野客丛书》用例则嫌晚。

【侈大】

唐人好奇，华山女子事，诸公夸诩不一，使知章有上升之事，亦侈大而言之，不应隐没而不传也，疑徐铉所序之妄。(《野客丛书·贺知章上升》卷十七)

"侈大"即"张大；夸大"。《大词典》首例引用清·龚自珍《送广西巡抚梁公序三》："又知夫美其德，纪其甸宣，颂其燕喜福禄，而侈大其受命于王，车骑之庶，锡赉之多者，古之宾客，再拜避席，择言之所言也。"清代书证较之宋代《野客丛书》用例则嫌晚。

【饥寒】

前辈有论庐怀谨身为宰相，而妻子常至饥寒，恐无是理。仆谓怀谨贤相，固未可知，然世间不可谓无此等人。(《野客丛书·过与不及》卷十七)

"饥寒"义项①即"饥饿寒冷"。《大词典》首例引用清·顾炎武《顾与治诗》："士之生而失计，不能取舍，至有负郭数顷，不免饥寒以死。"清代书证较之宋代《野客丛书》用例则嫌晚。

【致意】

珦表表循吏，所纪尚且如此，况其他乎！故仆每观人文集与夫碑刻，所以深致意于稽考者，正以此也。(《野客丛书·罗珦事》卷十七)

"致意"义项③即"关注；集中心思"。《大词典》首例引用严复《原强》："而于一国盛衰强弱之故，民德醇漓合散之由，则尤三致意焉。"现代书证较之宋代《野客丛书》用例则嫌晚。

【寠人】

又如碑言珦为庐日，强家占田，而寠人无告；乡校废落，而冗吏猥多；病者舍医，事淫祀，公皆去其弊。(《野客丛书·罗珦事》卷十七)

"寠人"即"穷人"。《大词典》首例引用明·宋濂《故倪府君墓碣铭》："然操心人厚，但来谒者即赴之，不知有富贫。一旦有寠人抱疢求治，府君既授药，兼畀以烹药之器。"明代书证较之宋代《野客丛书》用例则嫌晚。

【废落】

又如碑言珦为庐日，强家占田，而寠人无告；乡校废落，而冗吏猥

395

多；病者舍医，事淫祀，公皆去其弊。(《野客丛书·罗响事》卷十七)

"废落"即"衰败飘零"。《大词典》首例引用李大钊《青春》："华者，文明开敷之地也，华与实相为轮回，即开敷与废落相为嬗代。"现代书证较之宋代《野客丛书》用例则嫌晚。

【办事】

后汉周泽，为太常清修，时人为之语曰："一岁三百六十日，三百五十九日斋，一日不斋醉如泥。"《南史》孔觊，明晓政事，判决无雍，众为之说曰："孔公一月二十九日醉，胜他二十九日醒。"一则一年一日醉，一醉如此不晓事；一则一月一日醒，一醒如此办事。(《野客丛书·周孔醒醉》卷十七)

"办事"义项③即"犹言能干，会办事"。《大词典》首例引用《水浒传》第四十四回："前日有劳你走了一遭，真个办事，不曾重重赏你。"明代书证较之宋代《野客丛书》用例则嫌晚。

【克胜】

吾丘寿王尝著《骠骑论功》一论甚详，骠骑将军霍去病征匈奴，立克胜之功，寿王作士大夫之论，称武帝之德。(《野客丛书·吾丘寿王论》卷二十二)

"克胜"义项②即"克敌制胜"。《大词典》首例引用元·刘祈《归潜志》卷七："驱此辈战，欲其克胜，难哉。"元代书证较之宋代《野客丛书》用例则嫌晚。

【衍辞】

《毛诗》"弁彼鹙斯"，鹙，鸟名也；斯者衍辞，如曰"螽斯鹭斯"之类。(《野客丛书·鹙匹蠋三事》卷二十三)

"衍辞"即"多余的辞藻"。《大词典》首例引用明·王世贞《艺苑卮言》卷二："孟坚《两都》似不如张平子。平子虽有衍辞，而多佳境壮语。"明代书证较之宋代《野客丛书》用例则嫌晚。

【赐第】

望气者言抱剑营有两朝天子气，故秦桧之赐第在焉，盖欲以当王气也。(《湖海新闻夷坚续志》卷一)

《大词典》释"赐第"为"赏赐的宅第""赏赐宅第"和"赐及第"义。第一个义项例举《晋书·贺循传》："循羸疾不堪拜谒，及就加朝服，赐第一区，车马床帐衣褥等物。"释义很全，但所列举的语例嫌晚。"赐第"一词在东汉已出现并多有用例，如《全汉文·王莽传》："皆授四辅

第七章 《汉语大词典》词目书证问题研究　　397

之职，畴其爵邑，各赐第一区。"

【扭拽】

忽见一无首女子，大骇，扭拽媒妁从仆，求白于官。(《湖海新闻夷坚续志》卷二)

《大词典》释"扭拽"一词为"拉扯"义，其义项例举现当代作家冯苓植《驼峰上的爱》："这家伙一扑进蒙古包，就扭拽着驼人语无伦次地喊起来。"此例证嫌晚。"扭拽"一词，在宋代时已多有用例，如南宋·佚名编《名公书判清明集》卷十四："刘监税虽小官，然而袁州见任也，奉命守职，开锁放船，而乃两人露巾扭拽，以至州衙。"

【残贼】

大官某人者罪已贯盈，欺君罔民，残贼忠良。(《湖海新闻夷坚续志》卷二)

《大词典》释"残贼"一词其中一个义项为"毁坏"，其例证列举的是清代周亮工《书影》卷十："一二市猾，勾党开采，青山白石，悉遭残贼。"此例证较为滞后，"残贼"一词，在西汉已有用例，如西汉·刘安《淮南子》卷十五："若不修其风俗，而纵之淫辟，乃随之以刑，绳之以法，法虽残贼天下，弗能禁也。"

【怪异】

后至陈许，邓帅之事尤更怪异。(《湖海新闻夷坚续志》卷二)

《大词典》所释"怪异"一词其中的一个义项为"妖怪鬼神"，其义项所列举的例证为清·王士禛《池兆偶谈·谈异二》："园素多怪异，人无敢居者。"此例证嫌晚，"怪异"的这一义项的语例早在唐代已出现，如唐·玄奘《大唐西域记》："习定比丘多居此室，时出怪异，龙、蛇、师子之形，见之者心发狂乱。"

【资补】

光寿宫道人章道隆，生平嗜食鳝鱼，谓肉暖可以资补。(《湖海新闻夷坚续志》卷二)

《大词典》释"资补"一词为"资助补贴"，其列举的例证为清·西周生《醒世姻缘传》："买了礼，都来与晁大舍接风，希图沾他些资补。"此例证嫌晚。"资补"一词，在隋唐已出现，如隋·智𫖮《童蒙止观》第九回："持息治战动，和息通治四大不和，补息资补四大衰。"唐·李延寿《北史》卷："既而大师及子同、裴寂并以资补州佐。"

【驻足】

有人群笑此扇，则是鬼也，切不可驻足。(《湖海新闻夷坚续志》卷一)

《大词典》所释"驻足"一词的义项，其中一个为"立足"，其例证为清·徐珂《清稗类钞·战事·骆文忠擒石达开》："且敌马纵横，长江以东，我辈实无驻足地。"此例嫌晚，"驻足"的此义项的语例在五代已出现，如王仁裕《玉堂闲话》卷四："忽闻岩崖之间，若大石崩坠，鞫磕然有声，遂驻足伺之。"

【邮报】

绍兴中，为辰州通判，都邮报，秦桧自陈其存赵之功，谓它人莫预。(《湖海新闻夷坚续志》卷二)

《大词典》释"邮报"一词，为"邸报"，此义项的例证为清·曹禾《顾玉川传》："（顾玉川）尤厚虞山钱宗伯谦益。宗伯传胪及第三人，玉川子以其捷音归，归五日而邮报至。"此例证嫌晚，"邮报"一词，在宋代已普遍使用，如宋·曾丰《缘督集》："然恩数特异，实擅缙绅之荣。邮报四传，与情胥惬。"

【清政】

置安抚、经略、宣抚三使司，颁俸以养廉，去污滥以清政，劝农桑以富民，不及三年，号称大治。(《湖海新闻夷坚续志》卷一)

《大词典》释"清政"一词的例证为清·袁枚《随园诗话》："其影将逾屋，则公必退朝，各呈诗清政。"此例嫌晚，"清政"一词在唐代已出现，如唐·姚思廉《梁书》卷十七："齐手不知书，目不识字，而在郡有清政，吏事甚修。"

参考文献

一　中文专著

辞海编辑委员会：《辞海》，上海辞书出版社 1989 年版。
辞源修订组：《辞源》（修订本），商务印书馆 1980 年版。
董秀芳：《词汇化：汉语双音词的衍生和发展》，四川民族出版社 2002 年版。
高文达：《近代汉语词典》，知识出版社 1992 年版。
谷衍奎：《汉字源流字典》，语文出版社 2008 年版。
汉语大词典编辑委员会：《汉语大词典》，汉语大词典出版社 1993 年版。
汉语大字典编辑委员会：《汉语大字典》（缩印本），湖北、四川辞书出版社 1995 年版。
胡丽珍：《〈现代汉语词典〉古词语释义研究》，湖南人民出版社 2009 年版。
蒋绍愚：《古汉语词汇纲要》，北京大学出版社 1989 年版。
雷冬平：《近代汉语常用双音虚词的演变研究及认知分析》，中国社会科学出版社 2008 年版。
李宗江：《汉语常用词演变研究》，汉语大词典出版社 1999 年版。
刘开瑛、由丽萍：《基于语料库的汉语辞书编纂系统》，《辞书与数字化研讨会论文集》，上海辞书出版社 2004 年版。
吕林湘：《吕叔湘自选集》，上海教育出版社 1989 年版。
史建桥：《辞书语料库建设的瓶颈之一：汉字大字符集的编制及应用》，《辞书与数字化研讨会论文集》，上海辞书出版社 2004 年版。
汪维辉：《东汉—隋常用词演变研究》，南京大学出版社 2000 年版。
卫乃兴：《词语搭配的界定与研究体系》，上海交通大学出版社 2002 年版。
赵振铎：《字典论》，上海辞书出版社 2001 年版。

中国社会科学院语言研究所词典编辑室:《现代汉语词典》(第5版),商务印书馆2005年版。

二　中文论文

毕慧玉、张继春:《〈汉语大词典〉2.0光盘版的使用技巧》,《辞书研究》2006年第2期。

蔡莉、敖锋:《汉语关系从句挂靠偏向的语料库研究》,《外国语文》2014年第6期。

蔡淑美、施春宏:《基于汉语中介语语料库的二价名词习得研究》,《语言文字应用》2014年第2期。

蔡子鹤、陈杏留:《买地券词语考释三则——兼谈〈汉语大词典〉之不足》,《辞书研究》2009年第6期。

曹乃木:《"啃"字释义推敲》,《辞书研究》1982年第2期。

曹小云:《〈汉语大词典〉量词补证》,《丹东师专学报》1995年第2期。

柴红梅:《〈汉语大词典〉瑕疵补正——以〈现代汉语词典〉C字条为例》,《古汉语研究》2005年第3期。

常宝宝:《基于语料库的双语词典编纂平台的构建》,《辞书研究》2006年第6期。

晁瑞、周阿根:《〈汉语大词典〉方言词误释举隅》,《乐山师范学院学报》2006年第2期。

陈春风:《〈汉语大字典〉、〈汉语大词典〉部首检字中的若干问题》,《求索》2007年第5期。

陈芳、李茂:《〈汉语大词典〉近代汉语条目拾遗》,《玉溪师范学院学报》2010年第1期。

陈国华:《〈汉语大词典〉近代汉语条目商补》,《盐城师范学院学报》(人文社会科学版)2009年第2期。

陈国华、梁茂成、AdamKilgarriff:《语料库与词典编纂的接口:词典编纂辅助工具SketchEngine剖析》,《中国辞书学会双语词典专业委员会第6届年会暨学术研讨会论文专辑》,2005年。

陈建初、喻华:《〈释名〉中部分未见于〈汉语大词典〉的语词考》,《古汉语研究》2004年第2期。

陈玲:《〈汉语大词典〉方言词语补苴十二则》,《学行堂文史集刊》2012年第2期。

陈平:《试论汉语中三种句子成分与语义成分的配位原则》,《中国语文》1994年第3期。

陈平:《〈汉语大词典〉书证勘误(三)》,《宁波大学学报》(人文科学版)2011年第4期。

陈文杰:《语料库和配价语法研究略论》,《广西民族大学学报》2009年第4期。

陈彦梅:《再论语料库与英语词汇教学》,《佳木斯大学社会科学学报》2006年第6期。

陈羽:《基于语料库的同义词辨析研究——以execute、perform、implement和enforce为例》,《英语广场》2015年第8期。

陈增杰:《〈汉语大词典〉寸部订补(上)》,《温州师范学院学报》(哲学社会科学版)1990年第1期。

陈增杰:《大型语文词典编纂中国化之我见》,《辞书研究》1983年第4期。

成妍:《〈汉语大词典〉词条书证年代滞后献疑》,《现代语文》(语言研究版)2007年第12期。

程俊琳:《语料库词典编纂与电子工具书的互逆现象探究》,《淮北职业技术学院学报》2008年第8期。

程亚恒:《〈汉语大词典〉释义拾补》,《汉字文化》2012年第1期。

程养之:《大型语文词典适用部首法排检》,《辞书研究》1983年第1期。

程养之:《谈谈〈汉语大词典〉的部首排检法》,《辞书研究》1986年第6期。

程志兵:《〈汉语大词典〉书证商补》,《保定师专学报》1998年第1期。

程志兵:《〈汉语大词典〉释义及书证商补》,《新疆师范大学学报》(哲学社会科学版)1999年第3期。

程志兵:《〈汉语大词典〉第七卷"心部"订补》,《伊犁师范学院学报》2000年第2期。

程志兵:《〈汉语大词典〉书证再补》,《伊犁教育学院学报》2000年第4期。

程志兵:《〈型世言〉中早于〈汉语大词典〉所引书证举例》,《克山师专学报》2000年第2期。

程志兵:《〈型世言〉与〈汉语大词典〉书证》,《伊犁教育学院学报》2001年第3期。

程志兵:《〈汉语大词典〉第一卷订补（二）》,《伊犁教育学院学报》2002年第2期。

程志兵:《谈〈汉语大词典〉中的诸问题》,《新疆大学学报》（哲学社会科学版）2002年第4期。

程志兵:《白话小说早于〈汉语大词典〉所引书证举例》,《安徽广播电视大学学报》2003年第1期。

程志兵:《〈金瓶梅〉和〈汉语大词典〉书证》,《克山师专学报》2004年第2期。

程志兵:《〈汉语大词典〉释义商榷数则》,《陇东学院学报》2009年第3期。

程志兵:《谈许少峰〈近代汉语大词典〉的成就与不足——兼与〈汉语大词典〉相比较》,《陇东学院学报》2010年第3期。

程志兵:《〈近代汉语大词典〉部分词语释义、立目商榷》,《西南交通大学学报》（社会科学版）2012年第5期。

程志兵:《期待全面修订的〈汉语大词典〉早日问世——从〈汉语大词典订补〉说起》,《辞书研究》2013年第4期。

程志兵:《〈汉语大词典〉所收民俗词语辨误数则》,《西南交通大学学报》（社会科学版）2014年第1期。

程志兵、范文莲:《〈汉语大词典〉第一卷订补（一）》,《伊犁师范学院学报》2002年第3期。

程志兵、孔淑梅:《〈汉语大词典〉第五卷"水部"订补》,《伊犁师范学院学报》2001年第2期。

程志兵、赵红梅:《〈汉语大词典〉所收佛教词语辨误数则》,《法音》2013年第5期。

程志兵,甄敬霞:《〈西游记〉中词语对〈汉语大词典〉的补正作用》,《伊犁师范学院学报》2001年第3期。

储诚志、陈小荷:《建立"汉语中介语语料库系统"的基本设想》,《世界汉语教学》1993年第3期。

崔乐:《语料库技术在外向性词典元语言控制中的应用》,《国际汉语学报》2012年第1期。

崔卫生:《语料库与英语学习词典的编纂》,《惠州学院学报》2009年第4期。

崔希亮、张宝林:《全球汉语学习者语料库建设方案》,《语言文字应用》

2011年第2期。

戴媛媛：《基于语料库统计的高级阶段非汉字文化圈学生作文正误字对比分析》，《世界汉语教学》2014年第3期。

导夫：《汉语大词典条目商榷（续）》，《中国出版》1995年第9期。

邓宇、李福印、陈文芳：《汉语隐喻运动事件的词汇化类型探究——整合语料库和实验的证据》，《外语与外语教学》2015年第3期。

丁冬梅：《英汉双语平行语料库对于双语词典编纂的影响》，《职业圈》2007年第18期。

董运来：《〈汉语大词典〉书证拾补》，《上海高校图书情报工作研究》2008年第1期。

董志翘：《为中古汉语研究夯实基础——"中古汉语研究型语料库"建设刍议》，《燕山大学学报》2011年第1期。

段芸、莫启、扬文旭：《认知语料库语言学刍议》，《外语与外语教学》2012年第6期。

范崇高：《〈汉语大词典〉盐文化词语商补》，《盐文化研究论丛（第四辑）——回顾与展望：中国盐业体制改革学术研讨会论文集》，2009年。

范崇高、陈家春：《〈汉语大词典〉盐文化词语补释》，《盐文化研究论丛》2010年（第五辑）。

范崇高、王红：《〈汉语大词典〉书证举误》，《四川理工学院学报》（社会科学版）2009年第4期。

方芳：《基于语料库的量名短语识别初探》，《乐山师范学院学报》2006年第2期。

付建荣、马晓军：《"拍张"释义补正——与〈辞源〉、〈汉语大词典〉编纂者商榷》，《语文学刊》2007年第S1期。

付志扬：《基于语料库的高职高专公共英语词汇教学研究》，《牡丹江教育学院学报》2015年第2期。

傅军：《中国英语学习者begoingto语法化特征——一项基于语料库的研究》，《北京化工大学学报》（社会科学版）2015年第2期。

高伯舟：《对〈汉语大词典〉内容和编排的几点看法》，《乌鲁木齐职业大学学报》1994年第4期。

高航：《"N的V"结构的认知语法考察：基于语料库的研究》，《外文研究》2013年第4期。

高洁:《通过查阅字典和语料库检索进行同义词组辨析的对比研究——以makeefforts和takeeffort为例》,《英语教师》2013年第10期。

高文成:《基于语料库的英汉语双名词内向结构认知对比研究》,《外国语文》2012年第5期。

高文成、张丽芳:《汉语双名词内向结构认知对比研究——基于BNC和CCL语料库》,《西安外国语大学学报》2013年第3期。

高燕:《〈汉语大词典〉若干条目疑误举例》,《现代语文》(语言研究版)2008年第6期。

龚伟英:《基于语料库的fat语义韵及语义强度研究》,《基础英语教育》2008年第2期。

顾恩多:《〈汉语大词典〉单音介词拾补》,《内蒙古师范大学学报》(哲学社会科学版)2004年第S2期。

桂孟秋:《面向留学生的"被"字句语用教学——基于HSK动态作文语料库的研究》,《江汉大学学报》(人文科学版)2011年第2期。

郭洪义:《〈汉语大词典〉"青头"释义献疑》,《宜宾学院学报》2011年第1期。

郭建芳、李二涛:《基于语料库的"严重"和"seriouslyXX"语义韵研究》,《中北大学学报》2013年第2期。

郭启新、杨蔚:《英汉双语语料库的建立与英汉词典的编纂》,《中国辞书论集》,2000年。

郭忠新:《从成语典故条目看〈汉语大词典〉的实用性》,《辞书研究》1986年第6期。

韩玉:《〈汉语大词典〉例证商榷》,《山西煤炭管理干部学院学报》2013年第2期。

韩玉:《〈汉语大词典〉例证献疑》,《太原城市职业技术学院学报》2013年第3期。

何安平:《语料库研究的层面和方法述评》,《上海外国语大学学报》1994年第4期。

何玲:《汉语"起来"中动结构判定标准——基于语料库的英汉对比研究》,《上海理工大学学报》(社会科学版)2014年第3期。

贺敏:《英汉学习型词典编纂与语料库建设》,《学理论》2012年第30期。

贺文照:《英译汉中"心"的隐喻重构——基于汉英平行语料库的考察》,

《四川外语学院学报》2008 年第 2 期。

洪笃仁:《〈汉语大词典〉的收词原则与指导思想》,《辞书研究》1986 年第 6 期。

胡百华、李行德、汤志祥:《香港的语料库和相关研究概况》,《语言文字应用》1997 年第 2 期。

胡勃:《〈汉语大词典〉"封望"条释义辨正》,《辞书研究》2014 年第 5 期。

胡传成:《语料库在维吾尔语词汇教学中的应用研究》,《语言与翻译》2015 年第 2 期。

胡春雨:《基于语料库的泡沫隐喻研究》,《解放军外国语学院学报》2014 年第 1 期。

胡海:《"亡农夫之苦,有仟伯之得"中"仟伯"正解——兼谈诸大型语文辞书中有关词条之误》,《河北大学学报》2000 年第 6 期。

胡健、张佳易:《认知语言学与语料库语言学的结合:构式搭配分析法》,《外国语》2012 年第 4 期。

胡开宝:《语料库翻译学:内涵与意义》,《外国语》2012 年第 5 期。

胡丽珍:《释"猱"》,《辞书研究》2013 年第 3 期。

胡丽珍:《语料库视野下汉语大型辞书的常用动词释义——基于"啃"的个案研究》,《辞书研究》2013 年第 1 期。

胡丽珍、郭晓添:《〈野客丛书〉词汇研究与〈汉语大词典〉立目拾遗》,《湖北工程学院学报》2012 年第 6 期。

胡丽珍、郭晓添:《〈野客丛书〉词汇研究与〈汉语大词典〉修订》,《集美大学学报》(哲学社会科学版) 2013 年第 1 期。

胡丽珍、雷冬平:《释"搭猱"》,《汉字文化》2014 年第 1 期。

胡丽珍、欧明晶:《从〈齐东野语〉看〈汉语大词典〉的词目漏收》,《泰山学院学报》2011 年第 4 期。

胡丽珍、邵彩霞:《从〈渑水燕谈录〉词汇研究看〈汉语大词典〉的修订》,《五邑大学学报》(社会科学版) 2012 年第 3 期。

胡丽珍、邵彩霞:《从〈渑水燕谈录〉看〈汉语大词典〉的词目漏收》,《黄河科技大学学报》2012 年第 5 期。

胡秋红、陈倩:《大型动态流通报刊语料库建设研究》,《开封教育学院学报》2015 年第 2 期。

胡绍文:《从〈夷坚志〉看〈汉语大词典〉的若干阙失》,《古汉语研究》

2002年第4期。

胡文仲:《介绍一部以计算机语料库为基础的英语教学词典》,《外语教学与研究》1987年第3期。

胡显耀、曾佳:《基于语料库的翻译共性研究新趋势》,《解放军外国语学院学报》2011年第11期。

胡晓华:《〈尔雅〉郭璞注语词研究与〈汉语大词典〉编纂》,《古汉语研究》2004年第4期。

化振红:《深加工中古汉语语料库建设的若干问题》,《西南大学学报》2014年第3期。

黄昌宁、苑春法、潘诗梅:《语料库、知识获取和句法分析》,《中文信息学报》1992年第3期。

黄立波、王克非:《语料库翻译学:课题与进展》,《外语教学与研究》2011年第6期。

黄立波、朱志瑜:《语料库翻译学:研究对象与研究方法》,《中国外语》2012年第6期。

黄立鹤:《语料库4.0:多模态语料库建设及其应用》,《解放军外国语学院学报》2015年第3期。

黄若妤、何高大:《〈语料库走向课堂:语言使用与语言教学〉述介》,《外语教学与研究》2009年第7期。

黄若妤:《语料库指引的词汇教学CIVI模式建构》,《外语电化教学》2008年第2期。

黄万丽、秦洪武:《英汉平行历时语料库的创建与语料检索》,《当代外语研究》2015年第3期。

黄伟:《字形特征对汉字文化圈中高级水平学习者书写汉字的影响——基于"HSK动态作文语料库"的观察》,《世界汉语教学》2012年第1期。

黄燕妮:《〈汉语大词典〉"白"字条词语试补》,《陇东学院学报》2009年第6期。

黄英:《从〈风俗通义〉看〈汉语大词典〉晚收的义项》,《西南民族大学学报》(人文社会科学版)2003年第6期。

黄英:《从〈风俗通义〉新生复音词看〈汉语大词典〉失收晚收的词条》,《四川师范大学学报》(社会科学版)2003年第4期。

黄友:《面向二语学习者的汉语易混淆词语词典和语料库建设》,《辞书研究》2014 年第 5 期。

黄友福：《〈汉语大词典〉漏收唐代墓志词语零札》，《惠州学院学报》（社会科学版）2010 年第 2 期。

霍艳娟：《基于 BNC 语料库的同义词 adapt 和 adjust 用法辨析》，《长春师范学院学报》2014 年第 1 期。

吉红：《基于语料库的高职日语词汇教学改革探索——以复合动词「—だす」为例》，《中国校外教育》2013 年第 12 期。

纪玉华、吴建平：《语义韵研究：对象、方法及应用》，《厦门大学学报》（哲学社会科学版）2000 年第 3 期。

季瑾：《基于语料库的商务汉语学习词典的编写设想》，《语言教学与研究》2007 年第 5 期。

贾良梦：《基于语料库的汉语"鼻"词义扩展的隐喻研究》，《语文学刊》2015 年第 6 期。

姜祝青：《汉语 NA 表量构式"火热"的语料库和认知研究》，《现代语文》2015 年第 2 期。

蒋丽平：《基于语料库的 IT 英语词汇特征及教学研究》，《长春师范学院学报》2013 年第 7 期。

蒋涛：《〈汉语大词典〉失收〈花间集〉中名物词举例》，《安徽文学（下半月）》2008 年第 5 期。

蒋宗福：《电子语料库与语文辞书的编纂修订》，《四川大学学报》2005 年第 5 期。

金朋荪、李京徽：《基于语料库对同义词 Great 和 Large 对比研究》，《中国电力教育》2011 年第 5 期。

靳光瑾、肖航、富丽、章云帆：《现代汉语语料库建设及深加工》，《语言文字应用》2005 年第 2 期。

荆亚玲：《〈汉语大词典〉"礼拜"书证辨误》，《辞书研究》2009 年第 4 期。

孔蕾、秦洪武：《语料库在词汇教学中的应用：词汇分层和教学设计》，《外语教学理论与实践》2013 年第 4 期。

雷昌蛟：《〈辞源〉〈汉语大字典〉〈汉语大词典〉"汤"字标音失误辨正》，《遵义师范学院学报》2006 年第 4 期。

雷昌蛟：《〈辞源〉〈汉语大字典〉〈汉语大词典〉标音失误辨正二则》，《遵义师范学院学报》2005 年第 2 期。

雷冬平：《释"捞毛"与"花钱"》，《汉字文化》2009年第6期。

雷冬平：《从"流水作业"和"流水生产"说起》，《集美大学学报》（哲学社会科学版）2010年第1期。

雷冬平：《汉语大型辞书编纂的语义范畴系统内部观照法》，《辞书研究》2011年第1期。

雷冬平：《论"淫"的极性程度副词义》，《汉字文化》2012年第2期。

雷冬平：《语料库视野下汉语大型辞书的疑难词语释义——基于"诡随"的个案研究》，《辞书研究》2013年第1期。

雷冬平：《汉语大型辞书同义并列复合词的训诂失误及应遵循的原则》，《辞书研究》2014年第3期。

雷冬平、李高：《〈北梦琐言〉词语研究与〈汉语大词典〉的修订》，《保定学院学报》2013年第1期。

雷冬平、李高：《〈北梦琐言〉词语研究与〈汉语大词典〉立目拾遗》，《文山学院学报》2013年第1期。

雷冬平、李文赞：《〈邵氏闻见录〉词汇研究与〈汉语大词典〉立目拾遗》，《萍乡高等专科学校学报》2012年第5期。

雷冬平、李文赞：《〈汉语大词典〉编纂的三个问题——以〈邵氏闻见录〉的词汇研究为例》，《集美大学学报》（哲学社会科学版）2013年第2期。

雷冬平、吴彦君：《〈涑水记闻〉词汇研究与〈汉语大词典〉立目拾遗》，《连云港师范高等专科学校学报》2012年第3期。

雷冬平、吴彦君：《〈涑水记闻〉的词汇研究与〈汉语大词典〉的修订》，《洛阳理工学院学报》（社会科学版）2013年第4期。

雷冬平、张文兰：《从〈大唐新语〉看〈汉语大词典〉的收词与释义》，《楚雄师范学院学报》2011年第8期。

雷汉卿：《语文辞书收词释义漏略禅籍新义例释》，《合肥师范学院学报》2009年第2期。

冷雪莲：《基于COCA语料库辨析英语同义词Capable和Competent》，《海外英语》2015年第2期。

李德俊：《关于语料库应用于双语词典编纂的几点思考》，《辞书研究》2006年第2期。

李德俊：《基于英汉平行语料库的词典编写系统CpsDict的研制》，《现代外语》2006年第11期。

李德俊：《完全对等、零对等的考察与汉英双语词典研编：基于平行语料库的研究》，《辞书研究》2009年第2期。

李德俊：《英汉平行语料库在双语词典编纂中的作用》，《解放军外国语学院学报》2009年第5期。

李繁贵：《"从来"语法化的语料库驱动研究》，《现代语文》（语言研究版）2012年第9期。

李广伟、戈玲玲：《标识语汉英双语平行语料库的设计与创建》，《南华大学学报》2009年第1期。

李海霞：《大型语文动物词条释义改进的意见》，《辞书研究》2002年第1期。

李汉丽：《〈汉语大词典〉书证前补（二）》，《陇东学院学报》2009年第4期。

李汉丽：《〈汉语大词典〉书证前补（三）》，《淮北煤炭师范学院学报》（哲学社会科学版）2010年第1期。

李汉丽：《〈汉语大词典〉书证前补》，《淮北煤炭师范学院学报》（哲学社会科学版）2008年第6期。

李汉丽：《从明代笔记看〈汉语大词典〉明显的书证滞后问题》，《九江学院学报》2009年第4期。

李慧、郑航、陈艳华：《基于汉语中介语语料库的"V单+X"语块使用情况及其偏误类型分析》，《西华师范大学学报》（哲学社会科学版）2015年第3期。

李加军、钟兰凤：《基于平行语料库的积极型汉英词典配例原则》，《江苏大学学报》2011年第3期。

李建平：《从先秦简牍看〈汉语大词典〉量词释义的阙失》，《广西社会科学》2005年第10期。

李蓝：《从双语商务词典看专业语料库对词典编纂的重要性》，《辞书研究》2006年第3期。

李茂康：《〈汉语大词典〉遗阙〈释名〉词语之义举隅》，《西华师范大学学报》（哲学社会科学版）2006年第5期。

李明：《语料库·蓝本·双语词典》，《苏州大学学报》2003年第3期。

李娜、陈德生：《基于语料库的英语同义词辨析教学方法探究》，《教育探索》2009年第10期。

李娜、王琳：《民国时期新外来词研究——兼对〈汉语大词典〉的补充》，

《华南理工大学学报》（社会科学版）2014年第2期。

李庆立：《如此使用逗号、分号合乎规范吗？——与〈汉语大词典〉编纂者商榷》，《辞书研究》1999年第1期。

李若晖：《"淫烁"释义——〈汉语大词典〉勘误一则》，《湖北大学学报》（哲学社会科学版）2006年第3期。

李申、刘兴忠：《从〈朱子语类〉词语看〈汉语大词典〉之疏失》，《河北师范大学学报》（哲学社会科学版）2014年第3期。

李申、王本灵：《〈汉语大词典〉书证商补》，《东南大学学报》（哲学社会科学版）2003年第2期。

李申、王文晖：《〈汉语大词典〉近代汉语条目订补》，《徐州师范大学学报》1997年第2期。

李申、王祖霞：《〈汉语大词典〉书证订补》，《徐州师范大学学报》2003年第4期。

李申、于立昌：《〈汉语大词典〉若干词条释义拾补》，《徐州师范大学学报》2002年第2期。

李申、于玉春、刘伟：《从笔记词语看〈汉语大词典〉书证的阙失》，《河池学院学报》（哲学社会科学版）2006年第6期。

李申、张泰、田照军：《〈汉语大词典〉近代汉语条目再订补》，《徐州师范大学学报》2000年第2期。

李书田：《从〈汉语大词典〉误用古医书书证谈起》，《吉林中医药》2005年第1期。

李素娟：《〈汉语大词典〉书证迟后例补——以〈南海寄归内法传〉为例》，《求索》2008年第5期。

李文中：《料库语言学的研究视野》，《解放军外国语学院学报》2010年第2期。

李小华：《〈汉语大词典〉"坐"字条义项分析——兼谈辞书义项的真实性》，《辞书研究》2005年第4期。

李晓红：《基于语料库的EFFECT搭配行为对比研究》，《外语教学》2004年第6期。

李新飞：《〈汉语大词典〉部分词条义项当补——以今文〈尚书〉语词为例》，《重庆科技学院学报》（社会科学版）2009年第3期。

李新飞：《〈汉语大词典〉引今文〈尚书〉语词训释指瑕》，《重庆科技学院学报》（社会科学版）2009年第4期。

李新飞:《〈汉语大词典〉失收的今文〈尚书〉虞夏书语词》,《成都大学学报》(社会科学版) 2010 年第 1 期。

李艳玲:《简评〈隐喻, 词源和文化: 基于语料库的探索和方法论反思〉》,《外国语言文学 (季刊)》2008 年第 4 期。

李焱伟、封伟、马丽华:《连锁转喻模式的语料库研究》,《石家庄学院学报》2009 年第 4 期。

李毅:《基于语料库的隐喻识别方法》,《第四届全国认知语言学与二语习得学术研讨会》, 2014 年。

李银美、王义娜:《学习者英语与英汉时间状语从句的句法分布差异——一项多语料库对比考察》,《解放军外国语学院学报》2013 年第 4 期。

李玉平:《〈汉语大词典〉"末界"释义考辨》,《励耘学刊 (语言卷)》2007 年第 1 期。

李智涛:《借助语料库实现建构主义汉语词汇教学》,《吉林省教育学院学报》(学科版) 2008 年第 12 期。

梁冬青:《〈汉语大词典〉书证辨误一则》,《学术研究》2007 年第 2 期。

梁光华:《〈汉语大词典〉、〈汉语大字典〉注音商兑二题》,《贵州师范大学学报》(社会科学版) 1997 年第 2 期。

梁吉平、陈丽:《〈汉语大词典〉辨误两则》,《西南交通大学学报》(社会科学版) 2011 年第 4 期。

梁茂成:《语料库语言学研究的两种范式: 渊源、分歧及前景》,《外语教学与研究》2012 年第 3 期。

梁三云:《语料库与词汇教学策略的研究》,《外语电化教学》2005 年第 5 期。

廖丹:《〈董解元西厢记〉中未见于〈汉语大词典〉词语考》,《大众文艺 (理论)》2009 年第 14 期。

廖丽娟:《〈汉语大词典〉同形字辨正》,《青春岁月》2013 年第 8 期。

林爱华:《〈汉语大词典〉书证滞后词语拾补》,《焦作大学学报》2013 年第 4 期。

林玲:《〈祖堂集〉新词研究与辞书编纂 (一)——〈汉语大词典〉未收及商榷之新词义项》,《成都大学学报》(社会科学版) 2010 年第 1 期。

林玲:《〈祖堂集〉新词研究与辞书编纂 (二)——〈汉语大词典〉未收之新词》,《成都大学学报》(社会科学版) 2010 年第 4 期。

林少婷:《基于语料库的大学英语词汇教学》,《西南农业大学学报》(社会科学版) 2011 年第 10 期。

林轩:《英语常用同义词的语义搭配研究——以 very, rather, quite 为例的一项基于语料库的个案研究》,《江西师范大学学报》(哲学社会科学版) 2011 年第 5 期。

刘丙丽、刘海涛:《基于语料库的汉语动词句法配价历时研究》,《语言教学与研究》2011 年第 6 期。

刘冬玲:《基于语料库的英语单词搭配词组的形式与意义的联系分析——以单词"on"为个案分析》,《中山大学学报》(哲社版) 2005 年第 3 期。

刘凤芹:《语料库语言学的方法在〈现代汉语常用实词搭配词典〉中的应用》,《现代语文》(语言研究版) 2008 年第 4 期。

刘凤芹:《基于语料库的词语搭配研究与对外汉语词汇教学》,《现代语文》(语言研究版) 2010 年第 6 期。

刘辉、黎宇珍、章宜华:《基于语料库的 Web 词典编纂及自动生成系统设计与实现》,《沈阳师范大学学报》2006 年第 7 期。

刘敬林:《〈汉语大词典〉"能掐会算"释义补正》,《汉字文化》2002 年第 2 期。

刘敬林:《〈汉语大词典〉举误》,《甘肃教育学院学报》(社会科学版) 2002 年第 3 期。

刘敬林:《〈汉语大词典〉"佞"下复词释义商兑》,《甘肃高师学报》2003 年第 3 期。

刘敬林:《〈汉语大词典〉现代词语释义商兑》,《陇东学院学报》(社会科学版) 2003 年第 3 期。

刘敬林:《〈汉语大词典〉疑难词语释义商补》,《青海师专学报·教育科学》2003 年第 5 期。

刘敬林:《〈汉语大词典〉之〈金瓶梅词话〉词语释义商兑》,《陇东学院学报》(社会科学版) 2003 年第 1 期。

刘敬林:《〈汉语大词典〉"利"条评议》,《陇东学院学报》(社会科学版) 2004 年第 2 期。

刘敬林:《〈汉语大词典〉之〈红楼梦〉词语释义商兑》,《河西学院学报》2004 年第 3 期。

刘敬林:《〈汉语大词典〉之〈金瓶梅词话〉词语疑诂》,《青海师专学报·教育科学》2004 年第 1 期。

刘敬林：《〈汉语大词典〉之元曲词语释义商兑》，《陇东学院学报》（社会科学版）2004年第1期。

刘敬林：《〈汉语大词典〉之元曲疑难词语释义辨正》，《天水师范学院学报》2005年第1期。

刘敬林：《〈汉语大词典〉之〈金瓶梅词话〉词语释义补正》，《安庆师范学院学报》（社会科学版）2006年第5期。

刘敬林：《〈汉语大词典〉"日部"语词释义指误》，《陇东学院学报》2008年第4期。

刘敬林：《从含"丢"字词语看〈汉语大词典〉的修订》，《安庆师范学院学报》（社会科学版）2008年第1期。

刘敬林：《〈汉语大词典〉"打"下词语释义指误》，《励耘学刊》（语言卷）2009年第2期。

刘敬林：《从〈汉语大词典〉"泼"字条目看近代汉语词语释义问题》，《励耘学刊》（语言卷）2010年第2期。

刘敬林：《〈汉语大词典〉"犬部"语词释义指误》，《陇东学院学报》2012年第4期。

刘丽萍：《基于语料库的汉语同义词教学方法初探》，《教学与管理》2010年第15期。

刘奇惕：《〈汉语大词典〉（网络版V.2）的特色》，《辞书研究》2006年第4期。

刘庆荣：《语料库与词典编纂》，《上海师范大学学报》（社会科学版）2001年第5期。

刘如瑛：《〈汉语大词典〉失校若干处及舛误——附"余"字辨》，《扬州大学学报》（人文社会科学版）2011年第1期。

刘瑞明：《谈泛义动词的释义——兼评〈汉语大词典〉"作"字释义》，《辞书研究》1991年第3期。

刘瑞明：《〈汉语大词典〉"为"字释义评议》，《固原师专学报》1995年第1期。

刘瑞明：《〈汉语大词典〉应如何精益求精——以"指"字词条为例》，《喀什师范学院学报》1996年第3期。

刘瑞明：《词语的系列性与〈汉语大词典〉的失疏》，《四川大学学报》（哲学社会科学版）1999年第4期。

刘瑞明：《从通假看〈汉语大词典〉的修订——以"佯"字系列词为

例》,《陇东学院学报》(社会科学版) 2003 年第 3 期。

刘瑞明:《〈汉语大词典〉第一卷失误指正》,《陇东学院学报》2008 年第 4 期。

刘瑞明:《〈汉语大词典〉第二卷失误指正》,《陇东学院学报》2009 年第 1 期。

刘瑞明:《〈汉语大词典〉第三卷失误指正》,《陇东学院学报》2009 年第 6 期。

刘瑞明:《〈汉语大词典〉第四卷失误指正》,《陇东学院学报》2010 年第 3 期。

刘瑞明:《〈汉语大词典〉第五卷失误指正》,《陇东学院学报》2012 年第 2 期。

刘先宽:《基于语料库的网络语言的隐喻研究》,《重庆科技学院学报》2008 年第 2 期。

刘显:《〈汉语大词典〉释义订补六则》,《贵阳学院学报》(社会科学版) 2011 年第 1 期。

刘湘涛:《〈太平经〉新生程度副词补苴〈汉语大词典〉六则》,《时代文学》(双月上半月) 2009 年第 4 期。

刘小平:《基于语料库的大学英语词汇教学》,《贵州民族学院学报》(哲学社会科学版) 2009 年第 3 期。

刘晓丽:《基于中介语语料库的日本学生汉字书写偏误分析》,《学理论》2011 年第 12 期。

刘晓丽:《基于中介语语料库的日本学生汉字书写偏误分析》,《学理论》2014 年第 4 期。

刘颖颖:《从双语专科词典立目和释义的不足看专科双语语料库的构建》,《海外英语》2012 年第 3 期。

刘正光、孙一弦:《"下来""下去"作补语时的句法语义限制及其认知解释——一项基于语料库的研究》,《外语学刊》2013 年第 1 期。

刘志生:《〈汉语大词典〉失收六朝墓志词语考释六则》,《南昌大学学报》(人文社会科学版) 2012 年第 5 期。

刘志生:《六朝墓志词汇研究与〈汉语大词典〉的书证迟后》,《井冈山大学学报》(社会科学版) 2013 年第 5 期。

卢鹿:《对同义词 "gain" 和 "obtain" 使用的辨析——一项基于语料库的研究》,《首都外语论坛》2006 年第 2 期。

鲁六：《谈整体观在大型语文词典义项方面的作用》，《平顶山学院学报》2006年第3期。

鲁艳辉、刘立吾：《动词同义词的语言差异性研究——基于BNC语料库视角》，《湖南农业大学学报》（社会科学版）2010年第3期。

陆锡兴：《汉字规范与大型历史语文辞书的收字立目问题》，《辞书研究》2010年第5期。

罗思明、王文斌、洪明：《英汉结果构式R_{AP}制约的语料库与类型学研究》，《外语教学与研究》2010年第4期。

罗小如：《〈汉语大词典〉、〈辞源〉释义商榷四则》，《汉字文化》2010年第5期。

骆伟里：《〈汉语大词典〉"三礼"条目订补（之一）》，《苏州教育学院学报》2006年第3期。

吕林湘：《〈汉语大词典〉的性质和重要性》，《辞书研究》1982年第3期。

马恕凤：《俗语辞书〈土风录〉对大型语文辞书失收词条的补正》，《兰台世界》2014年第23期。

马云霞：《从若干常用词看〈汉语大词典〉的阙失》，《励耘学刊》（语言卷）2010年第1期。

毛远明：《〈汉语大词典〉书证中的几个问题》，《中国语文》2000年第1期。

毛远明：《〈汉语大词典〉同形字处理辨正》，《西南师范大学学报》（人文社会科学版）2004年第1期。

毛远明：《汉语文辞书名物词语释义存在的问题》，《阿坝师范高等专科学校学报》2006年第2期。

蒙启、管志斌：《基于语料库的"下"字句法结构及语义语用分析》，《经济与社会发展》2008年第2期。

莫砺锋：《关于〈汉语大词典〉"书证迟后"问题的管见》，《福州大学学报》（哲学社会科学版）2001年第3期。

年洪东、张霄军：《基于语料库的容器类隐喻名词短语研究——以"海洋"为例》，《心智与计算》2009年第1期。

牛太清：《〈汉语大词典〉书证迟后例补》，《中国语文》2004年第2期。

欧丽：《基于语料库的on的空间隐喻意义》，《集宁师范学院学报》2014年第4期。

欧阳珺沂、徐海：《〈现代汉法大词典〉语料库建设新词收集的若干方法》，《广西民族学院学报》（哲学社会科学版）2001年第6期。

潘璠、冯跃进：《基于语料库的同义词差异性特征调查》，《山东外语教学》2000年第4期。

潘璠、冯跃进：《语料库规模增长原因探查》，《外语学刊》2004年第3期。

潘牧天：《从〈朱子语类〉看〈汉语大词典〉的修订》，《陇东学院学报》2010年第6期。

彭芳：《英汉语表示"将来"意义的语法化——基于语料库的语法化对比研究》，《西安外国语大学学报》2008年第3期。

彭佳尧：《基于当代美语语料库辨析英语同义词Provide和Supply》，《鸡西大学学报》2015年第6期。

彭玲：《语料库在中学英语词汇教学中的应用》，《教学与管理》2009年第18期。

彭懿：《语料库语言学方法与认知探究》，《当代教育论坛》2010年第2期。

钱厚生：《语料库建设与词典编纂》，《辞书研究》2002年第5期。

秦洁：《〈汉语大词典〉礼俗名物词若干条目补正》，《文学教育（中）》2012年第12期。

曲朝霞：《基于语料库的小学生汉字认知偏误分析及对策》，《语文学刊》2006年第6期。

曲维光、唐旭日、俞敬松：《超大规模语料库精加工技术研究》，《当代语言学》2009年第2期。

曲文军：《〈《汉语大词典》涉茶条目证误释例〉再商榷——兼答方健先生的〈再辩证〉》，《临沂师范学院学报》2007年第5期。

曲文军：《〈《汉语大词典·涉茶条目》证误释例〉商榷》，《农业考古》2003年第4期。

曲文军：《〈汉语大词典〉"棒槌"补正》，《汉字文化》2001年第4期。

曲文军：《〈汉语大词典〉"捐"字纠谬订补》，《中华女子学院山东分院学报》2004年第1期。

曲文军：《〈汉语大词典〉漏收〈青楼梦〉词目补释（一）》，《江海学刊》2000年第1期。

曲文军：《〈汉语大词典〉漏收〈青楼梦〉词目补释（二）》，《江海学刊》2000年第4期。

曲文军：《〈汉语大词典〉漏收〈青楼梦〉词目补释（三）》，《江海学刊》2001年第1期。

曲文军：《〈汉语大词典〉漏收〈型世言〉词目研究》，《石河子大学学报》（哲学社会科学版）2001年第4期。

曲文军：《〈汉语大词典〉漏收词目调研报告》，《浙江树人大学学报》2005年第1期。

曲文军：《〈汉语大词典〉漏收典故研究》，《唐山师范学院学报》2003年第4期。

曲文军：《〈汉语大词典〉书证疏误辨正》，《山东教育学院学报》2002年第3期。

曲文军：《〈汉语大词典〉误释词目研究》，《理论学刊》2002年第4期。

曲文军：《〈汉语大词典〉误释词目研究报告》，《山东师范大学学报》（人文社会科学版）2005年第1期。

曲文军：《论〈汉语大词典〉的严重缺陷》，《临沂师范学院学》2004年第4期。

曲文军：《论〈汉语大词典〉释义牵强附会的问题》，《临沂师范学院学报》2005年第4期。

曲文军：《论〈汉语大词典〉相关条目的非相关性问题》，《临沂师范学院学报》2003年第5期。

曲文军：《蒲松龄作品对〈汉语大词典〉的订补》，《蒲松龄研究》2005年第3期。

曲文军：《修订〈汉语大词典〉的必要性研究》，《河西学院学报》2004年第3期。

曲文军、张连富：《论〈汉语大词典〉书证空缺的问题》，《郧阳师范高等专科学校学报》2004年第4期。

曲文军、朱孔伦：《论〈汉语大词典〉沿袭旧误的问题》，《辞书研究》2005年第3期。

任敬辉：《国内基于语料库的翻译研究综述》，《长春师范大学学报》2015年第6期。

邵文利、杜丽荣：《〈汉语大词典〉等工具书"军爵""公爵"条目献疑》，《学术界》2004年第6期。

沈怀兴：《〈汉语大词典〉"连语"释义补正》，《辞书研究》2005年第

3 期。

沈家煊：《转指和转喻》，《当代语言学》1999 年第 1 期。

史光辉：《从〈齐民要术〉看〈汉语大词典〉编纂方面存在的问题》，《东南学术》1998 年第 5 期。

史光辉：《谈早期汉译佛经在大型语文辞书编纂方面的价值》，《浙江学刊》2003 年第 5 期。

宋北平：《我国第一个"法律语言语料库"的建设及其思考》，《修辞学习》2008 年第 1 期。

宋华、吕永进：《基于语料库的中小学生汉字部件错误类型研究》，《鲁东大学学报》（哲学社会科学版）2008 年第 2 期。

苏宝荣：《大型汉语语文辞书音序编排的处理原则》，《辞书研究》2007 年第 5 期。

苏杰、裴兰婷：《〈论语〉典故词语与〈汉语大词典〉订补》，《语文学刊》2013 年第 3 期。

孙辉：《基于语料库的双语词典编纂软件设计与实现》，《现代图书情报技术》1999 年第 3 期。

孙建伟：《〈辞源〉、〈汉语大词典〉"蓐食"条释义商榷》，《汉字文化》2012 年第 5 期。

孙剑艺：《"锦标"本义考——兼为〈汉语大词典〉释义辨正》，《辞书研究》2010 年第 6 期。

孙丽丽：《基于语料库的词语搭配和类联接研究》，《湖南工程学院学报》2009 年第 2 期。

孙敏庆：《基于俄语国家语料库的俄语动词语义句法量化研究——以视觉动词 мотреть 为例》，《解放军外国语学院学报》2013 年第 6 期。

汤海鹏：《〈汉语大词典〉相关条目阅读札记》，《清远职业技术学院学报》2010 年第 4 期。

唐让之：《〈汉语大词典〉的注音》，《辞书研究》1986 年第 6 期。

陶红印：《从"吃"看动词论元结构的动态特征》，《语言研究》2000 年第 3 期。

陶莉：《〈汉语大词典〉书证失误举证》，《江苏教育学院学报》（社会科学版）2004 年第 5 期。

田文芝：《语料库应用与大学英语词汇教学》，《中国西部科技》2009 年第 21 期。

田臻、唐树华：《近十年来语料库法在认知语言学研究中的应用》，《现代外语》2013年第4期。

万久富：《〈宋书〉复音词研究与大型语文辞书释义问题探讨》，《辞书研究》2010年第5期。

汪维辉：《时代呼唤在线〈汉语大词典〉》，《宁波大学学报》（人文科学版）2013年第4期。

汪维辉、徐晓蓝：《从〈全晋文〉看〈汉语大词典〉的书证溯源问题》，《宁波师院学报》（社会科学版）1993年第1期。

汪耀楠、祝注先：《大型语文词典释义的特点和要求》，《辞书研究》1982年第3期。

王宝刚：《大型语文辞书中的同证异目现象及其成因分析》，《黄山高等专科学校学报》2000年第1期。

王本灵：《〈汉语大词典〉书证体例不一问题撷拾》，《徐州师范大学学报》2006年第2期。

王本灵：《〈汉语大词典〉书证订补》，《集美大学学报》（哲学社会科学版）2013年第4期。

王本灵：《〈汉语大词典〉书证校补》，《五邑大学学报》（社会科学版）2013年第4期。

王本灵、李申：《辞书编纂当避免书证不一问题——以〈汉语大词典〉为例》，《南阳师范学院学报》2013年第10期。

王本灵、唐华：《〈汉语大词典〉书证订误》，《唐山学院学报》2008年第1期。

王炳文：《〈汉语大词典（卷二）〉词条例证晚出勘误七则》，《语文学刊》2014年第7期。

王丹：《由魏晋碑刻看〈汉语大词典〉后代用例缺少和书证滞后例》，《语文学刊》2012年第9期。

王东山：《基于语料库的"圆"的空间隐喻研究》，《语文学刊》2009年第5期。

王冬梅：《浅谈语料库在商务英语词汇教学中的作用》，《宿州教育学院学报》2009年第2期。

王凤琴：《〈汉语大词典〉义项阙漏商补》，《皖西学院学报》2014年第1期。

王馥芳、马兰梅：《语料库词典的局限性》，《辞书研究》2003年第5期。

王桂波:《〈汉语大词典〉失收〈南齐书〉诸词举例》,《社会科学战线》2008年第6期。

王海峰、王铁利:《建立在语料库基础上的汉语本体研究与对外汉语教学——以现代汉语离合词研究为例》,《语言文字大论坛》2009年第2期。

王海华、高洋、尚晓华:《语料库语言学发展回顾及展望》,《大连海事大学学报》2009年第3期。

王海华、王同顺:《CAUSE语义韵的对比研究》,《现代外语》2005年第3期。

王汉平、孙作生:《基于语料库的语义韵研究对外语词汇教学的启示》,《山东省青年管理干部学院学报》2009年第5期。

王浩然:《古汉语单音同义词双音化问题初探》,《河南大学学报》(社会科学版)1994年第3期。

王建民、赵立伟:《〈睡虎地秦墓竹简〉对大型语文辞书编纂的价值》,《简牍学研究》2002年第1期。

王均松、田建国:《词典编纂的语料库方法》,《郑州航空工业管理学院学报》2013年第11期。

王仁强、陈和敏:《基于语料库的动词与构式关系研究——以sneeze及物动词用法的规约化为例》,《外语教学与研究》2014年第1期。

王绍峰:《以若干词例谈〈汉语大词典〉宏观系统的疏失》,《阜阳师范学院学报》(社会科学版)2002年第1期。

王帅:《我国语料库翻译学发展综述》,《中国编辑》2014年第11期。

王文娥:《语料库语言学中的应用——评〈隐喻与语料库语言学〉》,《国外社会科学》2007年第5期。

王文晖:《〈汉语大词典〉割裂成语现象举例》,《辞书研究》2004年第4期。

王文晖:《明清白话小说俗语词例释》,《徐州师范大学学报》2002年第2期。

王向阳:《〈汉语大词典〉在量词释义方面存在的问题》,《现代语文》(语言研究版)2010年第12期。

王小海:《学习者语料库及其在词典编纂中的应用》,《广东外语外贸大学学报》2003年第6期。

王小妮、王玢:《语料库与大学英语词汇教学——以influence, effect, impact 三词为例》，《内蒙古师范大学学报》（教育科学版）2013 年第 9 期。

王延栋：《〈战国策〉看〈汉语大词典〉书证迟后》，《南开语言学刊》2004 年第 2 期。

王彦坤：《语文辞书利用训诂材料应避免的问题》，《中国语文》1999 年第 1 期。

王锳：《〈汉语大词典〉一些条目释义续商》，《中国语文》2002 年第 3 期。

王永超：《"丰贱"与"踊贵"——〈汉语大词典〉收词释义指瑕》，《山东图书馆季刊》2008 年第 3 期。

王勇：《〈汉语大词典〉例证商订——以〈玉台新咏〉等文献为参照》，《文教资料》2013 年第 25 期。

王月丽：《基于语料库的英语同义词搭配特征研究——以 supply 和 provide 为例》，《乐山师范学院学报》2013 年第 10 期。

王云路：《简述汉魏六朝诗歌中的新词及其分类》，《语言研究》1997 年第 2 期。

王韫佳、李吉梅：《建立汉语中介语语音语料库的基本设想》，《世界汉语教学》2001 年第 1 期。

王紫萍：《基于 BNC 语料库数据的同义词辨析——以 neglect 和 ignore 为例》，《成都师范学院学报》2015 年第 2 期。

卫乃兴：《专业性搭配初探——语料库语言学方法》，《解放军外国语学院学报》2001 年第 4 期。

卫乃兴：《语义韵研究的一般方法》，《外语教学与研究》2002 年第 4 期。

卫志芳：《用"本校法"看〈汉语大词典〉词目漏收》，《才智》2008 年第 8 期。

魏向清：《英汉学习型词典的设计特征与语料库的深加工》，《外语研究》2009 年第 5 期。

温玲霞、何明刚、张吉吉：《基于语料库数据的近义词语义韵调查——以 rather，fairly 为例》，《沈阳大学学报》2007 年第 5 期。

吴芙芸：《试论量名不匹配构式在语料库中的低频出现率及内在原因》，《现代外语》2011 年第 2 期。

吴宏星：《基于语料库的"V 他个 VP"结构研究》，《语文学刊》2015 年第 5 期。

吴金华：《〈汉语大词典〉书证商榷》，《南京师大学报》（社会科学版）1995年第3期。

武俊辉、文旭：《基于语料库的begoingto语法化研究》，《外语学刊》2015年第3期。

武振玉：《魏晋六朝汉译佛经中的同义连用总括范围副词初论》，《吉林大学社会科学学报》2002年第4期。

夏立新、朱冬生：《语料库词典学的最新发展和未来趋势（上）——语料库数据在学习词典中的显性应用》，《辞书研究》2009年第3期。

向格：《基于语料库的"把NV下来"中V的语义特征》，《华中人文论丛》2014年第1期。

向明友：《基于语料库的英语语法化研究》，《北京航空航天大学学报》2010年第1期。

肖奚强、周文华：《汉语中介语语料库标注的全面性及类别问题》，《世界汉语教学》2014年第3期。

肖忠华、郁伟伟：《料库语言学：方法、理论与实践述评》，《外语教学与研究》2012年第6期。

谢芳庆：《试论〈汉语大词典〉体系》，《安徽师大学报》（哲学社会科学版）1997年第1期。

谢纪锋：《〈汉语大词典〉音切疏漏举例》，《中国语文》2006年第6期。

谢纪锋：《〈汉语大词典〉疏漏举例——音切篇》，《南阳师范学院学报》（社会科学版）2008年第2期。

谢艳红：《基于语料库的同义词搭配特征研究——以Gain和Obtain为例》，《长春师范学院学报》（人文社会科学版）2010年第5期。

谢艳红：《基于语料库的英语同义词搭配行为对比研究——以Gain&Obtain为例——以Gain和Obtain为例》，《长春理工大学学报》（社会科学版）2011年第1期。

谢宜华：《从〈西京杂记〉词语考释看〈汉语大词典〉之不足》，《郑州师范教育》2012年第2期。

谢元花：《基于语料库的词汇研究与外语教学》，《广东外语外贸大学学报》2002年第2期。

谢元花：《语料库与词汇研究》，《外语教学》2002年第3期。

邢富坤：《面向语言处理的语料库标注：回顾与反思》，《解放军外国语学院学报》2015年第3期。

熊昌华、张显成：《秦简虚词对〈汉语大词典〉的补充》，《毕节学院学报》2013年第3期。

胥洪泉：《〈汉语大词典〉的一处标点错误》，《社会科学研究》2000年第2期。

胥洪泉：《〈辞源〉〈汉语大词典〉"前度刘郎"书证指误》，《文史杂志》2013年第5期。

徐成志：《〈汉语大词典〉典故条目讹误评析》，《皖西学院学报》2006年第6期。

徐传武：《〈汉语大词典〉天象词目献疑》，《烟台师范学院学报》（哲学社会科学版）1993年第2期。

徐复岭、张静：《〈汉语大词典〉近代汉语条目释义摭误》，《济宁师范专科学校学报》2007年第1期。

徐海：《语料库技术的发展与现代英语词典的编纂》，《辞书研究》2007年第3期。

徐海：《学习者语料库与英语学习型词典编纂》，《辞书研究》2010年第3期。

徐烈炯、沈阳：《题元理论与汉语配价问题》，《当代语言学》1998年第3期。

徐琳、王玲娟：《汉语中"心"的隐喻探析——以〈汉语大词典〉为例》，《乐山师范学院学报》2010年第7期。

徐流：《文献考证与汉语辞书编纂》，《辞书研究》1988年第6期。

徐山：《〈汉语大词典〉有关〈潜夫论〉词语释义及书证问题》，《常州工学院学报》2001年第3期。

徐山：《〈汉语大词典〉辨正》，《昭乌达蒙族师专学报》（汉文哲学社会科学版）2004年第3期。

徐山：《〈汉语大词典〉失收的〈潜夫论〉并列复词考》，《苏州市职业大学学报》2005年第3期。

徐山：《〈汉语大词典〉未收的〈潜夫论〉并列复词考释》，《盐城工学院学报》（社会科学版）2005年第4期。

徐山：《〈汉语大词典〉有关〈潜夫论〉并列复词的问题》，《黄山学院学报》2006年第1期。

徐山：《〈潜夫论〉并列复词逆序词与〈汉语大词典〉编纂》，《天水师范学院学报》2006年第1期。

徐山：《〈潜夫论〉反义并列复词与〈汉语大词典〉编纂》，《保定师范专科学校学报》2006年第3期。

徐山：《〈潜夫论〉含有通假字的并列复词与〈汉语大词典〉编纂》，《郧阳师范高等专科学校学报》2006年第4期。

徐时仪：《〈朱子语类〉词汇研究与〈汉语大词典〉修订》，《陇东学院学报》2013年第4期。

徐文堪：《略论〈汉语大词典〉的特点和学术价值》，《辞书研究》1994年第3期。

徐秀玲：《基于语料库的汉英空间隐喻对比研究》，《湖北函授大学学报》2014年第10期。

徐长生：《探悉当代语料库词典的局限性》，《浙江万里学院学报》2008年第7期。

许家金：《许家金谈语料库语言学的本体与方法》，《语料库语言学》2014年第2期。

许启峰：《〈汉语大词典〉e部补正》，《现代语文》2006年第12期。

薛晓燕：《基于COCA语料库的confused和puzzled同义词辨析研究》，《乐山师范学院学报》2013年第18期。

闫洪勇、施晓伟：《基于语料库的构式语法研究的理论思考》，《佳木斯大学社会科学学报》2009年第4期。

闫艳：《〈汉语大词典〉蔬菜词语补正二则》，《古汉语研究》2001年第2期。

杨会永：《〈汉语大词典〉近代汉语条目释义商榷》，《吉林师范大学学报》（人文社会科学版）2003年第2期。

杨会永：《〈汉语大词典〉"同义异形"条目指瑕》，《石家庄铁道大学学报》（社会科学版）2010年第4期。

杨会永：《从本校法看〈汉语大词典〉"不"字头词目存在的问题》，《辞书研究》2011年第3期。

杨建军：《汉语古籍语料库的建立方法》，《辞书研究》2006年第4期。

杨建军：《汉语古籍语料库的建立原则》，《辞书研究》2006年第4期。

杨节之：《语料库搭配检索与英语同义词辨析》，《外语电化教学》2007年第4期。

杨丽姣、肖航：《面向语义搜索的语料库语境信息标注研究》，《语言文字应用》2015年第1期。

杨琳：《〈汉语大词典〉光盘版与纸质版的区别》，《辞书研究》2010年第4期。

杨箐、杨萍、曲文军：《〈汉语大词典〉漏收〈青楼梦〉词目研究》，《临沂师范学院学报》2002年第4期。

杨小平、陈燕：《〈汉语大词典〉象声词商榷》，《西华师范大学学报》（哲学社会科学版）2011年第1期。

杨永芳：《名词"result"和"outcome"的差异性研究——一项基于语料库的同义词对比分析》，《长春理工大学学报》（高教版）2009年第4期。

仰止：《关于〈汉语大词典〉若干体例的答问》，《辞书研究》1986年第6期。

姚美玲：《明清小说词语考释与〈汉语大词典〉条目正误》，《山西大学学报》（哲学社会科学版）2001年第1期。

姚美玲：《词语的分群考释与〈汉语大词典〉条目订补》，《山西师大学报》（社会科学版）2002年第1期。

姚美玲：《〈汉语大词典〉释义商补——以"擘画""搂搜""索落""硬证""柱脚"为例》，《语文研究》2012年第3期。

姚鹏慈：《〈汉语大词典〉成语释义商兑》，《内蒙古电大学刊》1996年第1期。

姚振军、郑旭红、徐鹏涛：《基于本体的双语平行语料库的构建研究》，《语言教育》2014年第1期。

叶敢、张柏然：《英汉双语语料库与英汉词典的编纂》，《南京大学学报》1997年第1期。

尹蕊：《"问题是"的语法化——一项基于语料库的研究》，《青春岁月》2015年第11期。

于昌利、罗艺：《基于语料库的英汉数量语的功能语法对比研究》，《北京科技大学学报》2014年第4期。

于丹红：《俄语国家语料库与俄语词汇教学——以одеть和надеть为例》，《俄语学习》2007年第6期。

于海江：《平行语料库与双语词典编纂》，《辞书研究》2006年第1期。

于龙、陶本一：《识字教学的问题与对策——基于语料库的小学语文教材用字研究》，《语言文字应用》2010年第2期。

于涛：《基于语料库的名词类同义词类联接、搭配及语义韵研究》，《湖北第二师范学院学报》2010年第10期。

于智荣：《大型语文辞书通假字说释混误例析》，《东南大学学报》2010年第4期。

俞燕明：《数据驱动词汇教学——基于计算机和语料库的研究性教学探索》，《外语电化教学》2009年第2期。

俞志峰：《〈汉语大词典〉书证辨考十则》，《海峡两岸辞书学研讨会暨福建省辞书学会第十七届学术年会论文集》，2005年。

袁红梅、汪少华：《基于语料库的英汉"愤怒"概念的ICM透视》，《当代外语研究》2014年第1期。

袁雪梅：《〈汉语大词典〉错解〈史记〉例句一则》，《西南民族大学学报》（人文社会科学版）2008年第12期。

曾泰元：《语料库与汉英词典编纂》，《辞书研究》2005年第1期。

曾昭聪：《明代汉语俗语词与当代大型语文辞书编纂》，《广东广播电视大学学报》2011年第4期。

曾昭聪、PengZhifeng：《明清方言俗语辞书语料库建设刍议（英文）》，《第十五届汉语词汇语义学国际研讨会论文集》，2014年。

詹全旺：《英语增强词terribly的主观化——一项基于语料库的研究》，《外国语》2009年第5期。

张宝林：《汉语中介语语料库建设的现状与对策》，《语言文字应用》2010年第3期。

张超：《"各"字指代义和指别义应当分列——从〈汉语大词典〉对"各"字的释义说起》，《辞书研究》2009年第3期。

张传真：《〈列子〉词汇研究与辞书编纂——〈汉语大词典〉书证晚出例补》，《语文学刊》2012年第9期。

张东辉、赵丽：《语料库语言学应用于大学外语教学》，《沈阳教育学院学报》2009年第3期。

张富翠：《〈汉语大词典〉书证补》，《西南民族大学学报》（人文社会科学版）2004年第10期。

张会平、刘永兵：《添加关系话语标记语的句法特征分析——一项基于学习者语料库的对比研究》，《当代外语研究》2013年第1期。

张会平：《基于语料库的英汉转移否定的情态隐喻功能与认知理据分析》，《北京邮电大学学报》（社会科学版）2009年第2期。

张济华、高钦、王蓓蕾：《语料库与大学专门用途英语（ESP）词汇教学探讨》,《外语界》2009年第3期。

张继东、刘萍:《基于语料库同义词辨析的一般方法》,《解放军外国语学院学报》2005年第6期。

张锦文:《国外在线语库与在线词典管窥》,《广东广播电视大学学报》2002年第3期。

张乐成:《浅析〈汉语大词典〉对"户"的释义》,《重庆科技学院学报》(社会科学版)2011年第15期。

张立飞、严辰松:《汉语复杂名词短语的独"的"偏好——整合语料库和认知语言学的证据》,《外语教学》2013年第1期。

张亮、陈家骏:《基于大规模语料库的句法模式匹配研究》,《中文信息学报》2007年第3期。

张律、胡东平:《国内基于语料库的翻译研究的发展》,《嘉兴学院学报》2011年第3期。

张青松:《〈汉语大词典〉"怨旷"条释义商榷》,《首都师范大学学报》(社会科学版)2012年第3期。

张瑞朋:《留学生汉语中介语语料库建设若干问题探讨——以中山大学汉字偏误中介语语料库为例》,《语言文字应用》2012年第2期。

张泰:《〈汉语大词典〉近代汉语条目指瑕》,《宁夏大学学报》(人文社会科学版)2008年第2期。

张文贤、邱立坤:《基于语料库的关联词搭配研究》,《世界汉语教学》2007年第4期。

张小衡、石定栩:《面向语料库处理的CDBMS和CSQL》,《当代语言学》1998年第1期。

张雪梅:《从〈素问〉看〈汉语大词典〉书证迟后问题》,《南京中医药大学学报》(社会科学版)2007年第1期。

张一鸣、胡丽珍:《从〈湖海新闻夷坚续志〉看〈汉语大词典〉的收词与释义》,《语文知识》2012年第2期。

赵峰:《〈汉语大词典〉"封"释义考察》,《四川理工学院学报》(社会科学版)2009年第5期。

赵红:《吐鲁番文献与汉语语料库建设的若干思考》,《南京师范大学文学院学报》2014年第3期。

赵红梅、程志兵:《〈汉语大词典〉〈辞源〉收释近代汉语词语之不足》,《伊犁师范学院学报》(社会科学版)1998年第1期。

赵红梅、程志兵、许少峰：《〈近代汉语大词典〉释义商榷》，《山东理工大学学报》（社会科学版）2012年第3期。

赵鹏飞：《〈汉语大词典〉中医药学条目指瑕》，《中医学报》2012年第9期。

赵颖：《基于语料库分析的"and"隐喻》，《天津大学学报》2006年第6期。

赵勇、施应凤、罗瑞、周荣春、林思思：《基于语料库和数据驱动的英语同义词的构式语法研究》，《文山学院学报》2015年第1期。

赵宗乙：《〈汉语大词典〉引〈论语〉书证而误释举隅》，《泉州师范学院学报》2012年第3期。

真大成：《〈汉语大词典〉"胃索"条释义辨正》，《语言科学》2010年第2期。

郑定欧：《基于语料库的汉语句法研究——以"把"字句为例》，《汉语学习》2009年第4期。

郑定欧：《基于语料库的汉语句法研究——以"把"字句为例》，《基于语料库的汉语句法研究》2009年第4期。

郑贤章：《〈汉语大词典〉书证初始例试补》，《古汉语研究》2000年第2期。

郑艳群：《语料库技术在汉语教学中的应用透视》，《语言文字应用》2013年第2期。

钟兰凤、张璘：《基于语料库的汉英词典研编面临的挑战及对策研究》，《江苏大学学报》2012年第3期。

钟珊辉：《基于语料库的Seek搭配行为对比研究》，《外国语文》2009年第5期。

周祥、曾传禄：《"不得了"与"了不得"——基于语料库的多维考察》，《宜宾学院学报》2015年第3期。

周永平：《基于语料库的汉英器官量词认知对比研究》，《西安外国语大学学报》2014年第2期。

周长揖：《大型汉语辞书注音一议——从"硕"字注音谈起》，《辞书研究》1997年第5期。

周掌胜：《〈汉语大词典〉书证商补》，《汉语学报》2007年第3期。

周志锋：《〈汉语大词典〉四题》，《杭州师范学院学报》1998年第5期。

周志锋、叶淑丹：《汉语新词语的鉴别——〈新词语大词典〉部分"新词语"质疑》,《辞书研究》2007 年第 1 期。

朱城:《古籍注疏与大型语文字典释义的失误》,《语文研究》2011 年第 4 期。

朱成华:《〈汉语大词典〉书证滞后举隅——以〈盐铁论〉为例》,《作家》2010 年第 22 期。

朱成华:《〈盐铁论〉提前〈汉语大词典〉迟后书证七例》,《语文学刊》2010 年第 22 期。

朱成华:《浅析〈汉语大词典〉词条释义商补五则》,《作家》2010 年第 24 期。

朱成华:《〈汉语大词典〉"乘羡"释义商榷》,《青年文学家》2011 年第 16 期。

朱成华:《〈汉语大词典〉辨误二则》,《青年文学家》2011 年第 15 期。

朱成华:《〈汉语大词典〉失收的双音动词考——以〈盐铁论〉为例》,《作家》2011 年第 12 期。

朱成华:《〈汉语大词典〉书证引文辨误——以〈盐铁论〉为例》,《作家》2011 年第 16 期。

朱成华:《〈汉语大词典〉书证引文句读辨误例举——以〈盐铁论〉为例》,《语文学刊》2011 年第 16 期。

朱成华:《〈汉语大词典〉引"百姓颠蹶而不扶"之"颠蹶"释义商榷》,《语文学刊》2011 年第 14 期。

朱成华:《〈汉语大词典〉引〈盐铁论〉文句读辨误例举》,《青年文学家》2011 年第 14 期。

朱成华:《〈汉语大词典〉引〈盐铁论〉文之句读辨误举隅》,《安徽文学(下半月)》2011 年第 9 期。

朱成华:《〈史记〉提前〈汉语大词典〉书证迟后九则》,《传奇·传记文学选刊(理论研究)》2011 年第 4 期。

朱成华:《〈盐铁论〉试补〈汉语大词典〉书证迟后例十则》,《文教资料》2011 年第 2 期。

朱成华:《从〈盐铁论〉看〈汉语大词典〉的书证晚出》,《渭南师范学院学报》2011 年第 1 期。

朱成华:《从〈盐铁论〉看〈汉语大词典〉引文标点之误》,《现代语文》(语言研究版)2011 年第 9 期。

朱成华:《〈汉语大词典〉引〈史记〉之双音动词释义商榷》,《渭南师范学院学报》2012 年第 5 期。

朱成华：《〈汉语大词典〉失收〈史记〉双音动词考》，《辽东学院学报》（社会科学版）2013 年第 1 期。

朱纯洁：《〈辞源〉〈汉语大字典〉〈汉语大词典〉"挠"字注音商兑》，《遵义师范学院学报》2009 年第 4 期。

朱红伟：《〈西游记〉多音节时间副词与〈汉语大词典〉比较研究》，《铜陵学院学报》2012 年第 2 期。

朱孔伦：《〈汉语大词典〉在检索与索引方面的缺陷》，《临沂师范学院学报》2006 年第 4 期。

朱蓝凤：《〈汉语大词典〉乐舞名物若干条目商兑》，《长沙民政职业技术学院学报》2011 年第 4 期。

朱习文：《〈汉语大词典〉古时间词条补正二则》，《古籍整理研究学刊》2005 年第 6 期。

朱习文：《〈汉语大词典〉同名异实古星名条目的问题》，《辞书研究》2006 年第 2 期。

朱习文：《〈汉语大词典〉所收〈礼记〉礼制条目商订》，《湛江师范学院学报》2013 年第 1 期。

朱习文、李娟：《〈汉语大词典〉古天文词条补正五则》，《江西省语言学会 2006 年年会论文集》，2016 年。

朱一凡、胡开宝：《"被"字句的语义趋向与语义韵——基于翻译与原创新闻语料库的对比研究》，《外国语》2014 年第 1 期。

邹虎：《〈汉语大词典〉"兽吻"释义献疑》，《湖北第二师范学院学报》2012 年第 6 期。

蔡燕：《基于语料库的现代汉语补位"一下"的语法化研究》，博士学位论文，山东大学，2013 年。

陈春风：《〈汉语大字典〉、〈汉语大词典〉的字形规范研》，硕士学位论文，河北师范大学，2004 年。

陈娜：《基于语料库的"deep"和"shen（深）"的认知对比研究》，硕士学位论文，上海外国语大学，2013 年。

陈晓慧：《〈汉语大词典〉"阜"部订补》，硕士学位论文，河南师范大学，2011 年。

陈燕：《基于现代汉语语料库的"口、嘴"类词认知分析》，硕士学位论文，福建师范大学，2008 年。

陈月培：《〈汉语大词典〉"干"部订补举隅》，硕士学位论文，河南师范大学，2013年。

崔泰勋：《〈汉语大词典〉专题研究》，博士学位论文，复旦大学，2008年。

顾恩多：《〈汉语大词典〉单音介词匡补》，硕士学位论文，内蒙古师范大学，2005年。

郭晓添：《〈野客丛书〉的词汇研究与〈汉语大词典〉修订》，硕士学位论文，湘潭大学，2013年。

何婷婷：《语料库研究》，博士学位论文，华中师范大学，2003年。

侯月明：《基于〈汉语大词典〉语料库的西周词汇研究》，博士学位论文，山东大学，2015年。

黄飞龙：《英语"V+OUT"和汉语"V+出"——基于语料库的认知对比分析》，硕士学位论文，南京财经大学，2012年。

黄娜：《基于语料库的小学生作文句法特点研究》，硕士学位论文，上海师范大学，2014年。

江静：《隐喻化的源语概念影响——基于语料库的中国英语学习者隐喻表达研究》，硕士学位论文，复旦大学，2008年。

李安兴：《双语语料库与汉英词典词目翻译质量的进一步提高》，博士学位论文，复旦大学，2005年。

李高：《〈北梦琐言〉词语研究与〈汉语大词典〉的修订》，硕士学位论文，湘潭大学，2014年。

李娜：《基于〈汉语大词典〉的民国词汇研究》，博士学位论文，山东大学，2011年。

李娜：《基于语料库的初中英语学习词典编纂研究》，硕士学位论文，长江大学，2013年。

李新飞：《〈汉语大词典〉引今文〈尚书〉词语研究》，硕士学位论文，湖南师范大学，2007年。

李轶欧：《中国英语学习者的句法表征和处理——基于语料库的句法启动研究》，硕士学位论文，上海外国语大学，2013年。

廖丹：《〈董西厢〉词汇研究》，硕士学位论文，湖南师范大学，2007年。

刘亚菲：《语料库技术与对外汉语量词词典编纂》，硕士学位论文，北京语言大学，2006年。

卢辰亮：《〈癸辛杂识〉词汇研究与〈汉语大词典〉修订》，硕士学位论文，湘潭大学，2013年。

罗丹：《基于语料库的英语同义词辨析对比研究——以Request，Require，Demand为例》，硕士学位论文，广西师范大学，2013年。

欧明晶：《〈齐东野语〉复音词与〈汉语大词典〉的编纂》，硕士学位论文，湘潭大学，2011年。

秦洁：《敦煌三卷本〈王梵志诗集〉词汇研究》，硕士学位论文，扬州大学，2013年。

秦云萍：《基于语料库对YOUKNOW的语法化研究》，硕士学位论文，安徽大学，2013年。

邵彩霞：《〈渑水燕谈录〉的词汇研究和〈汉语大词典〉的修订》，硕士学位论文，湘潭大学，2013年。

宋琳：《基于〈汉语大词典〉语料库的魏晋新词语研究》，博士学位论文，山东大学，2011年。

宋思佳：《〈汉语大词典〉一至四卷佛教文献书证研究》，硕士学位论文，四川外国语大学，2014年。

宋肖娜：《〈汉语大词典〉瑕疵补正——以〈现代汉语词典〉S字条为例》，硕士学位论文，湘潭大学，2010年。

孙晓玄：《基于〈汉语大词典〉语料库的宋代新词研究》，博士学位论文，山东大学，2011年。

唐飞：《〈汉语大词典〉五至八卷佛教文献书证研究》，硕士学位论文，四川外国语大学，2014年。

唐萌：《面向汉语辞书编纂的大型通用语料库构建研究》，硕士学位论文，鲁东大学，2015年。

唐瑞梁：《汉语语用标记之语用法化研究——基于语料库对"不过"与"X看"结构的历时、共时侧面所做的探究》，硕士学位论文，上海外国语大学，2008年。

王晨宇：《基于语料库的中学生英语写作中句法复杂性对比研究》，硕士学位论文，东北师范大学，2014年。

王丽丽：《基于语料库的词汇教学在对外汉语教学中的应用研究》，硕士学位论文，上海外国语大学，2013年。

王琦：《基于语料库的语义韵研究和双语词典》，硕士学位论文，苏州大学，2004年。

王清华：《基于语料库的中国英语学习者同义词使用研究》，硕士学位论文，沈阳师范大学，2011年。

王茹：《基于与语料库的"改变"类词语搭配和语义韵考察》，硕士学位论文，厦门大学，2009年。

王长斌：《基于语料库的同义词辨析研究——以 gain, obtain, acquire 和 get 为例》，硕士学位论文，黑龙江大学，2014年。

吴恩锋：《基于经济报道标题语料库的概念隐喻研究》，博士学位论文，浙江大学，2008年。

吴彦君：《〈涑水记闻〉的词汇研究与〈汉语大词典〉的修订》，硕士学位论文，湘潭大学，2013年。

徐山：《〈潜夫论〉词语考释》，博士学位论文，上海师范大学，2002年。

徐艳霞：《〈汉语大词典〉丧葬词语商补》，硕士学位论文，山东大学，2011年。

闫从发：《基于〈汉语大词典〉语料库的时代汉语词汇研究》，博士学位论文，山东大学，2009年。

杨婷：《基于语料库的中英味觉词"甜""酸""苦"认知研究》，硕士学位论文，西南大学，2012年。

姚美玲：《唐代墓誌词汇研究》，博士学位论文，南京师范大学，2004年。

俞华：《中国学生英语写作中的句法运用——基于语料库的分析》，硕士学位论文，广东外语外贸大学，2004年。

张松梅：《语料库在高中词汇教学中的实验研究》，硕士学位论文，山东师范大学，2008年。

张文兰：《〈大唐新语〉词语研究与〈汉语大词典〉的修订》，硕士学位论文，湘潭大学，2011年。

张一鸣：《〈湖海新闻夷坚续志〉与〈汉语大词典〉收词、释义》，硕士学位论文，湘潭大学，2013年。

赵娟：《基于语料库从认知的角度对比分析英语"up"和汉语"上"》，硕士学位论文，暨南大学，2010年。

郑玉荣：《基于历时学习者语料库的中国英语专业学生词汇与句法发展研究》，博士学位论文，上海外国语大学，2011年。

周桂华：《基于语料库的英汉搭配词典初探》，硕士学位论文，厦门大学，2006年。

周亚娟：《〈汉语大词典〉（九至十二卷）佛教文献书证研究》，硕士学位论文，四川外国语大学，2014年。

朱成华：《〈盐铁论〉双音节动词研究》，硕士学位论文，苏州大学，2005年。

三 英文文献

Chapman, S. & P. Routledge (eds.), *Key Thinkers in Linguistics and the Philosophy of Language*, Edinburgh: Edinburgh University Press, 2005.

Firth. J. R, Modes of Meaning, Firth. J. R (ed.), *Papers in Linguistics*: 1934–1951, Oxford: Oxford University Press, 1957.

Gries. S., "Corpus Linguistics and Theoretical Linguistics: A love-hate Relationship? Not Necessarily", *International Journal of Corpus Linguistics*, Vol. 15, 2010.

Halliday, M., "Lexis as Linguistic Level", In Bazell et al. (eds.). *In Memory of J. R. Firth*, London: Longmans, 1966.

Halliday, M., "Language as System and Language as Instance: The corpus as a Theoretical construct", In J. Svartvik (eds.), *Directions in Corpus Linguistics*, Stockholm: Walter de Gruyter, 1992.

Quirk, R, S. Greenbaum, G. Leech & J. Svartvik, *A Grammar of Contemporary English*, London: Longman, 1972.

Quirk, R, S. Greenbaum, G. Leech & J. Svartvik, *A Comprehensive Grammar of the English Language*, London: Longman, 1985.

Sinclair, J., "Beginning the Study of Lexis", In Bazell et al. (eds.). *In Memory of J. R. Firth*, London: Longmans, 1966.

Sinclair, J., *Corpus, Concordance, Collocation*, Oxford: Oxford University Press, 1991.

Sinclair, J., "The Search for Units of Meaning", *Textus*, 1996.

Tao, H., "Toward an Emergent View of Lexical Semantics", *Language and Linguistics*, 2004.

Stefanowitsch, A., "The Function of Metaphor: Developing a Corpus-based Perspective", *International Journal of Corpus Linguistics*, 2005.

Tognini-Bonelli, E., *Corpus Linguistics at Work*, Amsterdam: John Benjamins, 2001.

Tony McEnery & Andrew Hardie, *Corpus Linguistics: Method, Theory and Practice*. Cambridge: Cambridge University Press, 2012.

后　记

对于词典的关注和研究兴趣从硕士阶段就已经开始，硕士和博士学位论文都是对《现代汉语词典》古词语释义的研究，其间也发表了不少研究词典的其他单篇论文。在这样的研究基础和研究兴趣之上，我们于2010年申报了教育部人文社会科学研究基金一般项目"语料库语言学视野下的汉语大型辞书编纂、修订研究——以《汉语大词典》为例"，有幸获得立项（项目号：10YJC740040），本书稿就是这一课题的最终研究成果，并顺利结题，结项证书编号是2015JXZ1995。

《汉语大词典》自出版以来就受到辞书界的极大关注，修订的论文研究成果也不断出现，但绝大部分成果都是举例式的。本课题着眼于将专书词汇研究和语料库语言学结合起来，利用近代汉语中有代表性却关注较少的笔记语料，对它们的词语进行研究，以达到修订《汉语大词典》的目的。本课题还有一个突出的特点就是理论和实践的结合，上篇中主要是对词典编纂和修订的一些原则和方法的讨论，这为词典修订的实践提供了指导。

本课题的诸多成果都以单篇论文的形式曾在《湘潭大学学报》（哲学社会科学版）《辞书研究》《汉字文化》《集美大学学报》《五邑大学学报》《保定学院学报》《楚雄师范学院学报》《泰山学院学报》《文山学院学报》以及《湖北工程学院学报》等刊物上发表过，一些论文是和我们的一些研究生共同完成的，因为他们也参与了课题的相关研究，他们的硕士学位论文就是在本课题的研究思路下进行的一些研究，如研究生郭晓添对《野客丛书》词语的整理、邵彩霞对《渑水燕谈录》词语的整理、欧明晶对《齐东野语》词语的整理、张一鸣对《湖海新闻夷坚续志》词语的整理、卢辰亮对《癸辛杂识》词语的整理、张文兰对《大唐新语》词语的整理、李文赟对《邵氏闻见录》词语的整理、吴彦君对《涑水记闻录》词语的整理以及李高对《北梦琐言》词语的整理等。他们的这些整理成了本课题的一部分，大部分也在不同的学报杂志上发表过。书中不再一一注明。感谢他们的辛勤劳动，也感谢发表本课题成果的相关杂志的编辑同志为本课题的相关内容进行校勘付出的辛勤劳动！

  本课题的完成历经了四年多时间。四年中的无数个挑灯夜战的场景历历在目。同时，四年中也获得了各方的支持。首先，要感谢我的先生雷冬平博士！从课题的申请到课题的完成都有他的参与，他是课题的第一参与人，也是课题内容完成人之一，是本课题最终成果的第二作者，感谢他为本课题的最终完成所做出的贡献！其次，要感谢学术界的吴福祥先生、张谊生先生、李宗江先生、马固钢、杨永龙先生、董秀芳先生与宋文辉等学者，他们当面或者书面给课题中的相关内容提出过宝贵的意见。

  最后需要说明的是，虽然本人试图将语料库语言学应用到《汉语大词典》的修订上来，但囿于本人的学识和计算机水平，语言理论基础较为薄弱，所以在将专书研究和语料库语言学以及辞书编纂、修订等相关内容进行结合研究的时候难免存在这样那样的失误甚至是谬误，敬请学术界同人以及读者提出批评指正！另外，由于经费等的问题，该结题成果一直都没有出版，因此绪论中相关的研究成果综述还是截止到2014年底到2015年初，现在出版，前期研究成果综述没有更新，保留了原来的面貌。拙著得以出版，还要感谢重庆师范大学文学院出版经费的大力支持，特别要感谢文学院领导的大力支持！

胡丽珍

2015.10.1初稿，2021.6.28修改